Europäische Integration im Kontext des Rechts

Andreas Grimmel

Europäische Integration im Kontext des Rechts

 Springer VS

Dr. Andreas Grimmel
Universität Hamburg, Deutschland

ISBN 978-3-531-18535-4   ISBN 978-3-531-19101-0 (eBook)
DOI 10.1007/978-3-531-19101-0

Die Deutsche Nationalbibliothek verzeichnet diese Publikation in der Deutschen Nationalbibliografie; detaillierte bibliografische Daten sind im Internet über http://dnb.d-nb.de abrufbar.

Springer VS

Springer VS ist eine Marke von Springer DE. Springer DE ist Teil der Fachverlagsgruppe Springer Science+Business Media.
www.springer-vs.de

Meinen Eltern

„Wie Schiffer sind wir, die ihr Schiff
auf offener See umbauen müssen,
ohne es jemals in einem Dock zerlegen
oder aus besten Bestandteilen
neu errichten zu können."

(Otto Neurath)

Vorwort

Die vorliegende Arbeit untersucht die Rolle des Rechts und des Europäischen Gerichtshofs im Prozess der europäischen Integration. Die interdisziplinäre Herangehensweise an das Forschungsfeld der *Integration durch Recht,* die hierbei verfolgt wird, ist Chance und Herausforderung gleichermaßen gewesen. Sie ist als Chance zu sehen, da eine der Politikwissenschaft verhaftet bleibende Untersuchung dem überaus komplexen Untersuchungsgegenstand nicht gerecht werden kann und eine Einbeziehung der Nachbardisziplinen Philosophie, Rechtswissenschaften und Soziologie aus diesem Grund geboten erscheint. Der Versuch, verschiedene Wissenschaftsdisziplinen zu verbinden, ist jedoch auch immer Herausforderung, da jede Fachrichtung ihre eigenen Anforderungen stellt und eigene methodische Schwerpunkte setzt, die manchmal nicht ohne Weiteres miteinander in Einklang gebracht werden können. Nur allzu leicht findet man sich mit dem Vorhaben, eine fächerübergreifende Arbeit vorzulegen, zwischen den Stühlen der einzelnen Disziplinen wieder. Umso wichtiger war es, im Verlauf der Forschungsarbeit immer wieder den Kontakt zu den unterschiedlichen Einzelwissenschaften herzustellen und mit den Theoretikern, aber auch Praktikern der *Integration durch Recht* den Austausch zu suchen. Ihnen allen möchte ich an dieser Stelle für Ihre freundliche Unterstützung danken.

Mein ganz besonderer Dank gilt meinem langjährigen Lehrer Prof. Cord Jakobeit, Institut für Politikwissenschaft der Universität Hamburg, dessen konstruktive Hinweise zu meinem Forschungsprojekt mir von unschätzbarem Wert waren. An der Fakultät für Rechtswissenschaft der Universität Hamburg möchte ich zuerst sehr herzlich Prof. Bengt Beutler (zugleich Honorarprofessor für Europa- und Verfassungsrecht am Fachbereich Rechtswissenschaft der Universität Bremen) danken, dem ich mich in seiner – nicht zuletzt durch die Philosophie geprägten – Sicht auf die europäische Rechtsgemeinschaft sehr verbunden fühle. Seine herausragende und überaus freundliche Unterstützung hat entscheidend zum Gelingen meiner Forschung beigetragen. Auch Prof. Thomas Bruha, Prof. Armin Hatje und Prof. Stefan Oeter gilt für die vielen anregenden Gespräche, ihre wertvollen Hinweise und für ihr Vertrauen in eine politikwissenschaftlich geprägte Analyse des Europarechts mein aufrichtiger Dank. Ihre Offenheit und freundliche Hilfe haben mich immer wieder aufs Neue motiviert, eine Verbindung zwischen Politik- und (Europa)Rechtswissenschaft herzustellen.

Des Weiteren bin ich dem Präsidenten des Europäischen Gerichtshofs, Prof. Vassilios Skouris, der Kanzlerin des Gerichts für den öffentlichen Dienst der Europäischen Union, Prof. Waltraud Hakenberg, den Richtern/innen des Europäischen Gerichtshofs Dr. Maria Berger, Aindrias Ó Caoimh, Prof. Koen Lenaerts, Pernilla Lindh, Prof. Alexandra (Sacha) Prechal und Sir Konrad Hermann Theodor Schiemann sowie der Generalanwältin Prof. Juliane Kokott zu außerordentlichem Dank verpflichtet. Die überaus offenen und aufschlussreichen Gespräche, die sie mir während eines Forschungsaufenthaltes am Europäischen Gerichtshof im Frühjahr 2011 gewährten, haben mir zahlreiche wichtige Einblicke in ihre Arbeit und die der europäischen Judikative vermittelt, die bei einem bloßen Studium der Literatur sowie im Rahmen rein theoretischer Betrachtungen zwangsläufig verschlossen geblieben wären. Das Gleiche gilt für die Referenten Dr. Daniel Dittert, Paul-John Loewenthal, Jan Inghelram, Dr. Hanns Peter Nehl und Carsten Zatschler, die freundlicherweise ihr umfangreiches Wissen der europäischen Rechtspraxis mit mir teilten. Auch Herrn Dr. Clemens Ladenburger vom juristischen Dienst der Europäischen Kommission möchte ich in diesem Zusammenhang für seine überaus hilfreichen Hinweise und kenntnisreichen Einschätzungen herzlich danken.

An der Harvard University, Cambridge/MA, gilt mein Dank ganz besonders Prof. Stanley Hoffmann (Department of Government), der im Frühjahr/Sommer 2010 mein Supervisor am Center for European Studies (CES) war. In unseren Gesprächen hat er mir immer wieder neue und faszinierende Einsichten offenbart und mich zum Nachdenken angeregt. Sein unerschöpfliches Wissen von der europäischen Einigung war mir eine Quelle der Inspiration. Auch möchte ich mich bei Prof. Jason Beckfield (Department of Sociology), Prof. Gráinne de Búrca (Law School; ebenfalls New York University Law School), Prof. Warren Goldfarb (Department of Philosophy), Prof. Karl Kaiser (Kennedy School of Government), Prof. David Kennedy (Law School) und Andrew Martin (Center for European Studies) für ihre freundliche Unterstützung und ihre wertvollen Ratschläge bezüglich einer konstruktiven Zusammenarbeit von Politikwissenschaft, Soziologie, Rechtswissenschaft und Philosophie bedanken.

An der University of Cambridge/UK danke ich besonders Dr. Mette Eilstrup-Sangiovanni, Direktorin des Jean Monnet European Centre of Excellence. Ihre hilfreichen Anregungen und Hinweise haben meinen Forschungsaufenthalt am

Department of Politics and International Studies (POLIS) im Herbst/Winter 2010 zu einer äußerst bereichernden Erfahrung gemacht. Auch Dr. Arif Ahmed (Faculty of Philosophy), Prof. Catherine Barnard (Faculty of Law), Prof. Alan Dashwood (Faculty of Law), Dr. Geoffrey Edwards (Department of POLIS), Dr. Markus Gehring (Faculty of Law), Prof. Jane Heal (Faculty of Philosophy), Prof. Christopher Hill (Department of POLIS) und Dr. Julie Smith (Department of POLIS) möchte ich meinen Dank für ihre freundliche fachliche Unterstützung und die zahlreichen anregenden Diskussionen aussprechen.

Am Institut d'Études Politiques de Paris (Sciences Po) möchte ich insbesondere Prof. Renaud Dehousse, Directeur du Centre d'études européennes (CEE), Prof. Imola Streho und Prof. Adrian Favell für die vielen wertvollen Hinweise in Hinblick auf meine Forschung danken. Ebenso gilt mein ausdrücklicher Dank Prof. Antoine Vauchez am Centre européen de sociologie et de science politique (CESSP), Université Paris 1-Sorbonne und am Centre national de la recherche scientifique (CNRS).

Des Weiteren bin ich Prof. Markus Jachtenfuchs und Prof. Claus Offe von der Hertie School of Governance in Berlin sowie Prof. Kirsten Scheiwe von der Universität Hildesheim und Dr. Marianne Takle vom Norwegian Social Research-Institute in Oslo (NOVA) zu großem Dank verpflichtet. Die vielen spannenden Gespräche und ihre hilfreichen Anmerkungen sind von großem Wert für meine Arbeit gewesen.

Nicht zuletzt möchte ich mich für die ideelle und großzügige materielle Förderung meiner Arbeit durch die Studienstiftung des Deutschen Volkes, die Wissenschaftsförderung der Universität Hamburg, die Stiftung Universität Hamburg sowie die Rievers-Stiftung bedanken, ohne deren Vertrauen in den Wert und das Gelingen meiner Forschung diese in der vorliegenden Form kaum möglich geworden wäre. Hier bin ich insbesondere Prof. Susanne Dobler, meiner Vertrauensdozentin bei der Studienstiftung, Herrn Frank Laubert, dem Geschäftsführer der von der Universität Hamburg verwalteten rechtsfähigen Stiftungen und Dr. Harald Schlüter, Leiter der Abteilung Forschung und Wissenschaftsförderung der Universität Hamburg, sehr verbunden.

Gedankt sei auch allen, die an dieser Stelle nicht namentlich erwähnt sind, die jedoch mit zu dieser Arbeit beigetragen haben – nicht zuletzt denen, die lediglich im Literaturverzeichnis genannt sind –, indem sie mich durch ihre Äußerungen zum kritischen Nachdenken angeregt haben.

Hamburg, im August 2012
Andreas Grimmel

Zusammenfassung

Die Einigung Europas ist heute weit mehr als nur ein politisches Projekt. Sie findet in unterschiedlichen und gleichsam eigenständigen Kontexten statt. Das europäische Recht ist eben solch ein Kontext und folgt einer eigenen, rechtsspezifischen „Logik" der Integration. Die europäische Rechtsgemeinschaft sollte daher nicht als ein bloßes (Bei)Produkt des politischen Marktes aufgefasst werden. Ebensowenig ist der Europäische Gerichtshof (EuGH) – einer ihrer zentralen Vertreter – als ein interessengeleiteter oder gar politischer Akteur zu konzipieren. Vielmehr ist es notwendig, den europäischen Rechtskontext in seiner Autonomie ernst zu nehmen und ihn als selbständigen Bereich des Denkens, Räsonierens, Handelns und der Verständigung zu begreifen. Und genau hierin – in der Möglichkeit einer Verständigung mittels eines geteilten Rechtsverständnisses – liegt letztlich auch seine integrative Kraft begründet.

Ausgehend von den Arbeiten Max Webers und Ludwig Wittgensteins wird hier mit dem Konzept der *Kontextrationalität* ein analytischer Weg zwischen Rationalismus und Poststrukturalismus vorgestellt, der eine Lücke in der aktuellen Forschung schließt. Diese Lücke besteht, kurz gesagt, darin, dass sich die bisherige theoriegeleitete Europawissenschaft weniger der Integration *durch Recht,* sondern eher der *durch rationale Akteure* produzierten Integration *im Bereich des Rechts* gewidmet hat. Der eigentliche Kern des Problems in den bisherigen Ansätzen ist jedoch weniger die Annahme, die Akteure der Integration seien rational, als vielmehr die Tatsache, dass das triviale und zugleich universalistische Modell der Rationalität, das heute noch immer im- oder explizit das Fundament der überwiegenden Zahl politikwissenschaftlicher Erklärungen darstellt, dem Denken und Handeln im Recht nicht entspricht.

Die Erklärungsmuster und Annahmen, die ursprünglich für Integrationsprozesse in Politik und Ökonomie entwickelt wurden, sind eins-zu-eins auf den Bereich des Rechts und den Europäischen Gerichtshof übertragen worden. Und dies, obwohl die Zuversicht in die Erklärungskraft eines „One-Fits-All-Ansatzes" vor dem Hintergrund moderner, funktional differenzierter Gesellschaften als kaum

passend erscheinen muss. Anders gesagt, obwohl die Rechtsintegration und deren
zentrale Akteure ausgiebig untersucht und beschrieben wurden, ist das Recht
selbst, als eigenständiger Handlungskontext und intervenierende Variable, bislang in der theoriegeleiteten Forschung weitgehend unberücksichtigt geblieben.

Mit dem hier zu entwickelnden Konzept der Kontextrationalität wird ein Ansatz bevorzugt, der sich von den bisherigen Erklärungen unterscheidet, indem er
das Recht und seine spezifische, kontextabhängige Rationalität zum Ausgangspunkt macht. Anstatt von nur *einer* feststehenden Rationalität auszugehen, wird
hier für einen *Rationalitätspluralismus* argumentiert: Was rational, nicht-rational oder sogar irrational ist, definiert sich durch den Kontext und die Summe
der dort jeweils sprach-praktisch geltenden Regeln. Dieser Argumentation folgend wird das europäische Recht als ein spezifischer – lokal, temporal und funktional differenzierter – Denk- und Handlungsraum mit einer eigenen Form der
Rationalität und insofern auch einem eigenen Modus der Integration aufgefasst
und analysiert. Anhand von aktuellen Fallstudien zur Grundrechtsjudikatur des
Europäischen Gerichtshofs wird gezeigt, wie eine *Kontextanalyse* zu einem angemessenen Verständnis von Integrationsprozessen durch Recht in Europa und anderswo führen könnte.

Inhalt

Abbildungsverzeichnis

Abkürzungsverzeichnis

BPP   Bemerkungen über die Philosophie der Psychologie (Wittgenstein)
EPB   Eine Philosophische Betrachtung (Das braune Buch) (Wittgenstein)
LS   Letzte Schriften über die Philosophie der Psychologie (Wittgenstein)
PU   Philosophische Untersuchungen (Wittgenstein)
PU II   Philosophische Untersuchungen, Teil II (Wittgenstein)
Rs   Gesammelte Aufsätze zur Religionssoziologie (Weber)
TLP   Tractatus Logico Philosophicus (Wittgenstein)
ÜG   Über Gewissheit (Wittgenstein)
WuG   Wirtschaft und Gesellschaft (Weber)
Z   Zettel (Wittgenstein)

Erster Teil

Integration, Recht und Rationalität in der Theorie

1 Einleitung: Integration, Recht und Rationalität

Integration, Recht und Rationalität – drei Begriffe, die auf den ersten Blick kaum zueinanderpassen mögen. Jeder dieser Begriffe wird mit unterschiedlichen wissenschaftlichen Disziplinen in Verbindung gebracht und zugleich durch diese vertreten: Die Integrationsforschung ist primär Arbeitsgebiet der Sozialwissenschaften, insbesondere der Politikwissenschaft, die durch theoretische Konzepte und Erklärungsmuster versuchen, die Prozesse der Einigung und des Zusammenwachsens zu erklären. Die Beschäftigung mit dem Recht hingegen ist vor allem der Rechtswissenschaft vorbehalten, die sich heute mit einem überaus komplexen und schnell wachsenden Normenbestand konfrontiert sieht, den es zu bewältigen, zu ordnen und zu erforschen gilt. Der Begriff der Rationalität wiederum weist eher in Richtung von Philosophie und Erkenntnistheorie. Integration, Recht und Rationalität scheinen also auf den ersten Blick kaum einen gemeinsamen Bezugspunkt zu haben.

Und mehr noch: Vor dem Hintergrund disziplinärer Ausdifferenzierung und fachlicher Spezialisierung würde der Versuch, die drei Begriffe miteinander zu verbinden, zugleich in dem Verdacht stehen, oberflächlich zu bleiben oder sogar Dinge miteinander zu vermischen, die eigentlich und von ihrem Wesen her nicht zusammenpassen. In Anbetracht dessen verwundert es kaum, dass das Nachdenken über die Integration europäischer Nationalstaatlichkeit und deren theoretische Erfassung selten ein tieferes Interesse an der Rolle des Rechts oder an Konzeptionen von Rationalität mit sich bringt. Vergleichbares ließe sich auch über die anderen beiden Begriffe und die ihnen hier zugeordneten Disziplinen sagen. Warum sollten Integration, Recht und Rationalität also trotz ihrer fachlich-spezifischen Differenz und den vermeintlichen Gefahren interdisziplinärer Einmischung miteinander in Verbindung gebracht werden? Warum lohnt es sich vielleicht doch, eine Brücke zu schlagen und Integration, Recht und Rationalität in einen engen Zusammenhang zu stellen? Diesen Fragen soll hier nachgegangen werden.

Ausgangspunkt der Betrachtung ist eine geradezu paradoxe Situation in der Beschäftigung mit der Rolle des Rechts im Prozess europäischer Integration. Diese lässt sich wie folgt darstellen: Als Ort der Integration hat das Recht in der letzten Dekade immer größere Beachtung gefunden. Hatte man die Ausweitung und Vertiefung des europäischen Rechtsraumes lange Zeit als bloßes Beiprodukt von elitengetragener Integration in anderen Sachgebieten als dem Recht (besonders einer Politik des gemeinsamen Marktes und einer zunehmend grenzüberschreitenden Ökonomie) verstanden, so ist heute zunehmend auch die Rechtsschöpfung und Rechtsfortbildung durch den Europäischen Gerichtshof (EuGH) in den Fokus der Forschung gerückt. Inzwischen dokumentieren zahlreiche rechts- aber auch sozialwissenschaftliche Studien und Analysen die Genese und Tragweite der Luxemburger Entscheidungen.[1] Insbesondere die Politikwissenschaft hat hierbei immer wieder versucht, die Bedeutung der EuGH-Rechtsprechung für den Integrationsprozess als Ganzen zu ergründen. Zu diesem Zweck sind auch unterschiedliche theoretische Konzepte vorgelegt worden, die versuchen, Erklärungen für die Rechtsintegration zu liefern und insbesondere auch die lange Zeit unterschätzte Rolle des EuGH im Prozess der europäischen Einigung zu erhellen.[2] Hier zeigt sich nun allerdings etwas Merkwürdiges: In den Ansätzen, die es sich zur Aufgabe gemacht haben, die durch Recht beförderte und erzeugte Integration zu beleuchten und verständlich zu machen, spielt das Recht an sich, d. i. in seinen Funktionsbedingungen und immanenten Regeln, keine Rolle. Zwar wird viel von Recht gesprochen und geschrieben, doch bleibt es bisweilen in der Theorie eine *Blackbox* – etwas, das eine sichtbare äußere Form (bestimmt durch geltende Normen, institutionalisierte Verfahren, Akteure in ihren Rollen etc.), aber keinen erkennbaren Inhalt hat. Es wird von außen betrachtet, ohne dass die im Inneren stattfindenden Prozessabläufe *und* deren zugrunde liegenden Regeln und Normen Beachtung fänden. Mit anderen Worten: Die herrschende Integrationstheo-

---

1   Wegbereitend in der Rechtswissenschaft waren Stein 1981, Rasmussen 1986, 1988, Weiler 1991, 1993, 1994, Cappelletti, Seccombe u. Weiler 1985; in jüngerer Zeit auch wichtig Armstrong 1998, Armstrong u. Shaw 1998, Kilpatrick 1998, Hunt 2007, Rasmussen 2008; in der Politikwissenschaft grundlegend vor allem Burley u. Mattli 1993, Garrett 1992, 1995, Alter 1996, 1998, Garrett, Kelemen u. Schulz 1998, Kilroy 1999; später auch Conant 2002, Stone Sweet 2004, 2005, Alter 2009a; ein erster informativer Überblick findet sich bei Conant 2007; kritisch zu den Arbeiten von Rasmussen äußert sich Schepel 2000; für eine aktuelle politikwissenschaftliche Studie vgl. Alter u. Helfer 2010 oder auch Kelemen 2012.

2   Für einen neueren Überblick siehe Stone Sweet 2010.

rie versucht ein Phänomen zu erklären, dessen funktionale Voraussetzungen sie nicht kennt und offenbar auch nicht zu erkennen sucht.[3] Mithin ist die Institution „europäisches Recht" als eigenständiger Faktor der Integration in politikwissenschaftlichen Abhandlungen bisher weitgehend ausgeklammert worden und die Möglichkeit, das Recht als Kontext des Handelns könne die intervenierende Variable zu einer akteurszentrierten Erklärung sein, unberücksichtigt geblieben. Das europäische Recht ist zwar Erklärungsgegenstand, nicht jedoch Erklärungsfaktor in der theoriegeleiteten Beschäftigung mit der rechtsinduzierten Integration Europas. Verfolgt man die Theoriedebatten, so scheint heute lediglich noch darüber diskutiert zu werden, *wer* sich, freilich eingebettet in gewisse institutionelle Strukturen, in dem Gefüge verschiedener auf dem europäischen Parkett auftretender Akteure durchzusetzen vermag; nicht jedoch *warum* und *wie* die Entstehung einer europäischen Gemeinschaft des Rechts überhaupt möglich wird bzw. werden kann.[4] Mit anderen Worten, es steht bisweilen nicht die Integration *durch Recht,* sondern die *durch Akteure* produzierte Integration *im Bereich des Rechts* im Mittelpunkt zahlreicher Fallstudien und Analysen. Dabei spielt es in den vorgetragenen Ansätzen und Erklärungskonzepten aber im Grunde keine Rolle, ob die Integration im Recht vor sich geht oder in anderen Kontexten stattfindet. Die Sprache, Eigengesetzlichkeit oder gar Logik des Rechts schaffe zwar einen Raum der spezifischen Interaktion, sie institutionalisiere und kanalisiere Handlungen. Zugleich könne sie aber nur durch die Summe der dort von den verschiedenen Akteuren vertretenen Präferenzen und den Chancen ihrer Durchsetzung determiniert und messbar sein, so wird regelmäßig argumentiert.[5] Integration im europäischen Recht sei eigentlich immer auf den Willen oder, genauer, die Interessen der beteiligten Akteure zurückzuführen und demnach weniger ein bewusst geplanter und auch gewollter Prozess, als vielmehr ein auf dem Marktplatz der Interessen erzeugter Nebeneffekt.

Hinter dieser Einschätzung verbirgt sich jedoch, wie zu zeigen sein wird, ein grundlegendes Missverständnis, welches das Verhältnis von Integration und Recht im Dunkeln lässt und zudem – würde der Befund zutreffen – weitreichende Konsequenzen für deren Legitimität und Akzeptanzfähigkeit hätte. Jedenfalls muss

---

3   Hierzu eingehend Kap. 2; für eine Kritik an der rationalistischen Integrationstheorie siehe auch Grimmel 2010a, 2012.
4   Siehe näher hierzu Kap. 2.5.
5   Vgl. etwa Shapiro u. Stone Sweet 2002, Stone Sweet 2004: 232, Granger 2006, Josselin u. Marciano 2007, Alter 2009c: 44; hierzu erstmalig vorsichtig skeptisch Alter u. Helfer 2010: 563; kritisch gegenüber der Einheitlichkeit des Akteursinteresses Vauchez 2010a, b, Cohen u. Vauchez 2011; auch Solanke 2011, Malecki 2012.

die Behauptung, die europäische Rechtsschöpfung erfolge im Spannungsfeld verschiedener Akteursinteressen und sei so lediglich Mittel zu generell rechtsexternen Zwecken, ernste Zweifel an den Geltungsgründen der europäischen Rechtsgemeinschaft mit sich bringen. Denn eine Integration Europas im oder gar durch Recht wird sich wohl kaum als legitim bezeichnen lassen, wenn sie auf den partikulären Interessen einzelner Akteure oder Akteursgruppen fußt und letztlich abgelöst von denen erfolgt, die es betrifft, nämlich die europäischen Bürger.

Das offenbare Desinteresse der Politikwissenschaft an einer tiefer gehenden Auseinandersetzung mit dem Recht im Allgemeinen und dem Europarecht im Speziellen hat seinen Ursprung ganz offenbar in einem Übertragungs- bzw. Adaptionsproblem, das systematisch zu Missverständnissen in der Wahrnehmung des Europäischen Gerichtshofs führt. Dieses besteht, kurz gesagt, darin, dass die Erklärungsmuster und Annahmen, die für den Integrationsprozess in Politik und Ökonomie in weiten Teilen zutreffen, für den Bereich des Rechts grundsätzlich unbrauchbar sind. Und dennoch werden sie regelmäßig kritiklos darauf übertragen.

Der Grund hierfür wird deutlich, wenn man sich zunächst einmal vor Augen führt, dass die Integration seit ihren Anfängen ein höchst uneinheitlicher und unstetiger Prozess war. Phasen der Erweiterung und Vertiefung folgten auf Phasen der Stagnation und umgekehrt. Ein möglicher Endpunkt, ein Ziel der Integrationsbewegung, ist bis heute, trotz immer wieder geäußerter politischer Visionen,[6] nicht in Sicht und wird gerade nach den Finanz-, Wirtschafts- und Schuldenkrisen der letzten Jahre höchst kontrovers diskutiert. Die große Entwicklungsdynamik der europäischen Integration muss nun letztlich auch die Theoriebildung vor Herausforderungen stellen. Schließlich ist es nicht einfach, stabile und mit einer gewissen nachhaltigen Erklärungskraft versehene Ansätze und Konzepte für etwas zu formulieren, dessen wohl augenscheinlichstes Merkmal der beständige Wandel und die Veränderlichkeit ist.[7] Mit dem fortwährenden Aus- und Umbau der Europäischen Gemeinschaft, aber auch den Umbrüchen im Prozessablauf der Integration, wie sie etwa in den 1960er und 1980er Jahren stattfanden, ist die Integrationstheorie in besonderer Weise immer wieder zur Anpassung ihrer Hypo-

---

6   Neben der bis heute andauernden, in sämtlichen europäischen Ländern geführten Verfassungsdebatte, etwa die viel beachtete Rede zur „Finalität der europäischen Integration" von Joschka Fischer (2000) oder die jüngst von Ursula von der Leyen geforderten „Vereinigten Staaten von Europa" (*Der Spiegel*, Heft 35/2011 vom 29.08.2011).

7   Denn Theorien sollen ja gerade mehr ermöglichen als lediglich eine dichte Beschreibung der Wirklichkeit. Sie sollen dem Betrachter helfen, die Welt in seinen Gedanken zu ordnen, Zusammenhänge verstehbar zu machen und Entwicklungen vorherzusehen, die andernfalls unklar oder verdeckt blieben.

thesen und Erklärungsmuster gezwungen gewesen. Daran hat sich bis heute, mit Blick auf den sich abzeichnenden Prozess der Konstitutionalisierung der Gemeinschaft (vgl. hierzu auch Sabel u. Gerstenberg 2010) bei einer gleichzeitigen finanzpolitischen Neuorientierung, grundsätzlich nichts geändert. Es stellt sich so rückblickend nicht nur die Integrationsbewegung als „Stop-and-Go-Prozess" (Corbey 1995) dar. Auch die Wissenschaft vollzog die Auf- und Abwärtsbewegungen, die Phasen des Stillstands und des Fortschritts, in gewisser Weise mit. So brachten, rückblickend betrachtet, die teils schnell aufeinanderfolgenden Geschwindigkeits- und Richtungswechsel im Integrationsprozess immer auch Konjunkturzyklen integrationsoptimistischer und integrationspessimistischer Theorien mit sich – je nach der gerade herrschenden politischen Großwetterlage und der dadurch bedingten empirischen Belegbarkeit bestimmter Hypothesen und Annahmen.

In all diesen theoriegeleiteten Erklärungsversuchen, die in erster Linie versuchten das „große Ganze" der Integration verständlicher zu machen, spielte das europäische Recht nun lange Jahre nur eine nebensächliche, ja fast schon randständige Rolle. In dem supranationalen Recht, das die Staatengemeinschaft hervorbrachte, sah man ein Mittel zum Zweck, eine Art Koordinierungsinstrument für die Möglichkeit europäischer Einigung. Es schien insofern in Abhängigkeit zu besonders integrationsaktiven Politikfeldern, vor allem im ökonomischen Sektor, zu stehen. In vielerlei Hinsicht mag es das auch in der Anfangszeit der Europäischen Gemeinschaften gewesen sein. Die Wahrnehmung jedenfalls konzentrierte sich in diesen frühen Jahren vornehmlich – dies wird nicht verwundern – auf die Weichenstellungen, die an den Verhandlungstischen der Politik getroffen wurden und nicht auf die Grundlagen einer stetig wachsenden und sich vertiefenden Rechtsgemeinschaft, obgleich der erste Kommissionspräsident, Walter Hallstein, bereits früh weitsichtig erkannt hatte, dass eine Gemeinschaft aus Rechtsstaaten letztlich nur eine Rechtsgemeinschaft sein kann.[8] Im Fokus politikwissenschaftlicher Theoriebildung standen dementsprechend Fragen politischer und ökonomischer Koordination und das Handeln einflussreicher Akteure[9] und nicht etwa die integrative Kraft des Rechts.

In der integrationstheoretischen Diskussion hatten sich im Laufe der Jahre zwei größere Lager herausgebildet: auf der einen Seite diejenigen Theoretiker und Theoretikerinnen, die den Nationalstaat und seine Vertreter in den Mittelpunkt rückten und lediglich an eine begrenzte Integration bzw. Integrierbarkeit Europas glaubten; auf der anderen Seite solche, die supra- und subnationalen Akteu-

---

8   Vgl. Hallstein 1979a, b, c.
9   Eine Ausnahme ist hier in gewisser Weise bereits Deutsch et al. 1957.

ren eine besondere Bedeutung für die fortschreitende europäische Einigung bei-
maßen und eher eine integrationsoptimistische Prognose auf der Grundlage einer
stetigen, akteursgetriebenen Ausweitungstendenz der Gemeinschaft stellten (für
einen Überblick siehe Grimmel u. Jakobeit 2009). Auch wenn diese Einteilung
sicherlich recht grob ist und sich die klassische Integrationstheorie bei näherem
Hinsehen sicherlich sehr viel uneinheitlicher und differenzierter darstellt, so ist
damit doch auf ein interessantes Merkmal hingewiesen, das bis heute prägend ist
und auch großen Einfluss auf die Erklärung der *Integration durch Recht* zeigt: Der
Fokus der Untersuchungen richtete sich primär auf bestimmte Akteure (hierzu
zählen in der Regel auch Akteursgruppen und Institutionen), die jeweils entweder
der nationalen oder aber der sub- und supranationalen Ebene zugeschlagen und
sodann erklärend herangezogen wurden. Es war daher nur allzu konsequent, dass
sich mit dem wachsenden Einfluss europäischen Rechts auf die nationalen Rechtsordnungen das wissenschaftliche Interesse hauptsächlich auf die im Europarecht
handelnden Akteure richtete, weniger jedoch auf die Grundlagen und Möglichkeitsbedingungen einer werdenden europäischen Rechtsgemeinschaft.

Die Nationalstaaten, die Europäische Kommission, das Europäische Parlament, aber auch nationale Gerichte, Kläger/innen, Anwälte/innen und Vertre-
ter/innen[10] der Jurisprudenz stehen dabei bisweilen im Fokus. Vor allem jedoch
hat der Europäische Gerichtshof (EuGH) durch seine herausgehobene institutionelle Stellung, als zentrales Organ der Anwendung, Auslegung und Fortbildung
des Gemeinschafts- bzw. Unionsrechts, die Aufmerksamkeit gebündelt. Und dies
nicht ohne Grund. So hatte das Gericht bereits in den 1960er Jahren begonnen
einige grundlegende und bis dahin offene Fragen durch eine aktive Rechtsfortbildung und -schöpfung zu beantworten – Entscheidungen, die zweifelsohne auch
die Politik vor vollendete Tatsachen stellten. Dieses Bild hatte sich auch in den
Folgejahren nicht geändert. Immer wieder erneuerte der Gerichtshof das Recht
der Gemeinschaft und trug durch seine Judikatur wesentlich zum Fortgang des
europäischen Einigungsprojektes bei. Es lag also allzu nahe, den EuGH zum zentralen Untersuchungsobjekt zu machen und ihn in die bereits erfolgten Analysen und die bestehenden Integrationstheorien, die sich in erster Linie mit politischen und ökonomischen Akteuren beschäftigt hatten, aufzunehmen; ihn in den
Kanon der europäischen politischen Akteure einzugliedern und die etablierten
Erklärungsansätze mit ihren spezifischen Annahmen auf den Bereich des Rechts

---

10   Aus Gründen der Lesbarkeit und Vereinfachung wird im Folgenden lediglich noch die männ-
     liche Wortform benutzt. In jedem Fall ist dabei immer auch die entsprechende weibliche Person
     gemeint und bitte vom Leser mitzudenken.

zu übertragen. Der Gerichtshof wurde so fortan nicht mehr nur als bloße Rechtsanwendungsinstanz legislativer Festlegungen oder als „Hüter des Einigungsprozesses" angesehen, sondern auch als „*aggressive engine of integration*" (Kelemen 2011: 22, vgl. auch ders. u. Schmidt 2012: 1 f., Pollack 2003) und als autonomer wie auch politischer Akteur mit beträchtlicher Gestaltungsmacht wahrgenommen.[11]

Doch gerade diese unkritische Übertragung von bestehenden Erklärungsmustern und sicherlich auch die Prominenz des EuGH als Institution verstellten offenbar zugleich den Blick auf die Hintergründe der Rechtsprechung und Rechtsschöpfung in Europa und führen bis heute zu einer verengten Sicht, die den gemeinschaftlichen Kern des Rechts, der weit über den Gerichtshof und seine vermeintlichen Präferenzen hinausgeht, unberücksichtigt lässt. Doch ist es gerade dieser geteilte Kern des Europarechts, der die Grundlage einer legitimen, allgemein anerkennenswerten und somit dauerhaften Integration durch Recht sein muss und in das Zentrum der theoretischen Beschäftigung mit dem Recht im Prozess der europäischen Integration rücken sollte (siehe hierzu auch Grimmel 2010a, 2011c, 2012, Beutler 2011, Grimmel u. Jakobeit 2013).

Dass es sich bei der Annahme, das europäische Recht als integrativer Bestandteil der Gemeinschaft könne abhängige Variable von unabhängigen Akteursinteressen und eine – freilich mit gewissen Spielregeln versehene – Arena für den Abgleich dieser Interessen sein, um eine nicht haltbare Verkürzung handelt, wird dabei erst bei näherem Hinsehen und mit einigem argumentativen Aufwand deutlich. Denn der Grund des Übertragungsproblems liegt noch tiefer und geht über die bloße Akteurszentriertheit der Theorien europäischer Integration hinaus. Das eigentliche Problem ist vielmehr eine undifferenzierte und unvollständige *Rationalitätsannahme*, die zu einem verzerrten Bild der Integration durch Recht führt. Denn auch Rationalität ist, wie das Recht, für die Integrationstheorie eine Blackbox, deren Inhalt im Dunkeln bleibt; und dies, obgleich rationales Handeln eine zentrale explikative Funktion in den Erklärungsmustern der Integrationstheorien einnimmt. So werden mit dem Adjektiv „rational" Akteure, Handlungen und Prozesse offenbar immer dann bezeichnet, wenn es keine bessere und genauere Bestimmung zu geben scheint, als dass diese eben „rational" seien. Damit ist aber letztlich nichts gewonnen – außer die Verfestigung des Glaubens an die Rationalität durch das wiederholte Bekenntnis zu ihrer Existenz und Wirksamkeit. Die Akteursrationalität hat sich heute, so scheint es, zu einer analytischen Allzweckwaffe der Sozialwissenschaften entwickelt. Zugleich ist sie aber auch zu einem inhaltsleeren Platzhalter für solche Entscheidungs- und Handlungsprozesse gewor-

---

11 So etwa Ward 2009: 81.

den, die, im Rahmen einer rationalistischen Analyse, keiner näheren Betrachtung zugänglich gemacht werden können oder sollen.[12] Dies lässt sich anhand der Diskussion um die europäische Rechtsintegration und den Europäischen Gerichtshof sehr deutlich nachvollziehen. Denn auch dem Gerichtshof, als wirkungsmächtiger Akteur im europäischen Recht, wird das Attribut „rational" mit großer Regelmäßigkeit zugeschrieben, ohne jedoch zu klären, was sich dahinter verbirgt oder was dies für die Integration Europas bedeutet. So stellt etwa Geoffrey Garrett in einer frühen und zugleich grundlegenden Studie fest: „*The Court of Justice is also a strategic rational actor*" (Garrett 1995: 173). Doch was heißt es denn nun eigentlich, dass ein Gericht ein rationaler oder sogar strategisch-rationaler Akteur sei? Worin besteht diese Rationalität? Welches ist die rationale Strategie eines europäischen Judikativorgans mit einem weitreichenden Auftrag zur Rechtsanwendung, -auslegung und -fortbildung? Auf diese Fragen findet man in der Regel keine Antwort in den rationalistischen Theorieansätzen und das, obwohl die Rationalität des Akteurs hier zu einem zentralen Erklärungsfaktor erhoben wurde.

Nähert man sich dem Begriff der Rationalität von seiner Wortbedeutung her, so sind damit immer zwei unterschiedliche, jedoch zugleich verwandte Aspekte angesprochen: Zum einen ließe sich der Begriff (urspr. *lat.* ratio) als Überlegung, Erwägung, Denk- und Urteilsvermögen oder auch schlicht Berechnung übersetzen. Damit ist also zunächst der Verstand, der Intellekt, die kognitive Begabung des Menschen angesprochen. Mittels dieser rationalen Fähigkeiten ist es möglich, etwa die Zweckmäßigkeit oder Effizienz einer Handlung zu kalkulieren. Zum anderen meint Rationalität aber immer auch die Befähigung zur Vernunft, zur Einsicht und Erkenntnis. In dieser zweiten Übersetzung geht der Begriff deutlich über die bloße Fähigkeit der Kalkulation hinaus. Rationalität verweist hier auch auf eine normative Dimension. Denn sofern man von einer Handlung sagen kann, sie sei rational, so beinhaltet dies, zumindest der Möglichkeit nach, die Begründbarkeit, der Rechtfertigbarkeit und somit der Legitimation derselben (hierzu auch Steinvorth 2002: 18 ff., 51). Oder wie Martin Hollis kurz und treffend feststellt: „*Rational action is its own explanation*" (1977: 20 f.). Ein rationaler Akteur kann im Zweifel gute oder, der Möglichkeit nach, überzeugende Gründe für sein Handeln angeben und es mit diesen vor anderen erklären und verteidigen. Rationalität ist also immer auch ein Gradmesser für die Richtigkeit und Angemessenheit

---

12 So rühmen sich neuere Varianten der Rational-Choice-Theorie geradezu mit dem universalistischen, wie auch minimalistischen Charakter ihrer Rationalitätskonzeption (eine gute Einführung findet sich bei Kunz 2004).

von Handlungen. Aber welche Gründe sind „gut" oder „überzeugend" und können rechtfertigend herangezogen werden? Um eine Antwort auf diese dringende Frage geben zu können, die für das Handeln im Kontext des Rechts von entscheidender Bedeutung ist, muss man sich dem Konzept der Rationalität genauer zuwenden und kann die rationale Eigenschaft der Akteure nicht einfach als gegeben statuieren, wie dies in der hier kritisierten „rationalistischen" Theorietradition oftmals der Fall ist. Konkret: Es gilt nach den Ursprüngen und Bedingungen der Möglichkeit von rationalem Denken und Handeln zu fragen, um über die Grundlagen von Integration im und durch Recht sinnvolle und hinreichend begründete Aussagen machen zu können.

Wer also etwas über rationales Handeln im Recht aussagen will, sollte zunächst einmal Klarheit über deren Grundlagen schaffen. Und gerade mit Blick auf diese Grundlagen herrschen bislang – auch und besonders in der Integrationstheorie – große Missverständnisse. Denn Rationalität wird hier noch immer als eine naturgegebene Konstante des menschlichen Daseins, als eine universalistische, d. h. von Raum und Zeit losgelöste Größe angenommen, die unabhängig von dem durch sie bestimmten Akteur oder seine kontextuelle Einbettung existiert (kritisch hierzu bereits Hollis 1991: 58 ff.; vgl. auch White 1979: 1156 ff.). Anders gesagt: Der Akteur *funktioniert* lediglich nach einer extern und stets gleich bleibenden, aber letztlich anonymen Rationalität. Oder noch einmal anders gewendet: Nur die Akteure, ihre Interessen, die Schauplätze und manchmal auch die institutionellen Rahmenbedingungen des Handelns wechseln, die Rationalität jedoch bleibt in ihrer Formel dieselbe. Rationales Handeln wäre demnach ex ante berechenbar oder zumindest ex post erklärbar. Der als linear angenommene Ursache-Wirkung-Zusammenhang zwischen rationalem Akteur und seinem Handeln macht dies, zumindest in der Theorie, möglich: Sofern man den Akteur und seine Interessen (unabhängige Variable) kennt und man von ihm behaupten kann, er denke und handele rational (Funktion/Operator), so wird man eine Erklärung für sein

Abbildung 1 Rationales Handeln als Blackbox und linearer Ursache-Wirkung-Zusammenhang (Modell des trivialen Rationalismus)

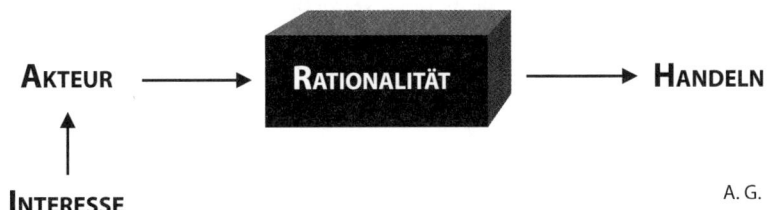

Handeln in einer jeden konkreten Situation (abhängige Variable) ableiten können (Abb. 1, vgl. auch Riedl 2008).

Rationalität erfüllt hier alle Merkmale dessen, was Heinz von Foerster einmal eine „triviale Maschine" genannt hat:

> „A trivial machine is characterized by a one-to-one relationship between its ‚input‘ (stimulus, cause) and its ‚output‘ (response, effect). This invariable relationship is ‚the machine‘. Since this relationship is determined once and for all, this is a deterministic system; and since an output once observed for a given input will be the same for the same input given later, this is also a predictable system" (2003b: 208).

Rationalität wird mithin als synthetisch determiniert, analytisch determinierbar, vergangenheitsunabhängig und voraussagbar konzipiert (siehe von Foerster 1991, 1993, 2003a). Im Folgenden wird daher im Zusammenhang mit solch einer Rationalitätsvorstellung auch von „trivialer Rationalität" bzw. „trivialem Rationalismus"[13] gesprochen werden.

Aber nicht nur das Handeln Einzelner zu einem bestimmten Zeitpunkt könnte man auf diesem vorgezeichneten Wege deuten. Auch Makrophänomene, wie eben die Integration im und durch Recht in Europa, ließen sich nach diesem Muster berechnen und erklären. Der scheinbar unfehlbare Syllogismus[14] – bereits seit Aristoteles bekannt – vermittelt dem Betrachter hierbei die nötige logische Schlüssigkeit und Zuverlässigkeit. Denn sofern man die unabhängigen Rahmenbedingungen und „die Rationalitätsformel" kennt, sollte sich Handeln tatsächlich begreiflich und vorhersehbar machen lassen. Doch was wäre, wenn Rationalität keine feststehende Größe ist? Wenn es keine Rationalitätsformel gibt und der Mensch vielmehr seinem Handeln in unterschiedlichen Kontexten ganz verschiedenartige Kriterien zugrunde legt? Wenn Rationalität gar nicht so trivial ist wie zumeist angenommen? Würde damit nicht auch die Verkettung von Ursache und Wirkung ihre Statik verlieren? Ist es nicht denkbar, dass es einen Pluralismus von Rationalitäten und nicht nur *eine* naturgegebene Form der Rationalität gibt? Ist es nicht vorstellbar, dass Rationalität in Wirklichkeit ein soziales Phänomen ist; und zwar eines, das erst durch die beständige Verwendung, die Wiederholung zur Rationalität wird – also Rationalität in der Tat schon ihre eigene Erklärung ist, wie

---

13 Es sei hier ausdrücklich darauf hingewiesen, dass die Rede von „trivialer Rationalität" bzw. „trivialem Rationalismus" lediglich deskriptiv und keinesfalls geringschätzig zu verstehen ist.

14 Die logische Ableitung einer Konklusion aus zwei inhaltlich miteinander verbundenen Prämissen.

Hollis schrieb? Das lineare Kausalschema würde in diesem Fall nicht nur seine scheinbar unfehlbare Erklärungskraft verlieren, sondern es wäre auch eine nähere Auseinandersetzung mit den Grundlagen von Rationalität nötig. Kurzum: Man müsste die Blackbox „Rationalität" öffnen und nachsehen, was sich darin befindet. Betrachtet man nun die Quellen, Rahmenbedingungen und Entwicklungen im Europarecht und sieht sich die dort üblichen Verfahren, Methoden und Praktiken genauer an, so gibt es bereits auf den ersten Blick gute Gründe anzunehmen, dass hier dem Handeln tatsächlich nicht dieselbe Rationalität zugrunde liegt, wie anderen Bereichen der Integration, sondern dort eigene, spezifisch europarechtliche Regeln gelten, die durch einen breiten, in Verträgen, Verordnungen, Richtlinien, Entscheidungen, Empfehlungen und Stellungnahmen, sowie durch die Entscheidungen des EuGH und des EuG (Gericht der Europäischen Union)[15] hervorgebrachten (man könnte auch sagen: „geschöpften") Normenbestand ergänzt werden. Zudem gilt ein umfassendes Repertoire an sprachpraktisch transportierten und vermittelten Sinnbestimmungen – wie Rechtsdoktrinen, Auslegungsmethoden, Begründungsweisen, Argumentationsformen oder Rechtsgewohnheiten, welche die intersubjektive Behauptbarkeit und Rechtfertigbarkeit, d. i. die anerkennbare argumentative Begründung einer Behauptung, im europäischen Recht bestimmen. Auch die allgemeinen Rechtsgrundsätze und die gemeinsamen Verfassungs- und Rechtstraditionen der Mitgliedstaaten, die ihren Niederschlag noch nicht in konkreten Rechtsentscheidungen gefunden haben, müssen zu dem Grundbestand des europäischen Rechts zählen. Fragt man einen Juristen, einen Praktiker des Europarechts, welche Rationalität er seinem Handeln zugrunde legt, so wird dieser aller Wahrscheinlichkeit nach wenigstens einige der gerade genannten Elemente anführen und nicht etwa auf eine allgemeingültige Rationalität verweisen, die er seinem Tun zugrunde legt. Und gerade diese Gruppe – also Richter, Generalanwälte, Anwälte, Rechtsreferenten, Rechtswissenschaftler – und nicht im Sinne des Staates handelnde Politiker oder Vertreter von Interessengruppen sollte man einbeziehen, wenn es um die praktisch-judikative Genese des Rechts geht; ist doch die Ausbildung von Juristen nicht nur mit der Rechtswissenschaft (vgl. Ernst 2007: 4 ff.), sondern auch mit den Auffassungen eines gelungenen und gebotenen europäischen Rechts aufs Engste verbunden. Dies wird allerdings in der Integrationstheorie bislang kaum geschehen, da sie die Bedeutung des Rechtskontextes, als autonomer Raum des Denkens und Handelns, systematisch unberücksichtigt gelassen hat, ja im Lichte ihrer universellen Rationalitätsvorstellung unberücksichtigt lassen musste.

---

15 Vor dem Vertrag von Lissabon „Gericht erster Instanz".

Bereits ohne nähere Prüfung und ohne großen argumentativen Aufwand scheint einiges darauf hinzuweisen, dass die europäische Rechtsgemeinschaft nach eigenen Regeln funktioniert und über eine eigene, zum Recht gehörige Rationalität verfügt, die juristische Erwägungen, Urteile und die Berechnung von Handlungsalternativen im europäischen Recht – also Rationalität in seiner Übersetzung als Verstand – an bestimmte Quellen, Verfahren und Methoden bindet. Diese sind nun gerade nicht bereits extern vorgegeben, sondern werden erst im Bereich des Rechts geschaffen und im Laufe der Zeit ständig durch ihre bloße Verwendung verändert und fortgebildet. Das heißt: Sie sind rechtsspezifisch und aus diesem Grund einzig und allein aus dem Recht heraus verstehbar. Und auch die Fähigkeit zur Vernunft, zur Einsicht und Erkenntnis im Recht – also die normative Komponente der Rationalität – kann nur in den Grenzen des Rechts bestehen; jedenfalls nicht ohne die dort vorhandenen sprachpraktischen Möglichkeiten. Damit ist nun zugleich deutlich über die individualistische Zentriertheit und generelle Determiniertheit einer trivialen Rationalitätsvorstellung hinausgewiesen. Denn die Rationalität selbst bezieht andere offenbar und notwendigerweise immer mit ein. Es handelt sich also um ein gesellschaftliches, ein soziales und keineswegs naturgegebenes Phänomen und erfordert die Auseinandersetzung – wie übrigens schon seit längerer Zeit in Hinblick auf das Europarecht gefordert (siehe Dehousse 2000), aber bislang nicht umgesetzt – mit dem Kontext seiner Entstehung.

Die Hauptkritik an den in der Integrationsforschung dominierenden rationalistischen Theorieansätzen ist also nicht in erster Linie, dass diese gegen die wissenschaftlichen Regeln verstoßen würden und den EuGH mit ihren Werkzeugen unzureichend untersucht hätten; die reiche Literatur über den Gerichtshof und die Geschichte seiner Rechtsprechung dokumentiert das Gegenteil. Viel eher ist das zentrale Problem die Nichtbeachtung der Regeln und konstitutiven Merkmale des Untersuchungsgegenstandes, also des Rechts im Allgemeinen und des Europarechts im Speziellen. Mit anderen Worten: Man versucht die Integration durch Recht zu erhellen, ohne sich zuvor mit dem Recht als einen eigenständigen Kontext auseinandergesetzt zu haben. Man überträgt ein Analyseraster auf das Recht, das dieses immer nur als „Politik im Mantel des Rechts" erscheinen lassen kann. Doch Europarecht und Rechtsgemeinschaft sind nicht einfach nur weitere Ebenen oder Arenen in einem politischen Mehr-Ebenen-Spiel. Daher ist es nicht nur wenig hilfreich, den Gerichtshof in einen politischen Zusammenhang zu stellen und seine Richter als politische Akteure aufzufassen. Von einem normativ-analytischen Standpunkt aus ist es mehr als problematisch, Gerichte und ihre Vertreter als interessengeleitete oder trivial-rationale Akteure darzustellen und eine politische Determiniertheit des Handelns im Recht zum a priori der Untersuchung zu machen (in diesem Sinne äußert sich etwa Conant 2007: 62, vgl. auch Shapiro u. Stone Sweet 2002, Gillman 2004). Schließlich wäre dies erst in Auseinandersetzung mit dem Recht zu belegen – ein Nachweis, den die theoriegeleitete Integrationsforschung bis heute, trotz gegenteiliger Bekundungen, schuldig geblieben ist.

Die ungeklärten Fragen, die zum einen in der Auseinandersetzung mit dem Begriff der Rationalität und zum anderen im Zusammenhang mit den Erklärungen für die wachsende europäische Rechtsgemeinschaft auftauchen und die nicht zuletzt auch dessen Legitimität betreffen, werden hier zum Ausgangspunkt für eine nähere Untersuchung der auf europäischer Ebene herrschenden Rechtspraxis genommen. Zugleich ergibt sich aus dem zuvor Gesagten, dass es hier ausdrücklich um die Integration *durch* Recht und nicht etwa um die Integration *mit* Recht gehen soll. Denn gerade in diesem genuin juristischen Bereich von Rechtsanwendung und -fortbildung sollten sich wertvolle Einsichten über die Grundlagen, den derzeitigen Stand und die künftigen Möglichkeiten der Integration – nicht nur in Europa – gewinnen lassen. Allerdings fehlt bislang ein theoretisches Konzept, das diese sich durch das Recht selbst vollziehende Integration angemessen erfassen und systematisch verständlich machen könnte. Genauer gesagt fehlt es nicht an Theorien, die sich mit Integration und Recht in Europa beschäftigen, wohl aber an einer Theorie der Integration *durch* Recht.[16]

Um diese Lücke zu schließen, wird hier ein Analysewerkzeug entwickelt und für die Untersuchung der Integration durch Recht vorgeschlagen, das in der Lage sein sollte, die inneren Vorgänge im Bereich des europäischen Rechts abzubilden und verständlich zu machen. Es wird dabei explizit die Integration durch juristische Akte der Rechtsauslegung, -anwendung und -fortbildung im Mittelpunkt stehen, also derjenige Bereich der Rechtsintegration, der tatsächlich und allein *innerhalb* des Rechts liegt. Es wird also nur insoweit um Akte der politisch-legislativen Rechtsetzung gehen, als diese Aufschluss über den gemeinschaftlichen und integrativen Kern des Rechts geben und für das Verständnis der Einbettung

---

16 Zwar wird im Rahmen sozialkonstruktivistischer Analysen, die seit den späten 1990er Jahren den Einfluss von Strukturen und Normen auf die Konstruktion Europas untersuchen, auch auf die Einbettung von Akteuren in Strukturen hingewiesen (etwa Checkel 1999, 2001, Christiansen, Jørgensen u. Wiener 1999, Fierke u. Wiener 1999, Kratochwil 2001, Schimmelfennig 2003, Tonra 2003). Doch auch hier fehlt es, trotz der Intention des Bridge-Building zwischen Rationalismus und Konstruktivismus (vgl. Wiener 2003, Zürn u. Checkel 2005, Checkel 2005, Johnston 2005; ferner auch Müller 2004), bislang an einer überzeugenden interdisziplinär fundierten Auseinandersetzung mit den Bedingungen der Möglichkeit der Integration durch Recht als auch an theoretischen Analyseansätzen, die eine systematische Untersuchung des europäischen Rechts als autonomer Raum des Räsonierens und Handelns erlauben würden.

der judikativen Rechtspraxis wie auch der Genese der Rechtsgemeinschaft relevant sind.

Dementsprechend werden hier bewusst die durch den EuGH wahrgenommene Judikatur, die Bedingungen ihrer Möglichkeit, ihre Grundlagen und Erkenntnisquellen in den Vordergrund gestellt und, im Kontrast zu der alten Schule der „Integration through Law" (Cappelletti, Seccombe u. Weiler 1985), nicht etwa Akte, die vor allem dem Bereich des *politischen* Entscheidens zuzuordnen und lediglich im Recht eingebettet sind. Letztere wären insofern richtigerweise eher unter der Überschrift „Integration mit Recht" zu fassen.[17] Dass der EuGH und sein Handeln hierbei im Mittelpunkt stehen und insofern bereits eine gewisse Festlegung auf einen Akteur erfolgt, sollte nicht als Widerspruch zu dem zuvor Gesagten gesehen werden. Als Referenzobjekt der Europarechtswissenschaft und in seiner Funktion als zentrale Rechtsanwendungs-, aber auch Rechtsfortbildungs- und insofern auch Rechtserzeugungsinstanz, ist der Europäische Gerichtshof in seiner Arbeit stets auf die Rahmenbedingungen und Fundamente der Integration durch Recht angewiesen. Das gilt umso mehr, als dem Gericht nicht nur die Rechtsauslegung und -anwendung, sondern auch die Rechtsfortbildung im weiteren Sinne obliegt. Letzteres beinhaltet nämlich nicht mehr, aber auch nicht weniger, als dass der EuGH, wie übrigens jedes andere Gericht auch, bei der Anwendung von Recht immer zugleich (und notwendigerweise) einen Beitrag zur Konkretisierung, zur Weiterbildung, zur Reproduktion oder aber auch zur Produktion des Rechts leistet, was in modernen, institutionell differenzierten Gesellschaften zwangsläufig dem Erfordernis der Rationalisierung untersteht.

Dieses Erfordernis ergibt sich nicht zuletzt aus der Tatsache, dass Rechtsanwendung und Rechtsetzung im Grunde genommen immer identisch sind. Ihre Differenz ist letztlich nur perspektivisch (siehe Jestaedt 2007: 274; eingehend hierzu Kap. 5.1). Dass dies gar nicht anders sein kann, wird bereits deutlich, wenn man sich vor Augen führt, dass jeder Fall, der dem Gerichtshof angetragen wird, grundsätzlich neu und anders ist als alle vorhergehenden Fälle. Der endliche europäische Normenbestand muss der Möglichkeit nach einer unendlichen Anzahl von verschiedenen Fragen gerecht werden. Es braucht also *immer* – in einfachen wie in komplizierten Fällen – einen Akt der Rechtsumsetzung, der durch menschliches Handeln geleistet werden muss. Dies gilt selbst für den Rekurs auf Präzedenzien. Denn in wesensmäßig gleichen oder vergleichbaren Fällen wird

---

17 Cappelletti, Seccombe u. Weiler haben sich explizit auf die Rolle des Rechts in einem politischen Integrationsprozess konzentriert und „*[how law] defines many of the political actors and the framework within which they operate, controlling and limiting their actions and relations*" (1985: 4).

doch zumindest eine Grundlage des juristischen Vergleichs notwendig, die zwei Fälle überhaupt als gleich oder vergleichbar erscheinen lässt. So gesehen ist jede Rechtsanwendung auch ein schöpferischer Akt, als dieser neue Gewissheiten schafft bzw. alte transformiert oder festigt. Kurz: Das in den Verträgen kodifizierte und durch legislative Rechtsetzungsakte geschaffene (europäische) Recht kann nie direkt wirken, sondern bedarf immer der tatsächlichen Auslegung und Anwendung mittels eines nicht-trivialen Räsonierens.

Hierbei darf nicht übersehen werden, dass Rechtsfortbildung immer auch auf die Anschlussfähigkeit an bereits gesetztes und deliberiertes Recht angewiesen ist und aus diesem hervorgehen oder damit doch wenigstens in Einklang stehen muss. Auch der oftmals kritisch gesehene Bereich der richterlichen Rechtsschöpfung[18] kann in diesem Sinne niemals die Schöpfung aus dem Nichts – im Sinne eines quasi religiösen Schöpfungsaktes – sein, sondern muss immer als das Schöpfen aus etwas bereits Bestehendem verstanden werden. Dies mag nun in mehr oder weniger spektakulären Fällen geschehen und in Kreisen der Fachöffentlichkeit unterschiedlich viel Aufmerksamkeit wie auch Kritik erfahren. Doch muss klar sein, dass die richterliche Rechtsschöpfung, um die es hier gehen soll, eine gewisse Anschlussfähigkeit beweisen und sicherstellen muss, damit sie überhaupt gelingen kann. Und genau hier zeigt sich zugleich das Wesen der Integration. Denn um eine Rechtsgemeinschaft überhaupt begründen zu können, müssen bereits gleiche Regeln der rechtlichen Behauptbarkeit, Rechtfertigbarkeit und Akzeptanzfähigkeit[19] zwischen den Teilnehmer dieser Gemeinschaft anerkannt und geteilt werden. Es muss in der Rechtspraxis, wenn schon keine Einheitlichkeit gegeben ist, so doch immer Anschlussfähigkeit herrschen. Integration bedeutet dann nichts anderes als die gleichen sprachpraktischen Regeln rechtlicher Behauptbarkeit anzuerkennen und nach Ihnen gemeinsam (!) zu handeln. So verstanden ist Integration nicht Zustand *oder* Prozess, sondern Zustand *und* Prozess. Es ist das Wissen, wie man gemeinsam im Handeln fortfährt, ohne jemals zu wissen, wo der gemeinsame Weg hinführt.

Das europäische Recht, so die zentrale These, muss als ein eigenständiger und selbsttragender *Kontext* begriffen werden, in dem das Handeln durch eine bestimmte Form des Räsonierens bestimmt und charakterisiert wird.[20] In Anlehnung an die verstehende Soziologie Max Webers und die sprachphilosophischen

---

18 So wird etwa dem EuGH und seinen Richtern regelmäßig vorgeworfen, Rechtsinstitute einfach zu schöpfen oder gar zu erfinden, die vom Gesetzgeber so nicht gewollt wurden.

19 Zu dem Begriff der „Akzeptanzfähigkeit " siehe insbesondere auch Borchardt 1995, 2002.

20 Die verbreitete Rede von einer „Eigenlogik des Rechts" (siehe z. B. Burley u. Mattli 1993: 44, Christensen 2005: 2) führt dabei eher in die Irre. Denn die Logik weist mit ihrem generellen Kri-

Arbeiten Ludwig Wittgensteins wird im Folgenden ein Ansatz vorgeschlagen, welcher der Verallgemeinerbarkeit des Begriffs der Rationalität, im Sinne einer sämtliche Lebensbereiche umfassenden Konstanten, kritisch gegenübersteht; ein Ansatz, der sich jedoch nicht zugleich in einem generellen Zweifel an sozialer Wirklichkeit (und den damit verbundenen Kriterien der intersubjektiven Behauptbarkeit und der Erzeugung von Geltungsansprüchen) ergibt, wie dies bisweilen in poststrukturalistischen/-modernistischen Arbeiten zur europäischen Integration, die sich als Alternative zu einem trivialen Rationalismus darstellen, der Fall ist: Die hier entwickelte Idee der *Kontextrationalität*[21] bzw. der sich daraus ergebende methodische Vorschlag einer *Kontextanalyse* soll helfen, zu einem tieferen Verständnis der Entwicklungen im europäischen Recht zu gelangen und zugleich ein angemessenes Untersuchungswerkzeug europäischer und anderer internationaler Integrationsprozesse bereitstellen. Kontextrationalität fragt dabei nach dem Horizont sprachpraktischer Möglichkeiten und nicht nach einem dispositiv festgelegten Maßstab des Denkens und Handelns, um die Frage nach den Wegen der Integration Europas zu beantworten. Demnach kann Integration nur auf einem gemeinsam praktizierten und sprachlich transportierten Verständnis von Handlungssinn basieren und im Rahmen eines geteilten sozialen, sprachpraktisch gebundenen Kontextes entstehen.

„Sprachpraktisch" heißt in diesem Zusammenhang nichts anderes, als dass Sprache bzw. sprachliche Ausdrücke, über die wir kommunizieren und nachdenken, ohne eine damit verbundene Praxis keine Bedeutung haben. Sprache ohne Tun ist inhaltsleer, und so etwas wie eine „Privatsprache" (Wittgenstein) gibt es nicht. Anders herum gilt: Auch die Praxis, das Tun, hat keine Bedeutung außerhalb der Sprache und der in ihr gespeicherten Regeln und Begrifflichkeiten. Eine Analyse des Rechts als Sprachpraxis muss daher eine Verbindung beider Komponenten herstellen und Recht im Kontext seiner Entstehung zu ergründen suchen.

Die Betrachtung der Rechtsschöpfung durch den EuGH verfolgt insofern zwei Ziele: Zum einen ist sie Untersuchungsobjekt und soll mit Hilfe der Kontextrationalität einer überzeugenderen Erklärung als den bisher vorgelegten zugänglich gemacht werden. Zum anderen ist sie aber auch Erkenntnisobjekt, anhand dessen ein Konzept der Rationalität entwickelt wird, das auch nationale und inter-

---

terium der Schlüssigkeit von Aussagen ja gerade über die sprachlichen Grenzen des Rechts hinaus und würde es insofern kaum von anderen Kontexten unterscheidbar machen.

21 Der Begriff „context rationality" findet bereits bei Lukes (1970) Verwendung; vgl. auch White 1979.

nationale Integrationsprozesse in anderen Kontexten, als dem des europäischen Rechts, erhellen kann.

Der Begriff der *Kontextrationalität*, für den hier argumentiert wird, unterscheidet sich von dem zuvor dargestellten trivialen Rationalitätsbegriff in fünf zentralen Annahmen:

Erstens ist Rationalität kontextuell different: Sie ist immer Bestandteil eines bestimmten und bestimmbaren Kontextes und der Menge der dort geltenden Regeln. Ein Kontext kann nunmehr in dreifacher Hinsicht different sein: (1) Er ist ein *lokal* abgegrenzter Raum der Übereinstimmung von Sprache und Praxis. (2) Die dort geltenden Regeln unterliegen aufgrund von Fortschritt und der Notwendigkeit beständiger Wiederholung einem *temporalen* Wandel. (3) In *funktional* differenzierten Gesellschaften ist er durch spezifische Regeln gekennzeichnet, die in anderen Kontexten aufgrund ihrer funktionalen Differenz abgelehnt werden.

Zweitens ist Rationalität als dynamischer Prozess aufzufassen: Die Regeln, welche die Rationalität eines bestimmten Kontextes bestimmen, sind nicht statisch, sondern vielmehr in einem stetigen Bedeutungswandel befindlich. Die Notwendigkeit hierfür ergibt sich aus der Tatsache, dass Regeln mit ihrer Verwendung immer wieder aufs Neue (re)produziert werden müssen. Was den Inhalt einer Regel, als Bestandteil der Rationalität eines Kontextes, bestimmt, ist ihre Verwendung in der Sprache. Und diese ist wiederum abhängig von wechselnden Umständen und einem generellen, zeitlich bedingten Bedeutungswandel – Reproduktion und Transformation sind hier zwei Seiten derselben Medaille.

Drittens ist Rationalität erlernbar und verstehbar: Rationalität sollte – dies geht aus dem eben Gesagten hervor – nicht als eine dispositional-kognitivistische und insofern unveränderbare Größe aufgefasst werden. Die Rationalität eines Kontextes kann erlernt und so immer auch aus einer Binnenperspektive verstanden werden. Das Erlernen von Regeln der Rationalität (das sind zugleich die allgemein überprüfbaren Rationalitätskriterien) vollzieht sich dabei immer in sprachpraktischen Kategorien, also in der Einheit von Sprache und ihrem regelmäßigen Gebrauch.

Viertens ist Rationalität nicht beliebig auf andere Kontexte übertragbar: Ein Kontext ist von anderen Kontexten unterscheidbar. Er ist, mit anderen Worten, keine inhaltsleere Hülse und kann nicht von externen Rationalitäten bestimmt werden. Eher gibt jeder Kontext konstitutive Grenzen vor, in denen rationales Handeln möglich ist. Insofern kann eine spezifische Rationalität nicht beliebig auf andere Kontexte projiziert werden. Private Geltungsansprüche oder Interessen müssen demzufolge immer bereits eine bestimmte Form annehmen, sofern sie als gerechtfertigt und akzeptabel gelten sollen. Sie können dem Kontext nie-

mals extern angetragen werden und diesen von außen instruieren. Rationalitäten
aus anderen Kontexten als dem geltenden werden als unverständlich oder nicht
(kontext)rational bzw. (kontext)irrational abgelehnt.

Fünftens wirkt Rationalität innerhalb eines Kontextes stabilisierend: Die Verwendung von Regeln – und dies steht durchaus in Einklang mit unserer Aus-
gangsdefinition von Rationalität – bringt immer auch eine normative Begrenzung
mit sich. Schließlich muss es Kriterien der richtigen Verwendung von Regeln
geben. Dass dies so ist, liegt in der Tatsache begründet, dass es Regeln in der Natur
nicht gibt, sondern diese erst durch den Menschen geschaffen werden. So kommt
es zu der eigentümlichen Tatsache, dass sich die zwingende bzw. bindende Kraft
eines Kontextes aus der Gemeinsamkeit und der grundlegenden Übereinstimmung mit Anderen in demselben Sprachkontext ergibt und stabilisierend auf das
Handeln und die Erwartungen daran wirkt. Oder wie von Foerster (1991) schrieb:
„Wir sehen uns mit den Augen des anderen."

Ziel der Arbeit ist es, mit dem Konzept der *Kontextrationalität* ein Verständnis
von Rationalität zu ermöglichen, das flexibler und differenzierter ist als das bisher
in der Politikwissenschaft und besonders auch in der regionalen Integrationsforschung verwandte. Zugleich soll damit ein analytischer Ausweg aus der Kontroverse zwischen Rationalismus und Poststrukturalismus gewiesen werden, die unlängst auch die Integrationstheorie und das (europäische) Recht erreicht, jedoch
kaum zu produktiven Ergebnissen geführt hat. Es wird gezeigt, dass eine Kritik an
der bislang vorherrschenden Rationalitätsvorstellung zwar dringend geboten ist,
jedoch nicht zu einer generellen Abkehr von dem Begriff der Rationalität führen
muss. Vielmehr ist dieser als analytisches Leitkonzept lediglich weiter und anders
zu denken. Die hier angestellten theoretischen Überlegungen werden anschließend auf die Integration durch Recht in Europa übertragen, um zu zeigen, wie ein
kontextueller Ansatz ein besseres Verständnis von Integrationsprozessen im und
durch Recht ermöglichen sollte.

Die folgende Abhandlung ist an drei übergeordneten Fragen orientiert: Erstens,
welche Rolle spielen die Institution „europäisches Recht" und der Europäische
Gerichtshof in der Integrationstheorie und wie werden sie dort bislang konzipiert
und charakterisiert? Zweitens, sind die bisher vorgeschlagenen theoretischen Erwägungen in Bezug auf Recht und Rechtsprechung in Europa geeignet, diese angemessen erfassen und erforschen zu können? Drittens, falls dies nicht der Fall
ist: Wie kann ein entsprechender Theorieansatz aussehen und wie kann er helfen
die in Europa stattfindende Integration durch Recht zu verstehen und zu untersuchen? Diesen zentralen Fragen wird hier in drei Schritten nachgegangen: Im
ersten Teil, zu dem bereits diese Einleitung (Kap. 1) gehört, erfolgt ein Problem-

aufriss und eine Bestandsaufnahme der derzeit in der politikwissenschaftlichen Integrationstheorie vertretenen Ansätze. Hierbei werden bereits Merkmale, aber auch ungelöste Aufgaben offenbar, welche die Erklärungskraft dieser Ansätze, jedenfalls in Hinblick auf das europäische Recht, als fraglich erscheinen lassen. Dies wird im zweiten Teil zum Anlass genommen, um, in Auseinandersetzung mit den Arbeiten Max Webers und Ludwig Wittgensteins, auf die Suche nach einem geeigneten wissenschaftlichen Analysewerkzeug zu gehen. Dabei wird in mehreren Schritten das hier bereits kurz umrissene Konzept kontextueller Rationalität entwickelt, welches das bisherige Konzept der trivialen Rationalität in der Integrationsforschung ablösen könnte. Im dritten Teil wird anhand von Fallbeispielen zum Grundrechtsschutz in der Europäischen Union die Möglichkeit der empirischen Anwendbarkeit des hier vertretenen Ansatzes dargestellt und der Brückenschlag zu anderen Integrationsbereichen und -kontexten versucht.

Ausgangspunkt der Betrachtung ist die „kopernikanische Wende der Sozialwissenschaften" – also die erkenntnistheoretische Wende vom Beobachteten zum Beobachter –, welche die Theoriebildung in den letzten Jahren zunehmend bestimmt und einen in der Integrationsforschung neuen, wenn auch in der Theorie- und Ideengeschichte altbekannten, Fragenkomplex in den Vordergrund rückt (Kap. 2). Die Theorien und Erklärungsansätze werden hier gemäß ihrer erkenntnistheoretischen Ausrichtung in zwei Gruppen eingeordnet und einander gegenübergestellt: rationalistische vs. poststrukturalistische Ansätze (Kap. 2.1 und 2.3). Interessant sollte dies insbesondere deshalb sein, weil trivial-rationalistische Erklärungsmuster bislang die Debatten zwar immer noch dominieren, allerdings zunehmend durch konstruktivistische und poststrukturalistische Ansätze herausgefordert und in Zweifel gezogen wurden. In gewisser Weise kann man die poststrukturalistischen Theorien sogar als Gegenspieler der rationalistischen Theorien im erkenntnistheoretischen Spektrum auffassen (vgl. auch Christiansen, Jørgensen u. Wiener 1999: 536). Denn eine Konzeption von Rationalität – dem Kernelement des Rationalismus – wird hier als Positivismus kategorisch abgelehnt und zugunsten historisch-sprachlicher Konstrukte als analytische Leitkategorie abgelöst.

Die Auseinandersetzung mit den beiden Gegenpolen im erkenntnistheoretischen Spektrum ist aus mehreren Gründen reizvoll: Zunächst einmal stellen in poststrukturalistischer Tradition stehende Autoren einige zentrale Schwachpunkte der rationalistisch fundierten Integrationstheorie heraus. Gleichwohl lassen sich diese Probleme, wie zu zeigen sein wird, nicht befriedigend innerhalb einer poststrukturalistischen Perspektive lösen. Überdies tauchen neue Probleme und Schwierigkeiten auf, welche die poststrukturalistische Sicht der Dinge nicht als Alternative erscheinen lassen können. Dennoch sollte sich in der Auseinandersetzung mit den beiden Lagern ein deutlich konturierter Rahmen für weiterführende theoretische Erwägungen abstecken lassen. Auch sollten dabei die Unzulänglichkeiten der beiden Theorietraditionen vermieden werden.

Die Auswahl der hier thematisierten Theorien erfolgt weniger nach der Maßgabe, einen vollständigen Überblick über die mit dem Recht befassten politikwissenschaftlichen Integrationstheorien zu liefern. Vielmehr soll die hier getroffene Auswahl als eine Sammlung der in den Debatten, zwischen Vertretern der rationalistischen und poststrukturalistischen Theorien, immer wiederkehrenden Argumente aufgefasst werden. So werden zunächst die „Klassiker" der Integrationstheorie vorgestellt. Daraufhin wird gezeigt, dass neuere Ansätze und Studien immer wieder auf deren Erklärungsmuster rekurrieren und aufbauen. Die hier vorgestellten und thematisierten Ansätze können und sollen also prototypisch und stellvertretend für die jeweilige erkenntnistheoretische Strömung in der Politikwissenschaft und Integrationsforschung gesehen werden. Es werden dabei grundlegende Unterschiede, aber auch Gemeinsamkeiten zwischen den unterschiedlichen Theorien und Erklärungsansätzen zutage treten, die, obgleich inzwischen fortentwickelt und ausdifferenziert, noch immer die aktuellen Debatten bestimmen und insofern nicht an Relevanz eingebüßt haben.

Hervorzuheben ist an dieser Stelle, dass hier ausdrücklich die vorgetragenen Argumente und nicht etwa die Theoriebezeichnungen im Mittelpunkt stehen werden. Die Auswahl der unter Rationalismus und Poststrukturalismus zusammengefassten Theorien soll also aufgrund von inhaltlichen Gemeinsamkeiten oder Bezugspunkten erfolgen und nicht anhand der eigenen Etikettierung. Dies ist wichtig, zumal die hier angestrebte Auseinandersetzung mit den Theorien einen argumentativen und keinen begriffsgeschichtlichen Zweck verfolgt. Die Einordnung der Theorien in Rationalismus und Poststrukturalismus muss also nicht notwendigerweise den Selbstdeklarationen der Theorien entsprechen, sondern dient eher explikativen und argumentativen Absichten.[22] Sie ist überdies Grundlage und Ausgangspunkt für die Entwicklung der *Kontextrationalität* als analytisches Konzept und dritter Weg zwischen der Skylla einer trivial-rationalistischen

---

22 So gibt es etwa „gemäßigt konstruktivistische" Theorien, die durchaus ein Interesse an Normen, Werten, Regeln und deren sozialer Konstruktion haben, jedoch gleichzeitig von strategisch-rational handelnden Akteuren ausgehen (so z. T. Stone Sweet, siehe unten Kap. 2.1.4). Ausschlaggebend für die hier vorgenommene Einordnung ist die zugrunde liegende Rationalitätskonzeption der Ansätze, sofern damit Handeln erklärt und Aufschluss über die zugrunde liegenden Handlungsgründe geben werden soll.

Pauschalisierung und der Charybdis eines wenig überzeugenden poststruktura-
listischem Skeptizismus.

Die Auswahl und Einordnung der untersuchten Theorien wurde nach erkenntnistheoretischen Gesichtspunkten vorgenommen. Sie orientiert sich an zwei
Kriterien: *Erstens* werden ausschließlich Theorien untersucht, die den Anspruch
erheben, Integration durch Recht in Europa zu erklären oder zumindest eine Ableitung von relevanten Annahmen erlauben. *Zweitens* muss eine inhaltliche Konzeption von Rationalität enthalten sein, aus der sich die Handlungsgründe der im
Recht agierenden Akteure ergeben, *oder* eine solche Konzeption muss unter der
Angabe von Gründen generell abgelehnt werden.

Im Rationalismus werden dementsprechend die neorationalistische Theorie
nach Geoffrey Garrett (Kap. 2.1.1), die Theorie des Liberalen Intergouvernementalismus nach Andrew Moravcsik (Kap. 2.1.2), eine neofunktionalistische Theorievariante von Anne-Marie Slaughter und Walter Mattli sowie die ebenfalls neofunktionalistische Untersuchung des Vorabentscheidungsverfahrens gem. Art. 267
AEUV (ex-Art. 234 EGV) von Karen Alter (Kap. 2.1.3) und der supranational-in-
stitutionalistische Theorieansatz von Alec Stone Sweet (Kap. 2.1.4) betrachtet. Anschließend werden die dort vertretenen Annahmen hinsichtlich ihrer Einschätzung von Integration und Recht untersucht und kritisiert (Kap. 2.2).

Auf poststrukturalistischer Seite steckt die Beschäftigung mit der europäischen Integration noch immer in den Anfängen bzw. ist nach einigen Versuchen,
die Theorie für die Integrationsforschung urbar zu machen, nur noch punktu-
ell weiter verfolgt worden (vgl. etwa Walters 2002, 2006, Cohen u. Vauchez 2007,
2008, 2011). Dennoch sollte die Kritik dieser Ansätze, die auch und besonders
für das Recht in Europa gelten muss, ernst genommen werden. Um dies zu belegen, werden mehrere poststrukturalistische Arbeiten vorgestellt und auf ihre
Plausibilität und Schlüssigkeit hin überprüft: die postmoderne Perspektive auf die
europäische Integration nach Peter van Ham (Kap. 2.3.1), die poststrukturalistische Diskursanalyse nach Ole Wæver (Kap. 2.3.2), der postmodernistische Ansatz nach Thomas Diez (Kap. 2.3.3) und die Europa- und Rechtskonzeption von
Jacques Derrida (Kap. 2.3.4). Abschließend werden die darin vertretenen Annahmen resümiert und als mögliche Alternative bei der Untersuchung der Rolle des
Rechts in Europa kritisch hinterfragt. Hierbei wird sich zeigen, dass die poststrukturalistische Forschung kaum eine Alternative für die Untersuchung der Integration durch Recht darstellen kann (Kap. 2.4).

Sodann wird argumentiert, dass neuere Studien auf diese „Klassiker" der
Integrationstheorie und deren grundlegende Annahmen, insbesondere in Hinblick auf die Einschätzung der Akteursrationalität des EuGH, aufbauen und dabei

fragliche Prämissen übernommen haben, die bisweilen den Blick auf die Integration durch Recht verstellen (Kap. 2.5).

Vor diesem Hintergrund und aus den zu belegenden Unzulänglichkeiten der untersuchten Theoriekonzepte wird sich ein klareres Bild von den Anforderungen an eine angemessenere Konzeption der *Integration durch Recht* zeichnen lassen (Kap. 3). Dies wird im zweiten Teil zum Anlass genommen, auf die Suche nach einem dem Recht angemessenen Begriff der Rationalität zu gehen (Kap. 4). Der hier als Alternative zu dem Begriff der trivialen Rationalität vorgeschlagene Begriff der *Kontextrationalität* wird in Auseinandersetzung mit den Arbeiten von Max Weber und Ludwig Wittgenstein entwickelt. In einem ersten Schritt werden dazu Webers Ausführungen zur verstehenden Soziologie und das dort inhärente Kontextprinzip der Rationalität untersucht (Kap. 4.1). Hierbei wird nacheinander auf Erklären und Verstehen als Methode (Kap. 4.1.1), die Typen des sozialen Handelns und der Rationalität (Kap. 4.1.2) sowie Lebenssphären und Eigengesetzlichkeit (Kap. 4.1.3) in Webers Arbeiten eingegangen. Anschließend wird gezeigt, dass sich auch das Recht als „Wertsphäre" im Sinne Webers auffassen lässt (Kap. 4.1.4). Moderne Gesellschaften haben bei Weber im Laufe eines Rationalisierungsprozesses eine Vielzahl von Wert- bzw. Lebenssphären ausdifferenziert, die sich jeweils durch eine Eigengesetzlichkeit auszeichnen und durch diese bestimmt werden. Der Begriff der Eigengesetzlichkeit bei Weber muss allerdings insofern als problematisch angesehen werden, als dieser nichts darüber aussagt, inwiefern er die in einer Wert- bzw. Lebenssphäre handelnden Akteure tatsächlich bestimmt. Darüber hinaus scheint Webers frühe Theorie der gesellschaftlichen Differenzierung auch generell eher einen Gesellschaftszustand als einen Prozess zu beschreiben.

Dass es sich bei Rationalität allerdings keinesfalls um einen statischen Begriff handeln kann, wird in einem zweiten Schritt anhand einer Auseinandersetzung mit Ludwig Wittgensteins Philosophie der Sprache deutlich werden (Kap. 4.2). Interessant ist eine Synthese der Arbeiten Webers und Wittgensteins, die übrigens bereits von dem englischen Philosophen Martin Hollis (1991) vorgeschlagen wurde, nicht zuletzt deshalb, weil einige zentrale Konzepte des Wittgenstein'schen Spätwerks, wie „Sprachspiele" und „Regelfolgen", bereits durch die Rechtsphilosophie und -theorie erschlossen wurden (vgl. etwa Patterson 1996, 2004a, Eldridge 2003, Bix 1992, Schauer 1992, Bobbitt 1999; ein erster Überblick findet sich bei Herbert 1995). Vor allem jedoch verspricht ein Blick auf Wittgensteins Ansatz, Licht auf das Dunkel der inneren Funktionalität des Rechts zu werfen. Hieraus lassen sich sodann auch Aussagen über die Möglichkeiten der Integration durch Recht machen. Integration ist, um mit Wittgenstein zu sprechen, im Grunde nichts anderes als das gleiche „Spiel" zu spielen. Bei Wittgenstein ist dies immer ein sprachlich vermitteltes Spiel, das sich durch eine Anzahl spezifischer Regeln definiert und an eine geteilte Praxis gebunden ist.[23] Um dies zu zeigen, werden einige zentrale Begriffe und Vorstellungen aus Wittgensteins Philosophie der Sprache aufgegriffen und herausgearbeitet: Sprache und Sprachspiele (Kap. 4.2.1), Regeln und Regelfolgen (Kap. 4.2.2) sowie Naturtatsachen und Lebensform(en) (Kap. 4.2.3). Daraufhin wird versucht, die unterschiedlichen Aspekte und Elemente zu ordnen und in eine systematische Anordnung zu bringen. Hier wird auch der Begriff des Kontextes eingeführt, der in Wittgensteins Arbeiten nicht auftaucht, jedoch ergänzt werden sollte, damit sich ein geschlossenes Bild ergibt (Kap. 4.2.4, siehe hierzu auch Grimmel 2011a).

Sodann wird das Modell der Rationalität nach Weber dem Regelbegriff nach Wittgenstein gegenübergestellt und in der Synthese der beiden Ansätze ein neues, kontextuelles Konzept der Rationalität vorgeschlagen. Demnach ist es, allgemein formuliert, die Entsprechung von Sprache und den Formen ihres regelmäßigen Gebrauchs in einem spezifischen – d. i. historisch, funktional und lokal ausdifferenzierten – Kontext, welche die Kriterien rationalen Denkens und Handelns vorgibt (Kap. 4.3).

Davon ausgehend wird im dritten Teil die europäische Integration im und durch Recht als das Produkt einer Entwicklung aufzufassen und zu untersuchen sein, die auf einer Rationalität gründet, die dem Recht als solchem eigen und demzufolge nur „von innen", aus dem Kontext heraus, erfahrbar ist (Kap. 5). Hierzu werden sowohl die allgemeinen Grundlagen des Rechts als auch dessen Besonderheiten in der europäischen Gemeinschaft berücksichtigt. Zunächst einmal wird jedoch die Rolle des EuGH im Kontext des Rechts zu beleuchten sein. Es wird dabei besonders auch auf die rechtsfortbildende und -schöpfende Funktion des Gerichtshofs einzugehen sein (Kap. 5.1). Dabei wird deutlich, dass die Entwicklung der europäischen Rechtsgemeinschaft und das Handeln des Europäischen Gerichtshofs keineswegs in einem „luftleeren Raum" erfolgten oder erfolgen, sondern auf einer Vielzahl von anerkannten Rechtsformen und -inhalten der Rechtsgemeinschaft beruhen. Eine rechtsspezifische Behauptbarkeit, Begründung und Argumentation werden hierbei als zentrale Bestandteile rechtsrationalen Handelns identifiziert (Kap. 5.2) und lassen sich als wichtige Elemente einer

---

23 Dieser zentrale Punkt wurde und wird bisweilen von Konstruktivisten und vor allem Postmodernisten regelmäßig unbeachtet gelassen (siehe etwa Diez 1996, 1998, 1999 eingehend hierzu Kap. 2.3.3). Eine Betonung des Handlungsaspekts erfolgt zweifelsohne bereits bei Onuf 1989, 2001; vgl. auch Zehfuss 2001: 58 ff.

Rationalität des Rechts anhand der besonders einflussreichen frühen Rechtsdoktrinen zur „unmittelbaren Anwendbarkeit" (Kap. 5.2.1) und zum „Vorrang des Gemeinschaftsrechts" (Kap. 5.2.2) darstellen. Europäische Integration durch Recht ist demnach weit mehr als ein auf institutionellen Eigeninteressen beruhendes Beiprodukt. Vielmehr ist der Kern der Integration durch Recht bereits im Recht selbst vorhanden und bindet das Handeln der Akteure (insbesondere dasjenige des Gerichtshofs) im europäischen Recht (Kap. 5.3).

Um den analytischen Mehrwert und die empirische Bedeutsamkeit des hier vertretenen Ansatzes zu belegen, wird auf der Grundlage der zuvor angestellten Überlegungen eine *Kontextanalyse* einiger besonders einschneidender und vieldiskutierter Fälle zum Grundrechtsschutz vorgenommen. Hierbei wird zunächst einmal die Fallauswahl zu begründen und deren Relevanz zu belegen sein (Kap. 6). Es folgt eine kurze Darstellung der Fälle: „Viking" und „Laval" (Kap. 6.1.1), „Kadi u. Al Barakaat" (Kap. 6.1.2) und „Brüstle" (Kap. 6.1.3). Diese werden daraufhin im Kontext betrachtet und analysiert (Kap. 6.2). Zu diesem Zweck werden die Fälle kontextualisiert und in ihrer temporalen (Kap. 6.2.1), funktionalen (6.2.2) und lokalen (6.2.3) Dimension (den drei Dimensionen des Kontextes) betrachtet. Hierbei wird sich zeigen, dass es notwendig ist, die Rechtsprechung des EuGH von einer Innenperspektive aus, also im Kontext des Rechts, zu betrachten, um diese verstehen und bewerten zu können. Im Ergebnis wird sich der vielgescholtene „juristische Aktivismus" in den vorliegenden Fällen eher als eine rechtskontextuelle Notwendigkeit, denn als „Politik im Mantel des Rechts" darstellen lassen. Mit der These der „Vervollständigungstendenz des Gemeinschaftsrechts" wird schließlich ein konkreter Vorschlag für ein kontextuelles Verständnis des Phänomens „Integration durch Recht" gemacht (6.3).

Die Auswahl der Fälle erfolgt in eingehender Auseinandersetzung mit der Fachliteratur und nach Gesprächen mit Wissenschaftlern und Praktikern des Europarechts (Richtern, Generalanwälten, Anwälten, Rechtsreferenten) und wird durch eine Reihe von gesprächsleitfadengestützten Interviews mit Vertretern des Europäischen Gerichtshofs inhaltlich ergänzt und untermauert werden. Ziel des dritten Teils der Arbeit ist es nicht, die theoretischen Erwägungen auf ein breites Fundament von empirischen Daten zu stellen. Eher soll hier die Anwendbarkeit der abstrakten Ausführungen ermöglicht, die Ergebnisse der Theoriediskussion verdeutlicht und der Wert einer Kontextanalyse erläutert werden. Darüber hinaus sollte die Kontextanalyse der hier untersuchten Fälle zum Grundrechtsschutz eine sachliche Bewertung der darin entwickelten Rechtsprechung ermöglichen – nicht zuletzt in der Hoffnung, dass dies auch zu einer Versachlichung der Diskussionen um den EuGH und seine Rolle im Integrationsprozess führt.

Abschließend werden einige zentrale Implikationen für die europäische Integrationsforschung herausgestellt, die potenziell auch auf andere Forschungsfelder und Wissenschaftskontexte übertragbar sind. Es wird argumentiert, dass eine tatsächliche Öffnung der Einzel- und Spezialwissenschaften in Europa unabdingbar für das Gelingen zukünftiger Erklärungen sein wird und dass das Konzept der *Kontextrationalität* wie auch der sich daraus ergebende methodische Vorschlag der *Kontextanalyse* helfen könnten, eine solche Forschung zu gestatten (Kap. 7).

Zuletzt sei noch ein Wort zu dem interdisziplinären Charakter dieser Arbeit gesagt. Wie bereits zu Beginn erwähnt, laufen Arbeiten, die eine Verbindung zu Nachbardisziplinen suchen, immer Gefahr, oberflächlich zu bleiben oder sogar Dinge miteinander zu verbinden, die bisher aus guten Gründen voneinander getrennt wurden. So scheint gerade in Fragen, welche die Judikatur des EuGH betreffen, die Europarechtswissenschaft bereits über ein umfassendes Verständnis zu verfügen und sehr detailreich Auskunft über Entwicklung und Stand der Rechtsprechung geben zu können. Ziel kann es daher nicht sein, einen Beitrag zur juristischen Beschäftigung mit dem Europarecht oder, mit dem Konzept der Kontextrationalität, zur juristischen Argumentationstheorie zu leisten. Hier gibt es zweifelsohne bereits weitaus aussagekräftigere und präzisere *inner*disziplinäre Arbeiten. Der Wert dieser Arbeit liegt vielmehr tatsächlich in der *Verknüpfung* von politikwissenschaftlicher Integrationsforschung, sprachphilosophisch geprägter Theoriebildung und Europarechtswissenschaft. Es sollten dadurch auch die Anknüpfungspunkte für eine bessere Zusammenarbeit zwischen Politik- und Rechtswissenschaft, die in vielerlei Hinsicht voneinander lernen können, deutlich werden. Vor allem ist damit jedoch die Hoffnung verbunden, ein theoretisches Konzept vorzulegen, das es erlaubt, zu einem besseren Verständnis des Zusammenhangs zwischen Integration, Recht und Rationalität – nicht nur in Europa – zu gelangen.

Bei der Ausarbeitung der einzelnen Teile und Kapitel ist Wert auf Vollständigkeit und Exaktheit der Diskussion, wie auch auf deren Nachvollziehbarkeit gelegt worden. Aufgrund der Komplexität des Themas und unter der Maßgabe, trotz des interdisziplinären Charakters der Arbeit, dem Leser eine in sich geschlossene Abhandlung vorzulegen, die nicht eine bloße Aneinanderreihung von Einzelerwägungen bleibt, hat dies zuweilen erforderlich gemacht, wichtige Thesen und Argumente in unterschiedlichen Sinnzusammenhängen mehrfach aufzugreifen und z. T. zu wiederholen, sofern dies für die Nachvollziehbarkeit und den Gang der Diskussion geboten erschien. Der kritische Leser möge die dadurch bedingten Redundanzen entschuldigen.

2 Die kopernikanische Wende der Sozialwissenschaften als Herausforderung für die Theoriebildung

> *„Denn dasselbe ist*
> *Erkennen und Sein"*
> (Parmenides)

Der Einfluss des Rechts auf den Prozess der europäischen Integration wurde erst spät erkannt. Hatten sich sozial- und politikwissenschaftliche Theorien während des Zweiten Weltkriegs und in den Jahren danach hauptsächlich mit normativen Fragen und den Möglichkeiten einer friedvollen Nachkriegsordnung in Europa befasst (etwa Spinelli u. Rossi [1941][24] 1985, Spinelli 1958, Friedrich 1964, 1968, Mitrany 1965, 1966, Deutsch et al. 1957, Haas 1958), so entstanden bald auch deskriptiv-analytische Theorien, die Erklärungen für den sich vollziehenden Integrationsprozess vorlegten. Die *Integration durch Recht* erfuhr allerdings erst sehr spät Aufmerksamkeit. Es war nicht vor den späten 1980er und frühen 1990er Jahren, dass vermehrt auch Arbeiten entstanden, die, vor dem Hintergrund der einflussreichen Judikatur des EuGH, das Recht in den Fokus der Analyse rückten. Allerdings handelte es sich bei diesen Arbeiten, die sich mit der Integration durch Recht (*engl.* Integration through Law) beschäftigten, nicht wirklich um integrationstheoretische Studien. Eher war es die Entdeckung eines lange unterschätzten und vernachlässigten Forschungsfeldes, das sich zweifelsohne, wie Haltern feststellt, vor allem *„durch Fragmentierung und Heterogenität aus[zeichnete,] kaum gemeinsame oder gar homogene Annahmen, Erwartungen, Reichweiten, Methoden oder Erkenntnisgegenstände [besaß] und ... nicht über eine konsistente Methodologie oder ein kohärentes Verständnis von Prozessen oder Gegenständen"* verfügte (2005a: 282; vgl. ders. 2005b).

Wegbereitend sind bis heute die grundlegenden Arbeiten von Joseph Weiler, Mauro Cappelletti, Eric Stein und Hjalte Rasmussen, die schon früh die bahnbrechenden Rechtsdoktrinen und bedeutsamen Linien der europäischen Rechtsschöpfung und Rechtsfortbildung herausgearbeitet und damit den Grundstein

---

24 Die Jahreszahl in der eckigen Klammer bezieht sich jeweils auf das Erscheinungsjahr der Originalausgabe.

für eine integrationstheoretische Beschäftigung mit dem Recht gelegt haben (vgl. Weiler 1981, 1991, 1993, 1994, 2001, 2002b, Cappelletti, Seccombe u. Weiler 1985, Stein 1981, Rasmussen 1986, 1988, 1992; auch de Búrca u. Weiler 2001, Haltern 2007a). Fortan widmeten sich politikwissenschaftliche Studien immer häufiger der Frage nach den Gründen der Entstehung eines gemeinsamen europäischen Rechtsraumes und seiner Ausweitung durch den EuGH (etwa Alter 1996, 1998, 2000, 2001, 2002, 2009a, 2009b, 2009c, Burley u. Mattli 1993, Mattli u. Slaughter 1995, 1998a, b, Conant 2002, Garrett, Kelemen u. Schulz 1998, Garrett 1992, 1995, Heisenberg u. Richmond 2002, Höpner 2008a, 2010, Hunt 2007, Josselin u. Marciano 2007, Kilroy 1999, Moravcsik 1995b, Pollack 1997, Slaughter, Stone Sweet u. Weiler 1998, Stone Sweet 1999, 2004, 2005, 2010, Scharpf 1999, 2006, 2009, Shapiro u. Stone Sweet 2002, Schepel u. Blankenburg 2001; für einen Überblick vgl. Conant 2007, Schepel 2000, Grimmel u. Jakobeit 2009).

Neben der Öffnung der Politikwissenschaft für neue Forschungsfelder, wie das Recht, hat jedoch ein weitaus tieferer Wandel stattgefunden; ein Wandel, den man wegen seines grundlegenden Charakters durchaus als eine „kopernikanische Wende der Sozialwissenschaften" bezeichnen könnte und der sich dadurch auszeichnet, dass vermehrt erkenntnistheoretische Aspekte in das Zentrum des Interesses politikwissenschaftlicher Theoriebildung gerückt sind. Diese Wende betrifft auch die Integrationstheorie. Denn durch das zunehmende Aufkommen sozialkonstruktivistischer Analysen seit Ende der 1980er Jahre, insbesondere in den *Internationalen Beziehungen* (etwa Wendt 1992, 1995, 2003, Adler 1997, 2002, Checkel 1998, 2001, Kratochwil 1993a, b, 1994, Finnemore 1996a, b, 2000, 2001, Onuf 1989, 1994, 2001, Keck 1995, 1997, Risse 2000; für einen ersten Überblick auch Fearon u. Wendt 2002), ist auch die europäische Integrationsforschung vor neue Herausforderungen und Aufgaben gestellt worden. Seither wird nicht mehr nur über verschiedene Theorien und deren Inhalte, also deren Erklärungsmuster, Hypothesen und Variablen, gestritten. Vielmehr werden heute aus einer konstruktivistischen Perspektive auch die Bedingungen der Möglichkeit von sozialwissenschaftlichen Erkenntnissen überhaupt kritisch hinterfragt.

Vertreter des Konstruktivismus wenden sich dabei vor allem gegen einen starren Wissenschaftspositivismus, also all diejenigen Theorien, die lediglich an exakt messbaren Phänomenen, in der Natur beobachtbaren Tatsachen und realen Gegebenheiten interessiert sind.[25] In den Sozialwissenschaften wird diese Fundierung und die damit verbundene Annahme einer, auf der Grundlage dispositiver

---

25 Des Weiteren beinhaltet die positivistische Position immer auch die Annahme einer wesentlichen Unveränderbarkeit ihres Untersuchungsobjekts und seiner Beschaffenheiten.

Eigenschaften begründeten, generellen Erklärbarkeit menschlichen Denkens und Handelns in wachsendem Maße in Zweifel gezogen und von konstruktivistischen Arbeiten unter dem Hinweis auf die Veränderbarkeit von Normen, Werten, Einstellungen, Auffassungen, aber auch Präferenzen, Interessen oder Ideen regelmäßig kritisiert (etwa Hollis 1977, 1991, Hollis u. Smith 1990, Taylor 1981, Finnemore 1996a, Kratochwil 1993b, 2000, Risse 2003, Johnston 2005, Checkel 2005, Zürn u. Checkel 2005; vgl. auch Müller 2004). Debatten um die erkenntnistheoretischen Fragen „Was kann ich wissen?" oder „Wie kann ich sicher sein?" sind neben die Auseinandersetzungen um die „richtigen" Erklärungsmuster oder -faktoren getreten. Es geht nicht mehr allein um die Frage, wie die Welt beschaffen ist, sondern auch darum, wie wir mit ihr in Kontakt treten können, wie bzw. inwieweit wir überhaupt Wissen von ihr erlangen können und wie wir sie durch unser Tun verändern. Nicht nur das zu beobachtende Objekt, sondern auch der Beobachter selbst und die Möglichkeiten seiner Erkenntnis werden im Rahmen neuerer (sozial)konstruktivistischer Arbeiten zum Thema gemacht.

Die damit aufgeworfenen Probleme und das daraus hervorgehende konstruktivistische Forschungsprogramm sind freilich nicht neu. Auf die generelle Bedingtheit der Beobachtung durch den Beobachter ist in den Naturwissenschaften bereits der Astronom Nikolaus Kopernikus (1473–1543) aufmerksam geworden. Er hatte sich bereits in der Mitte des letzten Jahrtausends die Frage gestellt, wie wir Bewegungen von Sternen und Planeten überhaupt beobachten und erklären können. Seine Antwort: Es ist die Perspektive des Betrachters, die bestimmt, wie Bewegungen in der Natur wahrgenommen werden. Denn die scheinbare Wanderung der Himmelskörper, wie wir sie von der Erde mit bloßem Auge sehen können, so Kopernikus, lässt noch keinen Rückschluss auf deren tatsächliche Bewegung im Raum zu. Zwar sehen wir jeden Tag die Sonne auf- und untergehen, doch ist es tatsächlich nicht die Sonne, die sich bewegt, sondern die Erde selbst und mit ihr die darauf beheimateten Beobachter der Sonne. Die eigene Position und die Bewegung im Raum sind es, so Kopernikus, die bestimmen, was wir wahrnehmen und für wirklich halten. Es gibt also nicht eine einzige, richtige Perspektive auf die Dinge, sondern eher viele „relative" Möglichkeiten, die Welt zu betrachten und wahrzunehmen. Der durch Kopernikus initiierte Perspektivwandel, vom damals vorherrschenden geozentrischen zum heliozentrischen Weltbild, ist auch als „kopernikanische Wende" bekannt geworden.

Das von Kopernikus entdeckte astronomische Problem der Erkenntnis ist nun keines, das sich nur auf die Naturwissenschaften beschränken würde. Auch der sozialwissenschaftliche Beobachter muss sich im Klaren über die Perspektive im *sozialen* Raum werden, um die Wirklichkeit erfassen und Vorgänge ver-

stehen und erklären zu können. Das Wort „Wirklichkeit" sollte hier ruhig in seiner ursprünglichen Bedeutung aufgefasst werden, also etwas, das wirksam oder
wirkend ist, Wirkung entfaltet, in seiner Gegebenheit fassbar ist. Im Gegensatz
zu dem recht ähnlichen Begriff „Realität" meint „Wirklichkeit" etwas, das sich
im Hier und Jetzt zeigt, aber immer auch in Bewegung ist – ein Geschehen, ein
Werden. In konstruktivistischer Perspektive heißt dies: *Die eine* erfahrbare Wirklichkeit gibt es nicht. Wirklichkeit wird im Gegensatz zu einer positivistisch-on-
tologischen Vorstellung nicht als objektives Faktum angenommen, sondern entsteht durch menschliche *Wahr-nehmung*. Dies deckt sich im Übrigen auch mit
den Erkenntnissen der modernen Neurobiologie, die zwischen der Realität als
physischem Faktum und der durch das menschliche Gehirn produzierten Wirklichkeit – eben der Wahrnehmung – differenziert (vgl. Roth 1997: 324, Hüther
2011). Das heißt jedoch nicht, dass diese subjektive Wirklichkeit weniger real
wäre bzw. – und dies läuft aus konstruktivistischer Sicht auf das Gleiche heraus –
dem Beobachter weniger real vorkommen würde. Oder wie Heinz von Foerster
sagt: „*... was man wahr nimmt, nimmt man für wahr. Es gibt ja kein Falschneh-
men*" (1992: 51).

Die Beschäftigung mit der menschlichen Wahrnehmung ist daher alles andere
als trivial und verdient Beachtung. Eine konstruktivistische Untersuchung interessiert sich für das Erkenntnisobjekt, genauso wie für das Erkenntnissubjekt. Dies
ist m. E. der eigentliche Unterschied zu einem positivistischen Verständnis von
Wissenschaft. Ähnlich wie bei Kopernikus ist auch im sozialwissenschaftlichen
Konstruktivismus die Position des Beobachters, sein Eingebettetsein in einen sozialen, institutionellen, kulturellen und historischen Kontext und sein Verhältnis zum Erkenntnisobjekt, entscheidend für seine Perzeption, sein „Für-Wahr-
Nehmen". Dies schließt (zumindest der Möglichkeit nach) die eigene Position als
wissenschaftlicher Beobachter durchaus mit ein. Denn dieser steht ja vor dem
gleichen Problem der Erkenntnis, wie alle anderen auch. Der Sozialwissenschaft-
ler muss sich folglich im Klaren über seine eigene Position in einer durch und
durch sozial konstruierten Wirklichkeit und über sein Verhältnis zu dieser werden, um Erkenntnis begründen zu können. In gewisser Weise muss dabei das wissenschaftliche Prinzip der Objektivität aufgegeben werden. Es muss als obsolet erklärt werden. Denn Objektivität scheint ja gerade die Trennung des Beobachters
vom Beobachteten zu beinhalten (vgl. von Foerster 1992: 44, Glaserfeld 1992). Der
Konstruktivismus jedoch macht den Beobachter zum nicht hintergehbaren Ausgangspunkt von Erkenntnis. Anders gesagt: Es handelt sich um die Bewusstwer-
dung der Bedingtheit der Beobachtung durch den Beobachter – die „kopernikanische Wende der Sozialwissenschaften".

An diesen Wandel hin zu einer Beobachtung zweiter Ordnung (die Beobachtung der Beobachtung) schließt sich die Frage an, wie wir uns als Beobachter überhaupt über die Wirklichkeit gewiss werden können; wie wir in Kontakt mit ihr treten und wie wir zu sicheren Erkenntnissen von ihr gelangen können. Auch diese Frage ist keineswegs eine neue, erst durch den (Sozial)konstruktivismus aufgeworfene. Schon immer haben Menschen über die Begründetheit des eigenen Wissens nachgedacht und diese kritisch hinterfragt. Bereits im 17. Jahrhundert hatte sich der französische Philosoph, Mathematiker und frühe Wegbereiter der französischen Aufklärung, René Descartes (1596–1650), in seinen *Meditationes* mit einer Methode des radikalen Zweifels auf die Suche nach einem Fixpunkt der menschlichen Erkenntnis gemacht. Zurückgezogen von allen störenden äußeren Einflüssen ging Descartes durch ständiges Hinterfragen sinnlicher Eindrücke immer weiter zurück, bis er schließlich nahezu all seine bisherigen Auffassungen und Glaubenssätze anzweifeln musste. Descartes schien den Boden unter den Füßen seines vermeintlichen Wissens zu verlieren. Seinen archimedischen Punkt der Erkenntnis (Albert [1968] 1991: 10) fand Descartes dann aber doch; und zwar in der unmittelbaren Präsenz seiner eigenen Gedanken und der einfachen aber sicheren Gewissheit des „cogito ergo sum". Auf diesem festen Grund der Erkenntnis konnte Descartes aufbauen und sich seiner Welt wieder von Neuem versichern.

Möchte man noch weiter in die Geschichte der Philosophie zurückkreisen, so kann man bereits in der griechischen Antike „moderne" Fragen nach der Möglichkeit menschlicher Erkenntnis finden. In seinem berühmten *Höhlengleichnis*[26] schildert Platon (ca. 427–347 v. Chr.) eine Situation, in der eine Gruppe Gefangener gefesselt in einer Höhle sitzt. Da die Gefangenen sich bereits seit ihrer frühesten Kindheit in der Höhle befinden und seither dazu gezwungen sind, nur die Rückwand der Höhle zu betrachten, denken sie, dass die darauf projizierten Schatten die Wirklichkeit sind. In gewisser Weise sind diese das ja auch, nur eben nicht in einem ursprünglichen Sinn. Denn hinter der Welt der Schatten steckt eine Ebene höherer Erkenntnis, oder wie Platon sagt, „das Seiende". Auch wenn man die Existenz eines primären, wahren und übergeordneten Seins ablehnt, oder die Suche danach für vergeblich hält, so gibt das Höhlengleichnis doch schon einen wertvollen erkenntnistheoretischen Hinweis: Das, was uns in der Welt als wahr und wirklich erscheint, muss nicht gleichbedeutend mit dem Tatsächlichen bzw. der Realität sein. Oder: Die Gewissheit des Seins ist nicht gleichbedeutend mit dem Wissen vom Sein.

---

26 *Politeia*, Buch VII, 514a–521b.

Wahrscheinlich haben diese Fragen nach den sicheren Gründen des eigenen Wissens den Menschen schon lange vor Platon umgetrieben. Gewissermaßen handelt es sich dabei nicht einmal um Fragen, welche die Philosophie erst durch ihr Nachdenken über die Welt hervorgebracht hat. Die meisten Menschen sind auf Fragen, wie „Kann ich sicher sein, dass ich wirklich bin/dass meine Umwelt wirklich ist", bereits in ihrer Kindheit gestoßen – lange bevor sie mit philosophischen Lehren und Überlegungen in Kontakt gekommen sind. Nur haben sie den damit verbundenen Zweifel schnell wieder verworfen. Im Grunde beschäftigen sich die Sozialwissenschaften und auch die im europäischen Kontext entwickelte Integrationstheorie heute wieder mit eben diesen Problemen, vor denen einst Platon und Descartes wie auch zahllose andere „Philosophen" standen. An Schwierigkeit, aber auch Wichtigkeit, haben diese bis heute nicht verloren. Fragen der Wissenschaft werden gleichsam zu Fragen der Möglichkeitsbedingungen von Wissen überhaupt. Und dies betrifft nun nicht allein konstruktivistische Arbeiten – wie sinnvoll oder sinnlos man dieses Etikett vor dem Hintergrund der zuvor gemachten Ausführungen auch halten mag – oder solche, die sich mit erkenntnistheoretischen Fragen auseinandersetzen. Bei der Entwicklung von Theorien (dies gilt auch für die Integrationstheorien) scheint nunmehr immer auch ein Bekenntnis über die epistemologische Grundlage der eigenen Arbeit abgelegt werden zu müssen. „Wie hältst du es mit der Erkenntnis", könnte man jeden Theoretiker kritisch fragen. Eine Antwort auf diese Frage würde immer auch, implizit oder explizit, eine Rechtfertigung für das eigene methodische Vorgehen enthalten. Genauso wie Kopernikus' Entdeckungen und Descartes' Erkenntnisse die „ewigen" religiösen Lehrsätze der Kirche vor eine schwere Herausforderung stellten, so sind heute, durch die erkenntnistheoretische Kritik des Konstruktivismus, der Möglichkeit nach, *alle* sozialwissenschaftlichen Theorien herausgefordert – also nicht nur diejenigen, die sich direkt oder indirekt damit auseinandersetzen (wie etwa Moravcsik 1999; vgl. auch Checkel u. Moravcsik 2001).

Dies wird noch deutlicher, wenn man sich darüber im Klaren wird, in welchem Verhältnis das konstruktivistische Forschungsprogramm eigentlich zu den bisher entwickelten Ansätzen, insbesondere denen zur Erklärung der europäischen Integration, steht. Der Konstruktivismus kann vor dem Hintergrund seiner epistemologischen Kritik an der positivistischen Wissenschaft bzw. seines Interesses an „sozialen Ontologien" (Wiener 2003: 252) nicht als ein neuer Erklärungsansatz oder als eine Art neue Forschungsrichtung neben den bisherigen angesehen werden. Denn die vom Konstruktivismus aufgeworfenen Probleme sind, wie an den Beispielen Platon, Kopernikus und Descartes gezeigt wurde, so alt wie die Philosophie selbst. Der Konstruktivismus repräsentiert gerade nicht – wie oft verkürzt behauptet wird – eine neue Richtung der Forschung. Auch die gängige Kategorisierung als „Meta-Theorie" (so etwa Christiansen, Jørgensen u. Wiener 1999: 531 ff.) scheint nicht recht zu passen und steht überdies in der Gefahr, eine nicht zu rechtfertigende Theoriehierarchie zu etablieren, da hiermit immer auch eine klare Abgrenzung und Unterordnung der „herkömmlichen" Theorien nahe gelegt wird. Denn eine Meta-Theorie – also eine Theorie über Theorien – kann nur in Form eines Meta-Diskurses kritisiert werden, niemals jedoch von ihrem Untersuchungsobjekt (der Theorie erster Ordnung): Meta-Theorien entziehen sich von vornherein, per Definition, der Kritik derjenigen Theorien, die sie selbst kritisieren. Die zu untersuchenden Theorien werden auf dem Seziertisch der Meta-Theorie zwar zum Objekt, nie jedoch zum Subjekt der Auseinandersetzung. Genau in diesem One-Way-Verhältnis liegt zweifelsohne die ernst zu nehmende Gefahr einer nicht legitimierbaren Überordnung gegenüber anderen theoretischen Annahmen begründet.[27] Die Beschäftigung mit der Erkenntnistheorie ist insofern immer auch ein kritisches Unterfangen, das nicht nur das Risiko eines praxisfernen Reflektierens in sich trägt, sondern auch, über das eigentliche Erkenntnisinteresse hinaus, starke normative Implikationen mit sich bringt, die sich dann möglicherweise einer korrigierenden Kritik unter Verweis auf die vermeintlich höhere Argumentationsebene entziehen. Man sollte deshalb das konstruktivistische Forschungsprogramm in der Politikwissenschaft zunächst einmal als die Wiederentdeckung altbekannter Fragen der Erkenntnisphilosophie auffassen und dieses nicht von vornherein der Sphäre der „Meta-Theorien" zuschlagen.

Insofern ist auch die Rede vom Konstruktivismus eher eine beliebige Bezeichnung, was sich im Übrigen mit den vielen Etiketten – von Sozialkonstruktivismus und radikalen Konstruktivismus über Poststrukturalismus und Postmodernismus bis Reflektivismus und Dekonstruktivismus – deckt, die dem Interesse an der Erkenntnistheorie angeheftet werden.[28] Im Kern geht es bei all diesen Ansätzen und

---

27 Der Begriff „Metaphysik" im Verständnis der Aufklärung und das gleichnamige Forschungsprogramm scheint solch eine Überordnung zu enthalten und insofern beispielhaft für die Gefahr einer Verengung des Blicks auf die Meta-Ebene zu sein. Mit der Metaphysik sollte ja gerade eine Abgrenzung zur bloßen Physik, auf der einen Seite, und zu dem „unrationalen" religiösen Glauben, auf der anderen Seite, geschaffen werden. Der Mensch sollte sich seiner selbst und seiner einzigartigen Fähigkeiten bewusst werden. Metaphysik war insofern immer auch ein emanzipatorischer, also aufklärerischer und so gesehen normativer Begriff.
    Besonders scharfe Kritik erfuhr diese Ansicht durch den Wiener Kreis (1922–1936), dem u. a. auch Otto Neurath und Ludwig Wittgenstein angehörten und der sich zur Aufgabe gesetzt hatte, Fragen der Metaphysik, unabhängig von der Möglichkeit ihrer Existenz, außer Acht zu lassen bzw. sich wissenschaftlich auf das Empirische und „Tatsächliche" zu konzentrieren.
28 Hierzu kritisch von Foerster 19: 42 ff., vgl. auch von Foerster u. Pörksen 2008.

Richtungen jedoch gerade nicht um die Entwicklung neuer, empirisch zu belegender Hypothesen, sondern um deren Vorbedingungen, d. h. den Vorbedingungen von Wissen überhaupt.

Lange Zeit hatten diese Fragen innerhalb der Theoriebildung keine Rolle gespielt bzw. sind nicht thematisiert worden. Dies zeigt sich insbesondere auch in der Integrationsforschung, die sich in enger Verbindung mit dem geschichtlichen Prozess der europäischen Einigung entwickelte und weiterhin entwickelt. Hier dominieren bisher solche Theorien, die eine übergeordnete und allgemeingültige Formel für gelingende Integration suchen.[29] Man kann in diesem Zusammenhang durchaus von dem Vorherrschen einer wissenschaftlich-positivistischen Vorgehensweise sprechen. Die Bedeutung des Wortes „Positivismus" besagt ja eigentlich nicht mehr, als dass man sich die durch den Konstruktivismus wiederentdeckten Fragen der Erkenntnisphilosophie gerade nicht mehr stellte bzw. stellen wollte, indem man sich, dem Ideal der „exakten Wissenschaften" folgend, auf das *Positive* (abgeleitet von dem lateinischen Verb *ponere* → *positivum/us* = gesetzt, gegeben), also das vermeintlich Sichere, Unveränderbare, von Natur Gegebene, konzentrierte. Der Zweifel, der Descartes einst zu den Untiefen der Erkenntnis geführt hatte, sollte, wenn nicht völlig verbannt, so doch wenigstens in der Wissenschaft nicht mehr zum Tragen kommen. Man konzentrierte sich in Anlehnung an das Ideal der Naturwissenschaften auf das unmittelbar Wahrnehmbare, auf die Erkenntnis, die aus der Erfahrung ableitbar ist oder zumindest mit dieser empirisch in Einklang zu bringen ist. Eine positivistische Herangehensweise kann daher bestimmte Dinge und Tatsachen als gegebenes Fundament der Erkenntnis behaupten und muss sie nicht neuerlich hinterfragen.[30]

Die „kopernikanische Wende der Sozialwissenschaften" – die Wende vom Beobachteten zum Beobachtenden – stellt die positivistisch verfahrende Theoriebildung und auch das trivial-rationalistische Akteursmodell nun unweigerlich vor eine entscheidende Herausforderung: Sie lenkt die Aufmerksamkeit auf die wissenschaftlichen Ausgangsbedingungen und hinterfragt diese. Die Frage nach der Richtigkeit einzelner Variablen und Faktoren der Erklärung von Wirklichkeit weicht der Frage nach der Rechtfertigung der theoretischen Vorgehensweise *an sich*. Hierin liegt zweifelsohne eine Chance, aber ebenso auch eine große Gefahr für die moderne sozialwissenschaftliche Theoriebildung:

---

29 Wie etwa der „Spillover-Effekt" im Neofunktionalismus oder das an Souveränitätserhalt und Kostenvorteilen orientierte „Bargaining" im Intergouvernementalismus.

30 In der europäischen Integrationstheorie scheint sich insbesondere die Annahme strategisch-rationaler Präferenzbildung und Interessendurchsetzung als ein solches Fundament etabliert zu haben.

Die *Chance* besteht in der Möglichkeit, ein besseres Verständnis für die Gründe von Integration und deren Zusammenhänge fernab monokausaler und insofern verzerrender Erklärungsmuster zu erlangen. Insbesondere für die Zentriertheit auf ein einseitiges und scheinbar naturgegebenes Konzept der Akteursrationalität sollte eine angemessenere Alternative möglich sein. Die festgefahrene Debatte zwischen integrationsskeptischen Intergouvernementalisten und integrationsoptimistischen Neofunktionalisten könnte jenseits der bestehenden Auseinandersetzungen mit neuem Leben erfüllt werden.

Die *Gefahr* der erkenntnistheoretischen Herangehensweise scheint allerdings weitaus größer zu sein: An die Stelle der „alten" positiv gesetzten Fixpunkte müssen „neue" treten, sofern man den reichen Schatz an Erkenntnissen der bisherigen Integrationsforschung nicht in einem infiniten Regress gänzlich aufgeben möchte. Doch wie werden diese bestimmt, ohne eine willkürliche Entscheidung zu treffen und somit den vermeintlichen Fehler erneut zu begehen? Die Gratwanderung zwischen radikalem Zweifel und unreflektiertem Positivismus scheint hier die eigentliche Schwierigkeit zu sein, mit der sich die Theoriebildung konfrontiert sieht.

In der europäischen Integrationstheorie haben sich heute aus erkenntnistheoretischer Sicht zwei extreme Lager ausdifferenziert, zwischen denen sich ein Spektrum „gemäßigter" konstruktivistischer Theorien auftut: Auf der einen Seite die rationalistischen bzw. positivistischen Ansätze (z. B. Neorealismus, Liberaler Intergouvernementalismus, Supranationaler Institutionalismus, Neorationalismus, Rational Choice, Neofunktionalismus), die von der objektiven Beobachtbarkeit und Erfahrbarkeit von Wirklichkeit durch die empirische und theoretische Wissenschaft sowie deren sich stetig verbessernden Messinstrumenten und Methoden ausgehen. Auch die Handlungen einzelner oder zu Gruppen zusammengeschlossener Akteure und deren Interaktion sind demnach auf der Grundlage eines einheitlich-rationalen Handelns zu erklären. Demgegenüber stehen sog. poststrukturalistische bzw. postpositivistische Ansätze (z. B. Postmodernismus, „radikaler" Konstruktivismus, feministische Ansätze, „kritische" Theorie), welche die Existenz einer direkt und vor allem objektiv erfahrbaren Welt, und insofern auch das Bestehen einer allgemeinen Rationalität als Grundlage des Handelns, wenn nicht verneinen, so doch zumindest anzweifeln. Stattdessen kommt der Konstruktion sozialer Wirklichkeit und insbesondere der Untersuchung des durch Sprache transportierten Sinns, der Diskursanalyse, eine tragende Rolle zu.

Anders gesagt: Rationalisten sind auf der Suche nach (sozialen) Tatsachen und deren Erklärung, wohingegen Poststrukturalisten die Existenz solcher Tatsachen nur in ihrer faktischen vom Menschen konstituierten Dimension anerkennen und zugleich kritisch hinterfragen. Erstere stellen ihr Forschungsvorhaben als die Suche nach einer sozialen Ontologie (Wissenschaft vom Seienden, Seinslehre) und objektiven Wahrheiten dar, wohingegen Letztere die Möglichkeit einer „Wissenschaft des Seins" generell ablehnen, sich stattdessen auf Fragen der Epistemologie (Erkenntnistheorie) konzentrieren und nach der subjektiven Entstehung und Konstruktion von Wissen fragen. In der wissenschaftlichen Realität sind die beiden „Idealtypen" in ihren Abstufungen eher fließend und im Zweifel nicht immer exakt voneinander trennbar. Sinnvoll ist die hier vorgenommene Abgrenzung der beiden theoretischen Lager allerdings dennoch insofern, als sich in der kritischen Auseinandersetzung mit beiden Theorieströmungen ein Rahmen für eine erkenntnistheoretische Position abstecken lässt, die weder einem unbegründbaren Dezisionismus verfallen, noch sich in einem kategorischen Zweifel ergeben muss. Die Dar- und Gegenüberstellung von Rationalismus und Poststrukturalismus dient also in erster Linie der Begrenzung einer Position, die mit beiden Endpunkten der Debatte um die europäische Integration und deren wissenschaftlicher Erklärung nicht zufrieden ist.

Ziel ist es hier nicht, ein repräsentatives Bild sämtlicher Positionen im oben dargestellten Spektrum zu zeichnen, sondern die erkenntnistheoretischen Extreme darzustellen und für die Entwicklung einer gemäßigten wie auch anwendungsorientierten Theorie zu nutzen, welche die Unzulänglichkeiten und auftretenden Probleme von Rationalismus und Poststrukturalismus vermeidet oder sogar auflösen kann. Beide Positionen seien an dieser Stelle kurz umrissen und begrifflich definiert. Hierbei werden bereits erste Probleme der Theorien aufgeworfen, die in der späteren Diskussion näher zu belegen sind:

Rationalismus: Vor allem sind bisher Annahmen aus den Internationalen Beziehungen und der für Europa entwickelten Integrationstheorie auf die Integration durch Recht übertragen worden.[31] Eine systematische Auseinandersetzung mit dem Recht in Europa und seiner integrativen Kraft hat jedoch bisher nicht stattgefunden. Oftmals entsteht sogar der Eindruck, dass von politikwissenschaftlicher Seite kaum ein substanzielles Interesse an der Rechtsintegration besteht; dass es den Protagonisten rationalistischer Theorien eher darum geht, die Überlegenheit ihres favorisierten Ansatzes auch für den Bereich des Rechts zu beanspruchen, allerdings ohne sich mit dem Recht selbst auseinanderzusetzen. Dies lässt sich auch an den großtheoretischen Debatten nachvollziehen, die Mitte bis Ende der 1990er Jahre zwischen Theoretikern intergouvernementalistischer und neora-

---

31 Zum Verhältnis der europäischen Integrationstheorie zu den Theorien der Internationalen Beziehungen vgl. auch Bedarff u. Jakobeit 2006: 184 ff.

tionalistischer, auf der einen Seite, und solchen neofunktionalistischer Ausrichtung, auf der anderen Seite, entbrannten.[32]

Obgleich beide Theorieschulen auf den ersten Blick sehr unterschiedliche Erklärungen und Prognosen für die Europäische Integration im Recht liefern, so liegt ihnen doch eine wesentliche Gemeinsamkeit zugrunde, nämlich die Prämisse, die im Recht handelnden Akteure folgten einer allgemeingültigen „Rationalität des Eigeninteresses". Auch wenn diese Annahme fundamental für die Integrationstheorie ist und überdies ein ganz bestimmtes Verständnis von Rechtsintegration begünstigt, so hat ein kritischer Umgang mit dieser ebenso einflussreichen wie auch problematischen Rationalitätskonzeption bislang in der europäischen Integrationsforschung kaum stattgefunden.[33] Stattdessen wird die Annahme einer trivialen Rationalität immer wieder zur Grundlage der Erklärung von Integrationsprozessen durch Recht gemacht und taucht in den verschiedenen Theorien als tragende Prämisse auf. Das heißt, obgleich die zahllosen unterschiedlichen Selbstbezeichnungen der Integrationstheorien eine Fülle unterschiedlicher Erklärungsmuster nahe legen, so finden doch all diese Ansätze Übereinstimmung in einem spezifischen, positivistischen Rationalitätsverständnis.[34]

Problemtisch ist die dort vertretene Rationalitätsannahme insbesondere deshalb, weil sie die Untersuchung der allgemeinen Gegebenheiten und Grundlagen des Rechts an sich und der spezifischen Ausgestaltung des Rechts der Europäischen Gemeinschaft systematisch ausklammern und in eine funktionale Abhängigkeit zu einer außerhalb des Rechts stehenden Rationalität setzen. Rationalität wird, wie bereits oben näher ausgeführt, als inhaltlich nicht näher bestimmte und bestimmbare Konstante des menschlichen Denkens und Handelns angenommen, deren Inhalt sich direkt aus der jeweiligen Interessendefinition und der strategischen Position eines Akteurs in Beziehung zu anderen „Rechtsspielern" unter gewissen institutionellen Zwängen ableiten lässt. Gemeinsamer Nenner all dieser trivial-rationalistischen Theorien[35] ist der methodologische Individualismus, wie ihn der englische Philosoph John Stuart Mill bereits früh in seinen Arbeiten

---

32 Die Debatte zwischen Garrett u. Weingast und Mattli u. Slaughter, die bis Ende der 1990er Jahre in *International Organization* geführt wurde, kann hierfür als beispielhaft gelten (vgl. Garrett 1992, Garrett u. Weingast 1993, Burley u. Mattli 1993, Mattli u. Slaughter 1995, 1998b).

33 Hierzu kritisch bereits Armstrong 1998, Dehousse 2002; eingehend dazu auch Grimmel 2010a, 2012.

34 Auch die Rechtswissenschaftstheorie, als originär juristischer Forschungsbereich, ist bemerkenswerterweise inzwischen von der rationalistischen Annahme erreicht worden (siehe etwa van Aaken 2003, 2008).

35 Zu dem Begriff siehe Einleitung, insbes. Abb. 1.

illustrierte.[36] Es handelt sich dabei um ein Erklärungsmodell, welches das Individuum zum Ausgangspunkt macht und versucht, aufgrund der Kartierung seines Wesens und empirischen Messung seines Verhaltens, gesellschaftliche Phänomene, wie z. B. das der europäischen Integration, zu erklären.[37] Kritisch zu sehen ist in diesem Zusammenhang, zum einen, das strikt deduktive Vorgehen der so verfahrenden Theorien – also die direkte Ableitung des Ergebnisses von individuellen Präferenzen und Beweggründen. Denn die Wirkung (Integration) lässt nicht zwangsläufig auf die Ursache (Interesse an Integration) schließen. Das Recht selbst wird hier als intervenierende Variable unberücksichtigt gelassen. Zum anderen, und dies ist das weitaus größere Problem, wird ein Typus der Rationalität verallgemeinert, der lediglich einen Ausschnitt sozialen Handelns zeigt; mit der Konsequenz, dass durch eine solche vereinfachende Grundprämisse die wissenschaftliche Erklärung entweder unterkomplex bleiben muss oder aber das Handeln der Akteure kausal fehlerhaft dargestellt wird.

Poststrukturalismus:[38] Als Alternative zu den Erklärungsmustern der rationalistischen Theorien verstehen sich poststrukturalistische Ansätze und Studien. Obgleich sich nur wenige in dieser Tradition stehende Arbeiten bislang auch mit europäischer Integration und/oder Recht beschäftigen (so etwa Cohen u. Vauchez 2007, 2008, 2011, Derrida 1991, 1992, [1988] 2004a, Diez 1996, 2005, van Ham 2001a, 2001b, Howarth u. Torfing 2005, Vauchez 2007, 2008a, b, 2010a, b, 2011, Madsen u. Vauchez 2004, Wæver 1998, 2005a, b, Walters 2002, 2006), lassen sich einige zentrale Annahmen herausstellen, die auch für den europäischen Kontext und die Integration speziell im Bereich des Rechts relevant sind. In Abgrenzung zu Ferdinand de Saussures linguistischem Strukturalismus, gehen in poststrukturalistischer Tradition stehende Arbeiten von zwei Grundannahmen aus: *Erstens* wird die generelle oder zeitlose Gültigkeit von sprachlichen und sozial konstituierten Systemen kategorisch abgelehnt. Stattdessen versucht der Poststrukturalismus zu zeigen, dass der Rekurs auf fundamental feststehende Handlungsgründe auf einer mehr oder weniger willkürlichen Entscheidung zugunsten einer be-

---

36   Besonders deutlich stellt Mill dies in *A System of Logic* (VI, 7, § 1) heraus; kritisch zum klassischen Rationalitätsmodell auch Searle 2001, vgl. des Weiteren auch Kratochwil 1987.

37   Hierzu näher Kap. 2.1.

38   Der Begriff „Poststrukturalismus" wird im Folgenden als Sammelbegriff verwendet. Er bezeichnet hier sämtliche Theorien, die das Interesse an einer von Struktur losgelösten theoretischen Erfassung von Wirklichkeit teilen oder zumindest mit der Entstehung und Möglichkeit von Struktur beschäftigt sind. In dieser Bedeutung umfasst er die gemeinsamen epistemologischen und ontologischen Vorstellungen der entsprechenden Konzepte, ohne dabei einen bestimmten epochalen (etwa postmodernen) oder methodischen (diskursanalytischen) Fokus zu setzen.

stimmten, in Form von Sprache reproduzierten, Struktur oder eines Systems beruht. Eine objektive oder normative Begründung eines bestimmten Systems wird aus poststrukturalistischer Sicht zurückgewiesen. Und auch auf Kriterien, die eine Entscheidung für oder gegen ein bestimmtes System, eine bestimmte Struktur ermöglichen, ist demnach zu verzichten. *Zweitens* sei auch die interne Kohärenz von Strukturen als ungültig zu betrachten. Strukturkonstituierende Dichotomien, wie etwa Selbst/Anderes, Innen/Außen, Richtig/Falsch oder Gut/Böse sind demnach in ihrer Differenziertheit nicht mehr klar voneinander zu unterscheiden, sondern basieren letztenendes auf nicht begründbarer positiver Setzung (vgl. von Beyme 2007: 166 ff., Gutting 1998a: 597 f., Nonhoff 2008: 292 f., vgl. auch Gutting 1998b).

Es wird bereits in dieser definitorischen Eingrenzung deutlich, dass sich eine unüberschaubar große Menge von Gedanken und Ideen im Poststrukturalismus verorten lässt. In diesem Zusammenhang ist auch der ahistorische und unbegrenzte Charakter des Poststrukturalismus kritisiert worden, der den Blick auf die Genese bestimmter ideengeschichtlicher Konstrukte eher verstellt als erleichtert (vgl. Deeds Ermarth 1998: 587).

Vielfach finden auch die Bezeichnungen „postmodern" oder „postmodernistisch" (um einen bestimmten historisch-ideengeschichtlichen Aspekt der erkenntnistheoretischen Argumentation besonders hervorzuheben), „reflektivistisch" (um einen methodisch-erkenntnistheoretischen Schwerpunkt auf die Bedingungen der Möglichkeit von Erkenntnis zu setzen) oder diskurstheoretisch (um die Rolle der Sprache und die in ihr gespeicherten und durch sie reproduzierten Inhalte und deren Analyse herauszustellen) Verwendung, wenn es um das poststrukturalistische Forschungsprogramm geht. Auch wird z. T. die recht pauschale Einordnung als „radikal" konstruktivistische Theorien bevorzugt. Letzteres scheint aber eher ein Abgrenzungsbegriff zu den sog. gemäßigten konstruktivistischen Theorien zu sein und zumeist aus einer terminologischen Verlegenheit zu resultieren (so etwa bei Schwellnus 2005: 331 f.). Um einer generellen Verwirrung zwischen den verschiedenen Schwerpunkten poststrukturalistischer Forschung entgegenzuwirken, werden hier unter der Überschrift „Poststrukturalismus" sämtliche Ansätze betrachtet, die sich von der Existenz einer wie auch immer gearteten Struktur sozialer Wirklichkeit durch a priori feststehende (nicht festgelegte!) Prinzipien oder Ideen und deren objektiver, werturteilsfreier und auch sinnvoller Erfahrbarkeit lossagen und sich somit den Annahmen der rationalistischen Theorien europäischer Integration fundamental entgegenstellen.

In Hinblick auf eine kritische Auseinandersetzung mit den rationalistischen Annahmen in der Europadebatte erscheint hier der Aspekt einer postmodernen Perspektive besonders reizvoll und soll – nicht zuletzt aufgrund einer breiteren

Rezeption in der Politikwissenschaft, insbesondere auch in den Internationalen Beziehungen (vgl. z. B. Shapiro 1991, Campbell 1992) – näher betrachtet werden. Denn mit dem Begriff „Postmodernismus" ist zusätzlich eine historische Dimension angesprochen, eine gewisse auf die Moderne folgende historische Epoche, die immer stärker von den Widersprüchlichkeiten modernen Denkens eingeholt zu werden scheint. Insofern können aus historischer Sicht unter dem Titel „Postmodernismus" sehr unterschiedliche Dinge gefasst und thematisiert werden. Von Beyme nennt sechs Merkmale postmodernen Denkens: *„(1) die Revolutionierung des Zeitbegriffs und das Bewusstsein, in einer Zeit des epochalen Wandels zu leben; (2) die Zuspitzung der Irreligiosität der Moderne; (3) die ironische Distanz und die Lust am Spielerischen; (4) die Akzeptanz der postindustriellen Konsumgesellschaft; (5) die Aufgabe des Gesellschaftsbegriffs; (6) die Abwendung von einem instrumentellen Verhältnis zur Natur"* (von Beyme 2007: 174).

Was postmodern ist, definiert sich also zunächst einmal in Abgrenzung zu einem spezifischen Begriff der Moderne. In einem weiten Sinn – und dieser soll hier Verwendung finden – müssen darunter sämtliche geistige, soziale, ökonomische politische, religiöse und wissenschaftliche Errungenschaften seit der Renaissance und der europäischen Aufklärung gefasst werden, zu denen auch und ganz besonders ein rationalistisches und methodologisch-individualistisches Wissenschaftsverständnis zählt.[39] Postmodern ist insofern alles, was sich auf die Transformation (vgl. Welsch 2002: 6) der oder gar den Bruch mit den Auffassungen der Moderne richtet, die bis heute das Denken, insbesondere in der Wissenschaft, prägen. Es ist in einer historischen Lesart eine Art Kulturkritik der europäischen Moderne:

> *„Postmodernism specifically challenges the European culture that took its direction from the Renaissance, developed through the seventeenth century and the Enlightenment, and remains a common discourse for most citizens of Western democratic societies. [...] Postmodern critique thus goes to the very foundation of personal, social and institutional definitions"* (Deeds Ermarth 1998: 588).

Insofern steht auch der Glaube an eine allgemeine Rationalität des Denkens und Handelns zur Disposition. Die Annahme eines sich im 18. Jahrhundert herausbildenden erkenntnistheoretischen Rationalismus (Ideen und Prinzipien seien

---

39 In gewisser Weise sind die Errungenschaften der Aufklärung nicht von früheren europäischen Epochen, insbesondere dem Mittelalter, zu trennen, sondern lediglich als Fortentwicklung, teilweise jedoch auch als Bruch damit, zu sehen.

dem vernunftbegabten Wesen „Mensch" angeboren und insofern wissenschaftlich objektiv bestimmbar) wird dabei besonders kritisch gesehen. Heute gehen
die rationalistischen Theorien der europäischen Integration zwar nicht mehr von
einem generellen *„Vorrang der Vernunft auf allen Gebieten und in jeder Beziehung"*
(Schneiders 2001: 339) aus. Dennoch ist die Grundannahme einer dispositiven
wie auch trivialen Rationalität[40] und der Möglichkeit ihrer objektiven Erkennbar-
keit erhalten geblieben. Sie wird von postmodernistischer Seite als diskursiv ver-
erbte und letztlich nicht vorurteilsfrei begründbare Auffassung der Moderne kritisiert (vgl. auch Beck u. Grande 2004).

Die Kritik an dem „Diskurs der Moderne" richtet sich also in erster Linie gegen die Existenz einer wahren und objektiv erfahrbaren Wirklichkeit. An
die Stelle einer Suche nach dem Objektiven rückt im Postmodernismus die Beschäftigung mit der subjektiven Konstruktion sozialer Wirklichkeit. In Bezug auf
Europa stellt sich dementsprechend etwa die Frage *„... wie und als was die EU von
den Akteuren konstruiert wird"* (Diez 1996: 258). Im Zentrum steht dabei immer,
direkt oder indirekt, die Sprache, die als linguistische Praxis nicht nur Medium
der Verständigung ist, sondern auch einen Horizont möglichen Handelns vorgibt.
Deeds Ermarth fasst zwei zentrale Kernannahmen postmodernistischer Arbeiten
zusammen, die sich auf Gedankenkonstrukte der Moderne beziehen:

> *„First, the assumption that there is no common denominator – in ,nature' or ,truth' or
> ,God' or ,the future' – that guarantees either the one-ness of the world or the possibility
> of neutral or objective thought. Second the assumption that all human systems operate
> like language, being self-reflexive rather than referential systems – systems of differential
> function which are powerful but finite, and which construct and maintain meaning and
> value"* (1998: 587).

Besonderes Augenmerk legen postmodernistische Theorien daher nicht auf Tatsachen, die sich in der „Natur" beobachten, aus der Logik ableiten oder scheinbar
objektiv erfahren lassen. Vielmehr steht eine Analyse der Sprache und des durch
sie vermittelten Sinns im Vordergrund. Sprache wird hier nicht länger als bloßes Medium für den Transport von Sinn betrachtet, sondern ist selbst immer bereits ein spezifisches historisch-soziales Konstrukt, das Kriterien der Sinnhaftig-
keit vorgibt. Sprache strukturiert die Wirklichkeit und das Nachdenken darüber
und legt dadurch Möglichkeiten sozialen Handelns fest.

---

40 Siehe Fn. 13.

Es lassen sich somit drei Dimensionen des Begriffs „Postmoderne" und des damit verbundenen Forschungsprogramms zusammenfassen und voneinander abgrenzen: eine *epistemologische Dimension,* welche die Bedingungen der Möglichkeit von Wissen unabhängig von „Naturtatsachen" betrachtet und diese lediglich in kulturellen und historischen Zusammenhängen gegeben sieht; eine *ontologische Dimension,* in der ein genereller Antifundamentalismus, eine Ablehnung von objektiv erfahrbaren universellen Geltungsansprüchen, postuliert wird; und eine *historische Dimension,* die auf die epochalen, im Laufe der Zeit herausgebildeten, Strukturen (insbesondere jene, der Moderne) verweist und diese zugleich kritisch betrachtet (vgl. Diez 1996: 256 f.). Gerade diese letzte Dimension des Postmodernismus erscheint im Zusammenhang mit der Entstehung Europas als Rechtsgemeinschaft ein entscheidender Aspekt zu sein und verdient nähere Betrachtung.

Um die Entstehung kollektiver Wissensbestände aufzuzeigen, zu analysieren und zu kritisieren, werden von Poststrukturalisten oftmals eine eigene diskursanalytische Methodik und die Möglichkeit der Dekonstruktion von Texten hervorgehoben, die es gestatten sollen, *„verfestigte Denkstrukturen und Machtbeziehungen aufzubrechen und so Raum zu schaffen für neue Konstruktionen"* (Diez 1996: 260). Oder wie Jacques Derrida in Bezug auf das Recht bemerkt: *„... [D]as Recht [lässt] sich seinem Wesen nach dekonstruieren ...: entweder, weil es in Text-Schichten gründet, die man deuten und verwandeln kann (das ist die Geschichte des Rechts, seine mögliche und notwendige Verwandlung, manchmal sogar seine Verbesserung), oder weil sein letzter Grund per definitionem grund-los, un-be-gründet ist"* (1991: 30). Poststrukturalisten und insbesondere Postmodernisten wenden sich dementsprechend auch und besonders gegen starre Rationalitätskonzeptionen. Sie versuchen stattdessen, Integrationsprozesse aus einer kritischen Beobachterperspektive zu erfassen. Dabei wird Integration jedoch nicht als einheitliches Phänomen untersucht oder erklärt, sondern in Form diskursiver Strukturen analysiert und dekonstruiert.

Doch welches sind letztendlich die Kriterien einer Dekonstruktion von Recht? Muss die Methode der Dekonstruktion nicht konsequenterweise, um den eigenen Ansprüchen gerecht zu werden, auch auf sich selbst angewandt werden und eine Dekonstruktion poststrukturalistischen „Wissens" herbeiführen? Und legt das Vorhandensein einer spezifisch abgrenzbaren Methode, die bloße Möglichkeit der Bezeichnung als Theorie, nicht schon eine Entscheidung für bestimmte Wahrheitskriterien und somit eine Entscheidung für eine bestimmte Rationalitätskonzeption zugrunde? Auch die Begründung der poststrukturalistischen Methodik und die darin immanent enthaltenen Geltungsansprüche – diese Annahme

wird zu belegen sein – müssen (wie übrigens auch alle anderen wissenschaftlichen Konzeptionen mit Geltungsanspruch) unweigerlich in einem infiniten Regress, Zirkelschluss oder willkürlichen Abbruch des Regresses münden („Münchhausen-Trilemma", Albert [1968] 1991). Im letzten Fall, der wohl der attraktivste
der drei Wege ist, wird das wissenschaftliche Verständnis und ebenso die Dekonstruktion von Rationalität – sofern man den Begriff nicht völlig aufgeben möchte –
von anderen, „höherrangigen" Variablen abhängig gemacht, die sich zuletzt einer
kritischen Überprüfung entziehen müssen. Hierin bestünde dann aber, zumindest in Hinblick auf die Begründetheit des Ansatzes und seiner dekonstruktivistischen Methode, kein genereller Unterschied zum Rationalismus. Eine Antwort
auf die Ausgangsfrage nach den Gründen menschlichen Handelns bliebe demzufolge ebenso aus. Auch die Prozesse der Integration im und durch Recht können
so nicht erhellt werden.

Die vergleichende Gegenüberstellung der beiden extremen Lager „Rationalismus" und „Poststrukturalismus" ist vor allem deshalb produktiv, weil sie helfen
kann einen Horizont des theoretisch Möglichen und Sinnvollen abzustecken, um
daraufhin einen Ansatz zu entwickeln, der die Unzulänglichkeiten und (teils logischen) Widersprüche der beiden Positionen vermeiden kann, ohne den analytischen Leitbegriff „Rationalität" aufgeben zu müssen, wie dies von poststrukturalistischer Seite gefordert wird.[41] Rationalität muss lediglich anders gedacht und
konzeptioniert, nicht jedoch gänzlich verworfen werden.

Um dies zu zeigen, werden zunächst die Gemeinsamkeiten einflussreicher rationalistischer Theorien der europäischen Integration herausgearbeitet und, daraufhin, ihre Grundannahmen untersucht und kritisch betrachtet. Im Kontrast
dazu wird die poststrukturalistische bzw. postmodernistische Perspektive als eine

---

41 Die Annahme der Rationalität als ein angeborenes und erfahrungsunabhängiges a priori ist
    weitestgehend identisch mit dem Epochenbegriff des Rationalismus, der sich auf die philoso-
    phischen Konzeptionen des 17. und 18. Jahrhunderts bezieht. Insbesondere im Zeitalter der Auf-
    klärung hatte sich ein Rationalitätsbegriff herausgebildet, der von naturgegebenen Erkenntnissen,
    Ideen und Handlungsgründen ausging. Rationalität fasste man nicht als etwas auf, das erst zu er-
    lernen oder auszubilden wäre. Vielmehr sah man den Menschen als vernunftbegabtes Wesen an,
    mit einer natürlichen Disposition zur Rationalität. Nähert man sich jedoch dem Begriff von sei-
    ner ursprünglichen Bedeutung her (von *lat.* ratio = Vernunft, Einsicht, Berechnung, Urteilsver-
    mögen), so wird deutlich, dass darin keine Festlegung auf die einzelmenschliche Natur enthalten
    ist. Der Begriff setzt insofern, zumindest in seiner etymologischen Bedeutung, keine inhaltliche
    Festlegung auf eine isoliert-individuelle oder anthropologische Betrachtung eines vernunftbe-
    gabten Wesens, im Sinne der Aufklärung, wie auch der modernen rationalistischen Theorien
    europäischer Integration, voraus. Eine Transformation des Begriffs im Sinne einer Öffnung für
    soziale, historische und sprachpraktische Bedingtheiten sollte also zumindest aus diesem Grun-
    de keinen Widerspruch in sich tragen.

mögliche Alternative geprüft. Auch sie wird jedoch zu kritisieren sein. Es wird sich zeigen, dass beide Seiten den Anforderungen einer hinreichend begründeten, vollständigen und inhaltlich-logisch schlüssigen Erklärung von Integration nicht genügen. In Abgrenzung zu den beiden „Extrempositionen" im erkenntnistheoretischen Spektrum soll hier eine andere, *kontextuelle* Perspektive auf die Rationalität des Rechts herausgearbeitet werden. Im Kern wird argumentiert, dass das Handeln und die Integration im Kontext des Rechts nicht oder nicht hinreichend ohne eine tiefere Analyse des Rechts selbst, als historisch gewachsener, funktional ausdifferenzierter und lokal abgrenzbarer Raum der Rationalität verstanden werden kann. Eine Untersuchung der Integration durch Recht muss dabei keineswegs das Konzept der Rationalität aufgeben und sich weder in einem kategorischen Zweifel noch in „dezisionistischer Beliebigkeit" (Beck u. Grande 2004: 144) ergeben. Die Perspektive der *Kontextrationalität,* die hier entwickelt werden soll, stellt vielmehr eine Möglichkeit der Analyse von Integrationsprozessen in Aussicht, die nach dem Horizont der sprachpraktischen Möglichkeiten im europäischen Recht fragt und somit *Integration durch Recht* als das Ergebnis eines bereits grundlegend bestehenden und sich stetig entwickelnden gemeinsamen Verständnisses von Rechtsformen und -inhalten begreift.

2.1   Die Rolle des Rechts in der rationalistischen Integrationstheorie

Die rationalistische Integrationstheorie, die im nordamerikanischen und europäischen Wissenschaftskontext entwickelt wurde und diesen heute dominiert, zeichnet sich insbesondere durch eine starke Betonung des Akteurs und seiner, unter dem Adjektiv „rational" generalisierten, Handlungsmotivation aus. Im Mittelpunkt steht hier die Frage nach den für den Integrationsprozess relevanten Akteuren und ihren Präferenzen bzw. Interessen. Das Recht wird dementsprechend konsequent als eine akteursbedingte Struktur und Normeninstitution aufgefasst, die aus den bewusst getroffenen Entscheidungen und dem intentionalen Handeln rationaler Akteure hervorgeht. Recht ist folglich das Produkt von zielgerichtetem Handeln und Räsonieren über den praktischen Sinn und Nutzen des Rechts.[42] Dies heißt zwar nicht, dass Recht in jedem Einzelfall dem rationalen Interesse eines jeden Akteurs entsprechen müsse; wohl aber, dass Recht nicht auf Dauer gegen das Interesse der am Recht beteiligten Akteure funktionieren

---

42   Teilweise wird aus diesem Grunde auch von einer „ökonomischen Theorie des Rechts" gesprochen (siehe van Aaken 2003, 2008).

und bestehen kann. Mit anderen Worten: Ohne ein fortdauerndes Interesse am europäischen Recht gäbe es kein solches. Entscheidend ist dann, folgt man dieser Argumentation, welche Interessen auf das Recht gerichtet werden und welche Akteure es schaffen ihre eigenen Präferenzen im gemeinsamen institutionellen Gefüge durchzusetzen. Das europäische Recht, das im Laufe der letzten sechzig Jahre im Rahmen der Europäischen Gemeinschaften und der Europäischen Union entstanden ist, muss daher in rationalistischer Perspektive als Produkt von Verhandlungs-, Rechtsetzungs- und Rechtsfortbildungsprozessen gesehen werden und steht von Beginn an in einem Verhältnis der Abhängigkeit unterschiedlicher, wechselnder und widerstreitender Akteursinteressen.

Hatten lange Zeit besonders die Staaten, aber auch europäische Organe wie die Kommission und der Rat, als zentrale Akteure der Integration in rationalistischen Analysen Beachtung gefunden, so hat in diesem Zusammenhang nunmehr auch der Europäische Gerichtshof (EuGH) wachsende Aufmerksamkeit erfahren. Längst wird dieser nicht mehr als bloße Rechtsanwendungsinstanz wahrgenommen, sondern vor allem seit den frühen 1990er Jahren, durch politikwissenschaftliche Integrationstheorien auch als *„engine of european integration"* (Granger 2006: 27; siehe auch Kelemen 2011), also integrationsaktiver Akteur, der ein eigenes Interesse im Prozess der europäischen Einigung verfolgt. Die frühe Diskussion korrespondierte dabei weitestgehend mit den beiden, damals in der Integrationstheorie dominierenden, großtheoretischen Schulen „Intergouvernementalismus" und „Supranationalismus bzw. Neofunktionalismus".[43]

Trotz der scheinbar großen Differenzen in den Untersuchungsergebnissen der großtheoretischen Strömungen gibt es eine entscheidende Gemeinsamkeit: So-

---

43 Intergouvernementalistische Ansätze sehen im Nationalstaat und dessen Regierung den entscheidenden Akteur, während in supranationalistischen und neofunktionalistischen Ansätzen Akteure und Institutionen der supra- und subnationaler Ebene als besonders erklärungsrelevant eingeschätzt werden. Je nach Fokus auf eine bestimmte Akteursgruppe und abhängig von den jeweils zugrunde gelegten und aggregierten Interessen, wird Rechtsintegration für mehr oder weniger wahrscheinlich gehalten. Dabei sehen sich intergouvernementalistische Theoretiker nun in erster Linie mit der Frage konfrontiert, warum überhaupt souveräne Nationalstaaten ihre Kompetenzen auf die Ebene einer supranationalen Gemeinschaft übertragen haben. Denn dies scheint ihrem Wunsch nach Selbstbestimmtheit und somit der Kernannahme des Intergouvernementalismus ja gerade zu widersprechen (grundlegend Hoffmann 1966, Moravcsik 1991, 1993). Die neofunktionalistischen und supranationalistischen Theorien hingegen sehen die Integration weniger als Produkt von Entscheidungen der „high politics", sondern heben eher den Prozesscharakter der Integration hervor. Als Akteure stellen sie weniger auf die Regierungen und ihre Politik ab, sondern heben den Einfluss der politischen, aber auch ökonomischen und gesellschaftlichen Akteure unterhalb der nationalstaatlichen Regierungen (etwa große Unternehmen, transnational organisierte Verbände oder organisierte gesellschaftliche Bewegungen) und de-

wohl in der intergouvernementalistischen als auch in der neofunktionalistischen/ supranationalistischen Theorielinie sind es die vermeintlichen Interessen und Ziele der jeweils als wichtig erachteten Akteure und die Chancen diese durchzusetzen, die den Fortgang der Integration bestimmen. Rationalität ist hier ein strategisch-instrumenteller wie auch inhaltlich feststehender Begriff. Als besonders problematisch muss jedoch die Tatsache gesehen werden, dass diese triviale Rationalitätskonzeption[44] die Eigen- und Besonderheiten des Rechts als soziale Institution verschwimmen bzw. unberücksichtigt lässt. Genau dies ist jedoch das grundlegende Problem, das beide Theorietraditionen teilen und das systematisch Missverständnisse von Integrationsprozessen im und durch Recht begünstigt.

Kern der trivialen Rationalitätskonzeption, welche die kontextuelle Einbettung des Handelns generell unberücksichtigt lässt, ist ein methodisches Vorgehen, das vermeintlich unverrückbare Grundsätze des menschlichen Handelns aufsucht und den einzelnen Akteur zum Ausgangspunkt für seine Untersuchungen macht. Dabei geht man von der generellen Verallgemeinerbarkeit individualistischer Handlungsgründe aus und überträgt diese eins-zu-eins auf jedwede Akteure, Akteursgruppen und sogar Institutionen. Die Einbettung des Handelns in einen gesellschaftlich-sozialen Sinnzusammenhang wird hierbei explizit ausgeklammert. So lässt sich das Handeln unterschiedlicher Akteure im Bereich des Rechts scheinbar durch die gleichen Motive, Gesetzmäßigkeiten und Faktoren erklären wie das Handeln in anderen Kontexten. Doch welches sind eigentlich diese universellen Motive, Gesetzmäßigkeiten und Erklärungsfaktoren? Und wie lassen sie sich im Rahmen der Untersuchung von Integration durch Recht anwenden? Und was heißt es überhaupt, wenn das Recht nach der Maßgabe einer Rationalität entsteht und fortentwickelt wird, die nicht die eigene, sondern abhängig von wechselnden Akteuren ist? Was heißt dies für die Möglichkeiten und Grenzen von Integration durch Recht? Und was bedeutet es für die Integration insgesamt, wenn sie nur ein elitengesteuertes Interessenprojekt ist?

All diese Fragen werden in den folgenden Kapiteln anhand der Auseinandersetzung mit mehreren besonders viel beachteten und einflussreichen rationalistischen Ansätzen herausgearbeitet. Hierbei wird zunehmend Zweifel an

---

ren Interaktion mit den supranationalen Institutionen hervor (grundlegend Haas 1958, Lindberg 1965, Lindberg u. Scheingold 1970, Sandholtz u. Zysman 1989, Stone Sweet 1999, 2004).

Es ließen sich zweifelsohne auch andere Einordnungen, etwa in prozessorientierte, strukturorientierte und nationalstaatsorientierte Ansätze vornehmen (vgl. Giering u. Metz 2007: 288; allgem. zu den Theorien der europäischen Integration und der Herausbildung von Intergouvernementalismus und Neofunktionalismus siehe Grimmel u. Jakobeit 2009).

44   Siehe Einleitung, insbes. Abb. 1.

der Geeignetheit eines trivialen Rationalitätsmodells für die Erklärung von Integrationsprozessen entstehen. Vor allem die aus einem methodologisch-individualistischen Konzept von Rationalität hervorgehende These, Recht könne ein Instrument, und Integration durch Recht bloßes Nebenprodukt von interessengeleitetem Handeln sein, erscheint kritikwürdig. Denn eine generelle Abhängigkeit des europäischen Rechts von Akteursinteressen ist weder analytisch tragfähig, noch normativ wünschenswert. Sie wäre vielmehr ein alarmierender Krisenbefund für die Verfassung der Rechtsgemeinschaft. Aber auch einer empirischen Überprüfung, die im dritten Teil dieser Arbeit unternommen wird, sollte eine rationalistische Auffassung von Integration im Bereich des Rechts nicht standhalten. Da die Kritik sämtliche hier vorgestellten rationalistischen Ansätze betrifft, wird diese erst im Anschluss an deren Vorstellung gesammelt erfolgen (siehe Kap. 2.2) und im zweiten Teil dieser Arbeit theoretisch in der Auseinandersetzung mit den Arbeiten von Max Weber und Ludwig Wittgenstein zunehmend entfaltet werden.

2.1.1 Das europäische Recht als Produkt rationaler Interessen – Der Neorationalismus

Die wissenschaftliche Beschäftigung mit der europäischen Integration hat vor allem eines hervorgebracht: eine Vielzahl von scheinbar sehr unterschiedlichen Analysekonzepten und Erklärungsansätzen. Bereits ein Blick auf die Vielfalt der unterschiedlichen Theorieetiketten, von Föderalismus, Funktionalismus und Intergouvernementalismus über Transaktionalismus bis hin zu Neofunktionalismus, Dialektischer Funktionalismus, Liberaler Intergouvernementalismus und Supranationaler Institutionalismus u. v. m. zeigt die Vielfalt der theoretischen Werkzeuge, die heute für die Untersuchung der europäischen Integration zur Verfügung stehen. Auch für die Integration im Bereich des Rechts sind diese Erklärungsmuster in den letzten Jahren reformuliert und erklärend herangezogen worden.

Auf diesem Wege ist auch der EuGH in die Reihe der politischen, auf dem europäischen Parkett auftretenden Akteure eingegliedert worden. Er scheint – und dieser These mag man bei oberflächlicher Betrachtung ohne Weiteres zustimmen können – dabei derjenigen Gruppe von Akteuren anzugehören, welche die Integration generell befürwortet. Ihm gegenüber stehen dann vor allem die einzelnen oder zu einer Gruppe aggregierten Nationalstaaten, die qua definitionem gerade nicht die supranationale Ebene repräsentieren, wenngleich sie auch ein generelles

Interesse an deren Bestehen haben und überdies auch dort (institutionalisiert im Europäischen Rat sowie im Rat der EU) politisch agieren. Genau zwischen diesen beiden Ebenen verläuft die Bruchlinie der Integrationstheorien: Auf der einen Seite stehen die „Integrationsskeptiker", die trotz der Erfolge des europäischen Einigungsprojekts bezweifeln, dass der Nationalstaat ein Auslaufmodell ist oder sich doch, zumindest infolge einer fortschreitenden Integration, selbst aushöhlt oder sogar auflöst. Auf der anderen Seite stehen die „Integrationsoptimisten", die von einem stetig fortschreitenden Integrationsprozess ausgehen, in dem der Nationalstaat zugunsten der supranationalen Institutionen nachhaltig, auch in Kernbereichen der High-Politics, an Einfluss verliert. Heute sehen sich besonders die Skeptiker einer „ever closer union" mit einer Reihe von Fragen konfrontiert, die sich mit der stetigen Vertiefung der Integration zunehmend schärfer stellen: Wie lässt sich die in den letzten sechzig Jahren vollzogene Abgabe von Souveränitätsrechten durch den Nationalstaat an die europäische Ebene erklären? Warum hat der Staat die stetige Erosion seines politischen Handlungsspielraums akzeptiert? Warum hat er immer weitere Politikfelder abgegeben und sogar seine Vetoposition bei Abstimmungen im Rat aufgegeben? Die angebotene Lösung ist einfach und prägnant: Der Staat handelt rational.[45]

Der Neorationalismus, wie Geoffrey Garrett ihn in die Diskussion eingeführt hat, ist in gewisser Weise prototypisch für diese Argumentation und sieht eine Übereinstimmung der rationalen Interessen am Recht (primär von Seiten des EuGH und der Nationalstaaten) als Ursache für die Integration in diesem Bereich.[46] In Hinblick auf den Europäischen Gerichtshof und seine vermeintlich pro-integrative Rechtsprechung stellt sich für Garrett nun im Kern folgende Frage: Warum lassen die Nationalstaaten ihre Souveränität durch die Rechtsprechung des EuGH beschneiden, obgleich dies scheinbar ihrem vitalen nationalen Interesse an Selbstbestimmtheit widerspricht? Die Antwort auf diesen – aus Sicht der intergouvernementalistischen Schule – vermeintlichen Widerspruch ist, dass die Entscheidungen des EuGH in Wirklichkeit sehr wohl im Einklang mit den

---

45 Die folgenden Ausführungen in diesem Kapitel basieren aktualisiert auf Grimmel 2007, Kap. 4.1.1.

46 Wenngleich Garretts Ansatz auch die Rolle des Staates in diesem Zusammenhang hervorhebt, so unterscheidet er sich doch deutlich von den frühen intergouvernementalistischen Hypothesen, wie sie etwa Stanley Hoffmann (grundlegend bis heute ders. 1966) vertrat und die eine große Nähe zur realistischen Schule der *Internationalen Beziehungen* aufwiesen. Vor allem sind Annahmen aus dem „Liberalen Institutionalismus" (Vgl. z. B. Keohane 1993, Keohane u. Martin 1995) und der „Rational-Choice-Theorie" (ergänzt durch spieltheoretische Methodik) als Erklärungsmuster übernommen worden. Sie prägen dann auch die Wahrnehmung und Analyse der Integration durch Recht im Neorationalismus.

Interessen der großen Staaten stehen. Nur sei es eben eine Frage, welches die Interessen eines Staates sind und wie diese gewichtet würden. Garrett formuliert hierzu zwei Hypothesen, die das Interesse der Staaten am europäischen Recht und die Akzeptanz der Entscheidungen des EuGH erläutern sollen:

Zum einen stecken die Staaten in einem grundlegenden ökonomischen Dilemma: Die Präferenz eines jeden Staates ist es, dass die Regelungen der Gemeinschaft eingehalten werden, da andernfalls die Effektivität des europäischen Rechtsbestandes und all dessen Vorteile gefährdet würden. Zugleich streben Staaten jedoch auch danach, ihren Nutzen zu maximieren, so dass es attraktiv ist, die in der Gemeinschaft geltenden Regeln zu brechen, sofern dies opportun erscheint. Dies gilt insbesondere dann, wenn es keine Sanktionsmöglichkeiten für Defektion gibt oder wenn sich die anderen Staaten (zumindest der Möglichkeit nach) ebenfalls nicht an die geteilten Regeln halten. Der Ausweg aus diesem – in der Spieltheorie als „Trittbrettfahrerproblem"[47] bekannten – Dilemma könnte nun in der Schaffung eines Rechtsrahmens bestehen, dessen Verbindlichkeit für alle durch eine überstaatliche Institution (in diesem Fall der EuGH) garantiert wird, die über die Einhaltung des „Acquis Communautaire" (Gemeinschaftsrechtsbestand) wacht.

Zum anderen bedürfen die Verträge, auf denen die EU basiert, der Auslegung. Das heißt, die Mitgliedstaaten der Gemeinschaft sind nicht in der Lage, sämtliche sich stellenden Rechtsfälle und -fragen vorauszusehen, die sich im Laufe der Zeit ergeben werden und diese formal-rechtlich, in Form von Gesetzen zu erfassen. Auch wäre ein umfassendes Vertragswerk zu kostspielig und unflexibel, als dies im Interesse der Staaten liegen könnte. Daher müssen die Mitglieder der Gemeinschaft eine Rechtsprechungsinstanz akzeptieren, die all diejenigen Fälle regelt, die nicht eindeutig in den Verträgen bestimmt sind. In der Europäischen Union nimmt der EuGH diese Funktion der Rechtsanwendung und der begrenzten Rechtsfortbildung wahr (siehe Garrett 1992: 557 f.).

Demnach kommen dem EuGH im Gefüge der Europäischen Gemeinschaft zwei zentrale Aufgaben zu, welche im Einklang mit den staatlichen Interessen stehen: Zum einen hilft er das sog. Trittbrettfahrerproblem zu umgehen, indem er als neutraler Mittler zwischen den Staaten fungiert, die Einhaltung der vertraglichen Pflichten kontrolliert, eventuelle Verstöße ahndet und öffentlich macht. Zum anderen füllt er die (zwangsläufig vorhandenen) Lücken in den Gemein-

---

47 Allgemein entsteht das Trittbrettfahrerproblem, wenn kosten-nutzen-rationales Verhalten von Akteuren zugleich einen unerwünschten oder nachteiligen (nicht kosten-nutzen-rationalen) kollektiven Effekt hervorbringt.

schaftsverträgen aus. Er wendet das Recht auf reale Begebenheiten an und komplettiert es dadurch. In beiden Fällen entsteht den Mitgliedern der Rechtsgemeinschaft gegenüber einer nicht verrechtlichten und nicht institutionalisierten Kooperation ein Mehrwert (siehe Garrett 1995: 172). Mit anderen Worten: Die Staaten verhalten sich *rational,* wenn sie die Geltung des europäischen Rechts und den Gerichtshof als gemeinsames Rechtsprechungs- und Rechtsfortbildungsorgan akzeptieren. Zumindest gilt dies so lange, wie ein Staat keine entscheidenden Nachteile durch die Rechtsprechung des Gerichts hat bzw. die entstehenden Vorteile nicht durch die zu erwartenden Nachteile überstiegen werden. Konkret heißt dies für Garrett:

> „*The benefits of accepting a decision are a function of the magnitude of the country's economic gains from the internal market. Where the broader benefits a government derives from having an effective legal system underpinning the internal market outweigh the specific domestic costs associated with the court's ruling in a given case, the government's rational strategy will be to accept the decision*" (a. a. O.: 172 f.).

Was heißt es also hier für einen Staat, rational zu handeln? Nach der neorationalistischen Theorie ist „rational", was in Summe den Nutzen eines Akteurs befördert – welcher auch immer dies sein mag. Rationalität ist insofern etwas Berechenbares. Denn sobald man die Nutzenfunktion eines Akteurs kennt, so ist man in der Lage, beliebige Einzelfälle darunter zu subsumieren (siehe auch Abb. 1, oben). Die Akteure selbst, so Garrett, führen diese Nutzenberechnung in der Realität ständig durch – sie verhalten sich strategisch-rational. Das heißt, sie werden diejenige Strategie wählen, die Ihnen den höchsten Gewinn verspricht. Dies gilt nicht nur für die Mitgliedstaaten der Europäischen Gemeinschaften. Auch der EuGH selbst sei ein strategisch-rationaler Akteur (siehe Garrett 1995: 173). Doch was bedeutet dies genau? Welche rationalen Interessen lassen sich einem supranationalen Judikativorgan und seinen Vertretern zuschreiben? Garretts Antwort hierauf ist einfach und knapp:

> „*The justices' primary objective is to extend the ambit of European law and their authority to interpret it. [...] From the court's perspective, the best decisions are those that both expand European law and enhance the court's reputation for constraining powerful member governments*" (ebd.).

Hier ist oberflächlich eine intersubjektive Verständigung zwischen den Akteuren hergestellt, die sich in ähnlicher Weise bereits im Begriff des sozialen Handelns bei Max Weber wiederfindet. Dieser definiert soziales Handeln als *„ein solches Handeln, … welches seinem von dem oder den Handelnden gemeinten Sinn nach auf das Verhalten anderer bezogen wird und daran in seinem Ablauf orientiert ist"* (WuG: 3). Wer rational handelt, bezieht also Andere in seine Erwägungen mit ein – er rechnet mit ihnen. Die eigene Rationalitätsfunktion – also das, was als rational erstrebenswert gilt – bleibt jedoch, ganz im Einklang mit der methodologisch-individualistischen Grundannahme trivial-rationalistischer Theorien, dem einzelnen Akteur vorbehalten und wird kaum von intersubjektiven oder gar überindividuellen Prozessen substanziell beeinflusst werden können.[48] Rationalität ist in dieser Hinsicht ein auf das Subjekt des Handelns begrenzter Begriff, der zunächst einmal unabhängig von seiner sozialen Umgebung existiert und der ohne ein *gemeinsames* Verständnis von Handlungsgründen auszukommen scheint.

Damit der EuGH nun Entscheidungen gemäß seines Interesses an Ausweitung des Rechts sowie Sicherung und Ausbau seiner eigenen Kompetenzen durchsetzen kann, muss er die Interessen der Staaten und deren Machtpositionen strategisch miteinbeziehen. So wird der Gerichtshof nach Garrett kaum ein Urteil fällen, welches die nationalen Interessen einflussreicher Mitgliedstaaten, wie Frankreich, Deutschland oder Großbritannien, allzu sehr beschneidet. Denn ein möglicher Boykott von EuGH-Urteilen würde das Ansehen und die Autorität des Gerichts auf lange Zeit untergraben. Dies wiederum hätte einen substanziellen Verlust der eigenen Handlungsspielräume und Einflussmöglichkeiten in zukünftigen Rechtsfragen zur Folge und könnte somit nicht als rational gelten. Der Gerichtshof werde also nur in solchen Fällen gegen den Willen der „großen Drei" (Moravcsik 1991: 49) opponieren, sofern er begründete Aussichten auf Erfolg, d. h. auf Akzeptanz seines Urteils hat:

„The court likely will rule against governments in cases where it expects the government ultimately to accept the decision. And the incentives for the court to act so increase when the government is from a powerful member state – in virtue of the enhanced reputation the court would earn from successfully constraining the behavior of a strong government within its own borders" (Garrett 1995: 181).

---

48 Substanzielle Lernprozesse, im Sinne eines Wandels im Denken der Akteure, finden hierbei ausdrücklich nicht statt. Die starre Rationalität der Akteure lässt stets nur eine Anpassung von Verhalten zu, nicht jedoch Veränderungen im Verständnis intersubjektiver Beziehungen (vgl. auch Wendt 1992: 392).

Der EuGH ist insofern, in der Analyse des Neorationalismus, nicht viel mehr als ein „konstitutionelles Gericht", ein Gericht also, das in seinen Entscheidungen auf die beständige Zustimmung der Nationalstaaten angewiesen ist. Sobald es den Interessen seiner Rechtssubjekte widerspricht, riskiert es seine Anerkennung als legitimes Judikativorgan. Doch was bedeutet diese Einschätzung, sofern man sie denn für überzeugend hält, für die Rechtsprechungspraxis und die Geltung des Rechts in Europa? Zum einen steht der EuGH in seiner Tätigkeit in einem Abhängigkeitsverhältnis, das im Staatsrecht, aber auch im modernen Völkerrecht undenkbar ist. Rechtsprechung ist hier nur in engen Grenzen und im Einklang mit den partikularen Interessen der Rechtssubjekte (in Europa sind dies in erster Linie die Mitgliedsstaaten) möglich. Zum anderen befindet sich damit die gesamte Rechtsprechung selbst in einer generellen Abhängigkeit. Denn was der EuGH im Neorationalismus leisten kann bzw. darf, ist lediglich eine selektive Rechtsanwendung. Die Geltung der in den Verträgen kodifizierten, aber auch in der praktischen Rechtsfortbildung erst noch zu entwickelnden Rechtsnormen und -sätze ist dem rationalen Interesse am Recht (nicht etwa der Überzeugung von der Richtigkeit des Rechts) nachgelagert. Das europäische Recht, seine Normen, Doktrinen und Methoden, sind lediglich noch der Möglichkeit nach gültig. Legalität und Legitimität der europäischen Rechtsordnung sind im Neorationalismus bloße *Funktion* „rationaler" Interessen.

Zusammenfassend lässt sich festhalten, dass es für den neorationalistischen Ansatz, wie Garrett ihn formuliert hat, zwei große Akteure bzw. Akteursgruppen gibt: Einerseits die Nationalstaaten bzw. ihre Regierungen, die in der EG nach mittel- und langfristigen wirtschaftlichen Gewinnen streben und zugleich ein Höchstmaß an Handlungsfreiheit behalten möchten; andererseits der EuGH, der nach Einfluss und Ansehen strebt und zu diesem Zweck den europäischen Rechtsraum und somit seinen Handlungsspielraum ausweiten möchte. Die Staaten werden, dem Neorationalismus zufolge, immer genau dann bereit sein, ihre Souveränität durch die Entscheidungen des EuGH einschränken zu lassen, wenn sich daraus für sie ein politischer oder ökonomischer Nutzen ergibt – denn aus diesem Grund hat man sich schließlich in einer Wirtschaftsgemeinschaft zusammengeschlossen. Der Gerichtshof weiß dies und versucht die Reaktionen der Staaten (insbesondere der mächtigen) vorauszudenken und damit zu rechnen. Er wird demzufolge Urteile fällen, die eine begründete Aussicht auf Akzeptanz durch die Regierungen der wirkmächtigen Nationalstaaten vermuten lassen.

Nach einiger Kritik an diesem Versuch, die Integration durch Recht in der Europäischen Union zu erklären, haben Garrett, Kelemen und Schulz (1998) den Ansatz zu reformulieren bzw. um einige Annahmen und Hypothesen zu erweitern versucht.[49] Interessanterweise war die rationalistische Grundannahme einer spezifischen Akteursrationalität jedoch nicht in Frage gestellt worden. Lediglich in Bezug auf die Betonung der erklärungsrelevanten Akteursgruppen und die daraus resultierenden Prozessabläufe hatte sich Widerspruch geregt.[50] Insbesondere der spieltheoretische Aspekt der Untersuchung wurde infolgedessen von Garrett, Kelemen u. Schulz verstärkt und näher ausformuliert. Die Kernthese zur strategischen Rationalität der Akteure, die der Ausgangspunkt der hier vorgetragenen Kritik ist, wurde allerdings weiterhin beibehalten und erneut bestätigt. So kommt die Untersuchung zu dem abschließenden aber fragwürdigen Ergebnis: *„Asserting that ECJ decision making is strategic is no longer controversial, even among international lawyers"* (Garrett, Kelemen u. Schulz 1998: 152; vgl. ebenfalls Kelemen 2012).

2.1.2 Das europäische Recht als nationalstaatliche Politik – Der Liberale Intergouvernementalismus[51]

Die Theorie des Liberalen Intergouvernementalismus, wie Andrew Moravcsik sie entwickelt hat, weist deutliche Ähnlichkeiten zu dem neorationalistischen Theorieansatz auf. Auch diese bezweifelt die Möglichkeit einer faktischen und umfassenden Autonomie der supranationalen Akteure und des europäischen Rechts. In den Kernbereichen der High-Politics seien die souveränen Nationalstaaten nach wie vor die Herren des Geschehens. Dies werde auch in Zukunft so bleiben, da die Abgabe von Souveränitätsrechten ohnehin nur in den Low-Politics denkbar sei (siehe Moravcsik 1991, 1993). Insofern steht Moravcsik mit seinem Ansatz deutlich – und dies unterscheidet ihn wohl am augenscheinlichsten von Garrett und dem Neorationalismus – in der intergouvernementalistischen Tradition der Integrationstheorie. Die Zuversicht in eine *Integration durch Recht* bleibt für Moravcsik eine wenig realistische Vision.

Die Entscheidungsfindung auf supranationaler Ebene ist für Moravcsik lediglich die letzte Stufe eines dreistufigen Prozesses. An erster Stelle steht hierbei die außenpolitische Präferenzbildung innerhalb eines jeden Staates durch einen pluralistischen Meinungs- und Willensbildungsprozess. Daraufhin folgt, in einem

---

49 So zum Beispiel die Annahme, dass in Fällen mit geringem rechtlichen Entscheidungsspielraum der EuGH weniger geneigt ist, sein Urteil nach den zu erwartenden Reaktionen der anderen „Spieler" auszurichten (vgl. Garrett, Kelemen u. Schulz 1998: 150).

50 In diesem Sinn insbesondere Mattli u. Slaughter 1993, 1995; siehe auch Armstrong 1998: 157 ff.

51 Dieses und das folgende Kapitel sind erweiterte und aktualisierte Fassungen von Grimmel 2007, Kap. 4.1.2 sowie 4.1.3 u. 4.1.4.

Abbildung 2   The liberal intergovernmentalist framework of analysis

Liberal Theories	Intergovernmental Theories
(International demand for outcomes)	(International supply of outcomes)
Underlying societal factors: pressure from domestic societal actors as represented in political institutions	Underlying political factors: intensity of national preferences; alternative coalitions; available issue linkages
↓	↓

NATIONAL PREFERENCE   CONFIGURATION OF   INTERSTATE
FORMATION →   STATE PREFERENCE →   NEGOTIATION →   OUTCOMES

                                                     ↓

                                                  POOLING

zweiten Schritt, die Durchsetzung dieser staatlichen Präferenzen nach außen, in Form des „klassischen" Bargainings, des Aushandelns dieser Präferenzen durch die dazu legitimierten Regierungen (siehe Moravcsik 1993: 480 ff.). Die dritte Stufe wurde im Liberalen Intergouvernementalismus erst später ergänzt. Sie beinhaltet die Delegation bzw. das Zusammenführen (*engl.* Pooling) von staatlicher Souveränität auf supranationaler Ebene (siehe a. a. O.: 482, Moravcsik 1995b: 612, 622 ff., vgl. Abb. 2). Diese Supranationalisierung von Macht bleibt jedoch nicht mehr als ein Aufsummieren der im nationalen Kontext rationalisierten Interessen und beinhaltet insofern keinen wirklich *gemeinschaftlichen* Kern. Was hier an die supranationale Ebene delegiert wird, ist nicht die Befugnis im Sinne der europäischen Gemeinschaft zu handeln, sondern die europäischen Staaten in der Summe ihrer Interessen zu vertreten. Integration durch Recht findet also bei Moravcsik genau hier – in den aggregierten Interessen – ihre Grenze.

Eine Chance für die Delegation von nationalstaatlicher Macht sei nun immer dann gegeben, wenn die Unsicherheit über das Handeln der übrigen Staaten dazu führt, dass keine oder nur suboptimale internationale Übereinkünfte möglich sind und sofern zu erwarten ist, dass dieses Problem sicher auf supranationaler Ebene gelöst werden kann: *„Governments delegate or tolerate the dele-*

gations of authority in order to achieve the benefits of an entire stream of decisions interlinked by delegation" (Moravcsik 1995b: 622). Die Einrichtung eines Europäischen Gerichtshofs wird von Moravcsik als eine solche Delegation, nicht jedoch als die Auf- oder endgültige Abgabe von Souveränitätsrechten aufgefasst. Denn die staatlichen Regierungen seien letzten Endes nicht bereit, diese dauerhaft an eine europäische und über den Staaten stehende Judikative abzugeben. Vielmehr gelte, *„[p]olicymakers safeguard their countries against the future erosion of sovereignty by demanding the unanimous consent of regime members to sovereignty-related reforms"* (ders. 1991: 26 f.).

In der Folge steht der EuGH nicht in erster Linie im Dienste des Rechts, sondern im Dienste des Nationalstaats und seiner Interessen. Genauer gesagt: Der Wert des Gerichtshofs muss sich unter der Maßgabe, die Effizienz des kollektiven Entscheidens zu befördern, messen lassen. Seine Rechtsprechung sollte genau dort seine Akzeptanz einbüßen, wo dies nicht mehr garantiert ist. Umso erstaunlicher erscheint auf den ersten Blick die weitgehende Akzeptanz des durch den EuGH ausgeübten *„radical judicial activism"* (Moravcsik 1995b: 624).[52]

Die Erklärung für diese *„judicial anomaly"* (a. a. O.: 623; vgl. auch ders. 1993: 513) wird von Moravcsik in dem *Dilemma aus Effizienzstreben und Machterhalt* gesehen, mit dem sich der Nationalstaat in einer interdependenten Staatenwelt konfrontiert sieht: Vor allem – und hier scheint Moravcsik die Argumentation Garretts umzukehren – die hohen zu erwartenden Folgekosten im Falle der Missachtung von einzelnen Gerichtsurteilen sichere dem Gericht und seiner Judikatur die Anerkennung der Staaten. Denn *„... non-compliance in a single case of the ECJ implicitly calls into question the enforcement of other EU laws"* (ders. 1995b: 623; vgl. ders. 1995a: 178; ähnlich Sander 1998: 70 ff.). Das offene Aufbegehren gegen die EuGH-Rechtsprechung, selbst in Einzelfällen, so die Befürchtung, könnte zum Präzedenzfall für andere Staaten werden. Diese könnten dann, nachdem diese Grenze erst einmal überschritten wurde, ebenfalls gewillt sein, bei Nicht-Gefallen Urteile zurückzuweisen. Implizit wäre dann die Geltung der gesamten europäischen Rechtsordnung, einschließlich der Verträge, in Frage gestellt. Da dies wiederum nicht den rationalen Präferenzen der Staaten entsprechen kann, die sich sodann mit hohen Kosten (etwa durch wirtschaftspolitischen Protektionismus)

---

52 In diesem Zusammenhang werden regelmäßig die beiden einschneidenden Urteile *van Gend & Loos* (1962) und *Costa/ENEL* (1964) angeführt. Aus diesen gingen die Rechtsdoktrinen der unmittelbaren Anwendbarkeit und des Rechtsvorrangs des EG-Rechts hervor, die tiefgreifende Auswirkungen auf die nationalstaatlichen Rechtsordnungen und staatliche Hoheitsrechte hatten (vgl. auch Kap. 5.2.1 u. 5.2.2).

konfrontiert sähen, wird das kleinere Übel akzeptiert, das in Form der Delegation von Macht an den EuGH zutage tritt.

Wie kommt es für die Nationalstaaten zu diesem Dilemma der Delegation, das erst durch einen scheinbar unkontrollierten „juristischen Aktivismus" und der immer weiteren Expansion europäischen Rechts zum Problem für die Staaten wird? Moravcsik geht hier nicht so weit wie Garrett, der die These aufstellt, der EuGH müsse seine Urteile an den Präferenzen der Staaten vorausschauend ausrichten, um seine eigenen Ziele, quasi durch die Hintertür, verwirklichen zu können. Gleich, welches Interesse den Gerichtshof zu seinem offensichtlich integrationsfreundlichen Handeln bewegt,[53] so muss es doch ein strategisch-rationales sein, durch das der EuGH sein Ziel erreicht: eine stetige Erweiterung seiner eigenen Macht (im engl. Orig.: *„incrementally expanding its power"*, Moravcsik 1995b: 623). Zu diesem Zweck bedient er sich verschiedener Instrumente, um seinen Urteilen allgemeine Geltung zu verschaffen, seinen Einfluss zu festigen und auszubauen: Die Möglichkeit, durch einen längeren zeitlichen Horizont auch über die Dauer einer Legislaturperiode hinaus zu planen, das geschickte Taktieren mit Informationen, sowie die versteckte und inkrementelle Erweiterung des Rechtsraums durch das Entscheiden über konkrete Einzelfälle, als auch das Schmieden von Allianzen mit Akteuren unterhalb der nationalstaatlichen Regierungen – all dies seien gängige Mittel und Praktiken der supranationalen Interessendurchsetzung, die der EuGH perfekt beherrsche und regelmäßig nutze, um seinen Einflussbereich auszubauen und die Ausweitung des Rechts voranzutreiben (siehe Moravcsik 1993: 513, 1995b: 623 ff.; vgl. auch Hartmann 2001: 158 ff.).

Festhalten lässt sich, dass auch im Liberalen Intergouvernementalismus sowohl der EuGH als auch die Nationalstaaten als strategisch-rational handelnde Akteure konzipiert sind, wenngleich ihre handlungsleitenden Interessen nicht explizit benannt werden bzw., im Falle des Staates, durch die nationalen Präferenzbildungsprozesse beeinflusst werden (siehe auch Abb. 2). Dem Gerichtshof sind bei seiner Rechtsprechung und der darin vollzogenen Durchsetzung seines Interesses an Einflussnahme und Machtausbau jedoch gewisse Grenzen gesetzt. Er steht in einer Abhängigkeit zum Nationalstaat – und mit ihm das Recht. Denn die Durchsetzung des Rechts unterliegt generell dem Vorbehalt, auf Dauer nationalen Interessen entsprechen zu müssen und nicht allzu weit in nationale Souveränitätsrechte einzugreifen. Auch wenn Moravcsik nicht so weit gehen möchte,

---

53 Moravcsik erwähnt leider nur, dass das Interesse des EuGH ein „integrationsfreundliches" ist, jedoch nicht ausdrücklich, welches das genaue Motiv dafür ist (siehe Moravcsik 1995a: 176 ff., 1995b: 623 ff., 2005: 363).

von einer Art antizipierendem Entscheiden zu sprechen, wie Garrett dies tut, so kann die EuGH-Judikatur langfristig nicht dem Interesse der Staaten zuwiderlaufen. Die Existenzgrundlage des Gerichts ist schließlich auch in der liberal-intergouvernementalistischen Theorie nicht etwa die Anerkennung des Rechts als legitime Ordnung, d. i. die Geltung eines *gemeinsamen* europäischen Rechts, sondern vielmehr der rationale Nutzen, der für die Mitgliedstaaten von dieser Ordnung ausgeht. Europäisches Recht ist und bleibt Mittel zum Zweck. „*[I]ncreasing the efficiency of collective decision-making*" (Moravcsik 1993: 513), insofern, Kosten zu senken und Sicherheit in Bezug auf das Verhalten Anderer zu schaffen, ist das übergeordnete Ziel. Der Gerichtshof bleibt so nur ein institutionelles Mittel zur Steigerung von Effektivität und Effizienz, wird nicht jedoch als Spruchkörper einer legitimen, wenngleich auch noch unvollständigen europäischen Rechtsordnung wahrgenommen.

2.1.3 Das europäische Recht als „mask and shield" – Der Neofunktionalismus

Obgleich sich der Neofunktionalismus als zentraler Gegenspieler zu Neorationalismus und Liberalem Intergouvernementalismus positioniert, sind die Differenzen in den vorgeschlagenen Erklärungsmustern bei näherer Betrachtung marginal. Worin sich die neofunktionalistische Analyse der durch den EuGH geleisteten Rechtsfortbildung und Rechtsschöpfung am deutlichsten unterscheidet, sind die Akteure, die als bedeutend für den Integrationsprozess erachtet werden. Hier sind es traditionell weniger die Nationalstaaten, auf denen der Fokus liegt, als vielmehr Akteure ober- und unterhalb staatlicher Regierungen: Insbesondere der EuGH (auch dessen Richter und Generalanwälte), die Europäische Kommission, nationalstaatliche Gerichte, private Kläger und deren Anwälte sowie Rechtswissenschaftler werden als bedeutsam eingeschätzt (siehe Burley u. Mattli 1993: 58 f.; auch Alter 1998). In Folge dieser unterschiedlichen Schwerpunktsetzung in Hinblick auf die Akteure treten sodann auch spezifische Prozessabläufe und Mechanismen der Interessendurchsetzung in den Vordergrund. Diese werden nun nicht in erster Linie durch die Nationalstaaten und ihre Interessen geformt, sondern durch sub- und supranationale Akteure, Institutionen und Eliten, die es geschafft haben, den Nationalstaat mit Hilfe des Rechts zu umgehen und auf diesem Wege ihre Interessen durchzusetzen. Ihnen sei es gelungen, im Bereich des europäischen Rechts einen klassischen Spillover-Mechanismus[54] zu installie-

---

54 D. i. die stetige, inkrementelle und sektorale Ausweitung von Integration.

ren, der eine stetige Vertiefung von Integration im Recht bewirke; soweit die Unterschiede zwischen den Theorien.

Große Übereinstimmung zwischen Neorationalisten, Liberalen Intergouvernementalisten und Neofunktionalisten herrscht hingegen in der Frage nach den Motiven, welche die Akteure zum Handeln veranlassen und die dieses Handeln gleichsam erklärbar machen. Denn auch hier gilt: *„The glue that binds this community of supra- and subnational actors is self-interest"* (Burley u. Mattli 1993: 60)[55] und nicht etwa das Interesse an der legitimen und generellen Geltung des Rechts. Das Recht muss hier ebenfalls im Interesse des Akteurs liegen, damit es befolgt wird. Insbesondere dem Geschick des EuGH rechnen es Mattli u. Slaughter zu, die unterschiedlichen Akteursgruppen in diesem Punkt zu binden. Denn das Gericht habe es wiederholt geschafft, entscheidende Anreize für sämtliche beteiligten nicht-staatlichen Akteursgruppen zu erzeugen, die letztendlich zur Ausweitung des europäischen Rechts geführt haben. Durch die Unterstützung, die der EuGH in seinen Urteilen infolgedessen erfährt, kann er die Ablehnung der schon bei Ernst B. Haas als „Integrationsbremser" charakterisierten nationalen Regierungen umgehen und einen wirkungsvollen Druck, von innen und außen, auf die Mitgliedstaaten aufbauen (vgl. 1958: xxxivf.). Die Staaten können in solch einer Situation nicht anders als den Rechtsdoktrinen des EuGH zustimmen, so die Annahme. Das neofunktionalistische Modell sieht insofern eine subtile *„indirect penetration of the political domain"* (Mattli u. Slaughter 1995: 187) als entscheidenden Mechanismus des Integrationsprozesses, nicht die direkte Konfrontation zwischen europäischer Judikative und nationalstaatlicher Exekutive. Und auch hier sind die Interessen am Recht der Schlüssel zu einer immer tieferen Integration: *„[The] concatenation of interests above and below the state gave a self-sustaining impetus to the process of integration"* (Mattli u. Slaughter 1998b: 180f.).

Als ein Beispiel für diese scheinbar kluge Strategie des EuGH, indirekten Druck auf die Staaten auszuüben, nennen die Autoren die Gerichtsentscheidung *van Duyn/Home Office* (04.12.1974, Rs. 41/74, Slg. 1974, 1337). Der EuGH hatte in diesem Fall erstmalig die unmittelbare Wirkung von Richtlinien anerkannt. Obgleich darin ohne Zweifel ein gewichtiger und folgenschwerer Einschnitt in die Souveränität der EG-Mitglieder erfolgte, wurde dieses Urteil, trotz zugegen laufender Interessen, seitens der Regierungen akzeptiert. Mattli u. Slaughter verweisen dabei insbesondere auf die Entscheidungsgründe des EuGH. Dort heißt es: *„A decision to this effect ... would undoubtedly strengthen the legal protection of individual citizens in the national courts"* (nach Burley u. Mattli 1993: 62). Die

---

55 Später Mattli u. Slaughter (1995, 1998a, b). Im Folgenden nur noch Mattli u. Slaughter bezeichnet.

Rechtsprechung des EuGH wird hier jedoch nicht etwa als Entscheidung zugunsten der europäischen Bürger, sondern als ein instrumenteller Akt gewertet, der dem Gericht sowie seinen Richtern und Generalanwälten zu *„prestige and power"* (a. a. O.: 64) verhelfe. Die Entscheidungsgründe des EuGH kaschieren dieses hintergründige Interesse in der Interpretation des Neofunktionalismus also nur und werden daher nicht als maßgeblicher Erklärungsfaktor herangezogen.

Besonders aufschlussreich ist die Bewertung des europäischen Rechts als gemeinschaftliche Institution, die sich bei Mattli u. Slaughter als direktes Ergebnis rationaler Akteurskalküle ergibt. Ähnlich wie in der neorationalistischen Theorie, wird das europäische Recht auch vom Neofunktionalismus nach instrumentellen Maßstäben, d. h. in seiner Funktion für Andere, bewertet.

> *„... [L]aw functions both as mask and shield. It hides and protects objectives in the purely political sphere. [...] Law can only perform this dual political function to the extent it is accepted as law. A ‚legal' decision that is transparently ‚political', in the sense that it departs too far from the principles and methods of the law, will invite direct political attack. It will thus fail both as mask and shield"* (Burley u. Mattli 1993: 73).

Rechtsentscheidungen sind hier politische Entscheidungen und nichts anderes als das Produkt der Interessen des Gerichtshofs (seiner Richter und Generalanwälte), der diese Interessen mit denen anderer Akteure (Europäische Kommission, nationalstaatliche Gerichte, private Kläger und deren Anwälte, sowie Professoren und Forscher der Rechtswissenschaften) in Ausgleich bringen muss. Die in der Gemeinschaft übliche „Sprache des Rechts" habe dabei zwei politische (!) Funktionen, wie Mattli u. Slaughter betonen: Es wirke zum einen maskierend, zum anderen schirme es die Entscheidungen des Gerichtshofs vor Kritik ab (siehe Abb. 3).

Die praktische Wirksamkeit des Rechts zeigt sich bei Mattli u. Slaughter zunächst einmal in der Möglichkeit der Verschleierung von Motiven und Interessen. Denn der EuGH wird seine Entscheidungen kaum je mit seinem Streben nach „Ansehen und Macht" begründen können. Eine solche Argumentation hätte schließlich keinerlei Aussicht auf allgemeine Akzeptanz und könnte dementsprechend nicht in dem strategisch-rationalen Interesse des Gerichtshofs liegen. Die wahren Motive und Interessen müssen also argumentativ mit Hilfe der „Sprache des Rechts" maskiert werden. So gilt, allgemein gesprochen, der Leitsatz: *„The courts' effectiveness in advancing its own agenda thus depends on how convincingly it speaks as the technical and apparently nonpolitical voice of ‚the law'"* (Mattli u. Slaughter 1995: 185 f.). Damit der EuGH seine Interessen durchsetzen kann, muss er, mit anderen Worten, seine Argumentation den geltenden Regeln des Rechts

Abbildung 3   Die Funktionen des Rechts in der neofunktionalistischen Theorie
nach Mattli u. Slaughter

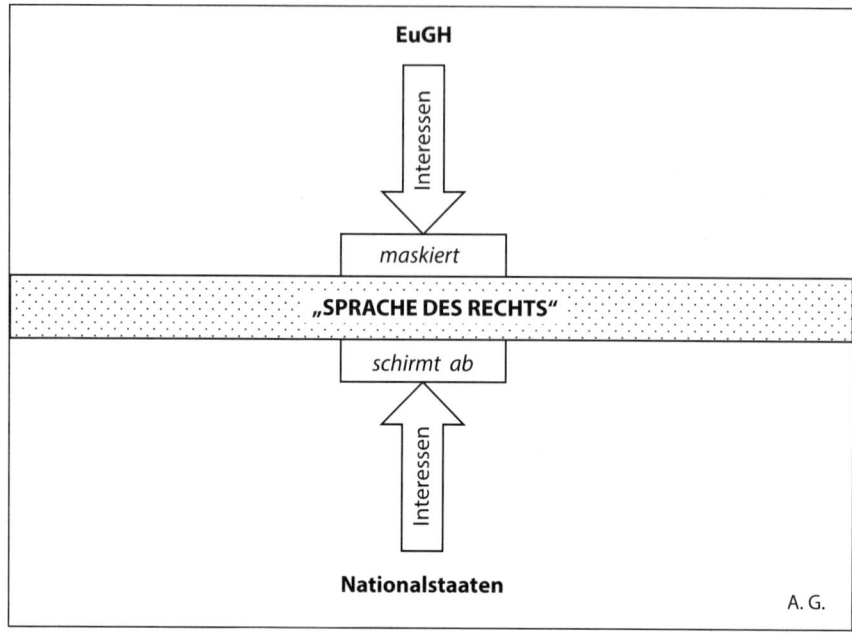

entsprechend aufbauen. Zugleich zwingt er damit aber auch mögliche Oppo-
nenten seiner Entscheidungen dazu, ihre Ansichten und Interessen ebenfalls als
Rechtsargumentation vorzutragen. Dadurch kann er sich sogleich gegen politische Kritik abschirmen. Denn der Gerichtshof hat in der Arena des Rechts einen
entscheidenden Vorteil: Er allein besitzt die Kompetenz der Rechtsprechung und
hat insofern das letzte Wort in einem Rechtsstreit. Der eigentliche Vorteil für den
EuGH daran ist aus neofunktionalistischer Sicht jedoch weniger die Befugnis Urteile zu fällen und durchzusetzen – denn dies wäre auf dem Wege der direkten
Konfrontation in der Tat sehr schwierig –, als vielmehr die Fähigkeit, damit argumentative Gleise zu stellen und allgemein verbindliche Spielregeln vorzugeben.

Das Recht selbst wird so zu einem Filter, der Argumente, die in der „Sprache
der Politik" vorgetragen werden, abwehrt. Es ist ein Schild, auf dem der Grundsatz „... *overt political arguments are illegitimate*" (Mattli u. Slaughter 1998b: 196)
eingraviert ist. Und dadurch, dass der EuGH in der Lage ist, sein Interesse an

der Erweiterung seines Einflusses „maskiert" durch die „Sprache und Logik des Rechts" geltend zu machen, kanalisiert er möglichen Widerspruch vonseiten der Nationalstaaten, so dass diese einen *„battle by proxy"* (Burley u. Mattli 1993: 72) kämpfen müssen. Am Ende sei es diese Ungleichheit der Möglichkeiten und die geschickte Einflussnahme auf subnationale Akteure, aufgrund derer es der Gerichtshof schaffe, sich mittel- und langfristig gegen die Staaten durchzusetzen. Es ist folglich nicht die direkte Interessenausübung, die hier zum Erfolg führt, sondern die subtile Strategie der mittelbaren Konfrontation, die den EuGH und seine vermeintlich integrationspolitische Agenda begünstigt.

Aus Perspektive des Neofunktionalismus ist im Zusammenhang mit der offensichtlichen Expansionstendenz des europäischen Rechts bereits früh die Aufmerksamkeit auf das sog. Vorabentscheidungsverfahren gem. Art. 267 AEUV (ex-Art. 234 EGV) gelenkt worden (vgl. insbes. Alter 1996, 1998, 2001; auch Stone Sweet u. Brunell 1998). Durch dieses Einfallstor werde es dem EuGH ermöglicht, an den Regierungen vorbei, die Ausbreitung europäischen Rechts in den nationalen Rechtsordnungen voranzutreiben. Das Vorabentscheidungsverfahren bietet nämlich jedem nationalen Gericht die Möglichkeit, dem EuGH Fragen vorzulegen, welche die Auslegung oder die Gültigkeit des Gemeinschaftsrechts im nationalen Recht betreffen. Der Gerichtshof entscheidet dann über die ihm vorgelegten Fragen unter Maßgabe der einheitlichen Anwendung und Interpretation des Gemeinschafts- bzw. Unionsrechts und schafft dabei einen verbindlichen Präzedenzfall für zukünftige Klagen und insbesondere für die Anwendung des Gemeinschaftsrechts innerhalb der Mitgliedstaaten.

Zumal die letztinstanzlichen Gerichte nicht nur berechtigt, sondern im Zweifel sogar verpflichtet sind, über die Anwendbarkeit von Unionsrecht den EuGH zu konsultieren[56] und zumal davon ausgegangen werden kann, dass im Laufe der Zeit immer weitere Fälle mit europarechtlichem Bezug, die von privaten Klägern vor den nationalen Gerichten vorgetragen werden, über das Vorabentscheidungsverfahren den Gerichtshof erreichen, erscheint es wahrscheinlich, dass sich über kurz oder lang eine Europäisierung nationaler Rechtsordnungen vollziehen wird.

Auch in den besonders viel beachteten Arbeiten von Karen Alter wird auf das institutionelle Eigeninteresse der beteiligten Akteure verwiesen, um die Ausweitung europäischen Rechts hinein in die nationalstaatlichen Rechtssysteme zu erklären. Dabei kommt insbesondere der Konkurrenz zwischen den nationalen Ver-

---

56 Zum Thema Vorlagerecht und Vorlagepflicht, siehe auch die Entscheidungen des EuGH in C.I.L.F.I.T./Ministro della sanià, Rs. 283/81, Slg. 1982, 3415; Foto-Frost/Hauptzollamt Lübeck-Ost, Rs. 314/85, Slg. 1987, 4199; Masterfoods und HB, Rs. C-344/98, Slg. 2000, I-11369.

fassungsgerichten, wie dem Bundesverfassungsgericht (BVerfG) und den in der Rechtshierarchie darunter angesiedelten Gerichten, eine entscheidende Rolle zu. So stellt Alter heraus:

> *„Competition between lower and higher national courts, each trying to enhance their influence and authority vis-à-vis each other, explains how national legal interpretive barriers and high-court ambivalence regarding the European Court's declaration of European Law Supremacy was overcome"* (1996: 458).

Diese Analyse steht insofern in neofunktionalistischer Tradition, als dort die entscheidenden Akteure ober- und unterhalb der Ebene des Nationalstaates angesiedelt werden: Auf supranationaler Ebene ist es der EuGH, der als unbestrittene Anlaufstelle in Fragen des Unionsrechts gilt; auf nationaler Ebene sind es allen voran Gerichte unterhalb des jeweiligen Verfassungsgerichts, die ihre *„expectations and demands"* (Haas 1958: xxxiii), an den nationalen Autoritäten vorbei, auf die europäische Ebene projizieren. Die entscheidende Frage im Zusammenhang mit diesem Mechanismus ist für Alter *„why national courts agreed to take on a role enforcing European law supremacy against their own governments and why national politicians did not stop an institutional transformation of the European legal system which greatly compromised national sovereignty"* (1996: 458). Die Antwort darauf ist wiederum eine klassisch neofunktionalistische: Es ist der von der rationalen Umsetzung von Interessen getriebene Wettbewerb um Einfluss zwischen den nationalen Verfassungsgerichten und den in der Hierarchie darunter angesiedelten Gerichten, der zu einer immer weiteren Ausrichtung an der europäischen Ebene und der Anerkennung kritischer Rechtsdoktrinen des EuGH geführt hat (vgl. auch dies. 1998).

Entscheidend für die Argumentation ist, hier wie auch bei Mattli u. Slaughter, die Annahme kosten-nutzen-rational handelnder Akteure. Die nationalen Gerichte hätten, gemessen an ihrem Ziel, *„influence and authority"* (Alter 1996: 458) zu erhalten und auszubauen, *„few costs and numerous benefits"* (a. a. O.: 466) von der Ausrichtung an der supranationalen Ebene zu erwarten und stimmten aus diesem Grunde dem EuGH und nicht etwa dem Bundesverfassungsgericht zu. Genauer: *„It allowed lower courts to circumvent the restrictive jurisprudence of higher courts, and to re-open legal debates which had been closed, and thus to try for legal outcomes of their preference for policy or legal reasons"* (ebd.). Ein vergleichbares Interesse an der Durchsetzung des Unionsrechts findet sich auch auf supranationaler Ebene. Hier sei es das Interesse des EuGH *„to be an authoritative voice on issues of EC law ..."* (a. a. O.: 480).

In beiden Fällen geht Alter also davon aus, der Anerkennung des Rechts wie auch der Rechtsdurchsetzung gehe ein spezifisches Eigeninteresse der Akteure voraus. Dem Interesse an Autorität und Einfluss folgt die zweckrationale Umsetzung durch das Vorabentscheidungsverfahren, das die Einbeziehung nationaler Regierungen und Verfassungsgerichte systematisch zu umgehen vermag. Zwischen EuGH und nationalen Gerichten scheint sich damit ein klassischer neofunktionalistischer Mechanismus der Interessendurchsetzung herausgebildet zu haben, der beiden Akteursgruppen, sowohl auf supranationaler als auch auf subnationaler Ebene, eine möglichst effektive und effiziente, d.h. hier rationale, Verwirklichung ihrer Interessen garantiert und so eine Ausweitung des europäischen Rechts bewirkt.

2.1.4 Das europäisches Recht und Governance – der Supranationale Institutionalismus

In einem Versuch der Abgrenzung zur Intergouvernementalismus-Neofunktionalismus-Kontroverse hat Alec Stone Sweet zusammen mit Wayne Sandholtz vorgeschlagen, Integration in Europa als eine Art Transitionsbewegung in Richtung von „supranational Governance" aufzufassen (Stone Sweet u. Sandholtz 1997; kritisch hierzu Branch u. Øhrgaard 1999). Dementsprechend folgt auf die Entwicklung eines Europas der isolierten Nationalstaaten zu einem intergouvernementalen Europa letztendlich die Herausbildung umfassender supranationaler Governance-Strukturen. Im Unterschied zu dem Begriff „Government" (Regierung) wird mit „Governance" (Regieren) hervorgehoben, dass sich politische Steuerung nicht nur auf die „herkömmliche" nationalstaatliche Administrative beschränken muss und soll. Regieren kann entweder durch Regierungen („Governance by Government"), unter Beteiligung der Regierungen („Governance with Government") aber auch ohne nationale Regierungen („Governance without Government") gewährleistet werden. In der Perspektive der Governance-Ansätze ist in Europa das „Monopol der legitimen physischen Gewaltsamkeit" (Max Weber) einer dezentralen Form der politischen Regulierung gewichen. Intergouvernementalistische Untersuchungen behandelten jedoch lediglich ein, bereits heute in weiten Teilen überholtes, Durchgangsstadium der Integration Europas, so die Kritik.

„Who governs?" ist demnach eine entscheidende Frage bei der Untersuchung von europäischer Politik jenseits des Nationalstaates aus einer supranational-institutionalistischen Perspektive. Die Antwort, die von Stone Sweet und Sandholtz in Aussicht gestellt wird, weist dabei eine sehr große Nähe zu den Kernannahmen des „klassischen" Neofunktionalismus nach Ernst B. Haas auf (noch immer grundlegend ders. 1958). So seien es „*(1) those individuals, groups, and firms who transact across borders, and (2) those who are advantaged by European rules, and disadvantaged by national rules, in specific policy domains*" (Stone Sweet u. Sandholtz 1997: 299), die eine vermehrte Nachfrage nach supranationalen Regelungen produzierten und so auch die Expansion und Institutionalisierung supranationaler Entscheidungsstrukturen bewirkten (vgl. auch Fligstein u. Stone Sweet 2002: 1209). Den Nationalstaaten kommt bei dem Prozess der Supranationalisierung nur eine nachgelagerte Rolle zu. Denn einhergehend mit den wachsenden Transaktionsströmen steigen auch die Kosten für die Bereitstellung nationaler Regelungen. Da dies für die Nationalstaaten auf Dauer zu beträchtlichen finanziellen und operativen Belastungen führt, wird es für die Regierungen zu einer kosten-nutzen-rationalen Entscheidung, Kompetenzen an eine Institution abzugeben, die sich oberhalb der Staaten oder zwischen diesen befindet und die für einen geregelten Austausch sowie die Lösung von auftretenden Konflikten sorgt. Aus Gründen des rationalen Kalküls *reagiert* der Staat also lediglich auf die Entwicklungen, die durch die oben genannten Akteure hervorgerufen werden. Der eigentliche Impuls für die supranationale Institutionalisierung von Governance-Strukturen wird hier jedoch nicht aktiv vom Staat und seinen Regierungen produziert.

Stone Sweet unterscheidet in diesem Zusammenhang zwischen Diade (eine Konstellation mit direkten Austauschbeziehungen zwischen zwei Individuen oder Gruppen) und Triade (eine Konstellation mit zwei in Austausch befindlichen Parteien und einer zwischengeschalteten Vermittlungs- und Regelungsinstanz) (siehe Stone Sweet 1999: 148 f.). Der Kern des Regierens und somit auch des Governance-Konzepts spiegele sich dabei allem voran in der „triadic dispute resolution" wider, die durch diejenige Institution gewährleistet wird, die mit der Regelung von Austauschbeziehungen und der Lösung von Konflikten betraut ist (im engl. Orig.: „*dispute resolver*"). Voraussetzung für das Zustandekommen jeglicher sozialer Austauschbeziehungen zwischen Individuen oder Gruppen (hierzu scheint Stone Sweet auch die Staaten zu zählen), ob in diadischer oder triadischer Form, ist jedoch das Bestehen einer normativen Struktur, also verfestigte Verhaltensmuster oder Regeln, die von den Beteiligten geteilt werden und die soziale Interaktion überhaupt erst ermöglichen. Gleichsam gilt: „*Behaviour that responds to these opportunities, once locked in (e. g., in dyadic forms), reinforces normative structure*" (Stone Sweet 1999: 151). Insgesamt ergebe sich so ein selbststabilisierender Kreislauf, in dem normative Strukturen die Herausbildung von Institutionen ermöglichen (diadisch und triadisch) und diese wiederum durch die Bereitstellung von

Abbildung 4   The construction of governance

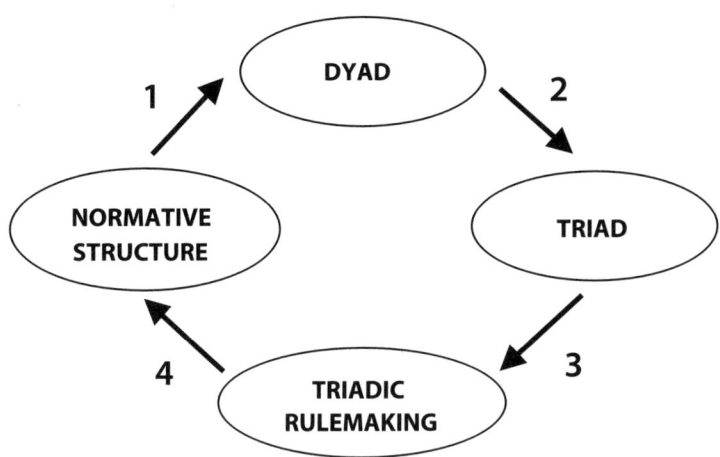

Regeln normativ wirken (siehe Stone Sweet 1999: 151 ff., Stone Sweet 2000: 153 ff., Fligstein u. Stone Sweet 2002: 1213).

Übertragen auf das europäische Rechtssystem und den Europäischen Gerichtshof (EuGH) heißt dies: *„Once fixed in a given domain, European rules – such as relevant treaty provisions, secondary legislation, and the European Court of Justice's (ECJ's) case law – generate a self-sustaining dynamic that leads to the gradual deepening of integration in that sector and, not uncommonly, to spillover into other sectors"* (Stone Sweet u. Sandholtz 1997: 299). Damit es dazu kommen kann, benötigt es in jedem Fall ein fortbestehendes Interesse an der Institution selbst, d. h. einen Nutzen für die beteiligten Akteure (die nationalen Interessengruppen, die Staaten und ihre Regierungen, private Kläger und ihre Anwälte, aber auch die nationalen und supranationalen Richter). Generell gilt: *„people are rational in the sense of being purposeful and goal-orientated"* (Stone Sweet 2004: 5). Und auch *„... all legal actors are instrumentally rational, in the sense of generally pursuing their own individual or corporate interests, however defined"* (a. a. O.: 37). Der Nutzen einer Institution oder normativen Struktur, wie das europäische Recht, bemisst sich dementsprechend nach den Erwartungen der daran *interessierten* Akteure und deren faktischer Umsetzung (vgl. Fligstein u. Stone Sweet 2002: 1211 f.).

Folgt man Stone Sweet und Brunell, besteht der Mehrwert eines Rechtsprechungssystems allgemein in seiner kostensenkenden Funktion (siehe Stone Sweet

u. Brunell 1998: 64). Dem EuGH käme folglich die Aufgabe zu, Kosten für die Austauschbeziehungen zwischen Staaten und transnational agierenden Akteuren zu senken und auf diesem Wege ihren Interessen zu entsprechen. Dieser Aufgabe kommt das Gericht nach, indem es Regeln produziert, *„that serve to reduce the transaction costs, enhance the legal certainty, and stabilize the expectations of those engaged in or contemplating exchange"* (Stone Sweet u. Brunell 1998: 64).

Doch auch der EuGH selbst spielt im Recht eine gestaltende Rolle, denn auch er habe bestimmte Interessen, nach deren Umsetzung er strebe. Doch welche Präferenzen kann man der Institution, kann man vor allem auch ihren Richtern und Generalanwälten zuschreiben? Nach welchen Zielen strebt ein supranationaler Gerichtshof, der mit der Auslegung der Verträge betraut wurde? Stone Sweet gibt hierauf eine bemerkenswerte Antwort, die teilweise an das von Mattli u. Slaughter vorgelegte Konzept des Rechts als „mask and shield"[57] erinnert:

> *„Judges, I expect, will seek to maximize, in addition to their own private interests, at least two corporate values. First, they will seek to enhance their legitimacy, vis-à-vis all potential disputants, by portraying their own rulemaking as meaningfully constrained by, and reflecting the current state of, the law. Second, they will work to strengthen the salience of judicial modes of reasoning vis-à-vis disputes that may arise in the future. Propagating argumentation frameworks allows them to pursue both interests simultaneously"* (Stone Sweet 2004: 37).

Neben der Durchsetzung privater Interessen der Richter – welche auch immer dies sein mögen – geht es also insbesondere darum, die Handlungsfähigkeit des EuGH zu stärken, indem die eigene Rechtsprechung als konsistent mit der übergeordneten Normenstruktur und insofern legitim *dargestellt* wird (Stone Sweet 2002: 128). Als Mittel, auch einer langfristigen Durchsetzung richterlicher Interessen, dienen hierbei „argumentation frameworks", also Argumentationsrahmen bzw. -muster, die in Einklang mit der bisherigen Rechtsprechung und dem allgemeinen Normenbestand (der „normative structure") stehen. Jede neuerliche Rechtsprechung führt nun gleichzeitig dazu, dass die Geltung dieses Normenbestandes und die damit verbundenen Argumentationen bestätigt, konserviert und möglicherweise auch ausgeweitet werden. Präzedenzfälle werden beispielsweise in laufender Rechtsprechung immer wieder als Grundlage neuer Entscheidungen herangezogen und stabilisieren sich dadurch selbst (vgl. Stone Sweet 2004: 37 f., 2002: 113 ff.; ähnlich auch Schmidt 2012: 10).

---

57   Siehe oben, Kap. 2.1.3, insbes. Abb. 3.

Das Recht an sich ist demzufolge in der Analyse des supranational-institutionalistischen Ansatzes den teils privaten, teils institutionellen Interessen unterschiedlicher Akteursgruppen nachgestellt und wird durch diese bestimmt. Schließlich sind es nicht nur die Richter, die ein solches Interesse am Recht haben, sondern vor allem auch die zahlreichen prozessführenden Parteien in den europäischen Staaten und die Regierungen, die ihre Präferenzen durch ein gerichtliches Verfahren zu verwirklichen suchen:

> „... all three sets of actors [hier: Richter, prozessführende Parteien, Rechtswissenschaftler] behave strategically all of the time: they seek to maximize their well-being given the constraints they face. In constitutional politics, however, actors can pursue their interests only through normative argument, and effective normative arguments can only be fashioned by reasoning through rule structures. In such a social system, interests are constantly reconstituted as legal discourse, a fact which has heavy consequences for how the system develops" (Stone Sweet 2000: 140).

Das gemeinsame Recht in Europa entwickelt sich demnach nicht unter der Maßgabe juristischer Geltungsansprüche und Formen der Argumentation und Begründung, sondern wird von diesen nur äußerlich charakterisiert. Mit anderen Worten: Die Arbeitstechniken und Argumentationsformen, die ihren fassbaren Ausdruck in Rechtsdiskursen finden, sind lediglich ein Stempel, den die Akteure ihren Interessen aufdrücken, um diese zu verschleiern. Hinter der vordergründigen Kulisse des Rechts, die dem Beobachter zugänglich ist, verbirgt sich, nach Stone Sweet, also immer eine zweite Ebene (die der Eigeninteressen), die es zu analysieren gilt, um die erste (das Recht) zu verstehen und zu erklären (vgl. auch Stone Sweet 2010).

Es stellt sich sodann, in Zusammenschau der hier vorgestellten Ansätze, die Frage, ob und wieweit das Recht in seinem Wesen erhalten bleiben kann oder ob es in dieser Perspektive überhaupt so etwas wie das „Recht an sich" gibt, wenn es in der Praxis lediglich als ein Mittel der Interessendurchsetzung betrachtet wird. Dieser Frage soll im folgenden Kapitel nachgegangen werden.

2.2   Zwischenfazit: Recht als Instrument Europäischer Integration?

„Wenn man ein Seher ist,
braucht man kein Beobachter zu sein"
(Marie von Ebner-Eschenbach)

Die Unterschiede zwischen den Theorien europäischer Integration scheinen auf den ersten Blick beträchtlich. Dies zumindest muss man glauben, betrachtet man die verhärteten Positionen und teils hitzig geführten Theoriedebatten um die Rolle des Europäischen Gerichtshofs (EuGH) im Prozess der europäischen Integration. Bei näherem Hinsehen fällt jedoch eine entscheidende, eine grundlegende Gemeinsamkeit zwischen den derzeit angebotenen Theorien europäischer Integration auf. Sie alle gehen von einem verallgemeinerten und unkritischen Rationalitätsverständnis aus, das zugleich den Kern ihrer Erklärung von Integration im Recht ausmacht. In der Folge wird die Arbeit des EuGH als gänzlich von Präferenzen und Interessen abhängig aufgefasst. Mit zugleich schwerwiegenden Konsequenzen für das Recht: In einer rationalistischen Analyse ist das Gemeinschaftsrechtssystem nicht viel mehr, als eine von wechselnden Akteurskonstellationen abhängige Institution, die nur so lange bestehen kann, wie sie einen dem Recht vorgelagerten bzw. übergeordneten Nutzen erfüllt. Es ist eine *Funktion* rationaler Interessen und den Möglichkeiten ihrer Durchsetzung – nicht mehr und nicht weniger. Was genau der Nutzen eines Akteurs am Recht ist, bleibt dabei meist unklar. Umso klarer muss jedoch sein, dass das europäische Recht im Prozess der europäischen Integration dann lediglich eine Rolle spielt, die ihm von außen angetragen wird. Oder anders gesagt: Der begründete Inhalt des Rechts, der den Kern einer gelungenen Integration durch Recht bilden muss, wird von der rationalistisch geprägten Theorie teils unberücksichtigt gelassen, teils negiert. Das Recht gilt nicht „an sich", nicht in einer Eigengesetzlichkeit und beinhaltet scheinbar keine eigene, d. i. rechtsspezifische Rationalität, die das Handeln zugleich mit Möglichkeiten und Grenzen versieht. Es ist bloßer Statthalter externer Interessen. Die strategisch-rationalen Kalküle der Akteure sind dem eigentlichen Inhalt des Rechts vorgelagert. Sie bestimmen es und lassen Integration im Effekt zu einer spieltheoretischen „Win-Win-Situation" degenerieren.

Nach neorationalistischer und liberal intergouvernementalistischer Interpretation stehen die Regierungen hierbei im Zentrum. Dort sind es primär die Positionen großer und mächtiger Mitgliedstaaten, denen der Europäische Gerichtshof mittels seiner Rechtsprechung Rechnung zu tragen habe. Beide verweisen also auf die generelle Abhängigkeit der Rechtsprechung und somit indirekt auch des

Rechts von den strategisch-rationalen Erwägungen der Mitgliedstaaten. Aus Sicht der neofunktionalistischen Theorie ist es hingegen vor allem der Gerichtshof, der das Recht instrumentalisiert und als „mask and shield" benutzt, um die Staaten zu zwingen, sich den im Recht geltenden Spielregeln und Argumentationsmustern anzupassen.

Armstrong kritisiert am Neorationalismus, dass die Theorie „... *offers us an account of legal integration without law and an account of the ECJ that fails to recognize its function as a court within the institution of law"* (1998: 158). In gleicher Weise gilt diese Kritik für die neofunktionalistischen Ansätze. Denn Recht ist auch hier nicht mehr als ein bloßes Instrument einer verallgemeinerten Durchsetzung von Interessen: Zwar werden im Recht bestimmte Argumente (insbesondere die des „unmaskierten" Eigeninteresses) ausgeschlossen, doch ließe sich selbst diese Beschränkung des argumentativen Handelns[58] einseitig durch das Europäische Gericht instrumentalisieren, um mögliche Kritik abzuwehren. Der EuGH wird in diesem Zusammenhang gerne als kluger und geradezu listiger Akteur charakterisiert, der im Laufe der Zeit Strategien und Taktiken zur Rechtsdurchsetzung und inkrementellen Ausweitung seiner Kompetenzen entwickelt hat und zur Anwendung bringt. So meint Hartmann etwa in Bezug auf die Rechtsprechung des Gerichts eine Systematik erkennen zu können: *„Bevor der EuGH rechtspolitisch erstmalig auf die weitere Stärkung des europäischen Rechts navigiert, statuiert er in aufwendigen Begründungen zunächst ein anderes oder ein neues Prinzip, ohne damit bereits spektakuläre Urteilsfolgen zu verbinden. Erst danach lässt der EuGH dem Umdenken allmählich urteilsmäßige Taten folgen ..."* (Hartmann 2001: 159). Ein ähnliches Bild zeichnet auch die supranationalistische Theorie, die zwar eine normative Struktur als notwendige und ständig in Urteilen reproduzierte Grundlage erachtet, jedoch auch diese den am Rechtsprozess beteiligten Akteuren und deren rational-instrumentellen Interessen unterordnet.

Recht wird in der neorationalistischen genauso wie in der intergouvernementalistischen Theorietradition (Letztere steht der Abgabe von nationalstaatlichen Souveränitätsrechten zugunsten der EU eher skeptisch gegenüber), wie auch in den neofunktionalistischen und supranational-institutionalistischen Ansätzen (diese gehen beide von einer stetigen, ja schleichenden Erosion nationalstaatlicher Souveränität aus), nur in einem sehr begrenzten Sinne als eine autonome soziale Institution wahrgenommen. Es erhält seine inhaltliche Bestimmtheit vielmehr durch die Anerkennung und Ausgestaltung derjenigen Akteure, die es schaffen,

---

58 Dass das Vorbringen von Argumenten eine Form des Handelns ist, belegt sehr überzeugend bereits John Austin (1975).

ihre spezifischen Präferenzen im Recht durchzusetzen. Man könnte auch sagen: Das Recht steht nicht für sich, sondern wird als Gut des „politischen Marktes" verhandelt und als Summe partikularer Akteursinteressen produziert.

Hinter dieser Annahme verbergen sich jedoch *drei wesentliche Probleme bzw. Fehleinschätzungen,* die sich direkt aus der methodologisch-individualistischen und instrumentalistischen Rationalitätsannahme der vorgestellten Theorien ergeben und insofern sämtliche Varianten von rationalistischen Handlungstheorien betreffen.[59] Das erste Problem – das an dieser Stelle nur in Kürze behandelt wird, da es in den folgenden Kapiteln Hauptgegenstand der Diskussion sein wird – verweist auf die Frage nach der Autonomie des Rechts und seiner Rationalität. Das zweite Problem ist eines, das die Legitimität der Rechtsordnung betrifft und gewissermaßen aus dem ersten hervorgeht. Das dritte Problem liegt in einer sprachpraktischen Paradoxie, die in den folgenden Kapiteln näher zu erläutern sein wird. Aus allen drei Unzulänglichkeiten der rationalistischen Theorien lassen sich zugleich erste Hypothesen ableiten, die einer näheren Prüfung unterzogen werden sollten:

Erstens darf die gängige Verwendung des Begriffs „Rationalität" in seiner singulären Form nicht vorschnell dazu verleiten, es gäbe nur *eine* Rationalität, nur *ein* rationales Handeln. Wenn wir von rationalem Handeln sprechen, so scheint damit, bereits auf den ersten Blick, eine schier unerschöpfliche Menge von Hand-

---

59 Die grundlegenden und bis heute in den Theorien rationalen Handelns übernommenen Annahmen des methodologischen Individualismus finden sich bereits im Werk des englischen Philosophen John Stuart Mill (1806–1873). In seinen Schriften „A System of Logic" (1843) und „On Liberty" (1859) entwickelt Mill, der ein Schüler Jeremy Benthams war, eine Wissenschaftstheorie, die auch heute noch einen großen Stellenwert in den Sozial- und Wirtschaftswissenschaften besitzt. Auch wenn die Rede vom nutzenmaximierenden „homo oeconomicus" erst später aufkam, zwischenzeitlich modifiziert wurde und zweifelsohne über das Basismodell von Rational Choice hinausgeht, so hat Mill doch den Kern dieses Konzeptes mit seinen Schriften bereits gelegt, indem es sein Anliegen war, das Konzept der Rationalität vom Individuum her zu begründen und auf gesellschaftliche Phänomene zu übertragen. So schreibt Mill in „A System of Logic": *„The laws of the phenomena of society are, and can be, nothing but the laws of the actions and passions of human beings united together in the social state. Men, however, in a state of society, are still men; their actions and passions are obedient to the laws of individual human nature. Men are not, when brought together, converted into another kind of substance, with different properties; […] Human beings in society have no properties but those which are derived from, and may be resolved into, the laws of the nature of individual man. In social phenomena the composition of causes is the universal law"* (A System of Logic: VI, 7, § 1). Was hier deutlich wird, ist, dass Mill explizit die (einzel)menschliche „Natur" zum Ausgangspunkt macht, um davon Erklärungen abzuleiten, die verallgemeinernd auf die Gesellschaft in allen ihren ausdifferenzierten Formen übertragbar sind. Man könnte auch sagen, es geht hier um ein Erklärungsmodell, das „von unten nach oben" arbeitet (siehe Hollis 1991; auch Zintl 2001: 37, Hottinger 1998: 337).

lungsmustern und -alternativen zusammengefasst zu sein. Unterschiedliche Akteure reagieren auf ein und dasselbe Ereignis meist unterschiedlich, ohne dass man ihnen dafür gleich die Rationalität in ihrem Tun absprechen würde. Der moderne Rationalismus scheint diesen Befund vorschnell mit dem Verweis auf die Wechselhaftigkeit von Nutzenfunktion, Interessendefinition und situative Bedingtheit des Handelns – kurz: den Universalismus der Rationalität – abgetan zu haben. Hier war die frühe Rationalitätskonzeption von Max Weber bereits weiter und näher an der Wirklichkeit einer modernen funktional differenzierten Gesellschaft. Dabei liegt es eigentlich nahe anzunehmen, es gebe eine Vielzahl unterschiedlicher Rationalitäten; einen Rationalitätspluralismus, könnte man sagen. Dies wird insbesondere am Recht deutlich, das sowohl an sich als auch in Europa längst ein autonomer Raum[60] des Handelns aber auch des Denkens und des argumentativen Begründens ist (vgl. Gil 2005: 94 ff.). Dieser Kontext, so die Hypothese, gibt *aus sich heraus* Handlungssinn und zeichnet sich durch eine *eigene* Form der sprachlich und praktisch gebundenen Rationalität aus, die in der Lage ist, Handeln nach ihren Maßstäben zu strukturieren. Die Integration durch Recht, so könnte man formulieren, vollzieht sich heute infolgedessen nicht mehr durch den politischen oder ökonomischen Willen seiner Akteure, sondern vielmehr in einem bestimmten Kontext durch sich selbst (siehe näher hierzu auch Kap. 6.3). Um also über den Zusammenhang von Integration und Recht Näheres zu erfahren, sollte zunächst einmal die Frage nach den Eigenschaften der Rationalität im europäischen Recht geklärt werden.

Zweitens beinhalten die rationalistischen Arbeiten die Annahme, Recht ließe sich regelmäßig instrumentell als Mittel zum Zweck von individuellen Interessen *gebrauchen*. Bereits auf den ersten Blick ist diese Annahme äußerst problematisch, legt sie doch nahe, dass sich das Recht auch als Mittel zum Zweck partikularer und insofern demokratisch nicht gewollter Interessen ge- und missbrauchen lässt. Demokratisch ist solch eine Konzeption des Rechts unter keinen Umständen zu rechtfertigen. Denn das Recht soll ja gerade nicht der privaten Vorteilnahme gereichen. Im Gegenteil, Recht ist – zumindest in demokratischen Systemen – der

---

60 Die Autonomie des Rechts soll hier keinesfalls als eine völlige Abgrenzung und Undurchlässigkeit gegenüber anderen Lebensbereichen verstanden werden. Dennoch ist das Recht, wie Patterson sagt, *„eine wohlunterschiedene Praxis mit ihrer eigenen argumentativen Grammatik"* (1999: 206), die es von anderen Kontexten unterscheidbar macht.
   Die Frage nach Möglichkeit und Notwendigkeit von Geschlossenheit und Öffnung des Rechts bzw. der Rechtswissenschaft wird bis heute kontrovers diskutiert (vgl. Ernst, Fleischer, Reimann, Jestaedt und Magen in Engel u. Schön 2007) und soll an dieser Stelle nicht näher behandelt werden.

Willkür entgegengestellt und soll immer auch Gerechtigkeit, Rechtssicherheit, Rechtsvertrauen und Zustimmung zur geltenden Rechtsordnung befördern.[61] Anders gesagt: Recht muss als legitim und im Grunde auch gerecht erachtet werden können. Es gehört zum Wesen des modernen, demokratischen Rechts nicht nur Spiegel einiger weniger Interessen zu sein. Auch und insbesondere das noch junge und freilich lückenhafte europäische Gemeinschaftsrecht kann nicht nur Ausdruck partikularer Akteursinteressen sein, sondern muss eine Vervollständigung und Eigenständigkeit anstreben, um als legitim zu gelten. Stünde das Recht tatsächlich in der durch den (trivialen) Rationalismus vermuteten Abhängigkeit, dies ist die zweite Hypothese, so wäre dies weder mit den geltenden Ansprüchen an Transparenz und Gerechtigkeit vereinbar, noch wäre damit die Notwendigkeit erfüllt, Rechtssicherheit und das erforderliche Vertrauen in das Gemeinschaftsrecht sicherzustellen. Die Rechtsordnung wäre gleichsam losgelöst von den Menschen, die sie betrifft und welche die Quelle ihrer Legitimation sein müssen. Das europäische Recht wäre eine auf dem Marktplatz der Interessen und an den politischen Verhandlungstischen erzeugte Ordnung, die weder auf die Rückbindung an allgemein anerkannte Rechtsgüter verweisen könnte, noch aus den gemeinsamen Verfassungsüberlieferungen der Mitgliedsstaaten hervorgehen und Legitimation beziehen würde. Und vor allem würde sie die Aufgabe einer *Repräsentation* des Einzelnen nicht gewährleisten können. Unter diesen Umständen kann jedoch keinesfalls eine stabile und dauerhafte Integration (durch Recht) in Aussicht stehen. Der Inhalt und die Geltung des Rechts bliebe etwas Beliebiges, von außen Angetragenes.

Auf einer solchen Grundlage hätte die Integration Europas im Recht jedoch, ganz praktisch gedacht, einen sehr unsicheren Stand, da sie auf einem losen Fundament partikularer Interessen errichtet wäre und mithin nicht zu erwarten wäre, dass diese auch den Willen der in Europa lebenden Menschen widerspiegelten. Überdies würde sich die rechtsschöpferische Tätigkeit des EuGH ohne Zweifel auch normativ nicht länger rechtfertigen lassen. Die vielgescholtene Bürgerferne der Europäischen Union würde das gesamte Projekt einer friedlichen Einigung Europas gefährden. Das „Raumschiff Brüssel" (Oldag u. Tillack 2005) wäre tatsächlich abgehoben und hätte den Orbit verlassen. Ob man nun dem in mehrerer Hinsicht zweifelhaften Befund eines interessenabhängigen Rechts zustimmt oder nicht, so muss doch eines klar sein: Sowenig wie das Recht zum Selbstzweck de-

---

61 Zur „juristischen Gerechtigkeit" sehr umfassend Osterkamp 2004.

generieren darf, sowenig darf es auch bloßes Mittel zum Zweck der nicht pluralis-tisch-demokratisch legitimierten Interessendurchsetzung sein.[62]

Drittens ist die rationalistisch-instrumentelle Auffassung des europäischen Rechts aus sprachphilosophischer und -logischer Sicht paradox. Dies wird an spä-terer Stelle in der Auseinandersetzung mit Wittgensteins Spätwerk noch deut-licher werden und zu belegen sein. Denn die Existenz einer „Sprache und Lo-gik des Rechts", und dies ist die dritte Hypothese, setzt eine Gemeinsamkeit in Verständnis und Anerkennung derselben bereits voraus. *„It is about knowledge of the rational thing to do or the a priori understanding of necessities to which ra-tional action is subject",* schrieb Hollis einmal sehr treffend (1977: 165). Um also überhaupt über Recht sprechen zu können, muss man bereits die „Sprache des Rechts" beherrschen. In der Regel beinhaltet dies nun immer auch die Anerken-nung eben dieser „Sprache des Rechts". Denn wenn man die *„language and logic of law"* (Burley u. Mattli 1993: 44) benutzt, selbst wenn dies nur einem beliebigen anderen Zweck dient, so gibt man damit immer auch sein grundlegendes Einver-ständnis in die Institution „Recht" als Ganzes zu erkennen. Kaum vorstellbar, dass sich in Europa während der letzten sechzig Jahre eine *gemeinsame* Rechtsordnung herausgebildet haben soll, die allein vorgibt eine solche zu sein; schwer vorstell-bar auch, dass diese die europäischen Akteure gänzlich unberührt gelassen hat. Es ist ja gerade nicht der Fall, dass das europäische Recht nur ein großes Thea-ter wäre und der EuGH die Bühne, auf der die Akteure ihr interessengeleitetes Schauspiel vollführten. Viel zu eng ist das europäische Recht in Anlehnung an die nationalen Rechtsordnungen und an allgemeine Rechtsauffassungen entwickelt worden, als es sich davon inhaltlich wie praktisch abkoppeln könnte. Geht man also davon aus, eine private und auf isolierten Eigeninteressen begründete Ausle-gung von Normen, Regeln, Prinzipien und Verfahrensweisen herrsche im euro-päischen Recht vor, so wäre damit entweder eine Verständigung über Recht auf Dauer unmöglich gemacht, oder aber das Recht stehe in Abhängigkeit individu-eller Nutzenkalküle – ein Befund, der die Legitimität des gesamten europäischen Rechts in Frage stellen würde (siehe oben). Beide Möglichkeiten würden nicht nur das Europarecht, sondern immer auch die nationalen Rechtsordnungen betreffen. Schließlich gründen sie auf einer gleichen kontextuell gebundenen Sprache des Rechts. Es wäre also paradox zu behaupten, europäisches Recht könne das in den Staaten deliberierte Recht einfach hinter sich lassen.

---

62 Dies heißt im übrigen nicht, dass im Recht kein Platz für die Wahrnehmung von Interessen sei. Das Gegenteil ist der Fall. Nur ist das Interesse *innerhalb* rechtlich kodifizierter Verfahrenswei-sen zu vertreten und nicht äußere Bedingung für das Recht und die Rechtsprechung.

Alle drei Probleme ergeben sich aus einem verkürzten Rationalitätsbegriff, der mit den Grundannahmen der methodologisch-individualistisch verfahrenden Rational-Choice-Theorie übereinstimmt und der von den vorgestellten Theorien europäischer Integration geteilt wird. Nun ließe sich einwenden, dass diese Probleme lediglich ältere Ansätze von Rational Choice betreffen und sich in der neueren Theorie nicht mehr stellen bzw. diese nicht mehr betreffen. Eine Kernannahme von Rational Choice ist jedoch, dass *„Handeln motiviert beziehungsweise zielgerichtet ist, also durch Bedürfnisse oder – hier gleichbedeutend – durch Präferenzen, Wünsche oder Motive verursacht werden"* und dass *„... Akteure solche Handlungen ausführen, die unter Berücksichtigung der ... Handlungsrestriktionen ihre Ziele in höchstem Maße realisieren ..."* (Kunz 2004: 36).[63] Dabei wird insbesondere in neueren Studien, die auf der Theorie rationalen Handelns aufbauen, die Präferenzbildung und -veränderung systematisch ausgeklammert bzw. muss durch Hilfsannahmen ergänzt werden, die dann einfach, per Definition, nicht länger der Rational-Choice-Theorie selbst zugerechnet werden. Diese neuere Variante des Ansatzes konzentriert sich also nicht mehr primär auf eine generalisierte Eigennutzorientierung des Menschen, sondern stellt die nutzenmaximierende Berechnung in den Mittelpunkt. In dieser Version von Rational Choice können also jegliche Präferenzen, sogar altruistische oder ethisch-moralische, ex post zum Ziel der Maximierung erklärt werden. Hierzu muss lediglich das erstrebte Ziel des Akteurs eine Umsetzung seiner Präferenzen oder Interessen versprechen (vgl. Keck 1995, 1997, Zintl 2001). Um sich also nicht in der Trivialität einer generellen Zielgerichtetheit und Nutzenmaximierung von Handlungen zu erschöpfen, müssen die Theorien des rationalen Handelns eine inhaltliche Vervollständigung erfahren – Präferenzen, Wünsche, Motive oder Interessen müssen hinzutreten (vgl. Müller 1994: 22). Lässt sich die rationalistische Rechtsauffassung durch diese Reformulierung also doch noch retten – wenn nicht als normatives Modell, so doch als analytisches?

In der Integrationstheorie bei Garrett, Moravcsik, Mattli u. Slaughter, Alter und Stone Sweet sind die zu erreichenden Ziele offenbar in erster Linie politischer oder ökonomischer Natur und egoistisch motiviert: Es geht um die Sicherung und den Ausbau von Machtpositionen, die Sicherung der Handlungsautonomie und um Kostenvorteile durch die Institution des Rechts, die als erklärungsnot-

---

63 Das grundlegende Modell von Rational-Choice in den Sozialwissenschaften findet sich bei David Papineau. Dieser geht davon aus, dass, sofern man einem Akteur bestimmte Glaubenssätze und Wertvorstellungen zuschreiben kann, sich die zu erwartende Handlung aus dem Gesetz der Nutzenmaximierung herleiten lässt (siehe ders. 1978; auch Salmon 1999b: 413 ff.).

wendige Hilfsannahmen eingeführt werden. Auch wenn diese Motive das Handeln der Akteure mitbestimmen mögen, so können sie jedoch nur im Rahmen rechtlicher Verfahrensweisen und unter Zuhilfenahme rechtlicher Geltungsansprüche Wirkung entfalten.[64] Es gilt generell: *„Um juristische Relevanz zu erhalten, müssen Interessen in die gemeinsame Währung juristischer Argumente konvertiert werden"* (Neumann 2005: 377). Mattli u. Slaughter bemerken aus guten Gründen, dass die „language and logic of law" in der Lage ist, offen vorgetragene, politische oder ökonomische Argumente abzuwehren. Allerdings lässt ihre Fokussierung auf die handelnden Akteure und das zugrunde gelegte triviale Rationalitätsmuster nicht den Schluss zu, dass sich diese abschirmende Wirkung der „Sprache des Rechts" direkt aus ihrer Eigenschaft als autonome und gemeinschaftlich-getragene Institution ergibt. Die Geltendmachung von Eigeninteressen gehört nämlich durchaus zum Recht dazu, ist dort anerkannt. Von Klägern und Beklagten wird in einem Gerichtsprozess ja gerade nicht verlangt, dass diese völlig selbstlos, quasi losgelöst von jedweder Subjektivität, die eigene Position vortragen. Das Recht kann und darf eine solche übersubjektive Positionierung von seinen Adressaten nicht verlangen. Die Interessenwahrnehmung und -vertretung ist insofern elementarer Bestandteil einer jeden Rechtsordnung und ihr überhaupt nicht fremd. Die Grenzen allgemein anerkannter Verfahrensweisen der jeweiligen Rechtsordnung sind jedoch gleichsam bei der Interessenwahrnehmung einzuhalten. Andernfalls wird das umzusetzende Eigeninteresse – und dies betrifft vor allem die von Stone Sweet vertretene Annahme, Richter könnten ihren privaten Interessen nachgehen – als illegitim und illegal wahrgenommen.

Gleichwohl ist dies lediglich der „äußere Rahmen" des Rechts. Es darf nicht übersehen werden, dass darüber hinaus eine Vielzahl unterschiedlichster Normen, Regeln, Werte, Prinzipien, Grundsätze, aber auch Rechtsauslegungsmethoden und Argumentformen – also nicht nur das vertraglich festgelegte Primärrecht und allzu formale prozessuale Verfahren – das Miteinander in der Rechtsgemeinschaft bestimmen und prägen. Diese sind nicht nur abstrakt zu verstehen, sondern erhalten ihre bestimmbare Bedeutung erst durch ihre Verwendung – als Teil einer gemeinsamen Praxis also –, die gerade nicht auf individuelle Kalküle oder „die Natur des Menschen" zurückführbar ist. Eine moderne Rechtsordnung, wie das Europarecht, ist ja gerade keine Sammlung aus unverrückbaren Naturgeset-

---

64 Andernfalls würde das Recht als Institution obsolet, was wiederum nicht gewollt wird bzw. werden kann. Die Akteure sind also dazu gezwungen, sich dem Kontext und seinen Argumentationsstrukturen und Verfahren zumindest vordergründig anzupassen, was nach außen mit einer öffentlichen Anerkennung des Rechts korrespondiert, da ja die wahren Gründe für die Übereinstimmung mit dem Recht nicht zutage treten.

zen, sondern eine von Menschen gemachte und sich ständig verändernde Institution. Als solche muss sie jedoch auch einer allgemeinen Geltung unterliegen, die von Einzelnen und ihren strategischen Interessen nicht hinterfragt werden kann, sondern nur durch die Rechtsgemeinschaft veränderbar ist. Kurz: Recht ist immer bereits Gemeinschaft.

Die hier vertretene Hypothese ist, dass dies mithin auch für die im Recht geltende Rationalität zutreffen muss. Nimmt man nämlich an, dass sich tatsächlich und notwendigerweise ein gemeinsames Verständnis von Rationalität erst im Laufe der Zeit innerhalb der Gesellschaften herausgebildet hat,[65] und insofern auch immer erst erlernt werden muss, dann bräuchte es als Grundvoraussetzung, um überhaupt rational handeln zu können, eine gegenseitige Übereinstimmung in Hinblick auf die Kriterien der Rationalität. Denn andernfalls gäbe es keinen geteilten Maßstab, anhand dessen man entscheiden könnte, was, wann und inwieweit rational, irrational oder nicht rational ist – eine Kommunikation über rationales Handeln wäre von vornherein ausgeschlossen. Oder wie Saul A. Kripke sagt: *„Das gesamte ‚Spiel‘, … würde außerhalb einer Gemeinschaft, die generell in ihren Praktiken übereinstimmt, seinen Sinn verlieren"* ([1987] 2006: 121). Dies muss auch für die neuere, minimalistische Rational-Choice-Variante einer bloßen Präferenz- oder Interessenmaximierung gelten. Zumal in einer Welt, in der Handlungsgründe anderer Akteure nicht als sinnhaftes Handeln wahrgenommen werden können, weder Konsens noch Dissens je entstehen können. Eine Gemeinschaft des Rechts wäre, wie jede andere Gemeinschaft auch, ebenso wenig möglich.[66]

Auch ist zu fragen, ob man in Hinblick auf den minimalistischen Rationalitätsbegriff im Sinne von Rational Choice überhaupt von Rationalität sprechen sollte. Die generelle Zielgerichtetheit und das Prinzip der Nutzenmaximierung jedenfalls scheinen in Bezug auf das Handeln etwas geradezu Tautologisches zu beinhalten. Denn bereits das Handeln (ob nun rationales, nicht-rationales oder irrationales)[67] kommt generell und per Definition nicht ohne ein Ziel oder einen Grund aus. Jemand, der handelt, muss sich folglich auch nach seinen Motiven oder Handlungsgründen fragen lassen können. Er muss sagen können, warum, aus welchem Grund oder mit welchem Ziel er etwas tut. Ist er nicht in der Lage, hierauf eine Antwort zu geben, so ist fraglich, ob man überhaupt von Handeln sprechen sollte oder nicht besser von einem bloßen (unbewussten, nicht be-

---

65 Siehe hierzu eingehend Kap. 4.1.3 u. 4.1.4.

66 Siehe hierzu auch Kap. 4.3.

67 Irrationales Handeln ist ein solches, das der Rationalität widerspricht, während nicht-rationales Handeln sich den Maßstäben der Rationalität generell entzieht. D. h., im ersten Fall spielen Kriterien des Rationalen eine Rolle, während sie im zweiten Fall situativ nicht einschlägig sind.

gründeten) Tun oder Sichverhalten. Wenn ich z. B. auf dem schnellsten Weg von A nach B gelangen möchte, so mache ich den Umweg über C nur, wenn ich dafür einen Grund habe. Doch hat dies noch keine Dimension der Rationalität. Habe ich für meinen Umweg über C keinen Grund, so kann man wohl kaum von einer Handlung sprechen. Und habe ich einen Grund, so heißt dies noch nicht, dass meinem Handeln eine rationale Entscheidung zugrunde liegt bzw. die Ursache für mein Handeln ist. Es könnte ja meinem Handeln auch ein Befehl oder eine Anweisung vorausgegangen sein, eine (möglicherweise rationale) Entscheidung von jemand anderem also, der ich lediglich Folge leiste. Das Rätsel der Rationalität ist mit dem minimalistischen Verständnis von Rational Choice also keinesfalls gelöst. Einer Erklärung der Integration durch Recht kommt man damit ebenfalls nicht näher.

Darüber hinausgehend ist noch ein weiterer bereits anfangs erwähnter Punkt hervorzuheben: Rationales Handeln meint niemals nur die Berechnung von Kosten und Nutzen in Bezug auf ein bestimmtes zu erreichendes Ziel. Das ist nur die eine Seite des Rationalitätsbegriffs. Wenn von Rationalität die Rede ist, so ist damit immer auch die Rechtfertigbarkeit – verstanden als eine argumentative Begründung einer Behauptung oder Aussage – des Handelns angesprochen. Rationalität umfasst in seiner Wortbedeutung immer auch vernünftiges, nicht allein verstandesmäßiges Urteilen und Handeln. Ein Rückzug auf einen minimalistischen, rein operativen Rationalitätsbegriff ist schon aus diesem Grund wenig überzeugend. Wenn man von einem Akteur sagen kann, er handle rational, so ist dies Begründung *und* Rechtfertigung für sein Handeln zugleich (siehe Steinvorth 2002: 51). Dies darf bei der Bewertung rationalistischer Erklärungsversuche europäischer Integration nicht übersehen werden. Eine rationalistische Erklärung der Anerkennung europäischen Rechts durch die Nationalstaaten, die supranationalen Institutionen und die subnationalen Akteure ist immer auch eine Verteidigung für ein bestimmtes Handeln und wird so in der Praxis von möglicher Kritik abgeschirmt. Doch gerade Kritik scheint vor dem Hintergrund der Gefahr eines durch partikulare Interessen geprägten europäischen Rechts geboten; selbst und gerade dann, wenn man den Befund der trivial-rationalistischen Theorien teilt.

Als Zwischenergebnis lässt sich folgendes zusammenfassen: Es ist zunächst als Hypothese formuliert worden, dass es tatsächlich eine Übereinstimmung über Rationalität, Nicht-Rationalität und Irrationalität innerhalb des europäischen Gemeinschaftsrechts geben muss, die auf einer geteilten sprachlichen Praxis beruht. (Andernfalls wäre eine substanzielle Verständigung im und über Recht nicht möglich.) Die eingangs, in Kapitel 1, skizzierte Vorstellung einer trivialen Rationalität erlaubt diese Aufgabe der Verständigung über und auch Strukturierung von Handeln nur für einen sehr engen Bereich: Sie ermöglicht den Ausgleich von Interessen auf der Grundlage eines gemeinsamen Verständnisses der Interessendurchsetzung. Die Legitimität, die dieser Rationalität des Rechts zugrunde liegt, ergibt sich allerdings erst in zweiter Linie; nämlich aus einem Pluralismus widerstreitender Ansichten und Interessen.[68] Doch ist Recht weitaus mehr als ein Mittel im Kampf um die Durchsetzung von Eigeninteressen. Das Spektrum juristischen Denkens und Arbeitens umfasst neben einer Vielzahl von Methoden, Grundsätzen und Regeln auch intrinsische Werte und Prinzipien, die sich nicht weiter reduzieren lassen, die insofern direkt gelten und – zumindest aus dem geltenden Kontext heraus – kaum hinterfragbar sind. Diese sind auch zugleich Grundlage der Legitimität des Rechts, seiner Akteure und Verfahren.

Als Forschungsaufgabe ergibt sich daraus: Nur eine Untersuchung des geteilten Kerns europäischen Rechts, d. i. die Rationalität des europäischen Rechts, wird zeigen können, welche Möglichkeiten, aber auch Grenzen für Integration in diesem Kontext und durch ihn bestehen. An einer substanziellen Auseinandersetzung mit dem Recht sollte insofern auch die Politikwissenschaft nicht vorbeikommen. Um verstehen zu können, wie die Integration im *und* durch Recht in Europa funktioniert, muss so zunächst geklärt werden, in welchen Punkten Übereinstimmung besteht, wo also die handelnden Akteure ein geteiltes Verständnis von Gestalt und Inhalt europäischen Rechts haben. Genauer gesagt: Es müssen die rationalitätskonstituierenden Gemeinsamkeiten des Europarechts ermittelt werden, die von allen beteiligten Akteuren geteilt und anerkannt werden und in deren Rahmen Handeln sinnvoll möglich wird. Der Kontext des Rechts im Allgemeinen und der des europäischen Rechts im Speziellen müssen als spezifische Rationalitätskontexte verstanden und untersucht werden. Denn nur so lässt sich wirklich begreifen, wie sich Menschen in einer Gemeinschaft des Rechts zusammenfinden können und wie Integration entstehen kann.

---

68 Es ist in diesem Zusammenhang keineswegs nötig und sinnvoll, die Frage nach der Letztbegründbarkeit oder Ursächlichkeit rechtlicher Rationalität zu stellen. So betont Kaulbach: *„Der Rationalitätscharakter der Rechtswelt und des ihr zugehörigen praktischen Denkens und Handelns ist von dem der wissenschaftlichen Welt unterschieden, welche ‚Begründung‘ verlangt. […] Statt dessen ist der Nachweis dafür gefordert, daß ein angenommenes und befolgtes Normensystem dem praktischen Willen angemessen ist, aus dem ich denke und handle“* (1983: 336; vgl. auch Schelsky 1980).

2.3 Poststrukturalistische Perspektiven –
Eine Alternative für die Untersuchung der Integration durch Recht?

Poststrukturalistische Arbeiten haben sich in den wissenschaftlichen Europade-batten als scharfe Kritiker und zugleich als Alternative zu den rationalistischen In-tegrationstheorien präsentiert. Gleichwohl ist ihr Fokus ein gänzlich anderer: *„Der ‚Mehrwert' für die Integrationsforschung liegt freilich nicht in einer besseren Erklä-rung von Politikergebnissen als vielmehr in deren Infragestellung und der (Re)-Kon-struktion alternativer Leitbilder durch einen Perspektivenwechsel"*, wie Diez (1998: 147) erklärt, der sich für eine postmodernistische Wende in der europäischen Po-litik und Wissenschaft einsetzt. Die Auseinandersetzung mit der europäischen Integration steht dabei noch am Anfang. Denn obgleich in den *Internationalen Beziehungen* eine Vielzahl von poststrukturalistischen, postmodernistischen und diskursanalytischen Arbeiten zu finden ist, so ist das Theorieangebot in Hinblick auf den europäischen Kontext bislang recht überschaubar geblieben.

Besondere Aufmerksamkeit kommt hierbei der Untersuchung von Identitä-ten in Europa und der Frage nach der Herausbildung einer genuin europäischen Identität zu (siehe Derrida 1992, van Ham 2001a, Rumelili 2004, Howarth u. Tor-fing 2005, Diez 2005, Wæver 1998, 2005, Bruell 2007). Kaum Beachtung hinge-gen hat bislang das europäische Recht gefunden, obgleich aus einer kritisch-post-strukturalistischen Perspektive die Beschäftigung damit nahe liegt. Denn das europäische Recht, in all seinen Facetten, ist das, was Derrida einen „Text" nen-nen würde (vgl. Engelmann 2007: 20 f.): Es ist eine diskursiv vermittelte Struk-tur (auch eine Verweisstruktur), die das Handeln der europäischen Akteure be-stimmt und zugleich von diesen immer wieder neu (re)produziert wird. Insofern ist es ein sozial geschaffenes und historisch gewachsenes Konstrukt. Als solches entbehrt es aus poststrukturalistischer Sicht jeglicher objektiver, vernunftgemäßer, naturrechtlicher oder göttlicher Fundierung. Oder wie Rainer Maria Kiesow fest-stellt: *„Der Grund der Welt ist verloren"* (2008: 312). Recht kann deshalb auch nicht mehr als eine die Gerechtigkeit befördernde Institution aufgefasst und gedacht werden. Es ist eine generell grundlose bzw. nicht begründbare Struktur, die sich immer als solche und in ihrer spezifischen Ausgestaltung hinterfragen und kriti-sieren lässt. So etwas wie eine Rationalität des Rechts gibt es in einer poststruktu-ralistischen Perspektive nicht mehr und darf es, zumindest in einer Form letzter Begründbarkeit nicht geben: *„Kein Kalkül mehr, keine Regel, keine Vernunft, keine Rationalität, keine Ordnung, keine Beherrschung. Der Weg zur Paradoxie wird frei, das Dilemma zum Prinzip erhoben. Das gilt für jede Entscheidung, jede Alternative zu jeder Entscheidung. Jede Entscheidung könnte auch anders sein, kann anders ge-*

dacht werden. Alles ist möglich" (Kiesow 2008: 317; vgl. auch Feyerabend 1980). All dies muss im Besonderen auch für das europäische Recht gelten und hat tiefgreifende Konsequenzen für eine wissenschaftliche Auseinandersetzung damit.

Auch wenn die meisten in poststrukturalistischer Tradition stehenden Theoretiker diesen radikalen Zweifel nicht konsequent in ihren Arbeiten praktizieren, und dieser in letzter Konsequenz wohl auch nicht gewollt werden kann, so wird doch eine generelle Skepsis und Kritik gegenüber „Tatsächlichkeit", „Objektivität" oder auch „Rationalität" – kurzum: dem Wissenschaftsverständnis der Moderne – hochgehalten. Daher sind in den entsprechenden Arbeiten auch keine „richtigen" Erklärungen, im Sinne einer metaphysischen Bestimmung von europäischer Integration, zu erwarten. Wohl aber erheben poststrukturalistische Studien den Anspruch, Prozessabläufe und die Konstruktion der (europäischen) Welt verständlich(er) zu machen. Methodisch steht dabei die Beschäftigung mit der Sprache, mit linguistischen Praktiken und mit Diskursen im Mittelpunkt. Ziel ist es, zu zeigen, wie und als was Europa konstruiert wird, um aus diesem Verständnis heraus neue alternative Konstruktionen anzubieten oder sogar zu begünstigen. Bei diesem Vorgehen wird das Recht zwar nicht mehr als Objekt von wechselnden Akteursinteressen aufgefasst, wie dies in den rationalistischen Theorien der Fall ist; es bleibt aber auch in den poststrukturalistischen Theorien abhängige Variable[69] bestimmter historisch gewachsener und rechtsexterner Strukturen.

Darüber hinaus verstricken sich, wie zu zeigen sein wird, poststrukturalistische Analysen bisweilen in logischen und inhaltlichen Problemen und Widersprüchen, die sie als echte Alternative für die Erforschung der *Integration durch Recht* in Europa wenig aussichtsreich erscheinen lassen. Dennoch ist die von poststrukturalistischer Seite vorgetragene radikale Kritik an dem Konzept der Rationalität ernst zu nehmen. Denn sie sensibilisiert für Fragen der Erkenntnis und macht zugleich (ungewollt) die Grenzen der wissenschaftlichen Theoriebildung und des Zweifels an der Rationalität als Erkenntnisstruktur deutlich. So wird eine Auseinandersetzung mit den Unzulänglichkeiten poststrukturalistischer Theorien helfen, die Anforderungen an eine angemessene Theorie der Rechtsintegration näher zu bestimmen. Sie erscheint bereits aus diesem Grunde lohnenswert.

---

69 Dabei wird die Konstruktion von abhängiger und unabhängiger Variable in poststrukturalistischen Arbeiten häufig abgelehnt.

2.3.1 Europa und der Nationalstaat – Die postmoderne Sicht auf Integration und Recht

Die Arbeiten von Peter van Ham entziehen sich auf den ersten Blick einer eindeutigen Zuordnung zur poststrukturalistischen und postmodernistischen Theorie. Der Autor selbst weist in seinem Buch „European Integration and the Postmodern Condition – Governance, Democracy, Identity" darauf hin, dass er zwar nicht in aller Radikalität die postmodernistische Position teile, wohl aber einige tragende Kernannahmen übernehme (siehe van Ham 2001b: 19). In der Tat ist van Hams Perspektive auf die europäische Integration vor allem an der Frage nach den Bedingungen der Entstehung und nach der möglichen Form von Demokratie und Identität in Europa orientiert. Er hat insofern bereits eine andere Ausgangsfrage als die vorgestellten rationalistischen Arbeiten. Leider findet die Integration durch Recht hierbei kaum Beachtung, obgleich sie vor dem Hintergrund von „governance, democracy, identity" als äußerst bedeutsam erscheint. Schließlich spielt das Recht unzweifelhaft in allen drei Bereichen eine eigene, gewichtige Rolle. Obgleich das Recht von van Ham also kaum zum Thema gemacht wird, lassen sich doch einige zentrale Annahmen auf die Integration durch Recht übertragen.

Im Zentrum der Untersuchung steht der moderne Nationalstaat und die durch seine Linse gefilterte Perspektive auf das „gemeinsame Haus Europa". In Anlehnung an die durch Jacques Derridas frühe Arbeiten angeregten und hauptsächlich im politikwissenschaftlichen Postmodernismus aufgegriffenen hierarchischen Dichotomien „Selbst/Anderes" und „Innen/Außen" (vgl. Derrida 1974, 1976, [1988] 2004a; ähnlich auch Foucault 1976, 1990, 2006; vgl. einführend auch Cutrofello 1998) wird der Staat als eine historisch-politische Organisationsform begriffen, die ein bestimmtes nationales „Selbst" formiert und dieses nach außen abgrenzt. Das moderne „Selbst"-Verständnis des souveränen Nationalstaates sei das einer selbständigen, unabhängigen und totalisierenden Einheit (siehe van Ham 2001b: 93). Problematisch sei dies nun nicht nur in Bezug auf den Nationalstaat und seine auf Aus- und Abgrenzung basierende Politik. Auch für Europa habe dies schwerwiegende Konsequenzen. Denn die Nationalstaaten versuchen eine Europäische Union nach ihrem Ebenbild zu erschaffen und pflanzen hierdurch die nationalen, auf dem Prinzip der Souveränität beruhenden, Aus- und Abgrenzungsmechanismen fort, so die Diagnose. Von der Einführung des Euro bis zum Schengenraum sei Europa durch die Ziehung von Grenzen bestimmt, die es ermöglichten, sich von „den Anderen da draußen" zu unterscheiden. Um dies zu verdeutlichen, ist die von Ferdinand Tönnies (1855–1936)[70] herausgestellte und von van Ham aufgegriffene Unterscheidung von *Gemeinschaft* und *Gesellschaft* eine nähere Betrachtung wert. Die beiden Begriffe sind wie folgt voneinander unterschieden:

> „*... Gemeinschaft relates to a certain sense of belonging based on shared loyalties, norms and values, kinship or ethic ties (,community'); it is conditioned by the feeling that this is a ,natural' and organic association based on an a priori social unity, on the idea of ,one people', and hence a clearly cognizable demos."*

> „*Gesellschaft ... relates to the idea that people remain independent from each other as individuals, but may decide in a ,social contract', or a ,convention', to group together for the conduct of profit-making transactions (,society'); it remains an artificial construct which will only continue as long as its citizens find the contractual arrangements of common value"* (van Ham 2001a: 230).

Die Staaten hätten nun über Jahrzehnte hinweg lediglich eine Art *europäische Gesellschaft* errichtet. Es fehle der Europäischen Union das „naturalistische" Gemeinschaftsdenken, das ursprüngliche Zusammengehörigkeitsgefühl, welches etwa den deutschen Nationalstaat im 19. und 20. Jahrhundert zusammengeschmiedet habe (siehe van Ham 2001a: 230 f.). Das eigentliche Dilemma besteht aber darin, so van Ham, dass der heutige Status der europäischen Integration ein reines Gesellschaftsmodell nicht mehr erlaubt, da für das Voranschreiten der Integration und deren Erhalt immer stärker auch so etwas wie staatsbürgerliche Solidarität erforderlich wird. Das Entstehen einer europäischen Identität, neben der nationalstaatlichen, ist so gesehen für das Bestehen und den Fortgang der Integration notwendig. Dem entgegen steht allerdings die kulturelle Vielfalt Europas, auf welche die alten „Identitätsrezepte" des Nationalstaats nicht mehr recht passen mögen. Die Strategie der Ab- und Ausgrenzung, der Differenzierung des nationalen „Wir" am „Anderen" ist eigentlich historisch überkommen und auch nicht wünschenswert, wird aber trotzdem weiterhin innerhalb Europas verwandt, so van Ham (siehe 2001a: 232, 234 f., 238). Mit anderen Worten: Die Geschichte des Nationalstaates pflanzt sich in Europa fort, obgleich sie der komplexen Struktur und Vielseitigkeit der Europäischen Union nicht entspricht. Diese Übertragung des nationalen Gemeinschaftskonzepts auf Europa sei in einer in weiten Teilen entgrenzten und immer stärker denationalisierten Welt nicht nur unpassend und überkommen, sondern bringe auch normative Implikationen mit sich:

---

70   Das Hauptwerk „Gemeinschaft und Gesellschaft" stammt bereits aus dem Jahr 1887.

„In a sense, the master metaphor of territory, space and boundaries, which together con-
stitute the ‚language of the state', is not intrinsically innocent, but plays an active and
central role in shaping and linguistically disciplining prosaical notions of identity and po-
litical community as well as theory and research" (ders. 2001b: 94).

Welch ein außerordentlich normativ aufgeladener Befund dies ist, wird im Um-
kehrschluss deutlich: Die „Sprache des Staates" ist intrinsisch (an sich/von ihrem
Wesen her) schuldig/schädlich (in-nocent → *lat.* nocens = schaden, schädlich).
Dass von diesem moralischen Krisenbefund nicht zuletzt auch das Recht betroffen sein muss, ist offensichtlich. Europa spricht die „Sprache des Rechts", ist ein
Rechtsraum oder sogar eine Rechtsgemeinschaft (Hallstein 1979a, b, Nicolaysen
1999, 2002, 2007) und grenzt insofern (mit gewissen Ausnahmen) notwendigerweise all diejenigen aus, die nicht der Europäischen Union angehören. Auch das
Europarecht (also sämtliche in Europa kodifizierten Rechte) muss also als Mechanismus der Grenzziehung gesehen und insofern – schließt man sich van Hams
Diagnose an – als „nicht intrinsisch unschuldig" aufgefasst werden.

Die Kritik, mit der sich „der Nationalstaat" in diesem Zusammenhang konfrontiert sieht, richtet sich vor allem gegen dessen Objektivierung als zeitlose politische Organisationsform. Aus postmoderner Sicht ist die Nationalstaatsordnung,
wie sie sich im Zuge des Dreißigjährigen Krieges (1618–1648) herausgebildet
hat, jedoch nur ein Durchgangsstadium der Moderne, quasi ein historischer Zufall. Der Nationalstaat ist insofern nicht als soziale und politische Tatsache aufzufassen und zum Maß der „europäischen Dinge" zu erheben. *„Europe's identity*
should be based on its celebrated diversity, its openness and inclusiveness" (van Ham
2001a: 241) und nicht auf einem historisch veralteten Souveränitätsgedanken.

Diese Kritik muss nun zweifelsohne indirekt auch das europäische Recht treffen. Denn das Recht, das in den Verträgen gesetzt und durch den Europäischen
Gerichtshof (EuGH) ausgelegt und fortgebildet wurde, ist ebenfalls eine historische Besonderheit, die auf den nationalen Rechtsordnungen aufbaut bzw. diese als
Rechtserkenntnisquelle benutzt. So stehen dem EuGH als Rechtserkenntnisquelle,
neben den Gemeinschaftsverträgen und den „allgemeinen Grundsätzen des Gemeinschaftsrechts", insbesondere die in den Verfassungen der Mitgliedstaaten geltenden „allgemeinen Rechtsgrundsätze" zur Verfügung. Gemeinschaftsrecht ist
so gesehen immer auch originär das Recht des Nationalstaates. Dies gilt übrigens
auch für den besonders sensiblen gemeinschaftsrechtlichen Grundrechtsschutz,
den der EuGH erstmals in dem Urteil in *Stauder/Ulm* (12.11.1969, Rs. 29/69,
Slg. 1969, 419) bejahte. In der Rechtssache *Internationale Handelsgesellschaft*
(17.12.1970, Rs. 11/70, Slg. 1970, 1125) wird der EuGH noch deutlicher: „... *die Be-*

achtung der Grundrechte gehört zu den allgemeinen Rechtsgrundsätzen, deren Wahrung der Gerichtshof zu sichern hat. Die Gewährleistung dieser Grundrechte muß zwar von den gemeinsamen Verfassungsüberlieferungen der Mitgliedstaaten getragen sein, sie muß sich aber auch in die Struktur und die Ziele der Gemeinschaft einfügen" (a. a. O.: 1135). Als Rechtsquelle dienen hier ausdrücklich nicht irgendwelche genuin europäischen Werte und Rechte, sondern die durch die Methode der Rechtsvergleichung geschöpften gemeinsamen Wertvorstellungen des nationalen Verfassungsrechts. Sie seien ungeschriebener Bestandteil des Gemeinschaftsrechts – neben den intergouvernemental ausgehandelten Verträgen.[71]

Dabei darf ebenfalls nicht übersehen werden, dass die in der europäischen Rechtswissenschaft geführten und durch tradierte nationale Rechtsbestände und -auffassungen gespeisten Diskurse, auf einer langen europäischen Rechtsgeschichte basieren: Die heutige europäische Jurisprudenz ist vom EuGH nicht frei erfunden worden. Sie hat eine breite und weit in die europäische Geschichte zurückreichende Grundlage. So sollte man etwa von einer „Genealogie des Grundrechtsschutzes" (Haltern 2007a: 497 ff.) in Europa sprechen. Unzählige Fragmente und Ideen früherer Epochen finden sich bis heute in den Rechtsordnungen Europas und auch im Europarecht wieder – vom frühen römischen Recht in der Antike über die Christianisierung des Rechts im Mittelalter, das Naturrecht der europäischen Aufklärung bis zum *Code Civil* Kaiser Napoleons und darüber hinaus.[72]

Auch die „Sprache des europäischen Rechts" kann dementsprechend, aufgrund ihrer historischen und faktischen Abhängigkeit von Nationalstaat und historischen Entwicklungen, nicht als „unschuldig" gelten. Es ist *eine* Erzählung bzw. *ein* Text, wie Derrida sagen würde, unter *vielen* konkurrierenden Erzählungen und Texten.

Dem EuGH wird von van Ham eine Sonderrolle in dieser postmodern-relativierenden Auffassung des Rechts beigemessen. Er bewegt sich scheinbar außerhalb des nationalen Einflussbereichs und habe sich – trotz der doppelten Abhängigkeit des Rechts – wirksam den Einwirkungen der Staaten entzogen und einen „juristischen Aktivismus"[73] betrieben (siehe van Ham 2001b: 106). Was darunter genau zu verstehen ist, wird leider nicht näher ausgeführt. Es ist aber davon auszugehen, dass mit dem vermeintlichen „Aktivismus" die Rechtsfortbildungs-

---

71 Vgl. hierzu eingehend die Schlussanträge des Generalanwalts Römer vom 29. 10. 1969 im Fall Stauder/Ulm, Rs. 29/69, Slg. 1969, 419.
72 Eine umfassende Übersicht über die europäische Rechtsgeschichte findet sich bei Hattenhauer 1999.
73 Die Rede vom „*radical judical activism*" taucht übrigens auch bei Moravcsik (1995b: 624) auf.

und Rechtsschöpfungsaufgabe[74] des EuGH gemeint ist. Doch wie konnte das Gericht sich dem dominanten Einfluss der Staaten entziehen? Die Antwort darauf erinnert stark an die rationalistischen Rechtskonzeptionen, wie sie von Mattli u. Slaughter und Alter vorgeschlagen wurden, und hier insbesondere an das Konzept des Rechts als „mask and shield" (siehe Kap. 2.1.3, oben):

> *„By formulating its decisions in apolitical and technical terms and by avoiding political controversies, the ECJ has played an autonomous role in legal integration, and hence in the overall process of European integration. But it is doubtful whether the Court can maintain this low-profile strategy, since steps toward further integration will inevitably touch upon elements that concern even more sensitive domains of national sovereignty and will therefore raise commensurate political and media attention"* (van Ham 2001b: 106).

In dieser kurzen Beschreibung spiegeln sich einige weitere interessante Einschätzungen in Hinblick auf die Praxis des EuGH und die Rolle des Rechts im europäischen Integrationsprozess wider, die einer näheren Betrachtung wert und erhellend für die weiteren Erörterungen sind:

Erstens wird die Art und Weise, wie der EuGH Recht spricht und schöpft, angesprochen. Es sei die technische und apolitische Form, die es dem Gericht ermögliche, als autonomer Akteur im Integrationsprozess aufzutreten. Nicht die Geltung des Gemeinschaftsrechts an sich oder die Achtung und Anerkennung der Judikative als autonomer Bestandteil einer „European Polity" ist es demzufolge, die es dem EuGH erlaubt, seinen Aufgaben nachzukommen, sondern nur eine Art Strategie der diskursiven Rechts*durchsetzung*.

Zweitens wird mit dem „avoiding political controversies" scheinbar ein weiteres Kalkül des EuGH benannt, das es ihm erlaube, seine Funktion auszuüben; eine juristische Vermeidungsstrategie, könnte man sagen. Doch wie sollte der EuGH anders agieren? Wie könnte man sich einen politischen Konflikt vorstellen? Als einen Streit um Einfluss zwischen Judikative und Legislative etwa? Bislang hat der EuGH nur in den Grenzen des europäischen Rechts agiert. Hätte er überhaupt einen Grund und die Möglichkeit in die Politik einzugreifen?

Drittens werden die beiden zuvor genannten „Strategien" des EuGH als „Low-Profile-Strategien" charakterisiert. Damit wird nahe gelegt, dass der EuGH bislang bewusst nur eine verminderte Funktion wahrgenommen habe. Denkt man an die große Tragweite zahlreicher sog. Leading Cases, wie etwa *van Gend & Loos/Nie-*

---

74 Hierzu näher Kap. 6.1.

derländische Finanzverwaltung (05. 02. 1963, Rs. 26/62, Slg. 1963, 1) aus dem Jahr 1963 und *Flaminio Costa/E.N.E.L.* (15. 07. 1964, Rs. 6/64, Slg. 1964, 1251)[75] aus dem Jahr 1964, so ist dies ein zweifelhafter Befund. Sogleich stellt sich die Frage, mit welcher Strategie der EuGH sich mehr Profil verleihen könnte und welche „wahre" Aufgabe sich dahinter verbirgt. Die Antwort darauf scheint zunächst einmal ein größeres politisches Engagement des EuGH zu implizieren. Eine Politisierung des Rechts muss jedoch als eine fragwürdige und mit dem demokratisch-institutionellen Grundbestand europäischer Verfassungstraditionen unvereinbare Perspektive gelten. Die eigentliche Aufgabe des Rechts, die der EuGH profilieren sollte, wird leider nicht näher erläutert.

Viertens wird es als fraglich erachtet, ob der vom EuGH eingeschlagene juristische Kurs, die angebliche „Low-Profile-Strategie", auch in Zukunft Bestand haben kann. Denn die sich stetig vertiefende Integration in sensiblen Bereichen der nationalen Souveränität wird einerseits einen erhöhten Bedarf für umfassenden Rechtsschutz, andererseits aber auch mehr politisches und mediales Interesse an den Entscheidungen des Gerichtshofs mit sich bringen. Hierbei wird allerdings übersehen, dass bereits heute Art. 6 EUV vollständig justiziabel ist und dass der EuGH damit auch die Politiken der vormals zweiten und dritten Säule der Union auf die Vereinbarkeit mit den Grundrechten überprüfen kann. Der EuGH besitzt dementsprechend bereits weitreichende Prüfungskompetenzen, die etwa mit dem Grundrechtsschutz unzweifelhaft Kernbereiche der nationalen Souveränität betreffen (vgl. hierzu von Bogdandy et al. 2012). Wie sollte der EuGH also vor dem Hintergrund einer wachsenden medialen Präsenz sein Handeln anpassen? Welche „Strategie", wenn nicht die bisherige, könnte einer vermehrten politischen und medialen Aufmerksamkeit entsprechen?

Es wird deutlich, dass auch in der von van Ham vertretenen postmodernistischen Theorievariante das Recht und mit ihm der EuGH als nicht-eigenständig auftreten. Auch hier scheint, wie bereits in den rationalistischen Theorien, das Recht in einer abhängigen Funktion zu stehen. Zwar ist es aus postmodernistischer Perspektive nicht ein spezifisches strategisches Rationalitätsverständnis, welches das Recht prägt, wohl aber eine historische Abhängigkeit von nationalen Konstrukten, dem Ab- und Ausgrenzungsmechanismus des Territorialstaats oder dem Willen nationalstaatlich geprägter europäischer Politik. Das bisherige Denken in den veralteten Kategorien des Völkerrechts sollte deshalb, nach van Ham, ersetzt werden. Europa müsse sich nicht an Prinzipien wie Souveränität und Ter-

---

75   Im Folgenden auch kurz: „Costa/ENEL".

ritorialität orientieren, sondern eine „cognitive region" (van Ham 2001b: 117), also einen Raum mit gleichen Auffassungen, Ideen und Zielen, bilden.

> *„This would turn the EU into a postmodern empire of sorts, an empire established on the spiritual and juridical ‚Idea of Europe'. Almost by definition, such a European Empire would be incapable of hegemony and imperialism, since it would be based on a generous inclusion of a multitude of nations and peoples, all with their own mores, cultures and voices"* (ebd.).

Europa müsste insofern in klarer Abgrenzung zu dem Bestehenden, ohne auf die Blaupause des Nationalstaats zu rekurrieren – da diese eben ein „nicht unschuldiges" Konstrukt sei –, neu erschaffen werden. Doch welche Maßstäbe werden hierfür in der Praxis zugrunde gelegt? Wer entscheidet schlussendlich über die richtige Ordnung, die angemessene europäische Polity, die ein „postmodern empire of sorts" etabliert? Auf welchem Wege und von wem wird dieses aufgebaut; und wie soll es aussehen? Wie wird verhindert, dass bei der Errichtung eines europäischen *„empire established on the spiritual and juridical ‚Idea of Europe'"* (ebd.) nicht wieder nur ein historisch veraltetes Modell geschaffen wird? Das europäische Recht jedenfalls kann für dieses postmoderne, per Definition mit der Moderne brechende, Vorhaben keine Hilfe bieten und keinen Maßstab abgeben. Es muss sich vielmehr der gleichen radikalen Kritik stellen, die auch die europäische Staatlichkeit in ihrer historischen Bedingtheit trifft.

2.3.2 Europa als staatlich-nationale Geschichte –
Die poststrukturalistische Diskursanalyse

Die von Ole Wæver vertretene poststrukturalistische Diskurstheorie entsteht in scharfer Auseinandersetzung mit den positivistischen Theorien europäischer Integration, soll aber tatsächlich als ein Vermittlungsversuch zwischen strukturalistischen (wozu auch die in den Europadebatten zahlreich vertretenen rationalistischen Ansätzen zählen müssen) und poststrukturalistischen Theorien gelten.[76] Der Titel des viel beachteten Aufsatzes „Explaining Europe by Decoding Discourses" (Wæver 1998) gibt einen ersten Hinweis auf das Vorhaben und Programm der

---

76 Eine einführende Abgrenzung der poststrukturalistischen diskursiven von den positivistischen/ rationalistischen Ansätzen findet sich bei Wæver 2004. Der Poststrukturalismus wird hier als „radical challenger" (a. a. O.: 202) des Rationalismus charakterisiert.

von Wæver vertretenen poststrukturalistischen Theorievariante. Auf der einen Seite soll dort gerade kein kategorischer und letztlich unfruchtbarer Zweifel produziert, sondern eine wissenschaftliche Erklärung vorgelegt werden.[77] Auf der anderen Seite ist mit dem „Decodieren von Diskursen" auf eine (zweite) Ebene hinter den (vordergründigen) Diskursen verwiesen, die es zu entschlüsseln und sichtbar zu machen gelte, um den Anspruch einer wissenschaftlichen Erklärung einlösen zu können. Es wird also vorausgesetzt, dass soziale Wirklichkeit nur in einer Codierung vorliegt, die es zu dechiffrieren gilt.

„Wir"-Konzepte, wie etwa Staat, Nation oder Europa, sind zentrale Erkenntnisobjekte dieses Ansatzes, dessen Untersuchung mit den Mitteln der Diskursanalyse eine Erklärung und begrenzte Vorhersage von europäischer Politik ermöglichen soll. Wie auch bei Peter van Ham ist damit eine Vorentscheidung zugunsten einer Dichotomisierung getroffen, etwa in „Selbst/Andere(s)". Zwar kann neben ein „Wir"-Konzept ein weiteres treten, wie es heute in Europa der Fall ist, so van Ham. Doch beinhaltet das „Wir" in seiner Negation logischerweise immer auch das „Andere", welches vom „Wir" verschieden ist. Das Recht spielt in dieser zweiteilenden „In-Out-Analyse" keine (sich-selbst-)tragende, zumindest jedoch keine eigenständige Rolle. Das im europäischen Kontext gewachsene Recht wird von Wæver ganz einfach nicht näher erwähnt; es scheint für „Explaining Europe by Decoding Discourses" nicht relevant zu sein. Stattdessen steht die Untersuchung nationaler Kontexte im Mittelpunkt. Europäische Staaten, insbesondere Deutschland und Frankreich, werden als bedeutungs- und identitätsstiftende politische Einheiten eingehend untersucht (Wæver 1990, 1996, 1998: 118 f., 2005: 42 ff.). Ihre nationalen Grenzen geben die Trennlinie für die Bedeutsamkeit bestimmter politischer Handlungen vor und definieren einen Rahmen für Erklärungen.

Wæver schlägt nun mit seinem Konzept der Diskursanalyse eine genauso interessante wie auch kritikwürdige Methode vor. Im Kern geht es darum, bei der Untersuchung von Texten *discursive, semiotic text structures that operate in a political space"* (Wæver 1998: 115) ausfindig zu machen. Diese offenbaren sich dem Leser aber erst bei genauem Hinsehen und dem gründlichen Lesen eines Textes:

> *„The strategy is basically to look for key concepts and their mutual relationships. One asks how the texts argue, not what they say. [...] More interesting than the arguments made are the assumptions not stated but necessary for the argument to be meaningful, the structural arrangements of key concepts, and the chains of equivalence and oppositions"* (a. a. O.: 116).

---

77   Dies wird den „Post-Theorien" schließlich mit großer Regelmäßigkeit vorgeworfen.

Hinter der Ebene des gesprochenen oder geschriebenen Wortes verbirgt sich demzufolge immer eine tiefere Dimension der Bedeutung, die es zu entdecken bzw. aufzudecken gilt. Die eigentlichen Argumente, die in politischen Verlautbarungen, Reden, Erklärungen oder Programmpapieren auftauchen, treten zugunsten tieferer, historisch gewachsener Begründungsstrukturen[78] in den Hintergrund oder werden als bloße (und beliebige?) Ausformung dieser tieferen diskursiven Ebene begriffen. Was gesagt wird, ist unwichtig. Was zählt, steht zwischen den Zeilen und bedarf einer Art diskursiver Tiefenanalyse.

Der Diskursanalytiker sieht sich als eine Art kritischer Hermeneutiker, ein Zeichendeuter, der durch die Beschäftigung mit Texten zu umfassenderen Einsichten kommt, als dies durch die einfache, „oberflächliche" Anschauung von Texten möglich wird. Dabei ähnelt seine Arbeit, in der Darstellung Wævers, der eines Detektivs oder kritischen Journalisten, der einer Enthüllung auf der Spur ist.

„One rather has to establish a general sense of the country and its politics, read a great deal and gradually recognize recurring patterns, stumble across puzzling formulations – often details – that afterwards reveal important general insights" (a. a. O.: 115).

Hier treten nun zwei entscheidende Probleme zutage: zum einen, die Selbstbezüglichkeit der Methode und, zum anderen, die mangelnde allgemeine Überprüfbarkeit des zugrunde gelegten Verfahrens. Beide Probleme hängen miteinander zusammen. Einen allgemeinen Maßstab für das Auffinden von „recurring patterns" und „puzzling formulations" gibt es nicht und soll es offenbar auch nicht geben. Vielmehr bleiben diese methodischen Fragen jedem Diskursanalytiker selbst überlassen. Denn dieser findet bei Wæver erst im Laufe der Zeit heraus, wonach er überhaupt sucht und welche Strukturen durch einen Text (re)produziert werden. Jeder kann also nach etwas anderem suchen, den Fokus auf andere Formulierungen und Erklärungsmuster setzen und folglich zu anderen Schlüssen kommen. Der scheinbare Vorteil dieser Methode, den man bestenfalls und auf den ersten Blick in ihrer Unvoreingenommenheit sehen könnte, ist zugleich eine entscheidende Schwäche. Denn der Diskursanalytiker muss an einem bestimmten Punkt seiner Untersuchung selbst festlegen, wonach er überhaupt sucht und welche Diskursstruktur er für wichtig erachtet. Er selbst muss also den Maßstab für bedeutsame Formulierungen und Begründungsmuster während der Lektüre erst definieren. Doch wie kann man eine solche Bestimmung vornehmen, ohne sich bereits

---

78 Bei Wæver werden diese Strukturen „Layers" genannt.

selbst eines wissenschaftlichen Maßstabs[79] zu bedienen? Oder: Wie kann die Diskursanalyse das finden, wonach sie gerade *nicht* sucht?

Hierfür scheint es zwei denkbare Lösungen zu geben: Entweder man greift doch auf einen allgemeinen, bereits gekannten Analysemaßstab – d. i. eine Struktur – zurück oder man legt diesen privatim fest. Wæver scheint zu Letzterem zu tendieren. Schließlich soll der einzelne Beobachter ja gerade durch seine Arbeit mit Texten ein generelles Gespür (i. O. „general sense") für den Kontext des Handelns entwickeln, ohne sich dabei der herkömmlichen Methoden der Politikwissenschaft zu bedienen. Oder wie Wæver ironisch bemerkt: „*Political science is of course much more ‚efficient' when it can take statistical data from lots of countries ... and manipulate them with a computer*" (2005: 41). Gegen die private Festlegung ist einzuwenden, dass sich das Verfahren durch seinen solipsistisch-dezisionistischen Charakter einer kritischen Überprüfung durch Außenstehende entzieht. Zumindest kann der Diskursanalytiker sich immer auf seinen eigenen, bei der Lektüre erworbenen, „general sense" berufen, ohne diesen begründen zu müssen oder überhaupt sinnvoll begründen zu können.[80] Denn wie will man ein Gespür oder einen Sinn für eine bestimmte Konstellation letztlich begründen? Und wie ließe sich jemals dagegen argumentieren? Wohl nur ebenfalls unter Rückgriff auf gefühlsmäßige Eingebungen.

Viel schwerer wiegt jedoch, dass auch die poststrukturalistische Analyse nicht ohne ein grundlegendes Instrumentarium an wissenschaftlichen Methoden auskommt, die der eigenen Untersuchung bereits eine Struktur verleiht. Jede Festlegung eines Analysemaßstabs (auch eine ausdrücklich private) benötigt bereits eine wissenschaftlich-analytische Struktur, die es erlaubt, Wichtiges von Unwichtigem zu trennen. Auch die poststrukturalistische Diskursanalyse muss sich also letztenendes einer wissenschaftlichen Struktur, eines allgemeinen Analyserasters, bedienen bzw. ist selbst eine solche Struktur.

Auch tritt ein „Problem der Abhängigkeit" auf, das in verwandter Form auch auf die rationalistischen Theorien zutrifft und bereits kritisiert wurde:[81] Argumente und Begründungen werden nicht als solche aufgefasst und ernst genommen, sondern in eine Abhängigkeit zu anderen höherrangigen Begründungsstrukturen gesetzt. Sie stehen nicht für sich, sondern sind scheinbar Platzhalter

---

79 Etwa die Suche nach bestimmten vorher festzulegenden Stichwörtern oder Konzepten (wie Staat, Nation oder Europa etc.) oder die quantitative Analyse von Worthäufigkeiten (welche Begriffe werden besonders häufig verwendet?) wären hier denkbar.

80 Vgl. hierzu auch Wittgensteins Ausführungen zur Privatsprache (siehe Kap. 4.2 u. Unterkap.).

81 Dort ist es allerdings die Abhängigkeit von Akteursinteressen, die vor allem problematisch erscheint.

einer erst noch zu enthüllenden, tiefer liegenden Schicht (vgl. Wæver 1998: 110 ff., 2005: 36 f.). Die Offenbarung dieser Schicht obliegt jedoch bei diesem Vorgehen letztlich dem einzelnen Analytiker und seinem *general sense of the country and its politics"* (a. a. O.: 115) und steht insofern wiederum in einer nicht begründbaren Abhängigkeit. Die Fixierung auf den Nationalstaat, das Territorial- und Souveränitätsprinzip, wie auch auf Fragen der Entstehung von Identität und „Wir"-Konzepten, kann bereits als ein gesetzter Analysemaßstab, eine Struktur diskursanalytischen Denkens, aufgefasst werden. Dass hierbei zwangsläufig Fragen in den Hintergrund treten müssen, die eine andere Dimension der Argumentation betreffen, lässt sich gut an der geringen Sensibilität für das Recht und die *Integration durch Recht* ablesen.

Kann die von Wæver als poststrukturalistisch charakterisierte Methode der Diskursanalyse dennoch helfen, die Integration durch Recht besser zu verstehen, sollte man sie darauf anwenden? Überträgt man das Vorgehen auf juristische Texte (Gesetze, Urteile und Gutachten des EuGH, Anträge der Generalanwälte etc.), so muss auch hier gelten: Das Recht ist in Schichten aufgebaut, die es zu untersuchen und zu dekonstruieren gilt. Nicht das Gesagte/Geschriebene ist von Bedeutung, sondern die dahinter verborgenen Diskursstrukturen, die tieferen Schichten der Begründung. Dass es diese gibt, steht aus diskursanalytischer Sicht außer Frage. Die entscheidende Frage ist eher, wie man Kenntnis von diesen erlangt und welche Schlüsse man daraus ziehen kann. Die Methode, die von Wæver vorgeschlagen wird, versucht eine Rekonstruktion von herrschenden Diskursstrukturen. Es geht darum, *„dominant narratives"* (Wæver 2005: 33), also *herrschende* Erzählungen, aufzudecken. Bereits die Formulierung beinhaltet, dass es immer auch eine Menge von Menschen geben muss, die in ihren Meinungen, Ansichten und Auffassungen von diesen Erzählungen *beherrscht* werden. Das europäische Recht und alle damit in Verbindung stehenden Handlungen müssen, alleine auf der Grundlage ihrer weitgehend unbestrittenen Geltung, als „herrschend" angesehen werden. Viel stärker als im politischen Bereich gelten Regeln des Rechts als besonders restriktiv, so dass hier von einem hohen Grad der Dominanz ausgegangen werden muss. Um nun diese dominante Struktur des europäischen Rechts zu enthüllen, bedarf es nicht der Auseinandersetzung mit Begründungen, etwa denen des EuGH in seinen Urteilen, sondern den dahinter verborgenen Bedingungen der Möglichkeit dieser Begründungen.

Interessanterweise handeln für Wæver die europäischen Institutionen – also auch der EuGH – offenbar in einer Art strukturellen Abhängigkeit zu nationalstaatszentrierten Diskursen. Der Gerichtshof muss dabei in der Lage sein, sich auf die Adressaten seiner Urteile einzustellen, um deren Akzeptanz zu gewinnen. Aus der Perspektive Deutschlands erfüllt er dann beispielsweise gleich mehrere Aufgaben, die von Wæver direkt aus der Geschichte Deutschlands abgeleitet werden:

> „Germany supports the institution-building EU-project for several reasons. One follows directly from the state-nation conception: to divide power on as many levels as possible and thereby avoid a fusion of state and power. Another is that the EU shapes Europe as not state-to-state driven, and thereby not the balance-of-power Europe that goes together with a German power state. Thirdly, formal institutions produce confidence and stability which makes otherwise suspicious neighbours accept a certain German dominance at the heart of the continent ...“ (2005: 48).

Mit anderen Worten: Der EuGH, als Bestandteil der europäischen Institutionenarchitektur, erfüllt eine ganz bestimmte Aufgabe, die von Land zu Land verschieden wahrgenommen wird. Seine Akzeptanz beruht gleichsam auf dieser Perzeption und der historisch gefärbten Funktion für den einzelnen Staat. Um Akzeptanz für seine Entscheidungen erzeugen zu können, muss der Gerichtshof dementsprechend eine Geschichte erzählen, die einer Vielzahl von historisch innerhalb der Staaten geprägten Sichtweisen gerecht wird. Genau genommen dürfte man dann aber nicht einmal von europäischer Integration oder gar einer europäischen Gemeinschaft des Rechts sprechen. Denn die Visionen Europas und die Auffassungen von der Rolle des Rechts sind höchst unterschiedlich und letztlich diskursiv unvermittelbar.[82] Oder wie Ernst Haas einmal gesagt hat: „United Europe is a phrase meaning many things to many men“ (1958: xxxi).

Der EuGH muss diesen divergierenden Europabildern gerecht werden. In den Grenzen von Wævers Diskursanalyse ist dies nur möglich, wenn er sich auf einen gemeinsamen Punkt der Konvergenz zurückzieht: Er muss die Sprache von Staat und Nation sprechen und sich so dem Nationalstaat und nicht den einzelnen europäischen Staaten andienen. Das Merkmal „europäisch“ ist dann letztlich nicht existent. Nur die Transformation des Nationalstaats prägt das Bild Europas, das durch die Diskursanalyse „decodiert“ werden soll.

Das durch den Europäischen Gerichtshof ausgelegte und fortentwickelte Recht befindet sich somit gleich in einer zweifachen Dependenz: Zum einen ist es von den wechselnden nationalen Kontexten und ihren sozio-kulturellen und historisch bedingten Eigenheiten abhängig, zum anderen und vor allem ist es jedoch dem Nationalstaat als historisches „Zufallsprodukt“ untergeordnet. Der im euro-

---

82   Dies ergibt sich logisch aus der historischen Bedingtheit diskursiver Verständigung, wie Wæver sie einführt.

päischen Recht herrschende Diskurs ist in der poststrukturalistischen Perspektive Wævers einer, der durch den Nationalstaat dominiert wird. Dementsprechend wird eine Analyse des Europarechts aus sich heraus nicht als sinnvoll erachtet und auch nicht untersucht. Stattdessen gilt: „*An analysis of domestic discourses regarding ,we' concepts, like state, nation, and Europe in the major European states can explain and, up to a point predict developments in their over-all policies on security and Europe*" (Wæver 2005: 33). Bemerkenswerterweise ist der Fokus der Analyse, den Wæver hier setzt, der gleiche wie im Liberalen Intergouvernementalismus nach Moravcsik:[83] Die großen Nationalstaaten sind es, welche die Geschichte der europäischen Integration schreiben. Sie sind es auch, die festlegen, welches Gesicht Europa erhält. Nur ist es in der Diskursanalyse nicht das rationale Interesse des Staates, welches das Handeln der Staaten bestimmt, sondern es ist seine Geschichte, seine Kultur und es sind seine im Laufe der Zeit gewachsenen und verfestigten Diskursstrukturen.

Letzten Endes befindet sich das europäische Recht/befinden sich seine Akteure auch hier in einem Zustand mangelnder Autonomie. Denn ein eigenständiges Europa gibt es aus diskursanalytischer Sicht nicht; nur ein Europa der Nationalstaatlichkeit. Es ist lediglich die Summe dominanter und zugleich separater Erzählungen, die sich in den Staaten herausgebildet haben. Teils werden diese Erzählungen von den einzelnen Mitgliedern der Europäischen Union geteilt, teils bestehen differente Auffassungen, so dass Europa schließlich verschiedene Rollen für historisch und kulturell unterschiedlich geprägte Nationalstaaten erfüllt. Europa liegt im Auge des nationalstaatlichen Betrachters, könnte man sagen.[84] Und auch europäisches Recht kann hier nicht aus sich heraus, sondern nur in Übereinstimmung mit den „herrschenden Erzählungen" des Nationalstaates bestehen. Es ist eine Geschichte, die auch anders hätte erzählt werden können. Den am Recht beteiligten Akteuren jedenfalls bleibt nur übrig sich den dominanten Diskursen unterzuordnen und eine europäische Gemeinschaft des Rechts zu produzieren, die ohnehin schon in diskursiven Strukturen und Sedimenten besteht.

---

83 Siehe Kap. 2.1.2.

84 Diese Gemeinsamkeiten und Differenzen ziehen sich bei Wæver durch verschiedene „Schichten der diskursiven Sedimentierung", aufbauend auf einem Staat-Nation-Konzept, das als soziale Tatsache hingenommen wird. Lediglich was genau darunter zu verstehen ist differiert von Staat zu Staat: „*The first layer is a state-nation core concept: the basic idea of what ,state' and ,nation' refers to and not least whether the two are closely connected (France) or separately constituted (Germany). The second layer is made up of the relational position vis-à-vis Europe. [...] At the third layer we find the content of Europe: what kind of Europe is promoted? Confederation or federation, Western Europe or All-Europe?*" (Wæver 1998: 39).

Die freie und zugleich freiwillige Einigung eines rechtlich verfassten Europas ist dies zumindest nicht; vielmehr ein diskursives „Europa der Vaterländer" (Charles de Gaulle).

Sollte das europäische Recht tatsächlich in eine solche diskursive Struktur eingebunden und insofern auch davon abhängig sein, so hätte dies ohne Zweifel entscheidende Konsequenzen für das Verständnis von Integration in Europa – ob im Recht oder anderen funktional-differenzierten Bereichen. Schließlich würde dies bedeuten, dass Integration im Grunde nichts anderes und auch nicht mehr ist, als ein sich fortsetzender Ab- und Ausgrenzungsdiskurs gegenüber allem „Nicht-Europäischen". Integration ist als *negative Integration* zu verstehen: Nicht das Gemeinsame (etwa geteilte Ideen, Werte, Normen, Rechtsauffassungen und Verfahrensweisen) wird zur integrativen Kraft. Integration bedeutet Differenz bzw. die Möglichkeit der Differenzierung. Denn *„Europe is ... emerging as a ‚we' category"* (Wæver 2005: 39) und insofern „nach außen" unterschieden – nicht mehr und nicht weniger.

2.3.3 Europäische Integration und die postmodernistische Theorie

Die Rolle der Sprache war in der Wissenschaft und insbesondere in den Sozialwissenschaften lange Zeit unberücksichtigt geblieben. Sie galt lediglich als Ausdruck von Dingen, die ohnehin schon in der Welt vorzufinden und nur noch zu entdecken sind, d. h. sie korrespondiere mit Tatsächlichkeiten. Dieses Bild der Sprache wandelte sich mit der „linguistischen Wende" (*engl.* „linguistic turn") grundlegend, die allen voran durch Ludwig Wittgensteins (1889–1951) spätere Philosophie eingeläutet wurde. Heute hat die Einsicht in die tragende Bedeutung sprachlicher Konstruktionen in fast allen Fachdisziplinen Einzug gefunden und ist in zahlreichen wissenschaftlichen Arbeiten thematisiert worden (vgl. z. B. Brill 1995, Wulff 2003). *„We make sense of the world linguistically"* (Patterson 2002: 61). Insbesondere auch postmodernistische Ansätze messen der Sprache und Diskursen eine zentrale und zugleich kritische Rolle zu (in direkter Auseinandersetzung mit Wittgenstein siehe Lyotard [1979] 2005; vgl. auch Burbules 2000; hinsichtlich einer möglichen Einbindung in konstruktivistische Forschung vgl. Francis 2005).

In Hinblick auf die europäische Integration hat sich Thomas Diez in mehreren Aufsätzen (1996, 1998, 1999, 2001a, 2001b, 2005) für eine postmodernistische Analyse und Dekonstruktion europäischer Diskurse ausgesprochen. Die postmodernistische Lesart und die damit verbundene Methode erlaube es, so Diez, marginalisierte Europakonzepte wieder in die aktuellen Debatten einzubringen und ihnen gegenüber den dominanten Diskursen zu neuer Geltung zu verhelfen (siehe Diez 1996: 256). Ziel ist es, *„verfestigte Denkstrukturen und Machtbeziehungen aufzubrechen und so Raum zu schaffen für neue Konstruktionen"* (a. a. O.: 260). Hier stellt sich sogleich die Frage, ob und vor allem wie diese Re-Konstruktion vernachlässigter Perspektiven gelingen kann und auch, ob diese überhaupt legitim ist? Denn über den Grund der Marginalisierung, sofern diese denn überhaupt faktisch besteht (skeptisch hierzu Börzel 1997), trifft Diez keine näheren Aussagen. Schließlich ist ja auch denkbar, dass eine bestimmte Perspektive auf die europäische Integration auf der Grundlage eines allgemeinen Konsenses nicht in den politischen Debatten um die Zukunft Europas auftaucht, also bewusst, auf der Grundlage von guten Argumenten und Gründen, nicht den Diskurs dominiert.

Auch und gerade die vom EuGH wahrgenommene Rechtsauslegung, -anwendung und -fortbildung muss sich nun mit dieser postmodernistischen Kritik konfrontiert sehen. Schließlich „dominieren" hier Rechtsdoktrinen, Auslegungsmethoden und ständige Rechtsprechung den Diskurs europäischer Rechtsintegration. Eine selektive Verengung auf Politik und Wissenschaft darf auf Grundlage der fundamentalen Kritik der poststrukturalistischen bzw. postmodernistischen Perspektive jedenfalls nicht angenommen werden. Auch stellt sich auf den ersten Blick eine ganz andere, praktische Frage: Wie sollen „verfestigte Denkstrukturen und Machtbeziehungen" aufgebrochen werden, ohne dabei Gewalt anzuwenden bzw. dem Diskurs und seinen argumentativen Strukturen Zwang anzutun? Denn in der postmodernistischen Analyse ist die Einsicht der mit Europa beschäftigten Akteure aufgrund ihrer „verkrusteten" Perzeption der Wirklichkeit offensichtlich beschränkt. Und von einer *Überzeugbarkeit* durch den „zwanglosen Zwang des besseren Arguments" (Habermas) kann unter der Prämisse dominanter/herrschender Diskurse kaum ausgegangen werden. Auf eine Einsicht kraft Vernunft des Individuums kann sich der Postmodernismus per Definition ebenfalls nicht berufen.

Um diese Probleme näher zu betrachten, soll hier zunächst der Gang der Argumentation zusammengefasst werden: Europäische Integration ist für Diez ein Kampf um Einfluss. Dabei handelt es sich allerdings nicht um einen physisch gewaltsamen Kampf um Macht und Überlegenheit, wie man ihn aus einer historisch-marxistischen Perspektive erwarten könnte,[85] sondern um eine viel subtilere Art und Weise der politischen Einflussnahme, ein *„new face of power"* (Diez 2001a: 86). Es ist ein Kampf um sprachlich-diskursiv vermittelte Konstrukte und

---

85 Zur Auseinandersetzung poststrukturalistischer Theorien mit klassischen marxistischen Texten vgl. Torfing 2005; auch Foucault [1973] 2001.

deren Geltung. Die Begriffe „Europa" und „Integration" sind dabei für Diez selbst umkämpfte Konzepte (siehe 1996: 255):

> *„The contest about concepts is ... a central political struggle, not only between individuals and groups defending one meaning against another, but also between different ways of constructing ‚the world' through different sets of languages. These different languages are not employed by actors in a sovereign way. It is the discursive web surrounding each articulation that makes the latter possible, on the one hand (otherwise, it would be meaningless), while the web itself, on the other hand, relies on its reproduction through these articulations"* (ders. 2001a: 90)

Die unterschiedlichen politisch vertretenen Konzepte, aber auch die wissenschaftlichen Analysen und deskriptiven Beschreibungen der europäischen Einigung sind somit auch in der Diagnose Diez' keineswegs als politisch unschuldig (im engl. Orig.: *„innocent"*) aufzufassen (vgl. auch 2001a: 86).[86] Vielmehr (re)produziert hier die bloße Artikulation einer bestimmten Zukunftsvisionen von Europa (wie etwa „ein Föderalstaat im Werden", eine „supranationale Institution und Governance-Struktur", eine „funktional gegliederte Gemeinschaft", ein „intergouvernemental bestimmtes Einigungsprojekt" oder „das Mehrebenensystem EU") zugleich ein bestimmtes Bild der Gemeinschaft und begrenzt damit die Möglichkeiten Europa zu denken. So gesehen ist eine politische Rede, wie etwa die des ehemaligen Außenministers Joschka Fischer mit dem Titel „Vom Staatenverbund zur Föderation – Gedanken über die Finalität der europäischen Integration"[87], genauso ein diskursiver Akt, der ein ganz bestimmtes Europa konstruiert, wie ein politikwissenschaftlicher Aufsatz, der versucht sich deskriptiv mit der Mehrebenenverflechtung des politischen Systems der EU auseinanderzusetzen. Auch ist, folgt man Diez, bereits die Rede von einer „Europäischen Gemeinschaft" oder die Metapher von dem „gemeinsamen Haus" oder dem „Schiff Europa" als präjudizierend und insofern keinesfalls als politisch neutral anzusehen.

In postmodernistischer Auffassung ist *jede* Äußerung ein Sprechakt (Searle), also eine sprachliche Handlung, die eine bestimmte diskursive Struktur erschafft, weiterentwickelt, wiederholt und/oder erneuert. Zugleich ist jede Äußerung eines Diskursteilnehmers bereits von vorhergehenden Äußerungen Anderer abhängig und nur in einem größeren Diskurszusammenhang, oder wie Diez sagt, in einem *„discursive web surrounding each articulation"* (2001a: 90), möglich. Bezugneh-

---

86   Ähnlich auch van Ham 2001b; siehe oben, Kap. 2.3.1
87   Rede vom 12. Mai 2000, Humboldt-Universität, Berlin.

mend auf die von John L. Austin (1911–1960) vertretene Theorie der Sprechakte ([1962] 1975) stellt Diez heraus, dass Sprache nicht für sich steht, also keine neutrale Form der Beschreibung und Sinnzuschreibung ist, sondern immer auch eine performative Funktion beinhaltet. Kurz: Man tut bereits etwas, indem man etwas sagt[88] und ist dabei zugleich in seinem Handeln durch Strukturen beschränkt, die Generationen von Menschen zuvor (re)produziert haben.

Über diese sprachphilosophische Prämisse Austins hinausgehend schlägt Diez ein noch *„radikaleres"* (2001a: 90) Verständnis von Sprache und der ihr inhärenten, strukturierenden Kraft vor. Dabei bezieht er sich auf die Ausführungen von Michel Foucault (1926–1984), der über den Diskurs sagt: *„[E]r ist dasjenige, worum und womit man kämpft; er ist die Macht, derer man sich zu bemächtigen sucht"* (Foucault [1970] 2003a: 11).[89] So gesehen ist die Auseinandersetzung über das Gesicht und die Zukunft Europas nicht in erster Linie eine Auseinandersetzung zwischen verschiedenen Politikern und ihren Positionen, zwischen Parteien und ihren Programmen oder zwischen den Nationalstaaten und ihren Interessen. Es sind nicht in erster Linie die Protagonisten einer gewissen Präferenz oder Auffassung, die den herrschenden europäischen Diskurs bestimmen – dies steht in scharfem Gegensatz zu den rationalistischen Theorien –, sondern es sind die Diskurse selbst, die vorgeben, welches Konstrukt von Europa profiliert wird. Denn nur in diskursiven Strukturen sei es politischen Akteuren möglich, *ihr* „Europa" zu verwirklichen (siehe Diez 2001a: 90). Um Europa also gestalten oder prägen zu können, muss man sich zunächst einmal den bestehenden Strukturen anpassen und sodann den Diskurs für sich vereinnahmen, so die logische Konsequenz.

Diese Produktion oder Reproduktion[90] Europas geschieht, nach Diez, in der Politik anhand von „Leitbildern", die in politischen, genauso wie in wissenschaftlichen und gesellschaftlichen Debatten herausgestellt und regelmäßig wiederholt werden. Der Einfluss solcher „Leitbilder" auf die Konstruktion Europas sei dabei aus zwei Gründen nicht zu unterschätzen:

---

88 Austin (1975) nannte dies prägnant „how to do things with words".

89 Allerdings kann Diez sich hier nur auf sehr allgemeine Konzepte Foucaults beziehen, da dieser sich nicht zur europäischen Einigung geäußert hat. Auch seine Ausführungen zum Recht (insbesondere zum modernen Recht und Rechtsverständnis) sind äußerst spärlich (vgl. Foucault 1976, [1994] 2003b; zur Frage nach der Rechtstheorie Gehring 2007), so dass eine nähere Betrachtung der Theorie Foucaults hier nicht geboten und auch nicht sinnvoll erscheint.

90 Die beiden Begriffe schließen sich in diesem Verständnis nicht aus. So kann es eine Produktion unter Bezugnahme auf Reproduziertes geben. Etwa der rhetorische Rekurs auf anerkannte diskursive Strukturen wie Staat und Nation (vgl. auch Wæver 1998, 2005a, b).

„Sie bestimmen zum einen die Beurteilung der EU, die dann so unterschiedlich ausfallen kann wie bei Haas und Hallstein. Zum anderen stellen sie die verfügbaren Weiterentwicklungsoptionen bereit, die letztendlich die Institutionen der EU produzieren, welche ihrerseits wieder unterschiedlich ‚gelesen' werden können.

Aus dieser Analyse wird sodann die folgende normative Schlussfolgerung abgeleitet:

Unabhängig vom Inhalt der einzelnen Leitbilder, ... ergibt sich aus der grundsätzlichen Anerkennung verschiedener möglicher Lesarten der EU zunächst, daß die im Diskurs dominierenden Leitbilder mit den marginalisierten Leitbildern konfrontiert werden müssen, um nicht der Illusion einer quasi-natürlichen Entwicklung zu verfallen" (Diez 1996: 258).

Wie Diez zu diesem Schluss kommt, bleibt im Dunkeln, wird nicht näher belegt oder argumentativ herausgearbeitet. Dennoch beinhaltet bereits diese kurze Passage mehrere logische und inhaltliche Probleme bzw. Fehlschlüsse, die sich kritisieren lassen. Eine Begründung für den normativen Anspruch der Aussage kann indes nur aus dem Kontext poststrukturalistischer und postmodernistischer Grundannahmen abgeleitet werden. Daher wird sich die Kritik auch gegen diese Annahmen richten und sollte so auch deren offensichtliche Unzulänglichkeiten beleuchten:

Erstens enthält die Begründungsfigur einen *naturalistischen Fehlschluss:* Es wird argumentiert, dass die grundsätzliche Möglichkeit, Europa unterschiedlich wahrzunehmen und in Form von Leitbildern zu konzeptionieren, dazu hinleitet, dass die dominierenden mit den marginalisierten Leitbildern konfrontiert werden müssen. Was hier der Auffassung einer „quasi-natürlichen Entwicklung Europas" entgegengestellt werden soll, wird dabei allerdings selbst als eine natürliche Notwendigkeit, eine zwingende *Schlussfolgerung* dargestellt. Rhetorisch mag dies schon nicht sonderlich überzeugend sein. Doch auch logisch verbirgt sich dahinter ein Problem, das G. E. Moore als „naturalistischen Fehlschluss" bezeichnet hat[91] und das folgende Form aufweist: „Tue X, weil Y der Fall ist" oder „X soll gelten, weil Y der Fall ist". Y ist hierbei eine Tatsache, die in der Natur vorliegt oder dort Wirklichkeit ist – natürliche und soziale Tatsachen, genauso wie Ge-

---

91   Die Bezeichnung „naturalistischer Fehlschluss" wurde ursprünglich von Moore eingeführt, der sich dabei auf das Humesche Gesetz, dem gemäß man nicht vom Sein auf das Sollen schließen soll, beruft. Nach Moore benötigen jedoch sämtliche wertenden Schlussfolgerungen mindestens eine wertende Prämisse und sind daher nicht aus in der Natur vorliegenden Tatsachen ableitbar.

fühle oder faktisch feststehende Wertmaßstäbe (vgl. Hare 1997: 205 ff.). Es wird also aus dem Sein ein Sollen abgeleitet, aus Tatsachen ein normatives Gesetz geschöpft. Oder: es werden Beschreibungen und Wertungen miteinander verwechselt oder vermischt.

Im vorliegenden Fall leitet Diez aus der deskriptiv feststellbaren Existenz unterschiedlicher Europakonzeptionen die normative Notwendigkeit einer ständigen Konfrontation der dominierenden mit den marginalisierten Diskursen ab. Argumentativ ist diese Folgerung weder schlüssig noch sinnvoll. Auch ist sie nicht geboten, vorausgesetzt man möchte die wissenschaftliche Trennung zwischen Deskription und Präskription – übrigens eine wissenschaftstheoretische Errungenschaft der Moderne – nicht im Zuge einer fundamental-postmodernistischen Kritik aufgeben. Auch wenn diese Konsequenz in poststrukturalistischer Perspektive nur allzu konsequent erscheint (denn schließlich handelt es sich ja um eine sozial gesetzte Struktur), so wäre diese Wendung in jedem Fall äußerst fraglich. Denn auch ganz andere Schlüsse wären dann in Ansehung der tatsächlichen Gegebenheiten möglich als das von Diez deduzierte Gebot eines „Pluralismus der Leitbilder": Ebenso gut ließe sich aus der scheinbaren Dominanz bestimmter Diskurse auch ein Sollen ableiten und eine generelle Marginalisierung der übrigen Diskurse fordern. Dies wäre jedoch das Gegenteil von Diez' intendiertem Leitbild: *„[D]as gleichzeitige Bestehen vieler Welten in der einen Welt"* (1996: 255). Insgesamt scheint eher ein bestimmtes vorher festgelegtes Postulat das Ergebnis zu bestimmen, als dass sich dies argumentativ ergeben würde. Bestenfalls kann Diez hier auf eine gefühlsmäßige oder auf einem „Common Sense" beruhende Einsicht hoffen.

Zweitens ist dem Diskursmodell ein *Problem der Vermittlung* von Diskursen inhärent: Geht man von der Prämisse aus, dass es sich bei den unterschiedlichen Diskursen um konkurrierende Konstrukte, um „contested concepts" handelt, so stellt sich die Frage, wie diese überhaupt einander vermittelt werden können. Noch konkreter gefragt: Wie können dominierende Leitbilder mit marginalisierten Leitbildern konfrontiert werden, wenn diese einander fundamental widersprechen bzw. wenn nicht beurteilt werden kann, welches Konzept vorzuziehen ist? Denn eine Konfrontation differenter Leitbilder miteinander, in Form eines „central political struggle", scheint im besten Fall von vornherein sinnlos zu sein. Schließlich besteht Diez darauf, dass aus der von ihm *„vertretenen konstruktivistischen Sichtweise heraus ... nicht entscheidbar [ist], welche der Beschreibungen [von Europa] ‚wahr' ist. Vielmehr handelt es sich um widerstreitende Konstruktionen, die mit unterschiedlichen grundlegenden Vorstellungen über den politischen Aufbau der Welt verknüpft sind"* (1996: 258). Auch stellt sich die Frage, wie vor diesem Hin-

tergrund überhaupt das *„Prinzip von Differenz und Vielheit"* (a. a. O.: 276) gelten
kann, wenn die unterschiedlichen Weltbilder/Leitbilder in einer quasi naturge-
gebenen, historisch bedingten Differenz zueinander stehen? Eher ließe sich von
einem „Prinzip der Differenz und Isoliertheit" sprechen. Denn „Vielheit" scheint
bei Diez vor allem eines zu beinhalten: die generelle Unvereinbarkeit unterschiedlicher diskursiv vermittelter Perspektiven auf Europa und deren Unfähigkeit, miteinander in einen *gemeinsamen* Diskurs einzutreten. Insofern scheint auch eine
ungewollte Nähe zu einem frühen Ansatz des Intergouvernementalismus (!),
nämlich dem nach Stanley Hoffmann (1966), zu bestehen, der mit der *„Logic of
Diversity"* ebenfalls eine fundamentale, nicht hintergehbare Unvereinbarkeit von
bestimmten politischen Einheiten herausstellt.

In der Folge sind nun zwei Szenarien denkbar: Das eine ist der von Foucault
diagnostizierte Kampf um *und* durch den Diskurs. Am Ende steht also ein, wie
auch immer ausgetragener, Widerstreit um Macht und Einfluss, bei dem den diskursiven Gegenspielern kein Verständnis zukommt bzw. zukommen kann (vgl.
Foucault [1970] 2003a: 11; für das Recht vgl. ders. [1994] 2003b: 72 ff.) oder diese
innerhalb der Gesellschaft ausgegrenzt werden (vgl. hierzu die „Heterotopie" bei
Foucault 1990, 2006). Oder aber, und dies ist das zweite denkbare Szenario, das
„Prinzip von Differenz und Vielheit" erschöpft sich in einer bloßen und letztlich
banalen Erinnerung an andere Perspektiven und Leitbilder, ohne jedoch Kommunikation und den Austausch von Argumenten zuzulassen. Zwar stünden *„Wahrheit, Gerechtigkeit, Menschlichkeit im Plural"* (Welsch 2002: 5). Doch würden die
unterschiedlichen Perspektiven nicht in einen Prozess der gegenseitigen Vermittlung und der Deliberation eintreten. Beide Alternativen erscheinen weder wünschenswert, noch der Realität lebendiger Debatten um die europäische Integration zu entsprechen – weder der Kampf um Geltungsmacht zwischen diametral
entgegen gestellten Diskursstrukturen, noch die Erinnerung an andere, aber letztlich nicht deliberierbare Möglichkeiten Europa zu konstruieren.[92]

Das durchaus wünschenswerte Ideal von „Differenz und Vielheit" wird bei
Diez am Ende immer mit dem Verstummen transdiskursiver Verständigung und
Kommunikation und der diskursiven Isolierung erkauft werden müssen.[93] Dies

---

92   Ein wissenschaftlicher Beleg für das Bestehen eines dritten, legitimationsfähigeren Weges ist
     etwa bei Eriksen u. Fossum (2000b, 2004) zu finden.
93   Hieran ändert auch das von Diez unlängst vorgeschlagene Konzept „diskursiver Knotenpunkte"
     nichts (siehe Diez 1999, 2001a). Das Vermittlungsproblem wird hierbei lediglich auf eine ande-
     re Ebene verschoben, ohne dass dies die Ausgangsfrage nach der Verständigung lösen würde.
     Tatsächlich handelt es sich bei der über „diskursive Knotenpunkte" (wie etwa das Konzept des
     „European Governance") vermittelten Kommunikation, nicht um eine Form der transdiskursi-

ist der hohe Preis der Postmoderne als *„Verfassung radikaler Pluralität"* (Welsch 2002: 4). Doch ist gerade die offene und unvermittelte Verständigung zwischen differenten Positionen und das davon abhängende Verständnis für andere Ansichten, Meinungen und auch Leitbilder die wahrscheinlich größte Errungenschaft der modernen europäischen Einigung und die Grundlage von friedlicher Integration. Dass dieses Fundament auf der Grundlage einer radikalen postmodernistischen Forderung nach Differenz aufgegeben werden muss, wird dabei billigend in Kauf genommen. Jedenfalls kann das schillernde Bild eines auf der Vielheit diskursiver Strukturen gründenden Europas, das durch das *„ethische Postulat des Bewahrens von Differenz"* (Diez 1998: 141) zu Geltung gebracht werden soll, vor diesem Hintergrund nicht so hell erstrahlen, wie Diez dies durch seine postmodernistische (Re)Konstruktion nahe legt.

Drittens besteht ein nicht zu unterschätzendes *Selektionsproblem*, das zu einem *logischen Fehler* bzw. zu einem *Selbstwiderspruch* führt: Vor dem Hintergrund der Prämisse, Vielfalt und Differenz befördern zu wollen, muss sich eine poststrukturalistische Perspektive mit einem extremen Problem der Selektion konfrontiert sehen. Im Grunde basiert das ganze Argument darauf, sich gerade nicht inhaltlich mit einer bestimmten Position auseinanderzusetzen, da dies eine Anerkennung der herrschenden Diskursstruktur – die in postmodernistischer Perspektive als unbegründet und nicht zu rechtfertigen anzusehen ist – mit sich bringt. Man muss sich also *außerhalb* des spezifischen Diskurses aufhalten, um nicht von diesem vereinnahmt zu werden. Das Problem wird von Diez nun gelöst, indem er irgendeine beliebige andere Auffassung, ein anderes Leitbild, aufgreift und dieses in Opposition zu dem vermeintlich dominanten Leitbild stellt. Um dem postmodernistischen Anspruch gerecht zu werden, können dabei keinerlei Selektionsmaßstäbe zugrunde gelegt werden – denn diese wären selbst notwendigerweise Aus-

---

ven Verständigung, sondern um eine Form der Überredung. Oder wie Diez anführt: *„... communication does not have to rest on a concept of ,understanding', assuming the correspondence of what is said and received in the speaker's and receiver's minds"* (2001a: 94). Über den Umweg eines „diskursiven Knotenpunktes" werden Diskurse einander zwar zugänglich gemacht, doch geschieht dies nicht auf der Grundlage eines geteilten Verständnisses, sondern unter Bezugnahme auf „Metaerzählungen", die letztlich auch nur verfestigte Diskurse bzw. Erzählungen sind und die ebenfalls einer Rekonstruktion zugänglich gemacht werden müssen. Für die Metaerzählungen gilt nun wieder dasselbe Problem wie für die primären Diskurse: Sie müssen in andere Metaerzählungen erst übersetzt werden und können sich dabei, mangels direkter Verständigungsmöglichkeit, erneut nur auf, in einem diskursiven Knotenpunkt konvergierende, Metaerzählungen berufen. So wird das Problem der Vermittlung von einer Ebene an die nächste weitergereicht, ohne dass jemals die unvermittelte Verständigung erreicht werden kann. Zudem macht die Notwendigkeit zu immer neuen rekursiven Begründungsformen eine Verständigung auch praktisch unmöglich.

druck einer bestimmten Struktur. Genau genommen führt bereits das *„ethische Postulat des Bewahrens von Differenz"* (Diez 1998: 141) in einen nicht auflösbaren logischen Widerspruch. Denn das Postulat impliziert aus sich heraus die Möglichkeit seiner eigenen Negation und ist insofern logisch nicht schlüssig: Als differentes Produkt ließe sich beispielsweise ein „ethisches Postulat des Bewahrens von Einheit" konstruieren, als konkurrierendes Konzept einführen und folgerichtig auf das „ethische Postulat des Bewahrens von Differenz" anwenden. Dies würde jedoch der Ausgangprämisse widersprechen und so einen unauflösbaren Selbstwiderspruch, eine Antinomie des Differenzpostulats, hervorbringen. Eine Antinomie ist immer dann gegeben, wenn eine Aussage, falls sie wahr ist, falsch sein muss und falls sie falsch ist, wahr sein muss. Das Problem ist m. E. mit dem in der Philosophie bekannten Paradoxon des Epimenides[94] verwandt, das sich in einer verschärften Form auf folgende Formel bringen lässt:

Der folgende Satz (2) entspricht der Wahrheit.
Der vorhergehende (1) Satz ist unwahr.

Oder einfach

(3) *Dieser Satz ist unwahr*

Auch die folgende Form beinhaltet eine Antinomie:

(P1)[95] *A ist wahr.*
(P2)   *Wenn A wahr ist, dann ist auch B wahr.*
(P3)   *Wenn B wahr ist, dann kann A nicht wahr sein.*
(K)   *Also: A ist genau dann wahr, wenn A falsch ist.*

Im Falle des Differenzpostulats, das mit einem allgemeingültigen ethischen Anspruch (und zumindest implizit auch mit einem Wahrheitsanspruch) operiert, könnte man in vergleichbarer Weise formulieren:

---

94   Epimenides (6/7 Jahrhundert v. Chr.) soll einmal gesagt haben: „Alle Kreter lügen!". Da Epimenides selbst Kreter war, scheint diese Aussage zunächst paradox. Allerdings handelt es sich in dieser überlieferten Fassung wohl eher um ein Scheinparadoxon.
95   P = Prämisse, K = Konklusion.

(P1)   *Das ethische Postulat des Bewahrens von Differenz soll gelten.*
(P2)   *Wenn das ethische Postulat des Bewahrens von Differenz gelten soll, dann soll auch das ethische Postulat des Bewahrens von Einheit gelten.*
(P3)   *Wenn das ethische Postulat des Bewahrens von Einheit gilt, dann soll das ethische Postulat des Bewahrens von Differenz nicht gelten.*
(K)   *Also: das ethische Postulat des Bewahrens von Differenz soll genau dann gelten, wenn das ethische Postulat des Bewahrens von Differenz nicht gelten soll.*

Oder nehmen wir für einen Moment an, das „*Prinzip von Differenz und Vielheit*" (Diez 1996: 276) sei Wirklichkeit geworden und gelte in der Welt allgemein und kategorisch. Sodann könnten wir in zwei Schritten schließen:

(P1)   *Wenn das Prinzip von Differenz und Vielheit gilt, dann gilt auch das Prinzip von Einheit und Bestimmtheit.*
(P2)   *Das Prinzip von Differenz und Vielheit gilt.*
(K)   *Also: das Prinzip von Einheit und Bestimmtheit gilt.*

Daraus lässt sich dann ableiten:

(P1')   *Wenn das Prinzip Einheit und Bestimmtheit gilt, kann das Prinzip von Differenz und Vielheit nicht gelten.*
(P2')   *Das Postulat von Einheit und Bestimmtheit gilt.*
(K')   *Also: das Prinzip von Differenz und Vielheit gilt nicht.*

In all diesen argumentativen Formen liegt nun offenbar ein innerer und nicht auflösbarer logischer Widerspruch, eine Antinomie vor. Interessanterweise scheitert das von Diez formulierte Differenzpostulat bzw. das Prinzip von Vielheit und Differenz letztendes auch an der (bewusst gewollten) Unmöglichkeit der Selektion bestimmter Prämissen und Annahmen. Denn würde ein genereller Vorrang des Differenzpostulats angenommen, so würden alle Ableitungen daraus nicht mit dem ursprünglichen Satz in Konflikt geraten können. Dann müsste das Diez'sche Postulat allerdings als dominanter ethischer Sollenssatz verstanden und installiert werden. Es ist aber gerade dieser Vorrang ethischer Sollenssätze, die der Postmodernismus kategorisch ablehnt. Man kann also höchstens von so etwas wie diskursinternen, lokalen „Wahrheiten" ausgehen, die durch eine Vielheit von Leitbildern installiert werden sollen. Im vorliegenden Fall hilft dies jedoch nicht weiter, denn das Differenzpostulat lässt sich bereits aus sich selbst heraus als paradox und kontradiktorisch kritisieren. Ein Rekurs auf höhere oder externe Maßstäbe – die ohnehin aus poststrukturalistischer Sicht verworfen werden – ist mithin nicht notwendig. Dieser logische Fehler argumentativer Schlüssigkeit stellt sich übrigens, wie zu zeigen sein wird, in ganz ähnlicher Form auch in Hinblick auf Derridas Dekonstruktion und ist mithin symptomatisch für poststrukturalistische/-modernistische Arbeiten.

Viertens liegen unter der Maßgabe, eine nicht auf objektive Wahrheiten rekurrierende Perspektive anzubieten, ein *Begründungsfehler* und ein *Ebenensynkretismus* vor. Beides geht direkt aus der zweifelhaften *Methode* poststrukturalistischer und auch postmodernistischer Forschung hervor: Vorgeschlagen wird eine Form der Diskursanalyse (vgl. auch Diez 2001b), die darauf gerichtet ist, Ordnungsvorstellungen in Texten zu dechiffrieren, um aufzuzeigen, wie bestimmte Leitbilder konstruiert werden und in welcher historischen Bedingtheit sie stehen. Weder den tatsächlichen Aussagen des Textes noch dem aus dem Text sprechenden Autor kommt dabei, ähnlich wie bei Wæver, Bedeutung zu. Es geht vielmehr um die Möglichkeitsbedingungen von Texten und den darin dargebotenen Argumenten. So heißt es bei Diez:

> *„Es ist nicht mehr unter Rückgriff auf den herkömmlichen Apparat der Textkritik zu beurteilen, ob sie* [gemeint sind die Texte, A. G.] *wahre oder falsche Aussagen treffen oder worin die ‚eigentliche‘ Intention des Autors besteht. Zu fragen ist vielmehr, in welches Beziehungsgeflecht ein Text eintritt, wie er so Bedeutung erhält und wie damit eine Welt konstruiert wird"* (1996: 259).

Da es nun nicht um eine inhaltliche Auseinandersetzung mit Texten geht, sondern diese von einer Meta-Ebene aus – als Text über Texte – betrachtet werden, ist die Diskursanalyse den im analysierten Text vertretenen Argumenten niemals zugänglich. Der Meta-Diskurs befindet sich, folgt man der Theorie, auf einer Ebene zweiter Ordnung und kann nicht von der Diskursebene erster Ordnung aus kritisiert werden. Um sich gegen eine bestimmte Zuordnung zu einem bestimmten historischen oder sozialen „Beziehungsgeflecht", die Kontextualisierung durch die Diskursanalyse, wehren zu können, muss der Text bzw. sein Autor sich nun selbst auf die diskursive Meta-Ebene begeben. Hier sieht der Text/Autor sich dann plötzlich mit neuen und anderen Spielregeln konfrontiert als denjenigen, die auf der ursprünglichen Ebene galten. Geht er auf sie ein, so befindet er sich inmitten einer neuen Struktur, die ihm bestimmte argumentative Möglichkeiten einräumt, andere jedoch verwehrt. Meta-Diskurse – darüber sollte der Name nicht hinwegtäuschen – sind genauso diskursive Strukturen wie die Erkenntnisobjekte, die sie betrachten. Sie sind subjektive, lokale und letztlich unbegründete (weil nicht begründbare) Analyseraster und dürfen nicht als argumentative Superrevisionsinstanz genutzt werden. Doch genau diese ebenensynkretische Begründungsstrategie bildet den Kern der von Diez und anderen Postmodernisten vorgeschlagenen Methode der Textkritik.

Für die Begründungskraft solcher metadiskursiven Strukturen bedeutet dies zunächst einmal, dass der Rekurs auf einen Text über einen Text nicht mehr und nicht weniger Geltung besitzen kann, als der Text erster Ordnung. Zumindest kann ein entsprechender Anspruch nicht aus der vermeintlich „höheren" diskursiven Ebene abgeleitet werden. Denn jedem Meta-Diskurs kann ein weiterer Meta-Diskurs aufgesetzt werden, der diesen wiederum zum Objekt *seiner* Analyse macht – ad infinitum. Es entsteht ein Text über einen Text über einen Text über einen Text … . So kann jeder Text von der nächsthöheren diskursiven Ebene als, im wahrsten Sinne des Wortes, nur primitive (*lat.* prima = die Erste) Ebene diskursiver Verständigung betrachtet werden. Dies entbindet nun (leider) auf keiner Stufe von dem Problem der Begründung, so dass man immer wieder aufs Neue Rechtfertigungen für sein Vorgehen und seine Annahmen liefern muss. Das Problem wird einfach nur herausgeschoben und auf den Meta-Diskurs verlagert, wo es dann von neuem auftaucht. Am Ende ist damit, außer einer unermesslichen Steigerung der Komplexität, nicht viel gewonnen.

Diez beendet, wie übrigens die meisten postmodernistischen Theoretiker, seine Meta-Argumentation allerdings bereits auf der zweiten Stufe. Er belässt es bei der Struktur namens „Diskursanalyse" – einem ganz spezifischen Diskurs über ganz spezifische Diskurse. Dies ist wohl auch notwendig, möchte man sich nicht in einem infiniten Regress verlieren und so jegliche Geltungsansprüche aufgeben. Doch mit der gleichen Berechtigung, die er selbst für sich in Anspruch nimmt, muss sich Diez seine eigene Frage stellen lassen: Es ist zu fragen „... *in welches Beziehungsgeflecht ein Text eintritt, wie er so Bedeutung erhält und wie damit eine Welt konstruiert wird*" (1996: 259). Es wird deutlich, dass poststrukturalistische und postmodernistische Ansätze und Studien selbst nur als historische und sozial bedingte Konstrukte gelten können, die Leitbilder produzieren und reproduzieren, die nur ganz bestimmte Schlüsse zulassen und andere ausschließen (müssen). Letzteres gilt aber auch für all diejenigen, die nicht die (in einem poststrukturalistischen Beziehungsgeflecht verortete) diskursanalytische Meta-Ebene ihr wissenschaftliches Zuhause nennen.

Fünftens entsteht ein *Entscheidungsproblem*: Legt man für einen Moment alle zuvor gemachten Einwände beiseite, so bleibt immer noch ein schwerwiegendes praktisches Problem bestehen, das die europäische Politik und die Integration selbst betrifft. Angenommen, das von Diez geforderte Ideal von „Differenz und Vielheit" sei in Europa Realität geworden: Eine Vielzahl von differenten und gleichberechtigten Leitbildern beherrscht die europäische Diskurslandschaft. Jedes steht für sich, und zugleich für eine ganz bestimmte Art und Weise Europa zu denken. Und keines hat das Recht, als dominantes Leitbild diskursbeherrschend zu sein. Wie lassen sich in einer solchen Situation politische Entscheidungen treffen, ohne dass mit jeder Entscheidung für ein bestimmtes politisches Vorgehen zugleich auch eine fundamentale Entscheidung gegen alle anderen Sichtweisen und Perspektiven getroffen wird? Wie kann in solch einer Konstellation verhindert werden, dass jede politische Entscheidung massiven Zwang bedeutet, der aus Sicht marginalisierter Positionen letztlich nicht zu rechtfertigen ist und als schwere Ungerechtigkeit wahrgenommen wird? Und wie kann in dieser Situation so etwas wie Integration entstehen? Wie gezeigt worden ist, kann Diez nicht auf die Möglichkeit der Verständigung zwischen verschiedenen diskursiven Kontexten und deren ausgleichende Kraft setzen. Auftretende Konflikte würden infolgedessen als fundamentaler Kampf um diskursiven Einfluss wahrgenommen und in ganzer Härte geführt. Ansichten, Meinungen, Ideen, Positionen, Interessen und Forderungen wären zwar erkennbar, nicht jedoch deliberierbar oder auch nur vermittelbar. Der schmale Grat eines in „Vielfalt geeinten Europas" würde in der Praxis zugunsten eines kategorischen Differenzprinzips aufgegeben werden müssen, das für die friedliche Integration Europas kaum ein gangbarer Weg ist.

Die von Diez vertretene Kritik am „Diskurs der Moderne" ist in allen ihren Punkten nicht nur eine Kritik national- und territorialstaatlich dominierter Europapolitik, sondern immer auch eine Kritik des Rechts. Zwar wird auch in Diez' Analyse europäischer Diskurse dem Recht keine eigenständige, autonome Rolle zugemessen und findet in weiten Teilen noch nicht einmal namentlich Erwähnung. Aus postmodernistischer Perspektive muss aber gerade das europäische Recht als eine moderne diskursive Ordnung aufgefasst werden. Es ist mithin *„Discursive Battleground"* (Diez 2001b), ein Schlachtfeld um die Geltung von diskursiven Strukturen. Denn es ist in der heute geltenden Form ein wesentlicher Bestandteil herrschender, diskursiv vermittelter Politik in Europa – schließlich basiert die Europäische Union und ihr Handeln auf Vertragstexten, die weitestgehend auch justiziabel sind und vom EuGH ständig fortentwickelt werden. Ganz besonders das Recht muss, aus postmodernistischer Sicht, als durch „contested concepts" bestimmt gesehen werden und beständig mit marginalisierten Konzepten und Leitbildern konfrontiert werden. Es ist, macht man mit Diez' Aufforderung zur Postmoderne ernst, ein Konstrukt, das als solches *und* in seiner spezifischen Ausgestaltung hinterfragt und kritisiert werden muss. Denn *einen* allgemeingültigen Maßstab kann und soll es schließlich nicht geben.

Nicht nur die europäischen Verträge, Verordnungen, Richtlinien, Entscheidungen, Empfehlungen und Stellungnahmen, sowie die Urteile des EuGH und auch des EuG (Gericht der Europäischen Union)[96] müssten demnach als sprachliche Akte der (Re)produktion eines spezifischen Europas gelten und der diskursanalytischen Rekonstruktion ausgesetzt werden. Auch alle übrigen sprachlich transportierten und vermittelten Sinnbestimmungen – wie Rechtsdoktrinen, Auslegungsmethoden, Begründungsweisen, Argumentationsformen oder Rechtsgewohnheiten –, kurz: alle Rechtstexte und -formen, müssen sich einer postmodernistischen Läuterung unterziehen lassen. Auch wenn der Postmodernismus das europäische Recht noch nicht für sich entdeckt hat – und das ist vor dem gerade geschilderten Hintergrund durchaus erstaunlich –, die eigentliche de- und rekonstruktivistische Arbeit mithin noch aussteht, so kann der von Diez unternommene Versuch, den Postmodernismus in die Integrationsforschung einzuführen, vor dem Hintergrund der hier herausgestellten schweren inhaltlichen und logischen Unzulänglichkeiten, als auch der zu erwartenden praktischen Konsequenzen, nicht überzeugen. Eine Alternative für eine mögliche wissenschaftliche Perspektive auf die *Integration durch Recht* stellt der Postmodernismus somit ebensowenig dar.

2.3.4 *Gesetzeskraft und Dekonstruktion europäischen Rechts*

Das Werk des französischen Philosophen Jacques Derrida (1930–2004) ist vor allem für den Begriff der „Dekonstruktion" bekannt und hat überdies einen breiten Einfluss in fast allen Fachdisziplinen entfalten können. Insbesondere in der neueren Literatur- und Geschichtswissenschaft, aber auch in der Politik- und Rechtswissenschaft, haben Derridas Arbeiten eine breite Rezeption erfahren. Zunehmend wird der Philosoph auch in der europäischen Integrationsforschung rezipiert und zumeist unter postmodernem Fokus in die Debatten eingeführt. Dabei beziehen sich die auf Derrida zurückgreifenden Arbeiten aber erstaunlicherweise kaum auf dessen Ausführungen zu Europa und zum Recht.[97] Eher werden selektiv bestimmte Konzepte und Gedanken übernommen und in die eigene Theoriekonstruktion eingebaut. Entgegen diesem Vorgehen soll hier Derridas Auffassung zu Europa und zur Rolle des Rechts selbst betrachtet werden. Eine Auseinander-

---

96   Vor dem Vertrag von Lissabon „Gericht erster Instanz".
97   Besonders auffällig ist dies bei Diez 2001a, der explizit einen „Derridarean Move" in seine Analyse mit einbringt, ohne dabei jedoch auch auf Derridas Europakritik einzugehen.

setzung mit dem europäischen Recht hat zwar bei Derrida selbst kaum stattgefunden, doch finden sich zahlreiche Ansatzpunkte in seiner Rechtsphilosophie, die auch für den europäischen Kontext gelten sollten. Gleichsam müssen sich Derridas Äußerungen zur Geschichte und Zukunft Europas auch in Hinblick auf das Recht übertragen lassen. Im Mittelpunkt der Betrachtung sollen hier zwei besonders einflussreiche, wenn auch in der Debatte um die europäische Integration wenig beachtete Arbeiten stehen, die zudem einen gemeinsamen zeitlichen Entstehungskontext teilen: „Gesetzeskraft – Der ‚mystische Grund der Autorität‘" (1991)[98] und „The Other Heading – Reflections on Today's Europe" (1992)[99].

Derridas Erwägungen zu Europa beschäftigen sich leider weder ausdrücklich mit der Integration noch mit der Rolle des Rechts in diesem Prozess. Eher geht es in seiner Schrift „The Other Heading" um Fragen der Entstehung einer europäischen Identität. In dieser Verengung des Blicks auf ein „Europa der Identität" liegt nun gleich der erste Missgriff in Derridas Europa-Betrachtung, der keinesfalls als die selektive Analyse nur eines Ausschnittes europäischer Realität gerechtfertigt werden kann. Denn der Begriff der Identität ist bei Derrida ebenso scharf umrissen wie auch umfassend. Identität wird bei Derrida mit zahlreichen anderen Faktoren der Integration verknüpft und in Verbindung gesetzt. Identität ist immer eine Mischung aus ganz verschiedenen Faktoren und changiert zwischen Gefühlen der Identität, westlich-europäischer Kultur und diversen Normen, ohne diese ganz unterschiedlichen Dinge jedoch in irgendeiner Form voneinander zu trennen oder abzugrenzen (vgl. Derrida 1992: 28 f., 78).

Besonders scharf wendet sich Derrida gegen die Vision eines europäischen „End of History" (Fukuyama), den Anspruch auf einen universellen Endpunkt, einen letzten Zweck europäischer Integration, wie man dies etwa hinter einem föderierten Europa vermuten könnte. Denn gerade der Glaube an das Universelle ist für Derrida das, was zu einer gefährlichen Forderung nach europäischer Identität, nach einem europäischen Geist, führt:

---

98 Zuerst im Jahr 1990 in der englischen Übersetzung unter dem Titel „Deconstruction and the Possibility of Justice" erschienen (im *franz. Orig.:* „Force de loi – Le „Fondement mystique de l'autorité").

99 Im französischen Original erstmals im Jahr 1991 unter dem Titel „L'autre cap" publiziert. In der deutschen Übersetzung im Jahr 1992 unter dem Titel „Das andere Kap" erschienen. Die Publikation enthält zwei Essays: „The Other Heading – Memories, Responses, and Responsibilities" und „Call it a Day for Democracy". Wenn hier von „The Other Heading" die Rede ist, so ist damit der Essay gemeint.

„The crisis of Europe as the crisis of spirit: they all say this at the moment when the limits and contours, the eidos, the ends and confines, the finitude of Europe, are beginning to emerge; that is to say, when the capital if the infinity and universality, which is to be found in reserve within the idiom of these limits, finds itself encroached upon or in danger" (Derrida 1992: 32).

Hierbei übersieht Derrida, dass es sich bei den Idealbildern einer europäischen Geschichte, den Europakonzeptionen der Politik (hier: „heading", im *franz. Orig.* „cap") immer nur um temporär und lokal geltende Zielvorstellungen handelt bzw. handeln kann. Inhaltlich müssen diese immer erst eine konkrete Ausgestaltung erfahren. Ein Anspruch auf Universalität kann allein schon deshalb nicht erhoben werden, da es für Europa kein Vorbild, kein uneingeschränkt und zeitlos geltendes Leitbild gibt, noch je gegeben hat. Europa ist ja gerade nicht *der* Nationalstaat und *die* nationale Identität, sondern bereits von Anfang an durch eine enorme Vielfalt geprägt.

Derridas Kritik wendet sich nun zweifellos vor allem gegen eine allzu vereinfachende Abgrenzung des „Anderen", das durch eine starre Konzeption des europäischen „Wir" – insbesondere durch die noch immer stark nationalstaatlich geprägte Politik – befördert wird. Auch wenn man Derrida in diesem Punkt zustimmen möchte, so ist seine Begründung doch fraglich. Offenbar geht es nämlich nicht um eine fundamentale Opposition gegen alles Bestehende, sondern um das Bewusstsein, dass sich das „Wir" (das Herrschende, Dominierende, Aktive) nicht ohne das „Andere" (das Beherrschte, Marginalisierte, Passive) konstituieren kann und daher als Bedingung der Möglichkeit von Identität erinnert und berücksichtigt werden müsse (vgl. Derrida 1992: 15; auch Derrida u. Habermas 2004). Derridas Strategie ist die einer Teilung. Er möchte zeigen, dass es immer noch ein „Anderes", ein „heading of the other", gibt; etwas Differentes, das keineswegs identisch ist mit der Identität, dem ungeteilten „Wir". Nichts ist am Ende identisch mit sich selbst und muss daher in seiner Differenz zu sich selbst, im „Anderen", seine Identität finden (a. a. O.: 9 f., 29). Ziel ist es, einer generellen und umfassenden Pluralität Geltung zu verschaffen (vgl. Welsch 2002: 143 ff.). Doch ist es gerade diese Konstruktion, die den Zweck der Argumentation – nämlich Differenz und Pluralität zu gewährleisten – verschwimmen lässt und somit eher in eine entgegengesetzte Richtung wirkt. Das „Andere" kann dann plötzlich nicht mehr als „Anderes" bestehen, sondern wird eingegliedert und indifferent gemacht. Genau das wollte Derrida aber gerade verhindern, indem er das Differente in das Identische aufgenommen hat.

Im Grunde scheint Derrida mit seiner wenig überzeugenden Begründung in der Hauptsache eines erreichen zu wollen, nämlich, dadurch dass die Vielfältigkeit in der Gemeinschaft gesichert wird, zu verhindern, dass Europa sich auf dem Gleis einer vorbestimmten Geschichte hin zu einem fixierten Endpunkt bewegt. Er wendet sich gegen einen Europadogmatismus. In dieser Forderung ist ihm zweifellos beizupflichten. Doch ist das Bild, das er von Europa zeichnet und das er als Anlass für seine Intervention nimmt, sehr vereinfachend und zum Teil verzerrend. Ob es wirklich jemals so etwas wie eine europäische Identität geben wird und ob sie überhaupt benötigt wird, ist äußerst zweifelhaft und wird bis heute kontrovers diskutiert (siehe z. B. Meyer 2004, Beck u. Grande 2004). Auch ist fraglich, wie eine solche Identität überhaupt aussehen kann. Das alte Nationalstaatsmodell wird in einem Staatenverbund mit über 500 Mio. Einwohnern und vielfältigsten Kulturen jedenfalls kaum zu verwirklichen sein und scheint auch von dem ganz überwiegenden Teil der Europäer nicht gewünscht. Und die Möglichkeit, eine europäische Identität von oben herab politisch zu verordnen, scheint außerhalb des real Möglichen zu liegen.

Auch übersieht Derrida die Komplexität, unter der Entscheidungen in Europa getroffen werden. Kurz gesagt: Es gibt in Europa keinen Konsens über einen Endpunkt der Integration und insofern auch keine *„orientated, calculated, deliberate, voluntary, ordered movement: ordered most often by the man in charge"* (Derrida 1992: 14). So etwas hat es zu keiner Zeit gegeben und wird es auch in Zukunft nicht geben können. Die Arbeit des Europäischen Gerichtshofs (EuGH) kann hier als ein gutes Beispiel gesehen werden. Auch wenn das Gericht zu Entscheidungen kommt und auch wenn diese in Einstimmigkeit getroffen werden, so heißt dies nicht, dass der Prozess der Entscheidung selbst bereits einen vorbestimmten Charakter hat, einem bestimmten Ziel, Zweck oder Telos folgt. Derrida blendet hier einfach den verborgenen Widerstreit aus, den die Vertreter des Gerichts bei jeder schwierigeren Entscheidung ausfechten müssen. Er übersieht auch, dass eine jede Institution – und dies gilt für den EuGH ganz besonders – seine Entscheidungen begründen muss und nicht völlig losgelöst von kontextgebundenen argumentativen Zusammenhängen handeln kann. Und er ignoriert die Tatsache, dass ein Gericht die Bindung an Recht, Gesetz und juristische Standards – wozu etwa die allgemein anerkannten Formen der juristischen Argumentation gehören – nicht übergehen kann, ohne das Recht zu deformieren oder gänzlich aufzugeben. Die Notwendigkeit Entscheidungen zu treffen, die aus guten Gründen immer auch hätten anders getroffen werden können, ist ganz einfach nicht mit Willkür gleichzusetzen (vgl. auch Neumann 2005: 384). Der Präsident des Thüringer Oberverwaltungsgerichts a. D., Hans-Joachim Strauch, macht dies in seinen Ausführungen zur richterlichen Tätigkeit sehr deutlich:

> *„Will das Gericht nicht willkürlich und außerhalb juristischer Standards entscheiden, muss es jedoch angeben können, warum es in diesem Fall so und in jenem Fall anders entschieden hat und es muss dies innerhalb eines spezifischen, professionellen Denk- und Argumentationsraums, d. h. mit juristischen Gründen tun. Die Bindung des Richters an Recht und Gesetz liegt mithin darin, lässt sich – nur scheinbar paradox – formulieren, dass es die ‚beliebig richtige' Entscheidung nicht gibt"* (2002: 331).

Doch wahrscheinlich geht Derridas Kritik weit tiefer und richtet sich nicht gegen das bloße politische oder rechtliche Entscheiden, sondern gegen die zugrunde liegenden basalen Normenstrukturen, die „Ordnung eines bestimmten Diskurses", um mit Foucault zu sprechen ([1970] 2003a). Dies lässt sich in Derridas Schrift zum Recht „*Gesetzeskraft – Der ‚mystische Grund der Autorität'"* (1991) nachvollziehen.

Für Derrida ist das Recht eine, seinem Wesen nach, dekonstruierbare, hinterfragbare und destabilisierbare Struktur; nicht gleichzusetzen mit der Gerechtigkeit, die als legitimierende Grundlage des Rechts angeführt werden könnte. *„Das Recht ist nicht die Gerechtigkeit"* (1991: 33), stellt Derrida fest. Auch die Begründung eines „rechtmäßigen Rechts", also eines Rechts, das auf der Grundlage bereits bestehender Rechte (Naturrechte etwa) einfach ausformuliert wird, kann letztlich keine begründende Funktion übernehmen. Vielmehr muss das, was Derrida als „Gesetzeskraft" bezeichnet, in seinem Ursprung auf einem Akt der Macht, auf Gewalt beruhen (siehe a. a. O.: 13 f.). Oder in den Worten des Philosophen: *„Weil sie sich definitionsgemäß auf nichts anderes stützen können als auf sich selbst, sind der Ursprung der Autorität, die (Be)gründung oder der Grund, die Setzung des Gesetzes in sich selbst eine grund-lose Gewalt(tat)"* (a. a. O.: 29). Das Gleiche gilt im Übrigen auch für die Gerechtigkeit als normatives Leitbild oder Grundlage des Rechts: *„Das Gerechte und Angemessene der Gerechtigkeit impliziert folglich die Notwendigkeit der Gewalt (Kraft)"* (a. a. O.: 23). Hier kommt Derrida der Auffassung Foucaults vom „umkämpften Diskurs" sehr nahe.

So steht das Recht also von Anbeginn auf einem unsicheren Fundament. Weder das Recht selbst kann für einen poststrukturalistischen Denker, wie Derrida, Grund für die Geltung desselben sein, noch ein wie auch immer aussehendes Ideal der Gerechtigkeit. Jeder Versuch einer Erklärung oder Begründung des Rechts ist für Derrida viel eher im Bereich des „Mystischen" anzusiedeln. Auf-

bauend auf dieser „Tabula rasa der Begründbarkeit des Rechts" möchte er die
Geltung des Rechts als menschengemachte Konstruktion jedoch nicht gänzlich
in Frage stellen, sich einem Nihilismus hingeben – auch wenn dies aus einer poststrukturalistischen Perspektive m. E. durchaus konsequent wäre (vgl. in diesem
Zusammenhang auch Kiesow 2008). Eher soll das Positive, die Chance hinter der
generellen Möglichkeit der Dekonstruierbarkeit des Rechts, gesehen und verstanden werden:

> „Daß sich das Recht dekonstruieren läßt, ist kein Unglück. Man kann darin auch die po-
> litische Chance historischen Fortschritts erblicken. Doch das Paradoxon, das ich in die
> Diskussion einbringen möchte, hat folgende Gestalt: Weil sie sich dekonstruieren läßt, si-
> chert die Struktur des Rechts oder – wenn Sie wollen – der Gerechtigkeit, der Justiz als
> Recht, die Möglichkeit der Dekonstruktion. Wenn es so etwas gibt wie die Gerechtigkeit
> als solche, eine Gerechtigkeit außerhalb oder jenseits des Rechts, so läßt sie sich nicht de-
> konstruieren. Ebensowenig wie die Dekonstruktion selbst, wenn es so etwas gibt. Die De-
> konstruktion ist die Gerechtigkeit" (Derrida 1991: 30).

Schauen wir uns diese Argumentation für einen Moment genauer an. Für Derrida
ist also die bloße Möglichkeit der Dekonstruktion von Wissen, Texten, Strukturen,
die Möglichkeit, „das Andere" zu denken, die Gerechtigkeit. Und da das Recht
eine letztlich konstruierte und somit „instabile" Struktur ist, muss auch die Dekonstruktion derselben, d. i. Gerechtigkeit, möglich sein. Das ist eine gute Nach-
richt für all diejenigen, die den Glauben an das Ideal einer Gerechtigkeit des
Rechts verloren haben. Die Dekonstruktion wird dabei zum vollkommenen und
normativen Leitbild eines unvollkommenen und nicht normativ gelten-können-
den Rechts. Gleichzeitig wird Derrida nicht müde zu betonen, dass die Dekonstruktion das Problem der Gerechtigkeit nicht auf direktem Wege adressieren
kann. „[M]an kann die Gerechtigkeit nicht thematisieren oder objektivieren ... ohne
bereits die Gerechtigkeit, ja das Recht zu verraten" (Derrida 1991: 21). Die bloße
Möglichkeit der Dekonstruktion, der dekonstruktivistischen Methode, eröffnet,
so scheint es, den Weg zur Gerechtigkeit als Fundament des Rechts. Dies ist ein
denkwürdiges Argument. Derrida selbst nennt es paradox – doch das ist es nicht.
Vielmehr hat es den Klang einer selbsterfüllenden Prophezeiung und die Form
eines logischen Zirkels. Selbst, wenn man davon ausgehen würde, dass sich hinter
der zirkulären Behauptung: „[w]eil sie sich dekonstruieren läßt, sichert die Struktur des Rechts oder – wenn Sie wollen – der Gerechtigkeit, der Justiz als Recht, die
Möglichkeit der Dekonstruktion" (a. a. O.), eine rhetorisch verpackte tiefere Wahrheit verbergen würde, so wäre damit freilich noch überhaupt nichts gewonnen.

Derrida scheint hier passiert zu sein, was Wittgenstein einmal die *„Verhexung unseres Verstandes durch die Mittel unserer Sprache"* (PU: § 29) genannt hat. Denn ebenso gut könnte Derridas *Begründungs*figur der „Dekonstruktion als Gerechtigkeit" auch für die Konstruktion, also die Verfestigung von Rechtsstrukturen, genutzt werden. Sie zeigt oder beweist also letztlich gar nichts. Deutlich wird die Beliebigkeit der Argumentation, wenn man die Vorsilbe „De" des Wortes „Dekonstruktion" in Derridas Begründungsfigur einen Moment lang einfach weglässt. Man könnte dann in Anlehnung an Derridas eigene Formulierung feststellen:

> *Weil sie sich konstruieren lässt, sichert die Struktur des Rechts oder der Gerechtigkeit, der Justiz als Recht, die Möglichkeit der Konstruktion. Wenn es so etwas gibt wie die Gerechtigkeit als solche, eine Gerechtigkeit außerhalb oder jenseits des Rechts, so lässt sie sich nicht konstruieren. Ebensowenig wie die Konstruktion selbst, wenn es so etwas gibt. Die Konstruktion ist die Gerechtigkeit.*[100]

Doch gegen diese letztenendes unbegründete Konstruktion von Recht – genauer: gegen deren Fixierung in Form eines universellen Rechts – wendet Derrida sich ja gerade. Es ist also argumentativ nichts erreicht. Die Entscheidung für die Dekonstruktion muss am Ende genau dies bleiben: eine *Entscheidung*. Genauer: die Entscheidung von etwas prinzipiell Unentscheidbarem oder eine Tautologie, die Hans Kelsen bereits früh in ähnlichem Zusammenhang treffend beschrieben hat, als *„eine Tautologie, hinter der sich – in mannigfacher Gestalt und mühsamer Verkleidung – der logische Grundsatz der Identität verbirgt, die Einsicht: daß das Gute gut und nicht böse, daß das Gerechte gerecht und nicht ungerecht, dass a gleich a und nicht non a ist"* (1934: 14 f.).

Es wird deutlich, dass, soll die Dekonstruktion in Bezug auf das Recht Geltung erhalten, man sich entweder in einen logischen Zirkel bewegt oder aber, möchte man einen unendlichen Begründungsregress vermeiden, eine Entscheidung für eine Methode, für ein Vorgehen treffen muss, das sich letztenendes der Begründbarkeit entzieht. Die Dekonstruktion selbst muss dann jedoch auf ein Objekt der Erkenntnis rekurrieren bzw. sich selbst objektivieren. Letzteres scheint Derridas Strategie in Bezug auf das Recht zu sein. Wittgenstein hat einmal gesagt: *„Wer an allem zweifeln wollte, der würde auch nicht bis zum Zweifel kommen. Das Spiel des Zweifelns selbst setzt schon die Gewißheit voraus"* (ÜG: § 115). Derrida scheint seine Gewissheit in der Möglichkeit der Dekonstruktion von „Wissen", von Texten, gefunden zu haben. Wie aus dieser schlichten Möglichkeit, der bloßen Machbarkeit

---

100 Vgl. Derrida 1991: 30, siehe Zitat oben.

also, ein normativer Anspruch abgeleitet werden kann, ein Sollen aus dem Sein gefolgert werden soll, bleibt Derridas Geheimnis.

Ein weiteres Problem besteht darin, dass das Recht in seiner zweifellos jederzeit unvollkommenen Form von rechtsexternen Idealen und Leitbildern – nämlich der Methode einer poststrukturalistischen Dekonstruktion – abhängig gemacht wird. Darüber darf auch nicht die scheinbare Kontextualisierung der Dekonstruktion(en) hinwegtäuschen, die Derrida geltend machen möchte und die eine Neutralität des dekonstruktiven Handelns nahe legen soll: *„Die Dekonstruktion existiert nicht irgendwo, rein, eigentlich, mit sich selbst identisch, außerhalb ihrer Einschreibungen in konfliktbeladene und differenzierte Kontexte, sie ‚ist' nur das, was sie macht und was man aus ihr macht, dort, wo sie stattfindet"* ([2001] 2004b: 299). Denn bliebe die Dekonstruktion tatsächlich lediglich Bestandteil eines bestimmten Kontextes, so wäre sie bedeutungslos, inhaltsleer und nicht einmal mit dem hinweisenden Wort „Dekonstruktion" zu versehen, da sie so keinesfalls den universellen Charakter erhielte, den Derrida ihr zuschreiben möchte. Reicht sie allerdings über den Kontext hinaus, so stellt sich das zuvor geschilderte Problem der Abhängigkeit des Rechts. Dieses fundamentale Dilemma teilt Derrida letztlich mit den bereits untersuchten postmodernistischen Ansätzen, aber auch den rationalistischen Theorien europäischer Integration.

Zunächst einmal kann festgehalten werden, dass die Methode der Dekonstruktion – sofern sie denn überhaupt eine solche ist – [101] das Recht nicht aus sich heraus betrachtet, untersucht und kritisiert. Sie ist dem Recht nicht eigen, sondern ihm *neben-* und nicht etwa *über*gelagert – auch wenn Derrida dies mit der Formel „Dekonstruktion gleich Gerechtigkeit" nahe legt. Es ist eine Methode, die den Zweifel zum Prinzip erhebt, ohne dabei jedoch in einen destruktiven Nihilismus zu verfallen, wie oft kritisiert wurde. Wie sollte sie auch, ist sie doch in Wirklichkeit schon selbst Struktur, d. i. eine bestimmte Art einen Text zu lesen und ihn zu untersuchen. Denn um Wittgenstein noch einmal zu zitieren, *„[e]in Zweifel, der an allem zweifelte, wäre kein Zweifel"* (ÜG: § 450). Derrida scheint sich diesem echten inhaltlichen Paradox in *seiner* Begründung der Dekonstruktion – die in der Suche nach einer Struktur, die selbst nicht bereits vorstrukturiert besteht – immerhin bewusst zu sein. So formuliert er sehr vorsichtig und spricht nur von einem „dekonstruktiven Fragen". Doch auch Fragen oder das Befragen von Texten

---

101 Derrida wendet sich gegen jede Form der Kategorisierung und zieht es vor, die Dekonstruktion lediglich zu umschreiben und als für sich stehend und einzigartig zu charakterisieren (vgl. Rötzer 1987: 70, Engelmann 2004: 17 ff.). Hier soll von Methode ganz allgemein als ein Untersuchungs- und Forschungsverfahren die Rede sein.

ist strukturierend und präjudizierend. Schließlich sind die Fragen, die man stellt, entscheidend für die Antworten, die man erhalten kann. Dessen ist sich Derrida bewusst, denn er versucht selbst diesen Rest einer Vorstrukturiertheit des „dekonstruktiven Fragens" zum Verschwinden zu bringen:

> „Es [das dekonstruktive Fragen] betrifft die Grundlagen des Rechts, der Moral und der Politik, ohne selber aber ein be-gründendes Verfahren zu sein oder sich gegen die Be-gründung zu richten. Es ist ein Fragen, das keineswegs darauf verzichtet, jene Gelegenheiten wahrzunehmen, die es ihm gestatten, die Möglichkeit oder die letzthinnige Notwendigkeit des Fragens selbst, der Frageform, die das Denken annimmt, in Frage zu stellen oder zu übersteigen. Vorurteilsfrei und ohne falsche Zuversicht prüft es die Geschichte und die philosophische Autorität der Frage" (1991: 17).

Wie es eine solche Frageform geben kann, die vorurteilsfrei, d. i. ohne eigene Gestalt, ohne vorbestimmende Form, die Begründetheit der Frage als solche prüft, bleibt nun aber ganz ohne Zweifel auch hier ungeklärt. Derrida suggeriert, dass es sich beim „dekonstruktiven Fragen" – offenbar ganz im Gegensatz zum normalen Fragen, das ja immer schon in einer Struktur geschehen muss und von dieser bedingt wird – um ein normativ unvoreingenommenes Fragen handelt. Doch sein Plädoyer für das dekonstruktive Fragen ist erneut argumentativ unbegründet und sprachlogisch zirkulär: Die Notwendigkeit des dekonstruktiven Fragens wird aus der Möglichkeit der Frage selbst abgeleitet und zugleich gegen sich gewendet, um daraus wieder den normativen Gehalt des dekonstruktiven Fragens selbst zu ziehen. Ähnlich wie Diez, argumentiert auch Derrida letztlich logisch unschlüssig.

Auch hilft es hier nicht weiter, Derrida eine rhetorische Absicht zu unterstellen, die dieser logisch-zirkulären Formulierung einen tieferen Sinn verleihen könnte. Denn würde man sich mit der bloßen metaphorischen Wirkung von Derridas Fürsprache für das dekonstruktive Fragen (als Maxime der Bedingungen der Möglichkeit eines gerechten Rechts) zufrieden geben und würde man ihn letztlich von der Notwendigkeit entbinden, seine Methode zu begründen, so müsste man auch die Möglichkeit des „konstruktiven Begründens" als eine antonymische Formulierung des dekonstruktiven Fragens anerkennen. Dieses könnte man dann, in Anlehnung an Derridas eigene Formulierung, wie folgt umschreiben:

> Das konstruktive Begründen ist ein Begründen, das keineswegs darauf verzichtet, jene Gelegenheiten wahrzunehmen, die es ihm gestatten, die Möglichkeit oder die letzthinnige Notwendigkeit des Begründens selbst, der Begründungsform, die das Denken annimmt,

zu begründen oder zu übersteigen. Vorurteilsfrei und ohne falsche Zuversicht prüft es die Geschichte und die philosophische Autorität des Begründens.[102]

Damit ist aber letztlich nicht viel gewonnen. Man kann mit Derrida argumentierend sowohl Dekonstruktion als auch Konstruktion begründen und postulieren. Was jedoch in dieser Beliebigkeit des Nachweises deutlich wird, ist der dezisionistische Charakter der Entscheidung für die Dekonstruktion und die damit bezweckte Destabilisierung von *„nomos und physis oder thesis und physis"* (Derrida 1991: 17). Es handelt sich um eine positive Setzung, nicht um das Ergebnis eines Argumentationsgangs. Was auch deutlich wird, ist das Spiel mit zirkulären, d. h. sich selbst begründenden Begründungen, die dadurch etwas Mystisches, kaum Durchdringbares, aber auch nicht Hinterfragbares erhalten. Derridas Argumente scheinen sich selbst gegen Kritik zu imprägnieren. Dabei kann die Dekonstruktion nur den Willen hin zu einer bestimmten Entscheidung symbolisieren, diesen jedoch nicht übersteigen und normativ werden lassen. Denn welche höhere Berechtigung hat die Dekonstruktion (im Sinne einer Destabilisierung) gegenüber der Konstruktion (im Sinne einer Stabilisierung)? Zumindest wird von Derrida an keiner Stelle eine schlüssige Argumentation geliefert, die dem Anspruch an eine *poststrukturalistische Begründung* gerecht werden könnte. In gewisser Weise scheint er dies auch nicht zu wollen, oder aber nicht wollen zu können. Denn dann müsste er das eigene argumentative System als ein solches anerkennen und würde es damit sogleich, in derselben Sekunde, preisgeben.

„Alle Prüfung, alles Bekräften und Entkräften einer Annahme geschieht schon innerhalb eines Systems. Und zwar ist dies System nicht ein mehr oder weniger willkürlicher und zweifelhafter Anfangspunkt aller unsrer Argumente, sondern es gehört zum Wesen dessen, was wir ein Argument nennen. Das System ist nicht so sehr Ausgangspunkt, als das Lebenselement der Argumente" (ÜG: § 105).

Was Wittgenstein hier sagt, scheint mir den Kern des Problems widerzuspiegeln.[103] Derrida möchte die Dekonstruktion gegen das Recht, als ein per „Gewalttat" in-

---

102 Vgl. Derrida 1991: 17.
103 Auch zeigt sich hierin eine fundamentale Differenz der Wittgenstein'schen Spätphilosophie zu dem Ansatz von Derrida. Diese Unterschiede sind z. T. durch einige, beide Autoren vergleichende und in Verbindung setzende Arbeiten eher verwässert als konturiert worden (siehe Orbán 1994, Mulhall 2000, 2001, Owen 2001; auch kritisch hierzu Garver u. Lee 1994). Eine entscheidende Differenz beider Autoren liegt darin, dass Wittgenstein versucht sprachpraktische Zusammenhänge zu *rekonstruieren* und zu zeigen, wie Sprache in bestimmten Sinnzusammenhängen

stalliertes System ins Feld führen, kann dabei aber nicht auf eine argumentative Struktur zurückgreifen. Denn dies würde der Anerkennung des eigenen sprachlichen Systems, der eigenen Struktur gleichkommen, die er ja gerade zum Verschwinden bringen wollte; eine ausweglose Situation, die sich nicht auflösen lässt. Letztlich kann Derrida auch hier nur auf die nicht begründete Einsicht in die Notwendigkeit der Dekonstruktion setzen. Er kann nur den Versuch einer *Überredung* für seine Methode unternehmen – einen *überzeugenden* Nachweis bleibt er aber schuldig. Oder wie Wittgenstein sagt: *„Am Ende der Gründe steht die Überredung"* (ÜG: § 612). Dieses Ende scheint Derrida erreicht zu haben. Doch kann er sein Verfahren zu keinem allgemeinen normativen Gesetz erheben. Und noch weniger kann er die Dekonstruktion als Konzept der Gerechtigkeit gegen das Recht in Stellung bringen – auch nicht gegen das europäische.

Albert Einstein hat einmal gesagt: *„Die Theorie bestimmt, was wir beobachten können."* Dies gilt auch für die poststrukturalistische Theorie; und zwar nicht mehr und nicht weniger als für jede andere Theorie auch.

2.4 Zwischenfazit: Integration und Recht als Gegenstand poststrukturalistischer Theoriekonzeptionen

> *„Bevor man beobachtet, muss man sich*
> *Regeln für seine Beobachtung machen"*
>
> (Jean-Jacques Rousseau)

Die poststrukturalistischen Theorien der europäischen Integration sehen sich mit einem tiefgreifenden *Dilemma* befasst, das sie zu umgehen oder übersteigen suchen: Es besteht, kurz gesagt, darin, eine Begründung zu formulieren, die nicht bereits auf etwas Unbegründetes rekurriert. Zugleich wird jedoch auch die Möglichkeit der Begründung an sich mit großer Skepsis gesehen und kritisch hinterfragt. In dem ersten Punkt herrscht Einigkeit zwischen poststrukturalistischen und rationalistischen Theorien. Denn auch Rationalisten gehen von der Begründetheit ihrer Thesen aus. Doch scheinen Poststrukturalisten zunächst einmal eine

---

funktioniert, während Derrida auf eine *Dekonstruktion* und Destabilisierung von Sprache überhaupt, also generell kontextunabhängig und in völliger Negierung praktischer Zusammenhänge, abzielt (vgl. Gier 2007). Während sich für Wittgenstein der Sinn sprachlicher und textlicher Zeichen aus dem Gebrauch ergibt, ist dieser bei Derrida lediglich intern bestimmt, nämlich durch die Differenz der Zeichen untereinander bzw. zueinander.

größere Sensibilität für die Möglichkeiten und Grenzen von Begründbarkeit (auch von Letztbegründbarkeit[104]) an den Tag zu legen. Während Rationalisten die Frage nach der Epistemologie, der Erfahrbarkeit von Welt, als weitestgehend unproblematisch auffassen, wird diese Frage zum kritischen Ausgangspunkt poststrukturalistischer Theorien. Und während Rationalisten nach objektiven Wahrheiten suchen, lehnen Poststrukturalisten die Möglichkeit der Erkenntnis im Sinne einer direkten Korrespondenz von Natur/Tatsache und Wissen ab. Begründungen können hier insofern auch nur mit bestimmten Vorbehalten akzeptiert werden. Die Wahrheit liegt für Poststrukturalisten im Auge des Betrachters und nirgendwo anders. Und mehr noch: Wahrheit an sich ist nur ein Konstrukt des Betrachters. Heinz von Foerster hat diesen Gegensatz im Erkenntnisinteresse einmal treffend auf die Formel „Entdecken vs. Erfinden" gebracht (siehe von Foerster 1992). Allerdings taugt eine Erfindung nur sehr begrenzt, um Dinge zu begründen, zu rechtfertigen oder zur Geltung zu bringen. So wird die Suche nach einer nicht selbst schon begründeten Begründung zum Ausgangspunkt des poststrukturalistischen Dilemmas.

Genau genommen sehen sich poststrukturalistische Arbeiten nicht mit einem *Dilemma* der Begründung konfrontiert. Eigentlich handelt es sich dabei um das bekannte *Trilemma*, welches von Hans Albert als „Münchhausen-Trilemma"[105] bezeichnet wurde (Albert [1968] 1991). Demnach gibt es drei Möglichkeiten der (nur scheinbaren) Begründung: (1.) Der infinite Regress *(es gilt A weil B, es gilt B weil C, es gilt C weil D … ad infinitum)*, (2.) der logische Zirkelschluss *(es gilt A weil B, es gilt B weil C, es gilt C weil A)* oder (3.) der Abbruch des Begründungsverfahrens *(es gilt A weil B, es gilt B weil C und es gilt C weil D.)* (a. a. O.: 15 ff.). Nun ist es nicht so, dass das Münchhausen-Trilemma nur Poststrukturalisten beträfe. In gewisser Weise machen es sich rationalistische Theoretiker nur etwas einfacher als ihre poststrukturalistischen Gegenspieler. Denn sie gehen davon aus, dass die Beobachtbarkeit von Tatsachen unvermittelt möglich ist und dass es z. B. so etwas wie eine allgemeine Rationalität gibt, die das Handeln von Akteuren erklär- und sogar voraussagbar macht. Sie brauchen die Formel der Rationalität also, um mit von Foerster zu sprechen, nur noch zu *entdecken* und empirisch zu belegen. Fragen nach der Begründung von Wissen werden von vornherein als wenig problematisch betrachtet und folglich nicht zum Thema der Untersuchungen. Rationalisten haben ihren „archimedischen Punkt der Erkenntnis" (Albert [1968]

---

104 Zu dem Begriff vgl. auch Kuhlmann 1985.
105 In der Literatur auch als Albert-Trilemma bekannt.

1991: 10) bereits gefunden, wohingegen Poststrukturalisten diesen erst noch aufspüren müssen.

Es ist gezeigt worden, dass die poststrukturalistischen Arbeiten zur europäischen Integration recht unterschiedliche Strategien verfolgen, um dieses Problem der Begründung zu lösen. Im Laufe der Untersuchung ist dabei deutlich geworden, dass sämtliche Theorien die selbst gesetzten, hohen wissenschaftlichen Ansprüche, gerade in Hinblick auf Unvoreingenommenheit und Neutralität, nicht erfüllen können. Gerade in Bezug auf Methode und Vorgehen haben sich ernste logische und inhaltliche Mängel gezeigt.

Kritisch zu sehen ist insbesondere der Umgang mit Texten und den darin vertretenen Positionen. Meinungen und Argumente werden zugunsten übergeordneter Strukturen, die es zu analysieren gelte, vernachlässigt. So spricht sich etwa Wæver im Rahmen seiner poststrukturalistischen Diskursanalyse dafür aus, lediglich einen *„general sense"* (Wæver 1998: 115) für bestimmte Texte (z. B. den Verlautbarungen europäischer Politiker) und ihre (nationalen) Entstehungskontexte zu entwickeln, um Aussagen darüber treffen zu können. Gefährlich ist dieses Vorgehen vor allem aufgrund seiner Selbstbezüglichkeit und der mangelnden allgemeinen Überprüfbarkeit. Gegen einen zu entwickelnden „general sense" können jedenfalls kaum Gegenargumente vorgetragen werden, die eine Auseinandersetzung über die vertretene Position zuließen. Es könnte lediglich eine „dissenting opinion", eine abweichende Meinung also, geäußert werden. Ein wesentliches Problem scheint also die Überprüfbarkeit der durch die Diskursanalyse hervorgebrachten Thesen zu sein. Aber auch die in der Diskursanalyse das Erkenntnisinteresse leitenden Fragestellungen sollten nicht einer willkürlichen und zugleich nicht einsehbaren Setzung unterliegen, sondern nachvollziehbar sein. Nur so kann gesichert werden, dass die Analyse von Diskursen nicht zum Monolog wird, sondern auch tatsächlich Debatten eröffnet.

Auch scheint in den unterschiedlichen Spielarten des Poststrukturalismus wenig Bewusstsein für die generelle Verknüpftheit von Theorie und Gegenstand vorhanden zu sein. Peter M. Hejl hat dies einmal in seinem Plädoyer für eine konstruktivistische Sozialtheorie sehr anschaulich formuliert: *„Der Theoriekonstrukteur ist in den gleichen Prozeß eingebunden wie die Individuen, die seinen Gegenstandsbereich konstituieren, eine konstruktivistische Sozialtheorie muß sich also letztlich ihren ‚Gegenstandsbereich' als im weitesten Sinne zugehörig denken"* (1992: 110). Problematisch ist in diesem Zusammenhang die Tatsache, dass poststrukturalistische Arbeiten dazu neigen sich auf „höhere" erkenntnistheoretische Ebenen zurückzuziehen und sich somit von vornherein in einen anderen Begründungskontext stellen. Auf einer Meta-Ebene oder einer diskursiven Ebene zweiter Ordnung – auf der ein Diskurs über Diskurse entsteht – sind die Argumente der Ebene erster Ordnung wirkungslos, da diese ja gerade nur aus der Beobachterperspektive untersucht werden sollen. Der Diskurs erster Ordnung ist lediglich Objekt auf dem Seziertisch des Diskurses zweiter Ordnung und kann insofern keine Geltungsansprüche oder Gegenargumente auf der Meta-Ebene geltend machen – dies wird besonders in Wævers Version der Diskursanalyse deutlich. Ungewollt aber zwangsläufig bringt die Diskursanalyse auf diesem Wege jeden offenen Diskurs (verstanden als *Austausch* von Argumenten) zum Verstummen.

Das erkenntnistheoretische Interesse einer Meta-Ebene wäre nun nicht sonderlich problematisch, wenn in der Praxis nicht immer wieder beide Ebenen miteinander vermischt würden, wenn also *entweder* nur über Fragen der Erkenntnistheorie diskutiert würde, *oder* nur im Rahmen der ohnehin geführten Europadiskurse Argumente vorgebracht würden. In der Untersuchung hat sich jedoch gezeigt, dass poststrukturalistische Theorien dazu neigen, einen *Ebenensynkretismus* zu vollziehen, der zu einer nicht gerechtfertigten Überordnung der Meta-Theorie über die „ordinäre Theorie" führt. Denn die Wahrnehmung von einer Meta-Ebene aus wird hier zugleich mit dem Anspruch verbunden, bestimmte Geltungsansprüche auch für die diskursive Ebene erster Ordnung zu produzieren (so etwa das Differenz- und Vielheitspostulat bei Diez oder die Forderung nach Dekonstruktion bei Derrida). Das Ziel, der „*totalisierenden Sprache andere Formen danebenzusetzen*", wie Engelmann (2007: 19) in Bezug auf Derridas Arbeit sagt, kann auf diesem Wege jedoch nicht gelingen und wird sogar in sein Gegenteil verkehrt. Es wird eine hierarchische Anordnung geschaffen, in der andere Formen der Argumentation *darübergesetzt* werden und zugleich absolut und normativ wirken (auch wenn diese als Meta-Diskurse und somit als ein höherstufiger Bestandteil des ordinären Diskurses verpackt werden).

Das Forschungsfeld der Epistemologie bekommt folglich einen ganz und gar normativ-ontologischen Anstrich. Dies ist jedoch ein letztlich nicht überzeugender und auch gefährlicher Umgang mit epistemologischen Fragen. Denn diese dienen dann nicht mehr nur der wissenschaftlichen Klarheit über die Möglichkeiten von Erkenntnis, sondern werden als eine Art argumentative Superrevisionsinstanz genutzt. Eigentlich müsste, anstatt von einem Diskurs erster Ordnung und einem Diskurs zweiter oder dritter Ordnung, von einem zweiten und dritten Diskurs erster Ordnung die Rede sein, um keine Verwirrungen über die „Güte" eines Diskurses aufkommen zu lassen. Doch würde dies den Glauben an die versteckte Kraft des Meta-Diskurses entzaubern. Um diesen entscheidenden Punkt noch deutlicher zu machen: Es geht hier nicht darum, die Möglichkeit und den Wert des Beobachtens oder des Nachdenkens über das Nachdenken in Abrede zu stellen. Es soll lediglich deutlich werden, dass man auf der Meta-Ebene nicht den Schwierigkeiten und Problemen entkommt, mit denen man sich bereits im primären Diskurs konfrontiert sieht. Eine Läuterung des Diskurses kann dadurch ebenso wenig erreicht werden; sie muss ein gefährliches Trugbild bleiben.

Geht man zudem davon aus, dass Meta-Diskurse nach anderen diskursiven Mustern geführt werden, dass auf einer Ebene zweiter Ordnung andere Argumente als gültig erachtet werden als auf der ersten, so muss sich zwangsläufig die Frage stellen, wie beide Ebenen überhaupt in Kontakt oder Austausch miteinander treten können. In der poststrukturalistischen Theorie scheint dies möglich zu sein; allerdings nur in eine Richtung: Die Ebene zweiter Ordnung stellt Geltungsansprüche gegenüber der Ebene erster Ordnung, ohne dass dies umgekehrt möglich wäre. Denn Argumente gegen die von einer „höheren" diskursiven Ebene aus erhobenen Geltungsansprüche können nun selbst nur im Rahmen eben dieser Ebene vorgetragen werden, da sie sonst, wie bei Wæver (siehe Kap. 2.3.2) deutlich geworden ist, als nicht gültig und vernachlässigenswert gelten. Möglicher Widerspruch gegen metatheoretische Argumente kann nur im Rahmen eines bestimmten Diskurses vorgetragen werden und muss sich dann auch dieser Struktur anpassen. Der Rückzug auf die Meta-Ebene scheint also in der Tat „*verfestigte Denkstrukturen und Machtbeziehungen aufzubrechen und so Raum zu schaffen für neue Konstruktionen*" (Diez 1996: 260), sich dabei allerdings auch gegen Widersprüche zu immunisieren. An die Stelle einfacher Diskurse werden Meta-Diskurse gesetzt, die ein neues, ganz spezifisches argumentatives Geflecht installieren, ohne dies oder dessen generelle Notwendigkeit letztlich begründen zu können. Damit ist aber nichts erreicht, außer dass an die Stelle der einen Struktur eine andere gesetzt wird.

Auch ließe sich mit der gleichen Begründung und mit gleicher Berechtigung (!) die Forderung nach weiteren metadiskursiven Ebenen erheben – dritter Ordnung, vierter Ordnung ... ad infinitum; jede als Korrektiv der Vorhergehenden; jede mit der Aufgabe versehen, Klarheit über die Grundlagen und Möglichkeitsbedingungen der Inhalte der darunter liegenden Ebene zu schaffen. Um diesen unendlichen Regress zu umgehen, begnügen sich Poststrukturalisten – übrigens völlig unbegründet – mit dem Verharren auf der Ebene zweiter Ordnung. Es ist also letztenendes eine bloße Entscheidung, ein Dezisionismus und keine logische oder normative Zwangsläufigkeit, die auf der zweiten Ebene haltmachen lässt und nicht nach weiteren Meta-Diskursen fragt (dies ist, nebenbei bemerkt, die dritte Variante im Münchhausen-Trilemma). Eigentlich müsste man vor diesem Hintergrund eher von einem *Strukturalismus zweiter Ordnung* sprechen, anstatt den recht diffusen Begriff des Poststrukturalismus oder den der Dekonstruktion zu verwenden.

Es scheint gerade diese Verwirrung über die Anfangsgründe der poststrukturalistischen Theorieansätze zu sein, die dann auch immer wieder, wie bei Derrida und Diez, zu zirkulären Argumentationen, naturalistischen Fehlschlüssen, Tautologien und logischen wie inhaltlichen Schwierigkeiten führt. Gerade an den theoretischen Ausführungen von Diez und Derrida wird dies deutlich. Bei Diez sind insbesondere das Selektionsproblem (und der damit im Zusammenhang stehende logische Fehler der Begründung seines Differenzpostulats) und das Problem interdiskursiver Vermittlung schwerwiegend und letztlich nicht auflösbar. Aber auch die praktischen Implikationen des von Diez vertretenen Konzepts, die sich aus dem Entscheidungsproblem ergeben, lassen eine postmodernistische Perspektive als nicht überzeugende Alternative erscheinen. Bei Derrida ist es vor allem das Fehlen einer Begründung für seine Methode der Dekonstruktion, das an dem wissenschaftlichen Mehrwert für die Integration durch Recht zweifeln lässt. Vielfach sind die Argumentationsmuster für die Dekonstruktion austauschbar, was die Entscheidung für diese Methode, für das dekonstruierende Vorgehen, zu einer beliebigen macht.

Insgesamt scheint der Wille ein bestimmtes Ziel bzw. einen Zweck zu erreichen – wie etwa dem Anspruch „*[d]ie Dekonstruktion ist die Gerechtigkeit*" (Derrida 1991: 30) Nachdruck zu verleihen – die Ergebnisse des wissenschaftlichen Erkenntnisprozesses im Poststrukturalismus deutlich vorzuprägen. Damit rücken diese Theorien aber unzweifelhaft, wie Diez übrigens selbst zugibt, eher in den Bereich einer politischen Intervention oder politischen Theorie (siehe 1996: 276), als eine politik*wissenschaftliche* Zielsetzung zu verfolgen. Wenngleich Derrida davon ausgeht, unter Verwendung der Dekonstruktion „*[v]orurteilsfrei und ohne falsche Zuversicht*" (1991: 17) prüfen zu können, wie soziale und historische Konstrukte entstanden sind, so ist genau damit schon ausdrücklich auf eine *eigene* (wissenschaftliche) Ethik verwiesen, die diese Möglichkeit überhaupt in Aussicht stellt. Und auch Diez' „*Prinzip von Differenz und Vielheit*" (1996: 276), spiegelt nichts anderes als eine normative Grundentscheidung wider, die weder aus Tatsachen ableitbar ist, noch sich auf vernünftige Gründe berufen kann (denn der Rückgriff auf die Vernunft soll ja gerade vermieden werden bzw. gilt als überkommen).

Unter ethischen Prämissen sind hier bereits Apels und Kuhlmanns Transzendentalpragmatik und Diskursethik, die auf die Bedingungen der Möglichkeit von Kommunikation und Argumentation zurückgehen, um daraus normative Ansprüche abzuleiten – und deren Bestreben freilich nicht ohne Kritik geblieben ist –, in ihrer Begründung deutlich konsequenter und überzeugender (siehe Apel

1973, Kuhlmann 1985; in Hinblick auf das Recht Apel 1993).[106] Doch wollen und können Derrida und Diez weder auf transzendentale noch auf pragmatische Ansprüche zurückgreifen, so dass am Ende nur die positive Setzung einer Gerechtigkeitsvorstellung bleibt.

Auch wenn die wohl gut gemeinten normativen Prämissen und Forderungen der in diesem Abschnitt untersuchten Autoren zweifelsohne wichtig für die europäische Politik und auch für die Integrationsforschung sind, so ist doch nicht einzusehen, warum diese genauso allgemeinen wie wohlklingenden Prinzipien und Leitsätze gerade nur mit dem Unterbau einer poststrukturalistischen/-modernistischen Theorieperspektive vertreten werden können und sollen. Was dem Projekt also vor allem und in erster Linie fehlt, ist die dringend nötige Einsicht, dass es sich auch hier lediglich um eine Entscheidung zugunsten einer bestimmten Konstruktion handeln kann, ein Angebot, das lediglich auf eine freiwillige Einsicht setzen kann, nicht jedoch einen normativen oder ethischen Geltungsanspruch installieren kann. Als solches muss es aber auch argumentativ überzeugen können – was jedoch bislang aus verschiedenen Gründen nicht gelingt. Heinz von Foerster macht dies sehr deutlich, wenn er sagt:

> *„Da das Prinzip der Relativität aber logisch nicht notwendig ist, noch auch eine Behauptung darstellt, die als wahr oder falsch zu erweisen ist, ist hier besonders hervorzuheben, daß der entscheidende Punkt, um den es geht, darin liegt, daß es mir freisteht, dieses Prinzip anzunehmen oder zu verwerfen"* (1993: 49).

Nicht ungefährlich scheint zudem die Verbindung von Recht und Gerechtigkeit insbesondere bei Derrida zu sein, der seine Methode der Dekonstruktion als Gerechtigkeit schlechthin begreift und diese zugleich auf das Recht angewandt wissen möchte. Im besten Fall führt diese Vermengung von Moral und Recht, von Sollen und Sein zu einer leeren Formel nach dem Muster „dekonstruiere, was zu dekonstruieren ist", „suche die Gerechtigkeit und meide die Ungerechtigkeit" oder „das Recht muss das Gute befördern, nicht das Schlechte". Im schlechtesten Fall wird jedoch mit der Geltung einer „gerechten Dekonstruktion" innerhalb des Rechts die Rechtswissenschaft zu einer Moralwissenschaft gemacht oder zumindest mit dieser vermischt – mit allen daraus folgenden, hinlänglich bekannten, theoretischen und praktischen Konsequenzen (siehe hierzu bereits Kelsen 1934).

Es stellt sich sodann ganz konkret die Frage nach der Fruchtbarkeit einer bislang wenig stichhaltigen poststrukturalistischen bzw. postmodernistischen Be-

---

106 Kritisch in Hinblick auf eine mögliche Letztbegründung besonders Albert 1975.

gründung. Darüber hinaus ist auch ganz praktisch zu fragen, ob überhaupt die Notwendigkeit für einen „*Perspektivenwechsel*" (Diez 1998: 147) besteht. Denn Differenz und Vielheit, wie Diez sie beispielsweise fordert, sind unbestritten ein Grundmotiv des europäischen Staatenverbunds. So lautet das Motto der Europäischen Union „In Vielfalt geeint". Und mehr noch: Die Europäische Union selbst scheint in ihrem ganzen Wesen Ausdruck von Differenz und Vielheit zu sein. Ein bestimmtes Leitbild ist in den lebhaften Debatten um die europäische Integration weder dominierend, noch ist mit europäischer Integration jemals Vereinheitlichung gemeint gewesen. Hier fehlen bislang schlicht einschlägige Belege für Dominanz bzw. Marginalisierung.

Auch ein Blick auf die jährlich von der EU anlässlich des Europatags veröffentlichten Leitgedanken lässt bisweilen nicht auf einen starren institutionellen und auf eine exklusive Identität abzielenden Föderalismus, nach dem Muster nationaler Staatlichkeit oder einer anderen vereinheitlichenden Organisationsform, schließen. Eher scheint hier ein beständiger politischer Wille zu kultureller Vielfältigkeit und zu lebhaftem Austausch erkennbar und nicht etwa die von Derrida, van Ham, Wæver und Diez befürchtete (hierarchische) Dichotomisierung in „das Selbst" und „das Andere" auf der Grundlage einer ausschließenden europäischen Identität. „*Nicht wir und die anderen, sondern Du und ich*" war bezeichnenderweise der Leitgedanke des europäischen Jahres des interkulturellen Dialogs 2008. Auch wenn der Inhalt solcher politischen Bekenntnisse auf einer diskursiven Meta-Ebene naturgemäß wenig belegen kann, so steht – und hier sollte die Notwendigkeit der Begründung auf Seite der poststrukturalistischen, diskurstheortischen/-analytischen, postmodernistischen und dekonstruktivistischen Arbeiten gesehen werden – der empirische Beleg für das, nicht gerechtfertigte (!) Vorherrschen bestimmter europäischer Diskurse noch aus. Die pauschale Forderung nach einer Konfrontation dominanter mit marginalisierten Diskursen (sofern es so etwas in dieser Schärfe überhaupt gibt), wie von Diez gefordert, ist jedenfalls abzulehnen, da dies übersieht, dass es Europakonzeptionen gibt, die aus guten Gründen nicht mehr in den Debatten auftauchen. Diese zu reaktivieren und gegen herrschende Diskurse ins Feld zu führen, scheint bisweilen einer Grundlage zu entbehren und überdies auch nicht sinnvoll.

Bemerkenswerterweise findet das europäische Recht in poststrukturalistischen Theorien kaum Beachtung. Der Grund hierfür ist wohl in erster Linie in einer Verengung des Blicks auf Fragen der Nationalstaatlichkeit in einer postmodernistischen Perspektive zu sehen. Insbesondere in den Arbeiten von van Ham und Wæver ist die europäische Integration kaum mehr als die Europäisierung des nationalstaatlichen Souveränitäts- und Territorialprinzips. Große Aufmerksamkeit erfährt auch die Frage nach einer europäischen Identität, obwohl dies heute kein tragender Bestandteil europäischer Integrationspolitik zu sein scheint. Hingegen ist der mögliche Mehrwert für den Forschungsbereich der *Integration durch Recht,* mangels Beschäftigung damit, nur aus den generellen Annahmen poststrukturalistischer Theorien abzuleiten.

Dem europäischen Recht kommt so in poststrukturalistischen Arbeiten, wie bereits im Rationalismus, keine eigenständige Geltung zu. Es wird durchgehend als ein historisch gewachsenes und durch den Nationalstaat bedingtes Konstrukt aufgefasst. Es ist darüber hinaus eine Art dominante Erzählung des Nationalstaats im Allgemeinen und einzelner staatlicher Konstellationen im Speziellen. In diesem Spannungsfeld verortet, bleibt nur wenig Raum für das, was Walter Hallstein bereits in den 1950er und 1960er Jahren als eine *Rechtsgemeinschaft* gesehen hat (siehe 1979a, b, c). Auch kann das Recht als solches und das europäische im Besonderen aus postmodernistischer Sicht nicht als „intrinsisch unschuldig" (siehe van Ham 2001b: 94, vgl. auch Diez 2001a: 86) aufgefasst werden. Es ist gerade dieses Durcheinander von normativen Absichten und dem Anspruch sich nicht von bestimmten Strukturen abhängig zu machen, das wenig zu überzeugen vermag und Widerspruch erregen muss. Besonders in den Arbeiten von van Ham wird dies deutlich. Die europäische Rechtsgemeinschaft und die „Sprache des Rechts" werden hier in erster Linie als eine Aus- und Abgrenzungsstruktur, nicht jedoch in seinen Möglichkeiten für eine *positive Integration* begriffen. Auch die Rolle des EuGH als eigenständiger Akteur, dem eine positive Rechtsschöpfung obliegt, wird von van Ham in vielfacher Abhängigkeit zum Staat charakterisiert. Dass dies der Institution des europäischen Rechts nicht gerecht wird, ist in der folgenden Auseinandersetzung mit Weber und Wittgenstein, vor allem jedoch im dritten Teil dieser Arbeit, zu belegen. Aber auch bei Derrida steht das Recht nicht für sich bzw. darf es nicht für sich stehen. Denn das „*Recht ist nicht die Gerechtigkeit",* wie Derrida sagt (1991: 33). Als solches muss es dann von externen Maßstäben – bei Derrida sind dies seine eigenen wissenschaftsethischen Maximen der Dekonstruktion – abhängig gemacht werden, die allerdings wiederum nur eine bestimmte und bestimmbare lokale Meinung wiedergeben können. Hier sollte man Derrida mit den Augen Derridas lesen und kritisch befragen.

Die Aussichten für eine freiwillige Integration durch Recht in Europa sind aus poststrukturalistischer Perspektive dementsprechend nüchtern zu beurteilen. Europäisches Recht kann hier nur „*Discursive Battleground*" (Diez 2001b) sein, ein Schlachtfeld um die Geltung von unterschiedlichen Rechtskonzeptionen, wie bereits von Foucault beschrieben (vgl. Foucault 1976, [1994] 2003b; auch Kiesow 2008: 319). Integration muss so im Grunde immer die Form *negativer Integration* annehmen: Nicht das Gemeinsame des Rechts, die gemeinsamen Ideen, Werte, Normen, Rechtsauffassungen, Rechtstraditionen und Verfahrensweisen sind Grund und Grundlage der Integration, sondern das „Für-Sich-Entscheiden" von Diskursen, die Überredung und nicht die Überzeugung von der Richtigkeit eines anerkennenswerten europäischen Rechts.

2.5   Neuere Entwicklungen und Studien der Integrationsforschung

Bei den zuvor betrachteten rationalistischen Ansätzen handelt es sich heute durchaus um „Klassiker" der am Recht interessierten Integrationstheorie, zumal diese theoretischen Arbeiten nicht nur großen Einfluss auf die allgemeine Wahrnehmung des Europäischen Gerichtshofs (EuGH) und des von ihm ausgelegten und fortgebildeten Rechts gehabt haben, sondern auch die Grundlage für eine Vielzahl von darauf aufbauenden Analysen und Studien waren und noch immer sind. Die poststrukturalistischen und postmodernistischen Ansätze hingegen haben sich bislang – wohl auch aufgrund ihrer deutlichen konzeptionellen Schwächen – kaum in der Integrationsforschung durchsetzen können. So sind es besonders die rationalistischen Argumentationsmuster, die derzeit die Debatte beherrschen und zu einer stark akteurs- und interessenfixierten Wahrnehmung der Integration durch Recht geführt haben. In der Konsequenz wird die Rechtsintegration heute vor allem als eines begriffen: ein Produkt des politischen Prozesses, das von unterschiedlichen Akteuren bzw. Akteursgruppen ausgehandelt wird. Der Gerichtshof und sein vermeintlich motivationales Handeln im Dienste einer „ever closer union" stehen hierbei bislang regelmäßig im Mittelpunkt und in der Kritik.

Auch wenn zweifelsohne ein bedeutender Teil der Arbeiten, die sich mit dem EuGH beschäftigen, weitgehend ohne die Verwendung von generalisierten und vorstrukturierenden Erklärungsmustern auskommt (etwa Conway 2011, Sabel u. Gerstenberg 2010, Barbier de la Serre u. Sibony 2008; auch Weiler 1981, 1991, 1994, Dehousse 1998), so hat, durch die starke Fokussierung auf die handelnden Akteure, dennoch bislang keine hinreichende Auseinandersetzung mit der *Integration durch Recht* stattgefunden. Denn in der theoriegeleiteten Integrationsforschung, die nach Modellen sucht, die Erklärungen oder zumindest ein besseres Verständnis des Integrationsprozesses ermöglichen sollen, hat die Konzentration auf die prominenten Akteure der Integration dazu geführt, dass das Recht als eigenständiger Faktor der Integration noch immer weitgehend ausgeklammert geblieben ist – und dies, obgleich das Recht, wie Nehl feststellt, die zentrale Antriebskraft und das wichtigste Legitimitätsmerkmal des Integrationsprozesses darstellt (siehe ders. 2002: 94). Stattdessen bilden bisweilen eine triviale Vorstellung von Rationalität und akteursgebundene Interessen den Kern der unterschiedlichen theoriegeleiteten Betrachtungen. Infolgedessen ist auch ein bestimmtes Bild des EuGH als ein „politisches Gericht" (Ward 2009: 81) privilegiert worden, das in der Integrationstheorie immer und immer wieder reproduziert wird.[107] Infolgedessen wird kaum noch hinterfragt, dass der EuGH mit den herkömmlichen, ursprünglich für die Akteure der europäischen Politik entwickelten Analysewerkzeugen, welche Interessen und deren „rationale" Umsetzung betonen, angemessen zu erfassen sei. Das Bemühen eine eigene, „maßgeschneiderte" Theorie der *Integration durch Recht* zu entwickeln, die den Eigenschaften des Rechts als Raum des Denkens und Handelns Rechnung trägt, ist indes nicht angegangen worden. Als Beleg für dieses Fortwirken der bisher untersuchten „klassischen" Ansätze soll hier eine kurze zusammenfassende Darstellung einiger besonders viel beachteter Positionen in den jüngeren Debatten um den EuGH genügen:

Höpner etwa, stellt in zwei neueren Studien die Hypothese einer generellen Politisierung des Europäischen Gerichtshofs auf. Mit Blick auf die wissenschaftlichen Debatten konstatiert er, dass es in der „*rechtswissenschaftlichen, politologischen und soziologischen Fachliteratur ... unumstritten [ist], dass der Europäische Gerichtshof (EuGH) das europäische Recht als ‚Motor der Integration' expansiv interpretiert und damit faktisch Integrationspolitik"* (2010: 3) betreibt. Das durch den EuGH punktuelle, aber zugleich systematisch fortgebildete Recht verschärfe das Demokratiedefizit der EU zudem, da sich der in Luxemburg praktizierte, illegitime richterliche Aktivismus generell einer Kontrolle durch die Staaten entziehe (siehe a. a. O.: 26). Unter dem Titel „Usurpation statt Delegation" (2008a) versucht Höpner zudem zu zeigen, wie der EuGH intentional eine „Radikalisierung der Binnenmarktintegration" herbeigeführt hat (a. a. O.: 6; vgl. auch Scharpf 2008; ebenfalls kritisch Dobler 2008).

Auch *Scharpf* äußert sich wiederholt sehr kritisch gegenüber einer „*judicial legislation"* (2006: 852) des Gerichtshofs. Für ihn scheint es keinen Zweifel zu geben, dass der EuGH ein politischer Akteur ist, oder zumindest in der Lage ist, Funktionen der politischen Entscheidungsfindung auszuüben (siehe a. a. O.: 851). Zudem attestiert er dem Gericht, ähnlich wie auch Höpner, ein Programm der Liberalisierung und Deregulierung (siehe 2009: 245). Die Entscheidungsfindung des

---

107 Siehe etwa jüngst Kelemen u. Schmidt (2012) in einem Special Issue des *Journal of European Public Policy*, 19 (1), mit dem Ausgabentitel „Perpetual momentum? Reconsidering the power of the European Court of Justice".

Gerichtshofes sei also illegitim, weil offenbar politisch und von einem nicht legitimierten Interesse bestimmt. Dies treibe wiederum die Erosion des Nationalstaates und seiner sozialen Sicherungen voran. So nehme der EuGH etwa *„die kleinste
Belästigung der Ausübung einer Grundfreiheit [zum] Anlass …, um ein wichtiges
nationales Rechtsgut auszuhebeln"* (2008: 19). Die Staaten und ihre Rechtssysteme
stünden diesem verselbstständigten juristischen Treiben zudem bislang machtlos
gegenüber (siehe 2012).

Obgleich *Alter u. Helfer* sich heute durchaus kritischer zu der (eigenen) früheren und aktuellen Forschung positionieren (siehe 2010: 563), ist eine substanzielle
Beschäftigung mit dem Recht und den daraus entspringenden Funktionsbedingungen der Arbeit des EuGH durch die Autoren bislang nicht erfolgt. Vielmehr
baut *Alter* in mehreren Studien explizit auf neofunktionalistischen Annahmen auf
und macht diese zur Grundlage ihrer Untersuchungen. Sie spricht von einem politischen europäischen Akteur, der mit einer bedeutenden politischen Macht ausgestattet sei (siehe 2009d: 287) und z. T. *„radical legal doctrines"* (2011: 399) gegen
den Willen der Staaten und sogar gegen die Verträge durchgesetzt habe. Als ein
Leitmotiv des Handelns des EuGH wird hier – und diese Annahme teilt Alter insbesondere auch mit dem Neorationalismus und Liberalen Intergouvernementalismus – der Wille *„to expand its own authority"* (2000: 513) gesehen. Zudem stärke
der Gerichtshof, wie bereits von den frühen Neorationalisten angenommen, den
Wirkbereich des europäischen auf Kosten des nationalen Rechts *„[by] aggressively
interpreting and enforcing ECSC rules"* (2009a: 8).

Auch scheint die Rede von „Judicial Politics" (siehe bereits Alter u. Meunier-
Aitsahalia 1994) in Bezug auf den Europäischen Gerichtshof und seine Tätigkeit
von der Politikwissenschaft nicht einmal mehr als problematisch wahrgenommen
zu werden. *Schmidt* (2011) stellt den EuGH etwa als ein Teil des spezifisch europäischen Systems der Rechtspolitik dar. Das Gericht wird dabei in eine Linie mit
der Kommission und ihren politischen Bemühungen das Gemeinschaftsrecht zu
formen eingeordnet, ohne jedoch die notwendige idealtypische Unterscheidung
von Recht und Politik zu beachten. So ist es im Schluss auch der EuGH, der als
mögliche Gefahr für die demokratische Selbstbestimmung der Staaten herausgestellt wird (a. a. O.: 58). Interessanterweise weist Schmidt (2012) aber zugleich
auch eine historisch-institutionelle Pfadabhängigkeit der EuGH-Rechtsprechung
nach, welche im Ergebnis die Möglichkeiten des Gerichts zu politischem Handeln eher in Frage stellt als stützt. *Wasserfallen* (2010) rückt ebenfalls den *politischen* Akteur EuGH in den Mittelpunkt seiner Untersuchung und geht von der
Annahme aus, dieser sei *„in salient policy areas, a major centre of policy-making"*
(a. a. O.: 1129).

Dass die starke Fokussierung auf rationalistische Erklärungsmuster, zumal ohne inhaltlich-kontextuelle Analyse des europäischen Rechts, bislang in weiten Teilen der Integrationsforschung unkritisch gesehen wird, zeigt sich auch in einem viel beachteten Überblicksartikel von *Conant* mit dem Titel „*The Politics of Legal Integration*" (2007). Darin wird unter anderem eine verstärkte Zusammenarbeit zwischen Rechts- und Politikwissenschaft vorgeschlagen, die allerdings empirische Studien hervorbringen soll „*[which] situate courts in a broader political context, with judges as one actor among others contributing to outcomes*" (a. a. O.: 62). Dass die am Recht Beteiligten dabei von vornherein und systematisch als politische Akteure konzipiert sind, wird auch hier nicht als problematisch erachtet. Im Gegenteil: Conant kommt zu dem Schluss, dass „*showing how judicial influence varies depending on differences in the configuration of interests and institutions ... [is the] type of research [that] is most likely to advance our understanding of legal integration*" (ebd.; vgl. auch dies. 2002).

Josselin u. Marciano (2007), aber auch *Höreth* (2008, 2000) konzentrieren sich primär auf das „Principal-Agent-Verhältnis" zwischen den Staaten und den EU-Institutionen und bauen hierbei auf den bekannten Mustern der rationalistischen Theorie auf. Dass sich aus dieser Perspektive eine Auseinandersetzung mit dem EuGH als Akteur des Rechts erübrigt und von vornherein durch eine „political actorness" substituiert wird, ist sogar durchaus beabsichtigt. So heben Josselin u. Marciano hervor:

> „*We do not discuss the judicial role of the Court as such. We rather emphasize and analyze the political role the ECJ played in the process of bringing the European nation states ever closer to each other. We show how a legal agent undertook actions and made decisions with political consequences*" (2007: 72).

Bedenklich ist jedoch die Tatsache, dass diese Umdeutung der Rolle des Europäischen Gerichtshofs von einem Akteur des Rechts zu einem Akteur der Politik völlig ohne weitere Begründung geschieht. Eine rechtliche Erklärung, der gegenüber eine politische subsidiär sein muss, wird einfach unter der Prämisse einer politischen europäischen Gerichtsbarkeit ausgeklammert, so dass die Rechtsdoktrinen des EuGH von vornherein nur als Akte der „Selbstautorisierung" (Höreth 2008) erscheinen können.

Granger hat zudem unlängst die Aufmerksamkeit auf die Interaktionen zwischen der politischen und rechtlichen Arena gelenkt, wobei allerdings beide als Schauplätze von Interessenausübung gelten und der EuGH als „*engine of european integration*" (2006: 27) dargestellt wird. Auf der europäischen Ebene sei der

Gerichtshof dabei zwar kein einheitlicher Akteur mit einem feststehenden und unverrückbaren Set an Präferenzen (siehe hierzu auch Malecki 2012), wohl aber müsse dieser als *„a complex social entity, where individual and collective preferences regarding the future of Europe are subject to transformation as a result of internal and external interactions"* (Granger 2005: 175) verstanden und in diesem Sinne untersucht werden.

Eine weitere, etwas frühere vergleichende Studie, die auf den „rationalistischen Klassikern" der Integrationstheorie aufbaut und einen Vergleich zwischen Akteuren des US-amerikanische Supreme Court und dem Europäischen Gerichtshof zieht, findet sich bei *Kenney*. Hierbei wird vor allem die Machtposition des EuGH gegenüber anderen EU-Akteuren herausgestellt, um die *„‚activist' nature of the Court and the ‚juridical' nature of politics"* (2000: 597) zu beleuchten. Der Gerichtshof, so Kenney, *„used its judicial power to promote greater European integration"* und *„expanded its own power and transferred power to national courts at the expense of member states"* (ebd.). Ebenfalls von einem aktivistischen Gerichtshof[108] und sogar der Möglichkeit der Benennung von einzelnen „europaaktivistischen" Richtern überzeugt ist *Voeten* (2007), der dies durch Daten vom Europäischen Gerichtshof für Menschenrechte (EGMR) zu stützen versucht. Allerdings haben aktuelle Studien von *Solanke* (2011) und *Malecki* (2012) die These einer *„expansionist philosophy"* (Solanke 2011: 784) des Gerichts oder eines Aktivismus seiner Vertreter indessen nicht bestätigen können.

Darüber hinaus sind auch empirische Erhebungen auf der Grundlage der trivial rationalistischen Theorieannahmen durchgeführt worden. Entsprechend verfolgen diese Ansätze die Suche nach einem Kausalmechanismus, der in der Lage ist, das Handeln des EuGH zu beschreiben und vorauszusagen (siehe etwa Wind, Sindbjerg Martinsen u. Pons Rotger 2009). Allerdings erwägen die Autoren dabei nicht die Möglichkeit, dass sich das Handeln im Recht als weit weniger trivial und als durchaus *rational im Sinne des Rechts* darstellen ließe. Und auch *Carrubba, Gabel u. Hankla* nehmen von vornherein ein *„strategic behavior by judges in the face of political constraints"* (2008: 449) an, ohne das Recht oder eine rechtsimmanente Rationalität als intervenierende Variable in Betracht zu ziehen. Es wird lediglich die Definition einer letztlich politischen Strategie gesucht. Das Recht bleibt auch hier, außerhalb der strategischen Berechnung der Akteure, ohne er-

---

108 Nach Arnull ist ein aktivistisches Gericht *„more than one whose decisions are sometimes criticised by politicians or commentators or have disruptive practical ramifications. It is a court that has behaved improperly by straying beyond the limits of the judicial function, by misusing its powers"* (2012: 8).

klärende Bedeutung. Dabei waren *Carrubba u. Murrah* in einer früheren Studie bereits zu dem Ergebnis gekommen, dass ihre Befunde nahelegen, dass „*one's understanding of legal integration needs to be more than just ,top-down*"' (2005: 414). Dennoch fehlte auch hier der Schluss, den Fokus neu zu setzen und das Recht als Integrationsfaktor miteinzubeziehen.

Das Gleiche gilt auch für die recht komplexen Studien von *Cichowski* (2007, 2002), welche die unterschiedlichen Akteure zwar in einen engen Zusammenhang von „litigation, mobilization and governance" einbetten, jedoch das Recht ebenfalls nicht als eigenständige Institution – also eine generell von kurzfristigen Akteursinteressen unabhängige Handlungsarena – begreifen.

Deutlicher wird *Kelemen,* der in einem Aufsatz mit dem Titel „The Political Foundations of Judicial Independence in the European Union" (2011; vgl. auch 2012) unterschiedliche Möglichkeiten der „Zügelung" des EuGH und seines vermeintlichen Aktivismus auf ihre Umsetzbarkeit durchprüft. Hierzu werden etwa die Richter des EuGH entsprechend ihrer vermuteten Neigung zur Integration (diese entnimmt der Autor aus der in Umfragen in den jeweiligen Heimatstaaten der Richter gemessenen Unterstützung für die EU) nacheinander angeordnet, um daraus die Möglichkeit der mitgliedstaatlichen Einflussnahme auf die „Politik" des EuGH zu ermessen. Allerdings kommt Kelemen zu dem Schluss, dass der Gerichtshof, der seit langer Zeit eine „*aggressive engine of integration*" (2012: 51) darstelle, ausgesprochen gut gegen Versuche einer Einhegung seiner Macht, sog. *court curbing mechanisms,* abgesichert sei. So wird insbesondere in dem großen öffentlichen Zuspruch für den EuGH und seine Judikatur, wie er vom Eurobarometer regelmäßig gemessen wird, eine Möglichkeit der Abschirmung gegen Kritik erkannt und nicht etwa eine hohe Legitimität der Rechtsprechung abgeleitet (siehe 2011).

Aber auch weniger theoriegeleitete oder empirisch fundierte Arbeiten gehen immer wieder von einer Radikalisierung des EuGH in Hinblick auf die Umsetzung des Binnenmarktprogramms und auch von Aktivismus bzw. „european judicial politics" aus, ohne jedoch die Entstehungsumstände der gerichtlichen Entscheidungen näher zu untersuchen (siehe etwa Dyevre 2011). Und selbst in den Rechtswissenschaften wird inzwischen die Auffassung einer, zumindest zeitweise vorhandenen, „*integrationist agenda [which was pursued by the Court] aggressively and with political acumen*" (Perju 2009: 330) vertreten.

Aus einer rechtshistorischen Perspektive hat *Rasmussen* (2008) indes den „activist turn" (a. a. O.: 92) des EuGH auf die föderalistische Ideologie zurückgeführt, die zwar in den Texten der Verträge nicht zum Tragen gekommen sei, jedoch teils eigenmächtig, teils aus einem bestimmten Selbstverständnis heraus vom Gerichtshof übernommen wurde. Mit anderen Worten, der EuGH sah sich im Range eines Verfassungsgerichts, obgleich er als solches letztlich nicht konzipiert worden war. Allerdings benötigte der EuGH die Unterstützung einer Reihe von proföderalistischen Akteuren, welche die notwendige Basis für die eigenmächtige Umdeutung der in den Verträgen kodifizierten europäischen Rechtsordnung befürworteten und guthießen, so Rasmussen (a. a. O.: 97). In diesem Ansatz ließe sich durchaus ein Trend zu einer Loslösung von einer allzu starren rationalistischen, hin zu einer sozio-historischen Analyse erkennen, die ebenfalls an postmoderne und diskursanalytische Ansätze anschlussfähig ist.

Ein ähnlicher Ansatz findet sich auch in den Arbeiten von *Cohen u. Vauchez* (Vauchez 2010a, b, 2011, Cohen 2007, Cohen u. Vauchez 2007, 2008, 2011), die sich vor allem um eine Rekonstruktion politischer Einflussnahme durch Eliten bemühen. In dem, was die Autoren *„A Political Sociology of EU Constitutional Saga"* (2008) bezeichnen, lässt sich hier eine sehr deutliche Anlehnung an die poststrukturalistische/-moderne Theorietradition erkennen (vgl. auch Vauchez 2007). So stellt Cohen die frühe Konstitutionalisierung der Gemeinschaft in den 1940 bis 1960er Jahren als einen Prozess der diskursiven Durchsetzung von Europabildern dar, bei dem das alte Staatsmodell auf Europa übertragen wurde:

> *„In promoting a transnational constitutional ideology, through the production and dissemination of a theory of legal and political order with which new ‚bottles' could be filled with old ‚wine' by borrowing from the different existing politico-legal repertoires and by articulating the different elements taken from these repertoires, legal agents followed the same path taken by their ancestors: they produced ‚some State'"* (2007).

Der Fokus des wissenschaftlichen Interesses ist, wie Vauchez herausstellt, hier also ein anderer als in der rationalistischen Forschung. Es geht nicht um die Auseinandersetzung mit der Erklärungskraft von Integrationstheorien, sondern darum, die Genese von Konzepten und „Meta-Narrativen" (etwa die in neofunktionalistischer Linie stehende „europeanisation through case-law") nachzuzeichnen und dabei etwa die Entstehung der Dominanz der theoretischen Muster zurückzuverfolgen, die sich im Laufe der Zeit auch in Hinblick auf den EuGH durchgesetzt haben (vgl. Vauchez 2010b; auch ders. 2008a, b; ferner Madsen u. Vauchez 2004).

Schepel hat bereits sehr früh in der Debatte darauf hingewiesen, dass eine Verengung des Blicks auf den Europäischen Gerichtshof ohne eine sorgfältige Beschäftigung mit dem Umfeld seines Handelns unvollständig bleiben muss oder sogar „irrelevant" ist (2000: 468) und hat deshalb unlängst ein rechtssoziologisches Forschungsprogramm in Angriff genommen.[109] Besonders interessant ist jedoch die Tatsache, dass Schepel hierbei auch die professionelle Trennung von Recht und Politik und auch den berufsjuristischen Einfluss auf die Konstruktion des Gemeinschaftsrechts hingewiesen hat (2007), dabei aber weitgehend auf poststrukturalistische/-modernistische „Methodik" verzichtet. Wichtig ist diese Forschung auch deshalb, weil dadurch einer Überhöhung des Europäischen Gerichtshofs als Akteur der Integration faktisch entgegengewirkt und der Entstehungskontext von Integration im Recht miteinbezogen wird (vgl. auch Jettinghoff u. Schepel 2004, Schepel u. Wesseling 1997).

Auch wenn dieser Überblick sicherlich nicht abschließend und angesichts der Fülle an Literatur keinesfalls vollständig ist, so kann man doch zunächst einmal eine starke Akteursfokussierung feststellen. Vor allem der Europäische Gerichtshof stand und steht dabei im Mittelpunkt. Darüber hinaus lassen sich das Fortbestehen und auch die Dominanz von Erklärungsmustern erkennen, die sich dem „Kontext" Recht von außen nähern und diesen als politische Arena begreifen. Die Verwendung der klassischen integrationstheoretischen Annahmen hat hier ganz offensichtlich zu einer Pfadabhängigkeit einer Vielzahl von Studien geführt, die von vornherein Interessen, politische Beweggründe, politische Strategien oder ganz generell EU-Aktivismus als Leitmotive des Handelns im europäischen Recht annehmen.

Was hier jedoch geschieht, ist im Grunde genommen nichts anderes als die ständige Selbstvergewisserung der eigenen, theorieimmanenten Annahmen. Recht und EuGH werden im Lichte des a priori eines interessengetriebenen Integrationsprozesses gespiegelt. Die Möglichkeit, dass dies jedoch nicht der tatsächlichen europäischen Rechtspraxis entsprechen könnte,[110] ist hingegen unbeachtet geblieben. In dem festen Glauben, die Auslegung und gerichtliche Fortbildung des europäischen Rechts sei durch eine vergleichbare Rationalität wie die der europäischen Politik geprägt, sind rechtsimmanente Erklärungen als intervenierende Variable einfach ausgespart worden. So ist die Rede von einem juristischen Aktivismus oder einer durch den Gerichtshof vollzogenen Integrationspolitik letztenendes nichts anderes als ein aus Theorieannahmen geborener Mythos. Beweisen

---

109 Für eine rechtssoziologische Perspektive auf das Entstehen einer europäischen Gesellschaft durch europäisches Recht vgl. Münch 2008; generell in Hinblick auf die Einbeziehung soziologischer Forschung Zimmermann u. Favell 2011, Favell u. Guiraudon 2009.

110 Die Beteuerungen der Vertreter des EuGH legen diese Vermutung jedenfalls nahe (vgl. z. B. von Danwitz 2008, Rosas 2007, Schiemann 2005, Skouris 2005, Everling 2000, 1996, 1984, Lenaerts 1992, Maduro 1998).

ließe dieser sich freilich dennoch. Allerdings nur im Rahmen einer eingehenden Auseinandersetzung mit dem Recht. Dies zu leisten ist die Integrationstheorie aber bislang schuldig geblieben.

3 Von Rationalismus und Poststrukturalismus zu einer wesentlichen Theorie der Integration durch Recht

Das europäische Recht, als genuines Institut der europäischen Einigung, befindet sich in einer seltsamen Situation: Auf der einen Seite erfährt es in immer weiteren Bereichen Geltung und wird durch legislative Akte und die Arbeit der europäischen Gerichte stetig weiterentwickelt, ausgestaltet und den sich verändernden Umständen angepasst. Auf der anderen Seite wird es bisher in Wissenschaft und Politik kaum als ein bedeutsamer und zugleich eigenständiger Bereich der Integration wahrgenommen oder aber als Symbol für eine Erosionstendenz staatlich-demokratischer Ordnung aufgefasst. Der vehement erhobene Einspruch des ehemaligen Präsidenten des Bundesverfassungsgerichts und deutschen Bundespräsidenten a. D., Roman Herzog, gegen den wachsenden Einfluss Europas auf die staatlichen Rechtsordnungen bringt dies auf den Punkt. Herzog verweist auf eine Erhebung des Bundesjustizministeriums für die Jahre 1998 bis 2004, der zufolge bereits 84 Prozent der in diesem Zeitraum verabschiedeten Rechtsakte ihren Ursprung in Brüssel hatten und warnt davor, dass Europa die demokratisch gewählten Vertreter entmachtet (Herzog u. Gerken 2007). Zugleich betont er auch die zu einflussreiche Rolle der europäischen Judikative und fordert, mit dem Ziel eine weitere Erosion nationaler Rechtsordnungen zu verhindern: „Stoppt den Europäischen Gerichtshof" (2008).[111]

Was hier wie auch in den wissenschaftlichen Auseinandersetzungen deutlich wird, ist die große Ambivalenz in der bislang vorherrschenden Wahrnehmung des europäischen Rechts. Zwar besteht wachsendes Interesse am Recht und an der Arbeit des EuGH, gleichwohl herrscht aber auch eine wachsende Skepsis gegenüber einer immer tieferen Einbindung in eine europäische Rechtsordnung und die aus Luxemburg stammenden Urteile. Das originär europäische Recht, wie auch die

---

111 Vgl. hierzu auch Marcus Höreth, *Frankfurter Allgemeine Zeitung*, vom 15. 09. 2008, Warum sich der EuGH nicht einfach stoppen lässt (S. 16).

damit verbundene richterliche Tätigkeit, wird offenbar als prinzipiell weniger legitim, weniger rechtens oder als unvollkommener aufgefasst als das im nationalstaatlichen Raum geschaffene. Wie kommt es zu diesen schwerwiegenden Vorbehalten gegenüber dem europäischen Recht und letztlich auch gegenüber der europäischen Gemeinschaft insgesamt (Letztere muss schließlich immer auch eine Gemeinschaft des Rechts sein)[112]?

Die verbreitete Ansicht eines kaum legitimen juristischen Aktivismus und das damit verbundene Unbehagen gegenüber einer Europarechtsexpansion scheinen zu einem wesentlichen Teil aus dem Mangel an Verständnis für das europäische Recht als solches hervorzugehen. Wie gezeigt wurde, ist die Politikwissenschaft an dieser Situation nicht ganz unschuldig. Schließlich porträtiert sie das europäische Recht in einer Weise, die den begründeten Erwartungen an eine gelungene und legitime Ordnung nicht genügt. Im Bereich der Rechtstheorie dominieren heute in erster Linie rationalistische Erklärungsmuster, wie sie etwa von Garrett, Alter, Slaughter u. Mattli, Moravcsik oder auch Stone Sweet in die Debatte eingeführt wurden und nunmehr ständig reproduziert werden. Sie haben in zahlreichen neueren Studien Eingang gefunden und die Rezeption des Europarechts nachhaltig geprägt.[113] Allerdings wird Integration durch Recht kaum als ein bewusster oder wenigstens gewollter Prozess, sondern vielmehr als ein auf dem „Marktplatz der Interessen" erzeugtes Beiprodukt der politischen und ökonomischen Integration wahrgenommen. In der Perspektive der vorherrschenden Integrationstheorie wird nicht eigentlich das Recht gewollt, sondern lediglich die von einzelnen Akteuren in das europäische Recht projizierten Ziele.

Diese Wahrnehmung als „Interessenrecht" scheint auch der Grund für die ablehnende Haltung zu sein, die Roman Herzog mit seiner Intervention so treffend (und stellvertretend für viele andere öffentliche Kritiker) formuliert. Denn die Auffassung einer im Spannungsfeld wechselnder Interessen verorteten Rechtsschöpfung kann nun kaum zu dem Schluss führen, es handele sich beim Recht der Europäischen Union um eine den staatlichen Rechtsbeständen vergleichbare Ordnung. Anders gesagt: Das Produkt der insbesondere durch den EuGH beförderten europäischen Rechtsschöpfung wird in der allgemeinen Auffassung, aber auch in der wissenschaftlich begründeten Integrationstheorie, bisher nicht als das wahrgenommen, was es ist und sein sollte: *gemeinsames* europäisches Recht. Stattdessen wird es, in der einen oder anderen Form, in einer kaum gerechtfertigten Abhängigkeit gesehen, die es als nicht oder weniger legitim (im Vergleich zu den

---

112 Denn eine europäische Gemeinschaft ohne gemeinsames Recht würde kaum bestehen können.
113 Ausführlich hierzu Kap. 2.5.

etablierten nationalen Rechtsordnungen) erscheinen lässt. Der EuGH steht hierbei wiederholt im Verdacht seine eigenen Ziele zu verfolgen oder ohnehin auf einen europäischen Nationalstaat hinzuarbeiten. Da beides nicht aus einer juristischen Notwendigkeit und Gebotenheit resultiert und mithin dem Ideal eines „gerechten Rechts", wie es in den demokratischen Staaten Europas gilt, widerspricht, sieht sich der EuGH – und mit ihm die europäische Rechtsgemeinschaft als Ganze – immer schärferer Kritik ausgesetzt.

Die in poststrukturalistischer Tradition stehenden Arbeiten – auch wenn sich diese in der aktuellen Diskussion kaum durchsetzen konnten – sehen ebenfalls eine Unterordnung des europäischen Rechts, die dieses als nicht autonom und wenig legitim erscheinen lassen. Recht ist auch hier, wie bereits im trivialen Rationalismus, lediglich abhängige Variable, d.h. es ist durch rechtsexterne Faktoren bestimmt. Es wird ausschließlich in seiner historischen und sozialen Konstruiertheit betrachtet, um sodann, wie in den Arbeiten von Derrida und Diez, die Notwendigkeit und Berechtigung abzuleiten, Recht anders zu denken bzw. „anderes Recht zu denken". Vor allem die Konstruktion des Rechts unter der Maßgabe nationalstaatlicher Prämissen wird in diesem Zusammenhang als kritikwürdig erachtet.

In beiden Fällen – in der rationalistischen, wie auch in der poststrukturalistischen Variante – wird das Recht auf europäischer Ebene nicht als eigenständige Institution aufgefasst. Und in beiden Fällen bleibt das Recht also, wie in den vorhergehenden Kapiteln eingehend dargelegt, an rechtsexterne Faktoren, Konstanten, Strukturen oder Ideen gebunden, die nur wenig Vertrauen in dessen Geltung zulassen. Das Recht ist dann *entweder* beherrscht (im Falle des rationalistischen Verständnisses) *oder* ist beherrschend[114] (im Falle des poststrukturalistischen Verständnisses). Es wird *entweder* von Interessen/Präferenzen bestimmt *oder* ist Ausdruck einer ohnehin dominanten historisch-diskursiven Bedingtheit. Gerade dieses Entweder-Oder scheint Grund für die großen Missverständnisse in Bezug auf das europäische Recht zu sein und je nach Perspektive zur Ablehnung der *Integration durch Recht* zu führen.

Sowohl Rationalismus als auch Poststrukturalismus weisen jedoch folgenreiche Mängel und Probleme auf, die diese unzureichend für die Untersuchung von Rechtsintegration erscheinen lassen. Dies hat die vorstehende Auseinandersetzung mit verschiedenen Erklärungsmodellen gezeigt. Doch was bleibt übrig, sucht man beide Wege und ihre Unzulänglichkeiten zu vermeiden – den Ratio-

---

114 Allerdings ist es hier nicht das *europäische* Recht, das aus sich heraus gilt, sondern es sind national-staatliche Vorstellungen, die *durch* das Recht auf europäischer Ebene herrschen.

nalismus, auf der einen Seite, der weiterhin den unkritischen Glauben an die Ent-
deckbarkeit einer allgemeinen und allumfassenden Rationalitätsformel bewahrt
und das postmodernistische Wissenschaftsverständnis, auf der anderen Seite, das
die Rationalität auf einer Woge des kategorischen und fast schon pessimistischen
Zweifels hinweggespült hat?

Hier soll eine andere Möglichkeit, Recht in Europa zu begreifen und zu untersuchen, gezeigt werden; eine Möglichkeit, die versucht, dem Recht „wie es ist"
und auch den tatsächlich geltenden juristischen Verfahren Rechnung zu tragen,
ohne dabei auf den analytischen Wert des Rationalitätsbegriffs verzichten zu müssen. So wird explizit kein Rekurs auf objektivierte Gründe, auf höhere diskursive
Ebenen oder Ähnliches nötig sein. Es soll viel eher eine Möglichkeit der Analyse
entfaltet werden, die das Recht nicht nur von außen beobachtet, sondern es von
innen heraus zu verstehen und in seiner integrativen Kraft zu beleuchten sucht.
Das (europäische) Recht wird hier als eigenständiger, autonomer (nicht autar-
ker!) Kontext des Denkens, Argumentierens und Handelns begriffen werden. Wie
Matthias Jestaedt in Anlehnung an Kelsens „Reine Rechtslehre" richtig bemerkt:

> *„Rechtswissenschaft [und Gleiches gilt für die am Recht interessierte Politikwissenschaft;
> AG] hat sich bewusst zu sein und bewusst zu machen, dass das Recht eigenen, eben recht-
> lichen Gesetzen folgt. Recht entsteht und vergeht nur nach Maßgabe von Recht. Recht
> ist also selbstbezüglich oder auch autoreferenziell. Es steuert sich selbst"* (Jestaedt 2008:
> XXV).

Um *Integration durch Recht* zu verstehen, nützt es wenig, so die These, das Recht
als eine Art Objekt zu begutachten und zu erklären. Auch ist es wenig hilfreich,
eine Theorie der Rationalität zu entwerfen, die dem Recht gänzlich fremd ist, d. h.
es nur von außen und nach Maßgabe anderer Methoden und Begrifflichkeiten betrachtet (vgl. auch Ernst 2007: 26 ff.). Auch ist es kaum produktiv, Recht als Zufall
bzw. Beiprodukt der Geschichte oder Fortführung nationalstaatlicher Erzählungen zu konzipieren und daraufhin zu kritisieren. Aufgabe muss es viel eher sein,
das Recht in seiner Ganzheit und seinem Wesen als Recht zu betrachten. Die Institution Recht sollte als ein bestimmter sprachpraktischer Kontext begriffen werden, der sich durch eine näher zu untersuchende Form juristischer Rationalität,
einer Eigengesetzlichkeit des Rechts, wenn man denn so will, auszeichnet.

Die Rationalität eines europäischen Rechts und ebenso der europäischen
Rechtsschöpfung kann also nicht in einer allgemeingültigen Gesetzmäßigkeit des
Handelns gesucht werden, sondern muss aus einem bestimmten sozialen Zusam-
menhang, aus dem *Kontext* heraus *verstanden* und *beschrieben* werden. Dieses

Verstehen und Beschreiben beinhaltet immer eine allgemeine und eine spezielle Komponente: Einerseits muss ein sozialer Kontext an sich, in seiner funktionalen Ausdifferenzierung zu anderen Kontexten untersucht und erfasst werden, andererseits muss aber auch der spezifisch-lokalen und historisch-temporalen Gestalt eines solchen Kontextes Rechnung getragen werden. In Hinblick auf die Erforschung der Rolle des Rechts als ein eigenständiger und selbsttragender Kontext der Integration in Europa, bedeutet dies, dass sowohl die Institution „Recht" in ihren Grundzügen (, die sie von der Politik abgrenzen), als auch die besondere Ausgestaltung des *europäischen* Rechts in ihrer jeweils zeitlich-aktuellen Konstitution zu erfassen ist. Kurz: Bei der Beschäftigung mit der *Integration durch Recht* führt letztlich kein Weg an der Beschäftigung mit dem Recht selbst und der ihm immanenten Rationalität vorbei.

Im Folgenden wird daher zunächst auf die Suche nach einem Begriff und Konzept der Rationalität gegangen, das in der Lage ist, den funktionalen, temporalen und lokalen Eigenheiten des sie umgebenden und konstituierenden Kontextes Rechnung zu tragen (zweiter Teil), um davon ausgehend die Rationalität und die Möglichkeiten der Integration im Kontext des europäischen Rechts näher untersuchen zu können (dritter Teil).

Zweiter Teil

**Überlegungen zu einem Konzept
der kontextuellen Rationalität**

4 Auf der Suche nach einer Rationalität des Rechts[115]

„Erkennen heißt nicht zerlegen, auch nicht erklären.
Es heißt, Zugang zur Schau finden.
Aber um zu schauen, muss man erst teilnehmen"
(Antoine de Saint-Exupéry)

In der Auseinandersetzung mit den Arbeiten Max Webers zur verstehenden Soziologie und der Sprachphilosophie Ludwig Wittgensteins soll im Folgenden auf die Suche nach einem neuen und rechtsspezifischen Verständnis von Rationalität gegangen werden. Doch warum gerade Weber und Wittgenstein? – haben ihre Arbeiten doch auf den ersten Blick nur wenige Bezugspunkte zueinander. Weber ist vor allem für seine Ausführungen zur Handlungstheorie und Rationalität bekannt, während Wittgenstein mit Begriffen wie Regeln, Sprachspiele, Familienähnlichkeiten oder Privatsprache in Verbindung gebracht wird. Ein Vergleich oder sogar eine Verbindung der beiden Ansätze miteinander erscheint zunächst einmal, mangels Verbundenheiten oder Anknüpfungspunkten, wenig sinnvoll.[116] Bei näherer Betrachtung fällt jedoch ein zentraler Konvergenzpunkt auf, in dem sich die beiden Theoretiker treffen: ihr historisch und sozial begründeter Kontextualismus.[117] Und gerade in diesem Punkt ist eine vergleichende Untersuchung von großem Wert für das Verständnis der in Europa stattfindenden Integrationsprozesse und ihrer Ursachen.

Um das Bild, welches Europa heute vermittelt und um das Phänomen „europäische Integration" begreifen zu können, so die These, bedarf es einer Rationalitäts- und Handlungstheorie, welche die historischen und sozialen Ursachen der Einigung beleuchten kann und Präferenzen, Interessen und rationales Handeln als Resultate eines Lebens in Gemeinschaft begreift und diesen nicht vorausgeht.

---

115 Dieses Kapitel und die folgenden Unterkapitel basieren aktualisiert und z. T. erweitert auf Grimmel 2007, Kap. 1., 1.1–1.4, 2., 2.1–2.3, 3. u. 4.2 sowie ders. 2011a.

116 Instruktive Gegenbeispiele bilden hier ohne Zweifel die grundlegenden Arbeiten von Martin Hollis (1977, 1991, 1995, 1996) und Peter Winch (1974).

117 Zum Kontextprinzip bzw. Kontextualismus bei Wittgenstein vgl. Garver 1995 und Glock 2000.

Dass es hierbei immer und zu einem bedeutenden Teil auch um Sprache gehen muss, bringt bereits Albert Einstein auf den Punkt, wenn er sagt:

> *„Das Meiste, was wir wissen und glauben, haben uns andere Menschen mitgeteilt mittels einer Sprache, die andere geschaffen haben. Unser Denkvermögen wäre ohne Sprache gar ärmlich, dem der höheren Tiere vergleichbar, so daß wir wohl gestehen müssen, daß wir dasjenige, was wir vor den Tieren in erster Linie voraushaben, unserem Leben in menschlicher Gemeinschaft zu verdanken haben"* ([1921] 1998: 13 f.).

Ausgehend von dieser Prämisse, wird in der Auseinandersetzung mit Weber und Wittgenstein die Idee der *Kontextrationalität* entwickelt, welche die sprachpraktischen Gegebenheiten der Gemeinschaft des europäischen Rechts zur Grundlage nimmt. Die Idee der Kontextrationalität verweist damit gerade nicht auf eine natürliche, objektive und zu entdeckende Konstante des menschlichen Denkens und Handelns. Sie muss aber zugleich auch nicht auf die Möglichkeit verzichten, Rechtsintegration als einen rational begründeten Prozess aufzufassen und insofern nachvollziehen und sogar erklären zu können. Die Grundannahme ist, dass allgemeine Verbindlichkeit oder überhaupt Verstehbarkeit nur durch eine sprachlich strukturierte Praxis entstehen kann, die notwendigerweise an einen sozialen Kontext gekoppelt ist. Der Kontext ist also Bezugspunkt des Denkens, Sprechens (auch Argumentierens) und Handelns, in dessen Grenzen man überhaupt nur sinnvoll von so etwas wie Rationalität reden kann. Man könnte auch sagen, der Kontext müsse die Möglichkeit eines gleichen Verständnisses von Tatsachen, Dingen und auch Handlungen ermöglichen und insofern schon Ausdruck von Gemeinschaft (in dem oben beschriebenen sprachpraktischen Sinn) sein. Hier entsteht aber sogleich eine erste Schwierigkeit, die Wittgenstein bereits in seinen „Philosophischen Untersuchungen" beschrieben hat:

> *„Für die Gleichheit scheinen wir ein unfehlbares Paradigma zu haben in der Gleichheit eines mit sich selbst. Ich will sagen: ‚Hier kann es doch nicht verschiedene Deutungen geben. Wenn er ein Ding vor sich sieht, so sieht er auch Gleichheit.' Also sind zwei Dinge gleich, wenn sie so sind, wie ein Ding? Und wie soll ich nun das, was mir das eine Ding zeigt, auf den Fall der zwei anwenden?"* (PU: § 215).

Das hier aufgeworfene Problem ist zentral für den Begriff der Rationalität. Denn wie kann man überhaupt zu einem allgemeinen Kriterium der Rationalität finden, wenn man von einer kognitiv-individualistischen und z. T. sogar solipsistischen Grundlage ausgeht? Wie kann man sicher sein, man handele rational, wenn es kein Kriterium der Gleichheit, d. i. der Übereinstimmung von Rationalität bzw. Kriterien der Rationalität, gibt? Und wie kann man Rationalität erkennen? Worin unterscheidet sich das rationale Handeln vom irrationalen Handeln oder vom bloßen Tun?

Die Lösung liegt, wie zu zeigen sein wird, in der Sprache selbst und betrifft unmittelbar auch das Recht. Denn, wie Berger u. Luckmann sagen, *„Sprache vergegenständlicht gemeinsame Erfahrung und macht sie allen zugänglich, die einer Sprachgemeinschaft angehören. Sie wird so zugleich zum Fundament und Instrument eines kollektiven Wissensbestandes"* ([1969] 2004: 72). Dass es sich nun beim Recht und bei jeder richterlichen Tätigkeit um eine durch und durch sprachliche Praxis handelt und dass es bereits aus diesem Grunde nahe liegen muss, die Sprache ins Zentrum zu rücken, verrät bereits ein Blick auf die dort übliche Terminologie – die tatsächliche Sprache des Rechts, wenn man so will: Gerichtliche Verfahren beginnen üblicherweise mit einer *Klage*, die durch die Recht*sprechung* mit einem Urteils*spruch* beschieden wird. Vor Gericht können An*sprüche* geltend gemacht werden, es gibt die Möglichkeit des Ein*spruchs*, des Wider*spruchs*, es gibt *Erklärungen* und *Einreden*. Eine wesentliche Tätigkeit besteht zudem in der Auswertung von Gesetzeskommentaren, die nichts anderes sind als Gesetzeser*läuterungen*. Am Ende des Verfahrens steht der Frei*spruch* oder es wird eine Strafe aus*gesprochen*. Rechtspraxis ist allem voran Sprachpraxis. Eine Auseinandersetzung mit der Rationalität des europäischen Rechts sollte genau hier ansetzen. Eine sprachblinde Beschäftigung mit Rationalität und Recht scheint jedenfalls bereits auf den ersten Blick unpassend.

Dem kontextuellen Ansatz, der hier vertreten wird, geht es ausdrücklich nicht um die Suche nach Bedingungen der Wahrheit, sondern um das Auffinden von Bedingungen der sozialen Behauptbarkeit oder Rechtfertigbarkeit (Kripke [1987] 2006: 95 ff., 113 f., 138 ff.). Die Bedingungen der sozialen Behauptbarkeit oder Rechtfertigbarkeit sind nun, genauer gesagt, immer an einen bestimmten und bestimmbaren sozialen, sprachlichen Kontext gebunden. Ein solcher Kontext wird jedoch nicht durch universalistische und überkontextuelle Prinzipien der Rationalität und des Handelns bestimmt. Ein sprachlicher Kontext ist vielmehr durch eine Vielzahl von Regeln konstituiert, die sich aus einer praktischen Übereinstimmung innerhalb einer Gemeinschaft ergeben und die das Handeln in diesem sozialen Kontext strukturieren, verständlich machen und zugleich von anderen Lebensbereichen abgrenzen bzw. abgrenzbar machen. Man könnte auch sagen: Rationales Handeln ist regelgeleitetes Handeln nach den Maßstäben eines bestimmten und bestimmbaren sozialen und sprachpraktischen Kontextes. Rationalität sollte insofern als zeitlich, räumlich und funktional determiniert aufgefasst werden, wobei die Kriterien der Rationalität selbst einer geteilten Praxis entspringen und demnach nur über diese erfahrbar, nicht jedoch hintergehbar oder transzendierbar sind.

4.1 Das Kontextprinzip der Rationalität –
Max Weber und die verstehende Soziologie

Max Weber hatte die Probleme bereits erkannt, die sich aus einer Verengung des Rationalitätsbegriffs ergeben, und dem trivialen Rationalismus sein Konzept der Wert- bzw. Lebenssphären entgegengestellt. Deutet man das Recht dementsprechend als eine Wert- bzw. Lebenssphäre im Sinne Webers, so ergibt sich eine Autonomie gegenüber anderen Bereichen des Handelns, wie etwa Politik und Ökonomie. Dass eine solche Unabhängigkeit überhaupt erst möglich wird, ist bei Weber dem Wirken der „materialen Rationalität" zuzurechnen, die quasi als schöpferischer Geist in der Lage ist, oberste Maximen des Handelns zu bestimmen und somit Autonomie einzelner Lebensbereiche herzustellen. Die Umsetzung dieser Wertmaßstäbe erfolgt dann, in einem zweiten Schritt, durch die „praktische Rationalität", die ohne die Vorgaben der materialen Rationalität (mangels Handlungsgrund) nicht tätig werden könnte.

Doch auch eine Analyse der Rechtsrationalität im Sinne Webers muss unbefriedigend bleiben. Denn einerseits vermag sie nicht zu klären, auf welche Art und Weise sich der wertsphäreninterne Rationalitätspluralismus zusammenfügt, ohne dabei bereits eine Regelmäßigkeit in Handlungen vorauszusetzen, die, nach Weber, erst durch die Rationalität hergestellt werden muss. Andererseits geht auch Weber von der ontologischen Vorbestimmtheit der einzelnen Rationalitätstypen aus, deren allgemeine Geltung aus sprachphilosophischer Sicht alles andere als eindeutig erscheint. Letzten Endes muss daher das Recht bei Weber ebenfalls der Abhängigkeit eines dispositional-kognitivistischen Rationalitätsverständnisses verhaftet bleiben. Und dennoch sind Webers Arbeiten ein ausgezeichneter Ausgangspunkt für die Suche nach einer *Rationalität des Rechts.*

In diesem Kapitel sollen daher wichtige Grundannahmen der verstehenden Soziologie Max Webers nachgezeichnet werden. Der Ausgangspunkt wird die Unterscheidung von „Erklären" und „Verstehen" als sozialwissenschaftliche Methoden sein, die einen wertvollen Einstieg in die Frage nach den Grundlagen rationalen Handelns liefert. Hierzu wird zunächst der Begriff des sozialen Handelns näher bestimmt und anhand von Webers Typologie der Rationalität dargestellt. Daran anschließend wird das Weber'sche Konzept der „Lebenssphären" aufgegriffen und die ihm zugrunde liegenden Rationalisierungsprozesse beschrieben. Abschließend wird gezeigt, dass sich das Recht als eben solch eine „Sphäre" mit einer spezifischen Eigengesetzlichkeit begreifen lässt.

4.1.1 Erklären und Verstehen als Methode

Die Sozialwissenschaft ist für Weber *„eine Wissenschaft, welche soziales Handeln deutend verstehen und dadurch in seinem Ablauf und seinen Wirkungen ursächlich erklären will"* (WuG: 3). Um diese programmatische Aussage richtig erfassen zu können, ist es zunächst wichtig, Webers Begriff des *Handelns* zu verstehen, den er gleich zu Beginn seines Werkes *Wirtschaft und Gesellschaft* ([1922] 2005) als *„… ein menschliches Verhalten …, wenn und insofern als der oder die Handelnden mit ihm einen subjektiven Sinn verbinden"* (a. a. O.: 3) definiert. Das Handeln ist hier insbesondere von dem bloßen *Sichverhalten* durch das Bewusstsein für den Sinn der Handlung unterschieden. Bei einem Menschen, der sich nur verhält (sei es die reflexartige Reaktion auf einen äußeren Reiz oder das intuitive Tun aus einem natürlich-ursprünglichen Bedürfnis heraus), wird man kaum von einem Handeln sprechen können. Handeln setzt immer die Reflektierbarkeit des vollzogenen oder zu vollziehenden Wirkens voraus und ist insofern eine exklusiv menschliche Tätigkeit.[118]

Lebt man in Gesellschaft, so wird sich Handeln allerdings in den meisten Fällen nicht auf eine subjektive Zuschreibung von Sinn reduzieren lassen, sondern erhält erst durch die Interaktion mit Anderen ihre Bedeutung. Weber definiert daher das „soziale Handeln" als einen zweiten, intersubjektiven Handlungstypus. Zur Erinnerung: Dieses *„… soll ein solches Handeln heißen, welches seinem von dem oder den Handelnden gemeinten Sinn nach auf das Verhalten anderer bezogen wird und daran in seinem Ablauf orientiert ist"* (WuG: 3). So wird ein z. B. Fußballspiel erst durch die Präsenz des Gegners möglich oder eine geschäftliche Verhandlung erst durch den Verhandlungspartner denkbar.

Doch was bedeutet es nun genau, dass eine Handlung einen Sinn erhält? Weber schreibt hierzu:

> *„Sinn' ist … entweder a) der tatsächliche α. in einem historisch gegebenen Fall von einem Handelnden oder β. durchschnittlich und annähernd in einer gegebenen Masse von Fäl-*

---

118 Die Suche eines Tieres nach Nahrung, beispielsweise, wird man – ganz im Gegensatz zu der Arbeit eines Landwirtes – wohl kaum als Handlung klassifizieren können.

len von den Handelnden oder b) in einem begrifflich konstruierten reinen Typus von dem oder den als Typus gedachten Handelnden subjektiv gemeinte Sinn. Nicht etwa irgendein objektiv ‚richtiger' oder ein metaphysisch ergründeter ‚wahrer' Sinn" (WuG: 4).

Auf die von Weber verwendete Typologie des Handelns soll an späterer Stelle genauer eingegangen werden. Hier steht zunächst einmal die Verstehbarkeit des Handelns im Mittelpunkt. Denn der subjektive Sinn einer Handlung ist gerade insofern von Interesse, als dieser eine Handlung verstehbar, d. h. rational nachvollziehbar macht.

Weber unterscheidet zwischen zwei Arten des Verstehens: aktuelles und erklärendes Verstehen. *Aktuelles Verstehen* ist für ihn der Akt der Wahrnehmung einer Handlung als solche und deren Zuordnung zu einem bekannten Verhaltensmuster. So erkennt man beispielsweise die Tätigkeit des Fahrradfahrens, wenn man sie sieht. Man weiß, was es heißt, sich mittels Fahrrad fortzubewegen und kann sagen, dass es sich bei der beobachteten Aktivität eindeutig um „Fahrradfahren" handelt. Zu Recht weisen Hollis und Andere in diesem Zusammenhang auf das individualistische Vorgehen Webers hin (siehe etwa Hollis 1995: 197; auch Kalberg 1981: 35, Pfetsch 2003: 559). Denn das aktuelle Verstehen richtet sich auf den vom Individuum *„gemeinten Sinn einer Handlung"* (WuG: 6). Es ist also nicht etwa der Betrachter oder ein übergeordneter Rahmen, der einer Handlung Sinn gibt, sondern der Handelnde selbst, der diesen festlegt. Der Sinn einer Handlung wird bei Weber also nicht heteronom vorgegeben, sondern erhält durch den oder die Handelnden selbst seine inhaltliche Bestimmung. Dies gilt für das einfache genauso wie für das soziale Handeln. Und *„[a]uch Kollektive sind nach Weber nur zu verstehen als bestimmte gemeinsame Handlungsorientierungen von Individuen in Gruppen. [...] Eine Hauptaufgabe der verstehenden Soziologie besteht [aus diesem Grund] darin Kollektive als ‚verstehbare' Handlungsorientierungen von Individuen aufzufassen"* (Kalberg 1981: 35). Was eine Handlung bestimmt ist der *subjektive* Sinn, der vom Individuum mit ihr verbunden wird.

Erklärendes Verstehen versucht nun genau diesen subjektiv gesetzten Sinn aufzudecken, indem er nach der Motivation des Handelnden fragt. Zu diesem Zweck muss zu allererst der Sinnzusammenhang aufgefunden werden, in dem sich die aktuelle Handlung bewegt. Hat man diesen richtig verstanden, so kann davon ausgehend eine Erklärung für die Handlung abgeleitet werden. *Erklären,* so fasst Weber zusammen, heißt *„Erfassung des Sinnzusammenhanges, in den, seinem subjektiv gemeinten Sinn nach, ein aktuell verständliches Handeln hineingehört"* (WuG: 7). So wird der Betrachter verstehen, dass der Radfahrer, der zusammen mit anderen auf einer bestimmten Strecke zu einem bestimmten Zeitpunkt

Abbildung 5   „Erklären" und „Verstehen" bei Max Weber

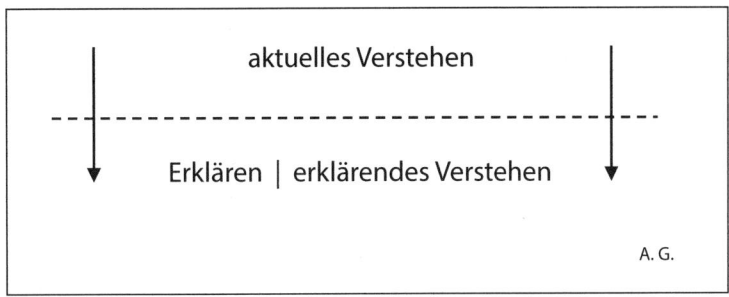

mit hoher Geschwindigkeit usw. fährt, an einem Rennen teilnimmt. Die Umstände verraten dem Beobachter den (gemeinten) Sinn des Fahrradfahrens und lassen ihn diesen erklären.

Erklären und Verstehen[119] scheinen, nach Webers Auffassung, weder einen Gegensatz zueinander zu bilden, noch ist, wie Pfetsch meint, *„das Verstehen [bloß] ein Aspekt des Erklärens"* (2003: 559). Vielmehr nimmt Erklären eine Doppelfunktion in Hinblick auf das Verstehen ein: Einerseits folgt das Erklären logisch und zeitlich auf das aktuelle Verstehen einer Handlung. Andererseits ist mit Erklären im Falle des erklärenden Verstehens das Auffinden eines bekannten Sinnzusammenhanges bezeichnet. Erklären ist insofern ein bestimmter Bestandteil des Weber'schen Verstehenskonzeptes. Das (richtige) Verstehen eines Sinnzusammenhanges wird dabei mit dem *„Erklären des tatsächlichen Ablaufs des Handelns"* (WuG: 7) gleichgesetzt (siehe Abb. 5). So wird der Verstehende zunächst einmal den Vorgang des Radfahrens „aktuell" erfassen müssen, um daraufhin einen erklärenden Sinnzusammenhang (z. B. Freizeitbeschäftigung oder Berufssport) auffinden zu können, in den die Handlung einzuordnen ist. Das erklärende Verstehen offenbart auf diesem Wege die Motivation des Radfahrers und gibt über die Hintergründe seiner Tätigkeit Aufschluss.

Wichtig ist, dass Weber in seiner Soziologie die Möglichkeit des Erklärens von menschlichem Handeln in sein Konzept des Verstehens einbettet. Er entwirft damit eine Methode der Sozialwissenschaften, die sich deutlich von dem Ideal der Naturwissenschaften unterscheidet, zumal Letztere Erklärungen in allgemeingültigen Gesetzmäßigkeiten suchen. Auch unterscheidet sich Webers Vorgehen, trotz

---

119 Zu der Erklären-Verstehen-Debatte der 1970er Jahre siehe auch Wright 1974.

seines „*Monologismus des handelnden Subjekts*" (Pfetsch 2003: 559), grundlegend
von dem methodologischen Individualismus, wie etwa John Stuart Mill ihn formuliert hat und der auch Ausgangspunkt des trivialen Rationalismus ist. Denn
obwohl der subjektive Sinn einer Handlung durch die Motivation des Einzelnen
determiniert wird, ist diese wiederum durch einen spezifischen Sinnzusammenhang bestimmt und *nur* aus diesem heraus versteh- und somit auch erklärbar.
Handeln folgt bei Weber keinen von „außen" vorgegebenen Gesetzmäßigkeiten,
sondern ist immer sinnhaftes und *kontext*gebundenes Handeln. Dies wird besonders in Webers Bemerkungen zum „Naturmenschen" – ein Begriff, den Weber an-
scheinend von Rousseaus „homme naturel"[120] entlehnt – und zu der Verstehbarkeit von Tierverhalten deutlich: „*An sich ist das Maß unsrer Einfühlbarkeit bei dem
Verhalten von ,Naturmenschen' nicht wesentlich größer [als bei dem von Tieren]*".
Und die Erforschung von Tierverhalten „*... auf der Basis sinnhaften ,Verstehens'
erscheint selbst als ideales Ziel wohl nur in engen Grenzen erreichbar*" (WuG: 11).
Lässt ein Verhalten keine oder kaum eine sinnhafte Deutung zu, wie im Falle des
Tieres oder des „Naturmenschen", so ist sie nicht verstehbar.

Dennoch muss Sinn nicht immer bewusst gemeint werden. „*Das reale Handeln verläuft in der großen Masse seiner Fälle in dumpfer Halbbewußtheit oder Un-
bewußtheit seines ,gemeinten Sinns'. [...] ... [V]oll bewußt und klar, sinnhaftes Handeln ist in der Realität stets nur ein Grenzfall*" (WuG: 15). Weber schlägt daher eine
Rekonstruktion mittels Idealtypen vor. „*Idealtypen sind ... die Begriffe, durch die
der Kulturwissenschaftler das Individuelle, das nicht durch Subsumtion unter All-
gemeineres zu Erklärende verstehen oder deuten soll*" (Steinvorth 1982: 52). Sie sind
in Bezug auf das soziale Handeln deshalb ein gutes Analysewerkzeug, weil sie angeben, wie sich ein Mensch verhalten würde, wenn er weder von Affekten noch
von irgendwelchen anderen „Störfaktoren" beeinflusst würde. Oder wie Richard
Swedberg sagt: „*An ideal type is a conceptual tool with which to approach reality; ...
it is a ,conceptual construct'*" (2005: 120) und nicht etwa ein Weg empirische Sachverhalte eins zu eins wiederzugeben. Idealtypen helfen also die überkomplexe
Wirklichkeit durch Kategorien verständlich zu machen. Als zu erklärende Komponente bleibt dann nur noch die Differenz zwischen dem idealtypischen und
dem real beobachteten Handeln übrig. Das heißt, es bleibt ggf. zu untersuchen,

---

120 Bei Rousseau ist der „homme naturel" der im Naturzustand lebende Mensch. Er führt dort ein
     ursprüngliches, unabhängiges und größtenteils instinktgeleitetes Leben in Einklang mit den Ein-
     flüssen der Natur und besitzt die „*... natürliche Freiheit und ein unbegrenztes Recht auf alles, wo-
     nach ihn gelüstet und was er erreichen kann ...*" (Gesellschaftsvertrag: I, 8).

warum sich ein bestimmter Akteur in einer bestimmten Situation nicht „idealty-pisch" verhalten hat.
Die Typologie des sozialen Handelns, wie sie von Weber vorgenommen wird, ist Thema des folgenden Kapitels. Sie ist untrennbar mit den Typen der Rationali-tät verknüpft und wird erst durch diese verständlich.

4.1.2 Typen des sozialen Handelns und der Rationalität

Max Weber unterscheidet in seinen *Soziologischen Grundbegriffen* ([1921] 1984) vier Idealtypen sozialen Handelns: 1. zweckrationales, 2. wertrationales, 3. affektu-elles und 4. traditionales Handeln. Diese werden wie folgt umrissen:

> *„Wie jedes Handeln kann auch das soziale Handeln bestimmt sein 1. zweckrational: durch Erwartungen des Verhaltens von Gegenständen der Außenwelt und von anderen Men-schen und unter Benutzung dieser Erwartungen als ‚Bedingungen' oder als ‚Mittel' für rational, als Erfolg, erstrebte und abgewogene eigene Zwecke, – 2. wertrational: durch bewußten Glauben an den – ethischen, ästhetischen, religiösen oder wie immer sonst zu deutenden – unbedingten Eigenwert eines bestimmten Sichverhaltens rein als solchen und unabhängig vom Erfolg, – 3. affektuell, insbesondere emotional: durch aktuelle Af-fekte und Gefühlslagen, – 4. traditional: durch eingelebte Gewohnheit"* (WuG: Kap. 17).

Alle diese Typen sind für Weber zeitlose Grundzüge des menschlichen Handelns und nicht erst in der Neuzeit entstanden. Doch so prägnant diese Kategorisierung des Handelns auch ist, so hilft sie doch für sich genommen noch nicht, die Grund-lagen des Handelns zu verstehen. Webers Interesse geht hier tiefer und erschöpft sich nicht in der bloßen Definition von unterschiedlichen Arten und Weisen zu agieren. Ihm geht es darum, Regelmäßigkeiten aufzusuchen; Regelmäßigkeiten, die dem Menschen erlauben seine Fähigkeiten des sozialen Handelns in der Rea-lität anzuwenden. Genau diese Aufgabe versucht Weber mit seiner „Typologie der Rationalität" zu bewältigen, die Stephen Kalberg aus Webers Werk herausgearbei-tet hat.[121] Der Zweck, der allen unterschiedlichen Typen der Rationalität gemein ist und insofern auch in den Handlungen der Menschen zum Ausdruck kommt, ist dabei vor allem in ihrer Strukturierungs- und Ordnungsfunktion zu sehen: Denn *„[d]ie bewußte Regelmäßigkeit des Handelns, die alle diese Typen der Ratio-*

---

121 Die folgenden Ausführungen zur Unterscheidung der Rationalitätstypen basieren auf der heraus-ragenden und umfassenden Analyse von Kalberg 1981: 13 ff.

nalität potentiell einführen, dienten dazu, die fragmentierte und unzusammenhängende Wirklichkeit zu beherrschen" (ders. 1981: 11). Die verschiedenen Typen der Rationalität sind also ganz allgemein als, dem eigentlichen Handeln vorangestellte, kognitive Prozesse zu sehen, die dem Menschen helfen sich in der Welt zurechtzufinden (siehe Baurmann 1991a: 99).

Kalberg identifiziert genau vier solche Rationalitätstypen, die sich in ihrem Wirken auf das Handeln sehr unterscheiden: praktische (1.), formale (2.), theoretische (3.) und materiale (4.) Rationalität (siehe Abb. 6). Sowohl die praktische als auch die formale Rationalität sind Ausprägungen des zweckrationalen Handelns. Die theoretische Rationalität fasst unterschiedliche Prozesse des logischen Denkens zusammen und weist nur eine indirekte Verbindung zum Handeln auf. Der letzte Typus, die materiale Rationalität, gründet sich auf dem wertrationalen Handlungstypus. Damit ist ein entscheidendes Merkmal von Webers Theorie benannt: der Pluralismus der Rationalitäten. Es gibt hier nicht nur *eine* „natürliche" und zeitlose Rationalität, der die Menschen folgen, sondern mehrere nebeneinander existierende Modi rationalen Denkens und Handelns, die im Folgenden näher beleuchtet werden sollen.

Abbildung 6   Typen der Rationalität

Typus der Rationalität	Kognitive Prozesse	Beziehung zum Handeln	Bezugspunkt für die kognitiven Prozesse
praktisch	zweckrationale Berechnung	direkt	Interessen
formal	zweckrationale Berechnung	direkt	Regeln, Gesetze, Reglements, Vorschriften
theoretisch	verschiedene abstrakte Prozesse	indirekt	Werte oder theoretische Probleme
material	Unterordnung der Werte	direkt	Werte

1. *Praktische Rationalität:* Dieser Typus ist eng mit dem zweckrationalen Handeln verbunden. Er ist insofern „praktisch", als damit „... *jede Lebensführung, die weltliche Aktivität mit Bezug auf die rein pragmatischen Interessen des einzelnen Ich betrachtet und beurteilt"* (Kalberg 1981: 13), bezeichnet ist. Wer praktisch-rational handelt, versucht durch logische Abwägung das beste zur Verfügung stehende

Mittel für die sich stellenden Aufgabe zu finden. Die zu erreichenden Ziele seines Handelns sind dabei meist durch äußere Umstände vorgegeben. Praktische Rationalität sagt dem Menschen, konkret, wie er sein Interesse zweckrational, unter Beachtung dieser äußeren Umstände, erreichen kann.

2. *Formale Rationalität:* Ähnlich wie die praktische Rationalität basiert auch die formale Rationalität auf der menschlichen Fähigkeit zweckrational zu handeln. Allerdings bedarf es hier stets einer Bezugnahme auf gewisse Gegebenheiten in Form von zuvor festgelegten Normen, Regeln, Vorschriften oder Gesetzen. Dementsprechend besitzt die formale Rationalität nicht den zeitlosen und gesellschaftsunabhängigen Charakter der übrigen Rationalitätstypen, zumal sich diese sie bestimmenden Gegebenheiten ändern können. Es ist diejenige Rationalität, die *„Universalismus und Kalkulation in Bezug auf gesatzte Regeln"* (Kalberg 1981: 18) bedeutet und mit Begriffen wie „Bürokratie" und „Formalismus" in Verbindung gebracht wird. Der Vorteil dieser Rationalität ist – wenn man denn so will –, dass sie das Handeln von persönlichen Motiven frei hält und dieses nach allgemeinen Vorgaben bestimmt (siehe Schimank 1996: 58).

3. *Theoretische Rationalität:* Die Verbindung zum Handeln wird bei der theoretischen Rationalität, ganz im Gegensatz zu den anderen Formen der Rationalität, nur indirekt hergestellt. Sie ist ein kognitiver Prozess, mit dem Zweck, die Realität in sprachlichen Begriffen und Kategorien zu strukturieren und zu beherrschen. *„[T]ypisch sind daher geistige Prozesse wie logische Induktion und Deduktion, die kausale Verbindung und die Konstruktion von symbolischem ,Sinn'"* (Kalberg 1981: 14). Man kann die theoretische Rationalität mithin als einen Prozess des Denkens charakterisieren, der logische Zusammenhänge herstellt und so die menschliche Umwelt strukturiert. Dieser Vorgang ist also keiner, der ohne eine der Vernunft zugänglichen Grundlage auskommen würde. Damit ist die theoretische Rationalität insbesondere solchen Verfahrensweisen gegenübergestellt, die sich auf „höhere Mächte" oder „Mystik" berufen und von vornherein keiner wissenschaftlichen Erforschung offen stehen.

4. *Materiale Rationalität:* Hierbei handelt es sich um den wohl wichtigsten Typus für die Untersuchung des Rechts, da das Konzept der *Wert- bzw. Lebenssphären* davon unmittelbar betroffen ist. Die materiale Rationalität ist Ausdruck des wertrationalen Handelns. Sie strukturiert die Welt mittels der Geltendmachung von Werten. Im Gegensatz zur praktischen Rationalität werden durch sie in ihrer Reichweite begrenzte Wertsysteme geschaffen, die vorgeben, welches Handeln als gut, richtig und erstrebenswert gilt. Materiale Rationalität lässt den Menschen also seine absoluten und handlungsleitenden Ziele bestimmen – Ziele, die er sodann durch zweckrationales Handeln zu erreichen sucht. Weber hatte diese Fä-

higkeit des Wollens und Setzens von Wertsystemen in seinen Arbeiten besonders auf den Prozess der Loslösung der Gesellschaften von dem allumfassenden Einfluss der Religion im Mittelalter und in der frühen Neuzeit bezogen (Rs: 536 ff.; vgl. auch Schimank 1996: 59). An die Stelle des Absolutheitsanspruchs der Kirche trat in Europa eine „Vielheit der Zwecke" (Hegel) bzw. Wertmaßstäbe. Kalberg spricht in diesem Zusammenhang auch von der „Unbegrenztheit möglicher Wertpostulate" und einem „radikalen Perspektivismus",[122] dem Webers Begriff der materialen Rationalität zugrunde liegt. Diese Einschätzung ist insofern zutreffend, als es für die moderne Lebensführung der Möglichkeit nach keine universellen und alles bestimmenden Maßstäbe mehr gibt. Denn, wie Weber sagt, *„es scheint kein Mittel zum Austrag schon der allerersten Frage zu geben: von woher im einzelnen Fall der ethische Wert eines Handelns bestimmt werden soll"* (Rs: 552). Durch das Wirken der materialen Rationalität in der modernen Gesellschaft scheint so ein neuer *„Polytheismus unpersönlicher Mächte"* (Steinvorth 1994: 310) entstanden zu sein. Dies schließt ebenso ein, dass sich Wertmaßstäbe mit der Zeit verändern. Die *„wertenden Postulate"* (WuG: 60), welche die materiale Rationalität hervorbringt, sind in einem ständigen Wandel begriffen. Das, was heute als rational begründet und richtig gilt, kann einige Zeit später schon als irrational und falsch angesehen werden. Das Gleiche, was hier über die zeitliche Dimension von Wertmaßstäben gesagt wurde, trifft auch strukturell zu: Wertsysteme sind in modernen Gesellschaften nur für umgrenzte Bereiche des menschlichen Lebens bestimmend und somit eine variable und kontextabhängige Größe.

Trotz der Unbegrenztheit möglicher Wertpostulate beschränkt sich Weber in seiner Aufzählung auf sieben solcher Wertbereiche[123], die er durch umfassende Rationalisierungsprozesse in der Gesellschaft verankert sieht. Es sind die Bereiche Familie, Ökonomie, Politik, Ästhetik, Erotik, Wissenschaft und Religion, die Weber als faktische und zugleich legitime Ordnungen des gesellschaftlichen Lebens herausstellt. All diese Wertsphären, deren Bedeutung im nächsten Kapitel eingehend thematisiert wird, konnten nur durch die materiale Rationalität herausgebildet werden, denn nur sie besitzt, wie Kalberg sagt, „... *das analytische Potential, die Wirklichkeit umfassend zu beherrschen und zu rationalisieren. Das geschieht durch die bewußte Organisation des Handelns in Handlungsregelmäßigkeiten, die sich mit expliziten Wertkonstellationen decken"* (Kalberg 1981: 27).

---

122 Kalberg 1981: 17; ähnlich auch Steinvorth 1994: 309 f., Schimank 1996: 58 ff., Schroeder 1992: 26 ff.
123 Weber nennt sie *Wert- bzw. Lebenssphären* oder auch *Lebensordnungen* (vgl. auch Schroeder 1992: 31 f.). Die Begriffe werden hier synonym verwendet.

Daraus wird ersichtlich, welch herausragende Stellung dieser Typus der Rationalität und das damit zusammenhängende wertrationale Handeln in Webers Soziologie einnehmen. Ziel des nächsten Kapitels ist es, zu verdeutlichen, in welchem Zusammenhang die Formen der Rationalität untereinander stehen und inwiefern sie für das Entstehen und Funktionieren unterschiedlicher Lebenssphären bedeutsam sind.

4.1.3 Lebenssphären und Eigengesetzlichkeit

Sämtliche Ausführungen Webers zu dem Begriff des Handelns und der Typologie der Rationalität laufen in dem Konzept der *Lebens- bzw. Wertsphären*[124] zusammen. Es handelt sich dabei um soziale Kontexte, die durch eine umfassende und bereichsabhängige Rationalisierung im Laufe der Geschichte entstanden sind. Jeder von ihnen besitzt eine spezifische innere Funktionsweise und ein oberstes „wertendes Postulat" bzw. ein letztes Ziel. Diese „Eigengesetzlichkeit"[125] der Lebenssphären, wie Weber sagt, hat direkte Rückwirkung auf das Handeln, das in ihnen stattfindet. Wie an späterer Stelle zu zeigen sein wird, ist auch das Recht als ein solches System mit einer Eigengesetzlichkeit zu begreifen.

Wertsphären zeichnen sich, nach Schimank, durch vier wesentliche Merkmale aus: Universalismus, Spezifität, Bereichsmonopol und Selbstbezüglichkeit" (siehe ders. 2002: 4). Sie alle sind nach Weber durch spezifische Rationalisierungsprozesse entstanden. Obgleich die materiale Rationalität mit ihren „wertenden Postulaten" bei Weber die tragende Rolle bei der Entstehung der Wertsphären gespielt hat, so waren immer auch die anderen Typen der Rationalität an der Schöpfung dieser lokalen Ordnungen beteiligt. Denn die Wertrationalität alleine war nicht in der Lage komplexe Wertsysteme hervorzubringen. Zwar konnte sie die letzten Ziele eines Lebensbereichs formulieren, doch bedurfte es immer noch ihrer Umsetzung, Vervollständigung und Institutionalisierung durch die übrigen Rationalitätsformen (vgl. Kalberg 1981: 25, 27 ff., Oakes 2003: 31 f.). So konnte es beispielsweise im Bereich der Religion auf Dauer nicht ausreichen, einzelne religiöse Werte zu postulieren ohne sie gleichzeitig in ein konsistentes, zusammenhängendes und umfassendes Gefüge zu überführen. Schließlich muss eine Religion – ge-

---

124 Siehe Fn. 123.
125 Den Begriff der „Eigengesetzlichkeit" fasst Oakes treffend zusammen als „*a tendency of value spheres to become increasingly autonomous domains of thought, action and passion. Each value sphere follows its own ‚laws‘, an immanent logic that distinguishes it from other spheres and sharpens the conflict between them*" (2003: 30).

nauso wie jede andere Wertordnung – ein mehr oder weniger vollständiges Konzept vom Leben (oder zumindest bedeutenden Teilen dessen) bereitstellen, um sich im Laufe der Geschichte behaupten zu können. Um nun eine umfassende Wertsphäre zu schaffen, bedurfte und bedarf es immer praktischer, theoretischer und formaler rationaler Prozesse. Die Typen der Rationalität sind daher niemals isoliert voneinander zu betrachten, sondern ergeben stets nur in ihrer Zusammenschau ein verständliches Bild.

Der Zwang zu einer möglichst vollständigen Rationalisierung eines Lebensbereichs geht aus dem oben erwähnten „Polytheismus" und der Konkurrenz der Wertsphären bei Weber hervor. Schließlich gibt es durch das Wirken materialer Rationalisierungsprozesse nicht mehr nur ein Konzept von der Welt, sondern eine Vielzahl einander z. T. widersprechender Konzepte – jedes von ihnen nach Geltung strebend (vgl. Steinvorth 1994: 309 f., Schimank 1996: 58 ff., Schroeder 1992: 26 ff., Oakes 2003: 29 f., Scaff 1989: 91 ff.). Der Widerstreit konkurrierender Wahrheits- und Wertansprüche führt auf diesem Wege unweigerlich zu einem steigenden Druck der Selbstbehauptung der Wertsphären. Denn die zunehmende Rationalisierung und Vervollständigung hat „*innere Eigengesetzlichkeiten der einzelnen Sphären in ihren Konsequenzen bewußt werden und dadurch in jene Spannungen zueinander geraten zu lassen ...*" (Rs: 541).

Weber selbst spricht in seiner Religionssoziologie von sieben Wert- bzw. Lebenssphären mit einer Eigengesetzlichkeit, die sich in Abgrenzung zu den frühen Erlösungsreligionen entwickelt hätten (siehe Rs: 536 ff.). Aufgaben und Einflussbereich der Religion gingen hierbei zunehmend an andere Wertsphären verloren (siehe hierzu insbesondere Schroeder 1992: 23 ff., Schimank 1996: 59, Oakes 2003: 28 f., Scaff 1989: 93 ff.):

1. Die *Familie* ist für Weber die erste Sphäre, die ein konkurrierendes Konzept zur Religion darstellte. Denn hier war das oberste Ziel nicht etwa die Erfüllung religiöser Pflichten, sondern das Wohl der eigenen Familie. Weber spricht in diesem Zusammenhang von der drohenden „*Entwertung*" religiöser Lehren durch die „*naturgegebene Sippengemeinschaft*" (Rs: 542) und deren Eigengesetzlichkeit.

2. Die *ökonomische Sphäre* und der Kapitalismus waren für Weber wahrscheinlich die stärksten Kräfte, die durch Rationalisierung in der modernen westlichen Gesellschaft entstanden (vgl. auch Scaff 1989: 78 ff.):

„*Rationale Wirtschaft ist sachlicher Betrieb. Orientiert ist sie an Geldpreisen, die im Interessenkampf der Menschen untereinander auf dem Markt entstehen. [...] Der Kosmos der modernen rationalen kapitalistischen Wirtschaft wurde daher, je mehr er seinen im-*

manenten Eigengesetzlichkeiten folgte, desto unzugänglicher jeglicher denkbaren Beziehung zu einer religiösen Brüderlichkeitsethik. Und zwar immer mehr, je rationaler und damit unpersönlicher er wurde" (Rs: 544).

Oberstes Ziel der Ökonomie ist die Maximierung des Geld- und Sachgewinns durch wirtschaftliche Tauschbeziehungen. Das Handeln der ökonomischen Lebenssphäre ist dementsprechend an den Gesetzen des Marktes (diese bestimmen die Geldpreise auf der Grundlage der Nachfrage) ausgerichtet.

3. Die *Politik* ist die dritte Wertordnung, die durch ihre zunehmende Rationalisierung in Konflikt mit der Religion geriet. Für Weber ist *„der ‚Staat'… derjenige Verband, der das Monopol legitimer Gewaltsamkeit in Anspruch nimmt, … . Dem: ‚Widerstehet nicht dem Uebel mit Gewalt' der Bergpredigt setzt er das: ‚Du sollst dem Recht mit Gewalt zum Siege verhelfen, – bei eigener Verantwortung für das Unrecht' entgegen"* (Rs: 547). Das übergeordnete Ziel, nach dem sich das Handeln im Bereich der Politik ausrichtet, ist folglich im Erhalt und in der Vermehrung von Macht in Form von „legitimer Gewaltsamkeit" zu sehen. Gerade im Zeitalter der Aufklärung erwuchsen aus dieser Eigengesetzlichkeit der Politik Konflikte mit religiösen Geltungs- und Machtansprüchen.

4. Die *Ästhetik* ist *„von Grund aus arationalen oder antirationalen Charakters"* (Rs: 554), so Weber. Im Unterschied zur Politik und Ökonomie geht es hier um die Wohlgeformtheit von Dingen, die sich aus einem inneren Maßstab heraus erschließt. Zwar gab es in der Religion auch bildliche Darstellungen, doch folgten diese nicht der Eigengesetzlichkeit der Kunst, sondern hatten die Überlieferungen der Bibel als Grundlage.

5. Ebenso wie die Ästhetik ist für Weber auch die *Erotik* durch einen irrationalen und innerweltlichen Charakter geprägt. Das Spannungsverhältnis der *„geschlechtlichen Liebe"* zur Religion trat umso stärker in den Vordergrund, *„… je sublimierter die Geschlechtlichkeit einerseits, je rücksichtsloser konsequent die Erlösungsethik der Brüderlichkeit andererseits entwickelt"* (Rs: 556) wurde.

6. In besonderem Maße begann sich mit fortschreitender Rationalisierung die *Wissenschaft* – genauer: die empirischen Wissenschaften – von der religiösen Weltanschauung abzuheben. Denn als oberstes Prinzip der Wissenschaft galt die Erklärung der Welt mittels Induktion und Deduktion. Die Wissenschaft erhob logische und empirische Kausalerklärungen von Phänomenen zu ihrem obersten Ziel. Die Eigengesetzlichkeit der Wissenschaft – die vollkommene Ablehnung innerweltlicher Erkenntnisprozesse in den Naturwissenschaften und der Mathematik – trat so in einen scharfen Gegensatz zu den metaphysischen Praktiken der Religion (siehe Rs: 564).

7. Auch wenn die übrigen Lebenssphären in Abgrenzung zur Religion entstanden und mit dieser in z. T. scharfe Konkurrenz um die Geltung von Werten getreten sind, so ist die *Religion* selbst als eine Sphäre der Eigengesetzlichkeit erhalten geblieben. Sie hat im Laufe der Zeit ebenfalls Rationalisierungsprozesse erfahren. Es entstand eine religiöse Brüderlichkeitsethik, die sich an den Nachbarschaftsverbänden (Dorfgemeinschaft, Familie etc.) orientierte (siehe Rs: 542). Das Streben nach einem Leben im Einklang mit religiösen Überlieferungen und die Erlösung von den Beschwerlichkeiten und Leiden des Lebens können als übergeordnetes Ziel der Religionssphäre begriffen werden. Insbesondere die Absolutheit religiöser Werte charakterisiert die Eigengesetzlichkeit dieses Lebensbereichs.

Das Ergebnis der Rationalisierung der modernen Gesellschaft ist in der Wahrnehmung Webers alles andere als harmonisch. Hatte zuvor die Religion sämtliche Bereiche des Lebens überspannt, so war nun eine Differenzierung in mehrere gesellschaftliche Teilsysteme vollzogen; Teilsysteme, die z. T. gegensätzliche Werte vertraten und infolgedessen miteinander in Rivalität um die Geltung ihrer Wertpostulate gerieten (siehe auch Brubaker 1984: 82 ff., Oakes 2003: 29 f., Schroeder 1992: 23 ff.).

Es ist schon erwähnt worden, dass die materiale Rationalität, bei der Loslösung einzelner Wertsphären von dem alles umfassenden Einfluss der Religion, eine entscheidende Rolle gespielt hat. Schließlich war nur sie es, die *neue* oberste Wertmaßstäbe festlegen konnte. Doch ist das, was die Eigengesetzlichkeit, also die komplexe innere Logik und die Verfahrensweisen einer Lebenssphäre ausmacht, Produkt des Zusammenwirkens *aller* Rationalitätstypen (siehe Kalberg 1981: 27 ff.). Die Typen der Rationalität bedingen und beeinflussen sich gegenseitig innerhalb einer bestimmten Lebensordnung und schaffen auf diese Weise deren spezifische Eigengesetzlichkeit, die sie von anderen Lebensbereichen unterscheidbar macht. Ohne die vollständige Rationalisierung einer Wertsphäre durch materiale genauso wie praktische, formale und theoretische Prozesse wäre diese kaum dem Kampf um Geltung mit den anderen Wertsphären gewachsen gewesen. Legt man beispielsweise das von Weber herausgestellte Gewinnstreben der marktwirtschaftlichen Ökonomie als obersten Wertmaßstab[126] zugrunde, so zeigt sich, dass die moderne Wirtschaft keineswegs „urwüchsig" nach diesem Ziel handelt. Es

---

126 Ohne die wertrationale Unbedingtheit eines obersten Wertmaßstabes hätte sich eine Wirtschaftsordnung, wie der von Weber kritisierte Kapitalismus, niemals herausbilden können. Es reicht gerade nicht aus, dass eine Sphäre nur eine eigene, objektiv erfahrbare innere Gesetzlichkeit besitzt, damit sie als autonom gelten kann, wie etwa Brubaker dies für den Bereich von Politik und Wirtschaft annimmt (z. B. die Gesetze des Marktes) (siehe ders. 1984: 83 ff.). Ohne die zwingende Kraft eines obersten Zweckes kann so etwas wie kausale Autonomie allein als Fragment anderer

bedurfte zunächst einmal der praktischen Umsetzung der Gewinnmaxime durch praktisch-rationale Handlungsüberlegungen. Hinzu traten theoretisch-rationale Kalkulationen und Systematisierungen, wie sie in den Wirtschaftswissenschaften gelehrt und entwickelt werden. Nicht zuletzt an diesen Erkenntnissen orientiert sich wirtschaftliches Handeln auch aus einer formal-rationalen Perspektive, indem nämlich Handeln an den „Gesetzen des Marktes" ausgerichtet wird. Ohne das komplexe Zusammenspiel all dieser Rationalitäten hätte sich die Ökonomie kaum als eigene Wertsphäre behaupten können, sondern wäre, wie dies früher in Europa und auch heute noch in einigen totalitären Staaten der Fall ist, Teilbereich politischer oder religiöser Weltanschauungen.

In ähnlicher Art und Weise treten die Typen der Rationalität auch im Bereich der Wissenschaft auf. Geht man von dem wissenschaftlichen Wertmaßstab „Erkenntnisgewinn durch Kausalerklärung" aus, so ist mit diesem obersten Ziel die Lebenssphäre noch nicht hinreichend ausdifferenziert bzw. rationalisiert, um sich gegenüber den anderen Sphären behaupten zu können. Es bedarf z. B. der Entwicklung wissenschaftlicher Theorien und Lehren durch theoretisch-rationales Vorgehen, genauso wie der zielstrebigen Umsetzung durch praktisch-rationales Denken.

Zusammenfassend lässt sich sagen, dass Weber mit dem Begriff der Rationalisierung immer ein kompliziertes Zusammenwirken aller Rationalitäten beschreibt. Er beschränkt sich nicht auf die bloße Typologie sozialer Handlungsweisen, die für sich genommen rein deskriptiv bleiben muss. Was Weber mit der verstehenden Soziologie leisten möchte, ist viel mehr als nur Handlungen zu kategorisieren. Er möchte ein umfassendes Verständnis für das Auftreten und Ausbleiben bestimmter Handlungsmuster ermöglichen und dabei die unterschiedlichen historischen und sozialen Bedingungen berücksichtigen. Gerade dieses vielschichtige Interesse an den Hintergründen sozialen Handelns macht die verstehende Soziologie auch zu einem ausgezeichneten Ausgangspunkt für die Untersuchung der *Integration durch Recht* in Europa.

4.1.4 Das Recht als „Wertsphäre"

Obwohl sich die von Weber herausgestellten Wertsphären mit der Zeit immer weiter ausdifferenziert und voneinander abgegrenzt haben, besteht Übereinstim-

---

Lebensbereiche existieren, nicht aber die komplexe Unabhängigkeit der Wertsphären hervorbringen.

mung in dem Vorkommen der einzelnen Rationalitätstypen innerhalb der Sphären. Die Grundtypen der Rationalität sind für Weber die anthropologischen Konstanten, die unabhängig von sozialen Kontexten das Handeln eines Menschen
bestimmen. Trotz dieser Vorbestimmung ist soziales Handeln für ihn aber alles
andere als etwas Vorprogrammiertes. Dies ist nun vor allem auf das Wirken der
materialen Rationalität zurückzuführen, die als „kreativer Geist" in der Lage ist
neue Wertmaßstäbe und Handlungsziele zu erschaffen.

Das Wertsphärenkonzept und die Typologie der Rationalität erlauben auch
einen interessanten Zugriff auf die Rolle des Rechts in den zuvor thematisierten
politikwissenschaftlichen Ansätzen und sollen an dieser Stelle zur Grundlage einer ersten weiterführenden Kritik an dem vorherrschenden trivialen Rationalitätsbegriff in den Integrationstheorien gemacht werden. Denn eine Wertsphäre
zeichnet sich bei Weber nach außen gerade durch ihre Autonomie und Unabhängigkeit zu anderen Sphären aus. Nach innen hingegen herrscht ein Verhältnis
der Abhängigkeit, insofern als sich das Leben hier nach den Wertpostulaten der
Sphären geradezu bedingungslos ausrichtet. Die Wertrationalität ist und bleibt
die bestimmende Kraft einer solchen Sphäre. Schließlich gibt sie dem Menschen
vor, welchen Maximen er folgt bzw. welche er als in seinem Interesse liegend betrachtet.

Die Rationalität, die sowohl bei Garrett und Moravcsik als auch bei Mattli u.
Slaughter, Alter, Stone Sweet und genauso in zahlreichen neueren Studien grundlegend für das Handeln der Akteure angenommen wird, ist ausdrücklich eine auf
bestimmte politisch-ökonomische Vorteile ausgerichtete, die auch das Recht diesen Maximen unterordnet. Dies wird deutlich, wenn man, in Anlehnung an Weber, in materiale (1.) und praktische (2.) Rationalität differenziert (siehe Abb. 7):[127]
    1. *Materiale Rationalität:* Die materiale Komponente der Rationalität bestimmt
bei Weber die Entwicklung handlungsleitender Ziele und Interessen für einen begrenzten Bereich. Anders jedoch in den rationalistischen Ansätzen der Integrationstheorie; dort ist Rationalität nicht gebunden an einen bestimmten Kontext
des Handelns, einer Wertsphäre, wie dem Recht, sondern existiert gänzlich unabhängig davon. So kann Garrett behaupten: „*In their ongoing strategic interactions,
both the court and the member governments try to generate outcomes that they
prefer*" (Garret, Kelemen u. Schulz 1998: 152; vgl. auch Höpner 2010: 3, Kelemen
2011, 2012). Was hier deutlich wird, ist die Tatsache, dass die Präferenzen bzw. In-

---

127 Formale und theoretische Rationalität sind in diesem Zusammenhang, aufgrund ihres indirekten
    Bezugs zur praktischen Rationalität und zum Handeln, nur von geringer Bedeutung und können
    daher an dieser Stelle vernachlässigt werden.

Abbildung 7   Rationalität und die Rolle des Rechts in der rationalistischen Theorie

Ebene der Rationalität	Prozess	Funktion des Rechts
material	Wert- und Interessensetzung	–
praktisch	zweckrationale Berechnung der praktischen Umsetzung	instrumentell A.G.

teressen der Akteure als feststehend gelten und sich, je nach Betonung eines bestimmten Akteurs, vornehmlich auf den Willen zu politischem Machterhalt bzw. Machtausbau (etwa der EuGH bei Mattli u. Slaughter) oder auf ökonomische Vorteile (etwa die Staaten bei Garrett) gründen. Bestimmte, rechtsexterne Ziele werden zum obersten Wertpostulat des Handelns im Bereich des Rechts erhoben. Das Recht selbst tritt auf dieser Stufe weder explizit noch implizit als handlungsleitend in Erscheinung. Es wird von vornherein nicht als eigenständiger Wertmaßstab aufgefasst, der das Handeln bestimmen könnte.

2. *Praktische Rationalität:* Der praktische Teil der Rationalität versucht durch logische Abwägung das beste zur Verfügung stehende Mittel für die praktische Verwirklichung der geltenden Maximen und Interessen zu finden. Sie sagt einem Akteur, wie er diese zweckrational erreichen kann. Hierbei besteht, wie gezeigt, eine direkte Abhängigkeit von dem Wirken der materialen Rationalität. Denn damit die praktische Rationalität ihre Zweck-Mittel-Berechnungen durchführen kann, benötigt sie Wertvorgaben. Diese sind die Ziele der praktisch-rationalen Bemühungen. Erst hier, auf dieser zweiten Rationalitätsstufe, tritt jetzt das Recht in den Integrationstheorien in Erscheinung. Doch wird es sogleich unter „fremde" Wertmaßstäbe subsumiert. So ist das Recht und das „Rechtshandeln" entweder dem Interesse der Staaten und anderer Akteure an politischen und ökonomischen Vorteilen nachgelagert. Oder aber, das Recht wird instrumentell als Mittel zur Verwirklichung des Strebens nach Ansehen und Macht vonseiten des EuGH benutzt. Besonders deutlich wird dies in der grundlegenden Studie von Mattli u. Slaughter, die Anerkennung und Anwendung des Rechts direkt von den vermeintlichen Kalkülen des Gerichtshofs abhängig machen: „... *[T]he ECJ sought to promote its own prestige and power by raising the visibility, effectiveness, and scope of EU law"* (1998b: 180). Und selbst die poststrukturalistische/-modernistische Theorie – obwohl diese weder mit dem Begriff der Rationalität, noch mit Konzepten wie Interessen oder Präferenzen operiert – stellt das Recht verkürzt als eine dominante Erzählung dar, die sich auf historisch verfestigte und sprachlich

transportierte Diskurs- und Machtstrukturen zurückführen lässt. In beiden Fällen bleibt das Recht eine Funktion vorbestimmter Interessen oder Strukturen. All dies gilt für die frühen Theorieansätze ebenso wie für die neueren theoriegeleiteten Analysen und Studien (siehe Kap. 2.5).

Es wird deutlich, dass die Konzeption des europäischen Rechtssystems in der heute vorherrschenden rationalistischen Integrationsforschung eine solche ist, die indirekt aus einem ganz spezifischen Rationalitätsverständnis hervorgeht. Interessanterweise hat das Recht hier bestenfalls einen Platz auf der zweiten, zweckrationalen Ebene: Nachdem die Wert- und Interessenpostulate durch einen material-rationalen Prozess gesetzt sind, folgt ein Vorgang der praktisch-rationalen Berechnung, in dem das Recht zwangsläufig nur instrumentell verstanden werden kann, zumal es (zumindest auf europäischer Ebene) als nicht eigenständige „Wertsphäre" gesehen wird, sondern den Vorgaben einer spezifischen politisch-ökonomisch orientierten Akteursrationalität folgen muss. Und selbst in Ansätzen, die Rationalität als Begriff und Struktur ablehnen, besteht eine starke Abhängigkeit des Rechts. Sie ist hier sogar noch direkter, noch unvermittelter als im trivialen Rationalismus. Schließlich gibt es in diesen Ansätzen keine Notwendigkeit rationaler Berechnung, sondern lediglich aus der Vergangenheit in die Gegenwart fortwirkende und durch Sprache vermittelte Strukturen.

Davon, dass hierin eine grundlegende Fehlwahrnehmung der Institution des Rechts liegt und dass das Recht vielmehr als eine *autonome* Wertsphäre im Sinne Webers zu begreifen ist, kann aus guten Gründen ausgegangen werden.[128] Dies ergibt sich sowohl aus seiner Entstehungs- und Entwicklungsgeschichte als auch aus seiner heutigen Bedeutung in den westlichen Gesellschaften und auch in der europäischen Gemeinschaft. Hier genügt es, einen ersten Überblick über die Grundzüge des Rechts anhand von Webers Wertsphärenkonzept zu geben, um seine Autonomie gegenüber anderen Lebensbereichen nachvollziehen zu können. Gleichwohl sollen im folgenden Kapitel die Schwächen des Weber'schen Konzeptes zum Anlass genommen werden, die Wertsphärenperspektive zu erweitern und zu korrigieren.

Das Recht ist heute weit mehr als nur ein Medium der Politik oder in Gesetzen konservierte Moral. Es ist ein hoch rationalisierter und selbsttragender Bereich des Denkens und Handelns geworden. Als solcher zeichnet sich seine Funktionsweise ohne Zweifel durch eine komplexe Eigengesetzlichkeit im Sinne Webers aus,

---

128 Zwar nennt Weber in seiner Religionssoziologie das Recht noch nicht ausdrücklich. In der Literatur wird dies aber gelegentlich ergänzt (siehe z. B. Kalberg 1981, Schimank 1996, Baurmann 1991a: 99; allgemein zum Rechtsbegriff in Webers Soziologie vgl. auch Hilterhaus 1965).

die sich von anderen Lebensbereichen bewusst abgrenzt. Die Rationalisierung des Rechts lässt sich dabei als ein historischer Vorgang beschreiben, der in Europa durch eine beständig wachsende Schicht von Berufsjuristen und Rechtswissenschaftlern[129] getragen wurde und wird. Weber schreibt über die Fortentwicklung des Rechts und ihre hierbei stattfindende Rationalisierung folgendes:

„Die allgemeine Entwicklung des Rechts und des Rechtsgangs führt, in theoretische ‚Entwicklungsstufen' gegliedert, von der charismatischen Rechtsoffenbarung durch ‚Rechtspropheten' zur empirischen Rechtschöpfung und Rechtsfindung durch Rechtshonoratioren (Kautelar- und Präjudizienrechtschöpfung), weiter zur Rechtsoktroyierung durch weltliches Imperium und theokratische Gewalten und endlich zur systematischen Rechtssatzung und zur fachmäßigen, auf Grund literarischer und formal logischer Schulung sich vollziehender ‚Rechtspflege' durch Rechtsgebildete (Fachjuristen)" (WuG: 645).

Ebenso wie die übrigen Wertsphären, die Weber in seiner Religionssoziologie aufführt, entzog sich im Laufe der Zeit also auch das Recht immer mehr dem Einfluss der Religion und allen „mystischen" oder glaubensmäßigen Formen der Rechtsetzung. Dies ist darauf zurückzuführen, dass sich vor allem während der Epoche des Vorherrschens des römischen Rechts in Europa zunehmend eine Rechtspraxis herausbilden konnte, die einen eigenständigen beruflichen Stand (Richter, Anwälte und Rechtskonsulenten[130], Glossatoren[131] und Kommentatoren[132]) begründete, mit dem sich zugleich ein neues Handwerk entwickelte. Schulen entstanden, in denen professionelle Juristen ausgebildet wurden, die eine eigene juristische Sprache sprachen, die üblichen Verfahrensweisen beherrschten sowie Kenntnis der Gesetze besaßen (siehe Freund 1987: 14). Später waren es allen voran die modernen Universitäten, die das Rechtsdenken in ihrem Wirkungskreis immer stärker verfestigten und so zu einer Ausdifferenzierung des Rechts als autonome Wertsphäre beitrugen.[133] Am Ende der Entwicklung steht dann ein in hohem Maße rationalisiertes und systematisiertes Rechtssystem, das durch die Arbeit von Fachjuristen getragen wird und sich durch „logische Sublimierung" und „deduktive

---

129 Vgl. auch WuG: 583.
130 Zu der Person des Rechtskonsulenten siehe Freund 1987: 14.
131 Namenhafte Juristen, die anerkannte Rechtsgrundsätze überarbeiteten und schriftlich fixierten.
132 Ihnen ging es im Gegensatz zu der Arbeit der Glossatoren vor allem um die Fortentwicklung der praktischen Anwendung des römischen Rechts.
133 Zu dem Zusammenhang von formalem und materialem Recht mit dem Rechtsdenken ausführlich Aechtner 1995: 110 ff.

Strenge" mittels eines rationalen Rechtsgangs auszeichnet (siehe WuG: 645; auch Aechtner 1995: 101 ff.). Weber bemerkt zu dieser neuen Trägerschicht des Rechts:

> „... *[Vor] allem auf dem europäischen Kontinent, eigentümlich und ... für dessen ganze politische Struktur von ausschlaggebender Bedeutung ... [waren die] universitätsgeschulten Juristen. Die gewaltige Nachwirkung des römischen Rechts, wie es der bürokratische spätrömische Staat umgebildet hatte, tritt in nichts deutlicher hervor als darin, daß überall die Revolutionierung des politischen Betriebes im Sinne der Entwicklung zum rationalen Staat von geschulten Juristen getragen wurde"* (WuG: 1051).

Sieht man einmal von den frühen historischen Wurzeln des Rechts ab, so sollte sich der Grad der Rationalisierung und folglich auch der Differenzierung und Autonomie gegenüber anderen Lebensbereichen gerade anhand des Vorkommens der zeitlosen Rationalitätstypen – material, praktisch, formal und theoretisch – in der heutigen Rechtspraxis nachweisen lassen. An dieser Stelle wird eine erste, nicht abschließende, Einordnung des Rechts in Webers Konzeption der Rationalisierung erfolgen:[134]

Geht man von der materialen Rationalität aus, so könnte man im Sinne Webers formulieren: Oberster Wertmaßstab der Rechtssphäre ist die formale und materiale Erzeugung von Recht. Im formalen Sinne bedeutet Recht die Bindung an Gesetze und andere Normen. Dies macht „rechtgeleitetes" Handeln berechenbar (vgl. Eder 1981: 157 ff.). Es geht also um bestimmte Verfahren und Konventionen, die durch das Recht so begründet werden, dass diese logisch aufeinander bezogen sind und im Ganzen eine konsistente Rechtsordnung ergeben, die wechselnden Tatbeständen gerecht werden kann.[135] Der demokratische Staat ist beispielsweise an seine Verfassung – als Sammlung positiver Gesetze, die seine Hoheitsgewalt einhegen und aus denen, dem Ideal nach, alle übrigen Gesetze hervorgehen – gebunden. Hiermit ist allerdings noch nichts über die inhaltliche Qualität der Normen gesagt. Bei Weber ist das formale Recht vom materiellen Recht abhängig, insofern dieses auf jenem beruht und als dessen handwerkliche Ausfer-

---

134 Da Weber diese Einordnung, wie oben erwähnt, nicht selbst vornimmt, soll diese hier auf der Grundlage von Webers Ausführungen zum formalen und materialen Rechtsbegriff versucht werden.

135 Michael Baurmann sieht bei Weber zwei Bedingungen für eine formale Rechtsordnung im Vordergrund: *„(1.) Die Tatbestände der Rechtsnormen müssen begrifflich präzise bestimmt sein, so daß eine eindeutige Subsumtion möglich ist. (2.) Rechtsnormen müssen die Wenn-Dann-Struktur konditionaler Regeln haben: Bei Vorliegen eines bestimmten Tatbestandes als Bedingung müssen sie eine bestimmte Rechtsfolge als Konsequenz zwingend vorschreiben"* (1991a: 100).

tigung begriffen werden muss (hierzu eingehend Baurmann 1991b: 118 ff.). Oder in Webers Worten: *„Formal'* ... *ist ein Recht insoweit, als ausschließlich eindeutige generelle Tatbestandsmerkmale materiell-rechtlich und prozessual beachtet werden"* (WuG: 507).

Die materiale Bedeutung des Rechtsbegriffes weist insofern über die formale Ebene hinaus, als sie sich qualitativ an der Idee der Gerechtigkeit, der Nützlichkeit oder einer politischen Ausrichtung orientiert.[136] Demnach beinhaltet Recht nicht nur das Schaffen und Befolgen von Gesetzen, sondern auch deren Ausrichtung an anerkannten oder geltenden Wertgrundsätzen (siehe auch Freund 1987: 22). Materiales Recht bedeutet für Weber, dass

> *„Normen anderer qualitativer Dignität als logische Generalisierungen von abstrakten Sinndeutungen auf die Entscheidung von Rechtsproblemen Einfluß haben sollen: ethische Imperative oder utilitaristische oder andere Zweckmäßigkeitsregeln oder politische Maximen, welche sowohl den Formalismus des äußeren Merkmals wie denjenigen der logischen Abstraktion durchbrechen"* (WuG: 507).

Das Streben nach formellem und materiellem Recht, als Resultat eines materialrationalen Prozesses, der durch wertrationales Handeln verfolgt wird, bekommt seine Bestimmtheit in der Realität allerdings erst durch das Hinzutreten der übrigen Typen der Rationalität. Denn Rationalisierung ist keinesfalls statisch und ein für alle Mal feststehend, sondern bezeichnet einen *„... endlosen Prozeß der Anwendung von Verfahren, die systematischer und adäquater sind als die bisher erprobten"* (Freund 1987: 10). Es bedarf der konkreten Um- und Durchsetzung, aber auch der Weiterentwicklung des obersten Ziels einer Lebenssphäre. Die Idee des Rechts bleibt eben nur eine Idee, sofern sie nicht ihren Weg in die Wirklichkeit findet. Es ist hier die praktische Rationalität, die aus dem abstrakten Rechtsgedanken eine Rechtspraxis macht. Sie berechnet den Einsatz der zur Verfügung stehenden Mittel, um formelles sowie materielles Recht zu etablieren. Dabei kann es sich ebenso um die bloße schriftliche Erfassung von Recht in Form eines Gesetzestextes durch ein staatliches Parlament, wie auch um die Durchsetzung einer Rechtsauffassung vor Gericht (etwa durch einen Rechtsbeistand) handeln. Praktische Rationalisierung des Rechts bezeichnet folglich einen Vorgang der Verwirklichung bzw. der realen Umsetzung von Rechtspostulaten.

---

136 Zur praktischen Vereinbarkeit von formaler und materialer Rationalität des Rechts siehe Eder 1981: 157 ff.

Die auf diesem Wege (zweckrational) verfolgten Rechtsgüter und Rechtsgedanken müssen nicht zwangsläufig formelles oder materielles Recht an sich sein,
sondern können auch nur aus den obersten Wertmaßstäben hervorgehen. Beispielsweise gliedert sich das Rechtsstaatsprinzip des deutschen Grundgesetzes in
verschiedene Elemente auf, die sich z. T. erst im Laufe der Geschichte entwickelt
haben. So zählten Gewaltenverschränkung oder Widerstandsrecht nicht immer
zu den festen Grundsätzen rechtstaatlicher Verfasstheit im deutschen Parlamen-
tarismus. Hier ist es primär theoretisch-rational motiviertes Handeln, das für eine
Fortentwicklung und Anpassung des Rechts (sowohl formal als auch material)
sorgte und weiterhin sorgt. Die immer weiter voranschreitende Systematisierung
des Rechts durch theoretische Rationalität macht es erst in der Praxis anwendbar.
Schließlich bedürfen die abstrakten Rechtssätze einer Form, durch die sie realen
Fällen gerecht werden können (vgl. Baumann 1991b: 120 f.).

Wie gezeigt, sind es vor allem Rechtswissenschaftler und Rechtspraktiker, die
durch ihre Arbeit als Forscher, Anwälte und Richter etc. diesen Prozess tragen
(vgl. auch Aechtner 1995: 103 ff.). Auch wenn der direkte Bezug zum Handeln erst
über die praktische Rationalität hergestellt wird, so leistet die theoretische Rationalität im Recht eine entscheidende Funktion, indem sie aus der eher diffusen
Wertorientierung des Rechts eine mehr oder weniger fest umrissene, in sich geschlossene und stimmige Rechtsordnung schafft, die in der Lage ist, in der Wirklichkeit gesellschaftlichen Lebens auftretende Probleme zu erfassen, zu lösen und
Gesetze und Rechtsdoktrinen immer wieder aufs Neue wechselnden Umständen
anzupassen.

Durch die wachsende Komplexität des Rechts erlangt auch die formale Rationalität immer stärkeres Gewicht, zumal eine zunehmende Verregelung für das
Funktionieren des modernen Rechts unabdingbar ist. In der Praxis bedeutet juristisches Arbeiten nämlich vor allem auch die Anwendung von Normen, ohne
diese ständig hinterfragen zu müssen. Bereits rationalisiertes Recht – sei es praktisch oder theoretisch – wird als geltende Grundlage für Beschlüsse herangezogen, ohne dass es jedes Mal einer neuerlichen Prüfung der jeweiligen Rechtsgrundlage bedürfte. Besonders die an Präzedenzfällen orientierte angelsächsische
Rechtsprechung ist hierfür genauso ein eindrückliches Beispiel wie die deutsche
Rechtsprechungspraxis, die sich in erster Linie an Gesetzestexten und deren Auslegung bzw. Anwendung orientiert. In beiden Fällen bedeutet Recht vor allem die
Bezugnahme auf zuvor rationalisierte Rechtsgüter – gleich, ob durch ihre praktische Anwendung oder die theoretische Verfestigung in Form eines Gesetzes. Insbesondere auf der Ebene staatlicher Verwaltung spielt formal-rational bedingtes
Handeln eine zentrale Rolle. Es ist hier die zweckrationale Anwendung gesetz-

ter Rechtsvorschriften, die den abstrakten Normen erst zu ihrer eigentlichen Geltung verhilft und Recht verständlich und berechenbar macht (siehe Baurmann 1991b: 114).

Wie in den anderen Lebenssphären fallen auch im Recht die unterschiedlichen Arten der Rationalisierung zusammen. Erst ihr gemeinsames und gegenseitig bedingtes Auftreten sichert das autonome Fortbestehen der Wertsphäre und ihrer Eigengesetzlichkeit. So wird das Recht zugleich auch von anderen Kontexten des Handelns unterscheidbar, so erhält es seine autonome Geltung. Oder: *„Das Recht besitzt seine Eigenständigkeit, es ist kein Reflex eines anderen, fremden Bereichs des Handelns"*, wie Freund (1987: 30) sagt. Das Recht muss daher aus einer verstehenden Perspektive, als selbständiger Kontext des Denkens, Argumentierens und Handelns, begriffen werden. Denn ohne diesen spezifischen sozialen Kontext und seine Eigengesetzlichkeit zu analysieren und zu beschreiben, werden die (rationalen) Gründe für das dort verwurzelte Handeln im Dunkeln bleiben müssen.

4.2 Die sprachliche Konstitution der Rationalität – von Wittgenstein zu einer sprachlich-kontextuellen Analyse der Wirklichkeit[137]

Obgleich das Wertsphärenkonzept dafür sensibilisiert, dass Handeln in einem spezifischen Bereich des sozialen Lebens sowohl durch allgemeine und zeitlose Handlungsmuster (die Typen der Rationalität und des sozialen Handelns) als auch durch einzigartige, historisch-kulturell gewachsene Wertpostulate (oberste Wertmaßstäbe der Lebenssphären) bestimmt wird und obwohl sich Webers Ansatz in dieser Hinsicht recht flexibel zeigt, so bleibt der Horizont der Möglichkeiten rationalen Denkens, und bleiben die Entscheidungsgründe für das eine oder andere Handeln, in einer bestimmten Situation weiterhin unklar. Wann handelt ein Mensch rational und was ist überhaupt nicht-rationales oder irrationales Handeln? Warum entscheidet sich ein Akteur in einer konkreten Situation für eine bestimmte Rationalität und nicht für eine andere? Was bedeutet es, dass ein Lebensbereich den Horizont möglicher Handlungen vorgibt? Dies sind Fragen, für die Webers Konzeption des Handelns und der zugrunde liegenden Rationalität zu statisch ist, um eine angemessene Antwort finden zu können.

Im Kern lassen sich diese offenen Fragen auf die Begründung der Rationalität in der menschlichen Natur und die Sprachblindheit des Ansatzes zurückfüh-

---

137 Einige Teile der folgenden Unterkapitel sind mit anderem Schwerpunkt bereits in Grimmel 2011a veröffentlicht worden.

ren. Die bisherigen Überlegungen zur Rationalität sollen daher um eine sprachphilosophische Dimension erweitert werden, die, zum einen, eine zeitliche, lokale
und vor allem funktionale Flexibilisierung des statischen Rationalitätsbegriffs ermöglichen sollte und, zum anderen, ein besseres Verständnis für Möglichkeiten
und Grenzen regionaler Integration in Aussicht stellt. Hierzu sollen die Arbeiten von Ludwig Wittgenstein (1889–1951) herangezogen werden, die sich hervor-
ragend dazu eignen, die verstehende Soziologie Webers zu erweitern und fortzuentwickeln, um so zu einer angemessenen Theorie der *Integration durch Recht*
zu finden.[138]

Hierzu wird zunächst auf den bisher recht undifferenziert verwandten Begriff
der Sprache und den von Wittgenstein geprägten Begriff des Sprachspiels einzugehen sein. Daraufhin werden die Regeln, die ein Sprachspiel und somit auch die
Sprache bestimmen, näher untersucht. Auch der Begriff des Regelfolgens wird in
diesem Zusammenhang als praktischer und handlungsorientierter Aspekt der Regel zu betrachten sein. Es wird darüber hinaus die von John Searle gemachte Unterscheidung zwischen konstitutiven und regulativen Regeln diskutiert und dargelegt warum diese bei Wittgenstein nicht auftaucht. Außerdem erscheint eine
Auseinandersetzung mit dem Begriff der Lebensform(en) notwendig, der zu den
Naturtatsachen abgegrenzt werden sollte. Abschließend soll der Versuch einer Ein-
und Anordnung der thematisierten Begriffe bzw. Konzepte unternommen werden. Es wird dabei eine neue Ebene eingeführt werden, die das Wittgenstein'sche
Konstrukt ergänzt und überdies eine Verbindung zu Webers Ausführungen zur
Rationalität herstellt: Der Kontext. Dieser ist zwischen Lebensform und Sprache
zu verorten und stellt den Hintergrund für ein reformuliertes, sprachpraktisches
Konzept der Rationalität dar.

4.2.1 Sprache und Sprachspiele

Das Sprachspiel gilt als herausragendes Konzept und zentrale Methode[139] der
Sprachphilosophie Ludwig Wittgensteins und hat überdies auch außerhalb der
Philosophie eine erstaunlich breite Beachtung gefunden. Dabei ist der Begriff alles
andere als einfach zu bestimmen oder scharf umgrenzt. Sprachspiele unterschei-

---

138 Zu der Verbindung von Webers soziologischen Arbeiten und Wittgensteins Philosophie der
    Sprache bereits Hollis (1991).
139 Monk verweist zu Recht darauf, dass es sich bei dem Sprachspieldenken eher um eine Methode
    als um einen einfachen Begriff handelt (vgl. ders. 1992: 360 ff.); vgl. auch Zeller 1980.

den sich hinsichtlich Struktur und Umfang. Dies macht es dann auch so schwierig, den Begriff genau zu definieren. Wittgenstein selbst zieht es vor, ihn in seinen *Philosophischen Untersuchungen* (1945) anhand zahlreicher Beispiele und begrenzter Einzelbefunde zu entwickeln, anstatt eine abschließende Definition zu geben. Doch ist es gerade diese konsequente Unabgeschlossenheit, die den Sprachspielbegriff, wie auch Wittgensteins gesamte Philosophie, wahrscheinlich am besten charakterisiert.

Möchte man sich dem Begriff nähern, so bietet es sich an, das Wort zunächst einmal in seine beiden Bestandteile „Sprache" und „Spiel" zu zerlegen. *„Unsere Sprache"*, sagt Wittgenstein *„kann man ansehen als ein alte Stadt: Ein Gewinkel von Gässchen und Plätzen, alten und neuen Häusern, und Häusern mit Zubauten aus verschiedenen Zeiten; und dies umgeben von einer Menge neuer Vororte mit geraden und regelmäßigen Straßen und mit einförmigen Häusern"* (PU: § 18). Sprache ist für Wittgenstein also alles andere als etwas, das dem Menschen von Natur aus vorgegeben wäre, obgleich eine gewisse natürliche Neigung zur Sprache durchaus bestehen mag (siehe Berger 2008: 255). Denn selbst wenn Sprache als *Form* der Verständigung dem Menschen eigen ist, so ist damit weder der *Inhalt* der Sprache noch ihre konkrete Relation zur Wirklichkeit festgelegt. Sprache muss immer erst erlernt werden. So kritisiert Wittgenstein an Augustinus, dass dieser in den *Confessiones* die lernenden Erlebnisse seiner frühen Kindheit beschreibt, als besäße er bereits eine Sprache, mit der er sich die Welt denkend erschließen könnte, *„als könne das Kind schon denken, nur noch nicht sprechen"* (PU: § 32, vgl. §§ 1 ff.). Für Wittgenstein liegt darin ein fundamentaler Irrtum. Das Erlernen der ersten Sprache (Muttersprache) sei im Grunde nicht mehr als eine bloße „Abrichtung" (PU: § 6),[140] bis der Mensch in der Lage ist, mit Hilfe von Sprache selbständig zu denken und seine Umwelt zu erforschen.

Wie das Stadtgleichnis nahe legt, ist das, was wir allgemeinhin unter dem Begriff „Sprache" fassen, weder einheitlich, wohlgeordnet noch übersichtlich. Eine Vielzahl von sehr unterschiedlichen Tätigkeiten, wie Befehlen, Beschreiben, Berichten, Hypothesen aufstellen, Geschichten erfinden, Theater spielen, Reigen singen, Rätselraten, Bitten, Danken, Fluchen, Grüßen, Beten und unendlich vieles mehr (PU: § 23) sieht Wittgenstein durch Sprache erst ermöglicht und vermittelt. Verwendet man nun Sprache in einer der genannten Formen, so tut man dies in einer ganz bestimmten Art und Weise, die sich von anderen Formen der

---

140 Das „Abrichten" hat bei Wittgenstein keineswegs eine negative Bedeutung, sondern verweist lediglich auf den praktischen Prozess des Lernens und Einübens einer Sprache oder einer anderen Tätigkeit durch das wiederholte Tun.

Sprachverwendung abhebt. Einen Befehl zu geben unterscheidet sich vom Beschreiben oder Berichten genauso wie das Stellen einer Bitte vom Aussprechen eines Dankes. Wittgenstein vergleicht diese Differenzierung sprachlicher Handlungsmuster innerhalb der Sprache mit verschiedenen Arten von Spielen.

> *„Betrachte z. B. einmal die Vorgänge, die wir ‚Spiele‘ nennen. Ich meine Brettspiele, Kartenspiele, Ballspiele, Kampfspiele, usw. Was ist allen diesen gemeinsam? […] Wir sehen ein kompliziertes Netz von Ähnlichkeiten, die einander übergreifen und kreuzen. Ähnlichkeiten im Großen und Kleinen"* (PU: § 66).

> *Ich kann diese Ähnlichkeiten nicht besser charakterisieren als durch das Wort ‚Familienähnlichkeiten‘; denn so übergreifen und kreuzen sich die verschiedenen Ähnlichkeiten, die zwischen den Gliedern einer Familie bestehen: Wuchs, Gesichtszüge, Augenfarbe, Gang, Temperament, etc. etc. …"* (PU: § 67).

Obwohl also jedes dieser sprachlichen Spiele anders ist, seine eigenen Regeln besitzt und seinen eigenen Sinn hat, so lassen sich doch ohne Zweifel all diese mit dem Oberbegriff „Spiel" versehen. Was die Sprachspiele miteinander verbindet, was sie gemein haben, nennt Wittgenstein kurz und prägnant „Familienähnlichkeiten".

Bedeutung innerhalb der Sprache und der Sprachspiele entsteht nun allerdings erst im Zusammenhang mit einer Praxis, mit einem regelmäßigen Tun (nicht zwangsläufig bereits mit einem intentionalen Handeln!) – Sprache muss gelebt werden, könnte man sagen. Für Wittgenstein ist die *„[d]ie Bedeutung eines Wortes … sein Gebrauch in der Sprache"* (PU: § 43). Das, was hier über das Wort gesagt wird, gilt ebenso für Sätze und Ausdrücke, die als logische bzw. grammatisch strukturierte Aneinanderreihung von Worten oder aber selbst als bedeutungstragende Einheit begriffen werden müssen.[141] Denn „*… was ein Satz ist, ist in einem Sinne bestimmt durch die Regeln des Satzbaus …, in einem andern Sinne durch den Gebrauch des Zeichens im Sprachspiel"* (PU: § 136; vgl. auch Bezzel 2000: 30 ff.). Und *„[s]ieh den Satz als Instrument an, und seinen Sinn als seine Verwendung!"* (PU: § 421). Sprachliche Ausdrücke definieren sich bei Wittgenstein also, unabhängig von ihrer Form, durch den Gebrauch in einem bestimmten sozialen Raum, genauer, in einem „Spiel" sprachlicher Verständigung. Daraus folgt zugleich: Be-

---

141 Ein Sprichwort kann solch eine Einheit darstellen; unabhängig davon, welchen wörtlichen Sinn der Ausspruch trägt (z. B. „Freundschaft ist des Lebens Salz").

griffe und andere sprachliche Ausdrücke existieren nicht an sich. Sie haben keinen ursprünglichen Sinn, keine fest vorgegebene Bedeutung. Sie korrespondieren auch nicht von Anbeginn mit der Wirklichkeit, die sie nunmehr beschreiben. Erst das Zusammentreffen von Tun und konkreten sprachlichen Ausdrücken im Sprachspiel legt deren Bedeutung fest und ermöglicht auf dieser Grundlage sinnvolles und letztlich auch rationales Handeln.

Hier wird nun ein grundlegender Unterschied zum trivialen Rationalismus und auch zum Poststrukturalismus/-modernismus sichtbar: Denn in einer Wittgenstein'schen Perspektive kann Rationalität keine unabhängige und generell gültige Konstante sein, sondern nur innerhalb von Sprachspielen entstehen. Andernfalls wäre bereits das Wort „rational" nicht mehr als ein inhaltsleerer Platzhalter. Rationalität hätte dann ganz einfach keine (praktische) Bedeutung, da man über sie weder sprechen, geschweige denn nach ihr handeln könnte. Oder wie Bezzel es formuliert: *„Der Name, das Wort hat, für sich genommen, noch gar keine Bedeutung; sie entsteht und vergeht erst und immer neu im Akt der Wortverwendung, linguistisch ausgedrückt: Bezug auf Wirklichkeit, Referenz, kann nicht etwas sein, was zur Wortbedeutung hinzukommt, der Akt der Referenz ist die Bedeutung"* (2000: 35). Der Sinn eines Ausdruckes oder einer Regel folgt also erst zeitlich und logisch auf die damit verbundene Tätigkeit oder den Gebrauch innerhalb eines sprachlichen Kontextes und wird gleichzeitig durch diesen immer wieder reproduziert und aufs Neue bestimmt. Der Ursprung *jeglicher* Bedeutung ist das Tun – nicht bereits das (intentionale) Handeln, das bereits Begriffe voraussetzt (ÜG: § 204). Die Verwendung von Sprache im Sprachspiel ist also alles andere als eine statische oder universelle Angelegenheit. Zugleich ist die Verbindlichkeit der Begriffe und Ausdrücke aber auch notwendig, um überhaupt Sinn zu erzeugen und Handeln zu ermöglichen. Und auch Veränderung ist nur durch Sprachspiele und in den Grenzen dieser möglich. Handeln *und* Sprechen – es muss immer beides zusammenkommen, um Sinn zu konstituieren und dann immerfort zu verändern. Gerade dieser Aspekt, das Bekenntnis zur Notwendigkeit der Struktur (diese besteht in der Einheit von Sprache und ihrem Gebrauch) und deren Bestimmtheit, unterscheidet Wittgensteins Philosophie zugleich grundlegend von poststrukturalistischen Arbeiten.

Die in Wittgensteins Arbeiten angedeutete „Gebrauchstheorie der Bedeutung" weist hier in eine pragmatische Richtung – fernab von trivial-rationalistischer Generalisierung und poststrukturalistischem/-modernistischem Zweifel. Die Wichtigkeit und Bedeutung der Beachtung von sprachpraktischen Bezügen in der Praxis lassen sich gut an einem allgemeinen Beispiel aus den *Philosophischen Untersuchungen* (1945) veranschaulichen:

„Jemand sagt mir: ‚Zeige den Kindern ein Spiel!‘ Ich lehre sie, um Geld würfeln, und der Andere sagt mir ‚Ich habe nicht so ein Spiel gemeint‘. Mußte ihm da, als er mir den Befehl gab, der Ausschluß des Würfelspiels vorschweben?“ (PU: § 71).

Wittgensteins offensichtlich rhetorische Frage wird sich wohl leicht mit einem „Nein“ beantworten lassen. Denn der Deutungsspielraum ist bereits reduziert. Die beschriebene Situation legt eine ganz bestimmte Bedeutung des Wortes „Spiel“ nahe. Zwar ist auch ein Würfelspiel um Geld zweifelsohne *ein* Spiel. Nur ist es dies eben nicht im Sinne des geltenden Sprachspiels. Das Wort „Spiel“ umfasst im Rahmen der Erziehung von Kindern – denn das ist hier offensichtlich das hier geltende Sprachspiel – eben gerade nicht das Glücksspiel um Geld. Letztere Deutung des Wortes „Spiel“ ist zwar möglich, aber eben nicht in einem Sprachspiel, das der Erziehung dienen soll. Der Gebrauch des Wortes ist hier ein anderer. Gängigere und passendere Varianten wären hingegen Ballspiele, Brettspiele, Lernspiele usw., die allgemein als pädagogisch gute Beschäftigungen für Kinder gelten. Was hier nun unverkennbar wird, ist Folgendes:

Zum einen sind sprachliche Ausdrücke in ihrem Inhalt – in dem also, was man unter ihnen versteht – wandelbar. Sie erhalten ihre Bedeutung durch den Gebrauch in einem bestimmten Sprachspiel. In einem anderen Sprachspiel kann derselbe Ausdruck, dasselbe Wort oder derselbe Satz sich auf eine andere Tätigkeit oder eine andere Entsprechung beziehen und somit einen anderen Sinn tragen. Dies gilt für das Wort „Spiel“ genauso wie für die Begriffe „schnell“, „schön“, „alt“, „gut“, „gerecht“ oder auch „rational“ bzw. „vernünftig“. Sie alle definieren sich durch eine ganz bestimmte Verwendung in einem spezifischen sprachlich vermittelten sozialen Kontext. So gesehen gibt es weder richtige noch falsche Definitionen von Begriffen, sondern nur solche, die einem bestimmten Sprachspiel (genauer: den Regeln des Sprachspiels) entsprechen oder nicht (siehe auch Glock 1996: 324). Allerdings kann sich die Bedeutung sprachlicher Ausdrücke innerhalb eines Spielkontextes mit der Zeit auch verändern und neuen Umständen bzw. einem sich ändernden Gebrauch anpassen. Oder in Wittgensteins Worten: *„Wenn sich die Sprachspiele ändern, ändern sich die Begriffe, und mit den Begriffen die Bedeutungen der Wörter“* (ÜG: § 65).[142]

Zum anderen verweist der Sprachspielbegriff jedoch immer auch auf Regelmäßigkeiten; genauer: Regelmäßigkeiten in der Verbindung von sprachlichen Äuße-

---

142 Man denke nur an das Gleichheitsprinzip, das sich im modernen Naturrecht der Aufklärung entwickelte und seitdem unzählige inhaltliche Wendungen erfahren hat.

rungen und Tätigkeiten. Wie es der Wortbestandteil „Spiel" nahe legt, ist diese Regel*mäßigkeit* gleichbedeutend mit einer Regel*haftigkeit,* die ein Sprachspiel erst konstituiert. Es gibt durchaus gewisse Grenzen, die ein bestimmtes Sprachspiel umgeben und es von anderen Sprachspielen unterscheidbar macht. Kurz: Ein Sprachspiel funktioniert nach bestimmten Regeln. Ein wichtiges Merkmal ist insofern seine Wiederholbarkeit, die erst durch die Geltung solch spezifischer Regeln ermöglicht wird. Der Regelbegriff weist damit über die Konstitution einfacher Wortbedeutungen im Sprachspiel hinaus. Er betrifft das Handeln oder aber das Räsonieren über mögliche Handlungsoptionen und ist entscheidend für das Verständnis der Möglichkeiten und Grenzen von Denken und Handeln innerhalb eines sozialen, sprachlich vermittelten Kontextes und soll im Folgenden näher betrachtet werden.

4.2.2 Regeln und Regelfolgen

Wenn Wittgenstein von Regeln spricht, sind damit immer auch faktische Regelmäßigkeiten im Handeln und in der Verwendung von Sprache gemeint. Für Regeln gilt, wie für sprachliche Ausdrücke, dass sie mit Tätigkeiten verbunden sein müssen, um Bedeutung zu erhalten und verstehbar zu sein. Doch „... *Regeln lassen Hintertüren offen, und die Praxis muß für sich selbst sprechen"* (ÜG: § 139), sagt Wittgenstein. Es wäre also falsch, hinter dem Begriff der Regel per Definition gesetzte Vorschriften zu vermuten, die das Handeln des Menschen von vornherein fixieren oder es sogar vorhersagbar machen würden und die man aufgrund dessen wie die Gebrauchsanleitung einer Maschine studieren könnte. Denn obwohl regelgeleitetes Handeln Ausdruck einer sozialen Institution ist, bis zu einem gewissen Grad Berechenbarkeit verspricht und auf diese Weise gegenseitige Verlässlichkeiten schafft, so ist es zugleich Ausdruck freiwilliger sowie individueller Selbstbestimmung (hierzu eingehend Grimmel 2011a; vgl. auch Bloor 2002: 27 ff., 79 ff.). Schließlich kann man Regeln benutzen, d. h. ihnen folgen, ohne davon vereinnahmt oder gänzlich bestimmt zu werden. Auch kann man bis zu einem gewissen Grad wählen, wann man welcher Regel Folge leisten möchte. Und man kann schließlich auch angeben warum man dies tut.

Wie im Falle des Sprachspiels verzichtet Wittgenstein auch bei der Beschreibung seines Regelkonzepts auf eine abschließende Definition. Stattdessen wird die *„einfache Vielseitigkeit"* (Bezzel 2000: 40) des Begriffs von ihm anhand verschiedener beispielhafter Darstellungen entwickelt. Eine erste, sehr instruktive Begriffsbestimmung der Wittgenstein'schen Regel finden wir bei Bix:

„Wittgenstein's use of ‚rule' refers to all normative constraints which apply over an indefinite variety of cases, to practices where our actions might be said to be guided, to situations where characterizing actions as ‚correct' or ‚incorrect' makes sense" (1992: 209).

Alle diese Fälle, von denen hier die Rede ist, spielen sich immer innerhalb bestimmter Sprachspiele ab. Sie sind, wie oben gezeigt, Teil einer bestimmten sprachlichen Praxis. Regeln können nun durchaus als normative Vorgaben für ein spezifisches Sprachspiel gesehen werden. Doch ist damit noch nicht viel darüber ausgesagt, wann und wie Regeln in einem Sprachspiel wirken. Denn ein Sprachspiel, wie eigentlich jedes Spiel, ist, wie Wittgenstein anmerkt, *„… nicht überall von Regeln begrenzt; aber es gibt ja auch keine Regel dafür z. B., wie hoch man im Tennis den Ball werfen darf, oder wie stark, aber Tennis ist doch ein Spiel und es hat auch Regeln"* (PU: § 68). Demnach gibt es in einem (Sprach)Spiel sowohl einen Bereich, der von Regeln bestimmt wird, als auch Bereiche, die frei von solchen Festlegungen zu sein scheinen. Man könnte es aber auch anders sehen und sagen: Beide Bereiche sind von Regeln bestimmt. Nur gehören diese unterschiedlichen Regeltypen an. *John Searle* hat diese These in seiner Theorie der Sprechakte (1983) vertreten. Demnach lässt sich in (1.) konstitutive als auch (2.) regulative Regeln unterscheiden:

1. *Konstitutive Regeln:* Dieser erste Regeltyp ermöglicht eine bestimmte Praxis erst, indem er für einen bestimmten Bereich vorgibt, welches Handeln zulässig und welches unzulässig ist. *„Konstitutive Regeln erzeugen oder prägen … neue Formen des Verhaltens"* (a. a. O.: 54), sagt Searle. Ohne konstitutive Regeln würde ein bestimmtes Sprachspiel schlichtweg nicht existieren.

Konstitutive Regeln können folgende Formen annehmen:

„X gilt als Y"

oder

„X gilt als Y im Kontext C"

oder

„Tue X" oder „Wenn Y, tue X"[143]

---

143 Siehe Searle 1983: 56.

Es sind also Regeln derart, wie man sie vorfindet, wenn man die Spielanleitung eines unbekannten Brett- oder Kartenspiels liest. Ohne die Kenntnis der konstitutiven (genauer: das Spiel konstituierenden) Regeln wird ein Schachspiel nicht mehr sein als ein schwarz-weiß kariertes Brett mit einigen verschiedenartigen Figuren darauf. Was hier für das Schachspiel im Speziellen gilt, gilt im Prinzip für jedes Sprachspiel (vgl. auch Brill 1995: 96 f.). Um an einem Sprachspiel teilnehmen zu können, muss man es zunächst einmal erlernen – d. h., man muss die Regeln erlernen, nach denen es gespielt wird. Kinder sind ständig mit solchen Lernprozessen beschäftigt: wie singt man ein Lied, wie erzählt man einen Witz, wie berichtet man über Erlebtes, wie liest, schreibt und rechnet man, was ist eine Aufforderung, was eine Bitte und wie trägt man sie höflich vor? Jede dieser Tätigkeiten erfordert eine bestimmte Verfahrensweise, die durch eine Reihe bestimmter Regeln determiniert ist und sie von allen übrigen unterscheidet. Nicht selten überschneiden sich einzelne oder mehrere Regeln verschiedener Sprachspiele, niemals jedoch sämtliche.[144] Gerade hierin, in der *regel*mäßigen Verwandtschaft, zeigt sich z. T. auch der von Wittgenstein hervorgehobene Charakter der „Familienähnlichkeiten" unterschiedlicher Sprachspiele (PU: § 67).

2. *Regulative Regeln:* „*Die regulativen Regeln können wir zunächst als Regeln charakterisieren, die bereits bestehende oder unabhängig von ihnen existierende Verhaltensformen regeln …*", so Searle (1983: 54). Sie geben dem Menschen nicht vor, wie man ein Spiel spielt oder sich in einem bestimmten sozialen Kontext verhält, sondern wie man dieses „gut", „richtig" oder „angemessen" tut.

Regulative Regeln haben stets die Form:

„Tue X"

oder

„Wenn Y, tue X"[145]

Mit anderen Worten: Es sind Regeln der Klugheit, die außerhalb konstitutiver Festschreibungen bestehen, nicht jedoch unabhängig von diesen. Dies bedarf der Erläuterung: Konstitutive Regeln legen bestimmte Ge- oder Verbote ausdrück-

---

144 Denn sonst wäre keine Unterscheidung mehr möglich.
145 Siehe Searle 1983: 56.

lich fest. Sie geben bei Wittgenstein den Rahmen eines Sprachspiels vor. Zum Beispiel muss der Ball im Tennis in einem zuvor festgelegten Bereich des Spielfeldes aufkommen, er muss mit dem Schläger gespielt werden und muss den genormten Abmessungen und Vorgaben bezüglich gewisser Materialeigenschaften entsprechen. Befindet man sich in Kenntnis aller Regeln des Tennis, so ist man aller Wahrscheinlichkeit nach in der Lage, das Spiel zu spielen. Zumindest weiß man jedoch, wie das Spiel gespielt wird. Obwohl das Spiel hierdurch in gewisser Weise eine Begrenzung erfährt, gibt es weiterhin einen der Möglichkeit nach unendlich großen Bereich, in dem das Spiel nicht von Regeln begrenzt ist. Diese „Lücke" füllen die regulativen Regeln aus. Sie sagen dem Spieler, wie er das Spiel erfolgreich spielt – sofern denn Erfolg sein Ziel ist. Im Tennis sollte man den Ball z. B. möglichst hart schlagen oder „anschneiden", um seinen Gegner unter Druck zu setzen, obgleich dies nicht zwingend notwendig ist, um Tennis zu spielen. Regulative Regeln haben stets die Form von (unverbindlichen)[146] Handlungsimperativen bzw. lassen sich als solche wiedergeben (siehe Searle 1983: 55; vgl. auch Hollis u. Smith 1990: 176 ff.). Etwa: „Fahre nicht zu schnell!", „Schüttele deinem Gegenüber zur Begrüßung die Hand!", „Rede nicht zu schnell, aber auch nicht zu langsam!", „Erst die Arbeit, dann das Vergnügen!", „Gebe Gründe für deine Behauptung!".

Dass Wittgenstein konstitutive und regulative Regeln nicht explizit in dieser Form voneinander unterscheidet, hat einen einfachen Grund, der uns zur seiner, bereits an früherer Stelle kurz erwähnten, sog. Gebrauchstheorie der Bedeutung zurückführt. Für Wittgenstein bestimmt sich nämlich die Bedeutung einer Regel immer durch ihren Gebrauch in der Sprache. Nichts anderes meint Wittgenstein, wenn er sagt: „… [E]ine Bedeutung eines Wortes ist eine Art seiner Verwendung." Und: „… [Es] besteht eine Entsprechung zwischen den Begriffen ‚Bedeutung' und ‚Regel'" (ÜG: §§ 61 f.). Oder, wie Grayling zusammenfasst: „Man versteht die Bedeutung eines Ausdrucks, wenn man die Regeln seiner Verwendung beherrscht" (Grayling 2004: 101). Genauso wie jedes Wort, wie jeder Begriff ist auch jede Regel eine leere Hülse, wenn sie nicht mit einer allgemeinen und gekannten Praxis korrespondiert. Was sagt z. B. die Regel „Im englischen Straßenverkehr fährt man links" aus, wenn man niemals Straßenverkehr erlebt hat oder nicht den Unterschied zwischen rechts und links kennt? Eine Regel lässt sich, genau wie ein Zeichen, prinzipiell in tausenderlei Arten und Weisen deuten. Wittgenstein hat in diesem Zusammenhang eine Regel mit einem Wegweiser verglichen, welcher

---

146 D. h. man könnte die Regel unbeachtet lassen und würde sich trotzdem noch im Rahmen des geltenden Sprachspiels bewegen.

der Möglichkeit nach unendlich viele Interpretationen seiner Bedeutung zulässt (PU: § 85). Die innerhalb des geltenden Sprachspiels richtige Deutung eines Wegweisers ist jedoch diejenige, die seinem Gebrauch entspricht (z. B. „die Spitze des Pfeils weist den Weg" oder „die Zahl hinter dem Ort entspricht der Entfernung in Kilometern"). Man könnte auch sagen, das Bestehen einer Regel setze bereits eine Übereinstimmung über deren Bedeutung voraus. Oder wie Wittgenstein feststellt:

> „Das Wort ‚Übereinstimmung' und das Wort ‚Regel' sind miteinander verwandt, sie sind Vettern. Lehre ich Einem den Gebrauch des einen Wortes, so lernt er damit auch den Gebrauch des andern" (PU: § 224).

Was Wittgenstein mit „Übereinstimmung" meint, ist nun nicht die bloße empirische und evtl. nur zufällige Übereinstimmung im Handeln mehrerer Menschen. Denn, wie Lange zutreffend bemerkt: *„Die Bedeutung von ‚Übereinstimmung', die man mit dem Wort ‚Regel' lernt, ist die ‚Übereinstimmung mit der Regel', in der das ihr Folgen besteht"* (1998: 255). Gleichartig vollzogene Handlungen sind demzufolge noch kein zwingender Beweis für das Vorhandensein einer Regel, obwohl es ein Hinweis auf das Befolgen einer Regel sein kann. Dass zwei Menschen zur gleichen Zeit das Gleiche tun (z. B. husten oder sich am Kopf kratzen), ist schließlich noch kein Beleg dafür, dass sie einer gemeinsamen bzw. derselben Regel folgen. Genauso ist es möglich, dass man nur *glaubt* in seiner Handlung einer Regel zu folgen, ohne dies tatsächlich zu tun (PU: § 202; vgl. auch Glock 1996: 324, Grayling 2004: 102 f.). Die befolgte Regel in einer konkreten Situation eines Sprachspiels aufzudecken ist dementsprechend eine schwierige Angelegenheit.

In jedem Fall müssen Regeln jedoch eine gewisse Konstanz und Gleichförmigkeit der Handlungs*ergebnisse* hervorbringen, damit man von ihrer Geltung sprechen kann (vgl. von Savigny 1995). Man könnte auch sagen: Es muss Regelmäßigkeiten in den Ergebnissen geben. Wenn hundert Menschen ein und dieselbe einfache Rechenaufgabe bearbeiten und jeder von ihnen kommt zu einem unterschiedlichen Ergebnis, so kann man mit guten Gründen annehmen, sie rechneten nicht nach denselben „Regeln der Mathematik". Das Gleiche, was hier über eine Menge unterschiedlicher Personen gesagt wurde, gilt für das Handeln einer einzelnen Person. Von einer Übereinstimmung mit einer oder mehreren Regel(n) wird man nur sprechen können, sofern das regelgeleitete Handeln eine gewisse Wiederholbarkeit bzw. Regelmäßigkeit garantiert, d. h. in der Realität eine Konstanz aufweist und nachvollziehbar ist. *„Hätte es einen Sinn zu sagen: ‚Wenn er jedes Mal etwas anderes täte, würden wir nicht sagen: er folge einer Regel'? Das hat keinen Sinn"* (PU: § 227).

Regeln sind also in der Lage, Menschen durch eine *Regel*mäßigkeit in ihren Reaktionen und Handlungen miteinander zu verbinden (vgl. auch Bezzel 2000: 41). Dies gilt nach Wittgenstein sowohl für die Sprache an sich als auch für alle in ihr enthaltenen Sprachspiele. Denn was Menschen sagen, kann zwar als richtig oder falsch innerhalb eines bestimmten Sprachspiels gelten (siehe Glock 1996: 323 ff.), dennoch muss als Vorbedingung bereits *Übereinstimmung* über die Geltung der Sprache und (im weitesten Sinne) ihrer grammatischen und bedeutungskonstituierenden Regeln bestehen (PU: § 241).[147] So gesehen ist sowohl Sprache als auch jedes Sprachspiel durch Regeln bestimmt.

Um nun auf den Ausgangspunkt der Unterscheidung von konstitutiven und regulativen Regeln zurückzukommen: Bei Wittgenstein findet sich keine begriffliche Trennung der beiden Regeltypen, weil *beide* nur durch ihren wiederholten Gebrauch existieren (können) und in diesem Punkt eins sind. Das heißt, sowohl konstitutive als auch regulative Regeln schaffen den immanenten Funktionszusammenhang eines Sprachspiels durch eine spezifische Form ihrer Anwendung. Der Übergang von solchen Regeln, die den Rahmen eines Sprachspiels begrenzen, zu solchen, welche die damit ins Leben gerufene Praxis „nur" regulieren, ist fließend. Es ist oft nicht klar, ob ein Spielzug eine Verletzung konstitutiver Regeln darstellt und somit die Grenzen eines Sprachspiels durchbricht, oder ob dieser nur eine Ausgestaltung oder Erweiterung der Spielpraxis darstellt. Schließlich charakterisiert gerade der ständige Wandel von Begriff bzw. Regel und entsprechender Verwendung das Sprachspieldenken, so dass in der Tat, mit der Zeit, regulative Regeln zu konstitutiven werden können und anders herum.[148] Doch heißt dies nicht, dass die Differenzierung zwischen konstitutiven und regulativen Regeln überflüssig wäre. Nur ist sie mit Vorsicht zu behandeln, da sich in der Realität konstitutive und regulative Regeln z. T. miteinander vermischen bzw. der eine in den anderen Typus mit der Zeit übergehen kann.

Doch was unterscheidet das Regelfolgen nun von anderen Vorgängen und Tätigkeiten? Und inwieweit bestimmen Regeln überhaupt unser Handeln? Mit diesen Fragen gelangt man zu neuen, sprachlich-praktischen Anforderungen an den Begriff der Rationalität. Man könnte genauso gut fragen: Wann und in welchem

---

147 Auf diese Übereinstimmung in den Grundlagen sprachlicher Verständigung bezieht sich Wittgenstein auch in seinen „Zetteln": *„Unser Sprachspiel kommt freilich nur zustande, wenn eine gewisse Übereinstimmung herrscht, aber der Begriff der Übereinstimmung tritt ins Sprachspiel nicht ein"* (Z: § 430).

148 Dies ergibt sich aus dem gelebten, nicht-statischen Wesen der Sprache. Oder wie Wittgenstein es in seinem Spätwerk ausdrückt: *„Nur im Fluß des Lebens haben die Worte ihre Bedeutung"* (LS: 468).

Zusammenhang ist Regelfolgen rationales Handeln? Und auf Grundlage welcher Regeln kann Handeln als rational gelten? Bevor diese Fragen nach einer sprachpraktischen Rationalität beantwortet werden können, muss geklärt werden, wann man überhaupt von Regelfolgen sprechen kann und worin dieses genau besteht.

Wie oben erwähnt sind empirisch weder die Übereinstimmung mehrerer Handlungen noch das Bekenntnis dazu, einer bestimmten Regel nachzukommen, ein hinreichender Beweis für das Regelfolgen. Glock merkt in diesem Zusammenhang zutreffend an, dass *„[i]f an agent follows a rule in Φing, the rule must be part of his reason for Φing, and not just a cause"* (Glock 1996: 325). Entscheidend für die Tätigkeit des Regelfolgens ist also zunächst einmal, dass eine Regel *intentional* befolgt wird. Das muss nicht zwangsläufig bedeuten, dass der Regelfolgende sich dessen zu jedem Zeitpunkt voll bewusst ist (PU: § 223). Dennoch muss er im Zweifelsfall Gründe für sein Tun angeben können. Etwa: „Ich übersetze diesen Text so, weil ich diese und jene Regeln der Grammatik befolge!" oder „Ich vervollständige diese Zahlenreihe nach den Regeln der Mathematik!".

Ganz anders verhält es sich bei Tätigkeiten, die ursächlich bestimmt sind und aus einer „Art Inspiration" entstehen oder Ausdruck bloßen Sichverhaltens sind. Denn *„[i]n dem Fall der Inspiration warte ich auf die Anweisung. Ich werde einem anderen nicht meine ‚Technik' lehren können, ..."* (PU: § 232). Der Akteur verhält sich hier (bewusst) passiv. Er wartet darauf, inspiriert zu werden, eine Eingebung zu bekommen. Anders als bei der Inspiration, handelt es sich bei ursächlichem Verhalten um eine vorbestimmte und auch mehr oder weniger feste Größe. Dafür dass ein Stein zu Boden fällt, wenn man ihn loslässt, oder jemand vor Schmerz aufschreit, wenn eben dieser Stein seinen Fuß trifft, gibt es eine Ursache. Dies gilt hingegen nicht für das Regelfolgen. Es setzt nämlich die Kenntnis und Verinnerlichung einer Regel voraus. Also: Der Mensch handelt nach Regeln, er lebt nach ihnen und denkt in ihnen. Und dennoch haben sie keinen ursächlichen Charakter.[149] Denn anders als im Falle ursächlich bestimmter Handlungen, die nur genau einen Schluss, nicht jedoch eine Entscheidung zulassen, eröffnet eine Regel dem Akteur immer zwei Alternativen: Entweder er befolgt die Regel oder er handelt ihr zuwider. Dass, wie Bobbitt sagt, *„[o]nce one has thoroughly learned a rule, rule-following is automatic, spontaneous and unreflective"* (1999: 58), bedeutet jedoch keinesfalls, die Menschen verhielten sich wie Maschinen mit einer Programmierung auf ein festes Set von Regeln. Vielmehr ist Wittgensteins Argument des Regelfol-

---

149 Der Begriff des Regelfolgens darf daher nicht in die Nähe zweckrationaler Berechnung gestellt werden, wie es z. T. in konstruktivistischen Analysen geschieht (vgl. Olsen 2000, Tonra 2003: 741 ff.).

gens so zu verstehen, dass sich das Leben in zahlreiche unterschiedliche Lebens-
und Interaktionsbereiche aufgliedert. Jeder davon wird durch eine Menge von erlernten und verinnerlichten Regeln konstituiert und reguliert.

Die Entscheidung zugunsten einer Regel ist also keine gänzlich willkürliche,
sondern wiederum durch das geltende Sprachspiel determiniert. Denn dieses
gibt vor, welche Regeln zulässig sind und wie diese anzuwenden sind. Es ist allem
voran die Entscheidung für einen bestimmten Sprachspielkontext, die umgrenzt,
was das Befolgen einer bestimmten Regel konkret bedeutet. Dennoch sind Regeln
nur in den seltensten Fällen so eindeutig, dass sie keinen Zweifel über ihre alltägliche Anwendung zulassen. Wittgenstein weist in seinem Tennisbeispiel (PU:
§ 68) auf diesen Umstand hin. Dies gilt umso mehr, als Menschen ihr Leben in
wechselnden und zum Teil konkurrierenden Sprachspielkontexten gestalten. Man
kann z. B. Unternehmer, Verbraucher, Umweltschützer, Familienvater, Wähler,
Fahrradfahrer etc. in einer Person sein. Die praktische Lebensführung in einem
bestimmten situativen Umfeld lässt sich dabei in der Praxis, aller Wahrscheinlichkeit nach, nicht strikt von den übrigen Lebensbereichen trennen. Unweigerlich wird die Erfahrung aus dem einen Bereich auch einen anderen beeinflussen.
Überdies ist das Regelfolgen einem zeitlichen Wandel – Wittgenstein würde sagen,
„dem Strom des Lebens" – ausgesetzt und erfährt permanente Erneuerung und
Veränderung. Regelfolgen ist daher ausdrücklich als ein beständiger Prozess der
Auslegung und Anwendung von Regeln und nicht etwa nur als ein starres Ausführen von Verhaltensvorschriften oder eine „soziale Programmierung" zu verstehen.

Zusammenfassend ist festzuhalten, dass Auslegung und Anwendung von Regeln praktisches, sprachliches Handeln ist und immer begründet werden kann
und im Zweifelsfall sogar begründet werden muss. Dabei legt wiederum die institutionalisierte Praxis innerhalb eines Sprachspiels fest, welche Gründe für eine
Entscheidung gültigerweise angeführt werden können und welche nicht. Das
Sprachspiel ist daher die Ebene, die primär über die Akzeptanzfähigkeit von Begründungen und Argumenten Aufschluss gibt. Eine Begründung kann also – sofern man sich nicht in einen infiniten Regress ergeben möchte – nur unter Rückgriff
auf einen gemeinsamen Bezugspunkt, nämlich das geltende Sprachspiel, erfolgen. Die eigentümliche gegenseitige Bedingtheit des Befolgens und Erschaffens
von Regeln, die das Sprachspiel auszeichnet, und die für Wittgensteins „Sprachspieldenken" charakteristisch ist, unterscheidet Letzteres zugleich ausdrücklich
von sowohl positivistisch-rationalistischen als auch den poststrukturalistischen/-
modernistischen Ansätzen. Es ist nicht das Entweder-oder, sondern das Sowohl-
als-auch von Regelsetzung und Regelfolgen, die Wittgensteins sprachpraktischen
Ansatz auszeichnet. Das Eine kann nicht ohne das Andere bestehen: Die Verän-

derung ist nur auf der Grundlage des Bestehenden möglich und *denk*bar – im Positiven, wie im Negativen. Und das Bestehen einer Regel kann nur durch ihre Flexibilität und Veränderbarkeit gesichert werden. Denn Regeln können und dürfen nicht zur Ruhe kommen, könnte man sagen. Dies wäre das Ende ihrer Bedeutung und Wirksamkeit. Man kann durchaus kritisch von einer *„praktischen Instabilität des Regelhaften"* (Christensen 2005: 17) sprechen und sich dabei auf die postmoderne Tradition berufen.[150] Doch darf man dabei nicht übersehen, dass dies nur *ein* Aspekt der Regel ist. Ebenso muss es immer und notwendigerweise auch eine „praktische Stabilität des Regelhaften" geben. Sonst könnte man schlicht nicht von Regeln sprechen, geschweige denn einer Regel folgen. Regeln sind also etwas Stabiles bzw. Stabilisierendes, das Handeln in bestimmte Bahnen lenkt und zugleich verstehbar, aber auch kritisierbar (!) macht. Zugleich sind sie aber auch äußerst unbeständig und veränderbar. Handeln und Regel müssen immer wieder aufs Neue in Einklang miteinander gebracht werden, ohne dass es hierfür einen „archimedischen Punkt" gibt, an dem eine Eichung des eigenen Blicks vorgenommen werden könnte. Nur der interne Zusammenhang zwischen abstrakt begriffener Regelhaftigkeit und Praxis bleibt dem Handelnden, um sich zu orientieren.

4.2.3 Naturtatsachen und Lebensform(en)

Der Begriff der Lebensform(en)[151] ist der wohl schwierigste und missverständlichste Begriff in Wittgensteins Philosophie. Doch so mehrdeutig der Begriff ist, so unumgänglich ist er auch für das Verständnis von Sprache, Sprachspielen, Regeln und denen damit verbundenen Tätigkeiten. Die in der Diskussion um die Deutung der „Lebensform" aufgetretenen Verwirrungen sind dabei in erster Linie den wenigen Informationen geschuldet, die Wittgenstein dem Leser darüber zur Verfügung gestellt hat. An gerade einmal fünf Stellen taucht das Wort „Lebensform(en)" in Wittgensteins Hauptwerk, den *Philosophischen Untersuchungen* (1945), auf:

(a) „Und eine Sprache vorstellen heißt, sich eine Lebensform vorstellen" (PU: § 19).
(b) „Das Wort ,Sprachspiel' soll ... hervorheben, daß das Sprechen der Sprache ein Teil ist einer Tätigkeit, oder einer Lebensform" (PU: § 23).

---

150 Es verwundert daher kaum, dass zahlreiche postmoderne Denker auf Wittgenstein rekurrieren (vgl. Lyotard 1979, Garver u. Lee 1994, Orbán 1994, Burbules 2000, Derrida 2000, Standish u. Dhillon 2000, Mouffe 2001, Mulhall 2001, 2000, Nagl 2001, Owen 2001, Staten 2001, Zerilli 2001, Gier 2007).
151 Wittgenstein verwendet den Begriff sowohl im Singular als auch im Plural.

(c) „Richtig und falsch ist was Menschen sagen; und in der Sprache stimmen die Menschen überein. Dies ist keine Übereinstimmung der Meinungen, sondern der Lebensformen" (PU: § 241).

(d) „Kann nur hoffen, wer sprechen kann? Nur der, der die Verwendung einer Sprache beherrscht. D. h., die Erscheinungen des Hoffens sind Modifikationen dieser komplizierten Lebensform" (PU II: 489).

(e) „Das Hinzunehmende, Gegebene – könnte man sagen – seien Lebensformen" (PU II: 572).

Sowohl die Vagheit der Formulierungen als auch die abwechselnde Verwendung des Begriffs im Singular und Plural, hat dabei zu vielen Missverständnissen und sicherlich auch einigen Fehldeutungen beigetragen. Entsprechend groß sind auch Diskussionsbedarf, philosophischer Deutungsspielraum und die Vielfalt an unterschiedlichen Interpretationen, die bislang vorgetragen wurden (siehe Winch 1974: 55 ff., Black 1980, Haller 1984: 55 ff., 1995, Grewendorf 1985, Fischer 1987, Kripke [1987] 2006, Garver 1984, 1994: 237 ff., 1995, 1999, Neumer 1995, Schulte 1995, Simon 1995, Glock 1996: 124 ff., von Savigny 1995, Lütterfelds 1995, Kober 2008, Grimmel 2011a)[152]. Häufig verschwimmt die Lebensform hierbei mit anderen Kategorien, wie Naturtatsachen, Sprache oder Sprachspiel. Dabei weist doch bereits die begriffliche Trennung, die Wittgenstein vorgenommen hat, darauf hin, dass diese nicht miteinander zu verwechseln oder vermengen sind. Wohl aber stehen sie in einer engen Verbindung miteinander, bilden zusammen ein System bzw. eine systematische Anordnung.

In der Diskussion über Wittgensteins Lebensformbegriff haben sich zwei Positionen[153] herausgebildet, die eine nähere Betrachtung verdienen, da sie die Problematik des Begriffs veranschaulichen:

Als besonders attraktiv hat sich in der Forschung eine *pluralistische (bedeutungsholistische und sozio-kulturelle) Deutung* der Lebensform erwiesen (siehe etwa Winch: 1974: 55 ff., Haller 1984, 1995, von Savigny 1995, Lütterfelds 1995, Schulte 2001: 142 ff.). So führt von Savigny aus:

„… Sprachen seien in soziale Systeme (und in so verstandene Lebensformen) eingebettet, aus dem folgenden Grunde: Daß ein Regelsystem (eine Sprache) in ein anderes (in eine Lebensform) eingebettet sei, läßt sich nicht besser erläutern, als dass die Möglichkeit, sich

---

152 Die Beiträge von Garver, Haller, Neumer, Schulte, Simon und von Savigny sind auch in Lütterfelds u. Roser 1999 erschienen.

153 Ein guter erster Überblick zu der Vielzahl an Deutungen findet sich u. a. bei Lütterfelds 1995.

> *nach dem ersteren System zu verhalten und die von ihm vorgesehenen Ergebnisse zu er-*
> *zielen (die Sprache zu benutzen), davon abhängt, daß man sich auch im ersteren System*
> *bewegt (die Lebensform lebt)"* (1995).

Nach dieser Deutung gibt es eine Vielzahl von unterschiedlichen Lebensform*en*, deren Grenzen durch den sprachlichen Gebrauch in den entsprechenden sozialen Systemen markiert werden. Eine fremde Sprache zu verstehen ist gleichbedeutend damit, eine Lebensform erfassen zu können. Und anders herum gewendet: Eine bestimmte Lebensform gibt auch bestimmte sprachliche Möglichkeiten und Grenzen vor. Dies gilt für unbekannte Fremdsprachen genauso wie für soziale „Sprachreservate" (etwa Fach- oder Jugendsprache), mit denen jeweils, der pluralistischen Interpretation nach, eine spezifische „Art zu leben" verbunden ist. *„Wer fremde Lebensformen beschreiben kann, kann sie auch verstehen. [...] Wir können fremde Lebensformen erlernen, indem wir uns an sie gewöhnen"* (von Savigny 1995). Anders ausgedrückt: Wenn man die Regeln einer Sprache und ihre Anwendung erlernt, so erlernt man auch und zugleich die zugrunde liegende Lebensform.

Problematisch an dieser Deutung ist vor allem, dass hier eben das miteinander verschmilzt, was Wittgenstein gerade begrifflich trennen wollte. Für Savigny treffen mit Sprache und Lebensform zwei Regelsysteme aufeinander und bilden zusammen eine nicht näher zu differenzierende Einheit. Dies widerspricht jedoch Wittgensteins behutsam vorgenommener Unterscheidung zwischen Lebensform und Sprache. Auch scheint von Savignys Deutung der Lebensform, durch die Verwendung des Begriffs der Regel, eine gewisse Nähe zum Sprachspiel zu implizieren. Falsch ist dies sicherlich nicht, denn alle Begriffe sind miteinander verbunden – ohne Sprache kein Sprachspiel und ohne Lebensform keine (spezifische) Sprache. Doch bleibt m. E. die Systematik von Wittgensteins differenzierter Sprach-Lebensform-Konstruktion dabei unbeachtet. Die holistische Deutung bedingt eine gewisse Indifferenz, könnte man sagen, die Rolle und Ort der Lebensform im Dunkeln lässt.

Der bedeutungsholistischen Interpretation der Lebensform*en* entgegen, wird in der Forschung eine weitere Position vertreten, die man als *monistische (dispositional-naturalistische) Deutung* bezeichnen könnte. Demnach gibt es nicht viele Lebensformen, zwischen denen man ggf. wählen kann, sondern nur *eine* Lebensform, nämlich die des Menschen und seiner Fähigkeit eine komplexe Sprache zu beherrschen. Insbesondere Newton Garver (1984, 1994, 1995) hat dahingehend argumentiert. Sowohl Sprache als auch Lebensform sind demnach nicht variabel zu verstehen, sondern müssen als Konstanten des menschlichen Daseins gesehen werden. Im Gegensatz zum Menschen haben Tiere keine Sprache, mit der

sie komplexe kognitive Operationen, wie z. B. Hoffen oder Glauben (siehe PU
II: 489), ausführen könnten. Die Sprache ist – so verstanden – eine direkte Aus-
prägung der *menschlichen* Lebensform, seiner Fähigkeiten und Veranlagungen.
Das, so könnte man Wittgenstein verstehen, sei das *„Hinzunehmende, Gegebene"*
(PU II: 572).

    *„... [T]he correlation between Sprachspiel and Lebensform is many to one rather
than one to one",* stellt Garver fest (1994: 246). Fremde Kulturen, Religionen,
(Fremd)Sprachen seien erlernbar und daher nicht mit dem Begriff der Lebensform und dem der Sprache zu verwechseln. Vielmehr sind sie als sozial geschaffene Strukturen zu verstehen, die in ihrer Unterschiedlichkeit und Wandelbarkeit
nur als Sprach*spiele* auftauchen können. Daraus darf allerdings nicht geschlos-
sen werden, Sprachspiele müssten zwangsläufig grundverschieden sein. Eher
gibt es zahlreiche Merkmale, in denen sie übereinstimmen. Zum einen sind dies
Ähnlichkeiten in den Spielregeln – Wittgenstein spricht in diesem Zusammenhang auch von „Familienähnlichkeiten". Zum anderen werden Ähnlichkeiten jedoch auch durch die Gegebenheiten der menschlichen Lebensform an sich und
der menschlichen Sprache bedingt. Die Lebensform ist, folgt man der naturalis-
tisch-dispositionalen Auslegung, die Summe der dem Menschen eigenen Fähigkeiten. Eine dieser besonderen und evolutionär entwickelten Fähigkeiten ist nun
eine hoch entwickelte Kommunikationsform, die es dem Menschen erlaubt, seine
Welt durch eine Vielzahl von Sprachspielen zu ordnen. Erst hier, auf der Ebene
des Sprachspiels, so Garver, sei es dem Menschen möglich, sich von seinen natürlichen Gegebenheiten und Voraussetzungen zu lösen und soziales Handeln zu
entwickeln: *„Each language-game does constitute or determinate a special form, na-
mely, a form of activity or of behavior, not a form of life"* (Garver 1994: 246; vgl.
auch ders. 1995).

    Die Differenzen zwischen beiden Positionen, sowohl der pluralistischen als
auch der monistischen, scheinen in erster Linie terminologischer Natur und
graduell zu sein. Es wird die Frage thematisiert, hinter welchen Begrifflichkeiten Wittgenstein bestimmte – notwendig in seiner Philosophie enthaltene (!) –
Aussagen „versteckt" hat. Ein genereller Konsens scheint jedoch darüber zu herrschen, dass Regeln, Sprachspiele, Sprache, Lebensformen und Naturtatsachen
miteinander verwoben sind bzw. sich zum Teil sogar überschneiden. Die unterschiedlichen Deutungen verlagern nun, je nach Blickwinkel, bestimmte Aussagen
und Konzepte auf bestimmte Begriffe: Für die pluralistische Auslegung sind Lebensformen bereits der Bereich menschlicher Kultur und sozialer Regelsysteme,
während in der monistischen Auslegung Lebensform und Sprache eher in einer
biologischen als anthropologischen Bedingtheit gesehen werden. Im Grunde

zweifeln aber beide Seiten nicht an, dass es so etwas wie Naturtatsachen tatsächlich gibt, welche dem Menschen die Entwicklung einer hoch entwickelten Sprache überhaupt erst ermöglicht haben. Ebenso herrscht Einstimmigkeit darüber, dass diese Komponente jedoch nie im Mittelpunkt von Wittgensteins Philosophie gestanden hat, auch wenn Sprachwissenschaftler, wie etwa Noam Chomsky (1986) oder jüngst Michael Tomasello (2006), sich damit intensiv auseinandergesetzt haben.

Der Gegensatz zwischen pluralistischen und monistischen Deutungsvarianten scheint also nicht generell inhaltlicher Natur zu sein, sondern eher im Bereich der terminologischen Auslegung von Wittgensteins Werk zu liegen. Doch hat Wittgenstein – und dies muss betont werden – weder eine genaue terminologische Festlegung erstrebt, noch für sonderlich wichtig erachtet. Denn seine Methode darstellender Erklärungen, einer an Beispielen und Sprachspielen ausgerichteten Entfaltung seiner Gedanken, lässt terminologische Präzision als unwichtig oder sogar als unmöglich erscheinen. Und mehr noch: Kern der Wittgenstein'schen Gebrauchstheorie ist ja gerade, dass die Bedeutungen von Worten und Begrifflichkeiten flexibel sind und mit einer rein sprachlich-explikativen – im Gegensatz zu einer hinweisenden/zeigenden – Definition, wie man sie etwa in einem Lexikon findet, nicht sonderlich viel gewonnen ist. Nicht anders ist auch Wittgensteins Aufforderung *„denk nicht, sondern schau!"* (PU: § 66) zu verstehen. Nur im Gebrauch finden die Worte und Definitionen ihre Bedeutung, nicht etwa im isolierten Denken des Individuums.

Zusammenfassen lässt sich, dass „Naturtatsachen" (PU II: 578), die natürlichen Grundlagen unserer Sprache (und somit unseres Handelns und Denkens), bei Wittgenstein nur eine untergeordnete Rolle spielen. In der monistischen Deutung werden die Naturtatsachen mit der menschlichen Lebensform gleichgesetzt, während in der pluralistischen Deutung die Naturtatsachen außerhalb der soziokulturellen Lebensform*en* liegen. Auch wenn sicherlich umstritten ist, wie groß der Einfluss des menschlichen Gehirns auf die Herausbildung von Sprache ist und diese Frage durch die Entwicklungen in Neurobiologie und Hirnforschung wieder neuen Auftrieb erhalten hat, so ist heute in der Sprachwissenschaft relativ unstrittig, dass dem Menschen zwar von Natur aus kein Instinkt zur Sprache angeboren ist, dass er aber sehr wohl eine natürliche *emotionale* Neigung zu sprachlicher Kommunikation besitzt (siehe Berger 2008: 255). Auch wenn sich also kein Sprachgen oder kein einzigartiges Sprachmodul im menschlichen Gehirn ausfindig machen lässt, so unterscheidet den Menschen von den Tieren vor allem, dass er äußerst sprachbegabt ist. Nicht mehr und nicht weniger ist unter dem Terminus „Naturtatsachen" zu verstehen, den Wittgenstein übrigens nur sehr spärlich verwendet hat, weil ihn dieser naturwissenschaftliche Bereich der Forschung ganz einfach nicht sonderlich interessierte, wie aus seinen Ausführungen in den *Philosophischen Untersuchungen* deutlich wird:

> *„Wenn die Begriffsbildung sich aus Naturtatsachen erklären läßt, sollte uns dann nicht, statt der Grammatik, dasjenige interessieren, was ihr in der Natur zugrunde liegt? – Uns interessiert wohl auch die Entsprechung von Begriffen mit sehr allgemeinen Naturtatsachen. […] Aber unser Interesse fällt nun nicht auf diese möglichen Ursachen der Begriffsbildung zurück; wir betreiben nicht Naturwissenschaft; auch nicht Naturgeschichte, – da wir ja Naturgeschichtliches für unsere Zwecke auch erdichten können.*
>
> *Ich sage nicht: Wären die und die Naturtatsachen anders, so hätten die Menschen andere Begriffe (im Sinne einer Hypothese). Sondern: Wer glaubt, gewisse Begriffe seien schlechterweg die richtigeren, wer andere hätte, sähe eben etwas nicht ein, was wir einsehen, – der möge sich gewisse sehr allgemeine Naturtatsachen anders vorstellen, als wir sie gewohnt sind, und andere Begriffsbildungen als die gewohnten werden ihm verständlich werden“* (PU II: 578).

Mit der Feststellung, dass der Mensch eine hohe Begabung für die Entwicklung von Sprache hat, ist für Wittgenstein noch überhaupt nichts erklärt. Was ihn interessiert, ist, wie Sprache genau funktioniert und welche Möglichkeiten aber auch Grenzen sprachliche Erkenntnis mit sich bringt und auch, wie die Inhalte der Sprache entstehen können. Hierüber können die exakten Wissenschaften – von Mathematik über Physik bis Biologie – aber wohl auch die Anthropologie sehr wenig aussagen. Die Philosophie und die Sozialwissenschaften sind hier gefragt. Zwar stellt gerade die aktuelle Hirnforschung eine Entschlüsselung der „… *Sprache, mit der Gedanken und Ideen, Bilder und Erinnerungen, Freude und Trauer im Denkorgan verschlüsselt werden“*[154] in Aussicht. Doch ließe sich damit im besten Fall nachvollziehen, welche neuronalen Muster im Gehirn, welche elektrischen Impulse eine bestimmte Information codieren. Eine Entschlüsselung der Naturtatsachen des menschlichen Gehirns könnte uns zwar Klarheit über die Art und Weise seines Funktionierens bringen, nicht jedoch darüber Auskunft geben, wie Begriffe gebildet werden und welchen konkreten Inhalt sie transportieren.

Hirnforschung und Neurobiologie werden auch in Zukunft nicht mehr erlauben als ein nachträgliches Hinweisen auf den Zusammenhang zwischen Hirnaktivität und Wahrnehmung, zwischen Sprache und Natur. Wie diese Verknüpfung

---

154 So berichtet *Der Spiegel* 14/2008 vom 31.03.2008: 132 ff.

zwischen Sprache und Tatsächlichkeit gebildet wird und wie sie sich stetig verändert, muss dabei jedoch im Dunkeln bleiben. Zwar können bereits heute bestimmte neuronale Muster mit bestimmten Objekten der Wahrnehmung in Verbindung gebracht werden. So kann beispielsweise allein anhand dieser Muster festgestellt werden, ob ein Proband an einen Elefanten oder einen Tisch denkt. Aber dadurch ist noch nicht geklärt, wie und aus welchen Gründen überhaupt ein Elefant oder ein Tisch wahrgenommen wird, zumal es gewisse, wenn auch entfernte, Ähnlichkeiten zwischen beiden gibt (zum Beispiel haben Elefant und Tisch meist vier Beine, die ihnen den Stand ermöglichen). Was lässt uns also überhaupt das Objekt der Erkenntnis *erkennen?* Wie das Wort nahe legt, setzt das Er-kennen bereits ein Kennen voraus. Man muss also bereits einen Begriff von den Dingen, etwa von Tisch und Elefant haben, um sie *wieder-zu-erkennen.* Und eben diese Kenntnis des Objekts ist entscheidend für die menschliche *Erkenntnis,* muss aber zugleich ein „Missing Link" in der Hirnforschung und Neurobiologie bleiben. Mit anderen Worten: *„Erkennen ist nicht nur eine Frage der Hardware ‚Gehirn', sondern auch bedingt durch die von der ‚Kultur' (i. w. S.) zur Verfügung gestellte ‚Software'"* (Strauch 2000: 1021). Begriffsbildung und Begriffswandel sind (auch in Zukunft) nicht aus natürlichen Tatsachen abzuleiten, sondern bleiben dem Menschen selbst überlassen – sie sind Ausdruck seiner Selbstbestimmung.

Der Begriff der Lebensform(en) ist also von den Naturtatsachen unterschieden und ebenso dringend davon zu unterscheiden. Auch wenn Wittgenstein sagt: *„Das Hinzunehmende, Gegebene ... seien die Lebensformen"* (PU II: S. 572, BPP: § 630), so heißt das nicht, diese seien automatisch in der *Natur* (des Menschen) verankert, also unveränderbar. Vielmehr soll damit gesagt werden, dass Lebensformen einen nicht hintergehbaren Anfangsgrund darstellen, auf dem aufbauend sich Sprache und Sprachspiele ausformen und -differenzieren. Es ist wie Glock richtig bemerkt *„die Verflechtung von Kultur, Weltsicht und Sprache"* (2000: 200), die sich in dem regelmäßigen Tun einer Sprachgemeinschaft zeigt. Der Unterschied zu den Naturtatsachen wird gerade auch in dem berühmten Löwen-Beispiel deutlich, das Wittgenstein anführt: *„Wenn ein Löwe sprechen könnte, wir könnten ihn nicht verstehen"* (PU II: S. 568). Träte also der hypothetische Fall ein, dass Löwen, ähnlich wie die Menschen, eine hoch entwickelte und differenzierte Sprache sprechen *könnten* (die Möglichkeit dazu wäre eine Tatsache der Natur), so wäre eine Verständigung zwischen beiden trotzdem nicht möglich. Denn angenommen, Löwen würden tatsächlich im Laufe der Zeit, in ihrer Naturgeschichte (PU: §§ 25, 415, PU II: 578), eine Sprache herausbilden, so würden sie damit noch nicht wie Menschen handeln und denken, die auf eine komplett andere Naturgeschichte zurückblicken. Die Verständigung wäre dementsprechend bereits auf der Grundlage des unter-

schiedlichen Tuns, einer gänzlich unterschiedlichen Lebensweise (nicht Lebensform!), unmöglich. Der Löwe würde also vielleicht unsere Laute, Worte und Ausdrücke benutzen, diese aber dennoch komplett anders verwenden.

Lebensformen sind nun solche, die sich erst im Laufe der Zeit und zusammen
mit der Sprache (genauer: Sprache und Formen ihres regelmäßigen Gebrauchs)
herausgebildet haben. Sprache ist nicht die menschliche Verfassung zur Sprache,
nicht die natürliche Begabung zu einer hochkomplexen und ausgefeilten Kommunikation[155], die Löwen, um Wittgensteins eigenes Beispiel zu bemühen, bisher fehlt. Vielmehr ist, wenn Wittgenstein von Sprache spricht, eine Menge von
Sprachspielen und sprachpraktischen Regeln gemeint, die sich innerhalb einer Lebensform und zeitgleich mit ihr herausgebildet haben. Dies ist jedoch nicht de-
ckungsgleich mit Fremdsprachen, Mundarten oder Ähnlichem, wie dies in der
pluralistischen Deutung der Lebensform(en) und Sprache z. T. angenommen wird.
Wenn Wittgenstein von Sprache spricht, so ist damit weitaus mehr gemeint als
eine bloße Art und Weise der sprachlichen Kommunikation. Eine Sprache bestimmt sich durch ihren Gebrauch und ist insofern mit ganz konkreten Regelmäßigkeiten des Tuns und Handelns verknüpft. Die Lebensformen sind Räume, in
denen sich solche Regelmäßigkeiten herausgebildet haben und in denen Sprache
entstehen kann. Wittgenstein spricht ausdrücklich von Lebens*form* und nicht von
Lebens*inhalt*. Damit ist eindeutig und unzweifelhaft auf eine praktische, äußere
Dimension des Handelns hingewiesen, nicht auf eine innere, metaphysische oder
gar konstitutive. Eine Lebensform ist eine bestimmte Art und Weise zu handeln
und – dies scheint bei Wittgenstein zunächst einmal nachgelagert zu sein – zu
denken. *„Im Anfang war die Tat"* (ÜG: § 402), sagt Wittgenstein und verweist mit
diesem, offenbar aus Goethes Faust entlehnten Zitat auf die Grundlagen und Anfangsgründe menschlicher Verständigung. Gleichzeitig ist im Zusammenhang mit
Lebensformen aber immer auch auf Dauerhaftigkeit und Beständigkeit verwiesen.
Es ist für Wittgenstein der Bereich der *„beruhigten Sicherheit",* nicht der *„noch
kämpfenden"* (ÜG: §§ 357 f.), der Bereich des Wissens, nicht der subjektiv emp-
fundenen Gewissheit (a. a. O.: §§ 194, 245). In der Lebensform findet die Rechtfertigung, die argumentative Begründung, ihr Ende (a. a. O.: §§ 192, 204) und nimmt
die (notwendige) Gewissheit ihren Anfang (vgl. auch Raatzsch 1996: 279 f.).

Dies heißt jedoch nicht, dass damit eine transzendentale Dimension der Erkenntnis berührt wäre. Ganz im Gegenteil: ein a priori, einen wirklich festen
Grund, ein wahrhaft begründbares, d. i. letztbegründbares Wissen gibt es für Witt-

---

155 Wittgenstein nennt hierfür Sprachspiele wie befehlen, fragen, erzählen und plauschen als Beispiele (PU: § 25).

genstein nicht, kann es für ihn nicht geben; auch und vor allem nicht in Tatsachen der Natur. Es gilt die Einsicht: „*Am Grunde des begründeten Glaubens liegt der unbegründete Glauben*" (ÜG: § 253). Und dennoch muss Wittgenstein sich nicht in einem ständigen Zweifel oder unendlichen Regress der Begründung verlieren. Denn „*[d]amit der Mensch sich irre, muß er schon mit der Menschheit konform urteilen*" (a. a. O.: § 156). Die Möglichkeit etwas zu hinterfragen, etwas zu bezweifeln, kann nur in einem bestimmten, übergeordneten und begründenden System, oder: einer Lebensform, funktionieren. Der unendliche Begründungsregress in Alberts Münchhausen-Trilemma ist insofern selbst nur ein solcher, der aus dem Bedeutungssystem einer Lebensform geschöpft werden kann. Und genau hier endet für Wittgenstein die Suche nach der Begründung von Wissen: Die Grundlage der intersubjektiven, sprachlichen[156] Verständigung innerhalb einer Lebensform ist unverrückbar und feststehend. Ein erkenntnistheoretisch und sozial relevantes Äußeres, auf das man rekurrieren könnte, gibt es für ihn nicht.

Die Schwierigkeit, den Begriff der Lebensform zu erfassen, scheint so letztenendes und hauptsächlich in seiner Ambivalenz zu liegen. „Lebensform" meint immer zweierlei: eine gegebene und letztlich hinzunehmende, nicht hinterfragbare Grundlage des Handelns und Denkens einerseits und eine historische, kulturelle, weltbildliche Variabilität andererseits. Beides manifestiert sich im Handeln, also in dem, was Menschen sinnvoll innerhalb einer sprachpraktischen Gemeinschaft denken, sagen und tun *können*.

Wittgenstein hat für die lebensförmliche Bestimmtheit des Wissens die sehr anschauliche Metapher eines Flusses gewählt (ÜG: §§ 96 ff.). Zwar gibt das Flussbett dem Fluss einen Weg vor, leitet diesen. Doch wird der Fluss, im Laufe der Zeit, alleine durch die Kraft seiner ständigen Bewegung, die Ufer des Flusses neu formen – Sedimente werden abgetragen und abgelagert und schaffen so einen neuen Flusslauf. Wir können die Lebensform als das Flussbett und den Fluss als die gelebte Sprache auffassen. Die Lebensform würde dann in der Tat zwar eine Form, einen Rahmen oder eine Grundlage für Sprache abgeben, zugleich aber immer auch durch diese verformt und erneuert. Sprache wird durch die Lebensform bedingt, die ihr zugrunde liegt, und reproduziert diese zugleich immer wieder aufs Neue. Es ist dieses Bild, diese Metapher, die das fortwährende Wechselspiel zwischen beruhigter Sicherheit, Wissen bzw. intersubjektiver Gewissheit, auf der einen Seite, und noch kämpfender Sicherheit, Glaube und Veränderung, auf der anderen Seite, wunderbar veranschaulicht (ÜG: § 156, siehe Grimmel 2011a).

---

156 Auch hier immer als Verbundenheit von Sprache und Praxis zu verstehen.

Die Variabilität der Lebensform ist nun sowohl in *temporaler* als auch *lokaler* Dimension gegeben: Zum einen, und dies ist die zeitliche Veränderlichkeit der Lebensformen, werden sich im Laufe der Zeit die Ufer des Flusses verschieben, neue Sprachspiele gebildet und alte transformiert. Die Sprache innerhalb einer Lebensform wandelt sich. Denn Sprache ist lebendig alleine dadurch, dass sie gelebt wird. Die Bedeutung von Sprache konstituiert sich durch ihren Gebrauch, verändert sich aber auch notwendigerweise durch diesen. Zum anderen sind Lebensformen lokal unterschieden. Sie sind Räume jeweils einer ganz bestimmten, räumlich abgegrenzten sprachlichen Praxis. Dies heißt jedoch bei Wittgenstein niemals, dass keinerlei Verständigung zwischen Lebensformen, als weltsichtliche, kulturelle, sprachpraktische Systeme, möglich wäre; nur eben, dass eine Lebensform immer aus einer anderen und nach deren eigenen, nicht hinterfragbaren Gründen interpretiert und beurteilt werden muss. Oder wie Wittgenstein sagt: *„Die gemeinsame menschliche Handlungsweise ist das Bezugssystem, mittels dessen wir uns eine fremde Sprache [und Lebensform, A. G.] deuten"* (PU: § 206, EPB: 149). Selbst die Möglichkeit des Lernens und des Verstehens ist eine, die bereits aus einer Lebensform heraus geschieht und sich an bereits gekannten Sprachspielen orientiert (PU: § 54). Denn selbst Lernen und Verstehen sind als Sprachspiele bereits Bestandteile einer bestimmten Lebensform. Ausdrücklich ist damit keine normative Dimension angesprochen, lediglich eine deskriptive und sprachlogische. Die Möglichkeit des Verstehens ist bei Wittgenstein nämlich immer eine praktisch fundierte und keine abstrakt-normative. Es gibt für ihn keine ideale Sprache und – dies ist darin immer notwendigerweise schon inbegriffen – kein ideales bzw. a priori „richtiges" Handeln und Denken (PU: § 81).

Zwei Feststellungen lassen sich abschließend in Hinblick auf die Lebensform machen: erstens, dass jede Begründung und Kritik notwendigerweise bereits etwas voraussetzen muss, um gelten zu können; zweitens, dass diese grundlegenden Voraussetzungen letztendlich nicht begründbar, hinterfragbar oder diskutierbar sind – auch nicht durch den Rückgriff auf eine höhere Ebene der Erkenntnis, welche dies auch immer sein mag. Jede vermeintlich objektive Erkenntnisquelle kann nur als ein Aspekt einer Lebensform gelten, niemals jedoch außerhalb dieser existieren (vgl. ähnlich auch Alexy 1983: 75 f.).

Wittgenstein vertritt hier eine positivistische und zugleich relativistische Position. Und darin unterscheidet er sich grundlegend von den postmodernen Ansätzen, die seit Lyotard (1979) wiederholt und zumeist wohlwollend, wenn auch nur selten begründet, auf seine Arbeiten Bezug genommen haben (vgl. Garver u. Lee 1994, Orbán 1994, Burbules 2000, Derrida 2000, Standish u. Dhillon 2000, Mouffe 2001, Mulhall 2001, 2000, Nagl 2001, Owen 2001, Staten 2001, Zerilli 2001, Gier

2007).[157] Positivistisch ist Wittgensteins Philosophie insofern, als die verschiedenen Lebensformen und ihre sprachpraktischen Geltungsansprüche unhintergehbar sind. Sie sind als positives Faktum gegeben, historisch und praktisch gesetzt worden und letztlich hinzunehmen, da man sich sprachlich (also auch im Denken und sinnvollen Handeln) nicht außerhalb des Systems einer Lebensform bewegen kann und diese nicht von einer Meta-Ebene aus beurteilen und kritisieren kann. Da dies nun auch bedeuten muss, dass es keine besseren und schlechteren Lebensformen, Sprachspiele, Regeln etc., nur eben andere, gibt, so kann nur ein Relativismus der Lebensformen angenommen werden (vgl. Glock 2000: 202). Dies schließt die Möglichkeit der Kommunikation und der Verständigung zwischen verschiedenen Lebensformen niemals aus. Wohl aber gibt es Fragen, in denen man nicht auf die Möglichkeit des Überzeugens setzen kann, sondern nur auf Überredung. Wittgenstein hat letzteres jedoch offensichtlich abgelehnt (ÜG: §§ 512, 608 ff.).

Damit ist nun auch das Ziel einer möglichen Erforschung der Rationalität als Raum der Sprache definiert. Die Aufgabe ist im wahrsten Sinne als *wissenschaftlich* zu bezeichnen, da sie auf das Verstehen der menschlichen Sprache und ihrer tatsächlichen Verwendung im Handeln abstellt und somit, der Möglichkeit nach, auch das Wissen von Rationalität betrifft. „*Wir wollen in unserem Wissen vom Gebrauch der Sprache eine Ordnung herstellen: eine Ordnung zu einem bestimmten Zweck; eine von vielen möglichen Ordnungen; nicht die [eine, A. G.] Ordnung*" (PU: § 132). In Aussicht steht dabei eine *lokale und temporale Gewissheit,* nicht jedoch Wahrheit und Richtigkeit in einem metaphysischen und transzendentalen Sinn. Lebensformen versorgen uns mit Gewissheit und lassen uns zugleich gewiss werden, dass diese nicht absolut ist bzw. sein kann.

4.2.4 Kontextualismus und Versuch einer Systematisierung

Bevor eine systematische Einordnung der bisher besprochenen und interpretierten Konzepte Wittgensteins möglich wird, ist zunächst eine Ergänzung nötig. Denn es tut sich eine Lücke zwischen Lebensform als basaler Ebene einer sprachpraktischen Verständigung und den konkreten Bedeutungsinhalten der Sprache und Sprachspiele auf. Es fehlt eine Abgrenzung von unterschiedlichen Sprach-

---

157 Auch ist im Rahmen gemäßigt konstruktivistischer Analysen eine mehr oder weniger überzeugende Einbindung Wittgensteins in die *Internationalen Beziehungen* versucht worden (siehe etwa Fierke 1998).

spielgruppen zueinander, die überhaupt eine Differenzierung derselben erlaubt. Bisher ist nicht erkennbar, in welchem engeren Sinnzusammenhang Sprachspiele überhaupt ihre Bedeutung erhalten; wie sie, da sie teilweise große Ähnlichkeiten zueinander aufweisen, unterscheidbar voneinander werden. Genauer gesagt: Wenn man Sprache als eine *„Sammlung von Sprachspielen"* (Grayling 2004: 94) versteht, dann ist zu fragen, in welches Gefüge diese jeweils eingebettet sind, das diesen einen Rahmen und somit ihre unzweifelhafte Bedeutung verleiht. Es ist zu fragen, in welchem Kontext Sprachspiele und Regeln überhaupt ihre unzweideutige Bedeutung erhalten. Im Grunde genommen muss man Wittgenstein mit Webers gesellschaftlicher Differenzierungstheorie denken, um zu erkennen, dass bislang eine Kontextualisierung der Sprachspiele fehlt.

Denn obwohl Sprachspiele, wie Befehlen, Bitten oder Rätselraten nicht identisch miteinander sind, so weisen sie doch das auf, was Wittgenstein „Familienähnlichkeiten" nennt (PU: §§ 67, 77, 108, 164, 179, 236). Sprache ließe sich in der Tat als eine bestimmte, der Möglichkeit nach unendliche, faktisch jedoch endliche Menge von Sprachspielen auffassen, die sich durch eine Vielzahl von Gemeinsamkeiten untereinander, wie auch Differenzen zueinander, auszeichnen. Auf der einen Seite gibt es generelle Verwandtschaften zwischen ihnen, ähnlich wie bei einfachen Spielen (Ballspiele, Brettspiele, Kartenspiele, Glücksspiele, Wettspiele etc.) (PU: § 67). Auf der anderen Seite unterscheiden sie sich jedoch in ihren (Spiel-)Regeln. Darüber hinaus besteht vor allem aber ein Unterschied in ihrer Einbettung, so dass ein „Spielzug" in einem bestimmten Sprachspiel Sinn ergeben kann, wohingegen er in einem anderen Kontext „unsinnig" wäre.[158] Beispielsweise wird das Erfinden einer Geschichte oder das Singen eines Reigens in einer Runde von diskutierenden Wissenschaftlern, in der es eher darum geht, logisch schlüssige oder empirisch fundierte Hypothesen aufzustellen und zu prüfen, entweder auf Unverständnis stoßen, oder aber als ganz und gar unzulässiger Zug im herrschenden Sprachspiel abgelehnt. Auch wird das Anordnen von militärischen Befehlen oder das Raten von Rätseln vor Gericht wahrscheinlich Verwunderung auslösen, obgleich es dort verwandte, d. h. „familienähnliche", Sprachspiele durchaus gibt. Sprachspiele erhalten also erst durch ihr Umfeld, durch ihre situative Verknüpftheit, ihren Inhalt und ihre Wirksamkeit. Erst ein bestimmter erkennbarer und vom Beobachter oder Teilnehmer gekannter Sinnzusammenhang verleiht den teils zum Verwechseln ähnlichen Sprachspielen ihren unverwechselbaren und eindeutigen Sinn.

---

158 Anschaulich hierzu Winch 1992: 29 ff.

Abbildung 8   Systematik eines sprachpraktischen Kontextualismus

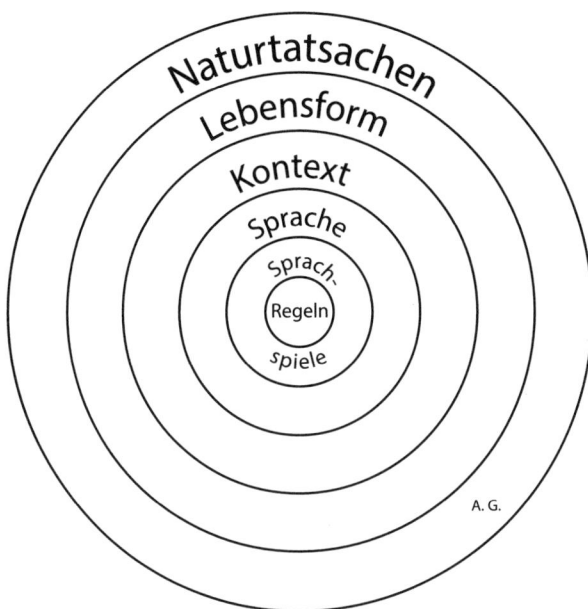

Diese Ebene, die dem Sprachspiel Bedeutung verleiht und eine bestimmte Spra-
che – verstanden als Summe der umfassten Sprachspiele – konstituiert, soll im
Folgenden als *Kontext* bezeichnet werden und fügt sich zwischen Lebensform und
Sprache ein, so dass sich hieraus insgesamt eine umfassende und geschlossene
Systematik ergibt, die sich wie folgt darstellen lässt (Abb. 8):

Die äußerste Schicht bilden die Naturtatsachen, denen Wittgenstein, wie bereits ausgeführt, bewusst keine nähere Beachtung geschenkt hat und die uns in
diesem Zusammenhang nicht näher zu beschäftigen brauchen. Der Kontext wird
von einer Lebensform umgrenzt und bedingt zugleich eine konkrete Sprache oder
einen konkreten sprachlichen Bereich des Handelns. Oder anders gewendet: Der
Kontext ermöglicht erst die sinngebende Zuordnung von sprachlichen Praktiken
in modernen, hoch differenzierten Gesellschaften. Der Kontext umgrenzt nun
wiederum die unzähligen, vielgestaltigen Sprachspiele und die darin enthaltenen
Regeln, kurz: die Sprache eines Kontextes. Dabei ist es kaum verwunderlich, dass
es in der Tat „Familienähnlichkeiten" zwischen unterschiedlichen Sprachspielen
mehrerer Kontexte gibt. Eine gesellschaftliche Differenzierung beinhaltet schließ-

lich nicht, dass ein Lernen von anderen Kontexten nicht möglich wäre. Ganz im Gegenteil: Es ist sogar sehr wahrscheinlich, dass man gewisse Sprachspiele eines Kontextes mit der Zeit in anderen Sinnzusammenhängen adaptiert (nicht aber eins-zu-eins übernommen!) hat bzw. dass diese sich parallel entwickelt haben. Die Entwicklung moderner wissenschaftlicher Messmethoden etwa, hat nicht nur die Wissenschaft revolutioniert, sondern auch zu dem Versuch geführt, in anderen Kontexten mehr „exaktes Wissen" zu erlangen. In der Folge werden in unterschiedlichen Kontexten ähnliche (nie gleiche) Regeln verwandt, um die dort produzierte Wirklichkeit zu ordnen.

Auch wird daran deutlich, dass Kontexte untereinander niemals abgeschlossene Systeme sein können. Dies ergibt sich schon aus der Tatsache, dass die meisten Menschen Kenntnis von mehreren Kontexten und unterschiedlichen Sprachspielen zugleich besitzen und die Bedingungen sinnhaften, verstehbaren Handelns in diesen Kontexten kennen. Sie beherrschen die Sprachspiele mehr oder weniger gut und sind zugleich in der Lage zu erkennen, in welchem Kontext ein bestimmtes Sprachspiel überhaupt Sinn macht: Trotz Familienähnlichkeit spricht der Richter ein Urteil und keinen Befehl aus.[159] Und eine wissenschaftliche Berechnung ist meist an einem anderen Ziel ausgerichtet als eine ökonomische Kalkulation. Obgleich die jeweiligen Kontexte ähnliche Regeln beinhalten, so sind sie doch voneinander differenziert und nicht miteinander zu verwechseln.

Hier lässt sich nun auch die Frage nach Ort und Beschaffenheit von Rationalität, als Fähigkeit der Berechnung, aber auch der intersubjektiven Begründung und Rechtfertigung von Handeln stellen. Wittgenstein macht deutlich, dass die Sprache nicht bereits aus einem „Raisonnement" hervorgegangen sein kann (ÜG: § 475). Auch wenn Wittgenstein sich nun weniger explizit mit Fragen der Rationalität befasst hat, ist dies ein richtiger und auch wichtiger Hinweis – vor allem in Hinblick auf die triviale Rationalitätskonzeption und die Ablehnung eines Begriffs der Rationalität durch den Poststrukturalismus im Sinne eines postmodernen Denkens. Denn um überhaupt sinnvoll von Rationalität oder rationalem Handeln sprechen zu können, müssen wir uns bereits auf der Ebene der Sprache bewegen und können nicht etwa auf der Ebene natürlicher und damit generell unhintergehbarer Tatsächlichkeit verharren. Erst in einem sprachlichen Gefüge sind höhere kognitive Prozesse, wie etwa die Bildung abstrakter Wenn-Dann-Sätze, das Setzen von Werten, Zielen oder Vorsätzen, die Entwicklung von Regeln, denen man folgt, oder auch die strategische Berechnung möglich. Ratio-

---

159 Ausgenommen der Haftbefehl, der eine Anordnung zur Ausführung einer Handlung ist, nicht ein Rechtsspruch.

nalität ist also als Bestandteil der Sprache aufzufassen, ist der Sprache sozusagen inhärent und geht ihr nicht etwa voraus, wie dies der triviale sozialwissenschaftliche Rationalismus annimmt. Die Kontextebene gibt der Sprache, etwa der des Rechts, ihren allgemein gekannten und erkennbaren Rahmen. Sie ermöglicht eine Identifikation sprachlicher Praktiken als solche und schafft das Verständnis dafür – nicht jedoch die kategorische Übereinstimmung damit. Der Kontext ist so gesehen ein Raum des Möglichen. Er ist ein Raum, der nicht nur Verstehen, sondern auch Handeln und die Angabe von Rechtfertigungsgründen wie auch Akzeptanz für dieses Handeln möglich macht. Er versorgt den Handelnden mit spezifischen Handlungs*gründen,* ohne dass dieser davon gänzlich absorbiert würde.

Zwar bietet dieses letzte Merkmal auch die Lebensform, doch ist hier keine reflektierend-bewusste Verwendung der Handlungsgründe möglich. Man könnte auf der Ebene der Lebensform keine Gründe oder Argumente anführen. Man könnte nur sagen: „So und nicht anders tue ich es eben!", oder „So ist es halt!". Dieses Wissen, das in Wirklichkeit nur ein fester, unverrückbar Glaube an etwas sein kann, ist jedoch nicht mit dem Räsonieren, welches erstmals und exklusiv innerhalb eines Kontextes möglich wird, zu verwechseln. Der Kontext ist die erste Ebene, in der Sprache und Sprachspiele reflexiv und bewusst verwendet werden können. Es ist die Ebene der (rationalen) Handlungsfreiheit. Denn man kann schließlich erkennen, dass man ein bestimmtes Sprachspiel spielt, man kann wählen, welches Sprachspiel man spielt, man kann damit rechnen, dass andere ebenfalls dasselbe Sprachspiel spielen oder zumindest die Regeln des betreffenden Sprachspiels kennen und man kann schließlich (freiwillig!) entscheiden, ob man überhaupt den Regeln des Sprachspiels folgen möchte. Dies sind bedeutende Merkmale einer Rationalität, die erst auf der Ebene des Kontextes entstehen kann. Was man also auf dieser Ebene eintauscht, ist die isolierte Unabhängigkeit des Handelns oder Tuns gegen die sprachpraktische Gebundenheit einer spezifischen kontextuellen Rationalität, die zugleich neue Wege der Handlungsfreiheit eröffnet. Kurz: Ein Kontext begrenzt Handeln niemals nur, sondern macht dieses immer auch *denk-bar* und insofern möglich.

Die Verortung der Rationalität im Kontext unterscheidet die hier vorgeschlagene Konzeption damit ebenfalls deutlich von trivial rationalistischen auf der einen Seite und poststrukturalistischen/-modernistischen Ansätzen auf der anderen Seite. Der triviale Rationalismus macht es sich zu einfach mit der Beantwortung der Frage nach dem Ort und der Bestimmung von Rationalität. Für ihn ist Rationalität eine naturtatsächliche Fähigkeit des Menschen. Sie ist insofern nicht variabel, sondern eine universelle, absolute, umfassende, allgemeingültige, aber auch unbestimmte Begabung des Menschen und steht als statische Größe weder einer weiteren Analyse noch einer Kritik offen, denn sie ist nicht einmal sich selbst, der Rationalität also, zugänglich.

Insbesondere die postmodernistische Forschung hatte sich ja gegen diesen Absolutheitsanspruch gewandt. Hier wird Rationalität stattdessen als eine Art diskursive Struktur, eine besonders dominante Erzählung begriffen und wird zwar als etwas angesehen, das durch Sprache transportiert wird, jedoch eher in Form dessen Auftritt, was Ulrich Steinvorth „Signalsprache" nennt (2002: 26). Dabei werden die positiven Möglichkeiten der Sprache, die der Verständigung und dem Unterscheiden von guten und schlechten Gründen innerhalb eines notwendig bestehenden Systems dienen, entweder übersehen oder aber in Gänze negiert. Rationalität lässt in diesem Verständnis keinen Freiraum für ein kritisches Räsonieren, für ein Nachdenken mittels Sprache oder auch die intersubjektive Verständigung und Begründung bzw. Rechtfertigung durch Sprache, sondern ist nur ein bestimmtes Denkmuster, das den Menschen seine Form aufzwingt. Letztlich muss dann *jede* Entscheidung Unbehagen auslösen und könnte immer auch ganz anders ausfallen. In der Konsequenz wird, anstatt die Möglichkeiten, aber auch die zwangsläufig bestehenden Grenzen, der Sprache anzuerkennen und zu nutzen, ein genereller Pluralismus der Konstrukte gefordert (vgl. Welsch 2002). Auch wenn der Poststrukturalismus/-modernismus sicherlich nicht durchweg sprachblind ist, so fehlt hier doch die Einbettung der Sprache in den Kontext und auch in das Lebensförmliche. Damit wird jedoch eine strukturelle Unmöglichkeit der Verständigung und des Austausches von Meinungen, Ideen, Ansichten, Positionen aber auch Interessen und Forderungen in Kauf genommen. Es geschieht das, was Wittgenstein gemeint hat, wenn er sagt, die Sprache arbeite nicht mehr, sie feiere, laufe leer (PU: §§ 38, 132, Lange 1998: 157 f.). Der Pluralismus, das Prinzip der Differenz und der Vielheit, wird zum Selbstzweck erhoben, ohne dass die bestehenden und laufend neu entstehenden Probleme einer Lösung zugänglich gemacht würden. Der völlige Rückzug von der Beschäftigung mit der Rationalität ist bereits aus diesem praktischen Grunde utopisch und kaum wünschenswert.[160]

Der Ansatz einer *Kontextrationalität,* für den hier argumentiert wird, verweist auf eine andere Perspektive, die über die universalisierende Rationalitätsauffassung des trivialen Rationalismus und die schablonenhafte und allzu radikale Kritik des Poststrukturalismus/-modernismus hinausweist. Eine sprachpraktische Reformulierung ist aus Sicht der Sprachlogik nicht nur konsequent, sondern hätte auch den Vorteil, dass Rationalität nicht länger als eine innere und zugleich transzendentale Größe begriffen werden muss. Ganz im Gegenteil: Rationalität im

---

160 Siehe hierzu eingehend Kap. 2.3, 2.4 u. Unterkap.

Abbildung 9 Der Kontext der Rationalität

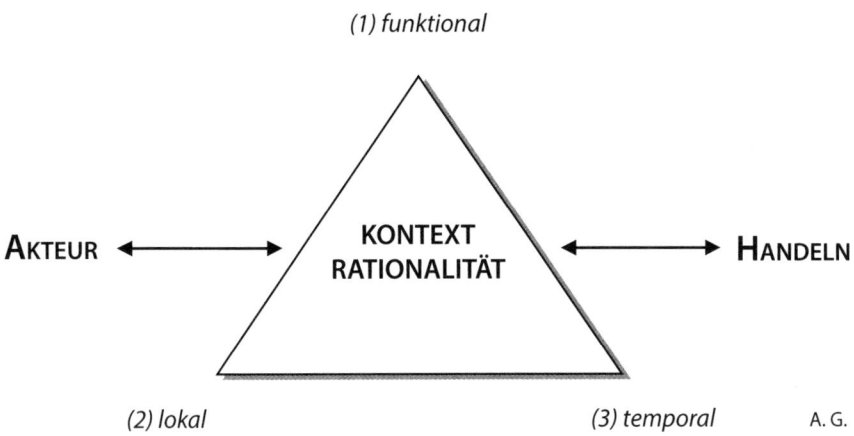

(1) funktional

AKTEUR   KONTEXT RATIONALITÄT   HANDELN

(2) lokal   *(3) temporal*   A. G.

Sinne eines sprachlichen Kontextualismus könnte nur durch eine ganz konkrete, lebensförmliche (d. i. temporal und lokal spezifische)[161] Praxis begründet werden und wäre insofern auch wissenschaftlich fassbar, ohne dass die im Zusammenhang mit Rationalismus und Postmodernismus geschilderten Schwierigkeiten entstünden. Eine solche sprachlich verstandene Rationalität könnte niemals einen absoluten Maßstab, eine objektiv-normative Vorlage abgeben, sondern bliebe notwendigerweise nur eine relative Bestimmung; relativ auch insofern, als der Kontext der temporalen und lokalen Bestimmtheit der Rationalität nun noch eine weitere, *funktionale* Kategorie hinzufügt, die man direkt aus den Erkenntnissen Webers zur gesellschaftlichen Differenzierung ableiten kann (Abb. 9).

Geht man davon aus, dass heute in der Tat, wie bereits früh von Weber erkannt und später durch die Systemtheorie herausgearbeitet und konturiert wurde, eine funktionale Differenzierung der Gesellschaft besteht, so muss diese doch als eine *sprachpraktische* Differenzierung angenommen werden kann. Der Kontext verfügt über keinen „binären Code" oder einen Mechanismus „struktureller Kopplung" von Recht und Politik etwa, wie in Luhmanns Systemtheorie für gesellschaftliche und soziale Systeme angenommen (1987, 1995, 2008, vgl. auch Maturana u. Varela 1987; in Hinblick auf Wittgenstein auch Beermann 1988), und verweist auf keine schematische Unterschiedenheit und Abgegrenztheit zu ande-

---

161 Siehe Kap. 4.2.3.

ren Kontexten. Auch betont die Kontextrationalität die zentrale Rolle von kulturell und historisch bedingten Strukturen, die bei Luhmann eher am Rande vorkommen, zumindest jedoch keine zentrale Rolle einnehmen. Es ist also nicht nur der geringere Abstraktionsgrad, der die Kontextrationalität von den systemtheoretischen Codes und Programmen und folglich auch den Kontext vom System unterscheidet. Kontexte zeichnen sich viel eher durch eine generelle Offenheit und gegenseitige Verstehbarkeit aus.

Zugleich sind sie ebenso kulturell wie auch historisch different. So etwas wie eine System-Umwelt-Differenz kann es hier also gleich aus mehreren Gründen nicht geben; nur eine offene Unterschiedenheit, die aus der Summe der im Kontext geltenden sprachpraktischen Regeln hervorgeht. Anders gesagt: Der Kontext definiert sich durch die lokal, temporal und funktional verschiedenen sprachpraktischen Bedingungen der Möglichkeit in ihm. Insofern ließe sich der Kontext in Anlehnung an Otto Neurath auch als ein kohärentes System von sprachpraktischen (!) Satzgesamtheiten beschreiben: *[N]ach einem weiteren ‚Wahrheitskriterium' zu fragen, hat keinen Sinn. Es gibt nicht außerhalb der Satzgesamtheiten eine Instanz, die urteilt. Wir sprechen daher nicht von ‚Verifikation' durch Gegebenes"* (Neurath [1932] 1981: 594). Der Kontext ist so verstanden ein Denk- und Handlungsraum bzw. ein „Raum der Plausibilitäten" (Gil 2005: 43), der zwar von anderen Kontexten unterscheidbar ist, jedoch keine starre Abgrenzung zu anderen sprachpraktischen Satzgesamtheiten (wohl aber zu einer übergeordneten, metaphysischen oder auch physischen Realität) meint. In der Vielzahl der sprachspielinhärenten (konstitutiven und regulativen) Regeln, die sich innerhalb eines Kontextes finden, lassen sich immer auch „Familienähnlichkeiten" (PU: §§ 67, 77, 108, 164, 179, 236) zu verwandten Sprachspielen und ihren Regeln in anderen Kontexten aufzeigen. Dennoch bleibt der Kontext der zentrale Referenzpunkt der Bedeutung wie auch der Behauptbarkeit und Rechtfertigkeit.

Gleichzeitig ist ein Kontext selbst auch Ort der Entstehung neuer sprachpraktischer Möglichkeiten. Dies unterscheidet ihn auch von seinem lebensförmlichen Fundament, das nicht *bewusst* veränderbar ist, wohl aber einem ständigen Wandel unterliegt. In einem funktional ausdifferenzierten Kontext wie dem Recht ist zunächst einmal alles andere als festgelegt, was Recht überhaupt ist. Die wechselhafte und teils auch erschreckende Geschichte des Rechts und der mit ihr verknüpften Rechtsbegriffe und -doktrinen[162] zeigt dies eindrücklich. Erst das Zusammenkommen lokaler, temporaler und funktionaler Bestimmung, die sich im

---

162 „Freiheit" und „Gleichheit" sind beispielsweise bereits seit der Antike feststehende und anerkannte Rechtsgüter, die bis heute vielgestaltige Auslegungen und Deutungen erfahren haben.

regelmäßigen Tun, im Handeln manifestiert, verweist auf den tatsächlichen Inhalt des Rechts, füllt dieses und seine Begrifflichkeiten aus. Es wird unterscheidbar. Welche Sprachspiele und Regeln einem bestimmten Kontext zuzuordnen sind, ist also nicht von vornherein festgelegt, ist nicht a priori zu entscheiden, sondern muss sich im Kontext zeigen. Es handelt sich bei Kontexten folglich nicht lediglich um eine historisch herausgebildete Verschiedenartigkeit, die heute in unterschiedlichen „Wertsphären" fixiert ist und das Handeln in ihnen nach festen Maximen bestimmt, wie Weber dies annahm, sondern um bewegliche Räume spezifischer *sprachpraktischer Rationalität*.

Was beispielsweise im Bereich der Politik oder Ökonomie als rational gilt – d. h. auf guten Gründen basierend und folglich vernünftig – kann in einem anderen Kontext, also in einer anderen kulturellen, historischen und institutionellen Konstellation, als ganz und gar irrational und unvernünftig aufgefasst werden. Rationalität liegt folglich nicht originär in der Natur des Menschen, d. i. in seinen Naturtatsachen, begründet, sondern in seinen vielfältigen kontextuell-sozialen Einbettungen, die er durch sein Handeln mitgestaltet. Sie ist eine durch Sprache vermittelte Praxis *und* durch Praxis vermittelte Sprache, die der ständigen Reproduktion bedarf und sich nicht als eine feststehende, zeitlose, kontextungebundene und universelle Einheit darstellen lassen kann.

Der Begriff Rationalität in seiner ursprünglichen Bedeutung (*lat.* ratio = Vernunft, Einsicht, Berechnung, Urteilsvermögen, Grund)[163] legt, wie bereits gezeigt, zunächst einmal keine Entscheidung für eine kontextunabhängige – also zeitlose, universelle, ungebundene – Konzeption im Sinne des neuzeitlichen Rationalismus fest. Einem Verständnis von Rationalität als sprachlicher Kontextualismus sollte also, zumindest aus diesem Grunde, nichts entgegenstehen. Auch das in den rationalistischen Theorien (vor allem auch in Rational Choice/der Theorie der rationalen Wahl) oftmals bemühte „Interesse" – das Wort erscheint in seiner modernen Bedeutung übrigens erstmals im 15. Jahrhundert – sollte in seiner ursprünglichen Wortbedeutung gelesen werden, um es als Begrifflichkeit und durchaus wertvolles Analysekonzept zu retten. Heute taucht der Begriff „Interesse" oftmals in der Kombination mit den Zusätzen „an etwas" oder „für etwas" auf, was nahe legt, dass sich das Interesse auf etwas Äußeres, ein Objekt des Handelns bezieht. Man hat dann z. B. ein Interesse an einer bestimmten Entwicklung, an Gewinn oder interessiert sich für die Umsetzung eines bestimmten Politikpro-

---

Die Kenntnis eines „Gleichheitsrechts" etwa schloss in der Polis nicht das Sklaventum aus und im Mittelalter nicht die ständische Gesellschaft.

163 Siehe auch Steinvorth 2002: 20 ff.

gramms, wobei die Chancen für die Erreichung dieser Ziele bei einer günstigen Interessenkonstellation steigen mögen.

Vor dem Hintergrund der zuvor gemachten Beobachtungen soll hier eine andere Begriffsbestimmung bevorzugt werden. Demnach ist Interesse nicht in erster Linie als eine individuelle und auf Naturtatsachen beruhende Triebkraft aufzufassen, wie dies in den hier kritisierten rationalistischen Konzepten der Fall ist, sondern sollte im wahrsten Sinne des Wortes als *inter-esse* (*lat.* inter = zwischen, unter; *esse* = sein) verstanden werden, als „Dazwischen-Sein", „Eingebunden-Sein" oder schlicht Teilnehmen. Interesse ist dann eine soziale und notwendig intersubjektive Größe. Dies schließt die freiwillige Selbstbestimmung, die *individuelle* Interessenwahrnehmung nicht aus. Doch ist sie nur *innerhalb* eines Kontextes und nur *durch* die dort geltenden sprachpraktischen Regeln angemessen zu verstehen. Oder wie Bobbitt sagt: „*... only because we have rules can we be free; and only because we are free can we be surrounded by rules*" (1999: 60).

Ein rationales Interesse wäre dementsprechend nichts anderes, als eine bestimmte Form des Urteilens, der Einsicht oder auch der Berechnung, die sich aus dem Eingebundensein in die sprachpraktischen Bedingungen der Möglichkeit eines bestimmten Kontextes ergeben würde und nicht etwa eine natürliche Vorbestimmtheit individueller Entscheidungsgründe. „*Begriffe leiten uns zu Untersuchungen. Sie sind der Ausdruck unseres Interesses, und lenken unser Interesse*" (PU: § 570). Und Begriffe können, wie jede sprachliche Form – so muss man Wittgenstein hier ergänzen – nur in einem bestimmten Kontext ihren Sinn erhalten und unser Interesse lenken.

Damit sind Aussicht und Ziel einer Reformulierung der Rationalität umrissen: Es gilt einen bestimmten Kontext und seine Sprache und Praxis zu untersuchen, um der, wenn man so will, Eigengesetzlichkeit des Kontextes, der Rationalität auf die Spur zu kommen. Genauer gesagt muss es um das Auffinden und Verstehen der sprachpraktischen Regeln der intersubjektiven Behauptbarkeit und Rechtfertigbarkeit gehen. Hierbei ist dem Kontext in seiner funktional-institutionellen, kulturellen und historischen Differenziertheit und Veränderbarkeit Rechnung zu tragen. Rationalität ist dann nicht mehr eine objektive und universelle Triebkraft des Handelns, etwa im Sinne einer strategisch-rationalen oder kosten-nutzen-rationalen Ausrichtung, sondern in mehrfacher Hinsicht veränderbar. Diese Beweglichkeit der Rationalität muss nicht in einer Haltlosigkeit oder generellen Unbegründbarkeit des Handelns münden, sondern sollte wahrlich als Chance begriffen werden. Denn sie würde die beständige Entwicklung und Fortschreibung ihrer selbst erlauben und insofern – fernab des Kalküls und des Naturalismus, aber auch des zum Prinzip erhobenen Zweifels – neue Perspektiven des Handelns, der Verständigung, wie auch der Integration ermöglichen. In gewisser Weise ist die Aussicht einer kontextuellen Rationalität eine sehr optimistische. Denn Rationalität muss in einem sprachpraktischen und kontextuellen Sinn immer Ausdruck freiwilligen Entscheidens sein – jenseits von Naturtatsächlichkeit oder allzu starr verstandener Lebensförmlichkeit. Freiheit des Handelns und Selbstbestimmung würden *aufgrund* von und *nicht trotz* Rationalität möglich. Wohl kaum jemand hat dieses Prinzip schöner beschrieben als Laotse vor bereits 2500 Jahren:

> *Dreißig Speichen umgeben eine Nabe:*
> *Eben dort, wo nichts ist,*
> *liegt des Rades Brauchbarkeit.*
> *Man knetet Ton zurecht,*
> *so dass ein Topf entsteht:*
> *Eben dort, wo nichts ist,*
> *liegt des Topfes Brauchbarkeit.*
> *Man meißelt Tür und Fenster aus,*
> *so dass ein Haus entsteht:*
> *eben dort, wo nichts ist,*
> *liegt des Hauses Brauchbarkeit.*
> (Laotse, Tao Te King)

4.3 Rationalität als sprachpraktischer Kontextualismus

> *„Es gibt wer weiß wie viele Sprachen in der Welt,*
> *und nichts ist ohne Sprache"*
>
> (Paulus)

Rationalität ist ein Konstrukt. Sie hilft dem Menschen seine in verschiedenen sozialen Lebensbereiche differenzierte Welt zu ordnen – hier ist Max Weber zuzustimmen. Doch ist sie nicht in Stein gemeißelt, unverrückbar, objektiv oder „von außen" gegeben. Vielmehr haben die Menschen ihre Rationalität (oder besser: Rationalitäten) selbst innerhalb und durch eine sprachliche Praxis hervorgebracht und verändern diese beständig durch ihren Gebrauch in den wechselnden Umständen und Umfeldern, in denen sie handeln – hier sind Wittgensteins Überlegungen zu Naturtatsachen, Lebensform(en), Sprache, Sprachspielen und Regeln ergänzend heranzuziehen.

Max Weber hat mit seiner formalen Einteilung in Verstehen und Erklären eine wichtige Unterscheidung vorgenommen. Im Falle sozialwissenschaftlicher Untersuchungen verbinden sich beide, wie gezeigt, im „erklärenden Verstehen". Denn bei Weber folgt Handeln keinen Naturgesetzen oder universell geltenden Notwendigkeiten, sondern ist nur als situativ sinnhaftes, umfeldgebundenes Handeln erfahrbar. Es hat also nur einen begrenzten Nutzen, nach den Gesetzmäßigkeiten des menschlichen Handelns zu forschen. Viel interessanter war für Weber die Analyse der handlungsleitenden Rationalitätstypen in wechselnden sozialen Kontexten – den Lebens- bzw. Wertsphären. Denken und Handeln werden dort durch eine innere Eigengesetzlichkeit bestimmt, die sich ihrerseits durch umfangreiche Rationalisierungsprozesse in der Geschichte herausgebildet hat. Die Typen der Rationalität (material, formal, theoretisch und praktisch) richten sich in solch einer Sphäre nach den dort geltenden obersten Wertpostulaten aus und konkretisieren diese zugleich fortwärend. Das Interessante an dieser Vorstellung ist, dass die Rationalität hierbei sowohl abhängige als auch unabhängige Variable ist: Auf der *einen* Seite ist sie ein kognitiver Prozess und als anthropologische Gegebenheit charakterisiert, die in direkter Verbindung mit der Fähigkeit zu wert- und zweckrationalem Handeln steht. Insofern bestimmt sie Handeln direkt durch rationale Kalkulation (im Falle der praktischen und formalen Rationalität). Kurz: Sie gibt vor, was zu tun ist. Auf der *anderen* Seite bringt die Rationalität selbst Wertpostulate und Konstrukte hervor, nach denen sie sich daraufhin ausrichtet und die sie braucht, um aktiv werden zu können (im Falle der materialen und theoretischen Rationalität). Die historische Herausbildung der Wertsphären und ihrer obersten Wertpostulate, wie etwa der Erhalt und die Vermehrung von Macht in der politischen Sphäre, sind vor allem Ausdruck des Schaffens der materialen und (indirekt) der theoretischen Rationalität. Zugleich orientieren sich die beiden zweckrational verfahrenden Rationalitätstypen (die praktische und formale Rationalität) an diesem Maßstab.

Bei Weber zerfällt der Begriff der Rationalität also in zwei Funktionen. Diese Zweiteiligkeit hat bei Wittgenstein eine interessante prozessuale Entsprechung: *praktische Regelsetzung* auf der einen und *Regelfolgen* auf der anderen Seite. Wie im Falle der wertrationalen Ausrichtung der Rationalität bei Weber findet sich der Aspekt des Erschaffens handlungsleitender Maximen in Wittgensteins zuvor diskutierter Gebrauchstheorie der Bedeutung wieder. Dementsprechend definieren sich Regeln, genauso wie alle sprachlichen Ausdrücke, durch ihren Gebrauch. Der auf die praktische Umsetzung ausgerichtete Aspekt der Rationalität findet seine Entsprechung im Regelfolgen (siehe Abb. 10).

Abbildung 10 Rationalität (nach Weber) und Regeln (nach Wittgenstein/Searle) im Vergleich

Rationalität (Weber)*			Regeln (Wittgenstein/Searle)		
Rationali-tätstyp	Prozess (kognitiv)	Handlungs-wirkung	Regeltyp	Prozess (sprach-praktisch)	Regelform**
material	Postulierung von Werten	wertrational (direkt)	konstitutive Regeln	Regel-setzung	X gilt als Y; X gilt als Y im Kontext C;
formal	Anwendung positiver Normen durch zweckrationale Berechnung	zweck-rational (direkt)	konstitutive Regeln	Regel-folgen	Tue X; Wenn Y, tue X
theoretisch	logisch-kognitive Strukturierung der Welt	wertrational (indirekt)	regulative Regeln	Regel-setzung	Tue X; Wenn Y, tue X
praktisch	zweckrationale Berechnung von Handlungsalternativen in Bezug auf ein bestehendes Interesse	zweck-rational (direkt)	regulative Regeln	Regel-folgen	

A. G.

* Kalberg 1981: 20, siehe auch Abb. 6, oben.

** Vgl. Searle 1983: 56

Die hier gezogene Parallele zwischen dem Weber'schen Rationalitätsbegriff und dem der Regel bei Wittgenstein ist dabei ausdrücklich in Hinblick auf ihre Funktion zu verstehen. Denn Rationalität und Regel erfüllen in beiden Ansätzen eine ähnliche Aufgabe. Sie weisen auf die Abhängigkeit des Denkens und Tuns von *äußeren* Faktoren hin und betonen zugleich, dass der Mensch in der Lage ist, solche Vorgaben selbst zu erschaffen, d. h. zu *äußern* und damit zu *konstituieren* und zur Grundlage späteren Handelns zu machen.

Der zugrunde liegende Gedanke ist keineswegs neu. Vielmehr findet er sich bereits in einem frühen Klassiker der Theorie- und Ideengeschichte, nämlich in Thomas Hobbes' *Leviathan* aus dem Jahr 1651. Das bei Hobbes durch ein natürliches Recht auf alles hervorgerufene willkürliche Handeln wird durch die *Veräußerung* von Rechten an den Staat eingehegt. An die Stelle der natürlichen

Freiheit tritt sodann ein Zustand der bürgerlichen Freiheit. Die naturrechtliche Willkür des Handelns – die sich zwangsläufig aus dem natürlichen Recht alles zu tun oder zu unterlassen ergibt – [164] wird durch einen Akt der vernunftgemäßen Selbstbeschränkung eingegrenzt. Eben diese Funktion erfüllen im Prinzip auch Rationalität und Regeln: Sie sind der Willkür entgegengestellt. Sie ordnen und strukturieren das Zusammenleben von Menschen und versehen es mit Sinn. Der gravierende Unterschied zu Hobbes in diesem Punkt ist allerdings, dass Rationalität und Regeln nicht durch gebotsähnliche Gesetze der Vernunft quasi von außen vorgegeben sind, sondern erst durch den Menschen geschaffen und ausgestaltet werden.

Abgesehen von den funktionalen Gemeinsamkeiten zwischen Webers Rationalitätsbegriff und dem Begriff der Regel bzw. des Regelfolgens bei Wittgenstein besteht eine entscheidende und folgenschwere Differenz: Der Gebrauch der Rationalität ist als ein rein kognitiver Prozess (d. h. methodologisch individualistisch begründet und von Erfahrung unabhängig) konzipiert, wohingegen Regeln untrennbar mit einer gemeinschaftlich erlernten sprachlichen Praxis verknüpft sind und erst durch diese möglich werden.

Webers Auffassung unterliegt allerdings einer grundlegenden strukturellen Schwierigkeit, die m. E. in einer doppelten Paradoxie enden muss. Das Problem ist im Grunde das gleiche, das Wittgenstein in seinen *Philosophischen Untersuchungen* (1945) bereits an Augustinus' Ausführungen über das Erlernen von Begriffen kritisierte:[165] Weber geht davon aus, jeder Mensch trage bereits alle vier Typen der Rationalität in sich und müsse diese nur noch anwenden. Er beschreibt den Menschen, als kenne er von Natur aus den Unterschied zwischen rationalem und irrationalem Handeln. Diese Annahme trifft allerdings nur sehr begrenzt zu. Kritik muss sich sowohl gegen den wertsphäreninternen Zusammenhang zwischen der materialen Rationalität und den übrigen Rationalitätstypen *(a)* als auch gegen die Bestimmtheit der einzelnen Rationalitätstypen für sich genommen *(b)* richten:

(a) Die innere Paradoxie der Rationalität bei Weber stellt sich wie folgt dar: Praktische, formale und theoretische Rationalität benötigen immer ein Objekt, auf das sie sich beziehen können. Dieses Bezugsobjekt ist bei Weber gerade nicht von vornherein gegeben, sondern muss erst durch das Wirken der materialen Rationalität geschaffen werden. Insbesondere für die zweckrationalen Typen (die

---

164 Für Hobbes beinhaltet die natürliche Freiheit das Recht auf alles, welches zugleich das Recht auf nichts sei. Denn der Naturzustand ist zugleich ein Kriegszustand, in dem sich niemand der Wahrung seiner Rechte sicher sein kann (siehe *De Cive*: I, 11).

165 Siehe Kap. 4.2.1.

praktische und formale Rationalität), aber auch für die indirekt wertrational ausgerichtete theoretische Rationalität gilt: Sie brauchen Wertsphären, nach deren
obersten Wertpostulaten sie tätig werden.[166] Nur innerhalb dieser Bereiche haben
sie ein Ziel, auf das sie sich beziehen können. Die praktische Rationalität ist hier
lediglich eine Form der zweckrationalen Berechnung von Handlungsalternativen
in Bezug auf eine bereits bestehende Präferenz oder eine zuvor festgelegte Maxime. Hollis bemerkt dazu:

> *„Bei der Zweckrationalität geht es im Grunde nur um die innere Widerspruchsfreiheit,*
> *und selbst so aufgefaßt ist sie etwas Künstliches, dessen Zusammenhang mit der Ratio-*
> *nalität nicht intern hergestellt werden kann. Zum Verstehen ist ein Idealtyp nötig, der in*
> *einer Sprache der externen Gründe formuliert ist"* (1991: 64).

Im Falle der formalen Rationalität werden zweckrational Gesetze, Vorschriften,
Regeln o. ä. befolgt. Die theoretische Rationalität übernimmt bei Weber unterschiedliche logische, induktive und deduktive Operationen und braucht ebenfalls
ein Ziel oder ein Ideal, auf das sie hinarbeitet.[167] Im Gegensatz dazu nimmt die
materiale Rationalität die notwendige Aufgabe wahr, die obersten Wertvorgaben
oder Handlungsziele einer Sphäre zu schöpfen, an denen die rationale Ausrichtung der praktischen, formalen und theoretischen Rationalität stattfindet. Spätestens an diesem Punkt trifft die Vorstellung einer rein kognitiven Rationalität
auf eine Grenze. Genauer gesagt ist Webers Annahme aus sprachphilosophischer
Sicht widersprüchlich (vgl. auch Hollis u. Smith 1990: 171 ff.). Denn wie kann ein
Wertpostulat gesetzt werden und allgemeine Geltung besitzen, ohne sich dabei
immer schon auf sprachlich erfasste, gemeinschaftliche Gegebenheiten zu beziehen? Wie kann jemand wissen, er handele in Einklang mit einer Norm, wenn er
nicht weiß bzw. wissen kann, welches ihre praktische, d. i. ihre wirkliche Bedeutung ist?

---

166 Das gleiche Argument wird in etwas erweiterter Form auch in der modernen konstruktivistischen Theorie regelmäßig vorgebracht. So betont beispielsweise Friedrich Kratochwil, dass *„the*
rationality constitutive of political actions and their regulation cannot be compressed into one con-
cept of instrumental or strategic rationality. Precisely because both consensual knowledge and
legitimacy represent irreducible elements of political action, questions concerning normative arran-
gements cannot be reduced to simple functional explanations" (1993a: 83). Auch wenn das oberste
Wertpostulat der Lebenssphären bei Weber durch eine Menge verschiedener „irreducible elements of political action" abgelöst wird, so bleibt die Grundstruktur einer an Wertmaßstäben
ausgerichteten und instrumentell verfahrenden Rationalität erhalten.
167 Die europäische Aufklärung im 18. Jahrhundert, etwa, ließe sich im Sinne Webers als theoretisch-
rationales Großprojekt begreifen.

Das Verständnis eines Wertpostulates, das der Anerkennung desselben notwendigerweise vorangehen muss, kann nur entstehen, wenn eine soziale Tatsächlichkeit, eine gemeinsame Praxis also, zugrunde liegt. Die materiale Rationalität
kann nur solche Normen erschaffen, die allgemein sprachlich erfassbar sind und
die somit schon in einer Sprachpraxis und folglich auch in Tatsachen oder regelmäßigen Handlungen existieren. Wie könnte sich, beispielsweise, in der von Weber untersuchten (kapitalistischen) Ökonomie westlicher Gesellschaften die Maximierung des Gewinns durch wirtschaftliche Tauschbeziehungen als Maßstab
des Handelns herausbilden, ohne dass ein allgemeines Verständnis dieses Postu-
lats im Wirtschaftshandeln schon besteht? Oder wie ließe sich die praktische Bedeutung des Wertmaßstabes der Rechtssphäre – die formale und materiale Erzeugung von Recht – erfassen, ohne dass damit eine bestimmbare, d. i. intersubjektiv
erfahrbare Rechtspraxis einherginge? Ein Wertpostulat kann wie jedes Wort, jeder
Satz und jede Regel nur begriffen werden, wenn man seinen sprachlichen Sinn erfassen kann.[168] Der sprachliche Sinn ist aber wiederum, wie Wittgenstein gezeigt
hat, nur durch eine Form des allgemeinen Gebrauchs eindeutig definierbar.

  *„Ist, was wir ‚einer Regel folgen‘ nennen, etwas, was nur ein Mensch, nur ein-
mal im Leben, tun könnte?"* (PU: § 199), fragt Wittgenstein. Die Antwort auf diese
Frage lässt sich ohne Weiteres auf Webers Wertpostulate übertragen: *„[D]er Regel
folgen [ist] eine Praxis. Und der Regel zu folgen glauben ist nicht: der Regel folgen.
Und darum kann man nicht der Regel ‚privatim‘ folgen, weil sonst der Regel zu folgen glauben dasselbe wäre, wie der Regel folgen"* (PU: § 202; vgl. auch Kripke [1987]
2006: 74 ff.). Das Gleiche, was hier über die Regel gesagt wird, gilt für die obersten
Maximen eines jeden Lebensbereiches, eines Kontextes, wie der Ökonomie, der
Politik oder auch des Rechts. Sie können niemals durch eine privatim tätige Form
der Rationalität, durch eine kognitiv-isolierte Berechnung festgelegt werden, sondern erhalten ihren Inhalt und ihre allgemeine Geltung erst durch eine Sprachgemeinschaft, deren Handeln mit dem Gebrauch ihrer Wertkategorien regelmäßig übereinstimmt. Wie sollte man sonst wissen, was eine Norm genau bedeutet
und wie man ihr konkret folgen kann? Wie könnten Zuwiderhandlungen, also
nicht-rationales oder irrationales Handeln, erkannt werden? Die praktische, formale und theoretische Rationalität hätten ganz einfach keinen Anhaltspunkt, an
dem sie sich orientieren könnten, um den Vorgaben einer Wertsphäre zu folgen.
Sie könnten, da sie erst im Handeln ihren äußeren Bezug haben,[169] jede Festlegung

---

168 Die Entwicklungsgeschichte der Bedeutung von Begriffen wie „Freiheit", „Demokratie", „Recht"
   oder „Gleichheit" belegt dies eindrücklich.
169 Dies gilt insbesondere für das soziale Handeln bei Weber (vgl. insbes. WuG: 3).

der materialen Rationalität, wie ein unbekanntes Zeichen, in unendlich vielen Arten und Weisen deuten. Die Geordnetheit und Ausdifferenzierung der Wertsphären würde damit aber gar nicht erst entstehen können.[170]

(b) So wie aus Sicht der Sprachphilosophie Wittgensteins der interne Zusammenhang zwischen den einzelnen Rationalitätstypen bei Weber in Frage zu stellen ist, so ist aus den gleichen Gründen auch die Bestimmtheit der Rationalitätstypen, jeweils für sich genommen, als widersprüchlich zu kritisieren. Weber nimmt an, dass materiale, theoretische, praktische und formale Rationalität aus sich heraus Bedeutung besitzen. Er meint in den Formen der Rationalität selbst ontologische Fixpunkte gefunden zu haben, von denen ausgehend man soziales Handeln idealtypisch deuten könne. Die Fähigkeit zu einer logisch zwingenden Zweck-Mittel-Berechnung ist demnach ebenso eine feststehende Konstante wie das wertrationale Denken. Wittgenstein, für den selbst die Mathematik keine aus sich heraus zwingende Logik besitzt, hätte an dieser Annahme berechtigte Zweifel.[171] Denn es ist zunächst einmal zu klären, welche Tatsache eigentlich verbindlich vorgibt, was als rational und was als nicht-rational oder irrational zu gelten hat? Saul A. Kripke bringt dies auf den Punkt, wenn er schreibt: *„Der Witz des skeptischen Arguments ist eben, daß wir schließlich eine Ebene erreichen, auf der wir ohne einen Grund handeln, durch den wir unsere Handlung rechtfertigen können. Wir handeln zwar, ohne Zögern, aber blind"* ([1987] 2006: 111).

Das Problem, das sich in Bezug auf die einzelnen Rationalitätstypen stellt, ist im Grunde genommen das Gleiche, wie das zuvor unter (a) geschilderte, welches sich aus dem inneren Zusammenhang von material-rationaler Wertsetzung und den übrigen Rationalitätstypen ergibt: Rationalität, egal in welcher Form, braucht stets einen Bezugspunkt, um allgemeine Gültigkeit zu erhalten und somit verbindlich zu sein. Dieser Bezugspunkt kann nicht allein in einem individualistischen und isolierten Denken auffindbar sein, das bei Weber erst im Handeln sozial wird. Vielmehr braucht es immer schon eine soziale Übereinstimmung über die praktische Bedeutung von Rationalität und Irrationalität. Nur so lässt sich der Unterschied zwischen beiden definieren.

Webers Theorie der Rationalität, auf der die Vorstellung der Wertsphären aufbaut, scheitert so am Ende an ihrer Sprachblindheit. Denn genau hier, in der Konvergenz von Sprache und Handeln, findet Rationalität ihre allgemein-verbindliche Bedeutung. Eine Form sprachlich gebundener Rationalität muss dem-

---

170 Siehe hierzu auch Wittgensteins Überlegungen in PU: § 201; vgl. auch Bloor 2002: 58 ff.

171 Eine ausführliche Diskussion des Wittgenstein'schen Skeptizismus in Bezug auf mathematische Regeln findet sich bei Kripke [1987] 2006.

gegenüber durch gemeinschaftliche Praxis bestimmt werden und bezieht einen sozialen Kontext notwendigerweise mit ein. Dieser Sinnzusammenhang ist Referenzpunkt des Denkens, Argumentierens bzw. Begründens und Handelns, wodurch ein Bedeutungsskeptizismus und der daraus folgende infinite Regress[172] verhindert werden (vgl. Kripke [1987] 2006: 17 ff., Hollis u. Smith 1990: 188). Weber nähert sich der Rationalität, so könnte man sagen, aus der falschen Richtung. Die Eigengesetzlichkeit einer Lebensordnung ist bei ihm das Produkt eines umfänglichen Rationalisierungsprozesses, der schon die Bedeutung von Begriffen (und ihrer tatsächlichen Entsprechung) voraussetzt, die erst innerhalb einer Wertsphäre bestimmt werden können und auch nur hier ihre Geltung besitzen.

Um diese Probleme aufzulösen, sollte der Begriff der Rationalität also um eine sprachpraktische Dimension erweitert werden. Eine solche Reformulierung soll hier mit dem Konzept der *Kontextrationalität* eingeführt werden. Unter dem Begriff soll im Folgenden allgemein die Entsprechung von Sprache und den Formen ihres anerkannt-regelmäßigen Gebrauchs in einem bestimmten sozialen Kontext verstanden werden.[173] Das europäische Recht bildet, wie an späterer Stelle ausgeführt wird, einen eben solchen Kontext des Denkens, Argumentierens und Handelns im Speziellen und kann als beispielhaft für das Wirken der hier vorgestellten Rationalität gelten. Er ist in dreifacher Hinsicht different (siehe Abb. 9, oben): *Erstens* sind die Regeln, die den Kontext des europäischen Rechts konstituieren, nur *lokal* gültig, d.i. in einem umgrenzten Raum der Übereinstimmung von Sprache und Praxis. Das europäische Recht beinhaltet eine Menge von kollektiven Vorstellungen und konstituiert als Kontext einen sprachpraktischen *„Raum der Plausibilitäten, innerhalb dessen einiges sagbar und denkbar, vieles jedoch nicht sagbar und denkbar ist"* (Gil 2005: 43). Europa ist eine lokale, (keineswegs einheitlich) kulturell gewachsene Rechtsgemeinschaft und unterscheidet sich insoweit von anderen Rechtssystemen und -ordnungen. *Zweitens* unterliegen die dort gültigen Regeln des Rechts, alleine durch die Notwendigkeit ihrer ständigen Reproduktion, einem *temporalen*, d.i. dauerhaft zeitlichen Wandel. Das Recht und seine Norminhalte und Verfahrensweisen verändern sich mit der Zeit. Das Recht als Kontext ist insofern nicht nur ein juristischer *„Denk- und Handlungsraum"* (Strauch 2005: 484), sondern auch, eine im Strom der Zeit, unbeständige Gegebenheit. *Drittens* ist das Recht in Europa von anderen Kontexten *funktional* unterschieden, indem es nach

---

172 Wittgenstein deutet diesen infiniten Regress in PU: § 211 an: „*[W]ie kann er wissen, wie er selbständig fortzusetzen hat? – Nun, wie weiß ich's? – Wenn das heißt ,Habe ich Gründe?', so ist die Antwort: die Gründe werden mir bald ausgehen. Und ich werde dann, ohne Gründe, handeln.*"

173 Siehe Kap. 4.2.4.

rechtsspezifischen Regeln und mit entsprechenden Begriffen funktioniert. Es ist in der Menge seiner konstitutiven Regeln und Begriffe different gegenüber Politik, Ökonomie und anderen Kontexten. Auch die Integration durch Recht muss daher nach ihr eigenen, rechtsimmanenten Regeln funktionieren.

Daraus ergibt sich *zum einen,* dass es nicht eine eng begrenzte Anzahl von Rationalitäten oder gar *die* Rationalität geben kann, die sich unter wechselnden Umständen ständig neu ausrichten bzw. ausrichtet. Im Gegenteil, Kontextrationalität ist gleichbedeutend mit einem, der Möglichkeit nach, unbegrenzten Pluralismus unterschiedlicher und handlungsleitender Rationalitäten sozialer Lebensbereiche, d. i. ihrer sprachpraktischen Eigengesetzlichkeiten. Die Rationalität eines Kontextes ist dabei nichts anderes als die Menge von Regeln, die einen bestimmten Kontext lokal, temporal und funktional – im Sinne Searles – konstituieren und regulieren.[174] Rationales Handeln ist dementsprechend ein solches, das sich an den bestehenden Regeln eines Kontextes ausrichtet und ihnen folgt. So gilt es die Regeln des Rationalitätskontextes – und nicht etwa irgendeine, als Naturtatsächlichkeit angenommene Vorstellung des menschlichen Verstandes und Urteilsvermögens – in ihrer konkreten Ausgestaltung zu untersuchen und zu verstehen.

Zum anderen ist Rationalität damit notwendigerweise intersubjektiv und *nicht* vorsubjektiv. Was rational ist, kann immer auch vor Anderen in einem bestimmten Sinnzusammenhang gerechtfertigt werden. Rechtfertigung kann aber immer nur dann gelingen, wenn (argumentativ) Gründe für eine Aussage, eine Behauptung oder eine Handlung gegeben werden können. Eine rationale Entscheidung ist dann nicht nur eine verstandesgemäße, eine auf Klugheit und Intellekt beruhende Entscheidung, sondern in einem bestimmten Kontext auch eine vernünftige (siehe auch Steinvorth 2002: 18 ff.). Man muss in diesem Fall einsehbare Gründe für die eigene Entscheidung angeben können, um sie dadurch zu rechtfertigen. Nur variieren die „guten Gründe" eben von Kontext zu Kontext. So kann es durchaus sein, dass bestimmte Gründe nicht unter allen Umständen, d. h. in jedem Kontext, auf Zustimmung stoßen und als Rechtfertigung für rationales Handeln gelten. Dies gilt übrigens auch für den Fall, dass die Regeln des nicht rationalen oder irrationalen Handelns bekannt sind also einem anderen Kontext entstammen.

Man könnte nun einwenden, der Mensch sei, sofern er sein Handeln an Regeln orientiert, nicht mehr als ein regelfolgender Automat, eine einfache, instru-

---

174 Siehe Kap. 4.2.2.

ierte Maschine (vgl. auch Bobbitt 1999: 60).[175] Doch die Ausrichtung an Regeln ist m. E. im Grunde weder eine Frage der freien Entscheidung, noch ist sie willkürlich. Der Freiraum des Handelns, der sich in einem Kontext auftut, ist weniger einer, der durch die Abwesenheit von Regeln entsteht, wie man meinen könnte, sondern ein solcher, der sich viel eher gerade aus der Existenz von Regeln ergibt. Dazu muss man verstehen, dass das Handeln in einem bestimmten sozialen Kontext zwangsläufig begrenzt ist. Die Grenzen definieren sich durch konstitutive genauso wie durch regulative Regeln des Kontextes.[176] Denn sie geben vor, *welches* Handeln überhaupt denkbar, verstehbar und möglich ist.[177] Die Denkbarkeit, Verstehbarkeit und Möglichkeit ergibt sich aber nicht in erster Linie aus einem Vorschriftcharakter der Regel, sondern vielmehr aus den Bedingungen der Verständlichkeit von Handlungen und der Rechtfertigbarkeit derselben vor Anderen. Nur Handeln, das sich auf Regeln bezieht, ist verständlich und kann somit für soziale Interaktion relevant sein.

Für das in Sprachspielen verortete Regelfolgen ist charakteristisch, dass es sich dabei gerade nicht um eine unausweichliche Tätigkeit handelt. Die zwangsläu-

---

175 Zu dem Einwand, die Deduktion von einer Regel hin zu praktischen Handlungsanweisungen könne durch eine Maschine wahrgenommen werden, bereits ausführlich Kripke [1987] 2006: 47 ff.

176 Es ist bereits gesagt worden, dass die Unterscheidung zwischen konstitutiven und regulativen Regeln bei Wittgenstein nicht auftaucht, da Regeln, gleich welche, notwendigerweise eine allgemeine Praxis widerspiegeln müssen, um überhaupt als solche gelten zu können. Private Regeln gibt es für Wittgenstein genauso wenig wie eine Privatsprache (siehe zum Argument der Privatsprache PU: §§ 243, 256, 259, 261, 269, 275; eine ausführliche Diskussion von Privatsprache und Regelfolgen findet sich bei Kripke 2006). Dies ist ein wichtiger Punkt. Denn obwohl die regulativen Regeln, anders als die konstitutiven, nicht als Grenzen eines Sprachspiels festgeschrieben sind, so sind sie doch weder frei erfunden noch subjektiv festsetzbar. Der Begriff Regel impliziert schließlich immer den Bezug auf eine gewisse *Regel*mäßigkeit im Handeln derjenigen, die einer Regel folgen (vgl. Peacocke 1981: 73). Und diese Regelmäßigkeit ist keine, die sich durch eine rein subjektive Zuschreibung von Bedeutung erzeugen ließe (siehe Winch 1974: 36 ff.).
   Kripke weist darauf hin, dass Wittgenstein eine Theorie der Behauptbarkeitsbedingungen und nicht der Wahrheitsbedingungen entwirft. Wie könnte man nämlich behaupten, einer Regel „richtig" zu folgen, wenn alle übrigen ihr anders folgten? Eine Art privates Regelfolgen kann es in einem sozialen Zusammenhang nicht geben (PU: § 258; vgl. Kripke [1987] 2006: 137 ff.; kritisch dazu Winch 1992: 49 ff.).
   Die regulativen Regeln, die zunächst einen unbeschränkten Freiraum innerhalb konstitutiver Grenzen zu eröffnen scheinen, sind, so gesehen, kaum weniger bestimmt als die konstitutiven Regeln, zumal ihnen per Definition eine gemeinsame Praxis zugrunde liegen muss. So stellt sich z. B. in einem Tennisspiel kaum die Frage, ob der Ball möglichst schnell oder möglichst langsam zu spielen ist, oder welche Argumente in einer Diskussion oder einem Rechtsstreit sinnvollerweise vorzubringen sind, obgleich hierfür letzten Endes keine „formalen" Regeln vorliegen.

177 Handeln muss in diesem Sinne notwendigerweise als eine regelgeleitete Tätigkeit verstanden werden. Andernfalls würde es sich um ein bloßes „Sichverhalten" handeln (siehe auch Kap. 4.1.1).

fige Entschiedenheit, *„das Hinzunehmende, Gegebene"* (PU II: 572), ist, wie gesagt, eher das Merkmal der Lebensform und der Sprache an sich, nicht jedoch des Sprachspiels und all seiner wechselnden Inhalte.[178] Und dennoch ist das Regelfolgen nicht beliebig oder besser gesagt: es darf nicht beliebig sein. *„Wenn ich einer Regel folge, wähle ich nicht. Ich folge der Regel blind"* (PU: § 219), sagt Wittgenstein und verweist damit nicht auf die Abwesenheit des Willens beim Regelfolgen, sondern auf die Abhängigkeit der Deutung und Anwendung einer Regel von einem allgemeinen Konsens, der sich in der Kohärenz von Sprache und Handlungen offenbart. Denn wäre das Folgen einer Regel eine private und folglich vom Konsens einer Sprachgemeinschaft unabhängige Entscheidung, so würde eine Regel nichts bedeuten – sie besäße keinen Inhalt.[179] Regeln bedürfen insofern zwangsläufig eines sozialen Kontextes, der sie bedeutsam macht und dessen Medium des Denkens und der Verständigung Sprache ist.

Nun gibt es natürlich auch die Möglichkeit, Regeln aus anderen sozialen Kontexten oder Institutionen zur Grundlage von Handlungsentscheidungen zu machen. Beispielsweise könnte man versuchen, ein Fußballspiel nach den Regeln des Handballs zu spielen, ein Gemälde nach den Regeln der Geometrie zu beur-

Abbildung 11   Kontextabhängigkeit der Rationalität

	Regel	Folge
rationales Handeln	Handlung liegen konstitutive und regulative Regeln aus dem geltenden Kontext zugrunde	Handlung ist verstehbar, begründbar und gilt als rational
nicht rationales/ irrationales Handeln*	Handlung liegt keine konstitutive oder regulative Regel, eine unbekannte Regel oder eine gekannte Regel aus einem anderen als dem geltenden Kontext zugrunde	Handlung ist nicht verstehbar oder begründbar und gilt als nicht rational/irrational

A.G.

* Siehe Fn. 67, oben.

178 Siehe Kap. 4.2.1 und 4.2.3.
179 Sie wäre beliebig, da jeder sie (vollkommen zurecht) unterschiedlich auslegen könnte. Im eigentlichen Sinn wäre die Regel dann keine Regel mehr. Malcolm führt hierzu aus: *„The point to be made here is that when one has given oneself the private rule ‚I will call this same thing „pain" whenever it occurs,‘ one is then free to do anything or nothing. That ‚rule‘ does not point in any direction"* (1968: 73).

teilen, oder auch Fragen der Gerechtigkeit oder des Rechts gänzlich mit Regeln der Opportunität und des Eigennutzes zu beantworten. Es würden dann Regeln aus einem anderen als dem geltenden Kontext entlehnt und angewandt und die Schwelle der konstitutiven, begrenzenden Regeln würde überschritten. Daraus ergeben sich drei mögliche Folgen: Das Handeln würde nicht verstanden, es würde als kontextextern erkannt oder aber es würde im Extremfall als wahnsinnig eingestuft.[180] In allen drei Fällen würde die Handlung als nicht-(kontext)rational bzw. (kontext)irrational aufgefasst und dementsprechend keine intersubjektive Anerkennung und Akzeptanz erwarten lassen.[181]

Als Notwendigkeit für *kontextrationales Handeln* gilt folglich immer: Einerseits müssen Handlungen verstehbar und begründbar sein, d. h. ihnen müssen erkennbar konstitutive und regulative Regeln zugrunde liegen, deren Bedeutung innerhalb eines bestimmten Kontextes gekannt und anerkannt wird. Andererseits müssen die Regeln, sofern es sich um konstitutive Regeln handelt, solche des geltenden Kontextes sein, oder sie müssen sich, sofern es sich um regulative Regeln handelt, auf diese direkt oder indirekt beziehen (siehe Abb. 11).[182] *Kontextrationalität* orientiert sich demnach nicht an einem obersten Wertmaßstab, sondern definiert sich durch die Summe sprachpraktischer Regeln in einem funktional, temporal und lokal differenten Kontext. Da die rationalitätskonstituierenden Regeln eines Kontextes nun niemals von vornherein als feststehend gelten können, sondern erst durch die Ausdifferenzierung des Kontextes gebildet werden, ergibt sich für den Wissenschaftler die unvermeidliche Aufgabe, den Kontext in seinen sprachpraktischen Regeln verstehen zu suchen, um Wissen darüber zu erlangen und ein Verstehen zu ermöglichen.

„Einen Satz verstehen, heißt, eine Sprache verstehen. Eine Sprache verstehen, heißt, eine Technik beherrschen" (PU: § 199), sagt Wittgenstein.[183] Gleiches gilt für

---

180 Der Psychologe Erich Wulff hat in diesem Zusammenhang den Begriff „Wahnsinnslogik" geprägt: *„Wahnsinnige Aussagen lassen sich auch dadurch konstruieren, dass man die fundamentalen Regeln des Sprachspiels in Wirklichkeit nicht berücksichtigt, es falsch bzw. verkehrt herum spielt oder einfach nicht mitspielt, aber gleichwohl seine Materialien, vor allem seine Satz- und Wortbedeutungen, weiterhin, nun aber regelwidrig benutzt"* (Wulff 2003: 150).

181 Das schließt natürlich nicht die zufällige Übereinstimmung von Regeln aus einem Kontext mit denen eines anderen aus.

182 Es ist gesagt worden, dass Sprachspiele nicht überall durch konstitutive Regeln begrenzt sind. In diesen „Lücken" kommen regulative Regeln – die „Regeln der Klugheit" – zum Tragen. Eine Verletzung regulativer Regeln führt zwar dazu, dass man nicht „gut", „richtig" oder „angemessen" handelt, jedoch nicht mit den konstitutiven Regeln, d. h. mit dem Sprachspiel an sich, bricht.

183 Wittgenstein meint hier mit „eine Sprache verstehen", die Sprache eines Sprachspiels zu verstehen und nicht etwa die Sprache an sich (als Teil der menschlichen Lebensform).

das Verständnis einer sprachlich gebundenen Rationalität und die wissenschaftliche Beschäftigung mit ihr: Sie ist eine Technik, die man beherrschen und verstehen kann, ohne von ihr beherrscht zu werden. Regelfolgen ist, wie gezeigt wurde, nicht gleichbedeutend mit einer naturtatsächlichen Vorbestimmtheit des Handelns oder gar mit Zwang (siehe auch Hollis 1991: 59, 1996: 11 ff.). Vielmehr helfen sprachliche Rationalitäten, Handeln zu koordinieren und zu strukturieren. Oder wie Patterson sagt: *„Wir machen uns die Welt durch Sprache verständlich"* (1999: 192). Das Handeln jedoch bleibt den Akteuren selbst im Rahmen dieser Sprache überlassen. Die Reichweite ist dabei auf einen bestimmten sozialen Kontext, eine sprachliche Institution, begrenzt. Denn Rationalität ist in ihrer sprachlichen Reformulierung vor allem ein sozialer Begriff, der sich auf eine sprachliche Gemeinschaft beziehen muss, um verstehbar zu sein. Es wird hierbei die Verständlichkeit und Anerkennung der Handlung vorausgesetzt, die sich aus der Verwendung von geteilten Regeln ergibt. Zugleich wird damit auch über die Rationalität von Handeln *entscheidbar*. Dies ist ein zentraler Unterschied zum trivialen Rationalismus auf der einen Seite und zum Poststrukturalismus auf der anderen. Denn dort gab es ja die Möglichkeit zum Entscheiden unter den Vorzeichen der Rationalität nicht mehr, sondern nur noch die Instruktion des Rationalen. Insofern eröffnet ein sprachpraktisches Rationalitätsverständnis nun auch die Möglichkeit, nicht-rationales oder irrationales Handeln zu kritisieren bzw. korrigieren, ohne dass dies gleich eine geradezu existenzialistische Tragweite bekäme. Einzig die Konvergenz von Sprache und ihrer Anwendung in einem bestimmten Kontext ist dabei Bedingung für die Beurteilung und Berichtigung von Handlungen. Kripke hat dies bereits früh erkannt:

„Wer sich abweichend verhält und in seinen Reaktionen nicht ausreichend übereinstimmt, folgt nach dem Urteil der Gemeinschaft nicht ihren Regeln; vielleicht gilt er sogar als Wahnsinniger, der gar keiner kohärenten Regel folgt. Behauptet die Gemeinschaft, jemand folge bestimmten Regeln nicht, untersagt sie ihm die Teilnahme an diesen oder jenen Transaktionen … . Damit wird angedeutet, daß sich die Gemeinschaft bei solchen Transaktionen nicht auf sein Verhalten verlassen kann" ([1987] 2006: 118).

Und Verlässlichkeit, Wiederholbarkeit, Regelmäßigkeit sind schließlich Grundlage und Entstehungsbedingung von Bedeutung und sprachlich vermitteltem Sinn. Wenn sprachliche Regeln den Gebrauch eines anderen Kontextes als Bezugspunkt nehmen oder wenn sie gänzlich außerhalb dieses Bereiches verortet sind, so gelten sie nach den Maßstäben des Kontextes als nicht rational begründet und können mithin kritisiert und korrigiert werden. Umgekehrt gilt: Kontextrational ist Handeln nur, wenn eine Entsprechung von Sprache und der Form ihres regelmäßigen Gebrauchs in einem bestimmten sozialen Kontext besteht.

Zusammenfassend lassen sich fünf zentrale Annahmen einer kontextuellen Rationalität formulieren und auf das Recht anwenden. Sie werden den weiteren Gang der Untersuchung leiten:

Erstens ist Rationalität kontextuell different: Rationalität umfasst in einem bestimmten Kontext eine Menge von anerkannten Regeln, die sich von denen anderer sozialer Kontexte unterscheiden bzw. die den betreffenden Kontext als solchen überhaupt erst unterscheidbar machen. Regeln können konstitutiv und regulativ nur innerhalb von Sprachspielen wirken. Letztere sind wiederum in bestimmte Kontexte eingebettet und erhalten dort ihren spezifischen Sinn. Ein jeder Kontext ist nun in dreifacher Hinsicht different und bestimmbar: (1.) Er ist ein *lokal* abgegrenzter Raum der Übereinstimmung von Sprache und Praxis. Das europäische Recht etwa unterscheidet sich von anderen Rechtsräumen oder Rechtsgemeinschaften in den dort gültigen Regeln. Dementsprechend ist Rationalität, wie Hollis u. Smith bereits erkannten, „*... not a universal capacity for calculating the costs and benefits of actions which contribute to an outcome, but the applying of a local rule which supplies reasons for acting*" (1990: 188). (2.) Darüber hinaus unterliegen die dort gültigen Regeln durch ihre ständige Reproduktion einem *temporalen* Wandel. Das europäische Recht und alle konstitutiven Normen und Verfahrensweisen verändern sich im Laufe der Zeit. Gerade das europäische Recht ist alles andere als ein statisches Gebilde. Und dennoch wirkt die Vergangenheit – insbesondere im Europarecht – immer auch in die Gegenwart und in die Zukunft fort. Man denke nur an das römische Recht oder Napoleons *Code civil*, die bis heute prägend für bestimmte Bereiche *nationaler* europäischer Rechtsordnungen sind und insofern auch das gemeinsame europäische Recht mitbestimmen. (3.) Außerdem ist das Recht in Europa *funktional* von anderen Kontexten dadurch unterschieden, dass es nach rechtsspezifischen Regeln funktioniert. Diese werden in anderen lokalen und temporalen Kontexten geteilt, sind aber nie identisch mit diesen. Kurz gesagt: Das Recht ist in den modernen funktional differenzierten Gesellschaften eine eigenständige Institution – oder wie Weber sagt, eine Lebenssphäre –, die von Politik, Ökonomie, Ethik, Religion, Wissenschaft etc. unterscheidbar und dringend zu unterscheiden ist.[184] Obgleich also dieselben Akteure oder Akteursgruppen in unterschiedlichen sozialen Kontexten in Erscheinung treten, so heißt dies nicht, dass sie immer unter den Vorzeichen ein und derselben Rationalität

---

184 Das schließt Wechselwirkungen und Abgleichungsprozesse zwischen den unterschiedlichen Kontexten keineswegs aus.

handeln. Wenn von *der* Rationalität die Rede ist, ist in Wirklichkeit ein Pluralismus von Rationalitäten benannt, der sich an den Sprachspielen und Regeln eines Kontextes ausrichtet. Eine generelle Übereinstimmung zwischen den unterschiedlichen Rationalitäten findet sich allein in der Tatsache, dass es sich dabei notwendigerweise um eine sprachliche, regelgeleitete Praxis handelt.[185]

Zweitens ist Rationalität ein dynamischer Prozess: Die Bedeutung der Vielzahl von Sprachspielen und Regeln, die für die Rationalität eines bestimmten Kontextes charakterisierend sind, ist nicht statisch aufzufassen. Vielmehr besteht ein stetiger Bedeutungswandel von Regeln, der sich daraus ergibt, dass diese immer in der Lage sein müssen, wandelnden Umständen und unterschiedlichsten Fällen gerecht zu werden und im Zuge dessen ständig wiederholt bzw. angepasst werden müssen. Da nämlich niemals ein Fall dem anderen zu hundert Prozent gleicht, wird mit jeder Regelverwendung immer auch etwas Neues geschaffen oder etwas Bestehendes reproduziert. Rationalität ist so der Inbegriff eines dynamischen Prozesses, der aus Produktion und Reproduktion von Regeln besteht. Einen Stillstand – das „Nichtmehr-Verwenden" der Regeln – kann es nicht geben. Regeln, die nicht gelebt werden, verschwinden einfach, da es keine *Regel*mäßigkeit in ihrer Verwendung mehr gibt. Wie könnte man etwa sagen, eine Handlung sei rational, wenn die der Handlung zugrunde liegende Regel schon seit Hunderten von Jahren nicht mehr gebräuchlich ist oder verwandt wurde? Oder: Wie könnte eine Regel als rational gelten, die allen übrigen Handelnden unbekannt ist? Rational kann nur sein, was auch eine wiederkehrende Verwendung in einem bestimmten Lebensbereich findet. Damit ist Rationalität nun zwangsläufig unabgeschlossen und in einer beständigen aber generell ziellosen inhaltlichen Entwicklung begriffen. Für den Kontext des europäischen Gemeinschaftsrechts[186], der hier näher

---

185 Aus eben diesem Grunde sollte auch nicht von einer „Eigenlogik des Rechtssystems" gesprochen werden, wie dies gelegentlich getan wird (z. B. Christensen 2005: 2). Denn Logik impliziert das Kriterium der Schlüssigkeit von Aussagen, das wiederum nicht auf einen bestimmten Lebensbereich beschränkt ist, also kein lokal oder funktional gültiges Kriterium darstellt, sondern sämtliche Kontexte betrifft und überdies als zeitlos angenommen werden muss. Zudem ist die Logik kein hinreichendes Kriterium für überzeugende Urteile und deren Akzeptanz (siehe auch Strauch 2000: 1028, 2002: 321). Recht muss zwar den Ansprüchen der Logik gerecht werden, darf und kann aber niemals darauf reduziert werden, da spätestens die Anwendung des Rechts die Logik übersteigt. Zudem kann es im Recht niemals so etwas wie eine „zwingende Logik" geben (siehe Neumann 2005: 379 ff.). Die generelle Anerkennung sachlich richtiger Argumente zwingt im Recht niemals schon zur Anerkennung einer Behauptung. Ein Begriff kontextueller Rationalität sollte dies berücksichtigen und hier bessere Dienste leisten.

186 Hierunter fallen nicht nur primäre und sekundäre Rechtsquellen des Gemeinschaftsrechts und ihre praktische Anwendung, sondern alle diejenigen Regeln und Normen, die das Handeln im Kontext des Rechts in irgendeiner Art und Weise regelmäßig bestimmen oder strukturieren. Un-

untersucht werden soll, bedeutet dies: In dem Maße, in dem sich mit der praktischen Neu- und Fortbildung des europäischen Rechts dessen Regeln verändern,
werden sich gleichzeitig die Möglichkeiten, Recht zu denken und anzuwenden
verändern. Dabei sind es nicht die formalen Beschränkungen, etwa durch Gesetze oder doktrinale Rechtsprechung, welche die rechtsimmanente Rationalität,
sozusagen per Beschluss, verändern, sondern es ist der damit einhergehende stetige Bedeutungswandel von Regeln und ihrem Gebrauch, der zu einer Erneuerung und Umformung des rationalen Denkens (und des Handelns) führt. Anwendung, Reproduktion und Transformation des Rechts gehören immer und
zwingenderweise zusammen. Denn *„[e]in wesentliches Merkmal der Dynamik von
Rechtskulturen ist gerade, dass sie sich entwickeln und verändern in wechselseiti-
gem kritischen und selbstkritischen Eruieren der eigenen wie auch der gemeinsamen normativen Grundüberzeugungen und politischen Zielvorstellungen"* (Mohr u.
von Villiez 2002: 198).

Drittens ist Rationalität erlernbar und verstehbar: Rationalität kann vor diesem Hintergrund nicht länger als eine dispositional-kognitivistische Größe begriffen werden. Die Rationalität eines Kontextes kann und muss erlernt werden.
Das Lernen von Rationalitätskriterien vollzieht sich zwangsläufig in sprachlichen
Kategorien und deren regelmäßiger Übereinstimmung mit einer geteilten Praxis und spiegelt zwangsläufig nur *eine spezifische* (lokale, temporale und funktionale) Möglichkeit, Realität durch Sprache zu denken und zu strukturieren wider.
Der Versuch, menschliches Handeln und die dahinter stehende Regeln zu verstehen, wird sich daher in der Untersuchung und Beschreibung lokaler, temporaler
und funktionaler Praktiken erschöpfen müssen. Das Ziel, eine zeitlich und sozial
unabhängige Typologie der Rationalität zu entdecken, sollte hingegen aufgegeben werden.

Viertens ist Rationalität nicht beliebig auf andere Kontexte übertragbar: ein
Kontext ist keine inhaltsleere Hülle, die sich beliebig inhaltlich ausfüllen und für
die Durchsetzung partikularer oder kontextexterner Interessen instrumentalisieren ließe. Oder besser gesagt: Sie kann es nicht sein, da ein *gemeinsames* Verständnis des Kontextes und all seiner regelmäßig praktizierten Verfahren, Prinzipien,
Normen, Regeln und Werte den Horizont der Handlungsmöglichkeiten nur kontext*intern* bestimmen können (ähnlich in Bezug auf das Recht äußert sich auch de
Búrca 2005: 319 f.). Sinn und Inhalt des Rechts in seiner spezifischen Ausformulierung ist seine Verwendung bzw. sein Gebrauch in einem Kontext, so ließe sich in

---

ter anderem zählen hierzu die nationalen Rechtsordnungen, das Gewohnheitsrecht, die allgemeinen Rechtsgrundsätze oder auch formale und gebräuchliche rechtliche Verfahrensweisen.

Anlehnung an Wittgenstein formulieren (vgl. PU: § 43). Zwar lässt sich die „Sprache des Rechts" benutzen, um rechtsfremde Interessen zu verbergen, wie dies von Mattli u. Slaughter mit dem Konzept des Rechts als „mask and shield" beschrieben wird. Doch ist dies nicht mit der dem europäischen Recht immanenten Rationalität gleichzusetzen oder zu verwechseln, die das „Rechtshandeln" bestimmt. Das gilt in besonderer Weise für die Annahme, die Auslegung des Rechts durch den EuGH könnte sich generell an den Interessen der dominierenden Mitglieder der Gemeinschaft orientieren. Schon die bloße Tatsache, dass solche Interessen in der „Sprache des Rechts" verschleiert werden (müssen), verweist auf die allgemein unbestrittene und als legitim wahrgenommene Gültigkeit der rechtsimmanenten Regeln. Oder anders gesagt: Wenn ich ein Interesse habe, das dem geltenden Recht nicht entspricht und ich dennoch mit dem Recht argumentiere, um mein Ziel zu erreichen, so ist dies – gleich, ob ich mein Ziel erreiche – eine Anerkennung desselben und führt zu einer Stabilisierung der Rechtsgeltung und der Rationalität des Rechts (vor allem auch der spezifischen argumentativen Regeln der Geltendmachung und Rechtfertigung von Recht). Es gilt dann nur umso mehr: „*Argumentation* [und nicht rechtsfremde Interessenvertretung und -durchsetzung, A.G.] *ist die Kommunikationsform der demokratisch verfassten Rechtsgesellschaft*" (Neumann 2005: 384).

Fünftens wirkt Rationalität innerhalb eines Kontextes stabilisierend: Regeln beinhalten immer auch ein normatives Moment. Die kontextinhärente Rationalität unterbindet nicht nur bestimmte Handlungen durch die sprachpraktischen Kriterien der Verstehbarkeit, sondern beinhaltet auch übersubjektive Vorgaben für die richtige Verwendung gemeinsamer Regeln. Peter Winch bringt dies auf den Punkt: „*Wenn es möglich ist, von jemanden zu sagen, daß er eine Regel befolgt, so bedeutet dies, daß man fragen kann, ob er das, was er tut, richtig tut oder nicht. [...] Ein Fehler ist ein Verstoß gegen ein als richtig Etabliertes. [...] Die Etablierung eines Standards läßt sich sinnvollerweise nicht einem Individuum zuschreiben*" (1974: 45 f.). So widersprüchlich dies auch zunächst klingen mag: Der Zwang eines Kontextes ist einer, der sich aus der Gemeinsamkeit und der Übereinstimmung mit Anderen in dem geteilten Sprachkontext ergibt (vgl. Kripke [1987] 2006: 118, Patterson 1999: 203). Ohne die grundlegende und funktional, temporal und lokal gebundene Übereinstimmung in einer intersubjektiven, sprachlichen Praxis können Begriffe wie Recht und Unrecht, richtig und falsch keinen Platz haben. Aus diesem Grund geht auch die von poststrukturalistischer/-modernistischer Seite geäußerte Befürchtung fehl, europäisches Recht sei eine bloße, lineare Fortführung nationalstaatlich geprägter Leitbilder oder Erzählungen. Dieser Befund sollte bereits vor dem Hintergrund der einzigartigen Entstehungsgeschichte der Europäischen Gemeinschaft nachdenklich stimmen und ist überdies historisch äußerst fragwürdig.[187] Zwar muss die Rückbindung an die im Nationalstaat entwickelten Rechtstraditionen und Normenbestände gewahrt bleiben. Das heißt jedoch nicht, dass das europäische Recht zwangsläufig einen europäischen Nationalstaat und eine Abgrenzung nach „außen" befördert. Vielmehr ist die Rationalität des entstehenden europäischen Rechtsraums die notwendige Voraussetzung für die bloße Möglichkeit der *Integration durch Recht* in Europa und kann als solche nicht hinterfragt werden, ohne auch die europäische Einigung an sich zu hinterfragen.[188]

Aufbauend auf diesen Annahmen soll die bislang abstrakt gebliebene Diskussion eines sprachlich gebundenen Rationalitätsbegriffs im folgenden Abschnitt in Hinblick auf den Kontext des europäischen Rechts entfaltet und anhand von Fällen der EuGH-Rechtsprechung dargestellt werden. Es wird sich zeigen, dass der Prozess der Integration im Bereich des Rechts weder ungeordnet noch ziellos verläuft, sondern der in Europa entstehende Rechtsraum auf dem Fundament einer über nationalstaatliche Grenzen hinausreichenden geteilten und sprachlich vermittelten Rationalität ruht – der *Kontextrationalität des europäischen Rechts.*

---

187 Ein sehr aufschlussreicher Überblick über die wechselhafte jüngere Geschichte der europäischen Einigung findet sich bei Brunn 2002.

188 Das heißt explizit nicht, dass jede Entwicklung im Europarecht von vornherein ohne Kritik zu akzeptieren wäre, oder dass Urteile nicht auch unzureichend oder wenig überzeugend begründet und genau aus diesem Grund zu hinterfragen sind.

Dritter Teil
Integration und Recht in der Praxis

5   Rationalität im Kontext des europäischen Rechts

> *„Damit der Mensch sich irre, muß er schon*
> *mit der Menschheit konform urteilen"*
> (Wittgenstein)

Aus Perspektive der Kontextrationalität vollzieht sich die europäische Integration grundsätzlich und notwendigerweise uneinheitlich – genauer: kontextuell different. Das europäische Recht und seine Rationalität konstituieren einen einzigartigen Teil im nicht weniger einzigartigen Gesamtphänomen „Europäische Einigung". *Integration durch Recht* ist daher nicht unmittelbar an politische oder ökonomische Integration oder entsprechende Erwägungen gebunden, sondern lediglich durch die eigenen sprachpraktischen Bedingungen der Möglichkeit bedingt. Dies schließt nicht aus, dass es Synergieeffekte und Wechselwirkungen zwischen verschiedenen Kontexten gibt, in denen Integration stattfindet. Auch ist es durchaus wahrscheinlich, wenn nicht sogar zwangsläufig, dass Integration in unterschiedlichen Kontexten parallel geschieht. So wird ein politisches, ökonomisches und gesellschaftliches Zusammenwachsen Europas ohne gleichzeitige Integration im Bereich des Rechts auf Dauer kaum denkbar sein. Und dennoch dürfen aus einer deskriptiv-analytischen Perspektive diese sehr unterschiedlichen Integrationskontexte nicht miteinander vermischt werden. Um sinnvolle Aussagen über das europäische Integrationsprojekt als Ganzes machen zu können, muss eine differenzierte und inhaltliche Auseinandersetzung mit seinen Teilen, genauer: seinen Kontexten, erfolgen. Von *der* europäischen Integration kann jedenfalls nur in Hinblick auf das Gesamtphänomen, das sich als die „Einigung Europas" präsentiert, die Rede sein.

Bislang sind es in der Europäischen Union vor allem der Europäische Gerichtshof, die Mitgliedstaaten (vertreten durch ihre Regierungen), die Kommission, das Parlament aber auch die nationalen Gerichte, weniger jedoch die europäischen Bürger, die als Beteiligte, Antagonisten und Protagonisten im Kontext des Rechts auftreten. Es kann daher kaum verwundern, dass diese prominenten und politisch wirkmächtigen Akteure das Interesse auf sich gezogen haben und ihre Präferenzen wie auch ihr konkretes Handeln als Ursache für Fortgang und

Stagnation der Integration angenommen werden. Dabei wurde allerdings bislang weitgehend die Tatsache ausgeklammert, dass die Verständigung über die Geltung und Bedeutung von Rechtsinhalten zwischen diesen Akteuren nur auf Grundlage einer geteilten und allgemein anerkannten Rechtsrationalität – d. i. im Sinne der vorstehenden Diskussion, „die Sprache des europäischen Rechts" – funktionieren kann und dieser niemals bereits vorausgeht. *„Die Grenzen meiner Sprache bedeuten die Grenzen meiner Welt"* (TLP 5.6), schreibt Wittgenstein in seinem Frühwerk, dem Tractatus logico-philosophicus. Etwas Ähnliches könnte man auch über die Möglichkeiten und Grenzen der Integration durch Recht in Europa sagen. Denn die Grenzen eines gemeinsamen europäischen Rechts sind notwendigerweise auch sprachimmanente Grenzen. Dementsprechend ist es nicht mehr alleine das Interesse an der Integration, sondern der innerhalb eines Kontextes erzeugte und geteilte Sinn, der die Möglichkeiten europäischer Integration im *und* durch Recht bestimmt. Viel zu lange haben sich die theoretischen Debatten lediglich auf die herausragenden Akteure, Institutionen und ihre möglichen Interessen an der Integration konzentriert und dabei ganz übersehen, dass die Grundlagen der Gemeinschaft, vor allem im Recht, viel tiefer liegen. Aus gutem Grund bemerken Alter u. Helfer heute kritisch, auch in Hinblick auf ihre eigene frühere Forschung: *„[P]revailing scholarship puts too much emphasis on the self-interested power-seeking of judges, the importance of institutional design features, and the preferences of governments to explain lawmaking by international courts"* (2010: 563).

Europa ist keine Rechts*gesellschaft*, sondern eine Rechts*gemeinschaft* (vgl. dazu auch Hallstein 1979a, b, c, Nicolaysen 1999, 2002, 2007). Als solche ist sie notwendigerweise auf *gemeinsame* Formen der Verständigung angewiesen. Denn Verständigung ist nur auf der Basis intersubjektiven Verstehens möglich und somit niemals ein isolierter Solipsismus, der ohne Rücksicht auf die übrigen Teilnehmer der Rechtsgemeinschaft und die mit ihnen geteilten Verständigungsformen auskäme. Oder, um mit den Worten Wittgensteins zu sprechen: Den Regeln eines Sprachspiels im Recht zu folgen ist nichts, was nur ein Mensch, nur einmal im Leben, tun könnte (vgl. PU: § 199). Wenn also auch nicht jedes Mitglied der Rechtsgemeinschaft im Einzelfall die gleichen Ansichten von Recht und Unrecht, von Gerechtigkeit und Ungerechtigkeit, von richtig und falsch hat, so müssen doch die Grundlagen der Verständigung darüber unzweifelhaft und anerkannt sein. Und genau diese Grundlagen gilt es zu untersuchen, um die Rechtsgemeinschaft als wesentlichen Bestandteil des europäischen Einigungsprojekts begreifen und die Integration durch Recht angemessen erfassen zu können.

Dass sich die europäische Rechtsgemeinschaft dabei in ihren Verfahrensweisen und Inhalten aus den nationalen Rechtssystemen und -traditionen speisen muss, in ihrem Ursprung und ihrer Grundlage also zwangsläufig nicht immer genuin europäisch sein kann, steht dem keineswegs entgegen. Im Gegenteil: es handelt sich dabei um eine funktionslogische Notwendigkeit. Dies zeigt bereits die Tatsache, dass die Vertreter des Europäischen Gerichtshofs nicht schon aus dem „Staat Europa", sondern aus unterschiedlichen Rechtskreisen stammen und auf mehr oder weniger lange nationalstaatliche Karrieren (als Berufsrichter, Vertreter der Wissenschaft, Verwaltungsbeamte, Inhaber politischer Ämter etc.), allerdings auch auf eine ähnliche professionell-juristische Ausbildung und Sozialisierung, zurückblicken (vgl. von Danwitz 2008: 778). Bereits aus diesem Grund kann dem EuGH bzw. seinen Vertretern nicht von vornherein ein „europäisches Interesse" unterstellt werden. Zudem hat eine neuere Studie gezeigt, dass keineswegs nur pro-integrative Einstellungen am EuGH vorhanden sind, die dessen Entscheidungsfindung dominieren könnten (Malecki 2012). Eher muss man von einer Vielfalt nationalstaatlich-verwurzelter Rechtsperspektiven ausgehen, die im Europäischen Gerichtshof zu einer europäischen Perspektive zusammengefügt werden müssen.[189]

Dass hierbei auch keine nationale Politik betrieben werden darf und in einem kollegialen Rechtsgremium praktisch auch nicht betrieben werden kann, liegt auf der Hand, denn, wie ein Richter am EuGH bemerkt, „*[t]he moment you are seen by your colleagues to be pushing a national agenda you have lost, because that is not what we are supposed to be doing*".[190] Gleichwohl muss klar sein, dass der Wechsel zum Europäischen Gerichtshof nach einer längeren nationalen beruflichen Laufbahn nicht zugleich einen Bruch mit der bisherigen langjährigen juristischen Sozialisierung bedeutet. Auch die völlige Abkehr von der eigenen, nationalen Rechtstradition und dem eigenen Rechtsverständnis, zugunsten der Methoden und Eigenheiten des Europarechts oder gar einer integrationspolitischen Agenda, erscheint nur schwer denkbar. Vielmehr muss Kontinuität, Kohärenz, aber auch die prozessuale Rationalität des Rechts gewahrt bleiben, um die europäische und insbesondere auch die mitgliedstaatlichen Rechtsordnungen nicht durch einen scheinbar beliebigen Rechtsgebrauch zu destabilisieren. Nichts anderes wäre nämlich zu erwarten, sollten die durch die Nationalstaaten entsandten Richter, nach ihrem Ruf an den Europäischen Gerichtshof, mit den Rechtsprinzipien brechen, die sie bislang repräsentierten; sollten sie nunmehr Recht geradezu beliebig nach anderen Maßstäben auslegen als sie dies bislang taten; sollten sie nicht ge-

---

189 Dies lässt sich beispielhaft an dem in sämtlichen europäischen Rechtsordnungen vorhandenen, allerdings sehr unterschiedlich ausgeprägten, Verhältnismäßigkeitsgrundsatz in Hinblick auf die Gemeinschaftsgrundrechte nachvollziehen (hierzu eingehend von Arnauld 2008).

190 Anonym, persönliches Interview, geführt vom Verfasser, Luxemburg im April 2011.

mäß den gemeinschaftlich-anerkannten Kriterien Rechtsfindung betreiben, sondern einen einseitigen Willen zu einer immer tieferen Integration offenbaren, der
sich nicht aus dem Recht selbst ergibt. Rechtsbeliebigkeit und nicht etwa Rechtssicherheit wäre die Folge.

Obwohl der EuGH also die Kompetenz zur Rechtsschöpfung und -fortbildung
hat, kann er sich bei der Bereitstellung von Entscheidungen niemals nur auf seine
Autorität verlassen, die ihm als Institution zukommt. Auch kann er sich letztendlich nicht darauf verlassen, dass alleine die Qualität seiner Urteile als Akte des
Rechts ihm unbedingte Zustimmung einbringt. Denn, wie Hunt sagt, *„[r]eliance
on an assumed respect for, and acceptance of, legal rulings simply because they have
the quality of law may prove misplaced"* (2007: 155). Ein Rechtsformalismus dürfte
jedenfalls niemals ausreichen, um dauerhafte Akzeptanz zu erzeugen bzw. – vor
dem Hintergrund der Rechtsprechungsgeschichte des EuGH – für über ein hal-
bes Jahrhundert Akzeptanz erzeugt zu haben. Ohne den allgemeinen, in den Mitgliedstaaten anerkannten Regeln der Rationalisierung im Kontext europäischen
Rechts gerecht zu werden, wird kurz-, mittel- und langfristig keine Anerkennung
der aus Luxemburg stammenden Urteile zu erwarten sein. Eine dauerhafte und
vor allem legitime Integration wäre unmöglich. Wenn Europa also nicht nur eine
politische und ökonomische Gemeinschaft, sondern tatsächlich auch eine Gemeinschaft des Rechts ist, und Austausch über die Geltung und Anwendung von
Rechtsinhalten nur mittels einer geteilten Form der Verständigung und Einigung
im Recht vollzogen werden können, so stellt sich, will man tatsächlich die Bedingungen der Möglichkeit von Integration beleuchten, nicht mehr die Frage nach
den akteursgebundenen Interessen am Recht, sondern nach den Grundlagen der
Rechtsgemeinschaft selbst.

Um diese Grundlagen zu untersuchen, darf der analytisch wertvolle Begriff der
Rationalität, der im trivialen Rationalismus kaum mehr als die effektive und effiziente Umsetzung von gewissen Präferenzen oder Interessen in die Praxis meint,
nicht gänzlich aufgegeben werden. Allerdings ist, wie gezeigt wurde, eine sprachpraktische Neudefinition des Konzepts notwendig. Diese würde zu einer deutlichen analytischen Flexibilisierung führen und überdies den Gedanken der Kontextabhängigkeit der Rationalität, wie er bereits von Max Weber entwickelt wurde,
beibehalten. Um von rationalem Handeln im Sinne einer Kontextrationalität sprechen zu können, muss Handeln aus einem bestimmten sprachpraktischen Kontext
heraus in jedem Fall verstehbar sein. Kontextuelle Verstehbarkeit ist das Mini-
malkriterium der Rationalität.[191] Für die Verstehbarkeit gilt wiederum: Es müssen

---

191 Siehe Kap. 4.3.

sich Gründe bzw. Regeln für das Handeln innerhalb eines Kontextes auffinden lassen, deren Relevanz sich im Zweifelsfall sprachlich-argumentativ nachvollziehen lässt. Erfüllen Handlungen nicht das Kriterium einer intersubjektiven, innerkontextuellen Verstehbar- und Begründbarkeit, so können diese in keinem Fall als kontextrational gelten und damit weder überzeugend noch akzeptanzfähig sein. In Anlehnung an Searle könnte man formulieren: Die Möglichkeit der Anerkennung des Handelns als rationales Handeln bestimmt sich durch die Menge geltender konstitutiver und regulativer Regeln eines Kontextes. Diese Summe anerkannt-geltender sprachpraktischer Regeln ist es dann auch, die den Horizont der Fortschreibung des europäischen Rechts und somit der Integration durch Recht in Europa definiert.

Es soll an dieser Stelle ausdrücklich darauf hingewiesen sein, dass aus dem hier vertretenen Ansatz zunächst einmal keinerlei Aussagen über tatsächliche oder faktische Akzeptanz, wohl aber über die Akzeptanz*fähigkeit* von Geltungsansprüchen oder Handlungen im europäischen Recht, abgeleitet werden können. Auch geht es aus Perspektive der Kontextrationalität nicht um die Anerkennung „guter" oder „richtiger" Aussagen oder Handlungen,[192] wohl aber um deren intersubjektive und innerdisziplinäre Behauptbarkeit sowie deren Rechtfertigbarkeit im Kontext europäischen Rechts. Akzeptanzfähigkeit ist dabei keinesfalls als Ergebnis eines bloßen Rechtsformalismus zu verstehen. Jede juristische Entscheidung „... *soll* [schließlich] *nicht nur dem Gesetz entsprechen, sondern auch vernünftig, gerecht, kurz: auch ,sachlich' richtig sein*" (Neumann 2005: 378). Die kritische Frage, welches Handeln diesen Erfordernissen genügen kann, lässt sich jedoch immer nur aus einem konkreten Sinnzusammenhang heraus verstehen – setzt mithin die Kenntnis des Kontextes voraus.

Es kann also nicht nur um das Auffinden von akteursgebundenen Präferenzen bzw. Interessen (wie im trivialen Rationalismus) oder diskursiven „Zeichenketten" (wie im Poststrukturalismus/-modernismus) gehen, die sich im Nachhinein nahezu beliebig *zu-schreiben* lassen (vgl. auch Beck u. Grande 2004: 142 ff.). Ein kontextuelles Erkenntnisinteresse setzt bei der Geltung sprachpraktischer Zusammenhänge an und fragt nach den Bedingungen der Möglichkeit, innerhalb eines lokal, temporal und funktional differenten Kontextes, intersubjektiv Geltung und Akzeptanz erzeugen zu können. Anders als in den trivial-rationalisti-

---

192 Die Beurteilung der Akzeptanzfähigkeit einzelner Gerichtsurteile im Lichte rechtlicher Normen und Verfahren muss generell der Rechtswissenschaft überlassen bleiben. Dies gilt vor allem, aber nicht nur, für solche Fälle und Rechtsprechungen, die einen hohen Grad der Abstraktion aufweisen und daher nicht ohne Kenntnis des Rechts zu bewerten oder kritisieren sind.

schen und poststrukturalistischen Theorien verweist das Konzept der Kontextrationalität dabei auf eine gegenseitige, in sich verschränkte Abhängigkeit von
Handeln und Handlungsgründen: Zum einen können Räsonieren und Handeln
im Kontext nur intersubjektiv verstanden werden, wenn dies im Einklang mit
einer allgemein gekannten, anerkannten und kohärenten Form der regelmäßigen Verwendung von Sprache ist.[193] Zum anderen definiert sich die Rationalität
als eine sprachpraktische Größe gerade erst durch das wiederholte Vollziehen, das
Anwenden von sprachlichen Regeln und Begriffen. Kurz: Rationalität im europäischen Recht strukturiert Handeln und wird zeitgleich durch seine Verwendung
strukturiert, reproduziert und fortentwickelt.

Dies ist auch ein äußerst wichtiger Punkt in Hinblick auf die in der Kritik stehende rechtsfortbildende und -schöpfende Tätigkeit des EuGH. Denn die europäische Rechtsgemeinschaft hängt in ihrer Entwicklung von eben dieser Doppelseitigkeit der Rationalität in entscheidender Weise ab: Integration kann immer
nur entstehen, wenn bereits Gemeinsamkeiten in sprachlich vermittelten Rechts-
praktiken bestehen – dies ist ja schließlich die Grundlage der Integration; zugleich
wird Integration neues, gemeinsames Recht und neue Übereinstimmung über
Rechtsinhalte schaffen. Dementsprechend sind es nicht in erster Linie die verschiedenen Akteure, die ihr Handeln nach bestimmten Interessen oder an einem
wie auch immer gearteten Wertmaßstab zweckrational ausrichten und der Integration im Recht vorgelagert sind. In Wirklichkeit ist es das Recht selbst, das den
Horizont der möglichen Integration durch Recht bestimmt; genauer: es sind die
sich in sprachlichen Prozessen vollziehenden Verständigungen und die sich dort
zeigenden Gemeinsamkeiten im Recht, die dieses überhaupt erst möglich machen.
Diese Gemeinsamkeiten entstehen nun gerade nicht aus einem auf den isolierten,
einzelnen Akteur zurückgehenden Interesse am Recht. Vielmehr sind sie als Voraussetzung für das Gelingen von Kommunikation in einem spezifischen Kontext
immer schon notwendigerweise vorhanden und dürfen insofern auch nicht als
anderen Motiven nachgelagert abgetan werden (vgl. auch Eriksen 2006: 262 ff.).

Um *Integration durch Recht* in Europa angemessen erfassen zu können, muss
daher zunächst ein Wechsel der Perspektive vollzogen werden. Denn das im Kern
zugrunde liegende Problem der hier vorgestellten rationalistischen wie auch poststrukturalistischen Arbeiten ist in ihrer „externalistischen Methode" begründet.
In beiden Theorien befindet sich der Betrachter nämlich generell, wie Lind einmal schrieb, *„outside any central human activity – whether it be science, music,
art, religion, mathematics, law, or simply thinking, reading, or knowing"* (1994: 362).

---

193 Siehe Kap. 4.2.4 u. 4.3.

Das Recht wird dementsprechend lediglich als von anderen Faktoren (z. B. individuellen Nutzenkalkülen, Präferenzordnungen, strategischen Interessen, historischer Bedingtheit, diskursiver Notwendigkeit etc.) abhängiger Erklärungs*gegenstand*, nicht jedoch als eigenständiger Erklärungs*faktor*, wahrgenommen. Und genau hier liegt die Unzulänglichkeit der sich bislang mit der Integration und dem Recht beschäftigenden Theorieansätze und genau hier setzt das zuvor entwickelte, erweiterte und sprachpraktische Verständnis einer kontextuellen Rationalität an.

Das gemeinsame europäische Recht sollte demzufolge nicht länger nur als bloßes Handlungsinstrument, im Sinne einer Unterordnung unter einen allgemeinen Rationalitäts- oder Interessenbegriff oder aber eine historisch-narrative Notwendigkeit, wahrgenommen werden. Es ist vor allem auch ein Medium, in dem sich die Beobachtung der umgebenden Welt, die Verständigung darüber und insofern auch ein bedeutender Teil der Integration Europas vollzieht. Der Rechtswissenschaftler Ulrich Haltern bemerkt hierzu treffend:

> *„Recht ist keineswegs nur ein Normenkörper, der von außen auf den Gesellschaftskörper einwirkt, sondern vielmehr eine bestimmte Art, die Welt zu beobachten und zu verstehen. Recht ist kein Ding, sondern eine Perspektive. Wer durch die Brille des Rechts schaut, blickt auf das Gesellschaftlich-Politische, und zwar aus einem ganz bestimmten Blickwinkel. Das Recht verleiht dem Beobachteten einen spezifischen, dem Recht eigenen Sinn. Es strukturiert unsere Imagination des Gesellschaftlich-Politischen, bevor es dieses selbst strukturiert. Damit ist Recht eine Imaginationsform, deren Macht nicht in objektivierbaren Fakten, sondern in seiner Möglichkeit liegt, die auf die Bedeutung des Gesellschaftlich-Politischen bezogene Imagination zu stabilisieren"* (2007a: 12).

Das Konzept der Kontextrationalität, wie es hier vorgeschlagen wird, sollte es ermöglichen, Einblicke in diese spezifische Imaginations- und Handlungsform des Europarechts zu erhalten – d. i. ein Blick durch die Brille des Rechts zu werfen – und somit ein angemessenes Verständnis von *Integration durch Recht* zu ermöglichen. Denn die Perspektive der Kontextrationalität favorisiert explizit eine „internalistische Methode", die dem Handlungskontext in seiner spezifischen Ausdifferenzierung Rechnung trägt und als ein genuin interdisziplinärer Ansatz die Kenntnis des Untersuchungsgegenstandes fordert und voraussetzt. Kurz: An der Beschäftigung mit den kontextuellen Funktionsbedingungen des europäischen Rechts führt kein wissenschaftlicher Weg vorbei, wenn die Gründe und Möglichkeiten der Integration durch Recht beleuchtet werden sollen.

5.1   Der Europäische Gerichtshof – Notwendigkeit und Befugnis der Rechtsfortbildung und -schöpfung

> *„Die Schöpfung ist niemals vollendet.*
> *Sie hat zwar einmal angefangen,*
> *aber sie wird niemals aufhören"*
>
> (Immanuel Kant)

Der Europäische Gerichtshof (EuGH) ist das für die Wahrung des Rechts bei der Auslegung und Anwendung der Verträge zuständige Organ in der Europäischen Union (EU). Neben dieser in Art. 19 EUV festgeschriebenen Aufgabe, obliegt dem Gericht zudem die Befugnis zur Rechtserzeugung im Sinne der Rechtsfortbildung. Die richterliche Fortbildung von Recht ist dabei keineswegs eine europäische Besonderheit, sondern vielmehr ein in sämtlichen EU-Mitgliedstaaten verankertes Institut und insofern weitgehend unstrittig (vgl. Buck 1998: 125). Nicht selten wird der EuGH jedoch auch rechts*schöpfend* tätig, was regelmäßig zu Kritik führt. Denn ist damit nicht bereits die Grenze der judikativen Kompetenzen überschritten? Schließlich bezeichnet Rechtsschöpfung bzw. „schöpferische Rechtsfindung", wie das Bundesverfassungsgericht (BVerfG) sagt,[194] *das Bilden von Entscheidungsnormen durch Richter ..., die nicht ,dem Gesetz' entnommen werden, d. h. die nicht durch den Gesetzestext in irgendeiner Weise vorgegeben sind"* (Anweiler 1997: 30) und geht insofern über die bloße Fortbildung des bereits vorhandenen Rechts – also die Auslegung und Anwendung – offenbar hinaus. Sie fängt dort an, wo das Gesetz in seiner unzweifelhaften Bestimmtheit aufhört, wo also scheinbar eine rechtliche Lücke, eine Leerstelle oder ein Freiraum besteht, die bzw. den es durch einen Akt der richterlichen Rechtserzeugung oder -konkretisierung auszufüllen gilt.

Die Rechtsschöpfung ist für das Funktionieren der Gemeinschaftsrechtsordnung vor allem deshalb unabdingbar, weil, einerseits jede vertragliche Regelung, jede Rechtsordnung und jedes Gesetz aufgrund des generellen Charakters der textlichen Form notwendigerweise lückenhaft bleiben *muss,* andererseits jedoch zugleich der Anspruch auf einen prinzipiell vollständigen und geschlossenen Normenbestand besteht. Schließlich müssen textlich kodifizierte Rechtsnormen immer einer mehr oder minder großen Menge von tatsächlichen Einzelfällen gerecht werden – in der Gegenwart, wie auch in der Zukunft. Viele dieser Einzelfälle kann der Gesetzgeber nun überhaupt nicht vorhersehen und muss daher auf

---

194 BVerfGE 34, 269 („Soraya") vom 14. 02. 1973.

die ausfüllende und nicht selten auch schöpferische Arbeit der Gerichte vertrauen. Das BVerfG hat diese Aufgabe der Judikative unlängst in seinem „Kloppenburg-Beschluß" herausgestellt:

> „Der Richter war in Europa niemals lediglich ‚la bouche qui prononce les paroles de la loi'; das römische Recht, das englische common law, das gemeine Recht waren weithin richterliche Rechtschöpfungen ebenso wie in jüngerer Zeit etwa in Frankreich die Herausbildung allgemeiner Rechtsgrundsätze des Verwaltungsrechts durch den Staatsrat oder in Deutschland das allgemeine Verwaltungsrecht, weite Teile des Arbeitsrechts oder die Sicherungsrechte im privatrechtlichen Geschäftsverkehr. Die Gemeinschaftsverträge sind auch im Lichte gemeineuropäischer Rechtsüberlieferung und Rechtskultur zu verstehen" (BVerfGE 75, 223 [„Kloppenburg-Beschluß"] vom 08. 04. 1987).

Nun zeichnen sich gerade die Gemeinschaftsverträge durch einen besonders hohen Grad der Offenheit und Deutungsvarianz – oder anders betrachtet: an notwendiger Flexibilität – aus. Schließlich sind „[d]ie Gemeinschaftsverträge ... dynamisch, d. h. auf fortschreitende Entwicklung angelegt, so dass die Gemeinschaftsvorschriften notwendigerweise vielfach offen formuliert und auf spätere Entfaltung und Ergänzung angewiesen sind" (Borchardt 2002: 121). Überdies werden sie in regelmäßigen Abständen ergänzt, fortgebildet und reformuliert. Entsprechend groß ist auch der Bedarf an Auslegung und Konkretisierung des Rechts im Einzelfall. Eine Tatsache, die sicherlich einige Kritik am Europäischen Gerichtshof und seiner Arbeit begünstigt haben mag.

Der oftmals erhobene Vorwurf jedoch, der Gerichtshof würde sich durch seine Tätigkeit als „juristischer Lückenfüller" generell Aufgaben anmaßen, die eigentlich und von ihrem Wesen her einzig und allein der Legislative vorbehalten bleiben sollten, muss zurückgewiesen werden. Jedenfalls kann die Gewaltenteilung, im Allgemeinen, und die Aufteilung unterschiedlicher Kompetenzen unter den Legislativ- und Judikativorganen der EU, im Speziellen, nicht als trennscharfe Abgrenzung zwischen Normgebung und Normanwendung verstanden werden, bei der es keine Zwischentöne gibt. Gerade höchstgerichtliche Urteilsfindung ist oftmals mit Fragen konfrontiert, die sich nicht unvermittelt aus dem Gesetz ablesen lassen. Auch ist der EuGH niemals auf die bloße Auslegung des Rechts in den engen Grenzen des Einzelfalls angewiesen. Vielmehr ist es völlig unstritig, dass dem Gericht auch die „Befugnis zur Abstraktion" (Schwarze 1976) übertragen wurde, aufgrund derer es den konkreten Einzelfall zum Anlass nehmen darf, um Fragen genereller Natur zu klären und Rechtssicherheit zu schaffen, sofern dies geboten erscheint (vgl. Beutler et al. 1987: 40, Simson u. Schwarze 1992: 26, dies. 1995: 75).

Kurzum: Das richterliche Schöpfen von Recht ergibt sich – nicht nur in
Europa, aber besonders dort – unmittelbar aus der Natur der bestehenden, positiven Rechtskodifizierungen, die immer der praktischen Umsetzung bedürfen, um ihren Weg in die Wirklichkeit zu finden. Hierin unterscheidet sich die
Rechtsschöpfung gar nicht substanziell von der Rechtsanwendung und Rechtsfortbildung. Denn auch diese können sich nicht von vornherein auf eine objektive Bedeutung von Rechtstexten beziehen, die durch einen wie auch immer gearteten juristischen Syllogismus ableitbar wären (vgl. Christensen 2005: 7 ff.; auch
Gröschner 2005). *Den* Gesetzestext, welchen man ohne menschliches Dazutun
einfach und unmittelbar in der Realität anwenden könnte, gibt es ganz einfach
nicht.[195] Selbst die sog. Wortlautgrenze des Gesetzes ist eher eine fließende als
eine monolithisch feststehende und keineswegs unumstritten in der Rechtswissenschaft (vgl. Klatt 2005). So bedarf es nicht nur manchmal, sondern vielmehr
in *jedem* Rechtsfall der juristischen Auslegung und Interpretation, um die Brücke
zwischen positivem Recht und seiner praktischen Anwendung immer wieder aufs
Neue schlagen zu können.

Dass es dabei immer auch eine Deutungsvarianz geben muss, liegt auf der
Hand und sollte nicht zu einer Pauschalkritik an EuGH-Urteilen verleiten (vgl.
Fastenrath 2009). Denn diese Deutungsvarianz des Rechts bedeutet nicht zugleich,
dass Rechtsschöpfung in einem funktionierenden demokratischen Rechtssystem
willkürlich erfolgt oder überhaupt erfolgen kann. Denn wenn Rechtsanwendung
auch nicht direkt, d. h. unvermittelt, das geltende Gesetz widerspiegeln kann, so
ist es doch mit Hilfe einer anerkannten Methodik zu entwickeln und entbehrt insofern nur scheinbar einer textlichen und juristischen Grundlage. Rechtsschöpfung ist eine Form der Interpretation und meint die *„Produktion neuer Texte anhand alter Texte, als Erweiterung der Textgrundlage, wobei der Ausgangstext dann
nur noch als Referenz dient",* wie Luhmann sagt (1995: 340). Dies darf jedoch nicht
darüber hinwegtäuschen, dass auch hierbei die sprachpraktische Bindung an den
rechtlichen Kontext und seine Regeln, an die juristischen Formen des Erkenntnis-
gewinns und der legitimen Rechtserzeugung und auch an rechtlich kodifizierte
Inhalte fortbestehen muss. Denn, wie Borchardt, mit Blick auf die europäische
Gemeinschaft treffend bemerkt:

---

195 Die Tätigkeit von Anwälten und Richtern wäre in diesem Fall überflüssig, da jeder, ohne weitere
Kenntnis, den Gesetzestext selbst auslegen könnte. Die Bedeutung des Gesetzes würde sich dann
ganz einfach zeigen.

„Rechtschöpfung bedeutet … die Anerkennung derjenigen Rechtssätze, die zwar als notwendiger Mindestgehalt einer jeden Rechtsordnung auch in der Gemeinschaftsrechtsordnung enthalten sind (lies: sein müssen), aber keine positivrechtliche Regelung durch die Gründungsverträge der EG erfahren haben. Bei der so verstandenen Rechtschöpfung geht es letztendlich um die Erkenntnis dessen, was als Recht in der Gemeinschaftsrechtsordnung gilt [bzw. gelten muss, A.G.]" (1995: 31).

Eine Garantie für „gutes", „richtiges" oder „angemessenes" richterliches Entscheiden ist dies natürlich nicht und kann es auch gar nicht sein. Dies gilt für den Europäischen Gerichtshof, wie für jedes andere Gericht auch. Die Herstellung einer Korrespondenz zwischen dem praktischen Urteil und der Wahrheit oder Richtigkeit, die überdies nur scheinbar im Gesetz liegt, sollte gleichwohl niemals als Ziel richterlichen Handelns angenommen werden. Wohl aber wird damit das Ideal, nämlich das Erfordernis einer kohärenten und sich zugleich dynamisch fortentwickelnden Rechtsordnung sichtbar, das für die EU ebenso wie für jede andere Rechtsgemeinschaft gilt.

Um den grundlegenden Anspruch auf Kohärenz zwischen europäischem Recht und Recht der Mitgliedstaaten gewährleisten zu können, orientiert sich der EuGH zu einem wesentlichen Teil an den sog. allgemeinen Rechtsgrundsätzen.[196] Unter diesen *„… sind im Gemeinschaftsrecht solche Grundsätze, Regeln und Prinzipien zu verstehen, die … Bestandteil des Rechts aller oder zumindest einzelner Mitgliedstaaten der Union sind und der Lösung von Problemen dienen, die in vergleichbarer Weise auch vom Gemeinschaftsrecht bewältigt werden müssen"* (von der Groeben et al. 1983: Art. 164, Rn. 24). Der eigentliche Vorgang der Gewinnung „allgemeiner Rechtsgrundsätze" ist hierbei selbst nichts anderes als ein (recht)schöpferischer, bei dem sich der Gerichtshof des Rechtsvergleichs nationaler Verfassungen und völkerrechtlicher Verträge (insbesondere der europäischen Menschenrechtskonvention, EMRK) bedient, um daraus die allgemein geltenden Prinzipien des Gemeinschaftsrechts abzuleiten. Rechtsschöpfung in Europa darf also nicht als von bereits bestehenden Rechtsgrundsätzen und -praktiken losgelöst und insofern als „freies juristisches Assoziieren" verstanden werden. Im Gegenteil, letztlich steht dem Gerichtshof in diesem Bereich nur ein sehr begrenzter Spielraum zur Verfügung, zumal die allgemeinen Rechtsgrundsätze des Gemeinschaftsrechts

---

196 Die „allgemeinen Rechtsgrundsätze" erfüllen drei wesentliche Funktionen: *erstens*, Hilfe zur Interpretation bestehender europarechtlicher Normen; *zweitens*, Auffüllen der zwangsläufig bestehenden Lücken des Wortlautes der Verträge und *drittens* Prüfung der Rechtmäßigkeit der Rechtsetzung durch die Gemeinschaftsinstitutionen (siehe Hitzel-Cassagnes 2000: 24).

gar nicht ohne die Rückbindung an bereits allgemein anerkannte Prinzipien und Regeln des Rechts entstehen können. Da diese sich nun wiederum in den unterschiedlichen Verfassungstraditionen stark unterscheiden können, – als Beispiel soll hier der Verhältnismäßigkeitsgrundsatz genügen, der in allen europäischen Rechtsordnungen bekannt ist, jedoch z. T. sehr unterschiedlich konkretisiert wurde – muss eher von einer deutlichen Verringerung des Deutungsspielraums auf den kleinsten gemeinsamen Nenner der aus den Rechtstraditionen entlehnten Rechtsdoktrinen ausgegangen werden. Dass hierbei die Vielfalt der Perspektiven gewahrt bleibt, garantiert bereits die personelle Zusammensetzung der Spruchkörper des Gerichtshofs mit Vertretern sehr unterschiedlicher Rechtskreise und -traditionen, aber auch beruflicher Herkunft. Eine ständige Rechtsvergleichung wird so unabdingbar, zumal die Richter ihre durch den nationalen Rechtskontext oder berufliche Praxis geprägten Rechtsansichten und -auffassungen in die fachlichen Beratungen mit einbringen und diskutieren müssen (siehe Borchardt 1995: 41). Die Vielfalt der richterlichen Perspektiven auf das Europarecht bedeutet nun nicht zugleich, dass der EuGH, als *„Organ des institutionalisierten Wandels"* (von Bogdandy 1995: 24), unfähig zu neuen Rechtsdoktrinen wäre, nur weil diese in den Mitgliedstaaten der Gemeinschaft keine direkte Entsprechung fänden. Wohl aber müssen die vom EuGH vertretenen Interpretationen und Lehrsätze anschlussfähig an ein geteiltes Verständnis von Recht und darüber hinaus in sich kohärent sein (vgl. Strauch 2005: 511 ff.).

Für die Akzeptabilität des auf diesem Wege erzeugten Richterrechts ist diese spezifisch-europäische Methode in der Praxis von entscheidender Bedeutung. So ist durch die Rückbindung der geschaffenen Gemeinschaftsrechtsgrundsätze an die bereits in den Nationalstaaten geltenden Rechtsprinzipien und -verfahren, wie auch an das Völkerrecht, ein argumentativer Verweis zu bereits ge- und anerkannten Rechtsgütern gebildet. Diese Grundsätze in Zweifel zu ziehen, hätte daher in den meisten Fällen eine empfindliche Rückwirkung auf die eigene staatliche Rechtsordnung, zumal dadurch immer auch bereits deliberierte und legitimierte Rechtsverfahren und -inhalte bestritten würden. Es müsste dann zumindest begründet werden, warum der fragliche Grundsatz, etwa Rechtssicherheit, eine Abwägung im Sinne der Verhältnismäßigkeit verschiedener in Konflikt geratener Rechte, Vertrauensschutz oder das Verbot der Diskriminierung gerade auf europäischer Ebene nicht gelten soll.

Dass die richterliche Rechtsschöpfung im europäischen Kontext eine bedeutendere Rolle einnimmt als in den gefestigten und über lange Jahre ausdifferenzierten nationalen Rechtskontexten, ist nun vor allem auch auf die politischen Rahmenbedingungen in der Europäischen Union zurückzuführen. Insofern ist ein Blick über die funktionalen Grenzen des Rechtskontextes hinaus geboten. Ganz besonders durch den Prozesscharakter der Einigung, aber nicht zuletzt auch durch die Schwierigkeiten bei der legislativen Entscheidungsfindung und die große Reichweite der in Brüssel getroffenen Bestimmungen, ist die Dynamik im europäischen Recht ungleich größer als in den etablierten Rechtsordnungen der Mitgliedstaaten. Rechtsetzung ist in Europa zu einer generellen Offenheit (in Hinblick auf mögliche Deutungsvarianten) und Unabgeschlossenheit (in Hinblick auf zukünftige Entwicklungen) gezwungen. Vielfach muss sich erst zeigen, welche praktischen Konsequenzen der Rechtsetzung folgen und wie mit möglichen Problemen und plötzlich auftauchenden Fragen umzugehen ist. Wer hätte etwa bei der Gründung der Europäischen Wirtschaftsgemeinschaft (EWG, 1957) vorausgesehen, dass sich der EuGH per Vorabentscheidungsverfahren eines Tages aufgrund einer EG-Richtlinie mit Fragen der Patentierbarkeit von embryonalen Stammzellen konfrontiert sieht?[197]

Zudem hat sich in der Vergangenheit gezeigt, dass Beschlüsse nicht selten nur auf der Basis des kleinsten gemeinsamen Nenners der Mitgliedstaaten möglich sind und so systematisch Hohlräume oder Lücken im Recht produziert werden; oder aber dass Rechtszustände konserviert werden, die den aktuellen Anforderungen und Gegebenheiten längst nicht mehr entsprechen und z. T. obsolet geworden sind (hierzu eingehend bereits Scharpf 1985). Auch die in Brüssel beliebten Aushandlungspraktiken wie „Bargaining", das sog. Log-Rolling oder das Schnüren von „Verhandlungspaketen" („Package Deals" bzw. „Linkages") führen in der Regel zu wenig konsistenten und oft unangemessenen Rechtsergebnissen. Generell steht hier zwar immer der Weg der legislativen Nachbesserung offen. Oder wie Walter Hallstein einmal bemerkte: *„[D]er Politiker ist dem herrschenden Recht unterworfen; er ist aber zugleich frei, es zu gestalten, neues Recht zu schaffen"* (Hallstein 1979c: 526). Doch kommt es nicht selten vor, dass aus Mangel an politischem Willen oder aufgrund bestimmter Interessenkonstellationen Probleme einfach ausgesessen oder durch Pattsituationen in den zuständigen Gremien auf einen späteren Zeitpunkt verschoben werden. Die politische Gestaltungsfreiheit wird dann nicht genutzt und die Entscheidung auf die judikative Rechtsauslegung und -konkretisierung abgewälzt.

Der Europäische Gerichtshof verfügt allerdings über keinen vergleichbaren Luxus. Er hat diese Optionen, diese Freiheit des Politischen schlichtweg nicht und hatte sie nie. Er *muss* den vorliegenden Fall entscheiden. Dabei ist er von den legislativen „Produkten" der Politik abhängig – wie unvollständig oder inkonsis-

---

197 So in *Oliver Brüstle/Greenpeace e. V.* (08.10.2011, Rs. C-34/10); eingehend hierzu Kap. 6.1.3.

tent diese im Lichte des Rechts auch immer sein mögen. So bekennt die EuGH-Richterin, ehemalige Europaparlamentarierin und ehemalige Justizministerin Österreichs, Maria Berger, die sowohl den legislativen als auch judikativen Prozess überblickt:[198]

> *„Wir haben immer wieder Bestimmungen auszulegen, von denen ich noch weiß, warum diese so vage sind [und] ... einen großen Auslegungsbedarf nach sich ziehen; weil sie irgendwann um zwei Uhr in der Frühe in einem mühsamen Kompromiss zwischen Parlament und Rat im Vermittlungsausschuss entstanden sind, wo man irgendeinen Formelkompromiss gefunden hat und schon mit eingerechnet hat: ,OK, wir haben da jetzt eine Formel und beide Seiten verstehen etwas anderes darunter, und wir können uns nur darauf einigen, dass wir dies hineinschreiben und der Gerichtshof wird es schon eines Tages auslegen'"* (Berger 2011).

Auf dieser schwierigen Grundlage und bei Vorlage eines konkreten Falles ist der Gerichtshof sodann gehalten, so gut wie möglich Recht zu sprechen und hierzu, wenn dies unausweichlich ist, auch entscheidungsnotwendiges Recht aus den bestehenden Bestimmungen zu schöpfen. Denn selbst bei einer unklaren, unvollständigen oder sogar mangelhaften Rechtsgrundlage, die durch komplizierte supranationale Entscheidungsfindungsprozesse systematisch begünstigt wird, ist das Gericht zum Handeln aufgefordert. Schließlich gilt ein allgemeines Rechtsverweigerungsverbot („déni de justice") (vgl. Schumann 1968, Hofmann 2000: 250), das dem Gerichtshof die Möglichkeit verschließt, einen Urteilsspruch zurückzuweisen. Auch kann das Gericht nicht, wie am Verhandlungstisch der Politik, auf unlösbare Interessengegensätze verweisen und so eine schwierige Entscheidung vertagen, sondern muss die ihm zur (Vorab)Entscheidung angetragenen Fälle in überschaubarer Zeit mit einem eindeutigen und verbindlichen Urteil bescheiden. Er muss also letzten Endes Recht schöpfen, um das Erfordernis einer vollständigen Rechtsordnung und eines umfassenden Rechtsschutzes zu erfüllen.

Der Begriff der *Rechtsschöpfung,* wie er hier verstanden werden soll, beinhaltet dabei immer zwei unterschiedliche und zugleich miteinander verbundene Aspekte: Zum einen ist die Bezugnahme auf bestehende Rechtsnormen und deren praktische Anwendung gemeint. Recht wird also aus einem unlängst existierenden, durch politische und frühere rechtliche Entscheidungen geschaffenen Nor-

---

198 Berger war in den Jahren von 1996 bis 2007 und von 2008 bis 2009 Abgeordnete im Europäischen Parlament, von 2007 bis 2008 Justizministerin Österreichs und ist seit 2009 Richterin am Europäischen Gerichtshof.

Abbildung 12   Die perspektivische Differenz der Rechtsschöpfung

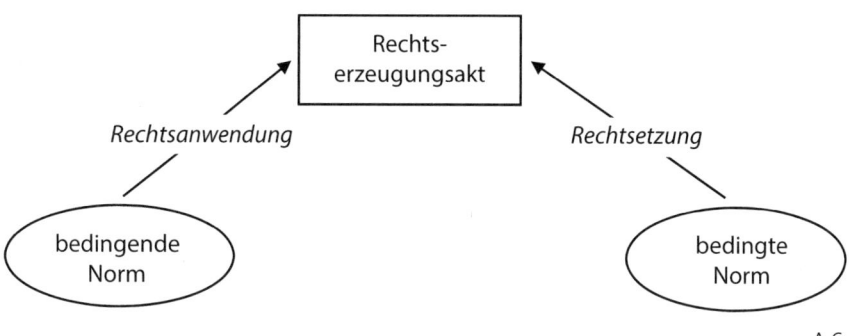

A. G.

menbestand (vor allem den Verträgen, das Fallrecht des EuGH und die mitgliedstaatlichen Rechtsordnungen) geschöpft, vervollständigt und ausdifferenziert.
Zum anderen erzeugt der Gerichtshof jedes Mal Recht, wenn er ein Urteil spricht.
Diese Tatsache ergibt sich notwendigerweise aus der Tatsache, dass das Gericht,
um die Kohärenz seiner Rechtsprechung zu wahren, auf frühere Urteile und die
darin entwickelten Leitsätze, Präzedenzien und Doktrinen Bezug nehmen muss.
Jedes Urteil kann also als Präzedenzfall für spätere Entscheidungen gedacht werden oder aber eine bestehende Rechtsprechung bestätigen, ändern oder ausdifferenzieren.

Es besteht aus diesem Grund zwischen Rechtsanwendung und Rechtsetzung
bei genauer Betrachtung kein Wesensgegensatz, sondern eher eine perspektivische Differenz. Rechtsetzung und Rechtsanwendung sind zwei Seiten ein und derselben Medaille namens „Rechtsschöpfung". *„Rechtsetzung ist … stets Rechtserzeugung in Gestalt von Rechtsanwendung",* wie Jestaedt sagt (2007: 274). Der Akt der
Rechtserzeugung wird aus dem Blickwinkel der bedingten Norm und des Norm-
nehmers als Rechtsetzung, aus Sicht des Normgebers jedoch als Anwendung einer
bedingenden Norm wahrgenommen. Anders gewendet: Der Normengeber versteht sein Handeln als Akt der Rechtsanwendung, die auf bereits bestehenden
Normen fußt und aus diesen hervorgeht, wohingegen der Normnehmer dies als
Akt der Rechtsetzung ansieht, die eine neue Geltung von Recht installiert (siehe
Abb. 12). Geht man von dieser strukturell bedingten Perspektivendifferenz auch
im Rahmen der durch den EuGH hervorgebrachten Rechtsschöpfung aus, so lässt
sich fragen, wie beide Seiten miteinander in Verbindung gebracht werden kön-

nen, wie also eine Vermittlung zwischen den Sichtweisen auf den Rechtserzeugungsakt möglich wird.

Um diese Frage zu beantworten, sollte man sich vor Augen führen, dass die in
der Rechtswissenschaftstheorie z. T. vertretene *„institutionalisierte Vollpositivität"*
(Jestaedt 2007: 273 f.) des Rechts in modernen Gesellschaften und ihren Rechtsordnungen nicht nur als ein Gebäude von textlich konservierten Rechtsnormen,
Rechtserzeugungsbefugnissen und Verfahrensweisen begriffen werden darf. Vielmehr muss der Blick auch auf die positiv existierenden sprachpraktischen Bedingungen der Möglichkeit von Behauptungen und Rechtfertigungen in einem
spezifischen Kontext des Rechts gelenkt werden. Wittgensteins Regelbegriff er-
weist sich in diesem Zusammenhang als äußerst hilfreich und weiterführend: Das
Regelfolgen beinhaltet nämlich *„... nicht nur eine Übereinstimmung in den Definitionen, sondern* [auch] *... eine Übereinstimmung in den Urteilen"* (PU: § 242;
vgl. Lange 1998: 259 f.). Ebenso meint Recht, auch und gerade wenn es als eine
vollpositive Ordnung begriffen wird, weitaus mehr als die bloße Kodifikation in
Verträgen oder Gesetzen. Auch wird sich Interpretation, Deutung, Anwendung,
Auslegung, Fortbildung oder sogar die vermeintlich „freie" Schöpfung von Recht
niemals in einem technokratischen Formalismus erschöpfen können, solange das
Recht kontextuell eingebettet ist und nicht durch andere Funktionsbereiche vereinnahmt wird.[199] Anders gesagt, es braucht letztlich jede Rechtsordnung Rechtsanwendung, um wirksam zu werden und fortbestehen zu können. Rechtsanwendung ist jedoch immer zugleich auch Rechtserzeugung, d. i. die Positivierung des
Rechts qua Auslegung. In gewisser Weise handelt es sich dabei immer um ein
Sichvergewissern über Definitionen *und* Urteile im Sinne Wittgensteins (siehe
oben). Und gerade diese Doppelseitigkeit und gegenseitige Bedingtheit darf nicht
aus den Augen verloren werden, wenn man über Recht und Integration nach-
denkt. Integration per Vertragsschluss oder durch eine Form des „richterlichen
Aktivismus" gibt es jedenfalls aus dieser Perspektive nicht und kann es niemals
geben, sofern man den Begriff „Integration" nicht in sein Gegenteil verkehren
möchte. Denn nichts anderes als Desintegration wäre zu erwarten, wenn sich das
europäische Recht tatsächlich von den mitgliedstaatlichen Rechtsordnungen ab-
koppelte und eine integrationspolitische Agenda verfolgte.

---

199 Letzteres ist etwa in Autokratien oder Diktaturen der Fall, die zwar ein formal funktionieren-
des Rechtssystem haben, nicht jedoch die Anforderungen an eine materiell „gute", im Sinne einer demokratisch verfassten und grund- und menschenrechtskonformen Rechtsordnung erfüllen und
juristische Schauprozesse hervorbringen.

Es wird hier zugleich deutlich, dass das Recht der europäischen Gemeinschaft und die ihm immanente Rechtsrationalität, die Rechtsanwendung wie auch
Rechtserzeugung erst ermöglichen, flexible Größen sein müssen. Denn sie stehen
in Abhängigkeit zueinander und wirken aufeinander ein. Wenn sich die Form, der
Sinn oder Inhalt von Recht verändert, so ändert sich parallel auch die Möglichkeit Recht zu denken, anzuwenden und fortzuentwickeln. Die Grenzen der Be-
haupt- und Verstehbarkeit im Recht verschieben sich, ebenso wie die Akzeptabilität von Handeln im Recht. Dies ist ein weiterer wichtiger Punkt in Hinblick
auf die europäische Rechtsgemeinschaft, die sich aus einer Fülle von unterschiedlichen Rechtsperspektiven und -traditionen speist. Denn die Frage ist hier nicht
in erster Linie, was einzelne Akteure aus einem Interesse heraus *wollen,* sondern
vielmehr was sie in einem sprachpraktisch determinierten europäischen Kontext
mit anderen zusammen *wollen können.* Recht ist, vor allem in Europa, niemals
ein bloßes „*Integrationsinstrument"* (Sander 1998: 81). Auch ist es weit mehr als
ein „*framework of communication"* (Yasuaki 2003: 133). Es ist ein sprachpraktisches Medium, in dem *und* durch sich Integration vollzieht bzw. überhaupt
erst möglich wird.

Für den Europäischen Gerichtshof ist die Möglichkeit, Recht auszulegen, fortzubilden und auch zu schöpfen dabei immer an das Kriterium der allgemeinen
Verstehbarkeit und Akzeptanzfähigkeit in der Sprachgemeinschaft gebunden.
Denn auch und gerade der EuGH als „*Organ des institutionalisierten Wandels"*
(von Bogdandy 1995: 24) kann sich der sozialen Behauptbarkeit oder Rechtfertigbarkeit von rationalem Handeln innerhalb eines funktional, kulturell und historisch differenzierten Kontextes nicht entziehen.[200] Wolfgang Ernst stellt richtig
heraus, dass Rationalität im Recht nur angenommen werden kann, sofern ein
Mindestmaß an disziplinär erzeugter Folgerichtigkeit, Widerspruchslosigkeit,
Stringenz der Argumentation und Systembezug – kurz: Konsistenz und Kohärenz innerhalb des Kontextes – gewahrt bleibt (vgl. Ernst 2007: 27; auch Strauch
2000, 2002, 2005; zum Begriff der Kohärenz in der Rechtswissenschaft und der
juristischen Interpretation vgl. auch Bracker 2000; allgemein zur Kohärenztheorie der Wahrheit vgl. Rescher 1973, auch Coomann 1983, Young 2001; eher kritisch Raz 1994c; in Hinblick auf Kohärenz und Regelfolgen bei Wittgenstein siehe
auch Thommes 1993, Walker 1985). Der EuGH muss diesen Ansprüchen zwei-

---

200 Dies bedeutet keinesfalls, dass nationale Rechtsordnungen und europäisches Recht miteinander identisch sind oder sein müssen. Ebenso wenig kann europäisches Recht in den Kategorien
des internationalen Rechts gedacht werden. Wohl aber müssen die Bedingungen der Möglichkeit
eines geteilten Verstehens und Akzeptierens von rechtlichen Formen und Inhalten gegeben sein,
damit Integration im und durch Recht entstehen kann; siehe auch Kap. 4.2.4, Abb. 9 u. Kap. 4.3.

felsohne gerecht werden, wenn er seinen Urteilen allgemeine Geltung in der Rechtsgemeinschaft verschaffen möchte und den scheinbaren Gegensatz zwischen Rechtsetzung und Rechtsanwendung auflösen möchte. Er muss darlegen und glaubhaft machen können, dass seine Urteile kontextrational begründet sind, um eine Vermittlung zwischen beiden Perspektiven auf den Rechtserzeugungsakt zu leisten und Legitimität bzw. Akzeptanzfähigkeit zu erzeugen. Aus diesem Grund kann „*[d]er einzelne Richter ... [auch] nicht die Funktion [haben], die nationalen Interessen seines Heimatlandes zu interpretieren ...; er hat vielmehr darauf zu achten, daß Ergebnis und Begründung der Urteile so formuliert werden, daß sie in seinem Heimatstaat* [wie auch jedem anderen EU-Staat, A. G.] *verstanden und akzeptiert werden können*" (Anweiler 1997: 21). Denn andernfalls würde das Handeln den Erwartungen der Rechtsgemeinschaft an ein juristisch begründetes Entscheiden und an eine rational begründete Rechtsordnung – beides soll ja gerade nicht einzelnen Mitgliedstaaten oder dem Nationalstaat per se zum Vorteil genügen – keinesfalls entsprechen. Eine Akzeptanz der EuGH-Rechtsprechung durch die davon betroffenen europäischen Bürger und somit auch Integration i. S. einer zusammenwachsenden Rechtsgemeinschaft wäre gleichfalls nicht zu erwarten. Weiler hat in diesem Zusammenhang bereits früh und völlig zutreffend bemerkt, dass „*[t]he question of doctrinal content – the interpretative claim made by the Court – is only one part of the picture. It must be followed by an enquiry into the ‚persuasion pull' and ‚compliance pull' which such doctrinal claims can evoke*" (1993: 419).

Die weitergehende Frage, die sich sodann in Verbindung mit der europäischen Integration stellt, ist nicht in erster Linie die nach den Beweggründen des Gerichtshofs für seine Rechtsprechung, sondern vor allem die nach der Übereinstimmung in den Bedingungen der Möglichkeit der Geltendmachung von juristisch relevanten Ansprüchen, Behauptungen oder Annahmen, welche die Akzeptanz der Rechtsgemeinschaft zu erzeugen vermögen. Die Wege zu erkennen und zu verstehen, die hierbei offen stehen, heißt die Grundlagen der Rechtsgemeinschaft und auch diejenigen der *Integration durch Recht* zu erkennen. Nichtrationale oder gar irrationale Entscheidungen, oder solche, die nicht rational verstehbar sind, können niemals Akzeptanz und einen dauerhaften „persuasion pull" und „compliance pull" erzeugen. Kurz: Der EuGH ist immer darauf angewiesen, dass sein Handeln nach den Maßstäben eines gemeinsamen Verständnisses von Recht als rational begründet, d. h. gemäß den *gemeinsamen* Regeln des Rechts gerechtfertigt ist und anerkannt werden kann. Er muss aktiv für die Akzeptanzfähigkeit seiner Urteile sorgen. Auf diese kann er aber nur hoffen, sofern seine Urteile tatsächlich auch als rational begründet wahrgenommen werden. Dies gilt für die „alltägliche" Rechtsanwendung genauso wie für die „hard cases", also diejenigen Fälle, in denen Rechtsfortbildung und Rechtsschöpfung notwendig werden.[201]

5.2 Behauptbarkeit, Begründung und Argumentation im europäischen Recht[202]

Wenn der Europäische Gerichtshof tatsächlich darauf angewiesen ist, seine Urteile und die dadurch hervorgebrachten Rechtsinterpretationen und Rechtsgüter als rational i. S. des Kontextes europäischen Rechts darzulegen, so stellt sich zunächst einmal die Frage, in welcher *Form* dies geschieht. Wie kann der EuGH sich auf das „Gemeinsame" des Rechts in Europa argumentativ berufen und beziehen, um die Rechtsbetroffenen von der Richtigkeit oder zumindest Wohlbegründetheit seiner Auffassungen überzeugen zu können? Wie kann er in der Praxis einen dauerhaften „persuasion" und „compliance pull" herbeiführen? Denn obwohl der Gerichtshof durchaus eine „mächtige" institutionelle Position innehat, so kann er sich niemals oder wenigstens nicht auf Dauer nur auf seine Autorität berufen, um Akzeptanz für seine Sicht auf das Recht zu schaffen (vgl. Schepel 2000: 466). Vielmehr muss er beständig, über argumentativ erzeugte juristische Begründungskraft, Vertrauen in die Richtigkeit der Rechtsprechung, aber auch die Legitimität des geltenden Rechts herstellen. Der Grundsatz „Wahrheit statt Autorität" (Neumann 2005; siehe auch ders. 2004) gilt in einem Europa, das ohnehin mit zum Teil großer Skepsis und als ferne „Brüsseler Veranstaltung" gesehen wird, ganz besonders. Jedenfalls kann sich der EuGH nicht vom geteilten und somit auch integrativen Kern eines gemeinsamen europäischen Rechts lossagen, ohne dabei das Integrationsziel als Ganzes aufzugeben.

Für das Gelingen der Integration nationalstaatlicher Rechtsordnungen in Europa und um überhaupt von der Möglichkeit der Integration ausgehen zu können, ist es daher zunächst einmal unerlässlich, dass bereits die Grundformen der rechtlichen Kommunikation in der Gemeinschaft der Staaten geteilt werden. Diese sind mithin die konstitutiven Regeln der untersuchungsrelevanten Sprach-

---

201 In diesem Merkmal unterscheidet sich der Europäische Gerichtshof nicht von jedem anderen demokratisch legitimierten, staatlichen Verfassungsgericht. Schließlich sind auch diese ständig auf die intersubjektive Anerkennungsfähigkeit ihrer Urteile innerhalb der Gemeinschaft des Rechts angewiesen, um Geltung erzeugen zu können und Rückhalt für ihre Urteile zu erhalten.

202 Dieses Kapitel und die folgenden Unterkapitel basieren in Teilen aktualisiert und erweitert auf Grimmel 2007, Kap. 5, 6.1 u. 6.2.

spiele im Kontext des Rechts. Denn um eine Gemeinschaft des Rechts begründen zu können, müssen gemeinsame Regeln der rechtlichen „Wahrheitsuche" und der intersubjektiv-argumentativen Behauptbarkeit bereits anerkannt oder erzeugt werden. Unabhängig von dem Inhalt der Rechtsauslegung, -anwendung und -fortbildung im Einzelfall stellt sich also zunächst einmal die Frage nach der geltenden Grundform und den Regeln dieser Wahrheitsuche im Recht.

Ein instruktiver Ansatz, der die Argument- und Begründungsformen des Rechts untersucht, findet sich bei Patterson (1996). Im Mittelpunkt steht hier ein Schema, das auf den frühen Ausführungen der (rechtswissenschaftlichen) Argumentationstheorie aufbaut, wie sie bei Toulmin und Alexy zu finden sind. Nach Patterson ist die Fähigkeit, wahre Aussagen zu erzeugen, eine Kompetenz, der lokal anerkannte Formen der Argumentation zugrunde liegen. Im Kern sind es hierbei die unterschiedlichen Argumentationsformen[203] eines spezifischen Rechtssystems, die Antwort auf die Frage geben: *„Worin ... die Rechtfertigung dafür zu sagen* [besteht], *die fragliche Aussage sei ‚wahr'"* (Patterson 1999: 173f.). Allerdings geht es, genau genommen, im Recht nicht um die Suche nach Bedingungen der Wahrheit, sondern um Bedingungen der Behauptbarkeit von Aussagen innerhalb eines bestimmten Sprachkontextes, wie dies auch für die Wittgenstein'sche Philosophie typisch ist.[204] Nicht eine Theorie richtigen Entscheidens im Recht muss demzufolge auch das Ziel sein, sondern eine Theorie juristischer Behauptbarkeit, Argumentation und Rechtfertigbarkeit (vgl. Neumann 2005: 372). Es geht, mit anderen Worten, darum, grundlegende Regeln in den Sprachspielen des Rechts aufzufinden und sichtbar zu machen, und nicht etwa, eine metaphysisch begründete Auffassung des Rechts – im Sinne eines Naturrechts etwa – darzulegen. So lautet der allgemeine Grundsatz hier: *„Eine Begründung ist gut, wenn sie gilt"* (Christensen 2005: 85). Doch wann gilt eine Aussage im europäischen Recht? Wann kann man von einer rationalen Begründung derselben sprechen?

Das grundlegende Schema der argumentativen Geltendmachung von Behauptungen und Aussagen im Kontext des europäischen Rechts lässt sich – in Anlehnung an Toulmin (1958), Alexy (1983, 1992) sowie Patterson (1999, 2001)[205] – in dem in Abb. 13 dargestellten Schema zusammenfassen (vgl. hierzu auch

---

203 Bei Alexy 1983 „Argumentformen".
204 Siehe Fn. 176, oben.
205 Patterson bezieht sich in seiner Darlegung auf die im amerikanischen Recht üblichen Argumentationsformen, Toulmin und Alexy entwerfen eine generelle Theorie der juristischen Argumentation. Im Unterschied zur US-amerikanischen Rechtstradition ist im europäischen Kontext allerdings eine abweichende Gewichtung gebräuchlicher Begründungsmöglichkeiten im Recht zu berücksichtigen.

Abbildung 13   Schema der argumentativen Behauptbarkeit im europäischen Recht

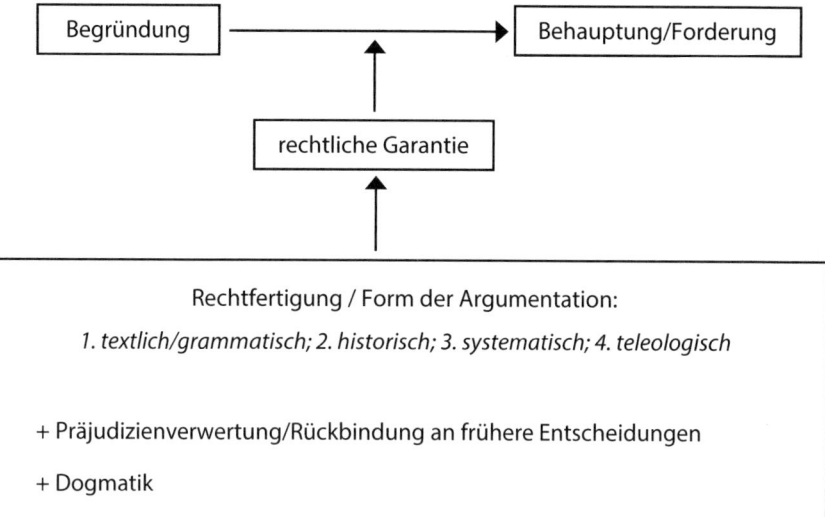

Grimmel 2010a, 2012). Am Anfang einer jeden juristischen Argumentation steht eine Behauptung mit Wahrheitsanspruch oder eine Forderung. Sie bezieht sich auf einen bestimmten Sachverhalt. Etwa: *„Die in Staat A geltende Norm X ist unanwendbar"* oder *„Die Maßnahme Y des Staates B ist in diesem Fall nicht zulässig".* Diese bloße Behauptung benötigt jedoch mehr, um Geltung beanspruchen zu können. Sie muss begründet werden. Dabei gibt es immer zwei Kriterien, nach denen entschieden werden kann, ob eine Behauptung oder auch ein Urteilsspruch wohlbegründet und somit gerechtfertigt ist: Zunächst einmal muss die logische Folgerichtigkeit gewahrt bleiben – die Konklusion muss also aus den Prämissen ableitbar sein. Weiterhin müssen aber auch die Prämissen selbst richtig, wahr, allgemein anerkannt oder hinreichend gerechtfertigt sein (siehe Bracker 2000: 199).

Dabei ist es nun letztlich auch unwichtig, welche Motive oder Interessen hinter dem Urteilsspruch stehen; ob also auch oder vor allem private oder nationalstaatlich geprägte Erwägungen bei der Urteilsfindung eine Rolle gespielt haben. Denn, wie Neumann richtig feststellt:

„Die Urteilsbegründung, die hier stellvertretend für die juristische Argumentation stehen kann, soll darlegen, dass die getroffene Entscheidung ... ‚richtig' [oder zumindest mit guten Gründen behauptbar, A. G.] ist. Sie soll und kann nicht beweisen, dass der Richter die Entscheidung aus den ‚richtigen' Motiven heraus getroffen hat. [...] Es zählen nicht die Motive, sondern allein die Argumente" (2005: 381).

In der Urteilsbegründung geht es aus guten Gründen nicht darum, die Person, die hinter dem Urteilsspruch steht, als aufrichtig oder wahrhaftig erscheinen zu lassen, sondern einzig und allein darum, das Urteil mit den anerkannten Mitteln des Rechts überzeugend zu begründen und verständlich zu machen.[206] Es ist also letztlich irrelevant, ob die Amtsträger eher „euroskeptisch" oder „europhil" eingestellt sind (siehe Malecki 2012). Der Richter muss hinter seinem Urteilsspruch zurücktreten und diesen für sich sprechen lassen. Denn andernfalls würde es nicht mehr um die Richtigkeit und Wohlbegründetheit des Rechtsspruchs und auch nicht länger um die fachliche Befähigung gehen, den Beruf des Richters sachgerecht auszuüben. Vielmehr stünde plötzlich die moralische Qualität des Menschen im Amt des Richters im Vordergrund. Dass dies, zumindest in demokratischen Systemen, niemals wünschenswert sein kann, bedarf keiner näheren Erklärung.

Eine gelungene oder überzeugende rechtliche Begründung verweist auf ein(e) oder mehrere Merkmal(e) oder Tatsache(n) des vorliegenden Falles, um die zu begründende Aussage zu stützen. Die Begründung hat z. B. die Form: „Die Norm regelt unzulässigerweise einen Bereich, der bereits durch Normen des Gemeinschaftsrechts abgedeckt ist" oder „Die Maßnahme stellt einen Eingriff ohne hinreichende Rechtfertigung dar". Damit ist jedoch noch keine allgemein anerkannte Verbindung zwischen Behauptung und Begründung hergestellt. Diese Aufgabe übernehmen rechtliche Garantien.[207] Eine rechtliche Garantie gibt Antwort auf die Frage, warum und inwieweit ein Grund für eine Behauptung von Bedeutung ist. Das heißt, durch die Garantie wird eine Verbindung zwischen Behauptung und Grund hergestellt. In der EU sind solche Garantien die Vertragstexte, allgemeine Rechtsgrundsätze und das Gewohnheitsrecht im primärrechtlichen Bereich sowie Verordnungen, Richtlinien und Beschlüsse (*früher:* Entscheidungen) im sekundärrechtlichen Bereich.

---

206 Diese bedenkliche Verwechslung von Rechtsbegründung und der begründenden Person zeigt sich besonders in den rationalistischen Arbeiten, wie etwa denen von Garrett und Mattli u. Slaughter (Kap. 2.1.1 und 2.1.3).

207 Im engl. Orig.: *„warrant"* (siehe Toulmin 1958: 91, Patterson 1999: 193 ff., 2001: 351 ff.). Es kann sich hierbei sowohl um geschriebenes Recht (in Form von Verfassungsartikeln oder einfachen Gesetzen) handeln, als auch um allgemeine Rechtsgrundsätze oder Gewohnheitsrecht.

Ein Problem, das an dieser Stelle auftaucht, stellte sich bereits im Zusammenhang mit dem Regelfolgen bei Wittgenstein: *„Eine Regel steht da, wie ein Wegweiser. – Läßt er keinen Zweifel offen über den Weg, den ich zu gehen habe?"* (PU: § 85), fragt Wittgenstein. Das Gleiche lässt sich in Hinblick auf rechtliche Garantien, also Normentexte, fragen, sobald sie angewendet werden sollen. Sind diese immer hinreichend klar und bestimmt? Weisen sie stets nur den *einen* Weg? Wegweiser lassen *„manchmal einen Zweifel offen, manchmal nicht"* (a. a. O.: § 85), sagt Wittgenstein. Dies gilt, wie bereits an früherer Stelle argumentiert, im Prinzip analog auch für Rechtstexte. Allerdings sind Rechtsgarantien zumeist sehr viel komplexer als ein einfaches Zeichen am Wegesrand. Sie regeln eine Menge komplizierter Sachverhalte und lassen dabei häufig eine Vielzahl möglicher Auslegungen zu. Und dennoch folgt daraus nicht die inhaltliche Leere einer Norm oder gar die *„praktische Instabilität des Regelhaften"* (Christensen 2005: 17) an sich, die zu einer Willkür in der Rechtsanwendung und Deutung der Norm führt. Oder anders gesagt: Die nahezu unbegrenzten Möglichkeiten, einen Text oder Sachverhalt zu interpretieren, führen nicht zu einer Beliebigkeit in der praktischen Anwendung der Regel (Strauch 2000: 1023).[208] Schließlich muss jede Interpretation von Rechtssätzen immer auch gerechtfertigt, also hinreichend argumentativ begründet werden. Man könnte dann – wenn gute Gründe vorliegen und überzeugend argumentativ vermittelt werden – auch von einer „gerechtfertigten Behauptbarkeit" sprechen (vgl. Bracker 2000: 207 ff.).

Begründungen von juristischen Interpretationssätzen sind dabei ganz bestimmten Regeln der Geltendmachung unterworfen, die festlegen, welche Formen der Rechtsdeutung legitim sind und welche nicht. Sie weisen insofern über das rechtsauslegende bzw. -interpretierende Subjekt und auch über eine private Auslegbarkeit – nach Maßstäben des Rechts wäre dies Willkür oder Vorteilsnahme – von Normen hinaus. Denn, so Neumann, *„… juristische Argumentationen erheben notwendigerweise den Anspruch auf sachliche, das heißt: von den individuellen Präferenzen, Interessen und weltanschaulichen Prägungen der Adressaten unabhängige Überzeugungskraft"* (2005: 374). Um also die notwendige intersubjektive Überzeugungskraft entwickeln zu können, müssen Argumentationsmuster bereits allgemein gelten bzw. innerhalb der Gemeinschaft des Rechts als geltend gekannt und anerkannt werden. Die Entscheidungsträger des EuGH können sich dem generellen Zwang zur argumentativen Begründung im Recht genauso wenig entziehen, wie Kläger, Anwälte oder vorlageberechtigte nationale Gerichte und staatliche Regierungen. Sie alle sind an der gesellschaftlichen Konstruktion von europäisch-

---

208 Siehe auch Kap. 4.2.2.

rechtlicher Wirklichkeit beteiligt und zugleich durch sie gebunden. Sie alle müssen bereits miteinander über die Grundlagen der gemeinsamen Verständigung im Recht übereinstimmen, um – und dies ist nur scheinbar paradox – im Recht nicht miteinander übereinstimmen zu können.

Die sog. Auslegungsmethoden bzw. juristischen Argumentformen lassen sich durchaus als solche grundlegenden Regeln des anerkannt-sinnvollen Rechtsverstehens, des Rechtsgebrauchs und der Rechtfertigung auffassen, die zugleich die „rote Linie" zur Politik oder zu einem politischen Handeln darstellen (vgl. Schmidt 2011: 46). Es sind zentrale und verbindliche sprachlich-praktische Muster der Begründung von Aussagen, Behauptungen oder Entscheidungen im Recht. Sie verknüpfen die Rechtsgarantien mit der Wirklichkeit, indem sie einer Behauptung und der dazugehörigen Begründung auf der Grundlage einer Norm Rückhalt verleihen oder diese entkräften. Alexy führt sechs solcher Argumentformen als „Canones der Auslegung" im rechtlichen Diskurs an: (1.) die semantische, (2.) die genetische, (3.) die historische, (4.) die komparative, (5.) die systematische, und (6.) die teleologische Auslegung (siehe Alexy 1983: 288 ff.). Den Auslegungsmethoden bzw. Argumentformen der Auslegung von Recht kann dabei keine absolut, überall und zeitlos gültige Rolle zukommen. Sie sind viel eher „… *die kulturell gebilligten Modi des Gebrauchs von Rechtsgarantien"* (Patterson 1999: 194). Als solche sind sie Grundstoff und integraler Bestandteil eines ganz bestimmten lokalen/ kulturellen und temporalen/historischen Rechtskontextes. Anders gesagt: Sie sind konstitutive und mithin unhintergehbare Regeln des europäischen Rechts. Mit ihnen zu brechen, hieße mit dem Kontext des Rechts, seinen Sprachspielen und Regeln zu brechen.

Hier soll es ausdrücklich nicht um eine feinmaschige Analyse juristischer Argumentationsmöglichkeiten oder gar um eine Theorie gelungener juristischer Argumentation im europäischen Recht gehen. Hierzu können die Rechtswissenschaft und die Rechtswissenschaftstheorie weitaus besser und genauer Auskunft geben, und haben dies auch bereits getan (eingehende rechtswissenschaftliche Analysen der Argumentations- und Begründungsformen des EuGH in seiner Rechtsprechung finden sich bei Bleckmann 1982, Anweiler 1997, Walter 2009; besonders detailliert und umfassend Benoetxea 1993, Benoetxea, MacCormick u. Moral Soriano 2001). Vielmehr soll im Folgenden anhand des zuvor entworfenen Schemas belegt werden, dass das Recht in Europa tatsächlich einen eigenen Kontext begründet hat, der sich durch eine charakteristische Form der Rationalität – also des begründeten und kontextuell rechtfertigbaren Nachdenkens über die praktische Anwendung von Recht – auszeichnet. Es stellt sich daher zunächst die Frage, welche Auslegungsmethoden in der europäischen Rechtsgemeinschaft den Status als allgemein anerkannte Argumentformen genießen und somit prinzipiell in der Lage sind, Wahrheitsansprüche innerhalb des Kontextes europäischen Rechts zu begründen oder zumindest eine argumentativ begründete Rechtfertigung von Rechtsansichten und Urteilen zu ermöglichen.

Maßgeblich für die Anwendung des Gemeinschaftsrechts ist und bleibt die Auslegung durch den Europäischen Gerichtshof. Daher kann davon ausgegangen werden, dass die dort gebräuchlichen Formen der Rechtsauslegung die Möglichkeiten sinnvoller Argumentation im europäischen Recht widerspiegeln. In der Literatur scheint weitgehend Einigkeit darüber zu herrschen, dass der EuGH die zuvor genannten klassischen Interpretationselemente zur Grundlage seiner Rechtsinterpretationen macht, diese jedoch in besonderer Art und Weise gewichtet (vgl. Arndt 2004: 56, Gündisch 1994: 139, Bleckmann 1997: 201, von Borries 1993: 62, Oppermann 1999: 254, Seyr 2008). Genauer gesagt erfordert die Stellung des Gemeinschaftsrechts im Raum zwischen staatlichem Recht und Völkerrecht eine Berücksichtigung sowohl der Methoden mitgliedstaatlicher Vertragsinterpretation als auch der völkerrechtlichen Auslegungsregeln (vgl. Oppermann 1999: 253 f.). Dabei ist hervorzuheben, dass der EuGH nicht *entweder* völkerrechtlichen *oder* nationalen Auslegungsregeln folgt, sondern für Europa ein eigenes System der Rechtsinterpretation mitgeprägt und ausdifferenziert hat, das sich aus beiden Rechtsbereichen speist und insofern lediglich an die ohnehin bestehenden Regeln anknüpft (siehe auch Buck 1998: 131 ff.) ohne diese jemals eins-zu-eins kopieren zu können. Das vom EuGH entwickelte System ist insofern vertraut und neu zugleich. Das Gericht übersetzt tradierte Begrifflichkeiten, Methoden, Strukturen, Argumentformen etc. auf das Gemeinschaftsrecht und wahrt damit letztlich die notwendige Anschlussfähigkeit des allgemeinen Rechtsverstehens.

In der Praxis haben sich vier wichtige Formen der Rechtsargumentation herausgebildet, deren Gewichtung in der Auslegung von Fall zu Fall variiert:[209] (1.) die textliche (wörtliche/grammatikalische) Auslegung, (2.) die historische Auslegung, (3.) die systematische Auslegung und (4.) die teleologische Auslegung.

1. *Textliche (wörtliche/grammatikalische) Auslegung:* Der Ausgangspunkt einer jeden Rechtsauslegung ist der Normentext. Eine textliche Auslegung beginnt damit, den *„normale[n], natürliche[n], gewöhnliche[n] Sinn der Worte"* einer Norm festzustellen. Grundsätzlich gilt: *„Wenn ein Wort oder ein Satz ‚klar' ist, greift der*

---

209 Der Grund für diese – nicht ohne Kritik gebliebene – Variation wird an späterer Stelle zu klären sein.

EuGH ... nicht mehr auf andere Auslegungsmittel zurück" (Bleckmann 1997: 202).[210]
Im Hinblick auf die geltende Sprachregelung, gemäß der jeder in der Union gesprochenen Amtssprache gleiches Gewicht bei der Auslegung primärer und se-
kundärer Rechtstexte zukommt, und da hieraus gewisse inhaltliche Abweichungen
entstehen können, ist der EuGH gezwungen, sich auf eine allgemein verbindliche
„europäische" Auslegung zu einigen. Diese sollte dem Willen der Urheber der Verträge entsprechen, ist jedoch in der Praxis z. T. von der in den Mitgliedstaaten üblichen Auslegung einzelner Rechtsbegriffe deutlich unterschieden (vgl. Gündisch
1994: 139, Oppermann 1999: 254).

2. *Historische Auslegung:* Hiernach wird entweder versucht, den Willen des
historischen Gesetzgebers zu ermitteln (subjektive Methode), oder es wird nach
der Funktion der betroffenen Norm zum Zeitpunkt ihres Erlasses gefragt (objektive Methode) (vgl. von Borries 1993: 62). Generell besitzt die historische Ausle-
gungsmethode aber nur eine untergeordnete Bedeutung. Dies gilt insbesondere
für das Primärrecht, da es sich dabei oftmals um in Verhandlungen getroffene
Kompromisse handelt, denen zumeist ein unklarer bzw. – mangels Quellen – nicht
eindeutig nachvollziehbarer Wille zugrunde liegt. Im Sekundärrecht ist gem. Art.
296 AEUV (ex-Art. 253 EGV) eine generelle Begründungspflicht für den Erlass
von Rechtsakten vorgeschrieben, die der Möglichkeit nach die Nachvollziehbarkeit von Gründen und Motiven des Gesetzgebers ermöglichen soll (siehe Bieber,
Epiney u. Haag 2006: 221). Von dieser Möglichkeit der historischen Auslegung
macht der Gerichtshof in der Praxis jedoch nur bedingt Gebrauch, was nicht zuletzt darauf zurückzuführen ist, dass nicht immer historische Quellen zur Verfügung stehen, die eine solche Einordnung zulassen. Auch gerade in dem besonders integrationsbedeutsamen primärrechtlichen Bereich scheint sich der EuGH
bewusst nicht auf diese in der Regel recht vagen Quellen beziehen zu wollen (vgl.
Gündisch 1994: 140, Bleckmann 1982: 1178).

3. *Systematische Auslegung:* Neben der Auslegung anhand des Wortlautes
kommt der systematischen Auslegung besonderes Gewicht zu. Das Europarecht
wird hier als ein einheitliches und geschlossenes System aufgefasst, das einen inneren Funktionszusammenhang aufweist. *„Alle Bestimmungen sind [dann] folglich so auszulegen, dass sie miteinander harmonieren"* (Bleckmann 1997: 203). Die
systematische Auslegung sollte daher die Struktur der einzelnen Vorschriften, deren Stellung im übergeordneten Vertragsabschnitt und sogar das gesamte Rechts-

---

210 Dies geht auf die Doktrin des „acte clair" zurück, die der Gerichtshof in der Rs. 79/77, (Slg. 1978,
    611) entwickelte und in ständiger Rechtsprechung wiederholt bestätigt hat.

gebiet mit einbeziehen. Zudem sollte Sekundärrecht immer in Einklang mit den generellen Zielbestimmungen der Verträge stehen (vgl. Bieber, Epiney u. Haag 2006: 222). Darüber hinaus nimmt der EuGH in diesem Zusammenhang regelmäßig auf allgemeine Grundsätze der Verträge Bezug, zu denen, neben der Einheit der Verträge, auch Prinzipien wie Gleichheit, Freiheit und Solidarität gehören.[211] Auch bedient sich das Gericht oftmals eines Rechtsvergleichs verschiedener nationaler Regelungen und Bestimmungen, um deren Kern zur Grundlage seiner Auslegung zu machen (vgl. Oppermann 1999: 255).

    4. *Teleologische Auslegung:* Von entscheidender Bedeutung im Europarecht ist die Auslegung nach Sinn und Zweck der einschlägigen Unions- bzw. Gemeinschaftsrechtsnormen. Anhand teleologischer Argumentationen hat der EuGH immer wieder das Aufgabenfeld und die Reichweite des europäischen Rechts erweitert und ausdifferenziert. Daher scheint diese Form der Auslegung von besonderer Bedeutung für die Untersuchung der Rechtsintegration zu sein. Insbesondere auch in der kritischen Rechtsprechung zur Direktwirkung europarechtlicher Normen und zum unbedingten Rechtsvorrang bediente sich der Gerichtshof teleologischer Interpretationsmuster, um seine Entscheidungen zu begründen. Allgemein zielt die teleologische Auslegung immer darauf ab, der jeweiligen Norm *„im Sinne objektiver Wünschbarkeit der Normgeltungs- und Normanwendungsfolgen vernünftigen Inhalt zu geben"* (Lübbe-Wolf 2007: 285). Hierzu hat sich der EuGH immer wieder sowohl völkerrechtlicher, als auch mitgliedstaatlicher Auslegungsfiguren und -doktrinen bedient, um seine Position zu legitimieren und konkretisieren (vgl. Oppermann 1999: 256). So sind auch das Prinzip des „effet utile" (sog. Effektivitätsprinzip) und das Prinzip der „implied powers" entstanden. Das Effektivitätsprinzip besagt, dass diejenige Auslegung einer fraglichen Norm zu wählen ist, welche die größte Nutzwirkung, gemessen an dem Ziel der Norm, entfaltet (vgl. Arndt 2004: 56). Die Auslegung nach dem Prinzip der „implied powers" beinhaltet eine Ergänzung nicht hinreichend bestimmter Normen und Vertragsvorschriften. Hinzu treten das „Prinzip der Funktionsfähigkeit der Gemeinschaften" sowie, seit 1993, der Subsidiaritätsgrundsatz und der Verhältnismäßigkeitsgrundsatz (vgl. von Arnauld 2008, Oppermann 1999: 256). Der besondere Stellenwert der teleologischen Methode ergibt sich auch aus dem *„gleichzeitig unvollständige[n] und zielgerichtete[n] Charakter des Gemeinschaftsrechts"* (Bieber, Epiney u. Haag 2006: 222), zu dessen systematischer Vervollkommnung die Auslegung nach Sinn und Zweck beitragen soll (vgl. insbes. auch Seyr 2008).

---

211 In Zukunft dürfte insbesondere die Auslegung und inhaltliche Ausgestaltung des neuen „Werteartikels" (Art. 2 EUV) interessant sein; vgl. von Bogdandy et al. 2012.

Hinzu tritt in jeder Rechtsordnung auch die juristische Dogmatik bzw. die sog. *Rechtsdogmatik,* also die implizite oder explizite Bezugnahme auf rechtswissenschaftliche Erkenntnisse, die sich im juristischen Diskurs herausgebildet haben. Selbst wenn eine strikte Trennung von legislativer Rechtsetzung und rechtswissenschaftlicher Erkenntnis sowie praktischer Rechtsanwendung idealiter eingehalten werden sollte, so ist doch nicht von der Hand zu weisen, dass beide untrennbar miteinander verbunden sind und einander gegenseitig bedürfen.

Auch die *Präjudizienverwertung* spielt, wie an späterer Stelle gezeigt wird, eine nicht zu unterschätzende Rolle im europäischen Recht und steht in engem Zusammenhang mit der Rechtsdogmatik. So hebt Alexy hervor: *„Der wichtigste Punkt ist, daß einerseits zahlreiche dogmatische Sätze zugleich in Präjudizien enthalten sind und daß andererseits die Ergebnisse der Rechtsprechung von der Dogmatik, die ja beansprucht, Dogmatik des geltenden Rechts zu sein, übernommen wird"* (1983: 337). Der EuGH hat mit seinen viel beachteten „Landmark und Leading Cases" immer wieder bewiesen, dass er durchaus in der Lage und willens ist, verbindliche Vorgaben für die weitere Rechtsprechung zu machen und sich darauf später zu beziehen. Diese Bezugnahme auf bereits früher geschöpftes Recht führt zugleich zu einer Vernetzung desselben im Sinne einer strukturellen Kohärenz und zu einer gewissen Pfadabhängigkeit der künftigen Rechtsauslegung und -fortbildung (siehe Schmidt 2012). Darüber hinaus hat sich gezeigt, dass z. T. auch neue und besondere Argumentformen Eingang in die Begründungsmuster des EuGH finden. Der Grundsatz des „effet utile" könnte in dieser Weise gedeutet werden. Als tragender Kern der rationalen Begründung im europäischen Recht muss aber weiterhin der Kanon der Auslegungsmethoden gesehen werden, der ebenso in den mitgliedsstaatlichen Rechtssystemen – wenn hier sicherlich auch in anderer Gewichtung – widergespiegelt wird.

Besondere Bedeutung gewinnen die gemeinschaftlich anerkannten Formen der Auslegung und Argumentation vor allem dadurch, dass die Quellen des Europarechts in ihrer konkreten Bedeutung alles andere als eindeutig und vollständig sind. Vielmehr sind die Vertragswerke der EU notwendigerweise lückenhaft und bedürfen, wie bereits argumentiert, generell immer der Auslegung. Dies kann jedoch niemals zugleich heißen, dass Normentexte beliebig interpretierbar wären. Beim Umgang mit Recht handelt es sich nur insoweit um eine interpretative Praxis, als dabei die Grenzen einer gemeinsamen Rechtspraxis nicht überschritten werden (siehe auch Patterson 2004b: 242), d. h. solange die Rechtsauslegung und -fortbildung als rational begründet erachtet werden kann. Der Wortlaut der Rechtsnorm in seiner scheinbar festen Bestimmtheit kann insofern nur als *eine* Grundlage für die Arbeit des europäischen Gerichts und seiner Richter gesehen werden. Dies wird auch in den Worten eines EuGH-Richters sehr deutlich:

„I see my job as applying the law. But when the law is obscure a judge's task goes beyond looking at the text of the law and discovering what is apparent on its face. This is part of the process, undoubtedly, but it is not the whole of the process. At times one needs to fill gaps because the legislator has not been explicit in relation to the problem before the judge. At other times applying the words literally to the facts under examination would produce a result which the context of the legislation as a whole makes clear could not have been intended."[212]

Die eigentliche Anwendung von Recht kann also immer nur unter Bezugnahme auf bereits vertraute Rechtsverfahren aber auch -inhalte geleistet werden, die innerhalb eines Kontextes gelten. Eine analytische Beschränkung auf die vermeintlich direkt geltenden textlichen Grundlagen oder auf die institutionelle Position des Gerichtshofs im Verhältnis zu anderen Akteuren im Recht wird daher lediglich ein unvollständiges Bild liefern. Denn es lässt wichtige Teile des tatsächlichen Spielraums und der Begrenzung für die Rechtsauslegung und -schöpfung generell unberücksichtigt. Eine Kritik am EuGH und seiner Arbeit muss folglich fehlgehen, sollte sie nicht versuchen die rechtlichen Erwägungen aus dem Kontext heraus nachzuvollziehen und zu prüfen. Wie sich die konkrete Einbettung im weiteren Kontext des Rechts beschreiben ließe, wird an späterer Stelle darzustellen sein. Hier soll zunächst einmal gezeigt werden, dass die notwendigen Formerfordernisse, wie sie durch das Argumentations- und Begründungsschema als konstitutiver Rahmen des Rechts vorgegeben sind, die Arbeit des Gerichtshofs und seiner Erwägungen seit seiner Gründung leiten. Zumindest insofern, so wird gezeigt, kann keine Loslösung der Rechtsprechung von dem Kontext des Rechts angenommen werden.

Dies soll hier exemplarisch anhand der Gerichtsentscheidungen *van Gend & Loos/Niederländische Finanzverwaltung* (05. 02. 1963, Rs. 26/62, Slg. 1963, 1) aus dem Jahr 1963 und *Flaminio Costa/E.N.E.L.* (15. 07. 1964, Rs. 6/64, Slg. 1964, 1251) aus dem Jahr 1964 verdeutlicht werden. Die beiden dort entwickelten und in ständiger Rechtsprechung bestätigten bzw. ausdifferenzierten Prinzipien der „unmittelbaren Wirkung/Anwendbarkeit" und des „Vorrangs des Gemeinschaftsrechts" sollen dabei nur in aller Kürze unter das in Abb. 13 dargestellte Schema subsumiert werden, um zu verdeutlichen, dass der EuGH, wie auch sämtliche Prozess-

---

212 Anonym, persönliches Interview, geführt vom Verfasser, Luxemburg im April 2011.

beteiligte, bereits seit den frühen Tagen der Europarechtsprechung an die engen formalen Bedingungen der Möglichkeit der Begründung und Argumentation im Gemeinschaftsrecht gebunden sind und diese auch nachweislich eingehalten haben (für eine eingehende Diskussion siehe Grimmel 2011b, c). Eine Darstellung der generellen Bedeutung des zuvor erläuterten Argumentations- und Begründungsschemas an den eben genannten Fällen sollte hier ganz besonders deshalb von Interesse sein, als es sich dabei um Entscheidungen des EuGH handelt, die bis heute in den Fachdiskussionen immer wieder als Ausdruck eines „aktivistischen" oder politisch motivierten richterlichen Entscheidens – ja geradezu als Sündenfälle des Europarechts – in den frühen Jahren der europäischen Integration angeführt werden (jüngst z. B. Alter u. Helfer 2010, Bouwen u. McCown 2007: 426, Höpner 2008a: 12, Josselin u. Marciano 2007, Vauchez 2008b).

Diese Annahme erscheint jedoch zumindest in Hinblick auf die Form der in den Urteilen bereitgestellten Erwägungen fraglich und wird hier dahingehend zu überprüfen sein. Sollte sich zeigen, dass der Gerichtshof keineswegs seine Bindung an die konstitutiven Regeln der juristischen Begründung aufgegeben hat, sondern vielmehr in seinen Erwägungen zumindest das Grundmuster der argumentativen Behauptbarkeit im europäischen Recht beachtete, so kann sich die Kritik lediglich noch auf die regulativen Regeln richten, die sodann einer Untersuchung der konkreten Einbettung in den weiteren Kontext des europäischen Rechts bedarf.

5.2.1 Begründung und Argumentation in der „Doktrin der unmittelbaren Anwendbarkeit des Gemeinschaftsrechts"

Die Entwicklung, die zu Beginn der 1960er Jahre durch die Rechtsprechung des EuGH eingeläutet wurde, kann aus gutem Grund als „Foundational Period" (Weiler 1991: 2413) angesehen werden. War bislang unklar gewesen, ob die Gemeinschaftsverträge eher im Sinne des Völkerrechts oder aber nach den Maßstäben des klassischen Staatsrechts zu interpretieren waren, so begann der Gerichtshof mit der van Gend & Loos – Rechtsprechung im Jahr 1963 das Verhältnis von Gemeinschaftsrecht zu nationalem Recht zu klären und äußerte sich erstmals zu der Frage nach der unmittelbaren Wirkung/Anwendbarkeit des Gemeinschaftsrechts.

Zur Vorlage beim EuGH kommt es, als im Jahr 1960 die niederländische Finanzverwaltung, auf der Grundlage einer neu in Kraft getretenen nationalen Regelung, einen um acht Prozent erhöhten Einfuhrzoll auf bestimmte chemische

Produkte erhebt. Die von diesen erhöhten Zöllen betroffene Firma „van Gend & Loos" klagt daraufhin vor dem zuständigen niederländischen Gericht. Das Unternehmen beruft sich dabei auf Art. 12 EWGV (jetzt Art. 30 AEUV) und macht geltend, dass die Finanzverwaltung durch ihren Rechtsakt gegen das in dem Artikel kodifizierte Zollverbot verstoße. Dort heißt es:

> *„Die Mitgliedstaaten werden untereinander weder neue Ein- oder Ausfuhrzölle oder Abgaben gleicher Wirkung einführen, noch die in ihren gegenseitigen Handelsbeziehungen angewandten erhöhen."*[213]

Daraufhin ruft das niederländische Gericht den Europäischen Gerichtshof mit der Bitte um Vorabentscheidung gem. Art. 177 EWGV (jetzt Art. 267 AEUV) an. Die zentrale sich stellende Frage ist, ob aus dem in Art. 12 EWGV enthaltenen Verbot von Ein- und Ausfuhrzöllen Rechte natürlicher oder juristischer Personen in den Mitgliedstaaten ableitbar sind. Im Kern läuft diese Frage darauf hinaus, zu entscheiden, ob das Recht der Gemeinschaft, anders als im Völkerrecht üblich, generell Einzelne zu Rechtssubjekten erklärt oder nicht. Im Völkerrecht ist diese direkte Wirkung von Vertragsinhalten[214] die Ausnahme. In der Regel sind dort Staaten die primären Rechtssubjekte, die letztenendes über Art und Umfang der Umsetzung von international getroffenen Vereinbarungen in ihre nationalen Rechtsordnungen entscheiden (Schütz, Bruha u. König 2004: 72 f., Weiler 1991: 2413).[215] Eine Auslegung des Gemeinschaftsrechts zugunsten einer direkten Wirkung und Anwendbarkeit bedeutet folglich, dass dieses nicht länger den Status eines völkerrechtlichen Vertrages besitzt, sondern in die Nähe einer staatsrechtlichen Ordnung rückt, in der es keines weiteren Umsetzungsaktes des Gemeinschaftsrechts bedarf – ein, ohne Zweifel, tiefgreifender Einschnitt in nationale Souveränitätsrechte.

In seinem Schlussplädoyer vertritt der Generalanwalt des Gerichtshofs, Karl Roemer, die Auffassung, dass eine *„unmittelbare interne Wirkung"* auszuschließen sei. Denn *„weite Teile des Vertrages* [enthielten] *nur Vertragspflichten der Mitgliedstaaten, nicht dagegen Vorschriften mit unmittelbarer interner Wirkung"* (Schlussanträge des Generalanwalts, Karl Roemer, 12.12.1962: 44). Dies ergebe sich vor allem aus dem Wortlaut des Vertrages und aus seiner Systematik (a. a. O.: 49). Der

---

213 Der heute geltende Art. 30 AEUV lautet: *„Ein- und Ausfuhrzölle oder Abgaben gleicher Wirkung sind zwischen den Mitgliedstaaten verboten. Dieses Verbot gilt auch für Finanzzölle".*
214 Man spricht hier von sog. self-executing rules.
215 Siehe hierzu auch Kap. 6.1.2 i. V. m. Kap. 6.2.1–6.2.3.

Generalanwalt vertritt im Ergebnis eine völkerrechtliche Interpretation des Vertragstextes, die den Mitgliedstaaten die Kompetenz zur Umsetzung des EWG-Rechts überlassen würde. Er entspricht damit den Ansichten Deutschlands, der Niederlande und Belgiens, also drei der damals sechs[216] Gemeinschaftsmitglieder, die sich im Zuge des beim EuGH anhängigen Verfahrens ebenfalls für eine alleinige Kompetenz der Mitgliedstaaten bei der Umsetzung von EWG-Recht aussprechen (a. a. O.: 38 ff.).

Der EuGH hingegen bevorzugt in seinem Urteil die von der Kommission vorgetragene Position, die sich in ihrer Wirkung durchaus als pro-integrativ charakterisieren ließe. In den Entscheidungsgründen argumentiert das Gericht, im Gegensatz zu den Schlussanträgen des Generalanwalts, im Kern teleologisch, d. h. nach Sinn und Zweck der Gemeinschaftsordnung und des Vertragswerkes:

> *„Das Ziel des EWG-Vertrages ist die Schaffung eines gemeinsamen Marktes, dessen Funktionieren die der Gemeinschaft angehörigen Einzelnen unmittelbar betrifft; damit ist zugleich gesagt, daß dieser Vertrag mehr ist als ein Abkommen, das nur wechselseitige Verpflichtungen zwischen den vertragsschließenden Staaten begründet. Diese Auffassung wird durch die Präambel des Vertrages bestätigt, die sich nicht nur an die Regierungen, sondern auch an die Völker richtet. [...] Auch die dem Gericht im Rahmen von Artikel 177, der die einheitliche Auslegung des Vertrages durch die nationalen Gerichte gewährleisten soll, zukommende Aufgabe ist ein Beweis dafür, daß die Staaten davon ausgegangen sind, die Bürger müßten sich vor den nationalen Gerichten auf das Gemeinschaftsrecht berufen können"* (van Gend & Loos/Niederländische Finanzverwaltung, 05. 02. 1963, Rs. 26/62, Slg. 1963, 24).

In Ermangelung einer hinreichend klaren Vertragsbestimmung, so macht der EuGH deutlich, kann das Urteil nur auf einer teleologischen Auslegung aufbauen (kritisch dazu etwa Rasmussen 2008). Der Gerichtshof beginnt seine Argumentation also bemerkenswerterweise mit Verweis auf den Geist der Verträge, um seinen daraus gewonnenen Befund anhand des Wortlauts und der Systematik „lediglich" zu bestätigen. Damit verkehrt er die übliche Prüfungssequenz, bei der in ständiger Praxis der Wortlaut der Ausgangspunkt für weitere argumentative Erwägungen ist (vgl. auch Dehousse 1998: 38) und schließt:

---

216 Neben den Erwähnten: Frankreich, Italien und Luxemburg.

„Aus den vorstehenden Erwägungen ergibt sich, daß nach dem Geist, der Systematik und dem Wortlaut des Vertrages Artikel 12 dahin auszulegen ist, daß er unmittelbare Wirkung erzeugt und individuelle Rechte begründet, welche die staatlichen Gerichte zu beachten haben" (a. a. O. 27).

Dass der Gerichtshof aufgrund eben dieser Begründungsfigur zu seinem Urteil gelangte, kann vor dem Hintergrund der unvollständigen Vertragsgrundlage aber kaum verwundern (hierzu eingehend Grimmel 2011b, c). Denn im Fall der van Gend & Loos – Rechtsprechung hatte der EuGH einen Sachverhalt vorgelegt bekommen, der den Gerichtshof zwangsläufig vor die Frage stellte, ob das Gemeinschaftsrecht nach den Maßstäben des Völkerrechts, oder aber nach denen gemeinsamer europäischer staatsrechtlicher Prinzipien, auszulegen sei. Das heißt, es ging um die Frage, ob Einzelne regelmäßig, und nicht nur in Ausnahmefällen (nach völkerrechtlicher Lehre ist dies bei sog. self-executing rules der Fall), Rechtssubjekte des Gemeinschaftsrechts sein können oder nicht. Da der EWG-Vertrag hierauf keine direkte Antwort gab, *musste* der EuGH rechtsschöpfend – im Sinne einer teleologischen Ausformulierung der Vertragsbestimmungen – tätig werden. Er musste die sich stellenden Freiräume der europäischen Rechtsordnung mit denen ihm zur Verfügung stehenden Mitteln ausfüllen, um die vorliegenden Fragen beantworten zu können.

Es lassen sich nun die Positionen, sowohl der klagenden Firma „van Gend & Loos" (unterstützt durch die Europäische Kommission und geteilt durch den EuGH), als auch der Beklagten „niederländischen Finanzverwaltung" (unterstützt durch Mitgliedstaaten und den Generalanwalt), unter das Behauptbarkeitsschema rechtlicher Geltungsansprüche, wie in Abb. 14 dargestellt, subsumieren (vgl. auch Abb. 13, oben):

Unabhängig von der Begründetheit der einzelnen Erklärungen kann doch festgestellt werden, dass, obgleich unterschiedliche Ansichten von der Anwendbarkeit des Gemeinschaftsrechts vertreten wurden, beiden Seiten offensichtlich eine gemeinsame Auffassung von einer möglichen und gelungenen Form der Argumentation einte. Die Firma „van Gend & Loos" sowie die Kommission vertraten in erster Linie eine teleologische Interpretation des Vertragstextes. Die niederländische Finanzverwaltung sowie der Generalanwalt und einige staatliche Regierungen hingegen betonten Wortlaut und Systematik der Verträge, um die Direktwirkung des Gemeinschaftsrechts zu verneinen. Dabei übertraten aber weder Befürworter noch Gegner einer unmittelbaren Anwendbarkeit des Gemeinschaftsrechts im Vorfeld und während der Verhandlungen die Grenzen der kon-

Abbildung 14　Behauptbarkeit der unmittelbaren Anwendbarkeit von Gemeinschaftsrecht

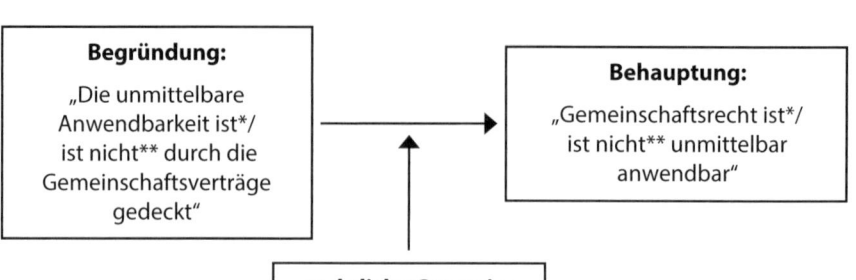

* Position vertreten durch die Firma „van Gend & Loos", den EuGH, die Kommission
** Position vertreten durch die niederl. Finanzverwaltung, den Generalanwalt, die Niederlande, Deutschland und Belgien

stitutiven Regeln der Geltendmachung von Ansprüchen im Gemeinschaftsrecht. Beide Seiten suchten mittels anerkannter Rechtsargumentation und Begründungsmuster ihre Ansichten zu stützen, nicht jedoch diese konstitutiven Regeln des Rechts zu umgehen.

Außerhalb des in Abb. 14 schematisch dargestellten und für das Handeln im Kontext des europäischen Rechts konstitutiven Argumentationsrahmens zeigte sich also bemerkenswerterweise keine ernsthafte Initiative, die Doktrin der unmittelbaren Wirkung/Anwendbarkeit anzufechten – etwa durch eine politische Geltendmachung von Interessen oder die Legitimationsbestreitung des EuGH als Institution der Rechtsauslegung. Auch muss darauf hingewiesen werden, dass die Staaten nicht versuchten, die durch den EuGH in seinem Urteil geschaffenen Doktrinen im Nachhinein auf legislativem Wege rückgängig zu machen, obwohl dies in einer „Gemeinschaft der Sechs" durchaus möglich gewesen sein sollte. Dies gilt umso mehr, als die von der Rechtssache berührten Interessen von sämtlichen Staaten prinzipiell geteilt werden mussten.

Den Mitgliedstaaten als „Herren der Verträge" stand der politische Weg der Nachbesserung und Konkretisierung des Vertragstextes nach der Verkündung des Urteils durch den EuGH also weiterhin offen. Doch diese Möglichkeit ergriffen die Staaten nicht, um sich gegen den EuGH und seine extensive wie auch durchaus – aus Sicht des Nationalstaats – souveränitätsbeschränkende Auslegung zu wenden. Stattdessen nahmen sie die Rechtsprechung mit all ihren Konsequenzen an. Ein ähnliches Bild lässt sich auch in der zweiten grundlegenden Gerichtsentscheidung der „Foundational Period", nämlich Costa/ENEL, zeichnen.

5.2.2 Begründung und Argumentation
in der „Doktrin des Gemeinschaftsrechtsvorrangs"

In der Entscheidung *Costa/ENEL* setzt der EuGH seine, z. T. als „integrationsfreundlich" beschriebene und kritisierte Rechtsprechung fort. Zu der Vorlage beim Gerichtshof kommt es, als Italien durch ein Gesetz aus dem Jahr 1962 die Erzeugung und Verteilung elektrischen Stroms verstaatlicht und zu diesem Zweck die juristische Person „E.N.E.L." („Ente nazionale Energia electrica impresa già della Edisonvolta") gründet. Der durch diese Maßnahme als Stromverbraucher und Aktionär der zu verstaatlichenden „Edisonvolta" betroffene Rechtsanwalt Flaminio Costa reicht daraufhin beim mailändischen Friedensgericht Klage gegen das von der Italienischen Republik erlassene Gesetz ein. Dieses verstoße gegen Art. 102 (jetzt Art. 117 AEUV), Art. 93 (jetzt Art. 108 AEUV), Art. 53 (seit den Verträgen von Amsterdam aufgehoben), sowie Art. 37 (jetzt Art. 37 AEUV) EWGV. Das Gericht möge den Fall zur Klärung gem. Art. 177 EWGV (jetzt Art. 267 AEUV) an den EuGH weiterleiten, um die Vereinbarkeit mit EG-Recht zu überprüfen, so Costa. Nach Übermittlung an das italienische Friedensgericht legt dieses den Antrag schließlich dem EuGH mit Bitte um Vorabentscheidung vor.

Im Zentrum der Entscheidung steht der Wirkbereich des Art. 177 EWGV. Dort heißt es:

> „Der Gerichtshof entscheidet im Wege der Vorabentscheidung ... über die Auslegung dieses Vertrags ... . Wird eine derartige Frage einem Gericht eines Mitgliedstaates gestellt und hält dieses Gericht eine Entscheidung darüber zum Erlaß seines Urteils für erforderlich, so kann es diese Frage dem Gerichtshof zur Entscheidung vorlegen".

Es stellt sich konkret die Frage, ob die Verträge, die seit der van Gend & Loos-Rechtsprechung unmittelbar Rechte für den europäischen Bürger begründen, nun auch Vorrang vor nationalen Rechtsvorschriften besitzen, d.h., ob diese per Vorabentscheidungsverfahren durch den EuGH überprüfbar sind. Denn sollte sich der vom mailändischen Friedensgericht angerufene Europäische Gerichtshof für die Entscheidung über die Vereinbarkeit von nationalem Recht mit EWG-Recht zuständig sehen, so würde dies – unabhängig von der Begründetheit der Klage – bedeuten, dass Gemeinschaftsrecht in Kollisionsfällen[217] dem nationalen Recht vorgeht. Die Reichweite dieses Anwendungsvorrangs[218] ist in der Praxis nicht zu unterschätzen, da der EuGH dadurch in die Lage versetzt wäre, jedes nationale Recht (also prinzipiell auch Verfassungsrecht) an den Maßstäben des Gemeinschaftsrechts zu prüfen und ggf. für nicht anwendbar zu erklären, ohne dass dem betroffenen Staat[219] hiergegen nationale Rechtsmittel zur Verfügung stünden.

Die italienische Regierung scheint sich dieser Konsequenz durchaus bewusst zu sein und bezeichnet die Vorlage durch das Friedensgericht und die Vorabentscheidung durch den EuGH als „*absolut unzulässig*" (Costa/ENEL, 15.07.1964, Rs. 6/64, Slg. 1964, 1261). Als Begründung führt die Regierung an, dass ein staatliches Gericht, wie das mailändische Friedensgericht, lediglich innerstaatliches Recht anzuwenden habe und sich daher nicht gem. Art. 177 EWGV an den EuGH wenden könne. Das italienische Gericht, so die Regierung, habe den EuGH nicht nur um die Auslegung des EWG-Vertrages ersucht, sondern darüber hinaus unzulässigerweise auch eine Prüfung nationaler Rechtsvorschriften an Maßstäben des Gemeinschaftsrechts erbeten. Im vorliegenden Fall seien jedoch nur nationale Rechtsvorschriften anzuwenden. Eine Privatperson dürfe nicht in der Lage sein, dem EuGH eine konkrete Frage per Vorabentscheidungsverfahren anzutragen.

Demgegenüber macht der Kläger, Rechtsanwalt Costa, geltend, dass es einzig und allein die Entscheidung des Mailänder Gerichts sei, den EuGH um die Auslegung der Verträge zu ersuchen. Hierbei handele es sich um eine generelle Anfrage zur Vertragsauslegung und nicht etwa, wie von der italienischen Regierung behauptet, um eine Auslegung konkreter Tatsachenfragen, für die der Gerichtshof in der Tat keine Zuständigkeit besäße. Die Vorlage beim EuGH sei daher zulässig.

Die Kommission schließt sich der Position des Klägers weitgehend an, verweist aber darauf, dass der EuGH zunächst einmal „herausschälen" (a.a.O.: 1262)

---

217 D.h. in Fällen, in denen sowohl nationale als auch europarechtliche Vorschriften einschlägig sind.
218 Und nicht etwa des Geltungsvorrangs (vgl. Schütz, Bruha u. König 2004: 81 ff.).
219 Nicht zu vergessen ist in diesem Zusammenhang auch die Wirkung europäischer Urteils auf die übrigen Mitgliedsstaaten. Schließlich gelten die Urteile des Gerichtshofs als Präzedenzien für ähnlich gelagerte Fälle und betreffen somit immer auch diejenigen Mitgliedsstaaten, die nicht aktuell verfahrensbeteiligt sind.

müsse, welche der Auslegungsfragen tatsächlich über Art. 177 EWGV prüfbar seien und welche nur gem. Art. 169, 170 EWGV (Verletzung gemeinschaftsrechtlicher Pflichten, jetzt Art. 258, 259 AEUV) vorgebracht werden dürften.

Der Generalanwalt Maurice Lagrange betonte in seinen Schlussanträgen, dass der Gerichtshof gemäß laufender Rechtsprechung in der Tat die Gründe eines nationalen Gerichts nicht hinterfragen dürfe, aufgrund derer sich dieses veranlasst sehe, ein Vorabentscheidungsverfahren einzuleiten. Allerdings brauche der Gerichtshof auch nur über solche Fragen zu entscheiden, die im konkreten Fall entscheidungserheblich sind; also nicht über solche, die eher hypothetischer Natur sind und keinen direkten Bezug zum vorliegenden Fall besitzen. Das zentrale Problem sei *„die Frage des Nebeneinanderbestehens zweier … einander widersprechender Rechtsnormen, die beide in der innerstaatlichen Rechtsordnung Geltung beanspruchen und von denen die eine im Vertrag enthalten oder von Gemeinschaftsorganen erlassen, die andere von staatlichen Instanzen gesetzt ist"*, so der Generalanwalt. Generell gelte für solche Kollisionsfälle: Der EWG-Vertrag schafft *„eine eigene Rechtsordnung, die zwar von den Rechtsordnungen der Mitgliedstaaten verschieden ist, sie aber nach genauen, im Vertrag selbst enthaltenen, in der Übertragung von Zuständigkeiten auf Gemeinschaftsorgane bestehenden Normen teilweise ersetzt"* (Schlussanträge des Generalanwalts, Maurice Lagrange, 25. 06. 1964: 1285).

Diese Kollision von nationalstaatlichen und gemeinschaftlichen Normen war nun gerade zwei Jahre zuvor durch den EuGH und seine Doktrin der unmittelbaren Wirkung/Anwendbarkeit in der van Gend & Loos – Rechtsprechung verschärft worden, weshalb eine Klärung der Sachlage nunmehr dringend geboten erschien. Generalanwalt Lagrange argumentiert in seinem Plädoyer vor dem Hintergrund rechtspragmatischer Erwägungen. Dabei distanziert er sich ausdrücklich von den damals bereits diskutierten Konzeptionen des Föderalismus, Intergouvernementalismus und Supranationalismus. Er will keine politische Lösung für die Kollisionsproblematik suchen, sondern dem EuGH allein aufgrund rechtlich-rationaler Erwägungen eine Empfehlung aussprechen. So weist er vor allem auf den Charakter der Gemeinschaft als *„eigene Rechtsordnung"* mit der *„Übertragung von* [bisher den Nationalstaaten vorbehaltenen] *Zuständigkeiten auf Gemeinschaftsorgane"* hin (a. a. O.: 1285) und betont hiermit den Sinn und Zweck der Gemeinschaft, zu dem die Staaten sich bei ihrer Gründung und in ihrer Entwicklung immer wieder bekannt haben. Es handele sich dabei eben gerade nicht um einen weiteren völkerrechtlichen Vertrag, sondern um eine neuartige Rechtsordnung, die neben den bisherigen staatlichen Rechtsordnungen Bestand habe, so Lagrange (a. a. O.: 1291). Neben diesem teleologischen Argument benennt Lagrange auch die praktischen Konsequenzen (sog. effet utile[220]), sollte das Gemeinschaftsrecht gegnüber nationalem Recht lediglich gleichberechtigt oder sogar untergeordnet behandelt werden. Mit Nachdruck betont er die *„unheilvollen … Folgen für das Funktionieren des vom Vertrage geschaffenen Verfassungssystems und infolgedessen für die Zukunft des gemeinsamen Marktes"* (a. a. O.: 1285) und rät dem EuGH, aus diesen Erwägungen dem Einwand der „absoluten Unzulässigkeit" nicht stattzugeben.

Der EuGH schließt sich in weiten Teilen der Ansicht des Generalanwaltes an. So hebt das Gericht zunächst den Unterschied zwischen „herkömmlichen" völkerrechtlichen Verträgen und der Gemeinschaftsrechtsordnung hervor: *„Zum Unterschied von gewöhnlichen internationalen Verträgen hat der EWG-Vertrag eine eigene Rechtsordnung geschaffen, …"* (Costa/ENEL, 15. 07. 1964, Rs. 6/64, Slg. 1964, 1269). Aus dieser Besonderheit der Verträge leitet er daraufhin die Beschränkung der mitgliedstaatlichen Souveränität und den Anwendungsvorrang des Gemeinschaftsrechts ab:

> *„[D]urch die Gründung einer Gemeinschaft für unbegrenzte Zeit, die mit eigenen Organen, mit der Rechts- und Geschäftsfähigkeit, mit internationaler Handlungsfähigkeit und insbesondere mit echten, aus der Beschränkung der Zuständigkeit der Mitgliedstaaten oder der Übertragung von Hoheitsrechten der Mitgliedstaaten auf die Gemeinschaft herrührenden Hoheitsrechten ausgestattet ist, haben die Mitgliedstaaten, wenn auch auf einem begrenzten Gebiet, ihre Souveränitätsrechte beschränkt und so einen Rechtskörper geschaffen, der für ihre Angehörigen und sie selbst verbindlich ist.*
>
> *Diese Aufnahme der Bestimmungen des Gemeinschaftsrechts in das Recht der einzelnen Mitgliedstaaten und, allgemeiner, Wortlaut und Geist des Vertrages haben zur Folge, daß es den Staaten unmöglich ist, gegen eine von ihnen auf der Grundlage der Gegenseitigkeit angenommene Rechtsordnung nachträglich einseitige Maßnahmen ins Feld zu führen. […] Denn es würde eine Gefahr für die Verwirklichung der … Ziele des Vertrages bedeuten …"* (a. a. O.: 1262).

Auch hier fällt auf, dass sich der EuGH, wie bereits in der van Gend & Loos-Rechtsprechung, zunächst auf Wortlaut *und* Teleologie, also den „Geist" der Verträge beruft, um seine Argumentation zu entwickeln. Bezugnehmend auf Art. 189 EWGV (jetzt Art. 288 AEUV) führt er zudem die Systematik der Verträge an, um seine Sicht zu stützen. Er weist damit eine historische Auslegung zurück, die darauf ausgerichtet ist, aktuelle rechtliche Integrationsfragen vor dem Hintergrund

---

220 Z. T. auch Effektivitätsgrundsatz genannt.

des Willens der Staaten zur Zeit des Vertragsschlusses zu beurteilen. Die Gemein-schaftsrechtsordnung, so der Gedanke, ist bereits von vornherein auf einen stän-digen Wandel angelegt gewesen und daher nicht aus der Perspektive einer histori-schen Momentaufnahme zu bewerten (vgl. Anweiler 1997: 68).

Einen besonderen Stellenwert in der Argumentation des Gerichtshofs nimmt der Effektivitätsgrundsatz ein. Dieser ist aus dem Völkerrecht bekannt und vom EuGH als besondere Ausformung der teleologischen Auslegung auch für den Be-reich des Gemeinschaftsrechts bestätigt worden. Das Prinzip beinhaltet, dass bei der Auslegung von Vertragstexten, sofern hier ein Auslegungsspielraum besteht, diejenige Lesart zu bevorzugen ist, die dem Sinn und Zweck des Vertrages am besten entspricht. Eine Auslegung, welche die Wirksamkeit der Vertragsinhalte in Frage stellen würde, soll so ausgeschlossen werden. In der Costa/ENEL-Ent-scheidung verweist der EuGH, bezugnehmend auf die Schlussanträge des Gene-ralanwalts, auf die Notwendigkeit des Funktionierens der Gemeinschaftsrechts-ordnung, die ohne eine vorrangige und insofern auch einheitliche Geltung des supranationalen Rechts (selbst in Fällen, wenn nationales Recht später ergangen ist) ihre Bedeutung einbüßen würde.[221] Im Wortlaut des Urteils:

„Die Verpflichtungen, die die Mitgliedstaaten im Vertrag zur Gründung der Gemeinschaft eingegangen sind, wären keine unbedingten mehr, sondern nur noch eventuelle, wenn sie durch spätere Gesetzgebungsakte der Signatarstaaten in Frage gestellt werden könn-ten" (a. a. O.: 1270).

Auch im vorliegenden Fall zeigte sich, dass die Geltendmachung der durch die Verfahrensbeteiligten vorgetragenen Ansprüche und Argumente zu keiner Zeit den gemeinsamen rechtlichen Begründungs- und Argumentationsrahmen in Frage stellte: So verwies die italienische Regierung auf die Unzulässigkeit des Er-suchens des mailändischen Friedensgerichts, das den EuGH um Vorabentschei-dung angerufen hatte und berief sich dabei vor allem auf den Wortlaut des Art. 177 EWGV, der lediglich eine Auslegung der Verträge, nicht jedoch das Entscheiden durch Privatpersonen angestrengter und vor nationalen Gerichten anhängiger Klagen vorsieht. Der Systematik des Vertrages entsprechend seien hierfür aus-schließlich die Verfahren der Art. 169 und 170 EWGV einschlägig, so die Regie-

---

221 Wie schwierig und auch problembehaftet diese einheitliche Durchsetzung des europäischen Rechts in der Praxis ist, lässt sich sehr anschaulich im nationalen Verwaltungsrecht nachvollzie-hen, dessen Grundsätze in der konkreten Anwendung schnell zu Spannungsverhältnissen mit dem Gemeinschaftsrecht führen (siehe hierzu eingehend, in Bezug auf die nationalen Rechts-kraftregelungen, Hatje 2000).

rung. Kläger, Kommission und Generalanwalt hielten dem entgegen, dass dem Friedensgericht zwar nicht die konkrete Entscheidung im Fall *Costa/ENEL* abgenommen werden durfte, wohl aber die in diesem Ersuchen enthaltenen Auslegungsfragen einer Antwort bedurften. Der EuGH bejahte in gewisser Weise beide Ansichten: Auf der einen Seite rügte er die Fassung der vom Friedensgericht vorgelegten Frage, die nicht eindeutig dem Verfahren gem. 177 EWGV zuzuordnen sei, auf der anderen Seite nahm das Gericht jedoch auch die Aufgabe an, die in der unvollkommenen Fragestellung enthaltenen Auslegungsfragen klarzustellen (siehe a. a. O.: 1268). Auch hier lassen sich die vorgetragenen Begründungen und Argumentationsmuster unter das „Schema der argumentativen Behauptbarkeit im Gemeinschaftsrecht" subsumieren (Abb. 15; vgl. auch Abb. 13, oben):

Abbildung 15   Behauptbarkeit des Vorrangs von Gemeinschaftsrecht

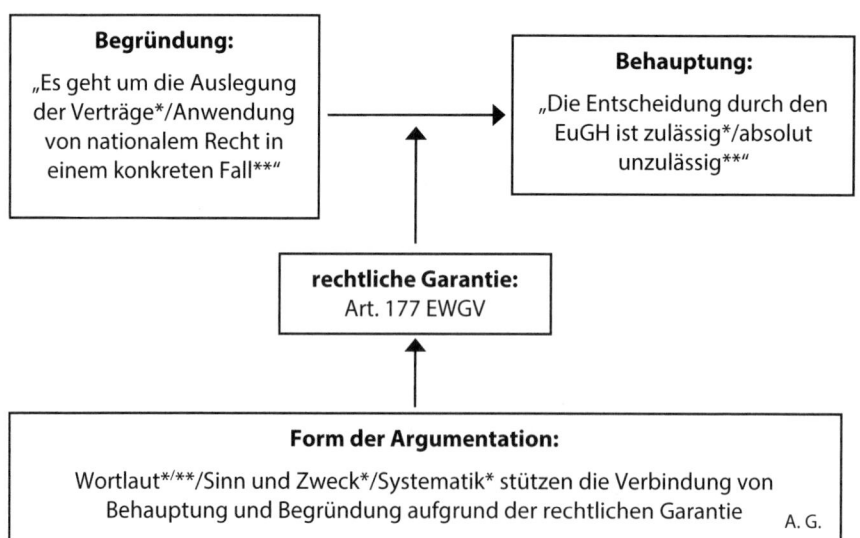

* Position vertreten durch Flaminio Costa, den Generalanwalt, die Kommission, den EuGH
** Position vertreten durch die italienische Regierung

Hier wird deutlich, dass sich beide Seiten, trotz unterschiedlicher Ansichten und Interessen, während des Verfahrens so verhielten, wie es der gemeinsame rechtliche Rahmen erwarten ließ. Zu keiner Zeit wurde das rechtliche Verfahren in seinen konstitutiven Regeln durch eine rechtsfremde Argumentation in Frage gestellt und mithin zu einer politischen Entscheidung gemacht. Stattdessen trugen sowohl die italienische Regierung als auch der Kläger Costa und die Kommission ihre Standpunkte und Ansprüche in der „Sprache des Rechts" vor und akzeptierten bzw. bestätigten somit die legitime Geltung des Kontextes und seiner konstitutiven Regeln für den vorliegenden Konflikt. Das Verfahren gem. Art. 177 EWGV war hierbei Ausgangspunkt, um eine begründete Behauptung vorzubringen, dessen „Richtigkeit" mit Hilfe rechtsüblicher Auslegungsmethoden belegt werden sollte. Auch im Fall Costa/ENEL zeigte sich folglich eine grundlegende Übereinstimmung mit den Regeln des Rechts und insofern auch deren generelle Anerkennung. Und auch außerhalb des europäischen Rechtskontextes – etwa durch politisch-legislative „Nachbesserung" – konnten oder wollten die italienische Regierung und andere Mitgliedstaaten keine wirksame Infragestellung des vom EuGH entwickelten Vorrangprinzips erzielen. Inzwischen wird das Vorrangprinzip im Bereich einfacher nationaler Gesetze als unstrittig angesehen, und selbst im Verfassungsrecht haben die obersten nationalen Gerichte[222] mittlerweile den Vorrang des Gemeinschaftsrechts prinzipiell anerkannt.

5.3 Die Einbettung der Begründung und Argumentation im Kontext des europäischen Rechts

Nun ließe sich an diesem Punkt der Diskussion sicherlich einwenden, es sei einzig und allein die Darstellung des Urteils, die zähle. Es komme also lediglich auf die äußere Form, die anerkannte Begründungsfigur des Urteils an, um einen Urteilsspruch als behauptbar und akzeptanzfähig *erscheinen* zu lassen. Der EuGH als höchste Autorität der Rechtsauslegung und -fortbildung könnte also selbst politisch oder sonst wie motivierte Urteile einfach in der „Sprache des Rechts" präsentieren (wie in Abb. 14 u. 15 schematisch dargestellt), damit gegen Widerstände durchsetzen und zugleich gegen Kritik immunisieren. Er könnte aus seiner institutionellen Stellung heraus Entscheidungen treffen, diese in eine bestimmte argumentative Form bringen und so trotzdem noch seine Interessen zur Geltung bringen. Er würde also die konstitutiven Regeln des Kontextes durchaus einhal-

---

222 Insbesondere deutsche und italienische Gerichte haben hier immer wieder Vorbehalte geäußert. So beispielsweise das Bundesverfassungsgericht in den Entscheidungen Solange I (1974), Solange II (1986), Maastricht (1993), dem Bananenmarktordnung-Beschluss (2000) und kürzlich im Lissabon-Urteil (2009); Letzteres wurde allerdings aus demokratietheoretischer Sicht deutlich kritisch bewertet (Eriksen u. Fossum 2011) und unlängst vom BVerfG selbst weitgehend in seinen Kernaussagen durch den Mangold-Beschluss (2010) korrigiert.

ten, jedoch anderen regulativen Regeln als den im Recht geltenden folgen.[223] Genau dies ist auch der Vorwurf, der dem EuGH von Seiten seiner Kritiker gemacht wird, wenn er als *aggressive engine of integration*" (Kelemen 2011, 2012; vgl. auch Pollack 2003) charakterisiert und ihm ein *undue activism*" (Arnull 2006: 4; vgl. auch Davies 2012)[224] unterstellt wird. Dem Gerichtshof wird dabei also insoweit zugestanden, im Sinne des Rechts rational zu handeln, als er die konstitutiven Regeln der im Recht geltenden Sprachspiele einhält, deren formale Grenzen mithin nicht übertritt. Nur seien seine Motive eben andere, als diejenigen, die er vorgibt zu vertreten, was sich letztlich auch in der Verletzung regulativer Regeln zeige. Anders gesagt: Der EuGH spiele zwar die Sprachspiele des Rechts, nur tue er dies eben nicht richtig, weil er andere als die rechtsimmanenten Ziele und Regeln verfolge. Die im europäischen Recht üblichen Argument- und Begründungsformen wären dann letztlich eine inhaltsleere Verpackung oder eine dramatische Aufführung, welche die entscheidenden und handlungsleitenden Motive der Rechtsfortbildung unberührt ließen. Diesem Einwand ist allerdings aus Sicht des Rechts entschieden entgegenzutreten. So bemerkt Neumann völlig zutreffend:

„Die Beziehung zwischen Herstellung und Darstellung der juristischen Entscheidung lässt sich ... nicht auf diese externe und negative Bedeutung des Begründungserfordernisses reduzieren. Denn die Entscheidungsbildung ist kein irrationaler Prozess, dessen Produkte erst nachträglich in die beengenden Formen juristischer Rationalität gepresst wurden. Vielmehr wird regelmäßig schon der Entscheidungsprozess (auch) von jenen Gesichtspunkten sachlicher Richtigkeit und rechtlicher Regelhaftigkeit geleitet, die im Rahmen der Urteilsbegründung die Aufgabe der Legitimation der Entscheidung übernehmen" (2005: 382).

Das schließt nun nicht aus, dass es tatsächlich auch Scheinbegründungen in einem rechtlichen Kontext geben kann oder gibt. Doch hat dies noch nicht zwangsläufig einen regelhaften Charakter, der Inhalt und legitime Geltung des Rechts und seiner immanenten Rationalität gefährden würde. Denn wie bereits im Zusammenhang mit Wittgenstein und der kontextuellen Vorstellung von Rationalität argumentiert wurde, bedarf es immer einer Regelmäßigkeit im Tun oder Handeln, um

---

223 Als Notwendigkeit für kontextrationales Handeln gilt immer: Einerseits müssen erkennbar konstitutive und regulative Regeln zugrunde liegen, deren Bedeutung innerhalb eines Kontextes gekannt und anerkannt wird. Andererseits müssen die zugrundeliegenden konstitutiven Regeln solche des geltenden Kontextes sein, oder müssen sich, sofern es sich um regulative Regeln handelt, auf diese beziehen (siehe Abb. 11, Kap. 4.3).

224 Arnull äußert sich allerdings kritisch hierzu; Davies sieht den juristischen Aktivismus nicht allein beim EuGH, sondern verortet diesen auch bei den nationalen Gerichten.

eine Regelhaftigkeit zu erzeugen. Dass eine solche aber in Hinblick auf ein politisches Entscheiden von Rechtsfällen im europäischen Recht faktisch keineswegs nachzuweisen ist, wird an späterer Stelle näher zu belegen sein.[225]

An dieser Stelle genügt es darauf hinzuweisen, dass Scheinbegründungen als solche immer auch entdeckbar und als illegitim kritisierbar sein *müssen*. Denn andernfalls könnte man überhaupt nicht von Scheinbegründungen (im Gegensatz zu wahrhaften Begründungen) sprechen. Die Möglichkeit der Scheinbegründung ist vielmehr logisch durch die Geltung einer Regel determiniert, die vorgibt, welches eine wahrhafte und legitime Begründung ist. Es besteht also in Wirklichkeit bereits ein Konsens über die Bedingungen des legitim-anerkannten Entscheidens und Begründens, welche die Motivation des Entscheidungsträgers und auch die Möglichkeit einer Scheinbegründung in den Hintergrund treten lässt. In den Vordergrund tritt sogleich die rechtlich-juristische Frage nach der Tragfähigkeit rechtlicher Begründungen und nicht die politische Frage nach Nutzen oder Interesse des handelnden Akteurs. Denn eine gelungene und überzeugende Begründung ist in jedem Fall akzeptabel, unabhängig davon, ob sie dem Anspruch auf Wahrhaftigkeit genügt. Eines können und sollen Entscheidungsgründe im europäischen Rechtssystem – wie auch in jeder anderen modernen Rechtsordnung – jedenfalls nicht leisten: Auskunft über die Aufrichtigkeit und unbedingte Neutralität des Richters geben, auch wenn dieser von Amtswegen zu beidem verpflichtet ist. Im Kontext des europäischen Rechts ist es also zunächst einmal irrelevant, welchen Motiven oder Interessen der Gerichtshof und seine Richter mit ihren aus konkreten Urteilssprüchen entspringenden Rechtsdoktrinen entsprechen mögen – zumindest solange wie juristische Entscheidungen nicht als politische behandelt werden sollen, was der Unabhängigkeit und Autonomie der Institution Recht zugleich widersprechen würde und mithin in demokratischen Systemen ausgeschlossen sein muss.

Genauso unwichtig ist letztlich auch, welchen nationalen Rechtsordnungen der Europäische Gerichtshof genau seine Doktrinen entlehnt; also, ob hierbei auch methodischen oder traditionellen Eigenheiten in bestimmten nationalen Rechtskontexten entsprochen wird. Entscheidend ist hingegen, ob Anwendung, Auslegung oder Fortbildung in einem konkreten Fall den regelhaften Anforderungen des konkreten europäischen Rechtskontextes standhalten und mithin als rational begründet gelten können. Denn das Europarecht muss als eine neue Rechtsord-

---

225 Zudem muss die Nachweispflicht für eine entsprechende Regelmäßig- bzw. Regelhaftigkeit klar bei denjenigen Kritikern des EuGH gesehen werden, die eine Politisierung des Gerichts vermuten.

nung aufgefasst werden, die lediglich Anschluss zu den allgemein geteilten und speziellen nationalen Rechtsausprägungen herstellen und halten muss. Europäisches Recht kann jedoch in keinem Fall ein bloßes Abbild oder eine lineare Fortführung des nationalen oder internationalen Rechts sein und sollte auch nicht als solches begriffen werden.

Ein interessengeleitetes wie auch politisch-voreingenommenes Entscheiden[226] unter der Vorgabe der Rechtsanwendung wäre zudem zu beweisen und nicht nur aus theoretischen Vorüberlegungen zu unterstellen. Dies gilt insbesondere auch für die Analyse und Kritik von konkreten Gerichtsentscheidungen oder Rechtsdoktrinen. Hier stellt sich überdies das analytische Problem, dass ein mögliches Interesse oder eine politische Motivation kaum zweifelsfrei nachweisbar sind. Denn in die Köpfe der entscheidungsbefugten Personen kann man nicht hineinsehen und für das Richterzimmer gilt aus guten Gründen das Beratungsgeheimnis. Zudem erlaubt eine reine Analyse von „outputs" und „impacts" der Gerichtsurteile keinerlei Rückschluss auf die Beweggründe der Urteilsfindung. Kurz: Alles, was seriöserweise über die Begründetheit der Rechtsentscheidungen des Europäischen Gerichtshofs in Erfahrung gebracht werden kann, ist in den Erläuterungen der Urteile niedergelegt (vgl. auch Schepel 2000: 465 f.). Sie sollten also keinesfalls als Beiwerk des juristischen Prozesses abgetan werden und lassen sich nur im Kontext ihrer Entstehung angemessen verstehen und einschätzen.

Nur weil ein Urteil also politisch relevant erscheint oder über den Einzelfall hinaus wirkt, darf dieses noch nicht als Produkt interessenmotivierten oder politischen Entscheidens angesehen werden. Denn, wie Borchardt sagt, „[u]ngeachtet der politischen Relevanz der Gründungsverträge der EG und ihrer späteren Änderungen und Ergänzungen, bleibt ihre Interpretation eine Rechtsfrage und sind darauf gestützte Entscheidungen rechtliche und nicht politische." (1995: 38). Die analytische Kategorie des Interesses, die zugleich eine „Politik des Rechts" impliziert, sollte daher in der Diskussion um die Integration durch Recht unberücksichtigt bleiben, solange die Begründungen aus dem Kontext heraus regelmäßig rational und tragfähig erscheinen, und solange auf einer gemeinsamen sprachpraktischen Grundlage Wahrheits- bzw. Geltungsansprüche im Recht vertreten werden, die den notwendigen Glauben an deren Legitimität und das Vertrauen in dessen Richtigkeit erzeugen können. Oder anders gesagt: Sofern der EuGH „mit Hilfe der klassischen Auslegungsmethoden" keine offenkundig „absurde[n] Auslegungsergebnisse" hervorbringt, so müssen diese allgemein als „vernünftig" (Bleck-

---

226 Kelemen u. Schmidt (2012) sprechen etwa davon, dass der EuGH in seinen Entscheidungen „a bias in favour of centralization" (a. a. O.: 1) demonstriert habe.

mann 1982: 1179), weil rechtsrational begründet, gelten. Auch darf nicht vergessen werden, dass von der Art und Weise, wie Rechtsentscheidungen produziert werden, die Akzeptanz nicht nur der Urteile, sondern auch der Institution abhängt. Der EuGH kann sich also nur auf die überzeugende Verwendung seiner Methoden und Argumentformen verlassen, um seine Entscheidungen zu rationalisieren und legitimieren. Oder, wie Schmidt bemerkt: *„It is only by these methods that the Court can avoid being seen as arbitrary – and hence political – which would undermine the acceptance of its judgments and its legitimacy as institution"* (2011: 46). Hieraus folgt, dass, selbst wenn man davon ausgeht, diese Schwelle sei vom EuGH überschritten worden, ein Nachweis dafür nur in Auseinandersetzung mit der konkreten Rechtsprechung des Gerichts und dem geltenden Rechtskontext – also von innen heraus – erfolgen kann. Die Nachweispflicht eines „proeuropäischen Richterrechtsaktivismus", um dies deutlich zu sagen, liegt auf Seiten derjenigen Theorien, welche die These einer Politisierung des Rechts implizieren. Und der Nachweis ist nur zu erbringen, wenn die Geltung des Rechts und ihre bestehenden Rationalisierungsformen ernst genommen werden.

Begreift man das europäische Recht als einen spezifischen Rechtskontext, so wird deutlich, dass in der europäischen Realität ein juristischer Solipsismus oder unbedingter Aktivismus, wie etwa Höreth (2000) ihn beschreibt,[227] kaum entstehen kann. Denn Rechtsauslegung, -anwendung, -fortbildung und -schöpfung können auch und vor allem in Europa nur vor dem Hintergrund bereits gekannter und gleichfalls anerkannter Rationalisierungsformen geschehen. Nur so kann das durch gerichtliches Handeln hervorgebrachte Recht akzeptanzfähig sein und als legitim angenommen werden. Die bereits an früherer Stelle thematisierte Schöpfung von Recht kann dementsprechend nur das Schöpfen aus etwas Bestehendem und nicht etwa das bloße Erfinden von Recht sein. In Europa bietet sich hierfür zweifelsohne ein äußerst umfangreicher Bestand an gemeinsamen Rechtsauffassungen, -formen, -inhalten und Methoden, aus dem der EuGH *schöpfen* kann.[228]

---

227 So stellt Höreth fest: *„Die Rechtsprechung des Gerichts [gemeint ist der EuGH] ist ... selbstreferentiell und folgt lediglich einer von ihm bestimmten und entwickelten Auslegungsdoktrin bei der Interpretation der Verträge, die dementsprechend auch als wichtigste Legitimationsgrundlage für das Gericht dienen"* (2000: 11).

228 Neben dem in den Gemeinschaftsverträgen niedergelegten Primärrecht und den allgemeinen Grundsätzen des Gemeinschaftsrechts, stehen dem EuGH insbesondere auch die allgemein in den mitgliedstaatlichen Verfassungsordnungen geltenden Rechtsgrundsätze als Rechtserkenntnisquelle zur Verfügung. Die Gemeinschaftsgrundrechte aber auch grundlegende, nicht explizit in den Verträgen kodifizierte rechtstaatliche Prinzipien, wie der Grundsatz der Verhältnismäßigkeit, der Grundsatz der Rechtssicherheit, der Grundsatz der Gesetzmäßigkeit der Verwaltung

Eine generelle Schelte der EuGH-Urteile als politischer Aktivismus, wie er von staatlichen Vertretern, Interessengruppen, aber auch in der Wissenschaft zu vernehmen ist (siehe hierzu auch Fastenrath 2009), kann also bereits aus diesen Gründen nur unangebracht sein. Überdies ist eine solche Kritik in Ansehung der ähnlichen Tätigkeit der höchsten nationalen Gerichte, insbesondere der Verfassungsgerichte (diese stehen, bei näherem Hinsehen, vor z. T. sehr ähnlichen, fundamentalen Problemen und schlagen vergleichbare Lösungen vor wie der EuGH), auch nicht begründet. Selbstverständlich lassen sich verschiedene Urteile für ein und denselben Sachverhalt vertreten. Auch lassen sich meist sogar gute Gründe für ein anderes als das gefällte Urteil finden. Dies heißt aber nicht zugleich, dass die Entscheidung über Recht und Unrecht arbiträr wäre. Eher ist es Ausdruck und notwendige Konsequenz der argumentativen Wahrheitssuche und -findung in einer pluralistischen Gesellschaft. An der Geltung der Regeln des Rechts, an seiner Rationalität, ändert dies letztlich nichts.

In ähnlicher Weise wie der EuGH sind auch die Mitgliedstaaten und alle übrigen im und durch Recht handelnden Akteure gebunden: Sie müssen Regeln des Rechts folgen, um Geltungsansprüche überhaupt rationalisieren und mithin erfolgreich vertreten zu können. Natürlich lässt sich hier das Recht auch benutzen, um staatliche Interessen (beispielsweise an Wohlfahrt oder dem Erhalt der eigenen Souveränität) zu verschleiern. Allerdings wäre es voreilig, darin einen Beleg für die praktische Wirksamkeit rechtskontext-externer Rationalitäten zu sehen. Das Gegenteil ist viel eher der Fall. Denn die Notwendigkeit, das eigene Handeln hinter einem „veil of legalese" (Grimmel 2011c: 17) zu kaschieren, stellt gerade nicht die allgemeine Geltung des Rechts in Frage. Viel eher wird diese dadurch gestützt und bestätigt. Denn der bloße Versuch rechtsfremde Interessen – d. h. nicht durch rechtliche Garantien abgedeckte Interessen – zu verbergen, belegt die generell unbestrittene Geltung des Rechts und auch seine Wirksamkeit. Andernfalls könnte das Interesse ja offen, und unübersetzt in die „Sprache des Rechts", vorgetragen werden. Rationalität und Interesse sind also klar voneinander zu trennen.

Ursache und Wirkung dürfen ebensowenig miteinander verwechselt werden. Die EU-Mitgliedstaaten folgen dem Recht genauso wenig nur aus einem hintergründigen Interesse daran, wie der EuGH aus einem „politischen Kalkül" (etwa mit dem Ziel der Ausweitung des Europarechts in die nationalen Rechtsordnun-

---

oder auch das Gebot der Rechtsklarheit haben so ihren Weg in die Gemeinschaftsrechtsordnung gefunden.

gen und somit auch der Stärkung seiner Entscheidungsmacht) Recht spricht.[229] Das Recht muss hier unbedingt ernst genommen werden. Dies gilt für die das europäische Recht untersuchende Wissenschaft genauso wie für die Akteure des Rechts. Und dazu gehört natürlich auch, dass die verfahrensbeteiligten Staaten als Rechtssubjekte anerkannt und ihre Argumentationen von Seiten des EuGH geachtet werden – und nicht von vornherein als „Politik machende" und auf ihre Souveränität und ihren Vorteil bedachte Nutzenmaximierung angesehen werden.

Noch einmal: All dies schließt ausdrücklich nicht das Bestehen von Interessen im Kontext des Rechts aus. Mögliche Versuche eines Klägers oder eines Beklagten seine Interessen bestmöglich durchzusetzen gehören zweifelsohne und aus guten Gründen zu den „Sprachspielen des Rechts" dazu und sind in diesem Rahmen durchaus legitim. Doch werden der Interessendurchsetzung damit rechtsimmanente Grenzen gesetzt. Handeln im Recht kann jedenfalls nur als rechtsrationales Handeln, als eine geteilte Technik der rechtlichen Wahrheitssuche, verarbeitet werden und nicht als politisches Kalkül. Patterson bemerkt in diesem Zusammenhang sehr zutreffend:

> „The grammar of legal argument is immanent in the practice of law. By ‚immanent' I mean to say that law is an intersubjective practice wherein participants coordinate their behaviour through the employment of a grammar of appraisal that is a constitutive feature of the practice itself. […] [T]hey make possible the assertion of claims for the truth of legal propositions which claims are then disputed, evaluated and judged by all who are competent in their use (technique)" (2004b: 247).

Ein Geltungsanspruch, wie auch immer motiviert, kann also niemals von außen an den Kontext des Rechts herangetragen werden, ohne dass dabei bereits eine Übersetzung in das Recht erfolgte. Und auch Begründung und Rechtfertigung können nur innerhalb des Kontexts des Rechts und im Rahmen seiner Regeln funktionieren. Jede Übersetzung in einen spezifischen Kontext des Rechts strukturiert dabei bereits den Geltungsanspruch und wandelt etwa ein politisches Interesse – das außerhalb des Rechts durchaus weiterhin unvermittelt Bestand haben kann – innerhalb des Rechtskontextes in ein rechtliches um. Ein solcher, in die „Sprache des Rechts" übertragener Anspruch, kann dann ebenfalls nur auf der Grundlage der spezifischen rechtsimmanenten Rationalität beantwortet, beurteilt und kritisiert werden, solange man den Kontext nicht verlassen möchte.

---

229 Vgl. hierzu und in Hinblick auf den Aspekt der Legitimität auch die jüngere Studie von Azoulai (2011).

Die Rechtsprechung des EuGH und die im vorigen Kapitel herausgearbeiteten Argumentations- und Begründungsformen können jedoch niemals getrennt von der spezifischen Ausgestaltung des Kontexts des Rechts gesehen werden. Bei rechtlichen Argumentationen handelt es sich schließlich nicht um „zwingende Argumentationen", wie man sie etwa aus der formalen Logik kennt. Anders als bei logischen Argumenten, in denen sich die Konklusion zwingend aus den Prämissen (sofern diese als richtig akzeptiert werden) ergibt, sind Argumentationen im Recht hingegen immer zwingend auf ihre intersubjektive Überzeugungskraft angewiesen. Um diese zu erzeugen und somit auch dem Anspruch auf Wahrheit, Richtigkeit oder Angemessenheit einer Rechtsprechung in den Augen der Rechtsbetroffenen zu genügen, ist es weder auf Dauer ausreichend, Urteile einfach aus einer institutionellen Position der Stärke heraus zu verkünden. Noch kann es in der Rechtsauslegung und -anwendung jemals Verfahren geben, wie etwa in der Logik oder Mathematik, die einen Zweifel an der Richtigkeit des Urteils von vornherein ausschließen würden. Die bloße Verwendung der „language and logic of law" (Burley u. Mattli 1993: 44) ist nicht ausreichend um Recht zu erzeugen oder anzuwenden, denn die formale Zulässigkeit und sachliche Richtigkeit von juristischen Argumenten führt noch nicht zur allgemeinen Anerkennung des Behaupteten (vgl. Neumann 2005: 379). Die Entscheidung über den substanziellen Gehalt und die Anerkennung von Rechtsaussagen ist also nicht bereits durch die Form, d. i. die juristische Argumentation an sich (vgl. hierzu auch Peczenik 1983, Alexy 1983, MacCormick 1994, Raz 1994b), prädeterminiert, sondern muss im *Kontext des europäischen Rechts* rational gelten können, um gelten zu können. Eine Darstellung der Bedingungen der Möglichkeit von zulässigen und begründeten Argumentationen im europäischen Recht, die eine Antwort auf die Frage „was ist rational?" gibt, kann jedoch nicht ohne eine Einbettung in den weiteren Kontext des europäischen Rechts gelingen.[230]

Die Möglichkeit der Begründung ist also von der konkreten Ausdifferenzierung der sprachpraktischen Bedingungen der Möglichkeit abhängig, die im Kontext des europäischen Rechts bestehen, und darf nicht regelmäßig hinter diese zurückfallen. Rechtsprechung kann und darf in Europa dementsprechend nicht als ein juristisches „Von-Oben-Herab-Entscheiden" oder gar „-Regieren" verstanden werden, wie dies die durch die europäische Integrationstheorie zumindest beförderte und pauschalisierende Kritik an der EuGH-Judikatur impliziert. Denn:

---

[230] Ein Versuch, den Kontext des europäischen Rechts in seiner funktionalen, lokalen und temporalen Ausdifferenzierung dazustellen, findet sich – ohne Anspruch auf Vollständigkeit – im Anhang.

„Rechtsprechung heißt nicht zuletzt ‚begründen‘", wie Strauch richtig feststellt. Und *„[d]ie Gründe einer Entscheidung können nicht als Topoi einzeln und vereinzelt stehen bleiben, sondern sind in einen Zusammenhang einzureihen, in dem sie dann als Glied eines Gefüges ihren Ort haben"* (2002: 319). Der Kontext des europäischen Rechts konstituiert einen solchen Zusammenhang und muss daher in den theoriegeleiteten Erklärungen eine zentrale Stelle einnehmen, um angemessene Aussagen über die Möglichkeiten und Grenzen von Rechtsfortbildung und Rechtsintegration machen zu können.

Der Prozess der juristisch-argumentativen „Wahrheitssuche", wie er in den vorigen Kapiteln dargestellt wurde,[231] ist dementsprechend in Europa an eine konkrete, geteilte und kontextuell eingebettete Rechtspraxis gebunden und nur innerhalb ihrer Grenzen sinnvoll und inhaltlich möglich. Umgekehrt bedeutet dies, dass rechtsfremde oder im geltenden Kontext nicht geläufige Begründungen entweder als ungültig oder gar als unverständlich, weil nicht kontextrational, erachtet werden. Das heißt, fehlt die funktionale, lokale oder temporale Einbettung, so wird kein legitimer Anspruch auf Geltung im Recht erhoben werden können – gleich, wie opportun das damit verbundene Interesse auch sein mag. Aus der Sicht eines kontextuellen Rationalitätsverständnisses ist eine Behauptung oder Aussage, die den sprachpraktischen Regeln der Verwendung von Recht in Europa nicht genügt, als nicht rational begründet im Sinne des geltenden Kontextes anzusehen. Dies gilt für das richterliche Handeln wie auch für die Kritik daran.

Dies bedeutet allerdings auch, dass jedes In-Zweifel-Ziehen von wohlbegründeten EuGH-Entscheidungen, die ein Mindestmaß an disziplinär geschaffener Widerspruchslosigkeit, juristischer Stringenz, Folgerichtigkeit und Systembezug aufweisen (Ernst 2007: 27), zugleich ein politischer Eingriff ist und immer auch die Frage nach der Verständigung und Übereinstimmung im Recht als Ganzes stellt – und dies nicht nur im Rahmen der Gemeinschaftsverträge. Die insbesondere von den trivial-rationalistisch argumentierenden Ansätzen nahe gelegte Möglichkeit der Verweigerung von kontextuell akzeptanzfähigen, jedoch wenig oder nicht opportun erscheinenden Rechtsentscheidungen, ist sprachpraktisch nicht denkbar, ohne dabei zugleich das Recht als Form der Verständigung anzuzweifeln und deren von Interessen unabhängige Geltung auf Dauer unmöglich zu machen oder an sich zu deformieren. Schließlich ist die europäische Rechtsgemeinschaft unlängst fest mit den Mitgliedstaaten und ihren nationalen Rechtsordnungen und -traditionen verschränkt und nicht von diesem im Sinne einer „Zweiebenentheo-

---

231 Siehe auch Kap. 5.2, 5.2.1, 5.2.2; kritisch zu dem Begriff Neumann 2004.

rie" (der gemäß das nationale Recht vom Gemeinschaftsrecht unabhängig existiert) zu trennen.

Dass die hiermit zum zentralen Maßstab erhobene Akzeptabilität von juristischen Entscheidungen im Kontext europäischen Rechts nicht zugleich mit einem quasi-mechanischen Zwang zur Übereinstimmung gleichzusetzen ist, wird ebenfalls in den Worten des Präsidenten des Thüringer Oberverwaltungsgerichts a. D., Hans-Joachim Strauch, deutlich: *„Natürlich sind Kollegen nicht selten überrascht über das, was Kollegen entscheiden. Aber es gibt doch in der Regel einen sehr breiten Konsens darüber, was vertretbar ist und was nicht"* (2002: 318). Akzeptanzfähigkeit meint also keine faktische Übereinstimmung oder einen Automatismus des Entscheidungsprozesses, wohl aber setzt sie einen *Konsens* über die Grundlagen der Entscheidungsfindung bereits voraus, der einen Dissens überhaupt erst möglich macht. Eben diese Grundlagen müssen vom Gericht transparent gemacht werden und plausibel dargelegt werden, um Akzeptanz und Geltung der Rechtsprechung zu gewährleisten. Hierzu braucht es notwendigerweise immer einen gewissen argumentativen Aufwand. Das gilt auch für die richterliche Urteilsbegründung und insbesondere für den EuGH, der einen recht kurzen[232], trockenen und logisch aufgebauten Urteilsstil pflegt, der aus der französischen Rechtstradition herstammt.[233]

Das deutsche Bundesverfassungsgericht hat die Notwendigkeit Akzeptanz durch Überzeugungskraft von Gründen herzustellen einmal sehr deutlich formuliert:

> *„Höchstrichterliche Urteile sind kein Gesetzesrecht und erzeugen keine damit vergleichbare Rechtsbindung. ... Ihr Geltungsanspruch über den Einzelfall hinaus beruht allein auf der Überzeugungskraft ihrer Gründe sowie der Autorität und den Kompetenzen des Gerichts"* (BVerfGE 84, 212).

Für den EuGH, als relativ junges und insofern institutionell vergleichsweise schwach verwurzeltes Gericht, gilt dieses Erfordernis in ganz besonderer Weise. Um seine Autorität zu sichern und seine Kompetenzen legitim ausüben zu können, muss er die Bindung an das Recht – und dies ist eben nicht nur der textlich in den Verträgen kodifizierte Normenbestand – wahren und ständig aufs Neue her-

---

232 Der allerdings nur durch die beträchtlichen argumentativen Vorleistungen von Generalanwälten und Rechtsreferenten möglich wird.

233 Eine sehr erhellende Analyse des Gemeinschaftsrechts aus Sicht des „Common Lawyers" findet sich bei Schiemann 2005.

stellen. Der vielgescholtene Richterrechtsaktivismus oder „judicial activism" ist also letztlich ein Zerrbild dessen, was der EuGH in seiner Arbeit zu leisten hat. Ein juristisches Integrieren oder ein eigenmächtiges Hineinregieren per Gerichtsbeschluss mit dem Ziel eine föderative Ordnung zu installieren (so etwa Josselin u. Marciano 2007), quasi auf der Basis eines politischen Leitmotivs oder gar einer Agenda (dies würde eine bewusste Lenkung implizieren), kann es schlicht und einfach so nicht geben; jedenfalls nicht solange, wie die Bindung an die Formen und Inhalte europäischer Rechtsbestände und Rechtstraditionen fortbesteht, die immer auch eine akzeptanzfähige Begründung im konkreten Kontext erfordert. Eine angemessene und zutreffende Kritik an der Rechtsprechung des EuGH sollte genau hier ansetzen und nicht auf diffuse Begriffe des Interesses und der Rationalität verweisen.

6 „Politics in Robes?" – Grundrechtsschutz im Kontext des europäischen Rechts

Die bislang angestellten, vor allem abstrakt gebliebenen Überlegungen zum Kontext des Rechts wären von geringem praktischen Wert, sollten sie sich nicht auch anhand der Rechtsprechung des Europäischen Gerichtshofs belegen lassen und auf diese Weise einen tieferen Einblick in die „Imaginationsform" (Haltern 2007a: 12) des europäischen Rechts und die Funktion der Rechtsgemeinschaft ermöglichen. So ließe sich kritisch bemerken, dass die zuvor gemachten theoretischen Argumente zwar schlüssig seien, die Bedeutung der Einbettung des Handelns in den Kontext des Rechts jedoch in der Realität Europas weit weniger zwingend sei, als hier dargestellt; dass der Einfluss von Akteursinteressen oder strategisch-rationalem Kalkül der Akteure in der Realität weitaus größer ist und im Sinne der unlängst geforderten Brückenbildung zwischen trivialem Rationalismus und anderen Wissenschaftstraditionen[234] berücksichtigt werden müsse; dass viel eher ein vermittelnder Ansatz wünschenswert sei, der die Grundannahmen des trivialen Rationalismus beibehält, diese jedoch um Hilfsannahmen (etwa aus dem „gemäßigten" Konstruktivismus) erweitert; dass das vorgeschlagene Konzept der *Kontextrationalität* und die darauf aufbauende *Kontextanalyse* also die Einseitigkeit der im ersten Teil kritisierten Erklärungsmuster wiederhole, indem ein Ansatz vertreten werde, der das Vorhandensein von Interessen (politische oder andere) völlig ausklammere oder sogar negiere; dass der Europäische Gerichtshof ein Hybrid zwischen Recht und Politik sei, der durchaus regelmäßig Interessen wahrnehmen und politische Ziele durchsetzen könne, obgleich er und seine Vertreter gewissen rechtlich-institutionellen und sozialisierenden Zwängen ausgesetzt seien (vgl. hierzu auch Stone Sweet 2010).

---

234 In diesem Sinne lassen sich Zürn u. Checkel 2005, Checkel 2005 und Johnston 2005 verstehen; siehe auch Müller 2004.

Diesen Einwänden und Bedenken soll hier, soweit nicht oder nicht hinreichend bereits im Rahmen der theoretischen Diskussion geschehen, anhand einer *Kontextanalyse* konkreter Rechtsfälle entgegengetreten werden. Dabei wird zugleich deutlich werden, wie eine Analyse, die sich nach Akteursinteressen – einem unerlässlichen Kernelement der kritisierten rationalistischen Ansätze – ausrichtet, systematisch zu einer verzerrten Wahrnehmung und Untersuchung der EuGH-Rechtsprechung führen muss. Die Ursache hierfür liegt in dem zu Beginn dieser Arbeit behandelten, als linear angenommenen Ursache-Wirkung-Zusammenhang zwischen dem rationalen Akteur und seinen Interessen einerseits und seinem Handeln andererseits (siehe auch Abb. 1, Kap. 1). Dementsprechend müssten sich nämlich integrationsrelevante und durch die Urteile des Europäischen Gerichtshofs bewirkte Rechtsentwicklungen auf ein – wie auch immer geartetes – Interesse daran zurückführen lassen. Doch liegt gerade in dieser unkritischen Gleichsetzung von „output" und „input" das zentrale Problem des trivialen Rationalismus[235] bei der Untersuchung von Integrationsprozessen im Recht, der den wohlgemeinten Versuch eines theoretischen „bridge buildings"[236] letzten Endes als aussichtslos erscheinen lässt.

Denn die Suche nach den Interessen des europäischen Gerichts und seiner Richter[237] sollte aus analytischer Sicht generell abgelehnt werden – egal, ob dabei ein politisches Interesse der Akteure oder gar ein Interesse am Recht angenommen wird. Der Grund hierfür liegt in der Kategorie des Interesses selbst. Wie bereits an früherer Stelle argumentiert und anhand von weiteren Fallstudien zu zeigen sein wird, ist sie in der wissenschaftlichen Beschäftigung mit dem Recht generell unzulässig, solange das Rechtssystem rational begründete – also kontextrationale – und mithin akzeptanzfähige Ergebnisse hervorbringt. Jedenfalls rückt die Analyse und Beurteilung des Rechts anhand von Interessen – zumal angewandt auf funktionierende und demokratisch legitimierte Rechtssysteme – immer in die Nähe einer politischen Intervention. Interessen, sofern auf die Umsetzung von institutionellen oder Akteursinteressen gerichtet, sind schließlich niemals eine legitime Kategorie judikativen oder richterlichen Handelns in demokratischen Systemen, sondern tatsächlich eine genuin politische. Sie zu unterstellen, heißt also immer auch zugleich die Legitimation der Rechtsprechung an sich und seiner Institutionen in Frage zu stellen. Ein Nachweis einer interessenge-

---

235 Vgl. Fn. 13; auch Kap. 1 u. insbes. Abb. 1.
236 Siehe Fn. 234.
237 Hier sei noch einmal darauf hingewiesen, dass zur Vereinfachung der Lesbarkeit im Folgenden nur die männliche Wortform benutzt wird. In jedem Fall ist dabei auch die entsprechende weibliche Person gemeint und bitte vom Leser mitzudenken.

leiteten und mithin politisch motivierten Rechtsprechung des EuGH und seiner Richter – der allerdings erst noch zu erbringen wäre – ist somit immer auch eine Legitimationsbestreitung des herrschenden europäischen Rechtssystems.

Teilt man diesen Schluss nicht, der sich m. E. zwingend aus der Verwendung des Interesses als analytische Leitkategorie ergibt, so lässt sich heute doch zumindest ein grundlegendes, sich ebenfalls aus einer Fokussierung auf Akteure und ihre möglichen Interessen ergebendes Missverständnis in der Beschäftigung mit der Arbeit des Gerichtshofs feststellen: Richter sprechen Recht nicht etwa, weil sie ein Interesse an der Rechtsprechung oder dem Recht haben, sondern weil dies ihre Aufgabe und der Inhalt ihrer Arbeit ist. Niemand würde auf die Idee kommen, etwa einem Busfahrer gleich ein Interesse am Busfahren oder an der Personenbeförderung zu attestieren, lediglich weil er dies tagtäglich tut. Ebenso wenig ist dem Steuerprüfer ein Interesse am Prüfen von Steuern zu unterstellen, nur weil dies Inbegriff seines Berufsbildes ist. Zu behaupten, der EuGH und seine Vertreter kommen ihren judikativen Aufgaben primär aufgrund eines Interesses nach, erscheint absurd. Denn die Gleichsetzung eines pro-integrativ wirkenden Urteils (wie auch immer dies im Einzelnen zu definieren wäre) mit einem Willen zur Integration ist eine Verquickung von Wirkung und ihrer vermeintlichen Ursache, die sich in dieser Form keinesfalls zwingend ergibt. Der Interessenbegriff leitet im Recht generell fehl. Seine Verwendung als analytisches Werkzeug für die Beschreibung und Erklärung von europäischer Rechtsauslegung und -fortbildung lässt ein verfälschtes Bild des EuGH und seiner Arbeit entstehen. Interessen sind hier, abgesehen von den im Recht selbst kodifizierten Interessenansprüchen, weder eine legitime noch eine relevante Kategorie.[238] Das Recht selbst, so die These, ist die intervenierende Variable. Konkret gesagt, der Kontext des europäischen Rechts ist der entscheidende Referenzrahmen für die Rechtsprechung und deren Bewertung durch den kritischen Betrachter. Jedenfalls muss dies solange gelten, wie man die idealtypische Trennung zwischen Recht und Politik anerkennt.

Der Einwand, dass hiermit eine ungerechtfertigte Verengung des Interessenbegriffs auf egoistische oder gewisse politisch-institutionelle Interessen stattfindet, jedoch immer auch ein Interesse am Recht selbst bestehen könne, das der EuGH dann zu maximieren suchen könnte, kann nicht gelten. Denn um an dem Interesse als Leitkategorie der Untersuchung festhalten zu können, muss immer bereits die Festlegung auf ein ganz bestimmtes Interesse erfolgen. Der Begriff würde nämlich obsolet, wenn man mit ihm jegliches Handeln sämtlicher Akteure er-

---

238 Ausnahme sind hier freilich die vom Recht selbst geschützten Interessen, wie sie sich etwa für Einzelne auch aus den Grundrechten ergeben.

klären wollte – also Handeln, das auf die Umsetzung von egoistischen oder institutionellen Eigeninteressen gerichtet ist, genauso wie solches, das altruistische Ziele oder die Rechtsumsetzung zum Gegenstand hat. Der Rekurs auf Interessen brächte dann nämlich keinen Mehrwert in der Erklärung von Zuständen oder Prozessen, da keine Differenz mehr bestünde zwischen dem einen oder dem anderen Handeln. Jedem Handeln läge ja dann ein Interesse zugrunde. Damit ist aber letztlich nichts gewonnen und der Erklärungswert der Interessenkategorie verschwunden.

Auch wenn die hier geäußerten Bedenken bezüglich der Tragfähigkeit der bisherigen integrationstheoretischen Annahmen in Bezug auf die Integration durch Recht fundamental sind, so wäre es doch falsch, darin eine generelle Kritik an den Annahmen vor allem rationalistischer Ansätze zu sehen. Es ist unbestritten, dass diese durchaus überzeugende Erklärungen für Prozesse der politisch und ökonomisch induzierten Integration hervorgebracht haben. Doch sollten sie deshalb nicht gleich auf das Recht übertragen werden, dem nachweislich andere Regeln der Geltendmachung von Ansprüchen zugrunde liegen. Die Kritik richtet sich also nicht etwa gegen eine mangelnde Wissenschaftlichkeit der zuvor kritisierten Ansätze (denn diese zu unterstellen wäre zweifelsohne unbegründet) sondern gegen ein Außerachtlassen der Funktionsbedingungen des Untersuchungsgegenstandes, die allerdings notwendig für das Verständnis der *Integration durch Recht* sind.

Die Auswahl der Fälle, an der dies gezeigt werden soll, wird sich an drei zentralen Kriterien orientieren, die eine sinnvolle Eingrenzung der Vielzahl EuGH-Entscheidungen ermöglichen sollten:

Zum Ersten werden ausschließlich neuere Fälle untersucht, die in der aktuellen Debatte um die Rolle des Gerichtshofs im europäischen Integrationsprozess kontroverse Diskussionen ausgelöst haben. Ältere, wenn auch folgenreiche und bis heute fortwirkende Rechtsentscheidungen sollen also nicht im Mittelpunkt der Betrachtung stehen, wenngleich sie im Rahmen einer historisch-rechtsgenetischen Einordnung hier nicht gänzlich außer Acht gelassen werden dürfen.[239] Diese Beschränkung der Auswahl ließe sich freilich dahingehend hinterfragen, inwieweit damit nicht lediglich eine Momentaufnahme entsteht, die einen Großteil der umstrittenen Rechtsprechung durch den EuGH ausblendet und somit eine unzureichend begründet Stichprobe zugrunde legt. Die Beschränkung auf eine Auswahl von neueren Urteilen ist allerdings insofern zu rechtfertigen, als

---

239 Eine kontextanalytische Untersuchung älterer Rechtsentwicklungen in der „foundational period" und der „phase of establishment and embodiment" findet sich bei Grimmel 2011b, c.

vor dem Hintergrund der über 16 000 eingegangenen Rechtssachen in den Jahren zwischen 1952 und 2009 ohnehin gerade einmal ein kleiner Teil der Urteile den Weg in die öffentlichen Diskussionen und Fachdebatten findet. Und eine Gesamtschau der Urteile ist von vornherein ausgeschlossen – jedenfalls, sofern man sich inhaltlich mit diesen auseinandersetzen will und diese nicht nur statistisch auszuwerten beabsichtigt – und wegen der großen Unterschiedlichkeit in der Reichweite der Urteile auch kaum sinnvoll. Welche Urteile also einer näheren Untersuchung zugänglich gemacht werden, ist letztlich immer eine Entscheidung, die darauf beruht, welche Aspekte der Rechtsprechung als besonders wichtig, bedeutsam oder folgenreich erachtet werden. So sind Vertreter des EuGH nicht selten darüber verwundert, welche Entscheidungen gerade einen besonders großen Widerhall in Fachkreisen und der öffentlich-medialen Berichterstattung finden und welche hingegen weitgehend unbeachtet bleiben. Für den hier beabsichtigten Zweck, nämlich die Notwendigkeit und den Sinn einer kontextuellen Betrachtung des Rechts und seiner Rationalität darzustellen und zu erläutern, erscheint es mithin von Interesse und besonderer Relevanz, solche Fälle zu wählen, die gerade in der aktuellen Debatte eine hohe Aufmerksamkeit erfahren haben und kontrovers diskutiert werden. Dies gilt insbesondere vor dem Hintergrund der Tatsache, dass sich der EuGH in den letzten Jahren einer zunehmend heftigeren Kritik ausgesetzt sieht, die sich längst nicht mehr nur gegen seine Urteile richtet, sondern auch die Institution selbst in Frage stellt. Diese Institutionenkritik, die sogar in Form einer Legitimationsbestreitung des Gerichtshofs vorgetragen wird, wurde durch die trivial-rationalistischen Erklärungsmuster und ihre Darstellung des EuGH als ein Gericht, das „politics in robes"[240] (Grimmel 2011b, c, 2012: 532) praktiziert, zweifelsohne begünstigt:[241] Der Gerichtshof übersehe bewusst „Stoppschilder" (Kocher 2009: 40), maße sich immer mehr Aufgaben an, die ihm von Seiten des Gesetzgebers niemals zugebilligt worden seien (siehe etwa Höreth 2008) und regiere unerhörterweise in Bereiche hinein, die der Politik vorbehalten sein sollten (Höpner 2009: 30). Der ehemalige Präsident des Bundesverfassungsgerichts und deutsche Bundespräsident a. D., Roman Herzog, sah sich sogar dazu

---

240 In Anlehnung an Dworkin 2006.
241 Siehe insbesondere Höpner 2008a, 2010, Herzog u. Gerken 2007, 2008, Everson 2010; siehe auch die Studie des Centrums für Europäische Politik (CEP) in Freiburg, auf deren Grundlage der Vorstand des CEP, Lüder Gerken, dem EuGH vorwirft, durch ein „eklatantes Fehlurteil" in der Rechtssache „Test-Achats" (C-236/09) vom 01. 03. 2011 „eine Pflicht zur Diskriminierung" zu schaffen (*Frankfurter Allgemeine Zeitung*, Der EuGH diskriminiert selbst, vom 29. 03. 2011, Nr. 74, S. 12); skeptisch gegenüber der Kritik am EuGH äußert sich Fastenrath 2009.

veranlasst einen „judicial watchdog", also eine dem EuGH übergeordnete Über-
wachungs- und Kontrollinstanz zu fordern (Herzog u. Gerken 2008).

Zum Zweiten werden hier nur solche Fälle behandelt, die kaum in Verdacht
stehen können den durch die Theorie eingenommenen Standpunkt lediglich zu
bestätigen und daher einen geringen Erkenntniswert versprächen. Vielmehr werden hier explizit Rechtsentscheidungen des Europäischen Gerichtshofs untersucht, die einen gewissen „political impact" hatten und insofern der Nachweis
einer innerkontextuellen Rationalität keine banale Übung – d. h. eine bloße, nach-
trägliche Bestätigung dessen, was die Theorie ohnehin schon annimmt – wird.
Dieses Vorgehen ist auch deshalb geboten, da hier, wie bereits erwähnt, notwendigerweise nur eine begrenzte Anzahl von Rechtsentscheidungen und -entwick-
lungen eingehender untersucht werden kann. Um sich bei der Fallauswahl also
nicht von vornherein dem Vorwurf des „cherry picking" auszusetzen, werden hier
lediglich solche Fälle und Rechtsentscheidungen gewählt, die in der Literatur als
„politisch motiviert" oder als „rechtsaktivistisch" kritisiert wurden bzw. aus einer
rationalistischen Perspektive so ausgedeutet werden müssen. Zugleich handelt es
sich dabei ausnahmslos um solche Gerichtsentscheidungen, die einen Rechtsbe-
reich neu regeln und als „landmark cases" richtungsweisende Funktion haben.
Eine gewisse gestalterische Wirkung ist den entsprechenden Urteilen also tatsächlich nicht abzusprechen. Sofern zutreffend, müssten sich gerade hier, den Kernannahmen der rationalistischen, aber auch der poststrukturalistischen Theorie
folgend, der Wille zur Umsetzung von bestimmten Interessen oder die direkte
Übertragung von nationalstaatlichen Konstrukten nachweisen lassen. In jedem
Fall müssen sie jedoch als „hard" bzw. „odd cases" und Herausforderung für einen
Ansatz gesehen werden, der eine politische Bedingtheit der Rechtsprechung als
Störfall des Rechts ansieht und von der Notwendigkeit einer kontextuellen Begründetheit und Akzeptanzfähigkeit ausgeht. Sollte sich für diese Fälle, entgegen der Meinung der Kritiker, die kontextrationale Bindung der Entscheidungen
nachweisen lassen, so muss dies das Bild eines durch Interessen oder eine Agenda
geleiteten Gerichtshofs – eine Erklärung, die immer nur subsidiär gelten kann, solange man das Recht nicht von vornherein als Politik denkt – als unplausibel und
nicht haltbar erscheinen lassen.

Zum Dritten werden lediglich solche Fälle untersucht, die in den Bereich des
Grundrechtsschutzes fallen oder zumindest Grundrechtspositionen entscheidend
berühren. Diese Fokussierung wird sich auch *innerhalb* der hier zu untersuchenden Fälle fortsetzen. Aspekte, die also in eine andere Richtung weisen, auch wenn
diese durchaus wichtig und einer näheren Betrachtung wert sein mögen, sollen
in dieser Untersuchung unberücksichtigt bleiben. Diese thematische Eingren-

zung sollte vor allem deshalb reizvoll sein, als damit ein Feld untersucht wird, das in den letzten Jahren immer stärker ins Zentrum politischer Bemühungen gerückt ist und nicht weniger als die Diskussion um eine verfassungspolitische Neuorientierung der EU widerspiegelt. Ausdruck dieser Entwicklung sind nicht zuletzt die wissenschaftlichen Debatten und das politische Ringen um eine „Verfassung für Europa" (vgl. Bruha, Hesse u. Nowak 2001). Der daraus hervorgegangene Vertrag von Lissabon, der im Jahr 2009 in Kraft trat, enthält jetzt endlich auch einen verbindlichen Grundrechtskatalog und schließt eine viel zu lange bestehende Lücke (vgl. auch Nicolaysen 2004: 17 ff.), indem er nunmehr auch einen Individualrechtsschutz für Akte der ehemals dritten Säule der EU vorsieht. Aber auch die Osterweiterung der Gemeinschaft hat Fragen des Grundrechtsschutzes und insbesondere der sozialen Gerechtigkeit aufgeworfen, die dringend einer Klärung bedürfen. Diese Fragen erreichen nun zunehmend auch den EuGH, der, anders als die Politik, bei deren Beantwortung nicht einfach auf „unvereinbare Interessengegensätze" oder „ungünstige Konstellationen" in den zuständigen Gremien verweisen kann, sondern eine verbindliche Antwort geben muss. Seine Bereitschaft Antworten auf die ihm gestellten Fragen zum Grundrechtsschutz zu geben hat dem Gerichtshof dabei keineswegs nur Beifall eingebracht. Ganz im Gegenteil, es wird dies als Bestätigung der These vom „judicial activism", also der expansiv-motivierten Rechtsfortbildung und -schöpfung gesehen und dem EuGH und seinen Richtern als Politisierung der Rechtsprechung zur Last gelegt. So weist Solanke in einer aktuellen empirischen Studie darauf hin, dass „[t]here is broad agreement that the expansion of judicial review ('juridification') via protection of human rights has spurred the development of a 'juristocracy' – the transfer of power from representative bodies to judiciaries" (2011: 765). Es stellt sich hier, im Bereich der Grundrechtsprechung, also aktuell und ganz konkret die Frage nach den Möglichkeiten und Grenzen, aber auch der Legitimität von Rechtsfortbildung und Rechtsschöpfung in einem Europa, dessen Einigungsbewegung keinesfalls zum Erliegen gekommen ist, sondern im Gegenteil – und trotz der finanz- und wirtschaftspolitischen Schwierigkeiten – eine gänzlich neue Dynamik zeigt (vgl. hierzu auch Beutler 2011, von Bogdandy et al. 2012).

Den vorstehenden Kriterien entsprechend wird im Folgenden die Rechtsprechung des Europäischen Gerichtshofs in den Fällen *Viking* und *Laval* aus dem Jahr 2007 (Rs. C-438/05 und C-341/05; Kap. 6.1.1), *Kadi u. Al Barakaat* aus dem Jahr 2008 (Rs. C-402/05 P und C-415/05 P; Kap. 6.1.2) sowie *Brüstle/Greenpeace* aus dem Jahr 2011 (Rs. C-34/10; Kap. 6.1.3) vorgestellt und analysiert. In den Rechtssachen Viking und Laval geht es um das Verhältnis von Grundfreiheiten zu Grundrechten (namentlich, das Recht auf Arbeitskampf) in der erweiterten EU. In Kadi u. Al Barakaat steht das Verhältnis von internationalem Recht (genauer gesagt, UN-Sicherheitsratsresolutionen) und dem Recht der Gemeinschaft im Mittelpunkt, wobei der EuGH grundsätzlich eine umfassende Kontrolle der Rechtmäßigkeit des Gemeinschaftshandels mit den Grundrechten (hier insbes. der Anspruch auf rechtliches Gehör, das Recht auf effektive gerichtliche Kontrolle und das Recht auf Eigentum) für sich in Anspruch nimmt – auch wenn dies der direkten Umsetzung höherrangigen, internationalen Rechts dient. In Brüstle/Greenpeace schließlich wird der EuGH im Rahmen des Patentrechts durch die Auslegung einer Richtlinie vor die genauso fundamentale wie auch brisante Frage gestellt, ob embryonale Stammzellen bereits als menschliches Leben zu verstehen sind und ob ein Patent auf deren Herstellung mit der Menschenwürde vereinbar sein kann.

6.1 Grundrechte vor Gericht: von Fähren, Baustellen, UN-Resolutionen und Stammzellen

Um die zentrale Frage zu beantworten, ob der Europäische Gerichtshof als ein politischer Akteur[242] oder ein Akteur des Rechts zu verstehen ist, werden die vorstehenden Fälle zunächst kurz dargestellt (Kap. 6.1.1–6.1.3) und daraufhin gemeinsam in ihrer temporalen, funktionalen und lokalen Einbettung eingehend betrachtet und bewertet, d.h. kontextualisiert (Kap. 6.2, 6.2.1–6.2.3; siehe auch Abb. 9, oben). Sollte sich hierbei herausstellen, dass die Rechtsprechung des EuGH im Sinne des europäischen Rechtskontextes im konkreten Einzelfall rational und auf guten Gründen beruht, so muss die These eines motivierten „judicial activism" und der „politics in robes" zurückgewiesen werden. Denn eine solche Vermutung, die eine außerrechtliche und somit kontextexterne Rationalität annimmt und dem alten Glauben an ein *„gouvernement des juges dans les Communautés Européennes"* (Colin 1966) Vorschub leistet, muss einer rechtlichen Erklärung nachgeordnet sein. Andernfalls würde man bereits vorwegnehmen, dass europäische Rechtsprechung in Wahrheit Politik ist – eine Schlussfolgerung, die jedoch erst im Rahmen der Untersuchung zu belegen ist und dieser nicht vorausgehen kann. Das heißt, die Frage nach einer anderen Rationalität stellt sich nur, sofern eine kontextinterne Erklärung nicht mehr tragen kann. Schließlich wäre sonst die Kritik am Europäischen Gerichtshof und seiner Rechtsprechung selbst nicht mehr als ein politischer Akt, der dem Recht als Institution seine unabhängige Geltung ab-

---

242 Ward spricht etwa von einem „political Court" (2009: 81).

sprechen würde. Dass dies jedoch kaum Sinn und Zweck einer wissenschaftlichen Untersuchung sein kann, steht außer Frage. Jedenfalls kann – sollten sich die Urteile des EuGH als kontextrational begründet und mithin akzeptanzfähig darstellen lassen – nicht länger von einer politischen Determiniertheit der Rechtsprechung in den vorliegenden Fällen ausgegangen werden. Die im ersten Teil dieser Arbeit vorgestellten und kritisierten Theorieansätze wären somit, im Rahmen der Fallauswahl, auch empirisch widerlegt.

6.1.1 „Viking" und „Laval" – Die schwierige Balance zwischen liberaler Wirtschaftsordnung und Arbeitnehmerschutz

Auch wenn die Osterweiterung der EU vor allem Aufgaben für die Wirtschafts- und Sozialpolitik mit sich brachte, so war doch zugleich absehbar, dass die im Zuge dessen erwachsenden rechtlichen Konflikte, im Spannungsfeld zwischen wirtschaftlichen Freiheitsrechten und sozialen Grundrechten, schnell auch den Gerichtshof erreichen würden (vgl. auch Lindstrom 2010). Dies galt umso mehr, als man eine Lösung des schwelenden Konflikts zwischen Grundfreiheiten und Grundrechten – im Kern handelt es sich um ein Problem der Abwägung und des Ausgleichs zwischen den beiden Rechtsgütern – im Zuge des „Constitutional Compromise" (Moravcsik 2005, siehe auch ders. 2006) vertagt hatte. Es war also nur eine Frage der Zeit, bis diese den EuGH erreichen und vor die schwierige Frage nach dem Gleichgewicht der beiden stellen würde.

Ein erster Fall, der sich nach der Osterweiterung der EU mit der Balance zwischen der Niederlassungs- und Dienstleistungsfreiheit, auf der einen Seite, und dem Recht auf Arbeitskampfmaßnahmen, auf der anderen Seite, beschäftigte, stellte sich dem EuGH in der Rechtssache *Viking* (International Transport Worker's Federation und Finnish Seamen's Union/Viking Line ABP und OÜ Viking Line Eesti, 11.12.2007, Rs. C-438/05, Slg. 2007, I–10779). Zu dem Rechtsstreit kommt es, als die finnische Fährgesellschaft „Viking Line ABP" ihre zwischen Helsinki und Tallinn verkehrende Fähre „Rosella" im Jahr 2003 umflaggen und in Estland registrieren lassen will. Das Unternehmen, das dort die hundertprozentige Tochtergesellschaft „OÜ Viking Line Eesti" unterhält, greift zu dieser Maßnahme, da ihre Fähre gegenüber zwei estnischen Fähren, die auf der gleichen Strecke verkehrten, nicht länger konkurrenzfähig ist und deutliche Verluste verbucht. Von Viking werden dafür vor allem die vergleichsweise hohen Lohnkosten der Belegschaft verantwortlich gemacht, die durch einen Vertragsschluss mit der estnischen Gewerkschaft gesenkt werden sollen. Bisher waren die auf der

Fähre beschäftigten Arbeitnehmer nämlich nach einem mit der finnischen Gewerkschaft „Finnish Seamen's Union" (FSU) ausgehandelten Arbeits- und Tarifvertrag beschäftigt und entlohnt worden, der vor allem in Hinblick auf den Lohn deutlich über dem der Konkurrenz liegt.

Die FSU reagiert auf diese Ankündigung der Viking Line mit der Androhung von Streikmaßnahmen und schaltet überdies die „International Transport Workers' Federation" (ITF) ein, die etwa 600 Mitgliedsgewerkschaften unter ihrem Dach vereint.[243] Die ITF hat sich unter anderem zur Aufgabe gemacht, gegen das sog. Billigflaggen vorzugehen und fordert allgemein die Bindung der Flagge eines Schiffs an den Hauptsitz seines Eigners. Dementsprechend sollen nur die Gewerkschaften aus dem entsprechenden Sitzstaat des Schifffahrtsunternehmens die Tarifverhandlungen führen. Um dies sicherzustellen, verschickt die ITF ein Rundschreiben an ihre estnischen Mitglieder, in dem sie diese auffordert, nicht in Verhandlungen mit „Viking Line ABP" oder „OÜ Viking Line Eesti" einzutreten.

Als Viking hierauf nicht reagiert, stimmt die FSU der Umflaggung schließlich doch zu; allerdings nur unter den Bedingungen, dass weiterhin finnisches Recht sowie die übrigen Vereinbarungen gelten, der zuvor mit der FSU ausgehandelte Tarifvertrag für die Besatzung bestehen bleibt und es zu keinen Entlassungen kommt. Ein von Viking vor dem zuständigen finnischen Gericht erster Instanz angestrengter Prozess wird von dem Fährunternehmen selbst unter Anerkennung der Forderungen der FSU im Dezember 2003 beendet. Die Streikandrohungen werden indes nicht von der Gewerkschaft zurückgenommen. Auch der an die estnischen Mitgliedgewerkschaften schriftlich ergangene Aufruf seitens der ITF, keine Verhandlungen mit Viking aufzunehmen, bleibt bestehen.

Nach dem Beitritt Estlands zur EU im Mai 2004 reicht Viking schließlich in demselben Monat erneut Klage ein, dieses Mal allerdings vor dem englischen High Court mit Sitz in London, wo auch die ITF ansässig ist. Grund ist offenbar, dass die Fähre „Rosella" noch immer nicht konkurrenzfähig ist und weiterhin ein Verlustgeschäft für die Firma Viking darstellt. Das Unternehmen macht u. a. geltend, dass die Maßnahmen von FSU und ITF Verletzungen der Niederlassungsfreiheit gem. Art. 43 EGV (jetzt Art. 49 AEUV) darstellen. Viking fordert, dass die FSU nicht länger Maßnahmen ergreift, die dieses Recht behindern und dass die ITF ihre in dem Rundschreiben geäußerten Forderungen zurücknimmt.

---

243 Die Friedenspflicht galt aus Sicht der Gewerkschaft aufgrund des baldigen Auslaufens der Entgeltverträge der Besatzung der „Rosella" nicht mehr.

Nachdem der High Court zugunsten von Viking entscheidet und die Feststellungs- und Unterlassungsklage daraufhin in der Berufung 2005 dem Court of Appeal vorliegt, wendet dieser sich an den EuGH mit der Bitte um Vorabentscheidung. Der Gerichtshof hat nun darüber zu entscheiden, ob gegen ein in der EU ansässiges Unternehmen gerichtete, gewerkschaftlich organisierte Arbeitskampfmaßnahmen (hier insbesondere die Streikandrohung der FSU) in den Anwendungsbereich der Niederlassungsfreiheit gem. Art 43 EGV fallen und ob diese ggf. im Sinne der Prüfdogmatik rechtfertigbar sind. Interessant an diesem Fall ist auch die Tatsache, dass der EuGH hiermit über die unmittelbare Drittwirkung der Grundfreiheiten befinden muss, da es nicht etwa fraglich war, ob, wie zumeist, ein Mitgliedstaat die Niederlassungsfreiheit beschränkte, sondern ob dies eine private Organisation tat. Der Gerichtshof entscheidet schließlich, dass die Gewerkschaften durchaus unmittelbar an die Niederlassungsfreiheit gebunden sind, dass Letztere jedoch durch das Grundrecht auf Arbeitskampfmaßnahmen beschränkt werden könne. Allerdings müssen die von gewerkschaftlicher Seite ergriffenen Maßnahmen erforderlich und angemessen sein, so die Richter. Der EuGH sieht dies in Hinblick auf die Streikandrohung durch die FSU generell gegeben. Gleichsam stellt er aber auch fest, dass die gewerkschaftlichen Maßnahmen nur gerechtfertigt werden können, sofern durch das von Viking geplante Umflaggen auch wirklich Nachteile in Hinblick auf Arbeitsplätze und -bedingungen zu erwarten seien. Andernfalls stünde die Niederlassungsfreiheit in Art. 43 EGV der Streikdrohung entgegen. Das Urteil hierüber überlässt der EuGH jedoch dem vorlegenden Gericht, also dem Court of Appeal.

In Hinblick auf die Arbeitskampfmaßnahmen der ITF hingegen kommt der Gerichtshof zu einem anderen Urteil. Zwar erkennt er den Schutz der Arbeitnehmer und die Verbesserung ihrer Arbeitsbedingungen generell als legitime Ziele an. Auch sieht er bei der ITF ein entsprechendes Interesse gegeben. Allerdings wendet er sich gegen die konkrete Maßnahme des Gewerkschaftsdachverbandes. Das unwiderrufen gebliebene Rundschreiben der ITF sei schließlich generell darauf ausgerichtet gewesen, Tarifverhandlungen mit „Viking Line ABP" oder „OÜ Viking Line Eesti" zu unterbinden, und dies unabhängig davon, ob durch das Umflaggen tatsächlich eine Verschlechterung der Arbeitsverhältnisse oder gar Entlassungen zu erwarten waren. Eine solche Politik, die darauf ausgerichtet ist *„eine Solidaritätsmaßnahme unabhängig von der Frage einzuleiten, ob die Ausübung der Niederlassungsfreiheit durch diesen Eigentümer schädliche Auswirkungen auf die Arbeitsplätze oder die Arbeitsbedingungen seiner Arbeitnehmer haben kann"* (Rn. 89), könne kein legitimes Ziel und folglich nicht rechtfertigbar sein. Der EuGH schließt mit der wenig spektakulären Formel:

„Art. 43 EG [ist] dahin auszulegen ist, dass kollektive Maßnahmen ..., die darauf ab-
zielen, ein Unternehmen, dessen Sitz in einem bestimmten Mitgliedstaat liegt, zu ver-
anlassen, einen Tarifvertrag mit einer in diesem Staat ansässigen Gewerkschaft zu
schließen ..., Beschränkungen im Sinne des genannten Artikels sind. Grundsätzlich
können diese Beschränkungen durch einen zwingenden Grund des Allgemeininteresses
wie etwa den Arbeitnehmerschutz gerechtfertigt sein, vorausgesetzt, es ist erwiesen, dass
sie geeignet sind, die Erreichung des verfolgten legitimen Ziels zu gewährleisten, und
dass sie nicht über das hinausgehen, was zur Erreichung dieses Ziels erforderlich ist"
(Rn. 90).

Ebenfalls mit Arbeitskampfmaßnahmen ist der EuGH in der Rechtssache *La-*
val (Laval un Partneri Ltd./Svenska Byggnadsarbetareförbundet, 18. 12. 2007,
Rs. C-341/05, Slg. 2007, 1–11767) befasst. Das Urteil durch den EuGH ergeht nur
eine Woche nach der Viking-Entscheidung und ist in direktem Zusammenhang
mit dieser zu sehen. Zu dem Rechtsstreit kommt es, als die in Riga ansässige
Firma „Laval un Partneri" im Mai 2004 lettische Arbeitnehmer auf eine Baustelle
in Vaxholm, Schweden, entsenden will, wo durch ein schwedisches Bauunterneh-
men eine Schule errichtet werden soll. Einige der Arbeiten sollen dort von einer
Tochterfirma Lavals, „L&P Baltic Bygg AB", durchgeführt werden. Die schwedischen Gesetze regeln hierbei zwar gewisse Mindestarbeitsbedingungen, welche
die EG-Richtlinie 96/71 (sog. Arbeitnehmerentsenderichtlinie) festlegt, sehen jedoch keinen Mindestlohn vor.

Nachdem sich Laval mit der schwedischen Baugewerkschaft („Svenska Byggnadsarbetareförbundet") in Verhandlungen nicht auf einen allgemeinen Tarifvertrag einigen kann, schließt die Firma einen Vertrag mit der zuständigen lettischen
Gewerkschaft ab, der überdies die Mehrzahl der zu entsendenden Arbeitnehmer
angehört. Daraufhin errichtet die schwedische Baugewerkschaft Blockaden auf
den Zufahrten der Baustelle, so dass die Ausführung der Arbeiten unmöglich
wird. Unterstützt wird sie dabei durch die schwedische Elektrikergewerkschaft
(„Svenska Elektrikerförbundet"). Nach schwedischem Recht sind Streik und andere Arbeitskampfmaßnahmen, mit dem Ziel einen Tarifvertrag abzuschließen,
zwar erlaubt (sog. Lex Britannia), allerdings nur dann, wenn der Arbeitgeber
nicht bereits an einen Tarifvertrag gebunden ist. Da dieses Recht jedoch nicht
unmittelbar auf den Erbringer der Arbeitsleistungen anwendbar ist, sofern jener
seinen Sitz außerhalb von Schweden hat, wie im Fall der in Lettland ansässigen
Firma Laval, so greift diese Bestimmung nicht. Am Ende muss die Laval-Tochter
„L&P Baltic Bygg AB" infolge der massiven Streikmaßnahmen Insolvenz anmelden und die lettischen Arbeitnehmer zurück in ihre Heimat senden.

Daraufhin klagt Laval in zweiter Instanz vor dem schwedischen Arbeitsgericht („Arbetsdomstol") und verlangt Schadensersatz von der Gewerkschaft. Per Vorabentscheidung wird schließlich der EuGH mit der Frage der Vereinbarkeit von Arbeitskampfmaßnahmen mit der Dienstleistungsfreiheit gem. Art. 49 EGV (jetzt Art. 56 AEUV), der Arbeitnehmerentsenderichtlinie (96/71 EG) und dem Verbot der Diskriminierung aus Gründen der Staatsangehörigkeit konfrontiert. Wie bereits in Viking weist der EuGH auch in Laval darauf hin, dass kollektive Maßnahmen, die darauf abzielen, bestimmte Arbeits- und Beschäftigungsbedingungen zu garantieren, als Grundrecht anzuerkennen sind. Allerdings stellt er auch heraus, dass solche Maßnahmen gewissen Beschränkungen unterworfen werden können. *„Denn das Recht der gewerkschaftlichen Organisationen eines Mitgliedstaats zur Durchführung derartiger kollektiver Maßnahmen ist geeignet, für Unternehmen die Erbringung von Dienstleistungen im Hoheitsgebiet des Aufnahmemitgliedstaats weniger attraktiv zu machen, ja sogar zu erschweren, und stellt daher eine Beschränkung des freien Dienstleistungsverkehrs im Sinne von Art. 49 EG dar"* (Rn. 4), so das Gericht. Die Blockade der Baustelle im vorliegenden Fall lässt sich nach Ansicht des EuGH aber nur dann rechtfertigen, sofern damit auch tatsächlich von Seiten der Gewerkschaften ein berechtigtes und den Vertragsbestimmungen nicht widersprechendes Ziel verfolgt wird. Überdies müssen die ergriffenen Maßnahmen geeignet und erforderlich sein, um den Arbeitnehmerschutz zu gewährleisten und dürfen nicht über das hinausgehen, was zur Erreichung dieses Ziels erforderlich ist. Hier hat der Gerichtshof jedoch begründete Zweifel, da, seiner Ansicht nach, die kollektive Maßnahme zwar auf die Verbesserung der Arbeitsbedingungen gerichtet ist und somit unter den Arbeitnehmerschutz fällt (Rn. 107). Doch gehen die Forderungen über das, in der Entsenderichtlinie (96/71 EG) von den Staaten festgelegte, allgemein verbindliche Niveau offensichtlich hinaus und seien insofern im Lichte der geltenden Bestimmungen nicht zu rechtfertigen (Rn. 108). Auch weist der EuGH in Bezug auf die Lohnverhandlungen darauf hin, dass die Nichtumsetzung der in der Richtlinie geforderten Mindestlohnbestimmungen durch den schwedischen Staat in das nationale Recht dazu geführt hat, dass die Feststellung seiner Lohnverpflichtungen unmöglich oder übermäßig erschwert war. Deshalb könne eine Rechtfertigung der gewerkschaftlichen Maßnahmen aufgrund eines zwingenden Allgemeininteresses, nämlich dem Arbeitnehmerschutz, nicht erfolgen (Rn. 110).

Zudem sieht der EuGH in den Arbeitskampfmaßnahmen gem. „Lex Britannia" eine Diskriminierung, insofern als diese ausschließlich gegen ausländische Arbeitgeber erfolgen konnten und daher auch ausschließlich deren Dienstleistungsfreiheit beschnitten. Denn die Friedenspflicht, die vor Arbeitskampfmaßnahmen schützen würde, gilt für die in Lettland ansässige Firma „Laval" nach schwedischem Recht nicht. Sie wird mithin, unabhängig von dem Inhalt des bereits bestehenden Tarifvertrages, wie ein inländisches Unternehmen ohne Tarifvertrag behandelt. In den Worten des Gerichtshofs:

> *„Die Art. 49 EG und 50 EG stehen dem entgegen, dass in einem Mitgliedstaat das an die gewerkschaftlichen Organisationen gerichtete Verbot, eine kollektive Maßnahme mit dem Ziel zu unternehmen, einen zwischen Dritten geschlossenen Tarifvertrag aufzuheben oder zu ändern, von der Voraussetzung abhängt, dass sich die Maßnahme auf Arbeits- und Beschäftigungsbedingungen bezieht, auf die das nationale Recht unmittelbar anwendbar ist. Ein solches Verbot schafft nämlich gegenüber Unternehmen, die Arbeitnehmer in den Aufnahmemitgliedstaat entsenden, insofern eine Diskriminierung, als es die Tarifverträge, durch die diese Unternehmen bereits in dem Mitgliedstaat, in dem sie ansässig sind, gebunden sind, unabhängig von ihrem Inhalt nicht berücksichtigt und für sie die gleiche Behandlung wie für nationale Unternehmen vorsieht, die keinen Tarifvertrag geschlossen haben"* (Rn. 5).

Dass die Reaktionen der Fachöffentlichkeit auf die Urteile unterschiedlich ausfielen, ist nicht verwunderlich. Schließlich handelte es sich in den beiden Fällen um wegweisende Entscheidungen, die u. a. das sensible Verhältnis von Grundfreiheiten und Grundrechten zum Thema hatten und überdies tief in die nationalen Rechtsordnungen einwirkten. Denn Letzteren obliegt bislang, zumindest aus der Perspektive „klassischer" nationalstaatlicher Souveränität, exklusiv die rechtlich-juristische Sicherung der Grundrechte. Allerdings war das Echo, das die beiden Urteile, Viking genauso wie Laval, erfuhren, außergewöhnlich heftig und dürfte selbst die mit dem Urteilsspruch betraute große Kammer des EuGH überrascht haben. Die Bewertung der beiden Gerichtsentscheidungen hätte dabei unterschiedlicher nicht ausfallen können und bewegte sich zwischen generellem Zuspruch und z. T. heftiger und empörter Ablehnung – bis hin zu einer generellen Legitimitätsbestreitung der Arbeit des EuGH.

Überwiegend positiv wurden beide Urteile von Seiten der Gewerkschaften und Teilen der Rechtswissenschaft aufgenommen. Sie lobten vor allem die Klarstellung durch den EuGH, dass es überhaupt ein Grundrecht auf Arbeitskampf in der Europäischen Union gibt (siehe etwa Pressemitteilungen der European Trade Union Confederation und der International Transport Workers' Federation vom 11. 12. 2007; in der Wissenschaft z. B. Mayer 2009, Heidfeld 2009, Blanke 2008). Deutlich kritisch bis offen empört zeigten sich hingegen die alten Hochlohnmitgliedstaaten, die Politikwissenschaft (etwa Höpner 2008b, 2010) und ein nicht unbedeutender Teil der Rechtswissenschaft (etwa Barnard 2008, Bücker 2008, Däubler 2008, Jahn 2008, Kocher 2009, Joerges 2009, Rödl 2009, Joerges u. Rödl 2009, Rebhahn 2008, Wißmann 2009). Ein drittes Lager, insbesondere Rechtswissenschaftler, äußerte sich eher neutral oder schwankte doch wenigstens zwischen beiden Polen, indem – wenn auch nicht in allen Einzelheiten überzeugt – die Entscheidung des EuGH als grundsätzlich gerechtfertigt und in der Konsequenz richtig anerkannt wurde (etwa Shuibhne 2010, Terhechte 2009, Schubert 2008, Temming 2008a, b, Potz 2008, Azoulai 2008, Reich 2008a, b).

6.1.2 „Kadi und Al Barakaat" – Das Spannungsfeld zwischen gemeinschaftlichem Grundrechtsschutz und internationalen Verpflichtungen

Als Rechtssystem ist die europäische Rechtsgemeinschaft einzigartig. Reichweite und Umfang gehen weit über internationale Verträge oder internationale Organisationen hinaus. Auch hat sich das europäische Recht von einer prinzipiellen nationalstaatlichen Abhängigkeit emanzipiert und besitzt heute eine gewisse, freilich mit den Mitgliedstaaten verwobene, Eigenständigkeit. Die schwer definierbare und wohl nur vorläufig unter dem Schlagwort „Staatenverbund" eingeordnete Rechtsnatur der Gemeinschaft hat den Europäischen Gerichtshof dabei im Laufe der Zeit vor schwierige Fragen gestellt. Ganz besonders die Klärung des Verhältnisses von Gemeinschaftsrecht zu nationalem Recht war in den frühen Jahren von entscheidender Wichtigkeit für das Funktionieren der Gemeinschaft und hat auch in den folgenden Jahrzehnten nicht an Aktualität verloren (vgl. Grimmel 2011b, c). Gleichwohl gelten Fragen, die dieses Verhältnis der Rechtsordnungen betreffen, als besonders konfliktträchtig. Schließlich muss hier ein Ausgleich herbeigeführt werden, der naturgemäß Spannungen zwischen den unterschiedlichen Rechtsebenen mit sich bringt.

Allerdings ist es heute nicht mehr allein die supranationale Ebene, die auf die nationalen Rechtssysteme einwirkt. Vielmehr ist die Gemeinschaft mit zunehmender Verrechtlichung der internationalen Beziehungen einerseits und durch ihre Rechtspersönlichkeit andererseits auch selbst zur Umsetzung von Rechtsakten, nämlich denen des Völkerrechts, aufgefordert. So können etwa Resolutionen des Sicherheitsrates der Vereinten Nationen[244] nicht allein durch die Staaten, sondern auch durch die Gemeinschaft verwirklicht werden. Voraussetzung hierfür ist

---

244 Im Folgenden wird die englische Abkürzung „UN" verwendet.

ein gemeinsamer Standpunkt des Rates der Europäischen Union im Rahmen der Gemeinsamen Außen- und Sicherheitspolitik (GASP), der daraufhin durch EG-Ratsverordnungen umgesetzt wird. Hierbei ergibt sich jedoch zugleich die Frage nach dem genauen Verhältnis der beiden Rechtskreise bzw. Rechtsebenen zueinander und auch nach der gerichtlichen Überprüfbarkeit solcher Umsetzungsakte anhand von Gemeinschaftsrecht. Schließlich ist die Gemeinschaft selbst kein Mitglied in den Vereinten Nationen. Die Resolutionen richten sich viel eher direkt an die Mitgliedstaaten der Gemeinschaft, die dann im Rahmen der EU/EG tätig werden können.

Ein Fall, der eben diese Frage nach der Natur des Verhältnisses von Gemeinschaftsrecht zu internationalem Recht betrifft, stellt sich dem Europäischen Gerichtshof über eine Nichtigkeitsklage in der Verbundrechtssache *Kadi u. Al Barakaat* (Yassin Abdullah Kadi u. Al Barakaat International Foundation/Rat der Europäischen Union, 03. 09. 2008, Rs. C-402/05 P und C-415/05 P). Ausgangspunkt der Klage, die zunächst an das Gericht erster Instanz (EuG)[245] gerichtet wurde,[246] ist das Einfrieren von Geldern eines saudischen Geschäftsmannes, Yassin Abdullah Kadi, und der in Schweden ansässigen „Al Barakaat International Foundation". Die Gemeinschaftsorgane hatten zu dieser Maßnahme gegriffen, da sowohl Kadi als auch die Al-Barakaat-Stiftung seit 2001 auf einer sog. Terrorliste auftauchten, die vom Sanktionsausschuss der Vereinten Nationen aufgestellt wurde und mutmaßliche Unterstützer des Terrornetzwerkes um Al-Qaida und Osama Bin Laden enthielt. Diese Liste bezog sich wiederum auf mehrere UN-Resolutionen, die bereits in den Jahren 1999 und 2000 verabschiedet wurden[247] und die eine Reihe von Maßnahmen beinhalteten, um den internationalen Terrorismus zu bekämpfen. Das Einfrieren von Finanzmitteln und wirtschaftlichen Ressourcen der Unterstützer des Terrornetzwerkes war eine solche Maßnahme und sollte von den einzelnen Mitgliedstaaten der Vereinten Nationen umgesetzt werden. In der EU geschah dies durch die Verordnung 881/2002 des Rates.

Nachdem das EuG die bei ihm anhängigen Klagen im Jahr 2005 abgewiesen hatte, weil es sich aufgrund der Verpflichtung der EU, die UN-Resolutionen lediglich umzusetzen, nur eingeschränkt für die Überprüfung der fraglichen EG-Verordnung zuständig sah, legen die von den Sanktionen Betroffenen Rechtsmittel beim EuGH ein. Kadi und Al Barakaat argumentieren, wie bereits vor dem

---

245 Nach dem Vertrag von Lissabon in „Gericht der Europäischen Union" (EuG) umbenannt.
246 Yassin Abdullah Kadi/Rat u. Kommission, 21. 09. 2005, Rs. T-315/01, Slg. 2005, II-3649; Ahmed Ali Yusuf/Rat u. Kommission, 21. 09. 2005, Rs. T-306/01, Slg. 2005, II-3533.
247 Insbes. UN-Res. 1267 u. 1333.

Gericht erster Instanz, durch die Verordnung in ihren Grundrechten – vor allem das Recht auf Eigentum und der Anspruch auf rechtliches Gehör – verletzt worden zu sein. Der Generalanwalt, Poiares Maduro, teilt in seinen Schlussanträgen diese Einschätzung und empfiehlt die Aufhebung des EuG-Urteils sowie die beklagte Verordnung für nichtig zu erklären.

Der EuGH folgt in seinem Urteil den Anträgen des Generalanwalts weitgehend und begründet zunächst seine Zuständigkeit in Hinblick auf die Überprüfung von Gemeinschaftsrechtsakten, die der Umsetzung von völkerrechtlichen Entscheidungen dienen. Das Gericht stellt heraus, dass es in der europäischen Rechtsgemeinschaft keine Bereiche geben dürfe, in denen das exekutive Handeln der Gemeinschaftsorgane einer wirksamen gerichtlichen Kontrolle entzogen sei:

> „... [D]ie Gemeinschaft [ist] eine Rechtsgemeinschaft ..., in der weder ihre Mitgliedstaaten noch ihre Organe der Kontrolle daraufhin, ob ihre Handlungen mit der Verfassungsurkunde der Gemeinschaft, dem Vertrag, im Einklang stehen, entzogen sind ... [.] [M]it diesem Vertrag [ist] ein umfassendes System von Rechtsbehelfen und Verfahren geschaffen worden ..., das dem Gerichtshof die Überprüfung der Rechtmäßigkeit der Handlungen der Organe zuweist" (Rn. 281).

In der Kontrolle für das Handeln der Gemeinschaft, die der Umsetzung völkerrechtlicher Verpflichtungen dient, sieht der EuGH generell keine Ausnahme. Auch hier müsse es effektiven und umfassenden gerichtlichen Rechtsschutz geben. Die Befugnis zur Prüfung von Umsetzungsakten (ausdrücklich nicht der Sicherheitsratsresolutionen) (vgl. auch Wessel 2008: 326), die aus internationalen Übereinkünften hervorgehen, sieht der Gerichtshof dabei in der „Autonomie des Rechtssystems der Gemeinschaft" begründet (Rn. 282). Zudem stellt der EuGH fest, dass gem. ständiger Rechtsprechung die Achtung der Grund- und Menschenrechte ein integraler Bestandteil des vom EuGH zu schützenden Gemeinschaftsrechts darstellt und überdies die Voraussetzung für die Rechtmäßigkeit des Gemeinschaftshandelns ist (Rn. 283 u. 284). Die Kontrolle jedes Gemeinschaftshandelns in Hinblick auf seine Vereinbarkeit mit den Grundrechten sei „Ausdruck einer Verfassungsgarantie in einer Rechtsgemeinschaft" (Rn. 316). Daraus folgert der Gerichtshof,

> „... dass die Gemeinschaftsgerichte im Einklang mit den Befugnissen, die ihnen aufgrund des EG-Vertrags zustehen, eine grundsätzlich umfassende Kontrolle der Rechtmäßigkeit sämtlicher Handlungen der Gemeinschaft im Hinblick auf die Grundrechte als Bestandteil der allgemeinen Grundsätze des Gemeinschaftsrechts gewährleisten müssen, und zwar auch in Bezug auf diejenigen Handlungen der Gemeinschaft, die wie die streitige

Verordnung der Umsetzung von Resolutionen des Sicherheitsrats nach Kapitel VII der UN-Charta dienen sollen" (Rn. 326).

Mit Blick auf die im vorliegenden Fall beklagte Verletzung von Grundrechten durch das Handeln der Gemeinschaftsorgane sieht der EuGH sowohl die Verteidigungsrechte (insbesondere der Anspruch auf rechtliches Gehör sowie das Recht auf effektive gerichtliche Kontrolle) als auch das Recht auf Eigentum des Herrn Kadi und der Al-Barakaat-Stiftung betroffen. So hätten es die Gemeinschaftsbehörden versäumt, den Klägern ihre Aufnahme in eine sog. Terrorliste und die genauen Gründe dafür mitzuteilen. Dementsprechend war es diesen zu keinem Zeitpunkt möglich, gegen die entsprechenden Maßnahmen vorzugehen, insbesondere nicht, sich im Rahmen eines gerichtlichen Verfahrens zu verteidigen (Rn. 334–353). Das Eigentumsrecht ist nach Ansicht des EuGH durch das Einfrieren von Finanzmitteln ebenfalls nicht gewahrt worden. Allerdings weist er darauf hin, dass ein solcher Eingriff grundsätzlich gerechtfertigt sein kann. Im vorliegenden Fall verneint der Gerichtshof Letzteres jedoch, da die Verordnung von der Gemeinschaft erlassen worden ist, ohne dem Kläger irgendeine Garantie zu geben, dass er sein Anliegen den zuständigen Stellen vortragen kann. Eine Rechtfertigung der Maßnahmen sei unter diesen Umständen ausgeschlossen (Rn. 369).

Im Ergebnis wird die Verordnung für nichtig erklärt, dem Rat jedoch eine Frist von drei Monaten eingeräumt, um nachzubessern und die Verstöße gegen die Grundrechte zu heilen (Rn. 372 u. 376). In der Folge des Urteils wird Herrn Kadi und der Al Barakaat International Foundation von der Gemeinschaft eine Aufstellung der Gründe für die Aufnahme in die Terrorliste übermittelt und ihnen die Möglichkeit gegeben, sich dazu zu äußern. Die daraufhin eingereichte Stellungnahme kann die Kommission jedoch nicht überzeugen. Herr Kadi und die Al-Barakaat-Stiftung bleiben auf der Liste. Jedoch wird mit der EG-Verordnung 1190/2008 eine Änderung der ursprünglichen Verordnung erlassen. Sie tritt am 03. 12. 2008 in Kraft.[248]

Das Echo auf das Urteil fiel erwartungsgemäß unterschiedlich aus und wurde je nach Blickwinkel als nicht weitgehend genug (Wessel 2008: 327), zu extensiv, weil den internationalen Verpflichtungen entgegenstehend (etwa Aust 2009, van den Herik u. Schrijver 2008), oder aber völlig überzeugend und angemessen aus Sicht des Gemeinschaftsrechts (Santos Vara 2011) bewertet. Man lobte den EuGH etwa für die Korrektur der EuG-Rechtsprechung und die Klarstellung der Zuständigkeit der Gemeinschaftsgerichte für Umsetzungsakte von UN-Reso-

---

248 Für eine eingehende Darstellung des Falls siehe auch Heun-Rehn 2008.

lutionen und auch dafür, dass die Grundrechte nicht durch völkerrechtliche Verpflichtungen im Kampf gegen den internationalen Terrorismus außer Kraft gesetzt werden können (Schmalenbach 2009: 41 ff., Murkens 2009: 50 f.). Zugleich wird aber auch darauf hingewiesen, dass der Gerichtshof durch das Urteil faktisch seine Kompetenzen im internationalen Mehrebenensystem des Rechts abgesichert habe (Payandeh u. Sauer 2009: 312). Andere Beobachter sehen das Urteil mit einem gewissen Unbehagen und stellen den hohen Preis heraus – nämlich die Gefährdung der Kohärenz und Einheit der internationalen rechtlichen Ordnung –, mit denen die unbedingte Geltung der Grundrechte durch den EuGH erkauft wurde (de Búrca 2010). Einige halten es sogar für behauptbar, dass der Gerichtshof eine *„golden opportunity to bring a step further the proclaimed ‚constitutionalization‘ and autonomy of the Community legal system"* wahrgenommen habe (Gattini 2009: 224). Noch deutlicher wird Harpaz, wenn er zu dem Schluss kommt, der EuGH *„pursued judicial activism … mitigated by shrewd real politique"* (2009: 88), um das Verhältnis zwischen Gemeinschaftsrecht und internationalem Recht zu klären. Kritiker aus dem Lager der rationalistischen wie auch poststrukturalistischen/-modernistischen Integrationstheorie werden dabei wohl gerade auch die wiederholte Rede des EuGH von den „Verfassungsgrundsätzen des EG-Vertrags" (Rn. 285) als Beleg für dessen vermeintlichen politischen Aktivismus gesehen haben. Schließlich ließe sich hierin eine von den Nationalstaaten so nicht gewollte konstitutionelle Setzung sehen, die nun auch nach außen manifest wurde. Der EuGH hätte dann also seine Kompetenz Recht zu sprechen und die damit verbundene Macht nicht nur – analog zu van Gend & Loos und Costa/ENEL – im Inneren der Gemeinschaft gesichert, sondern nun auch nach außen gegen den Einfluss völkerrechtlicher Verpflichtungen immunisiert. Ob sich eine solche Einschätzung aus dem Kontext des Rechts heraus bestätigen lässt und insofern zutreffend ist, wird an späterer Stelle zu untersuchen sein.

6.1.3 „Brüstle" – Der Beginn menschlichen Lebens als Frage der Rechtsauslegung

Nicht allein politische Entscheidungen innerhalb der EU (wie in Viking und Laval) und in den internationalen Beziehungen (wie in Kadi u. Al Barakaat) sondern auch Fortschritte in Wissenschaft und Technik haben den EuGH wiederholt vor Herausforderungen gestellt.[249] Denn die daraus erwachsenden Fragen sind meist

---

249 Man denke nur an die zahlreichen Fälle, die durch das Internet aufgekommen sind, wie etwa in der Rechtssache C-322/01 aus dem Jahr 2003 („Doc Morris") zum Arzneimittelvertrieb durch In-

nicht oder noch nicht hinreichend geklärt worden. Gleichwohl sind sie im Rahmen des Gemeinschaftsrechts relevant. Es entsteht so ein Regelungsbedarf, der im Zuge von rechtlichen Verfahren konkret wird und dem sich ein Gericht generell kaum entziehen kann. Diese Tatsache ist vor allem insofern interessant, als die Rechtsprechung des Gerichts zu einem großen Teil von Faktoren abhängig ist, die sich nicht aus dem europäischen Recht selbst ergeben, sondern quasi von außen an die Rechtsordnung und den EuGH herangetragen werden – sie ergeben sich ganz einfach.

Mit Blick auf die Grundrechtsprechung sind in den letzten Jahren gerade die rasanten technologischen Fortschritte in der Biotechnologie von großer Bedeutung gewesen und haben in der Rechtssache *Brüstle* (Oliver Brüstle/Greenpeace e. V., 08.10.2011, Rs. C-34/10) längst auch den EuGH erreicht. Dort sieht sich der Gerichtshof mit einer Frage konfrontiert, von der man ohne Übertreibung behaupten kann, dass deren Beantwortung die Philosophie seit Jahrhunderten und die Wissenschaft und die Politik seit Jahrzehnten beschäftigt. In dem vorliegenden Fall muss der Gerichtshof nämlich im Rahmen des Patentrechts darüber entscheiden, ob bei der Gewinnung von embryonalen Stammzellen aus einer befruchteten menschlichen Eizelle im Blastozystenstadium (fünf bis sechs Tage nach der Befruchtung der Eizelle; diese umfasst zu diesem Zeitpunkt erst sehr wenige Zellen) ein Embryo zerstört wird. Um diese Frage jedoch beantworten zu können, muss der EuGH zunächst einmal bestimmen, wann überhaupt menschliches Leben, im Sinne eines Embryos, genau beginnt. Schließlich könnte das Verfahren zur Stammzellengewinnung die Vernichtung menschlichen Lebens bedeuten und daher nicht patentierbar sein, da dies zweifelsohne die Menschenwürde verletzten würde.

Der Fall erreicht den EuGH, wie bereits Viking und Laval per Vorabentscheidungsersuchen eines nationalen Gerichts. Dieses Mal ist es der deutsche Bundesgerichtshof (BGH), der im November 2009 die Klärung der Rechtslage erbittet. Zu dem dort anhängigen Verfahren kommt es, nachdem der Bonner Neurobiologe und Stammzellenforscher, Oliver Brüstle, im Jahr 1997 ein Patent auf die Gewinnung und Herstellung von neuronalen Vorläuferzellen angemeldet hat, das ihm vom deutschen Patentamt zwei Jahre später gewährt wird. Brüstle erhofft sich durch die Anwendung dieser Nervenvorläuferzellen in Gehirn und Rückenmark eines Tages Krankheiten wie Parkinson oder Multiple Sklerose therapieren zu können. In Deutschland erhält er erstmals im Jahr 2002 die Erlaubnis an

---

ternetapotheken oder in der Rechtssache C42/07 aus dem Jahr 2009 („Internetwetten") zum Verbot von Glücksspielen und Sportwetten im Internet durch die Mitgliedstaaten der EU.

Stammzellen zu forschen. Umstritten bleibt dies freilich, da hierbei Eizellen aus künstlichen Befruchtungen zerstört und verbraucht werden.

Greenpeace reicht schließlich, im Jahr 2004, beim Bundespatentgericht Klage ein. Die Umweltorganisation ist der Ansicht, dass sich Leben generell nicht patentieren lasse. Nachdem das Gericht Brüstles Patent für nichtig erklärt hat, geht dieser beim Bundesgerichtshof in Berufung. Hier beschäftigt man sich nun auch mit der Auslegung der am 06. 07. 1998 von Europäischem Parlament und Rat erlassenen Richtlinie 98/44/EG über den rechtlichen Schutz biotechnologischer Erfindungen.[250] Dort werden in Art. 6 Abs. 2 Buchst. c *„die Verwendung von menschlichen Embryonen zu industriellen oder kommerziellen Zwecken"* von der Patentierbarkeit ausgeschlossen. In dem Erwägungsgrund 42 der Richtlinie heißt es dazu weiterhin:

„Ferner ist auch die Verwendung von menschlichen Embryonen zu industriellen oder kommerziellen Zwecken von der Patentierbarkeit auszuschließen. Dies gilt jedoch auf keinen Fall für Erfindungen, die therapeutische oder diagnostische Zwecke verfolgen und auf den menschlichen Embryo zu dessen Nutzen angewandt werden".

Im Zuge des Vorabentscheidungsverfahrens fragt der Bundesgerichtshof nun den Europäischen Gerichtshof, ob die Richtlinie dahingehend ausgelegt werden müsse, dass unter den Begriff „menschlicher Embryo" *alle* Entwicklungsstadien von dem Zeitpunkt der Befruchtung der Eizelle an zu fassen sind und somit auch die Herstellung von Stammzellen und deren Verbrauch in dem sehr frühen Blastozystenstadium von einer Patentierbarkeit ausgeschlossen sein müssen. Eine eindeutige Definition des Begriffs „menschlicher Embryo" enthält die Richtlinie nämlich nicht. Im Grunde genommen muss der EuGH also über keine geringere Frage entscheiden, als die, wann genau menschliches Leben beginnt.

In Ermangelung einer klaren Aussage darüber, wann von einem „menschlichen Embryo" gesprochen werden kann – wann also auch die Bestimmungen der Richtlinie einschlägig sind – greift der EuGH zu einer systematischen und teleologischen Auslegung. Er weist zunächst darauf hin, dass die Richtlinie die Wahrung der Grundrechte und vor allem der Menschenwürde bei der Verwertung biologischen Materials sicherstellen soll (Rn. 32). Weiterhin argumentiert er, dass *„Zusammenhang und das Ziel der Richtlinie … erkennen [lassen], dass der Unionsgesetzgeber jede Möglichkeit der Patentierung ausschließen wollte, sobald die*

---

250 Eine Beantwortung von Fragen medizinischer oder ethischer Natur nimmt der Bundesgerichtshof von seiner Rechtsprechung explizit aus.

der Menschenwürde geschuldete Achtung dadurch beeinträchtigt werden könnte" (Rn. 34). Der Begriff des „menschlichen Embryos" wird vom EuGH, der Definition des Generalanwalts Yves Bot folgend, weit ausgelegt. Jede befruchtete menschliche Eizelle müsse hierunter fallen, *„da die Befruchtung geeignet ist, den Prozess der Entwicklung eines Menschen in Gang zu setzen"* (Rn. 35). Bot hatte zuvor in seinen Schlussanträgen argumentiert, dass auch Zellen, durch deren Gewinnung ein Embryo zerstört wird, von einer Patentierbarkeit ausgeschlossen sein müssen (Schlussanträge des Generalanwalts, Yves Bot, 10. 03. 2011). Eine Ausnahme für die Nutzung in der wissenschaftlichen Forschung, welche die Grundlage für die Erteilung des Patents war, schließt der EuGH indes aus, zumal er davon ausgeht, dass diese nicht von der späteren industriellen und kommerziellen Verwertung getrennt werden könne (Rn. 41–46). Zudem stellt der EuGH im Einklang mit Erw. 42 der Biopatentrichtlinie fest, dass diese nicht die diagnostische und therapeutische Nutzung von Embryonen zu deren eigenem Nutzen ausschließt (Rn. 42).

Im Ergebnis kommt der Gerichtshof zu dem Schluss, dass die Patentierbarkeit einer Erfindung, welche die Verwendung und Zerstörung eines „menschlichen Embryos" voraussetzt, gleich in welchem Entwicklungs- oder Vorläuferstadium, ausgeschlossen ist. Die Entscheidung darüber, ob auch Stammzellen, die von einem menschlichen Embryo im Stadium der Blastozyste gewonnen wurden, geeignet sind, einen Prozess der Entwicklung eines Menschen in Gang zu setzen und somit unter den Schutz der Richtlinie fallen, überlässt er aber den nationalen Gerichten (Rn. 37). Zugleich weist der EuGH jedoch auch auf die bei ihm eingereichten Erklärungen hin, aus denen hervorgeht, dass die Entnahme bereits einer einzigen Stammzelle aus einem Embryo in diesem Stadium dessen Zerstörung nach sich zieht (Rn. 48).

Wie bereits im Vorfeld dieser maßgebenden Entscheidung nicht anders zu erwarten war, fielen die Reaktionen auf das Urteil sehr unterschiedlich aus. Wenig verwunderlich ist sicherlich, dass Greenpeace, als klagende Partei, den Urteilsspruch begrüßte (der Gerichtshof habe „Europäische Rechtsgeschichte geschrieben", so die Organisation)[251] und Oliver Brüstle sich enttäuscht zeigte (durch das Urteil „werden die Früchte jahrelanger transnationaler Forschung europäischer Wissenschaftler in einem Handstreich weggewischt", so der Forscher)[252]. Doch

---

251 *Frankfurter Allgemeine Zeitung* (faz.net), vom 18. 10. 2011, Patente auf menschliche Stammzellen verboten, online abrufbar unter: http://www.faz.net/aktuell/politik/europaeischer-gerichtshof-patente-auf-menschliche-stammzellen-verboten-11497144.html.

252 *Fokus online*, vom 18. 10. 2011, EuGH verbietet Patentierung embryonaler Stammzellen, online abrufbar unter: http://www.focus.de/politik/weitere-meldungen/stammzellen-patent-eugh-verbietet-patentierung-embryonaler-stammzellen_aid_675777.html.

auch zahlreiche Vertreter von Wissenschaft, Politik, Wirtschaft, Medien und Religion meldeten sich unmittelbar nach dem Urteil zu Wort. Insbesondere die Kirchen begrüßten das Urteil. So nannte der Weihbischof Anton Losinger das Urteil ein „deutliche[s] Signal gegen den Machbarkeitswahn des Menschen". Der Ratsvorsitzende der evangelischen Kirche, Nikolaus Schneider, bekräftigte zudem, dass „menschliches Leben nicht verdinglicht werden dürfe". Und auch Vertreter der CDU/CSU zeigten sich zufrieden. Die stellvertretende Vorsitzende der Bundestagsfraktion, Ingrid Fischbach, nannte das Urteil einen „Sieg für die Menschenwürde".[253] Der gesundheitspolitische Sprecher der christdemokratischen Fraktion im Europäischen Parlament (EVP), Peter Liese, begrüßte die EuGH-Entscheidung ebenfalls und verwies zudem auf Verfahren, bei denen keine embryonalen Stammzellen verbraucht werden müssen.[254] Ebenfalls befürwortet wurde das Urteil von der Bundesforschungsministerin Annette Schavan.

Deutlich kritische Stimmen kamen von Seiten der Wissenschaft. Wohl als Reaktion auf das Plädoyer des Generalanwalts Bot, hatten bereits im Vorfeld des Urteils dreizehn renommierte Stammzellenforscher in einem offenen Brief, der in der Zeitschrift „Nature" abgedruckt wurde, Stellung bezogen. Darin versuchten sie die Bedenken zu zerstreuen, dass die Stammzellenforschung eine Kommerzialisierung menschlicher Embryonen mit sich bringen könnte. Der Kölner Neurophysiologe und Stammzellenforscher, Jürgen Hescheler, sprach nach dem Urteil von einem „Rückschlag, der die Entwicklung von Therapien betrifft und der sich zum Schaden der Patienten auswirken könnte", vor allem auch deshalb, weil sich nun kaum noch Investoren und Unternehmen fänden, welche die Stammzellenforschung unterstützten.[255] Und auch die Kommentare in den Medien fielen z. T. ablehnend aus. So war etwa vom „Stillstandort Europa" die Rede.[256]

---

253 Nach *beck-aktuell Nachrichten*, vom 19. 10. 2011, Geteiltes Echo auf Stammzellenurteil des EuGH, online abrufbar unter: http://beck-aktuell.beck.de/news/geteiltes-echo-auf-stammzellenurteil-des-eugh.

254 *Ärzteblatt*, vom 18. 10. 2011, EuGH: Menschliche Stammzellen können nicht patentiert werden, online abrufbar unter: http://www.aerzteblatt.de/nachrichten/47725/EuGH_Menschliche_Stammzellen_koennen_nicht_patentiert_werden.htm.

255 *Tagesspiegel*, vom 18. 10. 2011, Stammzellen sind kein banales Ausgangsmaterial, online abrufbar unter: http://www.tagesspiegel.de/politik/stammzellen-sind-kein-banales-ausgangsmaterial/5215992.html.

256 So Frank Patalong, *Spiegel online*, vom 18. 10. 2011, EuGH-Urteil zur Stammzellenforschung – Stillstandort Europa, online abrufbar unter: http://www.spiegel.de/wissenschaft/medizin/0,1518,792412,00.html.

6.2 Die Entscheidungen im Kontext des Rechts

> *„Die Denkwelt, in der jeder von uns [Richtern/innen] lebt, ist*
> *das Gemeinschaftsrecht. Jeder hat natürlich noch seine spezi-*
> *fische Erfahrung aus dem ... [nationalen Recht]. [...] [Aber*
> *d]ie Kategorien, in denen man denkt, sind [primär] die des*
> *Gemeinschaftsrechts."*
>
> Maria Berger (Richterin am EuGH)

Den vorstehenden Erwägungen[257] folgend, sollen hier die Fälle Viking, Laval, Kadi u. Al Barakaat und Brüstle in ihrer rechtskontextuellen Einbettung analysiert und diskutiert werden. Dabei werde ich unter anderem auf eine Reihe von Interviews zurückgreifen, die ich im Frühjahr 2011 am Europäischen Gerichtshof in Luxemburg mit Vertretern des Gerichts geführt habe und die ein geschlossenes Bild der Arbeitsweise und des Selbstverständnisses der Institution ermöglichen sollten. Interessant ist dies nicht zuletzt auch, weil die Politikwissenschaft die Innenperspektive des Rechts und der Rechtsprechung bislang systematisch ausgespart hat. Dies ist aus einer trivial-rationalistischen Sicht durchaus konsequent. Denn, wie gezeigt, wird dort versucht die Integration durch Recht von einer Außenperspektive her zu ergründen. Glaubt man den Annahmen der Theorie, so spielt es am Ende keine wesentliche Rolle, was die Akteure der Rechtsintegration sagen oder welche argumentativen Begründungen sie für ihr Handeln vorbringen. Zumindest sei dies kein „hartes" Kriterium für die Analyse und Bewertung von Handeln im Recht. Schließlich könnte es sich dabei ja immer nur um Beteuerungen handeln, die auch losgelöst von der eigentlichen handlungsleitenden Motivation bestehen können.

Selbst die Urteilsbegründungen des EuGH sind dann nicht viel mehr als ein „veil of legalese" (Grimmel 2011b: 20), eine juristische Übung ohne tiefere Bedeutung für das Verständnis von Urteilen und Entwicklungen im Recht. Es kann vor diesem Hintergrund nicht verwundern, dass die gerichtlichen Erklärungen, selbst in aktuellen integrationstheoretischen und empirischen Studien, noch immer ausgeklammert oder als nebensächlich angesehen werden.[258] Aus einer kontextuellen Perspektive dürfen diese jedoch keinesfalls als perlokutionäre Akte (Austin)[259],

---

257 Siehe insbes. Kap. 4.2.4, 4.3, 5.
258 Siehe Kap. 2.5.
259 Der Bestandteil eines Sprechaktes, der auf die praktische Wirkung oder Konsequenz der Aussage gerichtet ist; vgl. auch Austin 1975.

mit dem Ziel der Ablenkung von einer dahinter liegenden Handlungsmotivation oder als bloßes Hintergrundrauschen der Rechtspraxis abgetan werden. Begründungen und Argumentationen sind unzweifelhaft konstitutiver Bestandteil der Rationalisierung von Handeln im Rechtskontext und müssen insofern ernst genommen werden. Eben diese sind schließlich das primäre Kriterium für das Verständnis, die Analyse und die Kritik von Handeln im Recht – und nicht eine nur mutmaßlich bestehende, schwerlich messbare, politische „actorness".

Wichtig ist an dieser Stelle anzumerken, dass es bei der Untersuchung der vorliegenden Fälle ausdrücklich nicht um eine rechtsdogmatische Bewertung oder gar eine Rechtsprechungskritik nach juristischen Maßstäben geht. Dies ist und bleibt unbestritten Aufgabe der Jurisprudenz und insbesondere der Europarechtswissenschaft. Im Rahmen der hier vorzunehmenden kontextanalytischen Betrachtung geht es vielmehr um zwei Dinge: *erstens,* eine Beurteilung der EuGH-Rechtsprechung anhand eines Maßstabes, der das Recht im Allgemeinen und das europäische Recht im Speziellen als eigenständige Institution oder als ein *„weitgehend selbsttragendes Rechtssystem"* (Beutler 2008: 100) mit einer eigenen kontextgebundenen Rationalität anerkennt und nicht von vornherein eine rechtsfremde, weil politische, Rationalität zum Maß der Dinge macht. Die Rechtsprechung des Gerichtshofs ist, entsprechend der zuvor angestellten Überlegungen, aus dem Zusammenhang ihrer Entstehung heraus zu untersuchen, verstehen und ggf. kritisieren. Der Europäische Gerichtshof wird also als ein Akteur des Rechts und nicht der Politik aufgefasst und konzipiert, ohne dabei auf den analytischen Mehrwert einer theoriegeleiteten Untersuchung zu verzichten. *Zweitens,* und weitaus bedeutender im Rahmen dieser Arbeit, wird die Frage untersucht, ob die Annahmen der zuvor dargestellten trivial-rationalistischen Ansätze, deren Kritik hier bislang eher theoretischer Natur geblieben ist, sich auch empirisch widerlegen lassen. Im Kern geht es also darum zu klären, ob sich vom EuGH tatsächlich als ein Akteur sprechen lässt, der „politics in robes" betreibt, also ob dieser einem politischen Leitmotiv oder einem wie auch immer gearteten Interesse folgt und sich insofern einer anderen Rationalität als der des Rechtskontextes bedient, oder nicht.

Als widerlegt kann die These vom „political activism", dem vielgescholtenen Richterrechtsaktivismus des EuGH, genau dann gelten, wenn sich zeigen ließe, dass die fraglichen und vermeintlich politisch (d. h. durch ein wie auch immer definiertes institutionelles oder privates Interesse bzw. ein Set an Präferenzen) motivierten Urteile des EuGH, im Sinne des europäischen Rechtskontextes, also im Lichte ihrer temporalen, lokalen und funktionalen Einbettung, rational begründet sind. Genau dann wären sie nämlich „kontextrational" und insofern im Recht auch akzeptanzfähig. Schließlich wird man dem EuGH, sofern man von ihm sagen kann, er habe in den vorliegenden Fällen rational im Sinne des Kontextes gehandelt, keine andere als eine rechtsimmanente Motivation unterstellen können (dies schließt ein mögliches Unbehagen von Seiten der Politik natürlich nicht aus). Schließlich meint Rationalität, wie bereits eingehend an früherer Stelle argumentiert,[260] niemals nur eine kluge Form der Berechnung von Handlungsalternativen, sondern vor allem auch einen sozialen und intersubjektiven Maßstab der Überprüfung und Rechtfertigung von Handeln. Eine politische Erklärung wäre sodann in den vorliegenden Fällen abzulehnen. Jedenfalls kann, solange man von einer Eigenständigkeit des Rechts ausgeht, der Rekurs auf eine politische Rationalität nur subsidiär sein, also nur zum Tragen kommen, wenn eine kontextinterne Erklärung nicht mehr zu tragen vermag. Genau dies ist hier zu untersuchen.

Welches sind nun also die konkreten Anforderungen, die ein Rechtsakteur erfüllen muss, damit sein Handeln als kontextrational gelten kann? Welche Bedingungen müsste die Rechtsprechung des Europäischen Gerichtshofs erfüllen, um die weitverbreitete „Politisierungshypothese" (Höpner 2010) zu verwerfen. Aus einer kontextuellen Perspektive ist es nicht wichtig, ob ein Akteur eine gewisse gestalterische Macht besitzt, die man der europäischen Judikative gewiss nicht absprechen kann. Auch ist es unwichtig, ob der Gerichtshof durch bestimmte Fälle faktisch die Gelegenheit hat oder hatte, seinen Einfluss oder den des europäischen Rechts auf die Nationalstaaten zu erweitern. Um eine Kontextanalyse der Rechtsprechung des Gerichtshofs leisten zu können, ist es also nicht ausreichend, lediglich darauf hinzuweisen, dass der EuGH durch seine Rechtsprechung die Integration effektiv vorangetrieben hat und aus dieser bloßen Tatsache ein entsprechendes Interesse abzuleiten. Vielmehr muss jedes Handeln im Recht drei wesentliche Bedingungen erfüllen, die darüber entscheiden lassen, ob dieses als rational (und folglich legitim und akzeptanzfähig) oder nicht-rational bzw. irrational[261] im Sinne des Rechtskontextes angesehen werden muss:

Erstens und in temporaler bzw. historischer Hinsicht, muss es verstehbar, anschlussfähig und im Rahmen einer aktuell geltenden, gemeinsamen rechtlichen Praxis akzeptanzfähig sein. Dies kann Handeln im Kontext des Rechts nur sein, wenn es sich als kohärenter Teil einer aus früheren, gegenwärtigen und – der Möglichkeit nach – auch künftigen Rechtsentwicklungen bestehenden Kette darstellen lässt.[262]

---

260 Siehe Kap. 1, 2, 4.2.4.

261 Siehe auch Kap. 4.3, insbes. Abb. 11, oben.

262 So argumentiert jüngst Schmidt (2012) sehr überzeugend im Sinne einer historisch-institutionellen Pfadabhängigkeit der EuGH-Rechtsprechung.

Zweitens und in funktionaler Hinsicht, muss es sich der Möglichkeit nach auf die kontextspezifischen Regeln der rechtlich-juristischen Interpretation und Argumentation, die zugleich das Recht von anderen gesellschaftlichen Kontexten unterscheidet, zurückführen lassen.[263]

Drittens und in lokaler Hinsicht, muss es die Bedingungen eines geteilten und genuin europäischen Verständnisses von Recht – d. i. ein Grundbestand an Regeln und Normen, der das Europarecht von nationalem oder internationalem Recht, aber auch spezifischen Rechtsordnungen der Mitgliedstaaten und außereuropäischen Staaten, abgrenzbar und unterscheidbar macht – erfüllen.[264]

Wenn man von einem Akteur sagen kann, er handele vollkommen im Einklang mit all diesen drei wesentlichen Erfordernissen, so muss man sein Handeln als rational – genauer: kontextrational, begründet und somit gerechtfertigt ansehen. Dies gilt auch und insbesondere für den Europäischen Gerichtshof. Zwangsläufig tritt dann auch, solange man die generelle Autonomie des Kontextes anerkennt, die Frage nach der Motivation der Rechtsprechung in den Hintergrund. Denn sofern man rationales Handeln im Sinne des Rechtskontextes annehmen kann, wird die Vermutung eines politischen Interesses des Gerichtshofs an seiner Rechtsprechung obsolet. Dies muss nicht zugleich bedeuten, dass die an der Rechtsprechung beteiligten Akteure keine Interessen hätten oder dass diese sich quasi willenlos der Logik des Rechts unterordneten. Wohl heißt es aber, dass die Akteure an die sprachpraktischen Regeln des geltenden Kontextes gebunden sind und dass diese niemals über jene allein entscheiden können. Die Regeln des Rechts und nicht die unbestritten expansive Entwicklung des Europarechts, die selbst zu einem *„Machtzuwachs für den EuGH"* (Temming 2008a: 194) geführt haben mag,[265] sind der Maßstab, an dem sich rechtsrationales Handeln von politischem „Rechtsaktivismus" unterscheiden lässt.

6.2.1 Die temporale Dimension – Auslöser und Kohärenz der Grundrechtsprechung

Die Rechtsentscheidungen in den Fällen Viking und Laval, Kadi u. Al Barakaat und Brüstle gehören unzweifelhaft zu den tiefgreifendsten der letzten Jahre. Be-

---

263 Siehe hierzu auch Kap. 4.2.4 und 5.2.
264 Für eine mögliche, erste schematische Darstellung dieser Kriterien siehe Anhang.
265 Man sollte sich in diesem Zusammenhang zudem vor Augen führen, dass der Machtgewinn eines kollektiven Akteurs nicht automatisch den Machtverlust der anderen Akteure bedeuten muss (siehe hierzu bereits Landfried 2005: 359 f.).

trachtet und analysiert man die Urteile aus einer trivial-rationalistischen Perspektive, gleich ob neorationalistisch, neofunktionalistisch, liberal intergouvernementalistisch oder supranationalistisch begründet,[266] so müssen sie als Ergebnis der rationalen Umsetzung bestimmter akteursgebundener Präferenzen ausgedeutet werden.[267] Um entscheiden zu können, ob dies gerechtfertigt ist und das Recht, wenn überhaupt, nur die Rolle eines Katalysators für Interessen einnimmt und lediglich die äußeren Spielregeln für die Interessenumsetzung und -durchsetzung (mit oder ohne sozialisierenden Einfluss) festlegt, ist es zunächst unerlässlich, eine Einordnung in die zeitlich-situativen Entstehungsumstände der Rechtssachen vorzunehmen. Hierbei wird sich zeigen, dass sich die Notwendigkeit der Rechtsprechung in sämtlichen Fällen, also sowohl in Viking, Laval, Kadi u. Al Barakaat als auch Brüstle, auf äußere Impulse zurückführen lässt. Die „Entscheidung über die Entscheidung" – ein konstitutives Merkmal der Politik – war den europäischen Gerichten nämlich in sämtlichen Fällen entzogen. Zudem wird gezeigt, dass die Fälle durch den EuGH keineswegs einfach in die eine oder andere Richtung *entschieden* wurden. Vielmehr müssen die Doktrinen des EuGH in den hier vorliegenden Fällen als Ergebnis und Teil einer längeren Rechtsprechungsgeschichte gesehen werden. Dementsprechend kann der EuGH auch bereits auf eine mehr oder weniger breite Basis von Fällen verweisen, die seine Urteile durchaus kohärent im Lichte seiner bisherigen Rechtsprechung erscheinen lassen.

In *Viking* und *Laval* trat – wenn auch nicht zum ersten Mal, so doch besonders deutlich – die Unvollständigkeit der europäischen rechtlichen Ordnung im Hinblick auf die notwendige Absicherung sozialer Standards auf supranationaler Ebene zutage, mit der sich der Europäische Gerichtshof in den letzten Jahren zunehmend häufiger konfrontiert sieht. Das Defizit in diesem Bereich wird dabei vor allem im Kontrast zu der weitaus elaborierteren und sicherlich auch dominanteren wirtschaftlichen Verfasstheit der heutigen Europäischen Union offensichtlich. Dass es ein Ungleichgewicht dieser Art zwischen einem „sozialen Europa" und einem „Europa des gemeinsamen Marktes" gibt, kann allerdings mit Blick auf die Geschichte der Einigung kaum verwundern, führt man sich vor Augen, dass man sich in den Anfangsjahren der Gemeinschaft bewusst für einen schrittweisen, technokratischen, funktionalen und vom wirtschaftlichen Sektor ausgehenden – kurz: apolitischen – Prozess der Integration entschieden hatte; und damit zugleich gegen das weitaus riskantere Großprojekt einer konstitutionell-föderalistischen Schaffung der „Vereinigten Staaten von Europa" (Churchill).

---

266 Siehe Kap. 2.1.1–2.1.5, 2.5.
267 Siehe Kap. 2.2.

Die Gründungsväter der Gemeinschaft haben zweifelsohne gute Gründe gehabt, sich gegen eine emotional überhöhte „Neugründung" Europas als Föderation zu entscheiden (auch wenn sich die europäische Integration durchaus als föderaler Prozess begreifen lässt; siehe Bruha u. Breuss 2011). Mit den Auswirkungen dieser über sechzig Jahre zurückliegenden Grundsatzentscheidung zugunsten eines Modus der negativen Integration auf dem Rücken der Wirtschaft hat die Staatengemeinschaft allerdings, noch immer und ganz besonders heute, seine Probleme. Denn die Integration ist inzwischen so weit fortgeschritten, dass man wieder über ein „Constitutional Settlement" (Moravcsik 2008) und die verfassungspolitische Fundierung der Staatengemeinschaft nachzudenken beginnt – heute freilich unter ganz anderen Vorzeichen als damals, zu Zeiten der Gemeinschaftsgründung: Der Modus der technokratisch-wirtschaftlichen Integration hat inzwischen ein dichtes Netz aus Normen und Regularien installiert, ohne das die Mitgliedstaaten nicht mehr handlungsfähig wären und von dem zugleich undenkbar ist, dass es sich wieder rückbauen ließe.

Ganz anders sieht es in Hinblick auf die in den staatlichen Verfassungen von vornherein verankerten grundrechtlichen und sozialpolitischen Bestimmungen aus, die den Einzelnen schützen und nicht zuletzt einer liberalen Wirtschaftsordnung als Korrektiv dienen sollen, um so letztenendes auch – aus Sicht der Hoheitsgewalt – Legitimität zu erzeugen. Diese sind zwar in der Geschichte der Einigung nicht gänzlich unberücksichtigt geblieben, denkt man an die 1961 in Turin unterzeichnete Europäische Sozialcharta, die Erklärung des Europäischen Parlaments über Grundrechte und Grundfreiheiten von 1989 (siehe dazu eingehend Beutler 1989), die Gemeinschaftscharta der sozialen Grundrechte der Arbeitnehmer aus dem gleichen Jahr oder den 2000 in Nizza proklamierten und seit dem Vertrag von Lissabon geltenden Grundrechtskatalog, der allerdings erst 2009 rechtsverbindlich wurde. Doch haben sich die Regierungen Europas, offenbar aus Angst vor dem Verlust von staatlicher Souveränität,[268] nicht durchringen können, diesen Rechten einen vergleichbaren Stellenwert in den Verträgen einzuräumen wie den wirtschaftlichen Freiheiten; wohl auch weil die Grundrechte weitaus emotionaler in den Rechtsordnungen der Nationalstaaten verankert sind als die Marktfreiheiten. Ferner könnten die Staaten nunmehr, durch Art. 6 Abs. 1 Satz 3 des Vertrages, sogar versuchen die Rechtsauslegung und -fortbildung des EuGH im Bereich der Grundrechte zu beschränken (siehe Nehl 2009: 167). So kann der Vertrag von Lissabon, zumindest im Bereich der Grundrechte, nicht als der Meilenstein gelten, für den er z. T. gehalten wurde. Das deutliche Ungleich-

---

268 Zur Souveränität im Europarecht, vgl. auch Haltern 2007b: 98 ff.

gewicht zwischen dem ökonomischen und dem sozialen Europa, das zunehmend zu Spannungen, Verwerfungen und Konflikten führt, besteht also fort. Und das, obwohl die Vergangenheit einer allzu stark marktorientierten Integration die EU längst eingeholt hat und von ihr wesentliche Nachbesserungen fordert. Diese werden aber offensichtlich politisch (noch) nicht oder zumindest nicht von allen gewollt, zumal damit einhergehend ein Verlust an Autonomie und vielleicht auch Identität befürchtet wird.

Dass dieser schon länger schwelende Konflikt – dessen Grundstein in gewisser Weise bereits mit der in den 1950er Jahren getroffenen Entscheidung für einen technokratischen, schrittweisen und von einer negativen Integration ausgehenden Einigungsprozess gelegt wurde – nun gerade zur Zeit der EU-Osterweiterung vor dem europäischen Gericht virulent wurde, ist keineswegs verwunderlich. Denn durch die Erweiterungsrunden 2004 und 2007 ist die Disbalance zwischen wirtschaftlichem und sozialem Europa jetzt auch rechtlich relevant und die Beantwortung der damit zusammenhängenden Fragen unausweichlich geworden. Schließlich haben sich die alten EU-Mitglieder mit der Aufnahme der neuen Mitgliedstaaten nicht nur einen riesigen Markt für den Absatz ihrer Produkte und Dienstleistungen erschlossen, sondern sich gleichzeitig auch gegenüber Arbeitskräften geöffnet, deren Lohnniveau, aber auch Arbeits- und Sozialstandards wesentlich niedriger sind. Für viele europäische Unternehmen, die von der Niederlassungsfreiheit, den günstigen Arbeitskosten und neuen Absatzmärkten profitieren, mag diese Entwicklung durchaus von Vorteil und insofern wünschenswert sein. Sie haben dementsprechend die Öffnung des EU-Marktes befürwortet und auch politisch vorangetrieben. Und auch für die Arbeitskräfte aus den Niedriglohnländern wird die Arbeitnehmerfreizügigkeit insgesamt positive Auswirkungen haben, da sich ihre Löhne auf mittlere Sicht merklich verbessern dürften. Für die Arbeitnehmer der alten Mitgliedstaaten hingegen könnte die neue Konkurrenz einen zunehmenden Druck auf ihre Lohn-, Arbeits- und Sozialstandards bedeuten. Dieser könnte dann zu einem „race to the bottom" (Lindstrom 2010: 1307) führen und durch die noch immer eher national als transnational-europäisch organisierten Gewerkschaften nicht ausgeglichen werden. Den erwarteten großen marktwirtschaftlichen Gewinnen steht also die Angst vor „Sozialdumping" und steigender Arbeitslosigkeit gegenüber. Von Ersterem würden insbesondere die wirtschaftlichen Unternehmen profitieren, unter Letzterem würden vor allem die europäischen Bürger in den alten Mitgliedstaaten leiden.

Anders jedoch als die Politik, welche die Frage eines sozialen Europas seit Jahrzehnten halbherzig diskutiert und in dieser Zeit keine wirklich konkreten und rechtlich verbindlichen Lösungsvorschläge hervorgebracht hat, wie Marktfreihei-

ten und Grundrechte – vor allem in einem seit längerem erstrebten „Gesamteuropa" (Jakobeit u. Yenal 1993) – praktisch miteinander in Einklang zu bringen
sind, musste der Gerichtshof Ende 2007 entscheiden; und dies auf der Grundlage
eines Vertragswerks, das nach über fünfzig Jahren und etlichen Reformulierun-
gen bisher nicht einmal einen Katalog von allgemein verbindlichen Grundrechten enthielt.[269] Damit war zugleich klar: Der EuGH *musste* Rechtsfortbildung bzw.
-schöpfung betreiben, um die ihm per Vorabentscheidungsverfahren vorgelegten
Fragen überhaupt beantworten zu können. Auf eine andere, als die selbst geschaffene Grundlage, die mit dem Konstrukt der „allgemeinen Grundsätze des Gemeinschaftsrechts" ursprünglich nur als ein Notbehelf in Ermangelung eindeuti-
ger Rechtsvorschriften gedacht war, konnte er jedenfalls nicht bauen.

Eine in ähnlicher Weise historisch-strukturell begründete, wenn auch sachlich
andere Situation zeigt sich im Fall *Kadi u. Al Barakaat*. Das Spannungsfeld, das
sich hier aufgebaut hatte, war erst langsam über die Jahre entstanden und wurde
im Zuge der Anti-Terror-Maßnahmen der Vereinten Nationen und deren Umsetzung durch die Gemeinschaft rechtlich relevant. Eine Antwort darauf ließ sich
im konkreten Fall nicht mehr umgehen. Die Rechtsprechung des EuGH ist daher nur als das Resultat einer größeren Entwicklung zu sehen, nämlich die zunehmende Verrechtlichung der internationalen Beziehungen einerseits, aber auch
ein sich parallel vollziehender Transfer von exekutiver Handlungsmacht auf die
supranationale und die internationale Ebene andererseits: So haben die europäischen Nationalstaaten nicht nur Kompetenzen auf regionaler Ebene, im Rahmen
der Gemeinsamen Außen- und Sicherheitspolitik der EU (GASP), abgegebenen,
sondern gleichzeitig auch die Kooperation mit Drittstaaten in den Vereinten Nationen und in anderen internationalen Institutionen gesucht. Sie haben diese also
auch außerhalb der EU aktiv vorangetrieben. Solange das völkerrechtliche System
entlang der Staaten organisiert war, hat diese Parallelität der Integrationsprojekte
kein Problem bedeutet. Es stellten sich Fragen des gemeinschaftlichen Grundrechtsschutzes, zu deren Beantwortung sich der EuGH in Kadi u. Al Barakaat

---

269 Die Charta der Grundrechte der Europäischen Union ist heute rechtlich bindend. Sie muss von
sämtlichen Organen, Einrichtungen und sonstigen Stellen der Europäischen Union, aber auch
den Mitgliedstaaten, wenn diese Unionsrecht durchführen, geachtet werden. Allerdings ist sie
nach dem Scheitern des Europäischen Verfassungsvertrages nicht mehr Teil des Vertrages, sondern den dort niedergeschriebenen Bestimmungen lediglich gleichrangig (Art. 6 Abs. 1 EUV).
Diese „Auslagerung" der Charta, wie auch die Tatsache, dass sie bereits im Vorwege im „Amts-
blatt C" (unverbindliche Rechtstexte) veröffentlicht worden war (vgl. Hakenberg 2007: 68), zeigt
sehr deutlich das weiterhin schwierige und ambivalente Verhältnis der Staaten zu einer Kodifizierung gemeinschaftsrechtlicher Grundrechte.

berufen sah, für die Gemeinschaftsgerichte in diesem Zusammenhang ganz einfach nicht. Schließlich oblag es den Staaten, als primäre Adressaten völkerrechtlicher Verpflichtungen, diese umzusetzen. Da sich nun aber seit dem Vertrag von Maastricht auch die Gemeinschaft fallweise für die Umsetzung von internationalen Übereinkünften im Rahmen der GASP zuständig erklärte, entstand eine neue Situation, in der die beiden unabhängig voneinander bestehenden Institutionen und Rechtsordnungen in Konflikt gerieten. So stellte sich plötzlich die Frage, ob überhaupt und ggf. inwieweit die Gemeinschaft, sofern sie sich zur Umsetzung von internationalen Entscheidungen entschließt, auch berechtigt ist, diese an den Maßstäben des Gemeinschaftsrechts zu prüfen. Und welches war und ist eigentlich das genaue Verhältnis der Ebenen zueinander? Gehen exekutive Rechtsakte internationaler Institutionen, wie die Resolutionen der Vereinten Nationen, dem Gemeinschaftsrecht in jedem Fall vor und dürfen insofern nicht durch den EuGH gerichtlich geprüft werden? Die Rechtsprechung in Kadi u. Al Barakaat stellt sich also zunächst einmal als Ergebnis einer seit der Einführung der GASP schwelenden Unsicherheit hinsichtlich des Verhältnisses von internationalem und supranationalem Recht dar, auf die bislang keine hinreichende Antwort seitens der Politik gefunden worden war.

Der eigentliche Auslöser in Kadi u. Al Barakaat war jedoch die Tatsache, dass die Maßnahmen, auf die sich die Staaten im Rahmen der Vereinten Nationen geeinigt hatten, nicht primär gegen Staaten gerichtet waren, sondern insbesondere auch private Personen (natürliche oder juristische) – im vorliegenden Fall Herr Kadi und die Al Barakaat Foundation – betrafen. Die sog. Terrorliste des Sanktionsausschusses der Vereinten Nationen enthielt nämlich die Namen von Stiftungen, Firmen und Privatpersonen, die mutmaßlich das Al-Qaida-Netzwerk unterstützten und deren Finanzmittel deshalb eingefroren werden sollten. Damit waren nun aber ganz offensichtlich auch Grundrechtspositionen betroffen, die von der Gemeinschaft, als sie sich zur Umsetzung der Maßnahmen des UN-Sicherheitsrats entschloss, eingehalten werden mussten; jedenfalls sofern sie sich nicht lediglich als verlängerter Arm der Vereinten Nationen verstand. Auch muss hervorgehoben werden, dass für die von den Sanktionen Betroffenen anderweitig kein angemessener Rechtsschutz zu erlangen war. Denn die nationalen Gerichte waren ganz offenbar nicht zuständig, und die Vereinten Nationen verfügen bislang über keine hinreichenden Mechanismen des Rechtsschutzes. So lief die Entscheidung des EuGH im Grunde genommen darauf hinaus, zu entscheiden, ob in Hinblick auf die Umsetzung von Exekutivakten der Vereinten Nationen eine Leerstelle im Grundrechtsschutz bestehen sollte oder nicht. Schließlich hätte eine Ausnahme von der Prüfung des Gemeinschaftshandelns in diesem Fall auch für künftige

Fälle gelten müssen und zugleich die Geltung des europäischen Rechts im Außenverhältnis in Frage gestellt. Curtin u. Eckes ist insofern zuzustimmen, wenn sie das Urteil als ein *„attempt to stop the executive from hollowing-out the rule of law from above"* (2008: 368 f.) werten. Unabhängig davon, ob man das Aktivwerden des Gerichtshofs oder die Ausgestaltung seines Urteils als gelungen einstuft, ist hier zunächst einmal festzustellen, dass sich der Zeitpunkt der Entscheidung direkt aus zwingenden, äußeren Umständen ergab, denen sich der EuGH nicht länger entziehen konnte. Die „Entscheidung über die Entscheidung" war ihm also auch hier entzogen.

Und auch im Fall um das *Brüstle-Patent* ist die Rechtsprechung des EuGH auf Entwicklungen zurückzuführen, von denen man annehmen konnte, dass sie ein gewisses Konfliktpotenzial bergen. Zunächst einmal handelte es sich um die Tatsache, dass die rasanten Fortschritte in der Biotechnologie und Gentechnik seit den 1990er Jahren – von Präimplantationsdiagnostik über Gentherapie bis zum Klonen von Tieren und Menschen – eine Vielzahl von hochkomplexen ethischen Fragen aufwarfen, über deren Beantwortung die europäischen Gesellschaften tief zerstritten waren. Dennoch bedurften sie auf kurz oder lang einer rechtlichen Beantwortung. Aber auch die Versuche der Politik, Rechtssicherheit in Hinblick auf die neuen Technologien zu schaffen, stellten sich als konfliktträchtig heraus, zumal im vorliegenden Fall Parlament und Rat über die Richtlinie 98/44/EG vom 06. 07. 1998 („Biopatentrichtlinie") zwar versucht hatten einen wirksamen rechtlichen Schutz biotechnologischer Erfindungen zu schaffen und dabei zugleich die Patentierbarkeit von Erfindungen auszuschließen, welche die Würde und Unversehrtheit des Menschen verletzen.[270] Doch wurde die zentrale Frage, die zur Beantwortung nahezu sämtlicher Rechtsstreitigkeiten in Hinblick auf die Vereinbarkeit eines Patentes mit den ethischen Vorgaben der Richtlinie unabdingbar war, offen gelassen: nämlich die fundamentale Frage, wann „menschliches Leben" genau beginnt; was also unter einem „menschlichen Embryo" exakt zu verstehen ist bzw. wann man überhaupt von einem solchen sprechen kann. Die Richtlinie ist als Reaktion auf die neuen wissenschaftlichen Entwicklungen also durchaus notwendig und begrüßenswert gewesen, um ein gewisses Maß an Rechtssicherheit herzustellen. Doch hat sie sich, wie der Fall um das Brüstle-Patent belegt, in der

---

270 So bekräftigt die Richtlinie, dass der *„menschliche Körper in allen Phasen seiner Entstehung und Entwicklung"* (Erw. 16) und auch Erfindungen, die eine *„Verwendung von menschlichen Embryonen zu industriellen oder kommerziellen Zwecken"* (Erw. 42) vorsehen, von einer Patentierbarkeit auszuschließen sind.

Praxis als lückenhaft oder wenigstens zu unpräzise erwiesen, so dass eine Auslegung durch den Gerichtshof notwendig wurde.

Mit dem Blick auf die temporale Dimension des Kontextes lässt sich hier eine interessante und zugleich wichtige Feststellung machen, die sich in allen untersuchten Fällen nachweisen lässt: Obwohl die strukturell-konzeptionellen Defizite der Gemeinschaft rechtsrelevante Fragen aufwarfen, lag der eigentliche Auslöser des gerichtlichen Handelns in keinem der Fälle im Kontext des europäischen Rechts selbst. Und auch die „Entscheidung über die Entscheidung" war weder in Viking, Laval, Kadi u. Al Barakaat noch in Brüstle durch den Europäischen Gerichtshof getroffen worden. Viel eher stellt sich das Aktivwerden des EuGH und auch dessen Rechtsfortbildung als Reaktion auf das Handeln der europäischen Politik (Osterweiterung, Umsetzung einer UN-Resolution, Verabschiedung einer Richtlinie zum patentrechtlichen Schutz von biotechnologischen Erfindungen) bzw. deren Versäumnisse (keine hinreichende Klärung des Verhältnisses zwischen Grundfreiheiten und Grundrechten, eine unzureichende Bestimmung des Verhältnisses von Europarecht zu internationalem Recht, Unsicherheit über die Bewertung neuer Technologien bzw. die Definition zentraler Begriffe) dar. Dieser Befund deckt sich auch mit den Ausführungen des Präsidenten des Europäischen Gerichtshofs, Vassilios Skouris, der zu der Rechtsprechung des Gerichts folgendes bemerkt:

> „Der geschichtliche Kontext spielt eine wichtige Rolle. [...] Und auch die politische Umgebung spielt eine Rolle. [...] Rechtsprechung wächst nicht von alleine. Rechtsprechung wächst zusammen mit der Gesetzgebung und auch mit den Fragen, die sich dann stellen. Man hat auch manchmal zu hoch politischen und gesellschaftlich wichtigen Fragen Stellung zu nehmen. [...] All dies ist natürlich zeitbezogen" (2011).

In Hinblick auf die rechtsfortbildende Tätigkeit des EuGH stellt Richterin Maria Berger zudem in diesem Zusammenhang fest:

> „Die Gelegenheit, die wir dazu bekommen [Recht fortzubilden] ist keine selbst gewählte. [...] Wir bekommen die Fälle, wie sie kommen; müssen sie nehmen, wie sie kommen; müssen die Rechtsfragen lösen, die sich in diesem Zusammenhang stellen. Es gibt bereits in diesem Sinne keine politische Gestaltung, da die Fragen [mit denen wir konfrontiert werden, aus unserer Perspektive, A. G.] eher einem Zufallsprinzip folgen" (2011).

Der Zeitpunkt der Rechtsfortbildung und die Frage nach dem „warum-geradejetzt" der Rechtsprechung ist also nur aus der zeitlich-historischen Einbettung der Rechtsprechung hinreichend zu ergründen. Hier, in der temporalen Dimension des Kontextes, zeigen sich zugleich zwei wesentliche Unterscheidungsmerkmale zum politischen Handeln, die aus trivial-rationalistischer Sicht im Dunkeln bleiben müssen:[271] Nämlich, zum einen, dass es dem EuGH niemals zusteht, sich selbst Fälle zuzuweisen und, zum anderen, dass er nur diejenigen Fragen beantworten kann, die ihm auch zur Beantwortung im Rahmen eines Verfahrens vorgelegt werden. Anders als politischen Akteuren obliegt dem EuGH also niemals das Agenda-Setting. Vielmehr wird der EuGH auf Fallbasis mit konkreten rechtsrelevanten Fragen konfrontiert, die in der Regel aus aktuellen Herausforderungen und nicht selten auch politisch-induzierten Problemlagen hervorgehen und über deren Beantwortung er in der Regel nicht hinausgehen kann. Der Gerichtshof ist demnach zunächst einmal, was die Entscheidung zum Handeln betrifft, ein prinzipiell passiver Akteur. Er ist in jedem Fall zeitlich von externen Entwicklungen und konkret aufkommenden Rechtsfragen abhängig, zu deren Beantwortung er angerufen wird. Hierzu noch einmal die Ausführungen des Präsidenten des Europäischen Gerichtshofs, Vassilios Skouris:

> *„Der Europäische Gerichtshof, wie jedes Gericht, … hängt vollständig von den Fällen oder Fragen ab, die ihm vorgelegt werden. Es gibt zwar die Herren der Verträge, [dies sind die Mitgliedstaaten,] wir sind aber nicht die Herren der Verfahren. Die konkreten Verfahren kommen von außen. Es muss klar sein, dass, wenn man dem Gerichtshof eine Frage stellt, dieser auch eine Antwort geben wird"* (2011).

Nun könnte man argumentieren, der Gerichtshof müsse nur warten, bis ihn mit der Zeit immer mehr Fragen erreichen, die er in seinem Sinne beantworten könne. Er sei zwar nicht in der Lage, sich das „wann" seines Handelns in einem bestimmten Sachbereich auszusuchen, wohl könne er aber das Ergebnis in seinem Sinne entscheiden und so dennoch inkrementell die Expansion des europäischen Rechts und seiner eigenen Entscheidungsmacht vorantreiben.

Dass dem EuGH in jedem Fall die gerichtliche Entscheidung obliegt und dass er insofern auch das letzte Wort hat, ist zwar generell richtig. Doch ist die Entscheidungspraxis eines Gerichts nicht mit derjenigen von politischen Gremien oder Akteuren zu verwechseln. Es handelt sich hier lediglich um, in Wittgensteins Worten, familienähnliche Sprachspiele (siehe hierzu auch 4.2.1). Das heißt, auch wenn der EuGH Entscheidungen trifft, die einen regelnden Charakter auf-

---

271 Grundlegende Merkmale der trivial-rationalistischen Rationalitätskonzeption sind ja gerade die Zeitlosigkeit und temporale Kontextunabhängigkeit (siehe auch Kap. 1).

weisen und Festlegungen beinhalten, die sich so nur indirekt aus den legislativen Bestimmungen ergeben können, so heißt dies nicht, dass es sich dabei um politisches oder politisch motiviertes Entscheiden handelt. Die Entscheidungen eines Gerichts müssen sich nämlich immer in einen größeren historischen Zusammenhang seiner eigenen Judikatur einbetten lassen, um rational im Sinne des rechtlichen Entwicklungsprozesses gelten zu können (siehe hierzu auch Schmidt 2012). Sicherlich gilt dies im Grunde auch für politisches Handeln. Doch ist Auslegung und Fortbildung von Recht – neben der ohnehin vorhandenen textlichen Bindung – viel stärker an vergangene Entscheidungen gebunden, zumal ein Gericht, das einmal so und das nächste Mal völlig anders entscheiden würde, weder Rechtsklarheit noch Rechtssicherheit schaffen könnte und sich selbst delegitimieren würde. Der Zeithorizont, der hierbei vom EuGH zu beachten ist, geht weit über die Dauer einer Legislaturperiode hinaus und erstreckt sich prinzipiell auf die gesamte Geschichte der eigenen Rechtsprechung.

Dieses Kohärenzgebot, das ein zwingendes Erfordernis der Rechtsrationalität ist, lässt sich sehr deutlich bereits in den Fällen Viking und Laval nachvollziehen. So hat der Gerichtshof hier keineswegs einfach in der einen oder anderen Weise *entschieden*, sondern seine Urteile im Lichte früherer Rechtsentscheidungen und sicherlich auch kommender Rechtsprobleme entfaltet. In *Viking* zieht er dazu eine Reihe von ähnlich gelagerten Präzedenzien und früheren Erwägungen heran, die er etwa in den wegbereitenden Urteilen ausgehend von Walrave (36/74, Slg. 1974, 1405), Defrenne (43/75, Slg. 1976, 455), Donà (13/76, Slg. 1976, 1333), Daily Mail and General Trust (81/87, Slg. 1988, 5483), Factortame u. a. (C-221/89, Slg. 1991, I–3905), Gebhard (C-55/94, Slg. 1995, I–4165), Bosman (C-415/93, Slg. 1995, I–4921), Decker (C-120/95, Slg. 1998, I–1831), Kohll (C-158/96, Slg. 1998, I–1931), Angonese (C-281/98, Slg. 2000, I–4139), Deliège (C-51/96 und C-191/97, Slg. 2000, I–2549), Schmidberger (C-112/00, Slg. 2003, I–5659), Omega (C-36/02, Slg. 2004, I–9609), Schulte (C-350/03, Slg. 2005, I–9215) und einigen anderen dargelegt und in ständiger Rechtsprechung verfestigt hat.

Das Gleiche gilt für *Laval*. Die Entscheidung wird ebenfalls vom EuGH in einen längeren Rechtsprechungszusammenhang eingebettet und ist überdies in direkter Verbindung mit dem kurz zuvor verfassten Viking-Urteil zu sehen. So stellt der EuGH in seinen Entscheidungsgründen hier unter anderem auf seine früheren Argumentationen in den Fällen Seco und Desquenne & Giral (62/81 und 63/81, Slg. 1982, 223), Rush Portuguesa (C-113/89, Slg. 1990, I–1417), SETTG (C-398/95, Slg. 1997, I–3091), Decker (C-120/95, Slg. 1998), Arblade u. a. (C-369/96 und C-376/96, Slg. 1999, I–8453), Mazzoleni und ISA (C-165/98, Slg. 2001, I–2189), Portugaia Construções (C-164/99, Slg. 2002, I–787), Kommission/Deutschland

(C-341/02, Slg. 2005, I–2733), Servizi Ausiliari Dottori Commercialisti (C-451/03, Slg. 2006, I–2941), Cipolla u. a. (C-94/04 und C-202/04, Slg. 2006, I–11421), Schumacker (C-279/93, Slg. 1995, I–225), Talotta (C-383/05, Slg. 2007, I–2555) und Lakebrink u. Peters-Lakebrink (C-182/06, Slg. 2007, I–0000) ab.

Eine nicht weniger dichte Verweisstruktur, die zudem noch eine Vielzahl von Quellen aus internationalen Übereinkünften miteinbezieht, findet sich auch in der Verbundrechtssache *Kadi u. Al Barakaat*. Dort greift der EuGH insbesondere auf seine frühere Rechtsprechung und seine Argumentationen in Internationale Handelsgesellschaft (11/70, Slg. 1970, 1125), Keller (234/85, Slg. 1986, 2897), Les Verts/Parlament (294/83, Slg. 1986, 1339), Heylens u. a. (222/86, Slg. 1987, 4097), Dow Chemical Ibérica u. a./Kommission (97/87 bis 99/87, Slg. 1989, 3165), Werner (C-70/94, Slg. 1995, I–3189), Bosphorus (C-84/95, Slg. 1996, I–3953), Centro-Com (C-124/95, Slg. 1997, I–81), Deutschland/Rat (C-122/95, Slg. 1998, I–973), Dürbeck/Kommission (C-430/00 P, Slg. 2001, I–8547), Schmidberger (C-112/00, Slg. 2003, I–5659), Dansk Rørindustri u. a./Kommission (C-189/02 P, C-202/02 P, C-205/02 P bis C-208/02 P und C-213/02 P, Slg. 2005, I–5425), Regione autonoma Friuli-Venezia Giulia und ERSA (C-347/03, Slg. 2005, I–3785), Kommission/Irland (C-459/03, Slg. 2006, I–4635), Möllendorf u. Möllendorf-Niehuus (C-117/06, Slg. 2007, I–8361), Ordre des barreaux francophones et germanophone u. a. (C-305/05, Slg. 2007, I–5305), Unibet (C-432/05, Slg. 2007, I–2271), Kommission/Rat (C-440/05, Slg. 2007, I–9097), Kommission/Rat (C-91/05, Slg. 2008, I–0000) und Intertanko u. a. (C-308/06, Slg. 2008, I–0000) zurück.

In *Brüstle* zeigt sich ein ähnliches Bild, auch wenn der EuGH hier naturgemäß, aufgrund der geringen Vergleichbarkeit des Falles und des fundamentalen Charakters der zugrunde liegenden Frage auf eine weit weniger breite Basis von Präzedenzien Bezug nehmen kann. So führt das Gericht etwa die Fälle Niederlande/Parlament und Rat (C-377/98, Slg. 2001, I–7079), Kommission/Italien (C-456/03, Slg. 2005, I–5335), Ekro (327/82, Slg. 1984, 107), Linster (C-287/98, Slg. 2000, I–6917), Infopaq International (C-5/08, Slg. 2009, I–6569), Mayr (C-506/06, Slg. 2008, I–1017), easyCar (C-336/03, Slg. 2005, I–1947) und Wallentin-Hermann (C-549/07, Slg. 2008, I–11061) an, um seinen Standpunkt und seine Entscheidung zu stützen.

Warum ist diese Einbettung in eine derart dichte Verweisstruktur von Urteilen, die hier nicht näher verfolgt werden kann, bereits ein Argument gegen die These eines interessengeleiteten oder gar politischen Entscheidens? Zunächst einmal verliert die Behauptung der politischen Rechtsfortbildung an Überzeugungskraft, da die Möglichkeit des Verweises auf eine Vielzahl von z. T. weit in die Rechtsprechungsgeschichte zurückreichenden Urteilen und Rechtsdoktrinen bereits für eine deliberative Gesetztheit des Fallrechts spricht. Der „collage effect" (Azoulai 2008: 1339), also das Heranziehen von unterschiedlichen Rechtsdoktrinen aus unterschiedlichen früheren Fällen, ist dabei etwa in Viking und Laval nicht kritiklos geblieben (siehe z. B. Barnard 2008: 492). Gleichwohl ist darin ein Kernstück der Arbeitsweise des EuGH zu sehen, das ein notwendiges Maß an Sicherheit, Überprüfbarkeit und vor allem Konstanz und Kohärenz gewährleisten soll. In diesem Sinne weist auch Aindrias Ó Caoimh, Richter am EuGH, darauf hin, dass die Verwendung von früheren Rechtsfällen als „Building-Blocks" für neuere Rechtsentscheidungen eine äußerst wichtige Funktion hat:

> „[I]t ensures there is a degree of legal certainty which is an important principle – that people do not come to the Court finding that it is like playing the lottery every day where they do not know what the result is going to be. There has to be at least some degree of certainty. But obviously sometimes the Court will have earlier cases which will not necessarily grapple the same situation and then it will have to try and find out which of the earlier cases is closest to the [current] situation. [...] Not all cases are exactly the same, so the Court tries to develop concepts to be found in other cases and to apply the relevant principles to the new case" (2011).

Insofern ist der Verweis auf frühere Entscheidungen mehr als eine „juristische Leibesübung" und es wäre falsch, diese Form rückverweisender Begründung in einer theoretisch-analytischen Betrachtung der EuGH-Rechtsprechung auszusparen. Schließlich handelt es sich dabei um ein, wie Azoulai sagt, „conceptual and ideological framework of the Court's reasoning" und dient nicht zuletzt dazu „security and permanence in judicial work" (2008: 1339 f.) durch Kohärenz sicherzustellen. Jedenfalls steht die Einbettung in ein Netz von Entscheidungen und früheren Argumentationen auch für eine gewisse Berechenbarkeit und politisch-legislative Korrigierbarkeit der vorliegenden Urteile – hierauf wird an etwas späterer Stelle näher einzugehen sein. Darüber hinaus wird man von einer Entscheidung, die sich in einen weiteren, historisch-rechtlichen Entscheidungszusammenhang einbetten lässt, kaum sagen können, sie sei Ergebnis eines Interesses oder bewege sich motivational außerhalb des Rechts. Denn auch hier gilt: Eine Erklärung, die auf einer wie auch immer näher bestimmten Art des Interesses beruht, ist gegenüber einer rechtlichen Erklärung subsidiär, also prinzipiell unzulässig, solange die Erklärung nach den Maßstäben des Rechts zu tragen vermag.

Des Weiteren wird in der vom EuGH vorgenommenen Einbettung in frühere Argumentations- und Begründungszusammenhänge eine generelle, rechtsimmanente Begrenztheit der Entscheidungsfindung deutlich, die sich ebenfalls direkt aus dem Kohärenzgebot einer jeden Rechtsordnung ergibt. Auch wenn hier nicht der Ort ist, eine genaue Darstellung des Verhältnisses der einzelnen Fälle zueinander vorzunehmen und zu diskutieren,[272] so dokumentiert doch bereits alleine die Vielzahl der dem EuGH inzwischen zur Einbettung seiner Urteile zur Verfügung stehenden Entscheidungen, dass es ein wesentliches Merkmal der europäischen, wie auch jeder anderen geschlossenen und selbsttragenden Rechtsordnung ist, im Bereich der Rechtsanwendung ein zusammenhängendes Netz von Rechtsnormen zu installieren. Dieses Netz beinhaltet dabei nicht etwa nur die Summe der gesetzlich kodifizierten Normen, sondern auch etablierte und sprachpraktisch konservierte Ideen, Werte, Rechtsauffassungen, Rechtstraditionen, Verfahrensweisen und, nicht zuletzt, auch die ständige Rechtsprechung der Gerichte. Ihre am Einzelfall entwickelten Schlussfolgerungen und Erkenntnisse sind also keinesfalls punktuelle Entscheidungen, sondern wirken über die Zeit fort. Sie müssen im Sinne einer in sich stimmigen Rechtsordnung immer, der Möglichkeit nach, in vergleichbaren Fällen mitgedacht werden. Dieser Gedanke mag in dem maßgeblich auf Fallrecht aufbauenden *Common Law* geläufiger sein als in der kontinentaleuropäischen Rechtstradition. Doch kommt auch Letztere nicht ohne die Fortentwicklung und Ausdifferenzierung des Rechts durch die Gerichte aus. So ist z. B. gerade die Ausgestaltung des Arbeitskampfrechts, um die es in den Fällen Viking und Laval ging, auch in dem kontinentaleuropäischen Rechtskreis des *Civil Law* in starkem Maße von der Bestimmung und Konkretisierung durch Fallrecht abhängig und etwa in Deutschland erst im Laufe der Jahre durch das Bundesarbeitsgericht (BAG) und das Bundesverfassungsgericht (BVerfG) herausgearbeitet und ausbalanciert worden.

Auch wenn die innere Geschlossenheit und Widerspruchsfreiheit in der Praxis nun sicherlich nicht immer gegeben ist – dies gilt, nebenbei gesagt, für den EuGH genauso wie für das deutsche Bundesverfassungsgericht, den französischen Conseil constitutionnel oder den britischen Supreme Court –, so widerspricht dies keineswegs dem Ideal einer in sich kohärenten Rechtsordnung. Das daraus normativ hervorgehende Kohärenzgebot für die Rechtsprechung konnte in Fällen wie Viking, Laval, Kadi u. Al Barakaat und Brüstle nur umso mehr gelten, als gerade die Grundrechte keinen hinreichenden, ja streckenweise nicht einmal einen expliziten Schutz in den europäischen Verträgen fanden und noch immer finden. Der EuGH muss daher seine Urteile, sehr viel stärker als in einer verfassungsrechtlich gesetzten Ordnung, argumentativ in eine Kette der Grundrechtsprechung und

---

272 Ein sehr instruktiver Überblick findet sich etwa bei Schütz, Bruha u. König 2004 oder Craig u. Búrca 1999, 2011.

-rechtsfortbildung, aber immer natürlich auch der politisch-rechtlichen Fortentwicklungen der Gemeinschaftsrechtsordnung einbetten, um überzeugen zu können. In dieser Hinsicht ist er also eher mit einem Gericht im *Common Law* als im *Civil Law* vergleichbar. Es wäre daher falsch, diese Praxis der Verwertung von Präzedenzfällen als Makulatur oder Verschleierung anderer Motive abzutun. Vielmehr ist sie ein unhintergehbares Merkmal einer temporal geschlossenen und kontinuierlich entwickelten Rechtsordnung.

Natürlich ließe sich entgegenhalten, dass der EuGH diesem Erfordernis einseitig Rechnung trage und im Laufe der Zeit eben immer zu denjenigen Entscheidungen tendiert habe, die einer *„highly politicized' and ‚pro-integrative' jurisprudence"* (Stone Sweet 2010: 27) entsprochen haben. Dies würde jedoch zweierlei erfordern: Zum einen müsste sich die Rechtsentwicklung als ein linearer Prozess darstellen lassen; zum anderen müsste die Legislative unfähig gewesen sein, auf die Akte der Rechtsfortbildung zu reagieren.

Ersteres, also die lineare Fortentwicklung des Rechts, lässt sich mit Blick auf die Geschichte der Rechtsprechung unzweifelhaft widerlegen. Die Rechtsfortbildung stellt sich bei genauerem Hinsehen viel eher als ein konstanter und nicht als ein linearer Prozess dar, der immer in eine bestimmte (etwa zentralistische) Richtung weisen würde. Als Beispiel kann etwa die wechselhafte Judikatur zur horizontalen Direktwirkung von Richtlinien angeführt werden, der keinesfalls der blinde Wille oder ein *„natural trend"* (Lavranos 2010: 282) zu einer Erweiterung der Gemeinschaftskompetenzen und der Schaffung einer „ever closer union" unterstellt werden kann.[273] Viele der Rechtsentwicklungen werden vom EuGH schrittweise über Jahrzehnte entwickelt und teilweise wieder revidiert, sofern dies notwendig erscheint (siehe Grimmel 2011a: 19 ff.). Auch von einer einseitig marktliberalen Ausrichtung des EuGH lässt sich vor dem Hintergrund der Rechtsprechung zum Arbeitnehmerschutz und zur Diskriminierung von Arbeitnehmern kaum ausgehen. Hier braucht es aber deutlich mehr empirische Studien, die sich mit den Rechtsentwicklungen inhaltlich auseinandersetzen und nicht lediglich Fälle als pro- oder kontra-integrativ kategorisieren, zählen und als Beleg für oder gegen ein expansives Wirken des Gerichtshofs anführen (so etwa Stone Sweet 2005).

Letzteres, also die Unfähigkeit zu politisch-legislativen Nachbesserungen durch den Gesetzgeber (vgl. McCown 2003), ist gerade vor dem Hintergrund

---

273 Siehe hierzu etwa die Fälle Marshall I (152/84, Slg. 1986, 723), Faccini Dori (C-91/92, Slg. 1994, I–3325), Unilever (C-443/98, Slg. 2000, S. 1–7535), Mangold (C-144/04, Slg. 2005, I–9981); siehe in diesem Zusammenhang auch BVerfG, Beschluss vom 06.07.2010 – 2 BvR 2661/06; zur horizontalen Direktwirkung in *Viking* und *Laval,* siehe auch Dashwood 2008.

der zugleich geäußerten These einer stetigen Fortentwicklung des europäischen Rechts durch judikative Prozesse (siehe Stone Sweet 2010, Pollack 2003) wenig überzeugend. Gerade diese Beständigkeit, mit welcher der EuGH das Recht im Bereich der Grundrechte entwickelt und ausdifferenziert hat, dürfte den Mitgliedstaaten nämlich genügend Zeit gegeben haben, darauf zu reagieren. Denn Kohärenz bedeutet immer auch Konstanz im Sinne einer gewissen „Trägheit der europarechtlichen Masse". Dies wird auch in den Worten eines EuGH-Richters sehr deutlich, wenn er sagt: *„The Court is like an oil tanker. It moves extremely slowly, which is probably right, [because] you do not want a court going zig-zag all the time."*[274]

Schaut man sich Viking an, so muss man feststellen, dass die Frage nach der Balance zwischen Grundfreiheiten und Grundrechten den EuGH mitnichten über Nacht erreicht hat. Denn, wie Potz richtig bemerkt: Hier *„kommt der EuGH zwar zu neuen, aber – entgegen dem Eindruck, den das mediale Echo vermittelt [hat], – zu keineswegs überraschenden Erkenntnissen. Vielmehr stellt sich dieses Urteil als konsequente Fortsetzung der bisherigen Rechtsprechung zum Verhältnis von Grundrechten und Grundfreiheiten dar"* (2008: 95). Gleiches trifft für Laval, aber auch Kadi u. Al Barakaat und Brüstle zu. Die Kritiker der Urteile können ihren Unmut also nicht damit begründen, dass der EuGH in diesen Fällen etwas völlig Neues oder Unerwartetes gemacht habe, also völlig aus der bisherigen Rechtsprechungslinie ausgebrochen sei (vgl. Davies 2008). Das Gegenteil ist der Fall. Vor dem Hintergrund einer über vierzig Jahre zurückreichenden Grundrechtsprechungsgeschichte hätten die Staaten angesichts der Linie des EuGH, nämlich der fallweisen Entwicklung der Grundrechte,[275] Einhalt gebieten müssen, falls dies nicht im Sinne des Gesetzgebers gewesen wäre. Auch hätten sie, spätestens nach dem Vertrag von Maastricht, Regeln für den Ausgleich von Grundfreiheiten und Grundrechten bereitstellen können. Es muss sich also die Frage stellen, warum die Staaten die Urteile nicht rückgängig gemacht haben oder wenigstens für Nachbes-

---

274 Anonym, persönliches Interview, geführt vom Verfasser, Luxemburg im April 2011.
275 Als Beleg hierfür seien nur einige Grundrechte und die entsprechenden EuGH-Urteile in Kürze genannt: Schutz der Privatsphäre (Stauder, 29/69, Slg. 1969, 419), Unverletzlichkeit der Wohnung (Hoechst, Rs. 46/87 u. 227/88, Slg. 1989, 2859 und Roquette Frères, Rs. C-94/00, Slg. 2002, I–9011), Auffanggrundrechte und allgemeine Handlungsfreiheit (ebenfalls Hoechst 1989 und Rau/Balm, 133/85–136/85, Slg. 1987, 2289), Eigentum und Berufsfreiheit (Hauer 44/79, Slg. 1979, 3727 und Metronome Musik, C-200/96, Slg. 1998, I–1953), Vertrauensschutz, Rechtssicherheit (Deutsche Milchkonto, 215/82, Slg. 1983, 2633), Vereinigungsfreiheit (Bosman, C-415/93, Slg. I–1995, 4927), Meinungs-, Presse-, Rundfunk- und Informationsfreiheit (Familiapress C-368/95, Slg. 1997, I–3689), Allgemeiner Gleichheitssatz (Karlson, C-292/97, Slg. 2000, I–2737), Verfahrensgrundrechte (Krombach, C-7/98, Slg. 2000, 1–1935).

serungen gesorgt haben? Hierauf hat die Politikwissenschaft jenseits der bekannten institutionellen Erklärungen (in diesem Sinne ließe sich bereits Scharpf 1985 und 2006 deuten; siehe auch Pollack 2003, Stone Sweet 2000) noch keine hinreichende Antwort gegeben. Sicherlich mögen heute in einer „Union der 27" Änderungen an sensiblen Passagen der Verträge, die nach wie vor Einstimmigkeit erfordern, sehr schwer zu erreichen sein (vgl. Carrubba, Gabel u. Hankla 2008, Stone Sweet u. Brunell). Dies trifft aber nicht auf die frühen Jahre der EuGH-Grundrechtsprechung zu. So muss es für eine „Gemeinschaft der Sechs" zu Beginn der 1970er Jahre nach den Urteilen *Stauder* (1996) und *Internationale Handelsgesellschaft* (1970) durchaus möglich gewesen sein, den Gerichtshof in seine Schranken zu weisen (näher hierzu auch Grimmel 2011a: 15 f.).

Nun könnte natürlich argumentiert werden, dass es trotzdem noch einen „secret plan", eine Agenda oder auch nur ein Interesse des EuGH gibt, das seine Entscheidungen vorbestimmt. Es würde dann, hinter den juristischen Formulierungen und Praktiken versteckt, noch eine zweite, wahrhaftige Ebene der Entscheidungsfindung geben, die als eigentliche Ursache für die Rechtsfortbildung gesehen werden müsste. Um diese Annahme jedoch nachweisen zu können und damit sie überhaupt Relevanz besitzt, müsste es keine hinreichende – genauer gesagt: keine rationale – rechtliche Erklärung geben. Die Urteile müssten mithin nicht akzeptanzfähig sein. Dies heißt natürlich nicht, dass die Entscheidungsgründe in den vorliegenden Fällen, Viking, Laval, Kadi u. Al Barakaat und Brüstle, jeden überzeugen müssen, dass es keine anderen Lösungswege gäbe oder dass die Begründungen des EuGH in Gänze gelungen sind. Wohl bedeutet dies aber, dass ein Mindestmaß an juristisch erzeugter Folgerichtigkeit, Widerspruchslosigkeit der Argumentation, Konsistenz und Kohärenz sowie der Bezug zu den angrenzenden Strukturen des Kontextes gewahrt bleiben musste,[276] welches das Urteil als rational begründet gelten lassen kann. Dies bringt uns zu der funktionalen Dimension des Kontextes.

6.2.2 Die funktionale Dimension – die unsichtbare Grenze zwischen Recht und Politik

Es stellen sich drei zentrale Fragen in der funktionalen Dimension des Kontextes, die Auskunft darüber geben können, ob der EuGH den Kontext des Rechts verlassen hat und eine politische – und insofern kontextexterne – Rationalität

---

276 Vgl. Ernst 2007: 27; siehe auch Kap. 5.1.

verfolgt hat: Erstens, ob der EuGH überhaupt befugt gewesen ist, auf einer offenbar unzureichenden oder zumindest unklaren Rechtsgrundlage (diese war in sämtlichen hier vorgestellten Fällen gegeben) überhaupt Recht zu sprechen, das über die klaren textlichen Normierungen hinausgeht, oder ob sich der Gerichtshof Kompetenzen angemaßt hat, die eigentlich der Politik hätten überlassen bleiben müssen. Es stellt sich, kurz, die Frage nach der „Berechtigung zur Rechtsfortbildung" in den konkreten Einzelfällen. Zweitens ist zu klären, ob das Ausmaß der inhaltlichen Bestimmungen unbedingt erforderlich oder zumindest entscheidungsnotwendig war. Drittens, und eine Beantwortung der vorhergehenden Fragen voraussetzend, muss geklärt werden, ob die durch das Gericht getroffene Entscheidung im Sinne einer gelungenen rechtlichen Argumentation angemessen und wohlbegründet ist und mithin das Kriterium der Verstehbarkeit und Akzeptabilität (im Sinne des kontextrationalen Handelns, siehe auch Abb. 11, oben) erfüllt.

Eine Antwort auf die erste Frage nach der Befugnis zu einer rechtsfortbildenden Rechtsprechung in den vorliegenden Fällen wird sich, über die in Kapitel 5.1 gemachten grundsätzlichen Ausführungen hinausgehend, recht einfach geben lassen. Dazu muss man sich zunächst zwei grundsätzliche Dinge verdeutlichen: *Zum einen*, dass der EuGH, wie praktisch jedes Gericht, generell keine Möglichkeit zur Rechtsprechungsverweigerung (*franz. „deni de justice"*, auch Rechtsverweigerung) besitzt, auf dessen Grundlage er die Entscheidung an die mit der legislativen Setzung von Recht betrauten Institutionen hätte zurückreichen können. Oder, aus praktischer Sicht und in den Worten des Präsidenten des Gerichtshofs, Skouris:

> „*[Als Richter] kann man um eine Antwort nicht umhin kommen indem man sagt: das ist eine schwierige Frage, eine hoch politische Angelegenheit oder da sind die Meinungen gespalten. Die Aufgabe des Richters ist es, eine Entscheidung zu treffen. Und was die Entscheidung betrifft – die kann man natürlich kritisieren und sagen: das ist nicht ‚lege artis' geschehen oder man hat dieses oder jenes übersehen*" (2011).

Hieraus hat das Gericht übrigens zu keiner Zeit ein Geheimnis gemacht, sondern auf das damit verbundene Erfordernis der Rechtsschöpfung sehr früh, bereits 1957, in der Rechtssache Algera explizit hingewiesen: „*[F]or the solution of [the case] the Treaty does not contain any rules. Unless the Court is to deny justice it is therefore obliged to solve the problem by reference to the rules acknowledged by the legislation, the learned writing and the case-law of the member states*" (verb. Rs. 7/56 und 3–7/57, 33).

Zum anderen, dass der Gemeinschaftsvertrag niemals ein „traité loi", sondern immer ein „traité cadre" war.[277] Als solcher enthält der Vertragstext nicht allein ausdrückliche gesetzliche Regelungen für einen bestimmten Bereich des Gemeinschaftshandelns, sondern ist zugleich der Grundstein für ein supranationales Gebilde mit autonomen Institutionen, die überdies mit weitreichenden rechtlichen Kompetenzen ausgestattet sind (vgl. auch Haltern 2007a: 40). Dies hat auch historische Gründe. Denn gerade in den Anfangsjahren nahmen die Mitgliedstaaten die rechtliche Ausgestaltung der Gemeinschaft kaum als Feld vitaler politischer Interessen wahr, sondern überließen dies den Rechtsgelehrten und Expertengremien: *„Member states displayed little interest in the details of the legal system. Instead, they delegated the construction of the judicial system to a Judicial Group composed of legal experts, with significant autonomy from member state direction. This Group was given broad authority in devising a judicial system"* (Heisenberg u. Richmond 2002: 204). In diesem Sinne ist der frühe Europäische Gerichtshof zu keiner Zeit nur ein „International Tribunal" (Plender 1983) gewesen und auch heute nicht mit einem „International Court" (Alter 2011), eine Art internationales Schiedsgericht, zu verwechseln, das in der Umsetzung seiner Urteile von dem „guten Willen" seiner Streitparteien abhängig wäre, wie dies, mit Einschränkungen, beim Internationalen Gerichtshof oder beim Europäischen Gerichtshof für Menschenrechte der Fall ist. Seine Aufgabe war es vielmehr, die recht unbestimmten Zielbestimmungen des Vertragswerkes umzusetzen und generell *„to breathe life into the Treaty"* (Weatherill 1995: 185). Dies ergibt sich auch aus der Natur der Europäischen Union, die ja gerade nicht eine bloße internationale Organisation oder ein Staatenbündnis, sondern – und dies scheint mir unumstritten – ein enger Verbund seiner Mitglieder ist und inzwischen den Einzelnen, den europäischen Bürger also, durch seine Gesetzgebung und sein administratives Handeln ganz direkt betrifft.

Daraus geht auch deutlich hervor, dass der EuGH nicht nur niemals als „la bouche qui prononce les paroles de la loi" (Montesquieu) konzipiert gewesen ist (vgl. Heisenberg u. Richmond 2002), sondern auch und vor allem nicht als ein solcher gedacht gewesen sein *kann.* Denn mit der Entscheidung der Nationalstaaten, sich in einer supranationalen und autonomen Gemeinschaft zusammen-

---

277 Ein „traité loi" (Verwaltungsvertrag) ist ein Vertrag, aus dem direkt Rechte und Pflichten für die Vertragsstaaten und die europäischen Bürger hervorgehen. Ein „traité cadre" (Rahmenvertrag) hingegen enthält bewusst lediglich Eckpunkte und grundlegende Bestimmungen für den Aufbau einer institutionellen Struktur, deren Leerräume durch Akte der politischen Rechtsetzung oder der Rechtsfortbildung bzw. -ergänzung ausgefüllt werden müssen (Beutler et al. 1987: 40, Simson u. Schwarze 1992: 26, 1995: 75).

zuschließen, der auch ein Teil der künftigen Gesetzgebung obliegen sollte, haben diese zugleich einer Absicherung der Rechtspositionen ihrer Bürger durch die Ausgestaltung einer nicht lediglich internationalen, sondern supranationalen Verfassung und deren verbindlicher Auslegung und Anwendung durch unabhängige europäische Gerichte zugestimmt (vgl. Beutler 2008: 98). Dies ergibt sich aus der Tatsache, dass die europäischen Verträge nicht nur zwischen der Gemeinschaft und den Mitgliedstaaten, sondern besonders auch zwischen den Gemeinschaftsorganen und den europäischen Bürgern eine unmittelbare Rechtsbeziehung geschaffen haben (vgl. Habermas 2011: 59). Auch wenn dies nicht in expliziter Form in den Verträgen verankert worden sein mag, so ist es doch historisch unzweifelhaft aus den Gründungsbekenntnissen der Staaten im Rahmen der EGKS/Montanunion ablesbar und überdies die notwendige Konsequenz eines Transfers politisch-administrativer und legislativer Macht auf die europäische Ebene. Noch deutlicher gesagt: Die Möglichkeit der Überwachung und Einhegung politischer Hoheitsgewalt im Rahmen einer gerichtlichen Kontrolle und am Maßstab der allgemein geltenden Rechte, auf denen die Gemeinschaft gegründet ist und welche sie auszuformulieren hat, kann nicht von dem Willen oder der Fähigkeit der politischen Gremien abhängen, diese auch wirklich textlich zu verankern (was in Europa aufgrund der demokratischen Defizite und mangelnden Beschlussfähigkeit stets ein mit größeren Problemen behaftetes Unterfangen ist).

Besonders deutlich wird dies bereits in den frühen Urteilen in van Gend & Loos (1962) und Costa/ENEL (1964).[278] Als der EuGH darin die Autonomie der Gemeinschaft nach innen, d. h. vis-à-vis den Mitgliedstaaten bestätigte, so war damit zugleich auch ein gemeinschaftlicher Grundrechtsschutz unausweichlich geworden, um durch die Übertragung von staatlich-politischen Kompetenzen auf die supranationale Ebene keine rechtlichen Lücken in eben diesem Schutzbereich entstehen zu lassen und die Legitimität der Gemeinschaft zu sichern (vgl. auch Nehl 2002: 97 ff.). So lässt sich Nicolaysen nur beipflichten, wenn er bemerkt, dass *„[d]er Sinn gemeinschaftsrechtlicher Grundrechte oder ihre Notwendigkeit ... ihre Wurzeln in der Begründung der Gemeinschaften als Träger autonomer Hoheitsgewalt [haben]"* (2004: 15). Nicht anders ist auch zu erklären, dass der Gerichtshof in der Rechtssache *Stork* im Jahr 1959 (1/58, Slg. 1959, 43) noch keine Sensibilität für die Grundrechte erkennen ließ, dann aber, einige Jahre nach der Rechtsprechung in van Gend & Loos und Costa/ENEL – nachdem die Politik nicht reagierte und der Druck eine Ausfüllung des entstandenen Hohlraums herbeizuführen im-

---

278 Siehe auch Kap. 5.2.1 u. 5.2.2.

mer größer wurde – begann den Aufbau des Grundrechtsschutzes in der Gemeinschaft selbst in die Hand zu nehmen.[279]

Gleiches gilt für *Kadi u. Al Barakaat.* Geradezu spiegelbildlich zu seiner frühen Rechtsprechung in van Gend & Loos und Costa/ENEL, hat der EuGH hier die Autonomie der Gemeinschaftsrechtsordnung nach außen festgestellt; sich dieses Mal jedoch direkt auf die Grundrechte berufen, welche die Gemeinschaft zu garantieren und in ihrem Handeln zu wahren habe – auch wenn der Ursprung des Handels außerhalb der Gemeinschaftsrechtsordnung liegt. Curtin u. Eckes ist daher zuzustimmen, wenn sie darauf hinweisen, dass *„in parallel with this process of establishing the Union's autonomy from pressures by the member states from within the European legal order [in van Gend & Loos and Costa/ENEL], the ECJ defended in Kadi the Union's autonomy against external pressure created by member states cooperating with third states in the UN"* (2008: 368). In Kadi u. Al Barakaat war dieser Druck in der drohenden Erosion von grundrechtlichen Standards im Zuge internationaler Anti-Terror-Maßnahmen zu sehen, die das rechtsfortbildende und rechtswahrende Eingreifen des EuGH im Zuge einer Nichtigkeitsklage notwendig machte. Dies galt umso mehr als die in der UN-Resolution vorgesehenen Maßnahmen dazu geeignet waren, die Reichweite und das Ermessen des administrativen Handelns zu erweitern, dabei den bislang von den Staaten und der Gemeinschaft gewährten Grundrechtsschutz zu umgehen und insofern durchaus *„inherently anti-constitutional"* (Murkens 2009: 50) bezeichnet werden können.

Lässt sich hierin bereits eine illegitime, weil vermeintlich politische, Rechtsfortbildung sehen? Wohl kaum. Denn der Verlagerung politischer Aktivitäten auf die supranationale, wie auch auf die internationale Ebene *musste* ein Transfer gerichtlicher Kontrollmöglichkeiten folgen, um keine Lücken im Individualrechtsschutz entstehen zu lassen (in diesem Sinne auch Cannizzaro 2010: 597, Menz u. Scholz 2009: 68). Denn eine hinreichende Kontrolle der vom Sicherheitsrat der Vereinten Nationen beschlossenen sog. smart sanctions gegen Terrorverdächtige gab und gibt es bislang nicht. Eine gerichtliche Instanz, welche die Wahrung grundlegender Rechte garantiert und an die sich von den Sanktionen Betroffene wenden könnten, um rechtliches Gehör zu finden, ist schlicht und einfach im System der Vereinten Nationen nicht vorgesehen – und steht auf absehbare Zeit auch nicht in Aussicht. Ein Einschreiten durch den EuGH im Rahmen eines rechtlichen Verfahrens wurde so unausweichlich und war unerlässlich, um keine Erosion des in Europa geltenden Grundrechtsschutzes zu bewirken.

---

279 Nämlich in den Rechtssachen Stauder aus dem Jahr 1969 (29/69, Slg. 1969, 419) und *Internationale Handelsgesellschaft* aus dem Jahr 1970 (11/70, Slg. 1970, 1125).

Dies galt umso mehr, als die Gemeinschaft ohnehin mit der Zeit ihre Tätigkeiten auf immer weitere Bereiche ausdehnte, die immer direkter auch den einzelnen Bürger betrafen, der vor den nationalen Gerichten nur noch bedingt seine Rechte hätte geltend machen können. Ob man so weit gehen kann, von einem „*Triumph der Rechtsstaatlichkeit*" (Kämmerer 2009) zu sprechen, sei dahingestellt. Sicher ist jedoch, dass Kadi u. Al Barakaat stellvertretend für eine ganze Reihe von Fällen zu sehen ist, in denen die rechtsfortbildende und z. T. auch rechtsschöpfende Grundrechtsprechung des EuGH die Schutz- und Abwehrrechte des Einzelnen lediglich gewahrt hat – nicht jedoch zu einer Machtverschiebung zugunsten des Gerichtshofs geführt hat. Es kann daher nicht von einem Akt der illegitimen Rechtsfortbildung gesprochen werden, sondern viel eher von einem solchen der „Rechtswahrung", wie Juliane Kokott, Generalanwältin am EuGH, sagt:

> „*Ist Rechtsfortbildung Politik? Man kommt immer wieder in die Situation, dass ein spezifischer Lebenssachverhalt nicht geregelt ist. Beispielsweise haben die Verträge bis zum Vertrag von Lissabon keine geschriebene Grundrechtecharta vorgesehen. Trotzdem, denke ich, kann es nicht sein, dass ein Gebilde, das z. T. Kompetenzen besitzt wie man sie sonst nur bei Nationalstaaten findet – das also die Möglichkeit hat, das Leben des Einzelnen stark zu prägen –, ohne Grundrechte funktioniert. Ist es deshalb Politik, Grundrechte anzuerkennen, auch wenn sie nicht ausdrücklich niedergeschrieben worden sind? [...] Das betrachte ich nicht als Politik, sondern als Rechtswahrung*" (2011).

Die immer wieder auftauchende Kritik, die Mitgliedstaaten hätten den EuGH vertraglich nicht zu seinem Handeln legitimiert (z. B. Höpner 2009, Höreth 2008), kann jedenfalls unter keinen Umständen als gerechtfertigt angesehen werden. Sie übersieht ganz einfach die Tatsache, dass die Entscheidung zur politischen Integration notwendigerweise und automatisch einen Transfer von judikativen Kompetenzen nach sich ziehen muss, um den Schutz des Einzelnen und die anerkannten verfassungsrechtlichen Standards zu wahren – gleich, ob die Politik dies nun explizit befürwortet oder nicht. Die dabei entstehende Rechtsprechungskonkurrenz zwischen den Gerichten der Gemeinschaft und den nationalen Verfassungsgerichten ist, wie Oeter bemerkt, ein hierbei auftretendes Sonderphänomen, das nicht von vornherein als negativ zu bewerten ist (siehe 2009: 129; auch ders. 2007). Viel eher ist es ein strukturell notwendiger Nebeneffekt in dem Verbundgefüge der Europäischen Union. Vor diesem Hintergrund kann sich die Frage nach der generellen Berechtigung zur Rechtsfortbildung und ggf. auch Rechtsschöpfung[280]

---

280 Insoweit rechtliche Aspekte geregelt werden, die bislang ungeregelt geblieben sind.

im Bereich der Grundrechte kaum stellen. Wichtiger und interessanter ist viel eher die Frage nach der Notwendigkeit und tatsächlichen Form der richterlichen Fortentwicklung des Rechts auf europäischer Ebene. Denn eine Entscheidung, die notwendig ist und sich zudem gemäß den kontextuell geltenden sprachpraktischen Regeln als begründet verstehen lässt, muss, wie bereits angeführt, als rational i. S. d. Kontextes angesehen werden. Dies – und nicht die bloße Tatsache, *dass* der EuGH das Recht progressiv fortentwickelte – ist der entscheidende Gradmesser für die Legitimität der Institution.

In den hier vorliegenden Fällen war der Gerichtshof über ein von nationalen Gerichten eingeleitetes Vorabentscheidungsverfahren oder aber per Nichtigkeitsklage mit einigen konkreten Fragen konfrontiert worden, deren Lösung sich nicht einfach, im Sinne einer direkten textlichen Rechtsanwendung von Normen (dies ist, wenn überhaupt, ohnehin nur die Ausnahme richterlichen Entscheidens)[281], aus dem Primär- oder Sekundärrecht ergab. Zu deren Beantwortung aufgefordert, konnte er lediglich auf die gängigen Rechtserkenntnisquellen für die Gemeinschaftsgrundrechte verweisen (EMRK und gemeinsame Verfassungsüberlieferungen der Mitgliedstaaten)[282], die er selbst seit den späten 1960er Jahren[283] in Ermangelung geeigneter legislativer Vorschriften zu entwickeln und ausdifferenzieren begann. Der Bezug auf diese Rechtserkenntnisquellen war also erforderlich gewesen, um überhaupt einen grundrechtlichen Schutz auf Ebene der Gemeinschaft bieten zu können. Mit dieser Praxis handelte sich der Gerichtshof nun allerdings den Vorwurf ein, politisch aktiv zu werden, also *„jene kluge Zurückhaltung"* aufzugeben *„die seine Rechtsprechung in der Vergangenheit ausgezeichnet hat"* (Däubler 2008) und auf Bereiche einzuwirken, die dem judikativen Handeln nicht zuständen. Eine Kritik, die m. E. in dieser Form zu Unrecht geäußert wurde. Denn als die nationalen Gerichte dem EuGH ihre Fragen vorlegten, taten sie dies nicht ohne Grund. Eine „Zurückhaltung" war in den vorliegenden Fragen nicht möglich und auch nicht geboten.

Auch hier ließe sich zweifelsohne wieder ein Interesse unterstellen, nämlich das der nationalen Gerichte an der Vorlage beim EuGH (in diesem Sinne bereits Alter 1996).[284] Doch blendet diese These die Möglichkeit der Notwendigkeit der

---

281 Siehe Kap. 5.1.
282 Seit 1992 im Vertrag über die Europäische Union (EUV), Art. 6, II verankert. Nach der Erneuerung durch den Vertrag von Lissabon 2007 gehört hierzu auch die bereits im Jahr 2000 proklamierte Grundrechtecharta. Auf diese greift der EuGH in Kadi u. Al Barakaat bereits zurück.
283 Siehe auch Fn. 269, oben.
284 Siehe auch Kap. 2.1.4.

Vorlage aus, die hier als intervenierende Variable gesehen werden muss, da sie eine Begründbarkeit aus dem Recht heraus erlauben würde. Diese Notwendigkeit kann nun im konkreten Fall in zweierlei Hinsicht gegeben sein: Zum einen sind die nationalen Gerichte nicht nur aufgefordert, sondern gem. Art. 267 AEUV (ex-Art. 234 EGV) auch verfahrensrechtlich verpflichtet, den Europäischen Gerichtshof in Auslegungsfragen des Gemeinschaftsrechts anzurufen, sofern das Urteil mit innerstaatlichen Rechtsmitteln nicht mehr angefochten werden könnte.[285] Zum anderen ergibt sich die Notwendigkeit für ein Vorabentscheidungsverfahren aber auch aus der bloßen Tatsache, dass die nationalen Gerichte nicht für die Auslegung und Prüfung von Gemeinschaftsrecht zuständig sind. Machen die prozessführenden Parteien die Verletzung von Rechtspositionen geltend, die sich aus dem Gemeinschaftsrecht ergeben und gehen daraus Fragen hervor, die sich nicht aus dem geltenden Recht oder der bisherigen Rechtsprechung der europäischen Gerichte heraus eindeutig beantworten lassen, so wird in der Regel eine Vorabentscheidung unumgänglich.

In allen drei hier betrachteten Fällen, die den EuGH per Vorabentscheidungsverfahren erreichten, nämlich Viking, Laval und Brüstle, lässt sich diese doppelte Notwendigkeit sehr deutlich nachweisen. In *Viking* etwa legte der Court of Appeal dem EuGH eine Reihe von Fragen vor, welche die Konfliktparteien vorgetragen hatten. Sie betrafen die Auslegung und Anwendung des Art. 43 EGV (Niederlassungsfreiheit, heute 49 Art. AEUV) und der Verordnung 4055/86/EWG (Anwendung des Grundsatzes des freien Dienstleistungsverkehrs auf die Seeschifffahrt). Für deren Auslegung war der Court of Appeal jedoch nicht zuständig. So stellte sich etwa ganz konkret die Frage, ob die Arbeitskampfmaßnamen der Gewerkschaft (FSU) bzw. des Gewerkschaftsverbandes (ITF), die gegen ein privates Unternehmen (Viking) gerichtet waren, in den Anwendungsbereich der Bestimmungen über die Freizügigkeit fallen oder durch die Sozialpolitik der Gemeinschaft hiervon ausgeklammert sind. Weiterhin wurden Fragen zur horizontalen Direktwirkung des Primärrechts und Sekundärrechts (hier: Verordnungen) (eingehend hierzu Dashwood 2008), zu Beschränkungen der Freizügigkeit, der Niederlassungs- und Dienstleistungsfreiheit sowie deren möglicher Rechtfertigung aufgeworfen, die in den Augen des englischen Gerichts entscheidungsrelevant waren. Da Letzteres selbst auf diese europarechtlichen Fragestellungen keine Antwort geben konnte, wurde der EuGH schließlich um Vorabentscheidung ersucht.

In *Laval* war dies nicht anders. Auch hier war der EuGH durch ein nationales Gericht, nämlich das schwedische Arbeitsgericht, zur Konkretisierung und

---

[285] Dazu auch das Urteil des EuGH in *Lyckeskog*, Rs. C-99/00, Slg. 2002, I–4839 aus dem Jahr 2002.

Auslegung des Gemeinschaftsrechts gebeten worden. Dabei ging es vor allem um die Vereinbarkeit von kollektiven Maßnahmen (Streik und Baustellenblockade) mit der Dienstleistungsfreiheit, dem Diskriminierungsverbot sowie der Richtlinie 96/71 („Arbeitnehmerentsenderichtlinie"). Auch hier bestand aufgrund der unklaren Rechtslage Klärungsbedarf und insofern auch die Notwendigkeit zur Vorlage beim EuGH.

Im Fall *Brüstle* war es schließlich der Bundesgerichtshof (BGH), der um die Auslegung der Biopatentrichtlinie bat. Diese wurde unausweichlich, da die Entscheidung über die Berufung von Herrn Brüstle von der Frage abhing, ob das strittige Patent, soweit es aus menschlichen embryonalen Stammzellen gewonnene Nervenvorläuferzellen betraf, gem. § 2 Abs. 2 Satz 1 Nr. 3 des deutschen Patentgesetzes (PatG) von der Patentierung ausgeschlossen ist. Eine Antwort hierauf hing nun für den BGH wiederum davon ab, wie Art. 6 Abs. 2 Buchst. c der Biopatentrichtlinie und der darin erwähnte Begriff des „menschlichen Embryos" auszulegen sei (siehe auch Rn. 20 des Urteils).

Die Vorlage sämtlicher Fälle basierte mithin auf Rechtsfragen und -problemen, die sich von den nationalen Gerichten keineswegs ohne eine vorherige Klärung der relevanten europarechtlichen Aspekte, quasi subsidiär, auf nationaler Ebene beantworten ließen. Eine Nachfrage beim Gerichtshof wurde sowohl in Viking und Laval als auch in Brüstle unumgänglich. Die Notwendigkeit der Vorabentscheidung durch den EuGH ergab sich also zunächst aus der Tatsache, dass Fragen auftauchten, deren Lösung von den nationalen Gerichten nicht geleistet werden konnte. Des Weiteren muss aber auch gesehen werden, dass viele dieser Fragen überhaupt erst aufkamen und vom EuGH beantwortet wurden, weil die Mitgliedstaaten sich noch auf keine oder nur halbfertige rechtliche Lösungen geeinigt hatten. Insofern bestand ein gewisser rechtsspekulativer Freiraum, der vom Gerichtshof aufgefüllt wurde. Dass dieser teils durch die Entwicklungsgeschichte und Pfadabhängigkeit der Gemeinschaft, teils aber auch durch die mangelnde Problemlösungsfähigkeit der europäischen politischen Organe befördert wird, ist hinlänglich bekannt und zeigt sich in Viking, Laval und Brüstle sehr deutlich. So basiert das Kernproblem in Viking und Laval auf der praktischen Vereinbarkeit von Grundrechten (kollektive Maßnahmen bzw. Arbeitskampfmaßnahmen) und Grundfreiheiten (hier Freizügigkeit, Niederlassungsfreiheit, Dienstleistungsfreiheit). Doch muss man sich fragen, ob überhaupt eine solch grundlegende Differenz zwischen Grundrechten und Grundfreiheiten besteht bzw. auf Dauer bestehen kann. Gibt es nicht auch einen Bereich der Konvergenz von Grundfreiheiten und Grundrechten (hierzu eingehend Skouris 2005: 16 ff.)? Und soll nicht gerade durch die Grundrechte auch Freiheit gewährleistet werden? Und sind Freiheitsrechte nicht in jeder mitgliedstaatlichen Verfassung ein wesentlicher Bestandteil des Grundrechtskataloges? In Brüstle ist der Stein des Anstoßes die fehlende Definition eines für die Auslegung und praktische Anwendung der Biopatentrichtlinie zentralen Begriffs gewesen, von der sich unschwer vermuten lässt, dass sie aufgrund ihrer politischen Brisanz einfach ausgespart werden musste, um die Richtlinie überhaupt verabschieden zu können.

Es lässt sich also festhalten, dass in den hier untersuchten Vorabentscheidungen das Erfordernis für ein Handeln des EuGH in erster Linie aus der historisch-urwüchsigen Gestalt der Gemeinschaft und daraus resultierenden Problemen hervorging (wie in Viking und Laval); aber auch aus Versäumnissen der administrativen und legislativen Gremien ein hinreichendes Maß an Rechtssicherheit und -klarheit zu schaffen (wie vor allem in Brüstle). Dieser Hinweis soll nicht als generelle Schelte an der mangelnden europäisch-politischen Problemlösungsfähigkeit verstanden werden. Der Präsident des Bundesarbeitsgerichts a. D., Wißmann, hat fraglos recht, wenn er anmerkt, dass *„[d]er EG-Vertrag ... sich ja nicht so eben ändern [lässt], schon gar nicht mit dem Ziel, seine inneren Gewichte zu verschieben"* (2009: 151). Unzweifelhaft sind die zentralen Fragen und Probleme in den vorliegenden Fällen auch äußerst schwierige, deren Beantwortung immer Dissens auf der einen oder anderen Seite bedeutet. Besonders in Viking, Laval und Brüstle hätte wohl jede Entscheidung unausweichlich den Unmut entweder der Vertreter wirtschaftlicher oder „sozialer" Interessen nach sich gezogen. Gleichwohl wäre es aber falsch, die Last der Entscheidung, die in Europa massiv der Gerichtsbarkeit aufgebürdet wird und der sich diese nicht wie die europäischen politischen Gremien entziehen kann, als juristischen Aktivismus auf der Grundlage eines Willens zur Integration auszulegen und legitimitätsbestreitend gegen den EuGH ins Feld zu führen. Eher ist von einem rechtsimmanenten Moment der Integration auszugehen, das einerseits durch die über den Einzelfall hinausgehende Klärung von Vorabentscheidungsfragen seitens des EuGH und andererseits durch die allgemeine, europaweite Verbindlichkeit des Gemeinschaftsrechts entsteht. So stellt Richter Aindrias Ó Caoimh heraus:

„Judgments of the Court in the context of a preliminary reference may apply to the particular facts of a case at national level or may contain statements of principle that will apply to situations arising throughout the European Union. If you take the fact that all the courts of the Member States are in reality courts of the European Union in the sense that they are required to apply European Union law, you could say that the process of giving judgments stating general principles is one that has a force of integration, because the Court of Justice is called upon to interpret the law which will apply throughout the Euro-

pean Union. In this respect the process that the Court is engaged in has a force of integra-
tion, but the Court does not have a mission of integration" (2011).

Dies gilt im Übrigen für sämtliche Verfahrensarten und nicht allein für das Vorabentscheidungsverfahren. So waren es in *Kadi u. Al Barakaat* zwar nicht die nationalen Gerichte, die mittels Vorabentscheidungsverfahren um Rechtsklarheit
baten, sondern Einzelne, die per Nichtigkeitsklage gegen das Handeln der Gemeinschaft vorgingen. Auch hier besteht kein Zweifel, dass die Klage von Herrn
Kadi und der Al Barakaat International Foundation nicht nur zulässig, sondern
vor dem Hintergrund der Art und Weise der Umsetzung der UN-Resolution
auch durchaus berechtigt war und sich geradezu zwangsläufig aus dem Handeln
der Gemeinschaftsorgane ergab. Schließlich hatten diese den von den Anti-Ter-
ror-Sanktionen Betroffenen bestimmte grundlegende rechtsstaatliche Garantien (namentlich Anspruch auf rechtliches Gehör und das Recht auf effektive gerichtliche Kontrolle) einfach nicht gewährt. Die Frage nach der Begründetheit
der Klage ließ sich von EuG und EuGH nur beantworten, sofern zunächst eine
über den Einzelfall hinausgehende Klärung der Natur der Gemeinschaftsrechtsordnung geleistet wurde. Die Beantwortung der Frage nach dem Verhältnis von
Gemeinschaftsrecht zu Völkerrecht und ganz besonders die Absicherung der
Grundrechte gegen auf internationaler Ebene initiierte Rechtsakte wurden dabei unausweichlich; besonders deshalb, weil die Gemeinschaftsorgane und Großbritannien im Rahmen des Ausgangsverfahrens vor dem Gericht Erster Instanz
(EuG) gefordert hatten, grundsätzlich jede Zuständigkeit für eine indirekte Kontrolle der Rechtmäßigkeit von UN-Resolutionen abzulehnen (siehe auch Rn. 217
des Urteils).

Auch muss sich das Bild eines politisch aktiven Gerichts relativieren, wenn
man sich vor Augen führt, dass sich konkret immer nur diejenigen Fragen beantworten lassen, die dem Gericht auch als solche gestellt wurden. Oder wie der Präsident des Gerichtshofs es zusammenfasst: *„Der Gerichtshof hat vielleicht das letzte
Wort, aber nicht das erste Wort"* (Skouris 2011). Man sollte insofern eher von einem
generellen „judicial passivism" sprechen, der auch in der Beschreibung von Richterin Prechal sehr deutlich wird:

„We as a Court are very much dependent on what the parties are arguing and what nati-
onal courts ask in preliminary proceedings. So, if the parties have not addressed certain
issues, we cannot resolve these, because that is not in our power. [...] People sometimes
just forget how our work functions over here. [...] We first need to have a case to do so-

mething, ... if there is no case and no arguments by the parties we cannot just send out messages" (2011).[286]

In diesem Sinne sollte es für das Gericht kaum möglich sein, wesentlich über die ihm zur Klärung übersandten Fragen hinauszugehen. Die These einer willentlich vorangetriebenen Europarechtsexpansion kann sich in den hier untersuchten Fällen also nur als ein Zerrbild der Arbeit des EuGH und seiner real existierenden Möglichkeiten darstellen. Wohl kann man aber feststellen: je enger die Gemeinschaft zusammenwächst und je größer zugleich die Lücken in Kernfragen ihrer rechtlichen Ausgestaltung bleiben, desto mehr Fälle wird der EuGH auch vorgelegt bekommen. Die stetig steigende Zahl der beim EuGH anhängigen Fälle ist also eher symptomatisch für den Stand der Integration und die vielen offenen Fragen, die sich im Laufe der Zeit ergeben haben und weiterhin ergeben, als für den Willen einer Ausdehnung und aktiven Gestaltung des Rechts seitens der europäischen Judikative.

Abschließend stellt sich noch die Frage nach der Form der Rechtsprechung und insbesondere danach, ob diese argumentativ gelungen, angemessen und wohlbegründet ist, und mithin das Kriterium der Verstehbarkeit und Akzeptabilität – im Sinne des kontextrationalen Handelns – erfüllt.

Hierzu sollte man sich voran noch einmal einen grundsätzlichen Punkt zu den Funktionsbedingungen des Rechts vergegenwärtigen: Recht kann (zumindest in demokratischen Systemen) niemals von dem Willen Einzelner abhängen. Dies gilt normativ, ebenso wie empirisch. Der Sinn des Rechts ist es schließlich, der Willkür Abhilfe zu schaffen; und dies geschieht, indem man Rechte, Pflichten und Verfahren niederschreibt, also in textlicher Form konserviert. Hierfür muss aber bereits ein gemeinsames Verständnis über den Rechtsgegenstand, sprich: den Inhalt des Textes existieren. Die Möglichkeit des intersubjektiven Verständnisses von Recht, seines Inhalts und seiner konkreten Bedeutung, ist also seine allgemeine Funktionsbedingung. Ein Recht, das nur ein Mensch verstünde, wäre im Grunde genommen gar keines, so könnte man in Anlehnung an Wittgensteins Aussagen zum Regelfolgen formulieren.[287] Recht kann also nicht einfach durch einen individuellen Akteur, wie den EuGH, verändert werden – zumindest nicht ohne dessen Verstehbarkeit und Akzeptabilität zu riskieren. Dass dies zudem auch unter praktischen Gesichtspunkten – nämlich den Bedingungen des Funk-

---

286 Ähnlich äußert sich auch Richter von Danwitz 2008: 775.
287 Siehe hierzu auch Kap. 4.2.2 und 4.3.

tionierens der Rechtsprechung, die immer auf gegenseitige Versteh- und Nachvollziehbarkeit angewiesen ist – vom EuGH und seinen Richtern nicht gewollt sein kann, wird auch in den Worten eines Richters des Gerichtshofs offensichtlich: *„Of course, none of us [judges] want to see the Court loose in standing or public influence. In order to function as a court you need to have general respect for your judgments. [...] You have got to explain [your decision] in the language which people expect from judgments".*[288]

Unstrittig scheint mir die Tatsache, dass der EuGH auch in den vorliegenden Fällen nicht mit den basalen Regeln der argumentativen Behauptbarkeit gebrochen hat, wie sie in Kapitel 5.2 dargestellt wurden.[289] Dennoch ließe sich die rechtliche Angemessenheit der Urteile hinterfragen und kritisieren. So ist dem Gericht, ganz besonders im Zusammenhang mit der Viking- und Laval-Rechtsprechung, vorgeworfen worden, *„mit großem Engagement eigenständige Rechtsfortbildung, mit anderen Worten: Integrationspolitik"* (Höpner 2009: 30), zu betreiben. Dies wäre aber nur zutreffend, sollte sich zeigen lassen, dass das Gericht deutlich über das zur Entscheidung der Fragen notwendige Maß und die zu diesem Zweck notwendige Beseitigung von unklaren oder unvollständigen Rechtsbestimmungen Erforderliche hinausgegangen ist und seine Begründungen und Argumentationen zudem nicht zu tragen vermögen. Arnull bemerkt zurecht, dass: *„[t]he allegation of undue activism can only be tested by close examination of legal arguments advanced by the Court in support of its decisions"* (2006: 4). Die Nachweispflicht eines „pro-europäischen" oder „rechtsexpansiven Richterrechtsaktivismus" – darauf muss noch einmal hingewiesen werden – liegt hier ohne jeden Zweifel auf Seiten derjenigen Theorien und Studien, die eine Politisierung der Rechtsprechung annehmen und über deren Wahrnehmung des Rechtsprechungsprozesses ein Richter des EuGH sagt: *„This is not life as it is lived here".*[290] Gleichwohl ist dieser Nachweis bislang nicht erbracht worden. Genauer gesagt: Er konnte nicht erbracht werden, da die dazu erforderliche Diskussion der Urteile im Lichte der ständigen Rechtspraxis und des aktuellen Standes des Gemeinschaftsrechts ganz einfach nicht erfolgt ist. Um dies praktisch sinnvoll leisten zu können, wäre zweifelsohne eine Annäherung der Politik- an die Rechtswissenschaft geboten. Denn eine Einschätzung der Gerichtsentscheidungen wird wohl kaum sinnvoll ohne die Einbeziehung des fachspezifischen Sachverstandes der (Europa)Rechtswissenschaft gelingen können. Gerade in Viking, Laval und Kadi

---

288 Anonym, persönliches Interview, geführt vom Verfasser, Luxemburg im April 2011.
289 Siehe insbes. Abb. 13, oben; auch Kap. 5.2.1 und 5.2.2.
290 Anonym, persönliches Interview, geführt vom Verfasser, Luxemburg im April 2011.

u. Al Barakaat hätte sich hierbei viel Raum für interdisziplinäre Studien geboten, zumal diese eingehend in der entsprechenden Literatur diskutiert und bewertet worden sind.

Hierbei hätte sich gezeigt, dass die rechtlichen Begründungen des EuGH aus einer juristischen Sicht durchaus tragfähig, wenn auch offenkundig nicht in der Lage gewesen sind, alle Beobachter, Analytiker und Kritiker des Gerichtshofs zu überzeugen. Unter Berücksichtigung der Einschätzungen durch die Rechtswissenschaft, die durchaus kritisch ausfielen,[291] aber primär in Hinblick auf die durch das Gericht angeführten Entscheidungsgründe, lässt sich jedoch in keinem der Fälle nachweisen, dass das Gericht deutlich über das zur Entscheidung der Fragen notwendige Maß und die zu diesem Zweck erforderliche Beseitigung von unklaren oder unvollständigen Rechtsbestimmungen wesentlich hinausgegangen wäre. Vielmehr scheint es weitgehend unstrittig, dass, wie Shuibhne für Viking und Laval festellt, *„[the cases] were, in legal terms at least, predictable and rational; and that they fit coherently within the internal market framework applied consistently by the Court"* (2010: 685; vgl. auch Potz 2008).

Die Kritik, der EuGH habe in Laval gem. Art. 137 Abs. 5 EGV ausdrücklich keine Kompetenz im Bereich des Streikrechts besessen und mit seinem Urteil ganz offenkundig ein „Stoppschild" (Kocher 2009: 40) unberücksichtigt gelassen (vgl. Blanke 2008: 13), kann jedenfalls nicht gelten. Zwar ist es richtig, dass der EuGH auch nach dem Vertrag von Lissabon ausdrücklich keine Rechtsprechungskompetenzen in den Bereichen Arbeitsentgelt, Koalitionsrecht sowie Streik- und Aussperrungsrecht besitzt und die Regelung des „Sozialen" in den Händen der Mitgliedstaaten verbleibt (vgl. Wendeling-Schröder 2010: 148). Dies kann aber nicht heißen, dass der Gerichtshof alle Fragen und Rechtspositionen, die diese Sachbereiche berühren, gänzlich aussparen muss. In Viking und Laval ging es schließlich primär um die Rechtfertigbarkeit eines Eingriffs in die Freiheitsrechte der Gemeinschaft. Hätte der EuGH hier die Argumentation der Gewerkschaften, die das Recht auf Streik als Rechtfertigungsgrund anführten, einfach unter Verweis auf die Zuständigkeit der nationalen Gerichte von vornherein außer Acht lassen sollen? Dies hätte wohl kaum eine Lösung dargestellt, da die Grundfreiheiten auf Ebene des Gemeinschaftsrechts dann wirklich unbeschränkte Wirkung gehabt hätten – eine Konsequenz, welche die Kritiker des Urteils ja gerade ausschließen wollen und so auch nicht, im Sinne eines Ausgleichs, als praktische Konkordanz

---

291 Für eine Zusammenschau der Kritik in *Viking* und *Laval* siehe Blanke 2008; für *Kadi u. Al Barakaat* siehe Poli u. Tzanou 2010, Isiksel 2010.

von Grundfreiheiten und Grundrechten im Rahmen einer Verhältnismäßigkeits-
prüfung gedacht sein kann.[292]

Darüber hinaus scheinen die mit der Entscheidungsfindung betrauten Richter
eher eine generell zurückhaltende und vorsichtige Rechtsprechungslinie zu verfolgen, welche die eigentlichen Entscheidungen durchaus subsidiär bei den nationalen Gerichten zu belassen versucht. In *Viking* und *Laval* wird dies ganz besonders deutlich. Da die beiden Urteile im Abstand von nur einer Woche zueinander
ergangen sind und zudem ähnliche Sachverhalte betreffen, können sie als miteinander in direktem Zusammenhang stehend begriffen werden. Umso interessanter sind aber gerade die Unterschiede zwischen den beiden Urteilen. So stellt sich
Laval zunächst einmal als das deutlich einschneidendere Urteil dar, obwohl *Vi-*
king zuvor ergangen war und insofern bereits einige wesentliche Entscheidungs-
aspekte aus *Laval* vorwegnahm. So erkennt der EuGH in *Viking*, dass *„das Recht*
auf Durchführung einer kollektiven Maßnahme einschließlich des Streikrechts als
Grundrecht anzuerkennen" (Rn. 44), dies jedoch nicht dem Anwendungsbereich
des Art. 43 EGV (jetzt Art. 49 AEUV) entzogen ist. Er nimmt nur zum Teil eine
Legitimitätsprüfung der von den Gewerkschaften geltend gemachten Ziele vor
(Rn. 67–90), überlässt aber die eigentliche Entscheidung über deren Geeignetheit und Erforderlichkeit den nationalen Gerichten (Rn. 80). In *Laval* wird der
EuGH allerdings wesentlich deutlicher und geht einen Schritt weiter, indem er
explizit die Gemeinschaftsrechtswidrigkeit der von den Gewerkschaften erhobenen Forderungen mit Art. 49 EG und Art. 3 der „Arbeitnehmerentsenderichtlinie"
(Richtlinie 96/71) herausstellt (Rn. 99, 107–111 und Tenor 1).

Der Grund für dieses bestimmtere Vorgehen, das zugleich eine Beschränkung
des Auslegungsspielraums des vorlegenden nationalen Gerichts bedeutete, kann
aber nicht in dem Willen zu einer möglichst weitreichenden Rechtsprechung gesehen werden, sondern lässt sich viel eher aus zwei einfachen Tatsachen herleiten:
Zum einen hatte der schwedische „Arbetsdomstol" den EuGH explizit zu der Beantwortung der Frage nach einer möglichen Gemeinschaftsrechtswidrigkeit aufgefordert. Hierin besteht noch kein Unterschied zu *Viking*, in dem der EuGH
ebenfalls konkret zu der Beschränkung einer Grundfreiheit und deren möglicher
Rechtfertigung durch eine grundrechtlich relevante Position gefragt wurde. Zum
anderen, und dies ist der wesentliche Unterschied zwischen den beiden Fällen,
konnten die EuGH-Richter in *Laval* auf die „Arbeitnehmerentsenderichtlinie" zurückgreifen, die eine klarere Beantwortung der vorgelegten Fragen zuließ. Es ist
also nicht etwa so, dass der Gerichtshof in *Laval* besonders ausufernd Recht ge-

---

292 Vgl. auch Schubert 2008: 299.

sprochen hätte. Vielmehr blieb er in Viking, in Ermangelung konkretisierender Rechtsvorschriften – eine *„Richtlinie über grenzüberschreitende Betriebsverlagerungen"* (Temming 2008a: 194) gibt es schließlich nicht –, hinter den Fragen des vorlegenden Court of Appeal zurück und beschränkte sich auf die Klarstellung grundsätzlicher Aspekte.

Auch muss sich die Tragweite von Laval insofern relativieren, als das Urteil für die meisten Mitgliedstaaten, nämlich die mit einem gesetzlich festgelegten Mindestlohn, keine Konsequenzen haben wird. Zu dem Fall war es ja überhaupt erst gekommen, da das schwedische Sozialmodell weder allgemein verbindliche Kollektivverträge noch einen gesetzlich festgelegten Mindestlohn, sondern ein flexibles System der Tarifverhandlungen vorsah, was der Umsetzung von Art. 3 Abs. 1, Unterabs. 1 Buchst. c widersprach. Die Bedeutungsschwere für den schwedischen Sozialstaat ergab sich also erst dadurch, dass dieser es versäumt hatte, die Arbeitnehmerentsenderichtlinie, die er im Jahr 1996 selbst verabschiedet hatte, umzusetzen. Dies hatte nun aber im vorliegenden Fall in Verbindung mit der Baustellenblockade durch die schwedische Gewerkschaft dazu geführt, dass der Zugang zum Arbeitsmarkt für die lettischen Arbeitnehmer erschwert wurde, da es für das entsendende Unternehmen nicht möglich war einzukalkulieren, *„welche Verpflichtungen es hinsichtlich des Mindestlohns beachten musste"* (Rn. 110). In der Folge wäre es durch die Praxis der gewerkschaftlichen Arbeitskampfmaßnahmen faktisch zu einer Abschottung des schwedischen Marktes gekommen, was der Geltung der Dienstleistungsfreiheit widersprochen hätte. Dass die Einschätzung des Gerichts auch in Wirklichkeit nicht unbegründet war, also die Arbeitskampfmaßnahmen, in Verbindung mit der unzureichenden schwedischen Arbeitsrechtslage, eine Behinderung des Marktzuganges und insofern auch eine Diskriminierung bedeuteten,[293] zeigte sich überdies in der Tatsache, dass die Laval-Tochter „L&P Baltic Bygg AB" in Folge der Streikmaßnahmen Insolvenz anmelden und die lettischen Arbeitnehmer zurück in ihre Heimat senden musste.

Das Urteil in *Kadi u. Al Barakaat* ist ebenfalls nüchtern zu bewerten, obgleich es sich natürlich weitaus spektakulärer als einen Akt der harten äußeren Abgrenzung der Gemeinschaft einerseits und als eigenmächtige aber letztlich unzulässige Prüfung von normenhierarchisch höherrangigem Recht durch den EuGH andererseits darstellen lässt. So sprechen einige Beobachter etwa von „zivilem Ungehorsam" (Isiksel 2010: 563 ff.) oder einem (wohlgemeinten) „rebellischen Akt" (van den Herik u. Schrijver 2008: 330), der aber letztlich das gesamte kollek-

---

293 Wendeling-Schröder erinnert in diesem Zusammenhang zurecht daran, dass die EG-Grundfreiheiten bislang im Kern als Diskriminierungsverbote verstanden werden (2010: 161).

tive Sicherheitssystem der Vereinten Nationen in Frage stellen könnte (Hinojosa Martínez 2008: 356, Santos Vara 2011: 252). Andere meinen sogar, eine kluge *Realpolitik* des EuGH zu erkennen (Harpaz 2009: 88).

Zunächst zu dem Verdacht, der Gerichtshof könnte durch sein Urteil versucht haben, die Gemeinschaft von Verpflichtungen zu entbinden, die aus internationalem Recht erwachsen. Dies würde voraussetzen, dass Europa fortan weniger an solche Verpflichtungen – etwa, wie im vorliegenden Fall, die Umsetzung von UN-Resolutionen – gebunden wäre. Doch ist dies keineswegs der Fall und auch nicht aus dem Urteil ableitbar. Im Gegenteil, der EuGH bekräftigt gerade die Bindung an die internationale Rechtsordnung, das durch die Vereinten Nationen geschaffene Recht und deren durch das Urteil uneingeschränkte Geltung.[294] Die Rede von der „autonomen Rechtsordnung" darf also nicht als Isolationismus der EU per Gerichtsbeschluss oder Überordnung des Gemeinschaftsrechts über das internationale Recht verstanden werden (so etwa Aust 2009). D'Aspremont u. Dopagne weisen völlig richtig darauf hin, dass *„[c]laiming that the European Union is autonomous as far as its legal order is concerned does not make it less receptive to the outside world"* (2008: 376). Tatsächlich stellt sich das Urteil, wie Schmalenbach feststellt, bei näherer Betrachtung als äußerst völkerrechtsfreundlich heraus, insofern es die Hauptverantwortung in Hinblick auf den Auftrag, den internationalen Frieden zu sichern, nicht aus den Händen des Sicherheitsrates nimmt und dessen Urteilsspielraum gem. Art 39 UN-Charta unangetastet lässt. Auch stellt der EuGH in seinem Urteil explizit heraus, dass die Gemeinschaftsorgane in der Auslegung und Umsetzung den entsprechenden Wortlaut und die Ziele des umzusetzenden UN-Beschlusses zu achten haben (vgl. Schmalenbach 2009: 41 f., Santos Vara 2011: 265). Scheinin weist zudem noch darauf hin, dass die Rechtsprechung durchaus im Einklang mit den internationalen Menschenrechtsvereinbarungen steht und insofern ohnehin eine hohe Kohärenz mit den von den Vereinten Nationen vertretenen Rechtsinhalten aufweist (2010: 638 ff., 645 ff.). Insofern kann dem EuGH nicht unterstellt werden, er würde einen „eurocentric approach" (Pavoni 2010: 635) verfolgen und sich als autonomer „gatekeeper" (Lavranos 2010: 282) in Stellung bringen, der sich anmaße, das Verhältnis von internationalem Recht zu Gemeinschaftsrecht zu überwachen.

Der EuGH teilt – in Ansehung der Tatsache, dass auf UN-Ebene weder eine grundrechtliche Kontrolle stattgefunden hat, noch eine solche möglich ist – lediglich nicht die Ansicht, bei der Umsetzung der UN-Resolutionen hätte kein Spielraum bestanden; das generell höherrangige internationale Recht sei also lediglich

---

294 Siehe etwa Rn. 288, 300, 305 des Urteils.

von den Gemeinschaftsorganen unvermittelt umgesetzt worden; es hätte also keinerlei Spielraum bestanden. Und in der Tat würde dies auch der gängigen Praxis widersprechen. Bislang griffen Sanktionen des UN-Sicherheitsrats nämlich nicht direkt auf Einzelne durch, sondern bedurften immer des Vollzugs der Staaten, die hierbei über die konkreten Mittel der Umsetzung und Durchführung der Maßnahmen verfügen. Da nun aber im vorliegenden Fall die EU an Stelle der einzelnen Mitgliedstaaten tätig wurde, und Erstere kein Mitglied in den Vereinten Nationen ist, während Letztere ausnahmslos die UN-Charta unterzeichnet haben, so ergab sich die Frage, ob die Gemeinschaft überhaupt eine gerichtliche Prüfungskompetenz legitimerweise für sich in Anspruch nehmen kann. Dass diese Frage im Grunde genommen kaum für alle Parteien befriedigend zu lösen war – jedenfalls innerhalb des bestehenden Rechts – liegt auf der Hand. Es ist daher aus guten Gründen anzunehmen, dass der EuGH nicht für die in der Beantwortung der Frage notwendigerweise enthaltenen Widersprüche verantwortlich zu machen ist, sondern lediglich einen Ausweg aus einem rechtlichen Dilemma finden musste (siehe auch Hinojosa Martínez 2008: 356).

Da die UN-Charta nun tatsächlich keine autonome supranationale Rechtsordnung geschaffen hat, ist sie nach Ansicht des EuGH bereits insofern von der Gemeinschaftsrechtsordnung zu trennen, als deren Verordnungen, Beschlüsse und z. T. auch Richtlinien unmittelbar und bindend wirken (vgl. auch Arndt, Köngeter u. Last 2008: 2 f.). Von einer direkten Umsetzung der UN-Resolutionen durch die Gemeinschaft kann daher im vorliegenden Fall nicht von vornherein ausgegangen werden, wie der Gerichtshof herausstellt. Denn die Staats- und Regierungschefs hatten sich zunächst auf einen gemeinsamen Standpunkt im Rahmen der gemeinsamen Außen- und Sicherheitspolitik (GASP) geeinigt, auf dessen Grundlage dann eine EG-Verordnung (881/2002) verabschiedet wurde, die wiederum von der Gemeinschaft selbst gewählte Maßnahmen beinhaltete. Zugleich weist der EuGH aber auch deutlich darauf hin, dass *„der Gemeinschaftsrichter ... nicht befugt [ist] ... die Rechtmäßigkeit einer solcher Resolution des Sicherheitsrats zu prüfen"* (Rn. 287). Der Gerichtshof trennt also im Ergebnis durchaus überzeugend die beiden Rechtsordnungen wie auch die unterschiedlichen Rechtsakte voneinander und kann sich hierbei im Übrigen auch auf die aktuelle Rechtsprechung des Europäischen Gerichtshofs für Menschenrechte (EGMR) stützend berufen (Rn. 311).[295] Dass auch tatsächlich ein Spielraum in der Ausgestaltung der Verordnung zum Zweck der Umsetzung der UN-Resolution bestanden hat, der EuGH mithin in sei-

---

295 Siehe auch EGMR, Entscheidung in Behrami u. Behrami/Frankreich u. Saramati/Frankreich, Deutschland u. Norwegen vom 02. 05. 2007.

ner Einschätzung richtig lag, zeigte sich auch darin, dass die Staaten vor dem Ablaufen der vom EuGH gesetzten Dreimonatsfrist nachbesserten und eine grundrechtskonforme Änderung ihres ursprünglichen Exekutivaktes vorlegen konnten.

In *Brüstle* war die zugrundeliegende Thematik sicherlich noch sensibler, wenn auch nicht in der Lage eine solche Empörung hervorzurufen, wie in Viking und Laval. Anders jedoch als in letzteren Fällen, war der Sachverhalt hier wesentlich unkomplizierter. So drehte sich die Entscheidung im Grunde genommen „lediglich" um eine Definition bzw. Auslegung des Embryonenbegriffs, der in der Richtlinie (98/44/EG) zwar an zentraler Stelle auftauchte, dort aber nicht näher konkretisiert wurde. Schwierig und auch kontrovers war eine Deutung des Begriffs insbesondere deshalb, weil der EuGH sich weder auf gesetztes Recht, noch gefestigte wissenschaftliche Erkenntnisse, noch auf einen gesellschaftlichen Konsens in seiner zu leistenden Interpretation stützen konnte. Er musste also eine Entscheidung treffen, ohne sich auf einen allgemein anerkannten rechtlichen oder ethischen Maßstab berufen zu können. Wenn also die Entscheidung auch einen nicht unbedeutenden Einfluss auf die Politik oder sogar einen politischen Einfluss gehabt haben mag (schließlich konkretisierte das Urteil die Richtlinie und wies somit über den Einzelfall hinaus), so wäre es doch zu weitgehend, hieraus eine politische Rechtsprechung zu folgern. Denn auch wenn der EuGH um die Beantwortung der grundlegenden Frage nach dem Beginn menschlichen Lebens nicht umhinkam, so überließ er die Diskussion und Regelung von Aspekten medizinischer oder ethischer Natur ausdrücklich den Mitgliedstaaten und den europäischen politischen Institutionen. Er selbst habe sich darauf zu „*beschränken ...,* *die einschlägigen Vorschriften der Richtlinie juristisch auszulegen*" (Rn. 30), so der EuGH in seiner Begründung. Die eigentliche Frage, mit der sich das vorlegende Gericht zu beschäftigen hatte, nämlich ob das Patent des Herrn Brüstle durch die EG-Richtlinie ausgeschlossen wird, berührt der EuGH hingegen nicht. Eher macht er deutlich, dass es den nationalen Gerichten obliegt „*im Licht der technischen Entwicklung*" festzustellen, ob Stammzellen, die von einem menschlichen Embryo im Blastozystenstadium gewonnen werden, „*geeignet sind, den Prozess der Entwicklung eines Menschen in Gang zu setzen, und folglich unter den Begriff des menschlichen Embryos*" gemäß den Bestimmungen der Richtlinie fallen (Rn. 37).

Zusammenfassend lässt sich festhalten, dass der EuGH in allen hier untersuchten Fällen eine recht differenzierte und eher zurückhaltende Rechtsprechung verfolgte, die allerdings nicht hinter das Gebot zurückfiel, die mit den Fällen im Zusammenhang stehenden Grundsatzfragen zu beantworten. Auch lässt sich bei keinem der Urteile eine einseitige, marktliberale Präferenz, der Wille zu einer „ever closer union" oder, wie Lavranos sagt, „*a natural trend of favouring the expansion of the EC's competences"* (2010: 282) unterstellen. Vielmehr weisen die Urteile in ganz unterschiedliche Richtungen und lassen sich nicht auf *ein* handlungsleitendes Interesse oder ein motivationales Entscheiden zurückführen. Gleichwohl ist die aus Kreisen der Rechtswissenschaft kommende Kritik an der Rechtsprechung in Teilen nachvollziehbar. Insbesondere die von Vertretern des Verfassungsrechts geäußerten Einwände in Hinblick auf die Art der Abwägung unterschiedlicher Rechtspositionen gegeneinander und die Ausgestaltung der Schrankensystematik sind verständlich. Allerdings muss auch gesehen werden, dass die Rechtsprechung auf europäischer Ebene nicht am Maßstab etablierter und ausdifferenzierter nationaler Rechtsordnungen gemessen werden kann und darf. Europa ist nicht nur in politischer Hinsicht, sondern auch als Rechtsgemeinschaft „sui generis". Eine vollständige Einschätzung wird daher nicht ohne die Einbeziehung der lokalen Dimension des Kontextes auskommen können.

6.2.3 Die lokale Dimension – Der europäische Weg des Grundrechtsschutzes

Ein wesentliches Problem der im ersten Teil dieser Arbeit vorgestellten theoriegeleiteten Arbeiten und Studien ist die Tatsache, dass diese regelmäßig versuchen das Europarecht und den Europäischen Gerichtshof an anderen, entweder nationalen oder internationalen Rechtsordnungen und ihren Gerichten zu messen. Auch wenn dies aus einer vergleichenden Perspektive durchaus reizvoll und gewinnbringend sein mag, so darf doch nicht übersehen werden, dass es für das Europarecht und die Institution des Gerichtshofs der Gemeinschaft keinen direkten Vergleich geben *kann*. Gerade dies, nämlich die Eigenständigkeit und Abgrenzbarkeit von nationalem und internationalem Recht, ist ein konstitutives Merkmal der Europäischen Union und seiner Rechtsordnung. Gerade dies war auch die Gründungsidee der Gemeinschaft, die keine Föderation, aber auch keine Konföderation sein sollte, sondern ein regionaler und, in Teilen, supranationaler Zusammenschluss mit gemeinsamen Institutionen und Gesetzen, jedoch ohne ein fest definiertes Ziel der Integrationsbewegung. Daran hat sich bis heute nicht viel geändert: Noch immer ist das wohl charakteristischste Merkmal der Staatengemeinschaft ihre generelle Unabgeschlossenheit bei gleichzeitiger Verbindlichkeit, die sich ganz besonders auch im Recht der Gemeinschaft ausdrückt. In dieser Hinsicht ist die Europäische Einigung in der Tat einzigartig, oder: „sui generis".

Direkte Vergleiche mit internationalen oder selbst anderen supranationalen Rechtsordnungen oder Gerichten, wie dem Internationalen Gerichtshof, dem Europäischen Gerichtshof für Menschenrechte oder dem Gerichtshof der Andengemeinschaft (so etwa Alter 2011, Alter u. Helfer 2010) greifen aus diesem Grund ebenso zu kurz wie Gleichsetzungen mit obersten nationalen Gerichten, wie dem deutschen Bundesverfassungsgericht, dem französischen Conseil constitutionnel oder sogar dem US-amerikanischen Supreme Court (so etwa Caporaso u. Tarrow 2009: 613, Komarek 2009, Höreth 2008, Kenney 2000; siehe auch Potacs 1994). Dies gilt auch, zumal die „rules of recognition" (Hart 1961) der unterschiedlichen, kulturell-historisch gewachsenen Rechtsordnungen keineswegs einfach eins-zu-eins übertragbar sind. Auch wenn also gewisse Verfahrensweisen oder institutionelle Ausgestaltungen ähnlich sein mögen, so wäre es doch offensichtlich falsch, den Europäischen Gerichtshof am Maßstab des Supreme Court zu messen, der auf eine gänzlich andere Tradition zurückblickt und in ein gänzlich anderes (föderales) politisches System eingebettet ist.[296] Die Besonderheit des europäischen Gerichts, die es von anderen nationalen, internationalen oder auch spezifischen mitgliedstaatlichen Gerichten unterscheidet, ist in lokaler Hinsicht also vor allem die Einbettung in ein lückenhaftes wie auch unfertiges Rechtssystem eines Zusammenschlusses, dessen Rechtsnatur alles andere als klar ist (irgendetwas zwischen Staatenbund und Bundesstaat) und von dem niemand mit Sicherheit sagen kann, wohin es sich entwickeln wird; ein Rechtssystem zugleich, das, wie kaum ein anderes von den historisch-architektonischen Unzulänglichkeiten und einer generellen Vielfalt der Perspektiven auf das Recht bestimmt ist und für das – wie auch für die Integrationsbewegung insgesamt – als Leitsatz nur das „unitas in pluralitate" und nicht ein „e pluribus unum" stehen kann (vgl. Oeter 2011: 171).

Gibt es bereits innerhalb der Mitgliedstaaten z. T. großen Dissens darüber, wie die eigenen Verfassungstexte auszulegen und fortzuentwickeln sind, so ist dieser Dissens in der EU im Zweifel mit dem Faktor 27 zu multiplizieren. Aus der Perspektive der Rechtsanwendung dürfte diese Situation mehr als eine Herausforderung für die richterliche Arbeit am EuGH sein, die, um Akzeptanz erzeugen zu können, immer die Anschlussfähigkeit an möglichst sämtliche Rechtstraditionen sicherstellen muss. Auch wenn dies in der Praxis kaum immer möglich ist, so stellt sich das Erfordernis einer an die mitgliedstaatlichen Rechtsordnungen anschlussfähigen Rechtsprechung doch, quasi „im Kleinen", auch in den zehn Richterkammern des EuGH selbst. Denn diese sind mit Vertretern aus unterschiedlichen Rechtstraditionen besetzt, die überdies sehr unterschiedliche berufliche Werdegänge haben und von denen nicht ausgegangen werden kann, dass sie mit

---

296 In den Vereinigten Staaten ist der Supreme Court, trotz genereller Gewaltenteilung, durchaus als ein Teil des politischen Systems und insofern auch eher als ein „politisiertes Gericht" zu denken, wenngleich auch hier die Trennung zwischen Recht und Politik sicherlich fortbesteht.

ihrer, in der Regel über Jahrzehnte praktizierten, spezifisch-juristischen Tradition brechen. Diese Annahme ist schon deshalb abwegig, weil die Richter bislang von den Mitgliedstaaten selbst ausgewählt und entsandt werden. Da diese nun, wenn überhaupt, eher darauf bedacht sein könnten, ihre eigene, nationalstaatliche Perspektive in Europa starkzumachen, sollte man ohnehin keine blinde Hingabe für das europäische Projekt annehmen. Auch wenn das Beratungsgeheimnis die Entscheidungsfindung der einzelnen Kammern schützt, so lässt sich insgesamt doch ohne Weiteres davon ausgehen, dass dort eine Vielzahl von Rechtsperspektiven miteinander in Einklang gebracht werden muss.[297] Oder, wie Richter Ó Caoimh bemerkt: „... *[W]hen one is a judge of the Court of Justice one is always part of a group of judges whatever the form of the Chamber giving a judgment"* (2011). Interessant ist hierbei die Tatsache, dass, trotz unterschiedlicher juristischer Sozialisierung in einem nationalen Rechtssystem, ein hohes Maß an Übereinstimmung in den Ergebnissen bestehen muss und überdies auch zu bestehen scheint. *„What is remarkable is that often with judges coming from different legal cultures with differing approaches they will almost invariably arrive at the same result",* so Ó Caoimh (ebd.). Ganz offenbar führen die Differenzen über den „richtigen" argumentativ-juristischen Weg also nicht zwangsläufig zu einer Differenz im Ergebnis.[298] Doch gerade in schwierigen Fällen, bei denen Grundsatzentscheidungen zu treffen sind, wird eine pragmatische, multi-perspektivische, jedoch insofern auch spezifisch europäische Methode der argumentativen Entscheidungsfindung notwendig, die von Richterin Prechal wie folgt beschrieben wird:

> „We of course do have a certain methodology, which is European. If we have a directive, for example, you start to reason on the basis of the directive. So there is already a hard point you can build on. It is not just out of the blue that we define a problematic term. [...] Moreover, we have a number of judicial techniques of interpretation, rules for how to start to approach the problems at hand, but at a certain point you will indeed get differences in opinion and then it is a matter of continuing discussion and seeing where it ends up. [...] It is the only thing we can do [to resolve hard cases, author] – talk, reach for arguments and try to convince each other" (2011).

---

297 Eine sehr erhellender Einblick in den praktischen Prozess der kollegialen Beratung und Urteilsfindung des EuGH findet sich in der Beschreibung des langjährigen EuGH-Richters Schiemann (2005: 6 f.).

298 Dass Differenz in argumentativen Umgebungen durchaus einen positiven Effekt auf die Ergebnisse der Entscheidungsfindung haben kann, hat Landfried (2006) bereits sehr überzeugend für politisch-deliberative Prozesse nachgewiesen.

Dies gilt umso mehr, als der Gerichtshof nicht auf einen annähernd weit zurück-reichenden Bestand an Fallrecht zurückgreifen kann wie die nationalen Gerichte. Oftmals hängt die Entscheidungsfindung also buchstäblich in der Luft und kann nur durch die gemeinsame Beratung gelöst werden.

Verschärft wird diese Situation dadurch, dass der Gesetzgeber hinreichend klare Aussagen über die Natur der Rechtsgemeinschaft oder auch die Geltung und Anwendung der Grundrechte bis zum Vertrag von Lissabon einfach ausge-spart hat. Dies mag politisch ohne Zweifel so gewollt gewesen sein. Schließlich sind alle Aussagen oder Bestimmungen, durch welche die EU nur entfernt als ein „Staat im Werden" aufgefasst werden kann, hoch sensibel. Um in solchen oder ähnlich empfindlichen Angelegenheiten überhaupt eine Entscheidungsfindung zu ermöglichen, wird häufig nach dem Prinzip der „konstruktiven Ambiguität" verfahren, also eine derart mehrdeutige und deutungsoffene Sprache in prakti-schen Übereinkünften gepflegt, die eine Zustimmung sämtlicher Verhandlungs-partner sicherstellen kann, weil eine Vielzahl von späteren Interpretationen mög-lich ist. Doch bringt diese EU-politisch nützliche Verfahrensweise nicht die im Zuge der voranschreitenden Einigung aufkommenden juristischen Fragen und Probleme zum Verschwinden, mit denen sich die Gerichte beschäftigen müssen, sondern verschärft diese. Lord Denning, einst Richter am Court of Appeal, be-schrieb die Situation für die mit dem Gemeinschaftsrecht konfrontierten Gerichte einmal wie folgt:

> „[The Treaty] lays down general principles, it expresses aims and purposes. All in sentenc-es of moderate length and commendable style, but it lacks precision. It uses words and phrases without defining what they mean. An English lawyer would look for an interpre-tation clause, but he would look in vain. There is none. All the way through the Treaty, there are gaps and lacunae. These have to be filled by judges, or by regulations or direc-tives" (British Court of Appeal, Case Bulmer v Bollinger, 1974).

In Viking, Laval, Kadi u. Al Barakaat oder Brüstle zeigt sich dies bis zum heutigen Tage noch immer sehr deutlich. An der von Lord Denning beschriebenen und aus Sicht des Richters äußerst unbefriedigenden Situation hat sich grundlegend nichts geändert. Am augenscheinlichsten gilt dies sicherlich für den Fall *Brüstle*, in dem die Biopatentrichtlinie (98/44/EG) weder eine Definition noch irgendwelche An-haltspunkte enthielt, was unter dem für die Auslegung zentralen Begriff zu verste-hen ist. Nicht einmal einen wissenschaftlichen noch einen gesellschaftlichen, ge-schweige denn einen politischen Konsens über die im Kern stehende Frage nach der Auslegung des Begriffs und dem Beginn menschlichen Lebens gab es. Aber auch in der Rechtssache *Kadi u. Al Barakaat* gab es kaum eine gemeinsame Position über das Verhältnis von Völkerrecht zu Gemeinschaftsrecht, auf die sich eine gerichtliche Auslegung hätte stützen können. So bestehen in den mitgliedstaatlichen Rechtssystemen und auch in der Rechtswissenschaft sowohl monistische als auch dualistische Auffassungen und Lehren vom Verhältnis der unterschiedlichen Rechtsebenen und ihrer Normen zueinander. In Österreich und den Niederlanden dominiert etwa die monistische Lehre, wohingegen in Deutschland vom Dualismus der Rechtsordnungen ausgegangen wird. Die Frage nach der „richtigen Theorie" ist, wie Schweitzer feststellt, jedoch nicht abschließend zu beantworten (siehe 2010: 13). Eher wird man hier von einer perspektivischen, historisch-kulturell geprägten Differenz ausgehen müssen. So ist es nicht erstaunlich, dass es in Kadi u. Al Barakaat selbst zwischen dem Europäischen Gericht (EuG) und dem Europäischen Gerichtshof (EuGH) eine uneinheitliche Wahrnehmung gab:[299] Ersterer bevorzugte eine eher monistische Deutung, die ein vertikal organisiertes, hierarchisch und integriertes internationales Rechtsregime annahm, wohingegen Letzterer eine dualistische Auslegung präferierte und im vorliegenden Fall eine horizontal geschichtete und insofern auch abgrenzbare internationale Rechtsstruktur gegeben sah (vgl. de Búrca 2010: 30).

Die „leading" oder „landmark cases", mit denen sich der Gerichtshof auseinanderzusetzen hat, sind also in der Regel auch „hard cases", insofern als zumeist hinreichend klare Bestimmungen fehlen, welche die Entscheidung des Gerichts weniger kontrovers machen würden. Oft bestehen sogar – wie in Kadi u. Al Barakaat – Widersprüchlichkeiten, mit denen die Rechtsprechung fertig werden muss (vgl. auch Hinojosa Martínez 2008: 356); und beides, obwohl es aus der Sicht des Gesetzgebers offensichtlich gewesen sein muss, dass die zugrunde liegenden Ungewissheiten und Konflikte früher oder später rechtlich konkret werden und zu Problemen führen würden. Vor diesem konkreten Hintergrund ist es mehr als verständlich, wenn sich der Präsident des Europäischen Gerichtshofs allgemein vom Gesetzgeber wünscht, „*dass er klarer spricht*" (Skouris 2011). Denn hat der Gesetzgeber wirklich glauben können, dass sich die Frage nach der Auslegung des Embryonenbegriffs im Zusammenhang mit hochkomplexen und ethisch umstrittenen biotechnologischen Erfindungen nicht stellen würde? Konnte man davon ausgehen, dass die Einbindung in ein internationales Rechtssystem, dessen Ausbau man selbst vorangetrieben hat und dessen primäre Adressaten noch immer die Nationalstaaten sind, nicht auch den „Staatenverbund Europa" betrifft, wenn

---

299 Vgl. zu dieser Differenz der Wahrnehmung auch Hilpold 2009.

dieser sich im Rahmen der GASP zu einem gemeinsamen Standpunkt entschließt und sodann als gemeinsam umsetzt?

In *Viking* und *Laval* ist die Situation nicht anders, wenn auch sicherlich komplizierter. Hier war der EuGH zu einer Klärung des Verhältnisses von Grundfreiheiten und Grundrechten am konkreten Einzelfall aufgefordert, zumal dieses aus den Verträgen keinesfalls hervorging. Die Grundrechte tauchten dort ja bis zum Vertrag von Lissabon (2007) nicht einmal explizit auf. Auch nüchtern betrachtet ist diese Tatsache, vor dem Hintergrund, dass sich die Europäische Gemeinschaft seit ihrer Gründung als eine Wertgemeinschaft betrachtet, zurückhaltend gesagt, erstaunlich. Spätestens seit den Klarstellungen des Gerichtshofs zur unmittelbaren Wirkung und zum Vorrang des Gemeinschaftsrechts in den Rechtssachen van Gend & Loos- und Costa/ENEL, also seit Beginn der 1960er Jahre, war die Notwendigkeit der Schaffung grundrechtlicher Garantien auf Gemeinschaftsebene aus normativer Sicht offenkundig unausweichlich. Denn um den Transfer von politischer Gestaltungsmacht auf die supranationale Ebene zu legitimieren und die nationalen Gerichte – allen voran das deutsche Bundesverfassungsgericht – von einer Kontrolle der Gemeinschaftsrechtsakte mit den nationalen Grundrechtsstandards abzubringen, welche die Autonomie des Gemeinschaftsrechts untergraben hätte, musste über kurz oder lang auch ein entsprechender Rechtsschutz auf supranationaler Ebene geschaffen werden (vgl. Weiler 2009: 79 f.).[300]

Ganz anders sah dies bei den Grundfreiheiten aus, die zweifelsohne in erster Linie immer Marktfreiheiten waren.[301] Diese wurden nicht nur sehr viel früher textlich kodifiziert als die Grundrechte, sondern auch zum Vehikel der seit Mitte der 1980er Jahre erstrebten Binnenmarktintegration gemacht. Im Gegensatz zu den Grundrechten können die Grundfreiheiten also als direkter Ausfluss der ökonomischen Integration verstanden werden und stellen seitdem das Kernstück der Integration überhaupt dar. Dies wird bereits in Art. 2 des EGV von 1992 deutlich, der *„die Errichtung eines gemeinsamen Marktes und einer Wirtschafts- und Währungsunion"*, und nicht etwa eine Grundrechtsunion, zum Ausgangspunkt der neu zu belebenden Integration macht. Darüber hinaus muss man sich in Erinnerung rufen, dass sich auch die weiteren Vertragsbestimmungen mehr oder weniger detailliert mit den einzelnen Marktfreiheitsrechten, aber nicht den grundrechtlichen und sozialen Sicherheiten der europäischen Bürger auseinandersetzen. Ebenfalls

---

300 Siehe hierzu auch das Mangold-Urteil des EuGH (Rs. C-144/04, Slg. 2005, I–9981) und den Beschluss des BverfG vom 06. 06. 2010, 2 BvR 2661/06 („Mangold-Beschluss").

301 Jedenfalls insofern, als sie Rechte nur für den aktiven Marktteilnehmer begründeten; vgl. auch die Rs. *Baumbast* (C-413/99, Slg. 2002, 1–7091) und *Collins* (C-138/02, Slg. 2004, 1–2703).

mehr als vage sind zudem die Aussagen zu der Balance von ökonomischen und sozialen Zielvorstellungen der Union in Art. 2 und 3 EGV geblieben. Es muss also klar sein, dass bislang die Grundfreiheiten und nicht die Grundrechte *„das konstituierende Element der EG"* (Wißmann 2009: 150) sind. Kann es vor diesem Hintergrund wirklich verwundern, dass ein Gericht, dem gem. Art. 19 EUV die Wahrung des Rechts bei der Auslegung und Anwendung der Verträge obliegt, die *„Grundfreiheiten an den ersten Platz"* (Rebhahn 2008: 115) setzt und andere grundrechtlich relevante Positionen nur weniger stark gewichten kann (vgl. auch Novitz 2008: 561)? Ist es tatsächlich dem EuGH zur Last zu legen, dass er in Viking und Laval *„puts the ‚social' on the back-foot"* (Barnard 2008: 264, vgl. auch Reich 2008a: 869), so dass das Recht auf Arbeitskampfmaßnahmen lediglich eine Schranke der Niederlassungs- und Dienstleistungsfreiheit ist und nicht anders herum (Höpner 2008b; vgl. ferner auch Skouris 2005: 22)? Muss die Kritik an dieser Situation, die mit Viking und Laval lediglich rechtlich relevant und insofern auch fassbar wurde, sich nicht eher gegen die Versäumnisse der politischen Gremien richten, die diese Fragen schon lange hätten klären können und müssen?

Bezeichnenderweise war es jedoch der EuGH, dem die Schieflage zwischen Marktintegration und sozialem Ausgleich im Nachgang seiner Rechtsprechung vorgeworfen wurde. So bemängelt Rebhahn, dass in seiner Judikatur das *„Verhältnis von Grundfreiheiten und Gemeinschaftsgrundrechten"* bislang *„eher dunkel"* geblieben sei (2008: 114). Es ist erstaunlich, dass hier die Aufgabe, eine Konkretisierung herbeizuführen, bei der Judikative und nicht bei der Legislative gesehen wird. Noch erstaunlicher und geradezu widersprüchlich, aber geradezu klassisch in der Wahrnehmung und Kritik des europäischen Gerichts, ist jedoch die Tatsache, dass ihm, fast im gleichen Atemzug, explizit „Aktivismus" und implizit sogar eine politische Motivation (das Primat des Marktes) und eine „Wiederbelebung ordo-liberaler Ideen" (vgl. Sciarra 2008: 119) zu Last gelegt wird. So kommt Rebhahn zu dem Schluss: *„Die beiden Urteile belegen die schleichende, aber kaum aufzuhaltende Unterordnung der gesamten nationalen Rechtsordnungen unter den EuGH sowie unter Regeln (Grundfreiheiten), die primär nur wirtschaftlichen Zielen dienen"* (2008: 117).

Tatsächlich ist diese Kritik aber nur zum Teil zutreffend und berechtigt. Sie ist begründet, insofern als der EuGH sich in Viking und Laval, aber auch in Kadi u. Al Barakaat und Brüstle mit Fragen beschäftigen musste, die eigentlich zu fundamental sind, als sie abschließend von einem obersten Gericht auf Fallbasis entschieden werden sollten. Unberechtigt und auch ungerecht ist die Kritik jedoch, wenn sie nicht gleich einen zweiten Schritt tut, nämlich die Frage danach zu stellen, warum es überhaupt der EuGH ist, der die Zügel der Integration in solch grundsätzlichen Fragen in den Händen hält. Noch deutlicher formuliert: Warum muss der EuGH über Dinge wie das „soziale Europa" (Joerges u. Rödl 2009), den Beginn menschlichen Lebens oder die „Natur der Gemeinschaftsrechtsordnung" entscheiden? Warum stellen sich diese Fragen in Europa überhaupt (noch)? Auch muss man sich fragen, warum, wenn schon zuvor kein Diskurs über die strittigen Fragen stattgefunden hat, nicht im Nachlauf der Gerichtsentscheidungen eine zielführende politische Debatte über deren Lösung geführt wird, die über die Einzelfallentscheidung des Gerichts hinausweist und diese im Ergebnis legitimieren oder, wenn nötig, korrigieren könnte? Denn ein solcher Diskurs ist in sämtlichen Fällen ausgeblieben, wenigstens jedoch nicht über die Kreise einer sehr begrenzten Fachöffentlichkeit hinausgegangen. Shuibhne stellt dies treffend mit Blick auf Viking und Laval heraus:

> *„In the Single Market for the 21st Century Europe, the profoundly important questions raised by Viking and Laval – how to reconcile divergent social traditions in a competitive ‚single' market space; how and to what extent internal market law as developed by the Court should determine such matters – do not find any real reflection in the Commission's Communication and thus seem unlikely to engage the States or the European Parliament any time soon"* (2010: 702 f.).

Man sollte ergänzen, dass auch diese Probleme und Fragestellungen, die den Ausgleich zwischen Grundfreiheiten und Grundrechten betreffen, keineswegs neu sind und nicht erst mit Viking und Laval evident geworden sind. Der Bedarf an nachbessernden und rechtskonkretisierenden Maßnahmen von Seiten der Staaten, der Kommission und des Parlaments stand vielmehr spätestens mit der Entscheidung über die Vollendung des Binnenmarktes fest. Vergleichbares ließe sich über Kadi u. Al Barakaat sowie Brüstle sagen. Auch hier bestand ein sich stetig verschärfender Regelungsbedarf, lange bevor die ersten konkreten Fälle den Gerichtshof erreichten. In Kadi u. Al Barakaat dürfte das Erfordernis einer Klarstellung des Verhältnisses von internationalem und supranationalem Recht spätestens seit den Anfängen der Gemeinsamen Außen- und Sicherheitspolitik der EU erkennbar gewesen sein. Denn das Völkerrecht fasst noch immer primär die Staaten als seine Adressaten auf, wohingegen sich die supranationale Gemeinschaft genau dieser Kategorie per Definition gerade entzieht. In Brüstle hatte man zwar auf die technologisch-ethischen Herausforderungen reagiert und wettbewerbsrechtliche, wie auch grund- und menschenrechtliche Probleme durch eine EG-Richtlinie zu lösen versucht. Der Bedarf einer rechtlichen Regelung war also erkannt worden. Doch war die Richtlinie ohne eine nähere Bestimmung unvollständig geblieben und konnte nur bedingt Rechtssicherheit gewährleisten.

Die Kritik ist also im Kern durchaus berechtigt, richtet sich aber in der europäischen Debatte an den falschen Adressaten. Denn sie macht den EuGH für Entscheidungen und Versäumnisse verantwortlich, die aus guten Gründen außerhalb seines Kompetenzbereichs liegen, denen er sich aber im Rahmen von Vorabentscheidungsverfahren und Nichtigkeitsklagen nicht entziehen kann. Richter Ó Caoimh beschreibt diese Situation wie folgt:

> „... [T]he Union legislator is on occasions vague in what it has done. The legislation may lack precision such that the provisions of law may be very unclear. This may result from the fact that the decision reached at the political level is a compromise and no one wants to be too prescriptive in regard to how the legislation should be understood. Those negotiating may agree on the basic statement of law, but they may not wish to commit themselves further and hope that the judges one day or another will come down in one direction or another to support their own views in interpreting the legal text that results from the political decision" (2011).

So kommt es dazu, dass es am Ende des Tages der EuGH ist, der mit Problemen konfrontiert wird, die an sich einen eminent politischen Charakter haben (vgl. auch Hilpold 2009: 176). Eine Lösung eben dieser Probleme durch die europäische Rechtsprechung als Politik aufzufassen, ist jedoch ein Missverständnis, das nicht allein den EuGH in seiner originären Funktion verkennt, sondern auch die tieferliegenden Probleme der europäischen Rechtsgemeinschaft systematisch verdeckt und Kritik, wenn nicht unmöglich macht, so doch in eine falsche Richtung lenkt. Dem griechischen Dichter Sophokles wird der Ausspruch „Tötet nicht den Überbringer/den Boten!" (lat. „Noli Necare Nuntium!") zugeschrieben. Zwar sind es keine Nachrichten, dessen Überbringer der EuGH ist. Wohl aber können seine Entscheidungen nur so gut sein, wie das Recht, das er vorfindet und zu dessen Auslegung und Anwendung er berufen ist. Er ist insofern direkt von Faktoren abhängig, die sich ihm und einer rechtlichen Rationalisierung entziehen, weil sie Teil oder Ergebnis des politischen Prozesses sind. Die europäischen Gerichte für die rechtskontext-externen Defizite verantwortlich zu machen und insbesondere dem EuGH eine politische Rationalität zu attestieren, gleicht der ungerechtfertigten Verurteilung, vor der Sophokles einst warnte. Denn ein wesentlicher Teil der Kritik, die bislang den EuGH trifft, ist ganz offenbar auf einen wachsenden Unmut mit der politischen Problemlösungsfähigkeit und den Unzulänglichkeiten der positiv-rechtlichen Konstitution der Gemeinschaft zurückzuführen. Als solche muss sie aber eher auf die unzureichende Verfasstheit und schlechte Verfassung der Gemeinschaft in ihrem politischen Kontext zielen, die schon längst nicht mehr den Anforderungen einer erweiterten und sich stetig vertiefenden Integration genügt. Im Bereich der Grundrechte wird dies besonders deutlich. Da hier die Staaten jedoch ganz offenbar nicht willens oder in der Lage waren, von vornherein für Rechtsklarheit und -sicherheit zu sorgen und sich die Rechtsfortbildung per Fallrecht in der beschriebenen Form durchaus verstetigt hat, kann heute, jedenfalls aus einer deskriptiven Perspektive, durchaus von einem „european way" der Grundrechtsgenese ausgegangen werden. Dieser Weg ist m. E. charakteristisch und symptomatisch zugleich für die stückwerkhafte, spillover-getriebene europäische Integration geworden.[302]

Die These von einem generell aktivistischen oder politisch aktiven Gerichtshof, von dem man nur sprechen könnte, wenn dieser und seine Vertreter sich tatsächlich selbst Kompetenzen anmaßen würden (Höpner 2008: 28), ist dann jedoch weder überzeugend noch akzeptabel, da sie Ursache und Wirkung verkehrt. Der EuGH sucht sich nicht die Lücken in den Verträgen, die er in seinem Sinne auffüllen kann. Eher ist es die Unvollkommenheit des gemeinsamen rechtlichen Rahmens, der gerichtliche Rechtsfortbildung regelmäßig notwendig gemacht hat.

„What we want is law which is clear and which can be applied", so ein Richter am EuGH.[303] Dieser Appell an den Gesetzgeber sollte dringend ernst genommen werden, denn er weist auf ein dringendes Problem hin, das aus einer lokalen Perspektive – also einer, welche die spezifischen Eigenheiten der Konstruktion der europäischen Gemeinschaft in den Vordergrund stellt – ersichtlich wird: Was das Bild der europäischen Rechtsgemeinschaft heute bestimmt und für diese charakteristisch ist, darf nicht etwa in einem „judicial activism" oder einer Politisierung des Rechts gesehen werden. Vielmehr ist es ein Mangel an „legislative activism". Es ist primär die Unvollständigkeit und z. T. auch Widersprüchlichkeit der europäischen Rechtsordnung, mit der sich Europa konfrontiert sieht und die es zu beheben gilt. Gerichtliche Rechtsfortbildung und -schöpfung durch den EuGH sind so gesehen eher Symptom als ursächliches Problem einer unfertigen und lückenhaften europäischen Rechtsverfassung.

---

302 Dass dies der Fall ist, lässt sich auch für andere Bereiche des europäischen Rechts – nicht nur die Grundrechte – nachweisen. Eine Studie der Rechtsprechung des EuGH in der „foundational period", die sich mit der Autonomisierung des Europarechts beschäftigt, findet sich etwa bei Grimmel 2011b, c.

303 Anonym, persönliches Interview, geführt vom Verfasser, Luxemburg im April 2011.

6.3 Fazit: „juristischer Aktivismus" als rechtskontextuelle Notwendigkeit – Die Vervollständigungstendenz des europäischen Rechts

Sicherlich ließen sich die vorstehenden Rechtssachen noch weitaus ausführlicher in ihrer kontextuellen Einbettung diskutieren. Auch mag man sicherlich diesen oder jenen Aspekt der Fälle anders und auch kritischer bewerten, als dies hier geschehen ist. Und selbst in der abschließenden Einschätzung und Würdigung der Gerichtsurteile lassen sich unterschiedliche Auffassungen vertreten – man selbst hätte vielleicht anders entschieden. Hier kann es durchaus einen gewissen Spielraum geben, der für das Recht und die damit verbundenen Auslegungsfragen nur allzu typisch ist. Was sich jedoch im Gang der Untersuchung deutlich gezeigt hat und außer Zweifel stehen muss, sind zwei wesentliche Dinge: zum einen die Tatsache, dass man den Rechtsentscheidungen des EuGH und ihrer integrativen Kraft nicht von einer Außenperspektive gerecht werden kann. Den Kontext ihrer Entstehung auszublenden oder als zweitrangig anzunehmen, muss in jedem Fall zu einer unvollständigen und verzerrenden Wahrnehmung von *Integration durch Recht* führen. Zum anderen wurde nachgewiesen, dass die hier untersuchten Entscheidungen – trotz möglicher Deutungsunterschiede – im Kontext als wohlbegründet und akzeptanzfähig aufzufassen sind und infolgedessen von keiner politisch oder durch anderweitige Interessen motivierten Rechtsprechung ausgegangen werden kann. Es konnte gezeigt werden, wie die einzelnen Entscheidungen in den verschiedenen Dimensionen des Kontextes des europäischen Rechts (temporal, funktional, lokal) eingebettet sind und sich ferner, in diesem Sinnzusammenhang, als kontextrational begreifen lassen. Vor diesem Hintergrund muss die These, der EuGH sei ein „political Court" (Ward 2009: 81) oder auch „nur" ein politisiertes Gericht (in diesem Sinne Höpner 2010), als unbegründet angesehen und zurückgewiesen werden. Das Recht selbst und seine kontextuell gebundene Rationalität konnten hier als intervenierende Variable dargestellt worden.

Es ließe sich nun einwenden, die Untersuchung einiger weniger Rechtsentscheidungen spiegele bei weitem noch kein Gesamtbild der EuGH-Judikatur wider, bleibe also fragmentarisch. Dies ist zweifelsohne richtig. Doch sind hier ausschließlich solche Fälle im Kontext analysiert worden, die als „hard cases" gelten müssen und die als interessenmotiviert eingeschätzt wurden bzw. aus rationalistischer Sicht nur in dieser Weise gedeutet werden können. Denn sei es Viking, Laval, Kadi u. Al Barakaat oder Brüstle – in keiner dieser Rechtssachen war eine reine Rechtsanwendung (sofern es so etwas überhaupt geben kann) möglich. Viel eher *musste* der Gerichtshof in sämtlichen Fällen rechtsfortbildend und z. T. auch rechtsschöpfend tätig werden. Überdies berührten sämtliche Rechtssachen Felder, die politisch hoch kontrovers waren und deren Entscheidung genau in diesem Sinne und von vornherein eine gewisse gestaltende Wirkung haben musste. Wenn nicht hier, wo sonst sollte sich also eine politische oder interessenmotivierte Rechtsprechung vorfinden lassen? Wo sonst sollten sich Hinweise auf eine Politisierung des Gerichts finden und die rationalistischen Annahmen bestätigen lassen? Wenn sich nun jedoch selbst diese Fälle als kontextrational und folglich *rechtlich* (und nicht politisch) begründet begreifen lassen, so sollte sich das Wirken einer spezifisch-rechtlichen Rationalität umso eher auch in anderen, weniger gestaltenden Entscheidungen belegen lassen. Die eigentliche empirische Arbeit steht jedoch bislang noch aus, da die theoriegeleitete Forschung sich in ihren Studien primär auf Akteure und deren vermeintliche (akteursgebundene) Rationalität konzentriert hat, nicht jedoch auf die kontextimmanente Rationalität des Denkens und Handelns.

Ohne weitere empirische Belege – also auch völlig unabhängig von dem Ergebnis der hier vorgenommenen kontextanalytischen Untersuchung und weiterer solcher Studien – muss jedoch bereits jetzt als sicher gelten, dass der Versuch, die Prozessabläufe und das Handeln im Kontext des Rechts zu verstehen, immer nur von einer Innenperspektive aus gelingen kann. Zweifelsohne ist es aus wissenschaftlicher Sicht verlockend, nach einer Formel oder Begründung zu suchen, die für sämtliche Akteure und Lebensbereiche gilt. Doch muss dieses Projekt letzten Endes an der Verschiedenheit und Differenziertheit gesellschaftlicher Institutionen – Weber sprach von „Wertsphären" – scheitern. Das europäische Recht ist hier als eine solche Institution dargestellt worden, die das Handeln durch eine spezifische Form der Rationalität und Rationalisierung von Wirklichkeit bestimmt. Und man sollte es als eine solche Institution ernst nehmen. Denn tut man dies nicht und stellt stattdessen allein das handelnde Subjekt und seine scheinbar immer schon bestehende Rationalität in den Mittelpunkt, so verschwimmen sogleich alle bedeutsamen Erwägungen im Recht, die dieses überhaupt erst verstehbar machen. Alle Gründe für oder gegen ein bestimmtes Handeln treten hinter *ursächlich* bestimmten Akteurskalkülen zurück. Man betrachtet dann die Sprachspiele des Rechts – um mit Wittgenstein zu sprechen – als wären dies solche der Politik oder Teil einer allumfassenden naturtatsächlichen Bestimmtheit des Handelns. Dies hebt jedoch die aus guten Gründen bestehende und für die Demokratie charakteristische Unterschiedenheit des Rechts von anderen Kontexten des Handelns auf. Die autonome Verbindlichkeit des Rechts und die Existenz einer rechtlichen Rationalität, die nur in der Einheit von Sprache und konkreter Praxis bestehen kann, kommen nicht länger zur Geltung. Dass dies nicht das Ziel einer theoretischen Beschäftigung mit Rechtsintegration sein kann, steht außer Frage.

Von besonderer Relevanz ist sodann die Unterscheidung von Recht und Politik. Wann könnte überhaupt, mit Blick auf ein oberstes Gericht, wie dem EuGH, von Politik gesprochen werden? Wann wäre gleichsam die Grenze des legitimen Handelns seitens des EuGH überschritten? Hierbei muss zunächst gesehen werden, dass die richterliche Fortbildung und Schöpfung von Recht zweifelsohne gewisse Merkmale der Politik teilt: Es werden bindende Entscheidungen getroffen, die fortan einen bestimmten Sachverhalt regeln. Wenigstens in diesem Punkt besteht offenbar kein bedeutender Unterschied zu den politischen Organen der EU. Man kann also zumindest von ähnlichen „Sprachspielen" ausgehen. Wo ist die rote Linie zwischen Recht und Politik? Hier ist argumentiert worden, dass diese Linie einzig und allein aus Sicht des Rechts heraus zu ziehen ist – jedenfalls solange, wie man die Eigenständigkeit der Institution anerkennt. Denn andernfalls müsste man Maßstäbe zugrunde legen, die dem Kontext nicht eigen sind und somit nur eine verzerrende Sicht darauf erlauben. Für einen Kontext der Politik würde wohl niemand ernsthaft annehmen, das dort stattfindende Handeln allein anhand rechtlicher Erwägungen oder Legalitätskriterien beurteilen und ausdeuten zu können. Der verbreitete Glaube, dass dies unter Bezugnahme auf einen politischen Maßstab, quasi spiegelbildlich, für das europäische Recht gelingen könnte, muss bei näherer Betrachtung als ebenso abwegig erscheinen.

Die Prämisse, es handele sich bei dem Europäischen Gerichtshof um einen politischen oder interessengeleiteten Akteur, ist dementsprechend zurückgewiesen worden. Um aus Sicht des Rechts eine Antwort auf die Frage nach einer Grenzüberschreitung von Recht zu Politik geben zu können, ist hier zunächst die „Berechtigung zur Rechtsfortbildung" im konkreten Einzelfall überprüft worden. Sodann ist untersucht worden, ob Umfang und Reichweite der durch den Gerichtshof getroffenen inhaltlichen Bestimmungen unbedingt erforderlich oder zumindest entscheidungsnotwendig waren. Schließlich ist auch danach gefragt worden, inwieweit die Urteile dem Erfordernis einer gelungenen, weil angemessen und wohlbegründeten, rechtlichen Argumentation gerecht wurden und mithin das Kriterium der Verstehbarkeit und Akzeptabilität erfüllt war. Es ging also explizit nicht darum, den Europäischen Gerichtshof gegenüber Einwänden zu immunisieren oder eine naive Sicht auf das Recht, als einen Ort, wo Interessen keinen Platz haben, zu entwickeln. Lediglich war und ist es das Ziel, einen angemessenen Maßstab der Analyse und Kritik zur Verfügung zu stellen, welcher der kontextuellen Möglichkeit der Rationalisierung Rechnung trägt. Denn von der theoriegeleiteten Integrationsforschung ist bislang ein Untersuchungsraster bemüht worden, das dem Recht nicht entspricht und die essenzielle Frage nach den Gründen der europäischen Rechtsprechung gar nicht erst zulässt. Um jedoch angemessene und gerechtfertigte Aussagen über die Begründetheit von Handeln im Recht machen zu können und um auch legitime Kritik daran üben zu können, muss zunächst verstanden werden, welche Züge in den „Sprachspielen des Rechts" als rational gelten können, welche insofern auch akzeptanzfähig sind – und welche nicht. Anders gesagt, man muss die Regeln des Spiels verstehen, um entscheiden zu können, ob es „richtig" gespielt wird.

Mit Blick auf die Debatten muss man sich fragen, weshalb gerade dem EuGH heute solch scharfe Kritik entgegenkommt und warum ihm eine politische Motivation unterstellt wird, obgleich diese doch kaum jemals wissenschaftlich nachweisbar sein wird. Schließlich bleiben die Erwägungen der Richter, jenseits der offiziellen Urteilsbegründungen, für den wissenschaftlichen Beobachter grundsätzlich unsichtbar. Und der trivial-rationalistische Schluss von einer möglicherweise „integrativ" wirkenden Rechtsprechung auf ein entsprechendes Interesse daran, ist unzulässig, weil damit die theorieimmanenten Annahmen lediglich in die Akteure hineinprojiziert werden, ohne dass die Möglichkeit bestünde, dass diese sich als falsch erwiesen: Wenn der EuGH in einer anderen Art und Weise handelt, als dies die Theorie voraussagt, so wird dies als kein Beleg gegen die rationalistische Erklärung aufgefasst, sondern lediglich als ein solcher dafür, dass man entweder nicht das richtige Interesse, die richtige Präferenz zugrunde gelegt hat; oder aber, dass ein anderer Akteur oder eine strukturelle Beschränkung des Handelns existiert, die noch nicht oder nicht hinreichend beachtet wurde. Die Möglichkeit, dass ein Gericht nicht nach den Maßstäben einer strategischen, interessengeleiteten Rationalität handelt, ist ganz einfach nicht vorgesehen und kann deshalb auch nicht gesehen werden.

Warum wird also gerade dem Europäischen Gerichtshof das Etikett eines juristischen Aktivismus angeheftet – ein Vorwurf zugleich, von dem die höchsten nationalen Gerichte Europas heute bei weitem nicht in gleichem Maße betroffen sind? Der Grund hierfür liegt m. E. primär in den politisch induzierten Unvollständigkeiten und Mängeln der europäischen Rechtsordnung begründet. Die Grundrechte sind hierfür, wenn nicht das einzige, so doch ein herausragendes Beispiel. Schließlich haben diese bis Lissabon in den Verträgen keine explizite Formulierung gefunden[304] – und das, obwohl die Grundrechte, nicht zuletzt vor dem Hintergrund einer Unionsbürgerschaft und der supranationalen Rechtsnatur der Gemeinschaft, nur integraler Bestandteil der europäischen Rechtsgemeinschaft sein können. Schließlich stellt der Schutz individueller Grundrechte einen

---

304 Abgesehen von der grundlegenden, wenngleich auch sehr allgemeinen vertraglichen Anerkennung der Grundrechte durch den Vertrag von Amsterdam, Art. 6 EUV.

Kernbereich der europäischen Verfassungsstaatlichkeit dar, der auf supranationaler Ebene fortbestehen muss (siehe Beutler et al. 2001: 352). Man mag das Faktum, dass die Gemeinschaft sich nicht schon viel früher zu einer entsprechenden Kodifizierung der Grundrechte durchgerungen hat, angesichts des Grades der politischen Einigung und der Eingriffstiefe und -reichweite der EU-Politik, für skandalös halten. Tatsächlich ist es verständlich und unverständlich zugleich: Verständlich ist die späte Kodifizierung der Grundrechte vor dem Hintergrund der Tatsache, dass die Einigung Europas, historisch gesehen und im Vergleich zum europäischen Nationalstaat als persistentes Leitmodell der politischen Ordnung, noch immer sehr jung ist. Die Zeit für eine grundrechtliche Konstitutionalisierung der Union war vielleicht ganz einfach noch nicht reif, weil die Staaten hiermit tatsächlich – und für ihre Bürger deutlich sichtbar – einen besonders emotional besetzten Teil ihrer Souveränität abzugeben hatten. Unverständlich ist dies jedoch zugleich, da zu keiner Zeit davon auszugehen war, dass der stetige Transfer von politischer – d. h. legislativer und exekutiver – Macht auf die europäische Ebene legitimerweise ohne einen wirksamen und lückenlosen gerichtlichen Individualrechtsschutz stattfinden konnte. Die Politik wusste dies; spätestens als der EuGH gezwungenermaßen begann, die Löcher in der europäischen Rechtsordnung notdürftig zu flicken. Doch kam sie ihren, eigentlich zwingenden, legislativen Aufgaben nicht nach, oder konnte dies im Rahmen ihrer beschränkenden institutionellen Möglichkeiten ganz einfach nicht.

Dem Präsidenten des Bundesarbeitsgerichts a. D., Hellmut Wißmann, ist daher zuzustimmen, wenn er festgestellt, dass das Problem von Anbeginn der Gemeinschaft *„nicht in erster Linie der EuGH ..., sondern eher der EG-Vertrag"* (2009: 151) war – und die Konstitution der europäischen Politik, so muss man hinzufügen (in einem ähnlichen Sinn auch Dawson 2012). Dass dies so auch in den europäischen Öffentlichkeiten wahrgenommen wird, lässt sich sehr deutlich in der Anerkennung ablesen, die dem EuGH auf der einen Seite und den intergouvernementalen EU-Institutionen auf der anderen Seite entgegengebracht wird: Nach einer Eurobarometer-Erhebung aus dem Jahr 2010 sprachen 65 % der Befragten in Deutschland dem EuGH ihr Vertrauen aus (23 % vertrauten dem EuGH eher nicht, 12 % enthielten sich der Antwort). In Frankreich lag der Wert bei 44 % (29 %, 27 %) und in Großbritannien bei 34 % (41 %, 25 %). Dem Rat der Europäischen Union hingegen vertrauten in der Bundesrepublik nur lediglich 36 % (35 %, 29 %) der Befragten. In Frankreich waren es ebenfalls 36 % (33 %, 31 %) und in Großbritannien gerade einmal 18 % (51 %, 31 %). Für den Europäischen Rat fiel das Ergebnis im Jahr 2011 noch unbefriedigender aus: Deutschland 30 % (37 %, 33 %), Frankreich 30 % (32 %, 38 %) und Großbritannien 17 % (45 %, 38 %).

Es ist bezeichnend, dass diese vergleichsweise hohe Zustimmung für die Arbeit der europäischen Judikative in der allgemeinen öffentlichen Wahrnehmung keine Entsprechung in den fachöffentlichen Diskussionen findet und dort stattdessen als Hinweis auf die gute Abgeschirmtheit des EuGH und seiner Entscheidungen gegen nationalstaatliche Kritik interpretiert wird (siehe Kelemen 2011, 2012; auch Scharpf 2012: 128). Durch die theoretische Brille betrachtet, wird so selbst das messbar große Vertrauen in den Gerichtshof und seine Arbeit – eigentlich ein gutes Zeichen – zu einem strategischen Vorteil für einen vermeintlich politischen Akteur umgedeutet. Entsprechend, aber ungerechtfertigterweise, wird der EuGH auch für die Unzulänglichkeiten der politischen Problemlösungsfähigkeit in der EU mitverantwortlich gemacht. Die generelle Skepsis gegenüber der Politik, die in alarmierender Weise in der o. g. Umfragedatenerhebung ihren Ausdruck findet, ist durch die unkritische Übertragung bestehender Erklärungsmuster und auch das generelle Desinteresse an dem Kontext des Rechts seitens der Politikwissenschaft auf den EuGH übergegangen. Probleme der Politik sind zu Problemen der Rechtsanwendung gemacht geworden. So ist es bislang das Schicksal des EuGH gewesen, mit der, wie Joerges und Rödl sagen, *„legacy of unresolved tensions"* (2009: 2) – man könnte auch von politischen Altlasten sprechen – fertig werden zu müssen und dafür zugleich zur Rechenschaft gezogen zu werden. Dass diese undifferenzierte Kritik am EuGH auf Dauer weder wünschenswert, noch dem Erfolg des Integrationsprojekts zuträglich sein kann, ist offensichtlich. Denn sie lässt die wahren Problembereiche der Europäischen Gemeinschaft verschwimmen und gestattet aufgrund dessen keine angemessene Abhilfe mehr.

Die zentrale Frage jedoch bleibt: Was ist *Integration durch Recht*? Wie lässt sie sich verstehen und beschreiben? Welches sind ihre Funktionsbedingungen? Was, wenn nicht die rationalen Akteurskalküle, sind die Triebkräfte der offenbaren Ausweitungs- und Vertiefungstendenz des europäischen Rechts? Wie lässt sich im Lichte der hier angestellten theoretischen Erwägungen, aus einer Perspektive der Kontextrationalität, die Integration durch Recht in Europa verstehen und erklären? Um diese Fragen beantworten zu können, sollte man sich zunächst noch einmal vor Augen führen, dass Rationalität heute nicht nur eine mögliche Charakteristik des Handelns beschreibt. In den modernen, hoch rationalisierten Gesellschaften ist sie vielmehr auch eine normative Zielbestimmung. Dies gilt ganz besonders auch für das Recht und das dort stattfindende Handeln. Deren Rationalität stellt nicht nur im Staat, sondern auch und vor allem auf europäischer Ebene eine unerlässliche Legitimitätsbedingung dar (nicht-rationales oder gar irrationales Handeln im Recht kann zu keiner Zeit auf die Anerkennung derjenigen hoffen, die davon betroffen sind). Mit dem stetigen Voranschreiten der

politischen Einigung, die immer weiter und tiefer auch in die nationalen Rechtssysteme eingreift, ist das Erfordernis, eine diesem Prozess angemessene und vor
allem lückenlose europäische Rechtsordnung zu schaffen, immer offensichtlicher
geworden. Das europäische Recht ist schon längst nicht mehr bloßes Vehikel einer
negativen Integration, d. h. lediglich dazu da, Handelshemmnisse aus dem Weg zu
räumen (sofern es dies überhaupt jemals war).

Michael Zürn argumentiert, dass die Politik in Europa heute „*mit Ansprüchen
einer guten politischen Ordnung konfrontiert*" (2006: 242) ist und diesen mehr
denn je gerecht werden muss. Das Gleiche ließe sich auch für die rechtliche Ordnung der Gemeinschaft feststellen. Auch sie muss zunehmend den Erforderni-
sen einer geschlossenen, umfassenden und „guten" Verfasstheit der Europäischen
Union und den Erwartungen daran gerecht werden. Der Gradmesser für diese Er-
fordernisse sind schon lange nicht mehr die wenig verbindlichen und bescheiden
elaborierten völkerrechtlichen Übereinkünfte und Institutionen. Viel eher dienen
unlängst und zunehmend die nationalstaatlichen Rechtsordnungen und das geteilte Verständnis von Notwendigkeit und Gebotenheit im Gemeinschaftsrecht als
Maßstab der kontextuellen Rationalisierung. Dass die Wertbestimmungen der nationalen Rechtsordnungen nicht direkt auf europäischer Ebene wirken, sondern,
wie Beutler treffend feststellt, eher „transklusiv" (2011: 650) mit *und* in der Rechtsgemeinschaft bestehend gedacht werden müssen, widerspricht dem keineswegs.
Den daraus erwachsenden hohen Ansprüchen einer gelungenen und guten gemeinschaftsrechtlichen Ordnung konnten sich die politischen Entscheidungsträger auf nationaler wie auch supranationaler Ebene durch die bekannten strukturellen Defizite der Gemeinschaftsinstitutionen und durch gegenseitige Zuweisung
von Verantwortung bislang weitgehend entziehen; nicht zuletzt auch deswegen,
weil sie ihr Handeln an einer anderen Rationalität ausrichten, als die Akteure des
Rechts. Sie sehen die Möglichkeit einer umfassenden europäischen Rechtsordnung noch immer als Bedrohung des nationalen Rechts an und erkennen dabei
nicht, dass die Verlagerung ihres eigenen politischen Handelns die Schließung
der Lücken im europäischen Recht unausweichlich gemacht hat. Sie begreifen
die Konstitutionalisierung des europäischen Rechts noch immer als Nullsum-
menspiel, bei dem der Nationalstaat Rechte unwiederbringlich an Europa abgibt
und so seine eigenen Verfassungsgrundsätze aushöhlt. Für sie kann Europa nur
gewinnen, wenn der Staat verliert. Hierbei klammern sie sich paradoxerweise
daran, bei einer Konstitutionalisierung der Europäischen Union, ihre Bürger vor
der eigenen (!) (europäischen) Politik nicht mehr schützen zu können. Und dies,
obwohl ein solcher Schutz in einer supranationalen Gemeinschaft auf kurz oder
lang nur durch supranationales Recht denkbar ist – ein Recht zugleich, das sich

auf kurz oder lang an den Maßstäben der mitgliedstaatlichen Verfasstheit messen lassen muss.[305]

Der Europäische Gerichtshof hat sich, anders als die Politik, nie mit der Unvollständigkeit der Rechtsordnung zufriedengeben können. Doch hat er dies nicht getan, weil er ein Interesse an der Ausweitung des Rechts hatte oder ihm die Reichweite des europäischen Rechts ganz einfach nicht weit genug ging, sondern weil jedes Vakuum in dem von ihm auszulegenden Gemeinschaftsrecht (das immer auch transklusiv die nationalen Ordnungen miteinschließen musste) auch eine Grenze der Rationalisierung von Recht war bzw. diese lediglich ungenügend zuließ. Besonders augenfällig ist dies sicherlich im Fall der Grundrechte, die der EuGH ab Ende der 1960er Jahre selbst zu schöpfen begann. Der Gerichtshof tat dies, weil die politischen Vertreter die Notwendigkeit eines gemeinschaftsrechtlichen Grundrechtsschutzes ganz einfach nicht erkannten oder ihrem daraus erwachsenen Auftrag, für eine entsprechende Nachbesserung der Verträge zu sorgen, nicht nachkamen. Zu argumentieren, dies sei ein Akt der Selbstermächtigung und ein ungehöriger Eingriff in die Souveränität der Staaten gewesen, ist nicht zu rechtfertigen. Viel eher stellt sich die Schöpfung der Grundrechte, zu deren textlicher Verankerung sich die Staaten erst etwa vierzig Jahre später entschließen konnten, rückblickend als ein Notbehelf dar, der durch die Passivität des legislativen Handelns unumgänglich wurde. Der Europäische Gerichtshof musste handeln, sollte ein unversehrter Rechtsschutz der europäischen Bürger bestehen.

Geht man nun davon aus, dass sich dieser gerichtliche Prozess des Auffüllens von Lücken der Rechtsordnung nicht nur auf die Schöpfung und Ausgestaltung der Grundrechte beschränkt, so muss von einer, der Möglichkeit nach, sämtliche Rechtsbereiche umfassenden *Vervollständigungstendenz des europäischen Rechts* ausgegangen werden, die sich indirekt auch aus der transklusiven Verschränkung des Gemeinschaftsrechts mit den nationalen Rechtsordnungen ergibt. Im Rahmen dieses Prozesses werden innerhalb der Grenzen der Rechtsordnung immer weitere Normenbereiche ausgefüllt, deren Unvollständigkeit oder unzureichende Bestimmtheit eine angemessene Regelung der dem Recht zugetragenen Lebenssachverhalte unmöglich machen würde. Man sollte insofern nicht von einem „perpetual momentum" (Scharpf 2012), also einer verselbstständigten und infiniten Europarechtsexpansion via Fallrecht ausgehen, sondern viel eher von einer bewussten und rationalisierenden Fortentwicklung des Rechts anhand von konkreten Einzelfällen und aktuellen Rechtsfragen. Infolgedessen kommt es zu einer stetig voranschreitenden Ausdifferenzierung und Vervollkommnung der Ge-

---

305 Vgl. hierzu insbes. auch Bogdandy et al. 2012.

meinschaftsrechtsordnung, die sich zunächst einmal unabhängig von politischen Entscheidungen vollzieht, diese jedoch zugleich beeinflusst, insofern als sie die Entscheidungsträger bindet und auf Dauer auch zur gesetzgeberischen Nachbesserung zwingt, um eine Schieflage zwischen gesprochenem und vertraglich-legislativ kodifiziertem Recht zu vermeiden.[306]

Auf den ersten Blick weist diese Erklärung der *Integration durch Recht* eine gewisse Ähnlichkeit zum älteren Konzept des neofunktionalistischen Spillover-Mechanismus auf (vgl. auch Stone Sweet u. Sandholtz 1997: 299). Tatsächlich wird hier mit dem Neofunktionalismus lediglich der Befund einer stetig voranschreitenden Einigungsbewegung – allerdings nur für einen ganz bestimmten Sachbereich bzw. Kontext – geteilt. Denn anders als in der neofunktionalistischen Theorie sind es hier gerade nicht primär die Erwartungen und Interessen der Akteure an Integration, die diese befördern. Es handelt sich bei der kontextuellen Vervollständigungs- und Schließungstendenz des Rechts gerade nicht um einen akteursinduzierten und durch Eliten befeuerten Prozess, der in immer weitere Bereiche überspringt und so quasi automatisch zu einer sich immerfort ausweitenden Integration führt. Vielmehr vollzieht sich Integration zunächst einmal innerkontextuell und durch eine spezifische Form der Rationalisierung. Das schließt gar nicht aus, dass dieser Prozess durchaus parallel in unterschiedlichen sprachpraktischen Bereichen abläuft. Die einzelnen Kontexte sind im Verhältnis untereinander schließlich nicht als monolytische Blöcke zu verstehen, die gänzlich unabhängig voneinander bestünden. Fraglos sind sie aber wohlunterschieden und durch eine bestimmte Form der kontextuellen Rationalität voneinander abgegrenzt. Diese Form der Rationalität, die hier als eine sprachpraktische charakterisiert wurde, gibt dann auch den spezifischen Modus der Integration vor. So ist gezeigt worden, dass Integration im und durch Recht nach anderen Regeln abläuft, als die politisch vorangetriebene Einigung, obgleich durchaus gewisse Ähnlichkeiten und Anknüpfungspunkte und Möglichkeiten der interkontextuellen Verständigung bestehen müssen, um das Gesamtphänomen „europäische Integration" überhaupt erst zu ermöglichen und nicht eine gegenseitige Entkopplung und Fragmentierung zu bewirken.

Die Akteure einer Rechtsintegration mögen nun unterschiedliche Rollen haben und über unterschiedliche Kompetenzen verfügen. In der rationalistischen Theorie wird dies besonders hervorgehoben. Dort sind es primär einzelne Akteure oder Akteursgruppen, welche die Integration willentlich weiterbringen – al-

---

306 Dies schließt nicht aus, dass legislative Normensetzungsakte indirekt die Grundlagen der Rechtsauslegung und -fortbildung verändern.

len voran der EuGH. Die Akteure unterscheiden sich dabei nicht nur in ihren Aufgaben und Zuständigkeiten voneinander, sondern auch in ihren Chancen, sich gegen andere durchzusetzen. Dass es solche unterschiedlichen Rollen und Akteure gibt, darf sicherlich nicht übersehen werden und wird in kontextanalytischer Perspektive anerkannt und berücksichtigt. Zugleich muss aber auch klar sein, dass dieses Element niemals wesentlich für die Erklärung von Integration durch Recht sein kann – jedenfalls gilt dies, solange man unter dem Begriff „Integration" mehr als den bloßen institutionalisierten Abgleich von Interessen verstehen möchte. Dass nämlich aus dem Widerstreit unterschiedlicher Akteursinteressen jemals eine dauerhafte und tiefgreifende Einigung erwachsen könnte, wie wir sie heute in Europa beobachten können, ist ein Trugschluss und verdeckt den wahren Kern der Integration: die Geltung und Anerkennung einer im Kontext geteilten Rationalität, mithilfe derer die Akteure *gemeinsam* die Welt aus Sicht des Rechts ordnen.

Damit entsteht nun im Ergebnis ein weitaus optimistischeres Bild, als das von den rationalistischen und poststrukturalistischen/-modernistischen Theorien der europäischen Integration gezeichnete. Denn aus Sicht einer kontextuellen Rationalität kann es nur das *gemeinsame* Verständnis einer sprachpraktischen Rechtspraxis sein, das Konsens und Dissens ermöglicht. Es ist, genauer gesagt, die Übereinstimmung in den Bedingungen der Möglichkeit der Geltendmachung von juristisch relevanten Ansprüchen, Behauptungen oder Annahmen, welche die Akzeptanz der europäischen Rechtsgemeinschaft und ihrer Entscheidungen bisher zu erzeugen vermochte. Die Wege und Grenzen zu erkennen und zu verstehen, die im Kontext des europäischen Rechts hierbei offen stehen, d.h. gangbar sind, heißt die Grundlagen der Rechtsgemeinschaft und auch diejenigen der *Integration durch Recht* in Europa zu begreifen. Mit anderen Worten: Es gilt die Anschluss- und Akzeptanzfähigkeit des Rechts und seiner Inhalte im Kontext freizulegen und herauszuarbeiten, um den Zusammenhang von Recht und Integration in Europa verstehen zu können. Integration heißt also im Grunde nichts anderes, als die gleiche „Sprache" (im Sinne Wittgensteins) zu sprechen und die Regeln und Geltungsansprüche zu akzeptieren, die ihre gemeinsame Verwendung beinhaltet bzw. hervor bringt. Dass Europa die „Sprache eines gemeinsamen europäischen Rechts" zunehmend spricht, dass Europa insofern auch schon längst und wahrhaft eine Rechts*gemeinschaft* ist, scheint insbesondere der theoriegeleiteten Integrationsforschung bislang wenig bewusst gewesen zu sein – und auch die zentrale Tatsache, dass nur dies in Wirklichkeit die Grundlage für eine gelungene Integration sein kann.

7 Schlussbemerkung: Implikationen für die Integrationsforschung und darüber hinaus

„Denk nicht,

sondern schau!"

(Wittgenstein)

Um das Ergebnis dieser Schlussbemerkung bereits vorwegzunehmen: die Konsequenz der hier gemachten Ausführungen kann nur sein, dass es heute dringender denn je erforderlich ist, eine tatsächliche Öffnung der einzelnen, disziplinär trennscharf ausdifferenzierten Forschungen füreinander herbeizuführen und diese in einer „Europawissenschaft" (Schuppert et al. 2005) zusammenzubringen. Nur im Rahmen einer solchen Kooperation können Wissen und Verständnis von spezifischen Bereichen, in denen Integration stattfindet, zusammengeführt und gebündelt werden; und nur so kann noch eine Erklärung des Gesamtphänomens Integration gelingen. Genauer gesagt: Wahrhafte Interdisziplinarität ist nicht nur wichtig, sondern viel eher absolut notwendig, um weiterhin überzeugende Erklärungen für Integrationsprozesse in Europa, aber auch anderswo, bieten zu können. Das Konzept der *Kontextrationalität* und der sich daraus ergebende methodische Vorschlag der *Kontextanalyse* könnten helfen, eine solche wirklich interdisziplinäre Forschung zu gestatten.

Die Politikwissenschaft ist in besonderer Weise dazu aufgefordert, den Anschluss an und die Zusammenarbeit mit anderen Wissenschaften zu suchen. Schließlich hat sie sich schon längst nicht mehr nur die Erklärung der politisch induzierten Integration auf ihre Fahnen geschrieben, sondern ihr Erkenntnisinteresse inzwischen auf nahezu sämtliche Handlungsbereiche erweitert. Im Zuge der sich vertiefenden funktionalen Ausdifferenzierung der Europäischen Union, die sich mit der weiteren Implementation des Vertrags von Lissabon in Zukunft noch klarer abzeichnen wird, zeigt sich nämlich, dass ihre wissenschaftliche Agenda einerseits zu weitreichend ist und andererseits nicht tief genug geht. Zu weitreichend ist das politikwissenschaftliche Forschungsvorhaben insofern, als der funktionalen Differenzierung der Integration in theoriegeleiteten Arbeiten bislang kaum Rechnung getragen wird. Damit wird aber die Tatsache vernachlässigt, dass europäische Integration noch nie lediglich ein politischer Einigungsprozess war, sondern vielmehr in mehreren, ganz unterschiedlichen Kontexten – jeder durch eine eigene Logik, Rationalität und typische Weise der Integration charakterisiert – parallel stattgefunden hat und sich weiterhin vollzieht. Nicht tief genug greift die Forschungsagenda insofern, als das Gesamtphänomen Integration noch immer primär durch die Bezugnahme auf Akteure und ihre politisch-rationalen Interessen untersucht wird. Jedenfalls ist, wie hier für das Recht gezeigt, eine substanzielle und zugleich erklärungsnotwendige Auseinandersetzung mit den Kontexten des Handelns und ihren spezifischen Eigenheiten weitgehend ausgeblieben. Stattdessen werden Erklärungsmuster verallgemeinert, die von vornherein nur eine begrenzte Reichweite haben können, weil sie für nur *einen* dieser Kontexte, nämlich den politischen, konzipiert und formuliert wurden.

Um Missverständnisse zu vermeiden: Für die frühen Jahre der Gemeinschaft, die weit stärker von dem Entscheidungswillen der Staaten bzw. ihrer prominenten Vertreter geprägt waren, mögen die großtheoretischen Erklärungen der Politikwissenschaft recht überzeugend gewesen sein. Allerdings verloren diese im Laufe der Zeit an Bedeutsamkeit, da die Gemeinschaft sich zu einem differenzierten und zugleich komplexen Gebilde weiterentwickelte, das nicht länger nur durch intergouvernementale Auseinandersetzungen an Brüsseler Verhandlungstischen, Lobbying oder durch ein technokratisches Entscheiden bestimmt wurde. Die politikwissenschaftlichen Mehrebenenansätze haben dies unlängst erkannt und auf die Komplexität des Regierens in Europa hingewiesen. Doch ist die EU nicht bloß ein Multi-Level-Governance-System. Sie ist auch ein *Multi-Kontext-System,* in dem die gemeinsame Zukunftsgestaltung nicht nur auf verschiedenen Ebenen des Regierens stattfindet, sondern auch in unterschiedlichen, sprachpraktisch vermittelten und wohlunterschiedenen Sinn- und Handlungsbereichen, d. i. *Kontexten.*[307] Diese gilt es zu verstehen, um Integration zu verstehen.

Hier ist diese kontextuelle Eigenständigkeit für den Bereich des Rechts untersucht worden. Der Ausgangspunkt der Betrachtung war dabei die Trias „Integration, Recht und Rationalität". Es konnte gezeigt worden, dass alle drei Begriffe untrennbar miteinander zusammenhängen: Integration vollzieht sich im Recht, genau wie in anderen Handlungskontexten, durch eine spezifische Rationalität. Daraus folgt: Um das Phänomen Integration durch Recht angemessen verstehen zu können, muss man zunächst die Möglichkeiten und Regeln der Rationalisierung innerhalb des konkreten rechtlichen Handlungskontextes erkennen. Die hier vorgeschlagene Reformulierung des analytisch wertvollen Konzepts der Rationa-

---

307 Eine sehr instruktive Analyse der Rechtsprechung im europäischen Mehrebenensystem findet sich bei Oeter 2007.

lität als Kontextrationalität, die sowohl Einsichten und Erkenntnisse von Max Webers verstehender Soziologie als auch von Ludwig Wittgensteins Sprachphilosophie zur Grundlage hat, könnte zu diesem Verständnis beitragen. Schließlich wird dadurch methodisch eine Untersuchung von Integration möglich, die einer Sinn schaffenden Umgebung, wie dem europäischen Recht, in seiner temporalen, funktionalen und lokalen Ausgestaltung Rechnung trägt. Demnach muss Handeln im Recht drei wesentliche Bedingungen erfüllen, die darüber entscheiden helfen, ob dieses als rational (und folglich legitim und anerkennbar) oder nicht-rational bzw. irrational im Sinne des Rechtskontextes angesehen werden muss: *Erstens und in temporaler bzw. historischer Hinsicht* muss es verstehbar, anschlussfähig und im Rahmen einer aktuell geltenden, gemeinsamen rechtlichen Praxis akzeptanzfähig sein. Dies kann Handeln im Kontext des Rechts nur sein, wenn es sich als kohärenter Teil einer aus früheren, gegenwärtigen und – der Möglichkeit nach – auch zukünftigen Rechtsentwicklungen bestehenden Kette darstellen lässt. *Zweitens und in funktionaler Hinsicht* muss Handeln sich auf die kontextspezifischen Regeln der rechtlich-juristischen Interpretation und Argumentation, die zugleich das Recht von anderen gesellschaftlichen Kontexten unterscheiden, zurückführen lassen. *Drittens und in lokaler Hinsicht* muss es die Bedingungen eines geteilten und genuin europäischen Verständnisses von Recht erfüllen; d. h. es muss dem Grundbestand an Regeln und Normen entsprechen, der das Europarecht zugleich von nationalem oder internationalem Recht, aber auch spezifischen Rechtsordnungen der Mitgliedstaaten und außereuropäischen Staaten, abgrenzbar und unterscheidbar macht.

Weiterhin ist gezeigt worden, wie die Kontextanalyse angewandt werden kann, um konkrete Fälle und Entwicklungen des europäischen Rechts zu untersuchen, zu verstehen, angemessen – im Sinne einer rechtlichen Rationalität – zu bewerten und ggf. zu kritisieren. Schließlich ist die These der *Vervollständigungstendenz* des europäischen Rechts formuliert worden, die im Ergebnis eine durchaus zuversichtliche Prognose für den Fortgang der Einigung durch Recht in Aussicht stellt. Denn Integration wird hier nicht als Produkt des politischen Marktes begriffen. Sondern die Möglichkeit, innerhalb der Rechtsgemeinschaft akzeptanzfähige Entscheidungen zu erzeugen, ist bereits als Ausdruck einer grundlegenden sprachpraktischen Übereinstimmung von Rationalisierungsregeln im Gemeinschaftsrecht zu werten, die den Kern der Integration darstellt.

Was bedeutet dies konkret für die wissenschaftliche Beschäftigung mit Integrationsprozessen – innerhalb wie auch außerhalb Europas? Eine zentrale Aussage dieser Untersuchung, die über die theoretische wie auch empirische Beschäftigung mit der Integration Europas hinausweist, ist, dass man die Kontexte des

Handelns ernst nehmen muss. Die Akteurszentrierung, die große Teile der theoriegeleiteten Forschung heute bestimmt, ist dabei ganz offenbar nicht das Hauptproblem, wohl aber Teil des Problems. Die eigentliche Schwierigkeit ist die im Bereich der Integrationsforschung überhöhte Zuversicht der Politikwissenschaft – mittels einer Universalisierung und Generalisierung ihrer ursprünglich für die politische Integration formulierten Erklärungsmuster –, Integration von einer analytischen Außenperspektive aus in nahezu sämtlichen Lebensbereichen und Kontexten erklären zu können. Die damit verbundene Hoffnung der Entwicklung eines „One-Fits-All-Ansatzes" sollte endgültig aufgegeben werden. Die Kontextblindheit der Integrationstheorie erscheint vor dem Hintergrund moderner funktional differenzierter Gesellschaften deutlich unpassend und unterkomplex. Sie sollte durch den methodischen Versuch eines kontextuellen Verstehens unterschiedlicher Sinnzusammenhänge abgelöst werden. In Zukunft wird die Politikwissenschaft jedenfalls kaum mehr davon überzeugen können, dass Integration weiterhin mit den Mitteln einer General- oder Einzelwissenschaft hinreichend zu erklären ist. Kurz: Die politikwissenschaftliche Integrationsforschung muss ihre überdehnte Forschungsagenda aufgeben, um ihre eigene Glaubwürdigkeit zu retten.

Ein Bedeutungsverlust politologisch-theoriegeleiteten Arbeitens muss dies keinesfalls bedeuten. Doch bedarf es der eingehenden Auseinandersetzung mit den konkreten Erklärungsobjekten, die in einem hoch differenzierten Wissenschaftsbetrieb nur sinnvoll durch eine Annäherung an andere Disziplinen gelingen kann. Interdisziplinäre Kooperation darf also kein Lippenbekenntnis bleiben. Sie ist viel eher zwingend notwendig, um überhaupt ein derart komplexes und vielschichtiges Phänomen wie die Integration Europas, das sich schon lange nicht mehr nur durch das Tun politischer Eliten vollzieht, beleuchten und erfassen zu können. Für die Politikwissenschaft bestehen hier zahlreiche Anknüpfungspunkte zu Rechtswissenschaft (insbesondere im Bereich der Europarechtswissenschaft), Ökonomie, Soziologie, Kultur- oder Geschichtswissenschaft, die bislang kaum genutzt wurden.

Renaud Dehousse hat bereits vor Jahren darauf hingewiesen, dass „[i]nterdisciplinary approaches are not a kind of exotic trip on which only a few adventurous travelers may embark" (2002: 123). Ihm ist uneingeschränkt zuzustimmen. Wirkliche Interdisziplinarität ist heute mehr denn je Grundvoraussetzung (und kein Beiwerk), um überzeugende wissenschaftliche Erklärungen, nicht nur im Bereich der *Integration durch Recht,* generieren zu können. Denn öffneten sich die unterschiedlichen, an regionaler Integration interessierten Teilwissenschaften tatsächlich für einander, so böte dies die Chance, dass wieder stärker als bisher eine

Auseinandersetzung mit den Untersuchungsobjekten stattfindet – und weniger mit den eigenen, z. T. selbstreferenziellen theoretischen Strukturen. Allzu weitreichende Erklärungsmuster, die von vornherein bestimmte Prämissen in Akteure, Strukturen und Prozesse hineinprojizieren, insofern zu kurz greifen und sogar verzerrend wirken, würden von einer wirklich interdisziplinären Forschung abgelöst, die bemüht ist, die Kontexte des Handelns zu verstehen und zu erklären. Das Konzept der Kontextrationalität sollte als ein Angebot der Öffnung für solche Forschung und auch als ein Ansatz zu einer konstruktiven Ent-Theoretisierung verstanden werden.

Sodann würde auch sichtbar, dass die Integration Europas im Kern viel mehr ist und sein muss als der sterile, auf politische und ökonomische Vorteile bedachte Abgleich von den immer gleichen Präferenzen oder Interessen; dass sie nicht erst, aber besonders seit dem Beginn des Verfassungsprozesses, weit mehr bieten muss als eine technokratische Verwaltung der Einigung. Es würde sich zeigen, dass im Kern der Integration bereits eine Übereinstimmung steht, wie man gemeinsam im Handeln fortfährt – ohne jedoch das Ziel des Weges zu kennen. Es würden die geteilten „Werte der Europäischen Union und ihr Wert" (Beutler 2011), wieder in den Mittelpunkt rücken. Nicht etwa weil Europa sie braucht, um sich einen legitimen Anstrich zu geben oder die emotionale Bindung und Gefolgschaft seiner Bürger zu sichern; auch nicht um eine Abgrenzung Europas nach außen zu befördern; sondern weil sie schon immer Grundlage einer gelungenen positiven Integration sein mussten; weil sie dies auch seit Beginn der Integrationsbewegung waren; weil die Integrationstheorie dies ungerechtfertigterweise in ihren allzu selbstbezogenen theoretischen Debatten kaum noch bedenkt oder über die Zeit einfach vergessen hat; und weil letztlich nur so – auch in Zeiten der Krise – die Überzeugung von der Richtigkeit der Integration fortbestehen und die notwendige Gewissheit in das Gelingen einer immer engeren Union der Völker Europas gestiftet werden kann.

Literaturverzeichnis

Achterberg, Norbert (Hg.) (1983): *Recht und Staat im sozialen Wandel. Festschrift für Hans Ulrich Scupin zum 80. Geburtstag.* Berlin: Duncker & Humblot.

Adler, Emanuel (1997): *Seizing the middle ground. Constructivism in world politics.* London: Sage.

Adler, Emanuel (2002): Constructivism and International Relations. In: Carlsnaes, Walter (Hg.): *Handbook of International Relations.* London: Sage, 95–118.

Aechtner, Silke (1995): *Die Rationalität in der Rechts- und Herrschaftssoziologie Max Webers. Eine Textanalyse.* Dissertation. Halle a. d. Saale.

Albert, Hans (1975): *Transzendentale Träumereien. Karl-Otto Apels Sprachspiele und sein hermeneutischer Gott.* Hamburg: Hoffmann und Campe.

Albert, Hans ([1968] 1991): *Traktat über kritische Vernunft.* Aufl. 5. Tübingen: Mohr Siebeck.

Alexy, Robert (1983): *Theorie der juristischen Argumentation. Die Theorie des rationalen Diskurses als Theorie der juristischen Begründung.* Frankfurt a. M.: Suhrkamp.

Alexy, Robert (1992): *Begriff und Geltung des Rechts.* Freiburg, München: Alber.

Alter, Karen J. (1996): The European Court's Political Power. In: *West European Politics* 19 (3), 458–487.

Alter, Karen J. (1998): Who Are the „Masters of the Treaty"? European Governments and the Court of Justice. In: *International Organization* 52 (1), 121–147.

Alter, Karen J. (2000): The European Legal System and Domestic Policy. Spillover or Backlash? In: *International Organization* 54 (3), 489–518.

Alter, Karen J. (2001): *Establishing the Supremacy of European Law. The Making of an International Rule in Europe.* Oxford: Oxford University Press.

Alter, Karen J. (2002): Law, Political Science and EU Legal Studies. An Interdisciplinary Project? A Political Science Perspective. In: *European Union Politics* 3 (1), 113–123.

Alter, Karen J. (Hg.) (2009a): *The European Court's Political Power.* Oxford: Oxford University Press.

Alter, Karen J. (2009b): The European Court's Political Power Across Time and Space. In: dies. (Hg.): *The European Court's Political Power.* Oxford: Oxford University Press, 6–31.

Alter, Karen J. (2009c): The European Court and Legal Integration. An Exceptional Story or Harbinger of the Future. In: dies. (Hg.): *The European Court's Political Power.* Oxford: Oxford University Press, 32–44.

Alter, Karen J. (2009d): Law and Politics in Europe and Beyond. In: dies. (Hg.): *The European Court's Political Power*. Oxford: Oxford University Press, 286–303.

Alter, Karen J. (2011): The Evolving International Judiciary. In: *Annual Review of Law and Social Science* 7, 387–415.

Alter, Karen J.; Helfer, Laurence R. (2010): Nature or Nurture? Judicial Lawmaking in the European Court of Justice and the Andean Tribunal of Justice. In: *International Organization* 64 (3), 563–592.

Alter, Karen J.; Meunier-Aitsahalia, Sophie (1994): Judicial Politics in the European Community. European Integration and the Pathbreaking Cassis de Dijon Decision. In: *Comparative Political Studies* 26 (4), 535–561.

Anweiler, Jochen (1997): *Die Auslegungsmethoden des Gerichtshofs der Europäischen Gemeinschaften*. Frankfurt a. M.: Europäischer Verlag der Wissenschaften.

Apel, Karl-Otto (1973): *Transformation der Philosophie (Bd. 2). Das Apriori der Kommunikationsgemeinschaft*. Frankfurt a. M.: Suhrkamp.

Apel, Karl-Otto (1993): Diskursethik vor der Problematik von Recht und Politik. Können die Rationalitätsdifferenzen zwischen Moralität, Recht und Politik selbst noch durch die Diskursethik normativ-rational gerechtfertigt werden? In: Apel, Karl-Otto und Kettner, Matthias (Hg.): *Zur Anwendung der Diskursethik in Politik, Recht und Wissenschaft*. Frankfurt a. M.: Suhrkamp, 29–61.

Apel, Karl-Otto; Garver, N.; McGuinness, B.; Hacker, P.; Haller, R.; Lütterfelds, W.; Meggle, G.; Nyíri, C.; Puhl, K.; Rentsch, T.; Rothhaupt, J. G. F.; Schulte, J.; Steinvorth, U.; Stekeler-Weithofer, P.; Vossenkuhl, W. (Hg.) (1995): *Wittgenstein Studies 2*. Wien, New York: Deutsche Ludwig Wittgenstein Gesellschaft.

Apel, Karl-Otto; Kettner, Matthias (Hg.) (1993): *Zur Anwendung der Diskursethik in Politik, Recht und Wissenschaft*. Frankfurt a. M.: Suhrkamp.

Appel, Ivo; Hermes, Georg; Schönberger, Christoph (Hg.) (2011): *Öffentliches Recht im offenen Staat. Festschrift für Rainer Wahl zum 70. Geburtstag*. Berlin: Duncker & Humblot.

Armstrong, Kenneth A. (1998): Legal Integration. Theorizing the Legal Dimension of European Integration. In: *Journal of Common Market Studies* 36 (2), 155–174.

Armstrong, Kenneth A.; Shaw, Jo (1998): Integrating Law: An Introduction. In: *Journal of Common Market Studies* 36 (2), 147–154.

Arnauld, Andreas von (2008): Theorie und Methode des Grundrechtsschutzes in Europa. Am Beispiel des Grundsatzes der Verhältnismäßigkeit. In: *Europarecht (EuR)* (Beiheft 1), 41–64.

Arndt, Felix.; Köngeter, Matthias; Last, Christina (2008): Das Terrorlisten-Urteil des EuGH. *Deutscher Bundestag*, Wissenschaftliche Dienste (25). Berlin.

Arndt, Hans-Wolfgang (2004): *Europarecht*. 7. Aufl. Heidelberg: C. F. Müller/UTB.

Arnull, Anthony (2006): *The European Union and its Court of Justice*. Oxford: Oxford University Press.

Arnull, Anthony (2012): Judicial Activism and the Court of Justice: How Should Academics Respond? In: *Maastricht Faculty of Law Working Papers (# 3/2012)*.

Aspremont, Jean de; Dopagne, Frédéric (2008): Kadi. The ECJ's Reminder of the Elementary Divide between Legal Orders. In: *International Organizations Law Review* 5, 371–379.

Aust, Anthony (2009): Kadi: Ignoring International Legal Obligations. In: *International Organizations Law Review* 6, 293–298.

Austin, John (1975): *How to Do Things with Words*. Oxford: Oxford University Press.

Azoulai, Loïc (2008): The Court of Justice and the Social Market Economy. The Emergence of an Ideal and the Conditions for its Realization. In: *Common Market Law Review* 45 (5), 1335–1356.

Azoulai, Loïc (2011): The Force and Forms of European Legal Integration. In: *EUI Working Papers* (06), European University Institute, Florence.

Baldwin, David A. (Hg.) (1993): *Neorealism and Neoliberalism. The Contemporary Debate*. New York: Columbia University Press.

Barbier de la Serre, Eric; Sibony, Anne-Lise (2008): Expert Evidence before the EC Courts. In: *Common Market Law Review* 45, 941–985.

Barck, Karlheinz; Gente, Peter; Paris, Heidi; Richter, Stefan (Hg.) (1990): *Aisthesis. Wahrnehmung heute oder Perspektiven einer anderen Ästhetik*. Leipzig: Reclam.

Barnard, Catherine (2008): Viking and Laval: An Introduction. In: *Cambridge Yearbook of European Legal Studies 2007–2008* 10, 463–492.

Baurmann, Michael (1991a): Grundzüge der Rechtssoziologie Max Webers. In: *Juristische Schulung* (2), 97–103.

Baurmann, Michael (1991b): Recht und Moral bei Max Weber. In: Jung, Heike, Müller-Dietz, Heinz und Neumann, Ulfried (Hg.): *Recht und Moral*. Baden-Baden: Nomos, 113–138.

Beck, Ulrich; Grande, Edgar (2004): *Das kosmopolitische Europa. Gesellschaft und Politik in der Zweiten Moderne*. Frankfurt a. M.: Suhrkamp.

Bedarff, Hildegard; Jakobeit, Cord (2006): Die Gemeinsame Außen- und Sicherheitspolitik der Europäischen Union aus der Perspektive von politikwissenschaftlichen Integrationstheorien. In: Bruha, Thomas und Nowak, Carsten (Hg.): *Die Europäische Union*. Baden-Baden: Nomos, 165–193.

Beermann, Wilhelm (1988): Selbstreferenz und Autonomie bei Luhmann und Wittgenstein. In: Weinberger, Ota, Koller, Peter und Schramm, Alfred (Hg.): *Recht, Politik, Gesellschaft*. Wien: Hölder-Pichler-Tempsky, 127–131.

Benda, Ernst; Maihofer, Werner; Vogel, Hans-Jochen (Hg.) (1995): *Handbuch des Verfassungsrechts der Bundesrepublik Deutschland*. 2. Aufl. Berlin: de Gruyter.

Benoetxea, Joxerramon (1993): *The Legal Reasoning of the European Court of Justice*. Oxford: Clarendon Press.

Benoetxea, Joxerramon; MacCormick, Neil; Moral Soriano, Leonor (2001): Integration and Integrity in the Legal Reasoning of the European Court of Justice. In: Búrca, Gráinne de und Weiler, Joseph H. H. (Hg.): *The European Court of Justice*. Oxford: Oxford University Press, 43–85.

Berger, Peter L.; Luckmann, Thomas ([1969] 2004): *Die gesellschaftliche Konstruktion der Wirklichkeit. Eine Theorie der Wissenssoziologie*. 20. Auflage. Frankfurt a. M.: Fischer.

Berger, Ruth (2008): *Warum der Mensch spricht. Eine Naturgeschichte der Sprache*. Frankfurt a. M.: Eichborn.

Berghel, Hal; Hübner, Adolf; Leinfellner, Elisabeth; Leinfellner, Werner (Hg.) (1980): *Wittgenstein und sein Einfluss auf die gegenwärtige Philosophie*. Akten des zweiten internationalen Wittgenstein Symposiums. Wien: Hölder-Pichler-Tempsky.

Beutler, Bengt (1989): Die Erklärung des Europäischen Parlaments über Grundrechte und Grundfreiheiten vom 12. April 1989. In: *Europäische Grundrechte-Zeitschrift* 16 (8), 185–189.

Beutler, Bengt (2008): Vom Beruf Europas zur Verfassunggebung. In: Wahl, Rainer (Hg.): *Verfassungsänderung, Verfassungswandel, Verfassungsinterpretation*. Berlin: Dunkker & Humblot, 91–103.

Beutler, Bengt (2011): Die Werte der Europäischen Union und ihr Wert. In: Appel, Ivo, Hermes, Georg und Schönberger, Christoph (Hg.): *Öffentliches Recht im offenen Staat*. Berlin: Duncker & Humblot, 635–650.

Beutler, Bengt; Bieber, Roland; Pipkorn, Jörn; Streil, Jochen (1987): *Die Europäische Gemeinschaft. Rechtsordnung und Politik*. 3. Aufl. Baden-Baden: Nomos.

Beutler, Bengt; Bieber, Roland; Pipkorn, Jörn; Streil, Jochen (2001): *Die Europäische Union. Rechtsordnung und Politik*. 5. Aufl. Baden-Baden: Nomos.

Beyme, Klaus von (2007): *Theorie der Politik im 20. Jahrhundert. Von der Moderne zur Postmoderne*. 2. Aufl. Frankfurt a. M.: Suhrkamp.

Bezzel, Chris (2000): *Wittgenstein zur Einführung*. Hamburg: Junius.

Bieber, Roland; Epiney, Astrid; Haag, Marcel (2006): *Die Europäische Union. Europarecht und Politik*. Baden-Baden: Nomos.

Bieling, Hans-Jürgen; Lerch, Marika (Hg.) (2005): *Theorien der europäischen Integration*. Wiesbaden: VS Verlag für Sozialwissenschaften.

Birnbacher, Dieter; Burkhardt, Armin (Hg.) (1985): *Sprachspiel und Methode*. Berlin, New York: de Gruyter.

Bix, Brian (1992): The Application (and Mis-Application) of Wittgenstein's Rule-Following Considerations to Legal Theory. In: Patterson, Dennis (Hg.): *Wittgenstein and Legal Theory*. Boulder, San Francisco, Oxford: Westview Press, 209–223.

Black, Max (1980): Lebensform and Sprachspiel in Wittgensteins later work. In: Berghel, Hal et al. (Hg.): *Wittgenstein und sein Einfluss auf die gegenwärtige Philosophie*. Akten des zweiten internationalen Wittgenstein Symposiums. Wien: Hölder-Pichler-Tempsky, 325–331.

Blanke, Thomas (2008): Die Entscheidungen des EuGH in den Fällen Viking, Laval und Rueffert. Domestizierung des Streikrechts und europaweite Nivellierung der industriellen Beziehungen. In: *Oldenburger Studien zur Europäisierung und zur transnationalen Regulierung* 18, Jean Monnet Centre for Europeanisation and Transnational Regulation.

Bleckmann, Albert (1982): Zu den Auslegungsmethoden des Europäischen Gerichtshofs. In: *Neue Juristische Wochenschrift* 35 (22), 1177–1182.

Bleckmann, Albert (1997): *Europarecht. Das Recht der Europäischen Union und der Europäischen Gemeinschaften*. Köln, Berlin, Bonn, München: Carl Heymanns Verlag.

Bloor, David (2002): *Wittgenstein. Rules and Institutions*. London: Routledge.

Bobbitt, Philip (1999): What it Means to Follow a Rule of Law. In: Meyer, Linda (Hg.): *Rules and Reasoning*. Oxford: Hart Publishing, 55–60.

Bogdandy, Armin von (1995): Rechtsfortbildung mit Artikel 5 EG-Vertrag. Zur Zulässigkeit gemeinschaftsrechtlicher Innovationen nach EG-Vertrag und Grundgesetz. In: Randelzhofer, Albrecht, Scholz, Rupert und Wilke, Dieter (Hg.): *Gedächtnisschrift für Eberhard Grabitz.* München: C. H. Beck, 17–28.

Bogdandy, Armin von; Kottmann, M.; Antpöhler, C.; Dickschen, J.; Hentrei, S.; Smrkolj, M. (2012): Reverse Solange – Protecting the essence of fundamental rights against EU Member States. In: *Common Market Law Review* 49 (2), 489–519.

Borchardt, Klaus-Dieter (1995): Richterrecht durch den Gerichtshof der Europäischen Gemeinschaften. In: Randelzhofer, Albrecht, Scholz, Rupert und Wilke, Dieter (Hg.): *Gedächtnisschrift für Eberhard Grabitz.* München: C. H. Beck, 29–43.

Borchardt, Klaus-Dieter (2002): *Europarecht.* 7. Aufl. Heidelberg: C. F. Müller.

Borries, Reimer von (1993): *Europarecht von A-Z.* Bonn: Beck/dtv.

Börzel, Tanja A. (1997): Zur (Ir-)Relevanz der „Postmoderne" für die Integrationsforschung. Eine Replik auf Thomas Diez' Beitrag „Postmoderne und europäische Integration". In: *Zeitschrift für Internationale Beziehungen* 4 (1), 125–137.

Bouwen, Pieter; McCown, Margaret (2007): Lobbying Versus Litigation. Political and Legal Strategies of Interest Representation in the European Union. In: *Journal of European Public Policy* 13 (3), 422–443.

Bracker, Susanne (2000): *Kohärenz und juristische Interpretation.* Baden-Baden: Nomos.

Branch, Ann P.; Øhrgaard, Jakob C. (1999): Trapped in the Supranational-Intergovernmental Dichotomy. A Response to Stone Sweet and Sandholtz. In: *Journal of European Public Policy* 6 (1), 123–143.

Brill, Susan B. (1995): *Wittgenstein and Critical Theory. Beyond Postmodern Criticism and Toward Descriptive Investigations.* Athens: Ohio University Press.

Brogaard, Berit; Smith, Barry (Hg.) (2001): *Rationalität und Irrationalität.* Akten des 23. internationalen Wittgenstein-Symposiums. Wien: öbv & hpt Verlagsgesellschaft.

Brubaker, Rogers (1984): *The Limits of Rationality. An Essay on the Social and Moral Thought of Max Weber.* London: Allan & Unwin.

Bruell, Cornelia (2007): EU à venir. Die Europäische Identität aus poststrukturalistischer Perspektive. In: Krienke, Markus und Belafi, Matthias (Hg.): *Identitäten in Europa.* Wiesbaden: DUV Deutscher Universitäts-Verlag, 367–387.

Bruha, Thomas (2011) (Hg.): *Europäischer Föderalismus im Licht der Verfassungsgeschichte.* Schaan: Verlag der Liechtensteinischen Akademischen Gesellschaft.

Bruha, Thomas; Breuss, Emilia (2011): Europäische Integration als föderaler Prozess: Grundfragen und kleinstaatliche Herausforderungen. In: Bruha, Thomas (Hg.): *Europäischer Föderalismus im Licht der Verfassungsgeschichte.* Schaan: Verlag der Liechtensteinischen Akademischen Gesellschaft, 27–57.

Bruha, Thomas; Hesse, Joachim Jens; Nowak, Carsten (2001) (Hg): *Welche Verfassung für Europa. Erstes interdisziplinäres „Schwarzkopf-Kolloquium" zur Verfassungsdebatte in der Europäischen Union.* Baden-Baden: Nomos.

Bruha, Thomas; Nowak, Carsten (2006) (Hg.): *Die Europäische Union. Innere Verfasstheit und globale Handlungsfähigkeit.* Schriftenreihe des Europa-Kollegs Hamburg, Nr. 47. Baden-Baden: Nomos.

Bruha, Thomas; Nowak, Carsten; Petzold, Hans Arno (2004) (Hg.): *Grundrechtsschutz für Unternehmen im europäischen Binnenmarkt. Forum Wissenschaft und Praxis zum Internationalen Wirtschaftsrecht.* Baden-Baden: Nomos

Brunn, Gerhard (2002): *Die Europäische Einigung von 1945 bis heute.* Stuttgart: Reclam.

Buck, Carsten (1998): *Über die Auslegungsmethoden des Gerichtshofs der Europäischen Gemeinschaft.* Frankfurt a. M.: Verlag Peter Lang.

Bücker, Andreas (2008): Die Rosella-Entscheidung des EuGH zu gewerkschaftlichen Maßnahmen gegen Standortverlagerungen. Der Vorhang zu und viele Fragen offen. In: *Neue Zeitschrift für Arbeitsrecht* (4), 212–215.

Burbules, Nicholas C. (2000): Lyotard on Wittgenstein. The Differend, Language Games, and Education. In: Standish, Paul und Dhillon, Pradeep (Hg.): *Lyotard.* New York: Routledge, 36–53.

Búrca, Gráinne de (2005): Rethinking Law in Neofunctionalist Theory. In: *Journal of European Public Policy* 12 (2), 310–326.

Búrca, Gráinne de (2010): The European Court of Justice and the International Legal Order after Kadi. In: *Harvard International Law Journal* 51 (1), 1–49.

Búrca, Gráinne de; Weiler, Joseph H. H. (Hg.) (2001): *The European Court of Justice.* Oxford: Oxford University Press.

Burley, Anne-Marie; Mattli, Walter (1993): Europe Before the Court. A Political Theory of Legal Integration. In: *International Organization* 47 (1), 41–76.

Byers, Michael (Hg.) (2000): *The Role of Law in International Politics.* Oxford: Oxford University Press.

Campbell, David (1992): *Writing Security. United States Foreign Policy and the Politics of Identity.* Manchester: Manchester University Press.

Cannizzaro, Enzo (2010): Security Council Resolutions and EC Fundamental Rights. Some Remarks on the ECJ Decision in the Kadi Case. In: *Yearbook of European Law 2009* 28, 593–600.

Caporaso, James A.; Tarrow, Sidney (2009): Polanyi in Brussels. Supranational Institutions and the Transnational Embedding of Markets. In: *International Organization* 63 (3), 593–620.

Cappelletti, Mauro; Seccombe, Monica; Weiler, Joseph H. H. (Hg.) (1985): *Integration Through Law. Europe and the American Federal Experience.* European University Institute. Berlin: de Gruyter.

Carlsnaes, Walter (Hg.) (2002): *Handbook of International Relations.* London: Sage.

Carrubba, Clifford J.; Gabel, Matthew; Hankla, Charles (2008): Judicial Behavior und Political Constraint. Evidence from the European Court of Justice. In: *American Political Science Review* 102 (4), 435–452.

Carrubba, Clifford J.; Murrah, Lacey (2005): Legal Integration and Use of the Preliminary Ruling Process in the European Union. In: *International Organization* 59 (2), 399–418.

Checkel, Jeffrey T. (1998): The constructivist turn in international relations theory. In: *World Politics* 50 (2), 324–348.

Checkel, Jeffrey T. (1999): Social Construction and Integration. In: *Journal of European Public Policy* 6 (6), 545–560.

Checkel, Jeffrey T. (2001): From meta- to substantive theory? Social constructivism and the study of Europe. In: *European Union Politics* 2 (2), 219–226.

Checkel, Jeffrey T. (2005): International Institutions and Socialization in Europe. Introduction and Framework. In: *International Organization* 59 (4), 801–826.

Checkel, Jeffrey T.; Moravcsik, Andrew (2001): A Constructivist Research Program in EU Studies? In: *European Union Politics* 2 (2), 219–249.

Chomsky, Noam (1986): *Knowledge of Language, its Nature, Origin and Use.* New York: Greenwood.

Christensen, Ralph (2005): Die Paradoxie richterlicher Gesetzesbindung. In: Lerch, Kent D. (Hg.): *Recht verhandeln.* Berlin, New York: de Gruyter, 1–103.

Christiansen, Thomas; Jørgensen, Knud E.; Wiener, Antje (1999): The Social Construction of Europe (Special Issue). In: *Journal of European Public Policy* 6 (4), 528–544.

Christiansen, Thomas; Jørgensen, Knud E.; Wiener, Antje (Hg.) (2001): *The Social Construction of Europe.* London: Sage.

Cichowski, Rachel A. (2002): *Litigation, mobilization, and governance. The European Court and transnational activists.* Ph. D. dissertation, Center for the Study of Democracy: University of California-Irvine.

Cichowski, Rachel A. (2007): *The European Court and civil society. Litigation, mobilization and governance.* Cambridge: Cambridge University Press.

Cohen, Antonin (2007): Constitutionalism without Constitution. Transnational Elites between Political Mobilization and Legal Expertise in the Making of a Constitution for Europe (1940s-1960s). In: *Law & Social Inquiry* 32 (1), 109–135.

Cohen, Antonin; Vauchez, Antoine (2007): Introduction. Law, Lawyers, and Transnational Politics in the Production of Europe. In: *Law & Social Inquiry* 32 (1), 75–82.

Cohen, Antonin; Vauchez, Antoine (2008): Back to the „Future of Europe". A Political Sociology of EU Constitutional Saga. In: *EUI Working Papers* (33), European University Institute, Florence.

Cohen, Antonin; Vauchez, Antoine (2011): The Social Construction of Law. The European Court of Justice and its Legal Revolution Revisited. In: *Annual Review of Law and Social Science* 7, 417–431.

Colin, Jean-Pierre (1966): *Le Gouvernement des juges dans les communautés européennes.* Paris: Librairie générale de droit et de jurisprudence.

Conant, Lisa J. (2002): *Justice contained. Law and politics in the European Union.* Ithaca: Cornell University Press.

Conant, Lisa J. (2007): The Politics of Legal Integration. In: *Journal of Common Market Studies* 45 (Annual Review), 45–66.

Conway, Gerard (2011): Recovering a Separation of Powers in the European Union. In: *European Law Journal* 17 (3), 304–322.

Coomann, Heiner (1983): *Die Kohärenztheorie der Wahrheit. Eine kritische Darstellung der Theorie Reschers vor ihrem historischen Hintergrund.* Frankfurt a. M.: Verlag Peter Lang.

Corbey, Dorette (1995): Dialectical Functionalism. Stagnation as a Booster of European Integration. In: *International Organization* 49 (2), 253–284.

Craig, Edward (Hg.) (1998): *Routledge Encyclopedia of Philosophy.* 10 Bände. London: Routledge.

Craig, Paul; Búrca, Gráinne de (1999): *The Evolution of EU Law*. Oxford: Oxford University Press.

Craig, Paul P.; Búrca, Gráinne de (2011): *EU law. Text, cases, and materials*. 5. Aufl. Oxford: Oxford University Press.

Curtin, Deirdre; Eckes, Christina (2008): The Kadi Case: Mapping the Boundaries between the Executive and the Judiciary in Europe. In: *International Organizations Law Review* (5), 365–369.

Cutrofello, Andrew (1998): Jacques Derrida. In: Craig, Edward (Hg.): *Routledge Encyclopedia of Philosophy, Bd. 2.* 10 Bände. London: Routledge, 896–901.

Danwitz, Thomas von (2008): Funktionsbedingungen der Rechtsprechung des Europäischen Gerichtshofes. In: *Europarecht* 43 (6), 769–785.

Dashwood, Alan (2008): Viking and Laval. Issues of Horizontal Direct Effect. In: *Cambridge Yearbook of European Legal Studies 2007–2008* 10, 252–540.

Däubler, Wolfgang (2008): Gestaltungsspielräume aus deutscher Sicht. Die Auswirkungen der Rechtsprechung des Europäischen Gerichtshofs auf das Arbeitsrecht der Mitgliedstaaten. Bundesministerium für Arbeit und Soziales. BMAS-Symposium, abgehalten am 26.06.2008.

Davies, Anne C. L. (2008): One Step Forward, Two Steps Back? The Viking and Laval Cases in the ECJ. In: *Industrial Law Journal* 37 (2), 126–148.

Davies, Gareth (2012): Activism relocated. The self-restraint of the European Court of Justice in its national context. In: *Journal of European Public Policy*, 19 (1), 76–91.

Dawson, Mark (2012): The Political Face of Judicial Activism: Europe's Law-Politics Imbalance. In: *Maastricht Faculty of Law Working Papers (# 1/2012)*.

Deeds Ermarth, Elizabeth (1998): Postmodernism. In: Craig, Edward (Hg.): *Routledge Encyclopedia of Philosophy, Bd. 7.* 10 Bände. London: Routledge, 587–593.

Dehousse, Renaud (1998): *The European Court of Justice. The Politics of Judicial Integration*. Basingstoke: McMillan.

Dehousse, Renaud (2000): L'Europe par le droit. Plaidoyer pour une approche contextuelle. In: *Politique européenne* (1), 63–83.

Dehousse, Renaud (2002): Law, Political Science and EU Legal Studies. An Interdisciplinary Project? Law as Politics. In: *European Union Politics* 3 (1), 123–127.

Dehousse, Renaud (Hg.) (2011): *The community method. Obstinate or obsolete?* Basingstoke, Hampshire: Palgrave.

Derrida, Jacques (1974): *Grammatologie*. Frankfurt a. M.: Suhrkamp.

Derrida, Jacques (1976): *Die Schrift und die Differenz*. Frankfurt a. M.: Suhrkamp.

Derrida, Jacques (1991): *Gesetzeskraft. Der ,mystische Grund der Autorität'*. Frankfurt a. M.: Suhrkamp.

Derrida, Jacques (1992): *The Other Heading. Reflections on Today's Europe*. Bloomington & Indianapolis: Indiana University Press.

Derrida, Jacques (2000): Derrida's Response to Mulhall. In: *Ratio* 13 (1), 415–418.

Derrida, Jacques ([1988] 2004a): Die différance. In: Derrida, Jacques und Engelmann, Peter (Hg.): *Jacques Derrida*. Stuttgart: Reclam, 110–149.

Derrida, Jacques ([2001] 2004b): Unterwegs zu einer Ethik der Diskussion. In: Derrida, Jacques und Engelmann, Peter (Hg.): *Jacques Derrida*. Stuttgart: Reclam, 279–333.

Derrida, Jacques; Engelmann, Peter (Hg.) (2004): *Jacques Derrida. Ausgewählte Texte.* Stuttgart: Reclam.

Derrida, Jacques; Habermas, Jürgen (2004): Der 15. Februar oder – Was die Europäer verbindet. In: Habermas, Jürgen (Hg.): *Der gespaltene Westen.* Frankfurt a. M.: Suhrkamp, 43–51.

Deutsch, Karl W.; Burrell, Sidney A.; Kann, Robert A.; Lee, Maurice; Lichterman, Martin; Lindgren, Raymond E.; Loewenheim, Francis L.; van Wagenen, Richard W. (1957): *Political Community and the North Atlantic Area. International Organization in the Light of Historical Experience.* Princeton: Princeton University Press.

Dieterich, Thomas; Le Friant, Martine; Nogler, Luca; Kezuka, Katsutoshi; Pfarr, Heide (Hg.) (2010): *Individuelle und kollektive Freiheit im Arbeitsrecht. Gedächtnisschrift für Ulrich Zachert.* Baden-Baden: Nomos.

Diez, Thomas (1996): Postmoderne und europäische Integration. Die Dominanz des Staatsmodells, die Verantwortung gegenüber dem Anderen und die Konstruktion eines alternativen Horizonts. In: *Zeitschrift für Internationale Beziehungen* 3 (2), 255–281.

Diez, Thomas (1998): Perspektivenwechsel. Warum ein „postmoderner" Ansatz für die Integrationsforschung doch relevant ist. In: *Zeitschrift für Internationale Beziehungen* 5 (1), 139–148.

Diez, Thomas (1999): *Die EU lesen. Diskursive Knotenpunkte in der britischen Europadebatte.* Opladen: Leske + Budrich.

Diez, Thomas (2001a): Speaking „Europe". The Politics of Integration Discourse. In: Christiansen, Thomas, Jørgensen, Knud E. und Wiener, Antje (Hg.): *The Social Construction of Europe.* London: Sage, 85–100.

Diez, Thomas (2001b): Europa as a Discursive Battleground. Discourse Analysis and European Integration Studies. In: *Cooperation and Conflict* 36 (5), 5–38.

Diez, Thomas (2005): Constructing the Self and Changing Others. Reconsidering ‚Normative Power Europe'. In: *Millenium – Journal of International Studies* 33 (3), 613–636.

Dobler, Philipp (2008): Legitimation und Grenzen der Rechtsfortbildung durch den EuGH. In: Roth, Günter H. und Hilpold, Peter (Hg.): *Der EuGH und die Souveränität der Mitgliedstaaten.* Bern: Stämpfli, 509–562.

Dworkin, Ronald M. (2006): *Justice in Robes.* Cambridge, MA: Harvard University Press.

Dyevre, Arthur (2011): The German Federal Constitutional Court and European Judicial Politics. In: *West European Politics* 34 (2), 346–361.

Eder, Klaus (1981): Zur Rationalisierungsproblematik des modernen Rechts. In: Sprondel, Walter M. und Seyfarth, Constans (Hg.): *Max Weber und die Rationalisierung sozialen Handelns.* Stuttgart: Ferdinand Enke Verlag, 157–167.

Einstein, Albert ([1921] 1998): *Mein Weltbild.* Herausgegeben von Carl Seelig. 26. Aufl. Berlin: Ullstein.

Eldridge, Richard (2003): Wittgenstein and the Conversation of Justice. In: Heyes, Cressida J. (Hg.): *The Grammar of Politics.* Ithaca, London: Cornell University Press, 117–128.

Elm, Ralf (Hg.) (2002): *Europäische Identität. Paradigmen und Methodenfragen.* Baden-Baden: Nomos.

Engel, Christoph; Schön, Wolfgang (Hg.) (2007): *Das Proprium der Rechtswissenschaft.* Tübingen: Mohr Siebeck.

Engelmann, Peter (Hg.) (2004): *Jacques Derrida – Die différance.* Ditzingen: Reclam.

Engelmann, Peter (Hg.) (2007): *Postmoderne und Dekonstruktion. Texte französischer Philosophen der Gegenwart*. Stuttgart: Reclam.

Eriksen, Erik Oddvar (2006): The EU: A Cosmopolitan Polity? In: *Journal of European Public Policy* 13 (2), 252–269.

Eriksen, Erik Oddvar; Fossum, John Erik (Hg.) (2000a): *Democracy in the European Union: Integration Through Deliberation?* London: Routledge.

Eriksen, Erik Oddvar; Fossum, John Erik (2000b): Post-national integration. In: dies. (Hg.) *Democracy in the European Union*. London: Routledge, 1–28.

Eriksen, Erik Oddvar; Fossum, John Erik (2004): Europe in Search of Legitimacy: Strategies of Legitimation Assessed. In: *International Political Science Review* 25 (4), 435–459.

Eriksen, Erik Oddvar; Fossum, John Erik (2011): Bringing European Democracy Back In: Or How to Read the German Constitutional Court's Lisbon Treaty Ruling. In: *European Law Journal* 17 (2), 153–171.

Ernst, Wolfgang (2007): Gelehrtes Recht. Die Jurisprudenz aus der Sicht des Zivilrechtslehrers. In: Engel, Christoph und Schön, Wolfgang (Hg.): *Das Proprium der Rechtswissenschaft*. Tübingen: Mohr Siebeck, 3–49.

Everling, Ulrich (1984): The Court of Justice as a Decisionmaking Authority. In: *Michigan Law Review*, 82 (5/6), 1294–1310.

Everling, Ulrich (1996): Will Europe Slip on Bananas? The Bananas Judgment of the Court of Justice and National Courts. In: *Common Market Law Review* 33, 401–437.

Everling, Ulrich (2000): Richterliche Rechtsfortbildung in der Europäischen Gemeinschaft. In: *Juristenzeitung (JZ)* 55 (5), 217–227.

Everson, Michelle (2010): Is the European Court of Justice a legal or political institution now? Increasingly controversial rulings threaten to further erode the credibility of an institution founded on noble principles. In: *The Guardian*, 10. 08. 2010.

Fastenrath, Ulrich (2009): Prügelknabe EuGH. In: *Frankfurter Allgemeine Zeitung*, 04. 06. 2009 (Nr. 127), 8.

Fastenrath, Ulrich; Nowak, Carsten (2009) (Hg.): *Der Lissabonner Reformvertrag. Änderungsimpulse in einzelnen Rechts- und Politikbereichen*. Berlin: Duncker & Humblot.

Favell, Adrian; Guiraudon, Virginie (2009): The Sociology of the European Union. In: *European Union Politics* 10 (4), 550–576.

Fearon, James; Wendt, Alexander (2002): Rationalism v. Constructivism. A Skeptical View. In: Carlsnaes, Walter (Hg.): *Handbook of International Relations*. London: Sage, 52–72.

Feyerabend, Paul (1980): Erkenntnis für freie Menschen. Frankfurt a. M.: Suhrkamp.

Fierke, Karen (1998): *Changing Games, Changing Strategies*. Manchester: Manchester University Press.

Fierke, Karen; Wiener, Antje (1999): Constructing Institutional Interests. EU and NATO Enlargement. In: *Journal of European Public Policy* 6 (3).

Fierke, Karin M.; Jørgensen, Knud E. (Hg.) (2001): *Constructing International Relations. The Next Generation*. New York; London: M. E. Sharpe.

Finnemore, Martha (1996a): *National Interests in International Society*. Ithaca, London: Cornell University Press.

Finnemore, Martha (1996b): Norms, Culture, and World Politics. Insights from Sociology's Institutionalism. In: *International Organization* 50 (2), 325–347.

Fischer, Hans R. (1987): *Sprache und Lebensform. Wittgenstein über Freud und die Geisteskrankheit.* Frankfurt a. M.: Athenäum Verlag.

Fleischer, Holger (2007): Gesellschafts- und Kapitalmarktrecht als wissenschaftliche Disziplin. Das Proprium der Rechtswissenschaft. In: Engel, Christoph und Schön, Wolfgang (Hg.): *Das Proprium der Rechtswissenschaft.* Tübingen: Mohr Siebeck, 50–76.

Fligstein, Neil; Stone Sweet, Alec (2002): Constructing Polities and Markets. An Institutionalist Account of European Integration. In: *American Journal of Sociology* 107, 1206–1243.

Foerster, Heinz von (1991): Through the Eyes of the Other. In: Steyer, Friedrich (Hg.): *Research and Reflexivity.* London: Sage, 21–28.

Foerster, Heinz von (1992): Entdecken oder Erfinden. Wie läßt sich Verstehen verstehen? In: Gumin, Heinz und Mohler, Heinz (Hg.): *Einführung in den Konstruktivismus.* München, Zürich: Piper, 41–88.

Foerster, Heinz von (1993): *Wissen und Gewissen. Versuch einer Brücke.* Herausgegeben von Siegfried J. Schmidt. Frankfurt a. M.: Suhrkamp.

Foerster, Heinz von (Hg.) (2003a): *Understanding understanding. Essays on Cybernetics and Cognition.* New York, NY: Springer.

Foerster, Heinz von (2003b): Perception of the Future and the Future of Perception. In: Foerster, Heinz von (Hg.): *Understanding understanding.* New York: Springer, 199–210.

Foerster, Heinz von; Pörksen, Bernhard (2008): *Wahrheit ist die Erfindung eines Lügners. Gespräche für Skeptiker.* Heidelberg: Carl-Auer.

Foucault, Michel (1976): *Überwachen und Strafen. Die Geburt des Gefängnisses.* Frankfurt a. M.: Suhrkamp.

Foucault, Michel (1990): Andere Räume. In: Barck, Karlheinz et al. (Hg.): *Aisthesis.* Leipzig: Reclam, 34–46.

Foucault, Michel ([1973] 2001): Die Macht und die Norm. In: Gente, Peter, Paris, Heidi und Weinmann, Martin (Hg.): *Michel Foucault.* Frankfurt a. M.: Zweitausendeins, 39–55.

Foucault, Michel ([1970] 2003a): *Die Ordnung des Diskurses.* Frankfurt a. M.: Fischer.

Foucault, Michel ([1994] 2003b): *Die Wahrheit und die juristischen Formen.* Frankfurt a. M.: Suhrkamp.

Foucault, Michel (2006): *Die Heterotopien. Der utopische Körper. Les hétérotopies – le corps utopique.* Frankfurt a. M.: Suhrkamp.

Francis, David (2005): Using Wittgenstein to Respicify Constructivism. In: *Human Studies* 28 (3), 251–290.

Freund, Julien (1987): Die Rationalisierung des Rechts nach Max Weber. In: Rehbinder, Manfred und Tieck, Klaus-Peter (Hg.): *Max Weber als Rechtssoziologe.* Berlin: Duncker & Humblot, 9–35.

Friedrich, Carl J. (1964): Nationaler und internationaler Föderalismus in Theorie und Praxis. In: *Politische Vierteljahresschrift* 5 (2), 154–187.

Friedrich, Carl J. (1968): *Trends in Federalism in Theory and Practice.* New York: Praeger.

Friedrich Ebert Stiftung (Hg.) (2009): Der EuGH und das soziale Europa. Für eine Aufwertung sozialer Grundrechte im EU-Rechtssystem. *Internationale Politikanalyse* (05/2009). Online verfügbar unter: http://library.fes.de/pdf-files/id/ipa/06391.pdf, zuletzt geprüft am 01.03.2012.

Fukuyama, Francis (1992): *The End of History and the Last Man*. London: Penguin.

Garrett, Geoffrey (1992): International cooperation and institutional choice. The European Community's internal market. In: *International Organization* 46 (2), 533–560.

Garrett, Geoffrey (1995): The politics of legal integration in the European Union. In: *International Organization* 49 (1), 171–181.

Garrett, Geoffrey; Kelemen, Daniel R.; Schulz, Heiner (1998): The European Court of Justice, National Governments, and Legal Integration in the European Union. In: *International Organization* 52 (1), 149–176.

Garrett, Geoffrey; Weingast, Barry (1993): Ideas, Interests, and Institutions. Constructing the European Community's Internal Market. In: Keohane, Robert und Goldstein, Judith (Hg.): *Ideas and Foreign Policy*. Ithaca, New York: Cornell University Press, 173–206.

Garver, Newton (1984): Die Lebensform in Wittgensteins Philosophischen Untersuchungen. In: *Grazer Philosophische Studien* (Bd. 21), 33–54.

Garver, Newton (Hg.) (1994): *This Complicated Form of Life. Essays on Wittgenstein*. Chicago: Open Court Publishing.

Garver, Newton (1995): Die Unbestimmtheit der Lebensform. In: Apel, Karl-Otto et al. (Hg.): *Wittgenstein Studies 2*. Wien, New York. Online verfügbar unter: http://sammelpunkt.philo.at:8080/452/, zuletzt geprüft am 12.10.2010.

Garver, Newton (1999): Die Unbestimmtheit der Lebensform. In: Lütterfelds, Wilhelm und Roser, Andreas (Hg.): *Der Konflikt der Lebensformen in Wittgensteins Philosophie der Sprache*. Frankfurt a.M.: Suhrkamp, 37–52.

Garver, Newton; Lee, Seung-Chong (1994): *Derrida & Wittgenstein*. Philadelphia: Temple University Press.

Gattini, Andrea (2009): Case Law. Joined Cases C-402/05 P & 415/05 P, Yassin Abdullah Kadi, Al Barakaat International Foundation v. Council and Commission. In: *Common Market Law Review* 46, 213–239.

Gehring, Petra (2007): Foucaults „juridischer" Machttyp, die Geschichte der Gouvernementalität und die Frage nach Foucaults Rechtstheorie. In: Krasmann, Susanne und Volkmer, Michael (Hg.): *Michel Foucaults „Geschichte der Gouvernementalität" in den Sozialwissenschaften*. Bielefeld: transcript Verlag, 157–179.

Gente, Peter; Paris, Heidi; Weinmann, Martin (Hg.) (2001): *Michel Foucault. Short Cuts*. Frankfurt a.M.: Zweitausendeins.

Gier, Nicholas F. (2007): Wittgenstein and Deconstruction. In: *Review of Contemporary Philosophy* 6, 174–196.

Giering, Claus; Metz, Almut (2007): Integrationstheorien. In: Weidenfeld, Werner und Wessels, Wolfgang (Hg.): *Europa von A bis Z*. Bonn: Bundeszentrale für politische Bildung, 285–291.

Gil, Thomas (2005): *Argumentationen. Der kontextbezogene Gebrauch von Argumenten*. Berlin: Parerga Verlag.

Gillman, Howard (2004): Martin Shapiro and the Movement from „Old" to „New" Institutionalist Studies in Public Law Scholarship. In: *Annual Review of Political Science* 7, 363–382.

Glaserfeld, Ernst von (1992): Konstruktion der Wirklichkeit und des Begriffs der Objektivität. In: Gumin, Heinz und Mohler, Heinz (Hg.): *Einführung in den Konstruktivismus*. München, Zürich: Piper, 9–39.

Glock, Hans-Johann (1996): *A Wittgenstein Dictionary*. Oxford: Blackwell.

Glock, Hans-Johann (2000): *Wittgenstein Lexikon*. Darmstadt: Wissenschaftliche Buchgesellschaft.

Granger, Marie-Pierre (2005): The Future of Europe. Judicial Interference and Preferences. In: *Comparative European Politics* 3 (2), 155–179.

Granger, Marie-Pierre (2006): States as Successful Litigants before the European Court of Justice. Lessons from the ‚Repeat Players‘ of European Litigation. In: *Croatian Yearbook of European Law and Policy* 2, 27–49.

Grayling, Anthony-Clifford (2004): *Wittgenstein*. Freiburg, Basel, Wien: Herder.

Grewendorf, Günther (1985): Sprache als Organ und Sprache als Lebensform. Zu Chomskys Wittgenstein-Kritik. In: Birnbacher, Dieter und Burkhardt, Armin (Hg.): *Sprachspiel und Methode*. Berlin, New York: de Gruyter, 89–129.

Grimmel, Andreas (2007): *Europäische Einigung und die Rationalität der Rechtsschöpfung – zur Rolle des Rechts im Europäischen Integrationsprozess*. (unveröffentlichtes Manuskript). Diplomarbeit, eingereicht am Institut für Politische Wissenschaft, Universität Hamburg.

Grimmel, Andreas (2010a): Judicial Interpretation or Judicial Activism? The Legacy of Rationalism in the Studies of the European Court of Justice. *Harvard University, Center for European Studies, Working Paper Series (#176)*. Online verfügbar unter: http://www.ces.fas.harvard.edu/publications/docs/pdfs/CES_176.pdf, zuletzt geprüft am 02. 01. 2011.

Grimmel, Andreas (2010b): Where the River Meets the Sea. Wittgenstein and the Context of Rationality, *SSRN Working Paper*. Online verfügbar unter: http://ssrn.com/abstract=1616809, zuletzt geprüft am 02. 03. 2012.

Grimmel, Andreas (2011a): Die Transformation des Rationalitätsbegriffs in Wittgensteins Philosophie der Sprache. In: *Zeitschrift für philosophische Forschung* 65 (3), 301–322.

Grimmel, Andreas (2011b): Politics in Robes? The European Court of Justice and the Myth of „Judicial Activism". In: *Europa-Kolleg Hamburg Discussion Papers* (2/11). Online verfügbar unter: http://www.europa-kolleg-hamburg.de/fileadmin/user_upload/documents/Discussion_Papers/DP2_11_Grimmel.pdf, zuletzt geprüft am 02. 03. 2012.

Grimmel, Andreas (2011c): Integration and the Context of Law. Why the European Court of Justice is not a Political Actor. In: *Les Cahiers européens de Sciences Po* (3/11). Online verfügbar unter: http://www.cee.sciences-po.fr/en/publications/les-cahiers-europeens/2011/doc/388/raw, zuletzt geprüft am 02. 03. 2012

Grimmel, Andreas (2012): Judicial Interpretation or Judicial Activism? The Legacy of Rationalism in the Studies of the European Court of Justice. In: *European Law Journal* 18 (4), 518–535.

Grimmel, Andreas; Jakobeit, Cord (2009): *Politische Theorien der Europäischen Integration. Ein Text- und Lehrbuch.* Wiesbaden: VS Verlag.

Grimmel, Andreas; Jakobeit, Cord (2013): Die integrationstheoretischen Grundlagen des Europarechts. In: Hatje, Armin und Müller-Graff, Peter-Christian (Hg.): *Enzyklopädie des Europarechts.* Baden-Baden: Nomos (im Erscheinen).

Groeben, Hans von der; Boeckh, Hans von; Thiesing, Jochen; Ehlermann, Claus-Dieter (Hg.) (1983): *Kommentar zum EWG-Vertrag.* 3. Aufl. Baden-Baden: Nomos.

Gröschner, Rolf (2005): Justizsyllogismus? Jurisprudenz! In: Lerch, Kent D. (Hg.): *Recht verhandeln.* Berlin, New York: de Gruyter, 203–217.

Gumin, Heinz; Mohler, Heinz (Hg.) (1992): *Einführung in den Konstruktivismus. Beiträge von Heinz von Foerster, Ernst von Glaserfeld, Peter M. Hejl, Siegfried J. Schmidt und Paul Watzlawick.* Carl Friedrich von Siemens Stiftung. München, Zürich: Piper.

Gündisch, Jürgen (1994): *Rechtsschutz in der Europäischen Gemeinschaft.* Stuttgart: Boorberg.

Gutting, Gary (1998a): Post-Structuralism. In: Craig, Edward (Hg.): *Routledge Encyclopedia of Philosophy, Bd. 7.* 10 Bände. London: Routledge, 596–600.

Gutting, Gary (1998b): Post-Structuralism in the Social Sciences. In: Craig, Edward (Hg.): *Routledge Encyclopedia of Philosophy, Bd. 7.* 10 Bände. London: Routledge, 600–604.

Haas, Ernst B. (1958): *The Uniting of Europe. Political, Social, and Economic Forces 1950–1957.* Stanford: Stanford University Press.

Habermas, Jürgen (Hg.) (2004): *Der gespaltene Westen. Kleine politische Schriften X.* Frankfurt a. M.: Suhrkamp.

Habermas, Jürgen (2011): *Zur Verfassung Europas. Ein Essay.* Frankfurt a. M.: Suhrkamp.

Hakenberg, Waltraud (2007): *Europarecht.* 4. Aufl. München: Verlag Franz Vahlen.

Haller, Rudolf (1984): Lebensform oder Lebensformen? Eine Bemerkung zu Newton Garvers Interpretation von ,Lebensform'. In: *Grazer Philosophische Studien* (21), 55–63.

Haller, Rudolf (1995): Variationen und Bruchlinien einer Lebensform. In: Apel, Karl-Otto et al. (Hg.): *Wittgenstein Studies 2.* Wien, New York. Online verfügbar unter: http://sammelpunkt.philo.at:8080/453/, zuletzt geprüft am 11.10.2010.

Hallstein, Walter. (1979a): Die EWG als Schritt zur Europäischen Einheit. Rede, gehalten auf dem Kongress Europäischer Föderalisten, Wiesbaden (9. Januar 1959). In: Oppermann, Thomas (Hg.): *Walter Hallstein – Europäische Reden.* Unter Mitarbeit von Joachim Kohler. Stuttgart: Deutsche Verlags-Anstalt, 103–112.

Hallstein, Walter. (1979b): Die EWG – Eine Rechtsgemeinschaft. Rede anlässlich der Ehrenpromotion an der Universität Padua (12.03.1962). In: Oppermann, Thomas (Hg.): *Walter Hallstein – Europäische Reden.* Unter Mitarbeit von Joachim Kohler. Stuttgart: Deutsche Verlags-Anstalt, 341–348.

Hallstein, Walter. (1979c): Die echten Probleme der europäischen Integration. Rede, gehalten am Institut für Weltwirtschaft an der Universität Kiel (19. Februar 1965). In: Oppermann, Thomas (Hg.): *Walter Hallstein – Europäische Reden.* Unter Mitarbeit von Joachim Kohler. Stuttgart: Deutsche Verlags-Anstalt, 523–544.

Haltern, Ulrich (2005a): *Europarecht und das Politische.* Tübingen: Mohr Siebeck.

Haltern, Ulrich (2005b): Integration durch Recht. In: Bieling, Hans-Jürgen und Lerch, Marika (Hg.): *Theorien der europäischen Integration.* Wiesbaden: VS Verlag für Sozialwissenschaften, 399–423.

Haltern, Ulrich (2007a): *Europarecht. Dogmatik im Kontext*. 2. Aufl. Tübingen: Mohr Siebeck.

Haltern, Ulrich (2007b): *Was bedeutet Souveränität?* Tübingen: Mohr Siebeck.

Hare, Richard M. (1997): *Die Sprache der Moral*. Frankfurt a. M.: Suhrkamp.

Harpaz, Guy (2009): Judicial Review by the European Court of Justice of UN ‚Smart Sanctions' Against Terror in the Kadi Dispute. In: *European Foreign Affairs Review* 14, 65–88.

Hart, Herbert L. A. (1961): *The Concept of Law*. Oxford: Clarendon Press.

Hartmann, Jürgen (2001): *Das politische System der Europäischen Union*. Frankfurt, New York: Campus-Verlag.

Hatje, Armin (2000): Die Rechtskraft im Lichte des europäischen Gemeinschaftsrechts. In: Holoubek, Michael und Lang, Michael (Hg.): *Das EuGH-Verfahren in Steuersachen*. Wien: Linde, 133–149.

Hatje, Armin; Müller-Graff, Peter-Christian (Hg.) (2013): *Enzyklopädie des Europarechts*. Baden-Baden: Nomos (im Erscheinen).

Hattenhauer, Hans (1999): *Europäische Rechtsgeschichte*. 3. Aufl. Heidelberg: C. F. Müller.

Heidfeld, Christian (2009): Die Rechtsprechung zum Arbeitskampf- und Tarifrecht. Der EuGH in der Kritik. In: Friedrich Ebert Stiftung (Hg.): *Der EuGH und das soziale Europa. Für eine Aufwertung sozialer Grundrechte im EU-Rechtssystem*. Internationale Politikanalyse, 26–29.

Heisenberg, Dorothee; Richmond, Amy (2002): Supranational Institution-Building in the European Union. A Comparison of the European Court of Justice and the European Central Bank. In: *Journal of European Public Policy* 9 (2), 201–218.

Hejl, Peter M. (1992): Konstruktion der sozialen Konstruktion. Grundlinien einer konstruktivistischen Sozialtheorie. In: Gumin, Heinz und Mohler, Heinz (Hg.): *Einführung in den Konstruktivismus*. München, Zürich: Piper, 109–146.

Hellmann, Gunther; Wolf, Klaus D.; Zürn, Michael (Hg.) (2003): *Die neuen Internationalen Beziehungen. Forschungsstand und Perspektiven der Internationalen Beziehungen in Deutschland*. Baden-Baden: Nomos.

Herbert, Manfred (1995): *Rechtstheorie als Sprachkritik. Zum Einfluß Wittgensteins auf die Rechtstheorie*. Baden-Baden: Nomos.

Herzog, Roman; Gerken, Lüder (2007): Europa entmachtet uns und unsere Vertreter. In: *Welt am Sonntag*, 14. 02. 2007. Online verfügbar unter: http://www.welt.de/dossiers/eu-macht/article720463/Europa_entmachtet_uns_und_unsere_Vertreter.html.

Herzog, Roman; Gerken, Lüder (2008): Stoppt den Europäischen Gerichtshof. Die Kompetenzen der Mitgliedstaaten werden ausgehöhlt. Die immer fragwürdigeren Urteile aus Luxemburg verlangen nach einer gerichtlichen Kontrollinstanz. In: *Frankfurter Allgemeine Zeitung*, 08. 09. 2008 (Nr. 210), 8.

Heun-Rehn, Stefan L.-T. (2008): Kadi und Al Barakaat. Der EuGH, die Gemeinschaft und das Völkerrecht. In: *European Law Reporter* (10), 322–338.

Heyes, Cressida J. (Hg.) (2003): *The Grammar of Politics. Wittgenstein and Political Philosophy*. Ithaca, London: Cornell University Press.

Hilpold, Peter (2009): EU Law and UN Law in Conflict. The Kadi Case. In: *Max Planck UNYB* (13), 141–181.

Hilterhaus, Friedhelm (1965): *Zum Rechtsbegriff in der Soziologie Max Webers*. Dissertation. Köln: Universität zu Köln.

Hinojosa Martínez, Luis M. (2008): Bad Law for Good Reasons. The Contradictions of the Kadi Judgment. In: *International Organizations Law Review* 5 (2), 339–357.

Hitzel-Cassagnes, Tanja (2000): Der Europäische Gerichtshof. Ein europäisches „Verfassungsgericht"? In: *Aus Politik und Zeitgeschichte* (B 52-53), 22–30.

Hoffmann, Stanley (1966): Obstinate or Obsolete? The Fate of the Nation-State and the Case of Western Europe. In: *Daedalus* 95 (3), 862–915.

Hofmann, Herwig (2000): *Normenhierarchien im europäischen Gemeinschaftsrecht*. Berlin: Duncker & Humblot.

Hollis, Martin (1977): *Models of Man. Philosophical Thoughts on Social Action*. London, New York, Melbourne: Cambridge University Press.

Hollis, Martin (1991): *Rationalität und soziales Verstehen. Wittgenstein-Vorlesungen der Universität Bayreuth*. Frankfurt a. M.: Suhrkamp.

Hollis, Martin (1995): *Soziales Handeln. Eine Einführung in die Philosophie der Sozialwissenschaft*. Berlin: Akademie-Verlag.

Hollis, Martin (Hg.) (1996): *Reason in Action. Essays in the Philosophy of Social Science*. Cambridge: Cambridge University Press.

Hollis, Martin; Smith, Steve (1990): *Explaining and understanding international relations*. Oxford: Oxford University Press.

Holtzman, Steven H.; Leich, Christopher M. (Hg.) (1981): *Wittgenstein. To Follow a Rule*. London, Boston, Henley: Routledge & Kegan Paul.

Holoubek, Michael; Lang, Michael (2000) (Hg.): *Das EuGH-Verfahren in Steuersachen*, Wien: Linde.

Höpner, Martin (2008a): Ursurpation statt Delegation. Wie der EuGH die Binnenmarktintegration radikalisiert und warum er politischer Kontrolle bedarf. In: *MPIfG Working Paper* (08/12), Max-Planck-Institut für Gesellschaftsforschung, Köln.

Höpner, Martin (2008b): Das soziale Europa findet nicht statt. In: *Mitbestimmung* (5), 46–49.

Höpner, Martin (2009): Kein soziales Defizit. In: Friedrich Ebert Stiftung (Hg.): *Der EuGH und das soziale Europa. Für eine Aufwertung sozialer Grundrechte im EU-Rechtssystem*. Internationale Politikanalyse, 30–34.

Höpner, Martin (2010): Warum betreibt der Europäische Gerichtshof Rechtsfortbildung? Die Politisierungshypothese. In: *MPIfG Working Paper* (10/2), Max-Planck-Institut für Gesellschaftsforschung, Köln.

Höreth, Marcus (2000): *Stille Revolution im Namen des Rechts? Zur Rolle des Europäischen Gerichtshofes (EuGH) im Prozess der europäischen Integration*. Discussion Paper. Bonn: Rheinische Friedrich Wilhelms-Universität.

Höreth, Marcus (2008): *Die Selbstautorisierung des Agenten. Der Europäische Gerichtshof im Vergleich zum U.S. Supreme Court*. Baden-Baden: Nomos.

Hottinger, Olaf (1998): *Eigeninteresse und individuelles Nutzenkalkül in der Theorie der Gesellschaft und Ökonomie von Adam Smith, Jeremy Bentham und John Stuart Mill*. Marburg: Metropolis-Verlag.

Howarth, David; Torfing, Jacob (Hg.) (2005): *Discourse Theory in European Politics. Identity, Policy and Governance*. Houndmills, New York: Palgrave Macmillan.

Hunt, Jo (2007): The End of Judicial Constitutionalization. In: *Croatian Yearbook of European Law and Policy* 3, 135–155.

Hüther, Gerald (2011): *Die Macht der inneren Bilder. Wie Visionen das Gehirn, den Menschen und die Welt verändern.* 7. Aufl. Göttingen: Vandenhoeck & Ruprecht.

Isiksel, N. Türküler (2010): Fundamental Rights in the EU after Kadi and Al Barakaat. In: *European Law Journal* 16 (5), 551–577.

Jachtenfuchs, Markus; Kohler-Koch, Beate (Hg.) (2003): *Europäische Integration.* 2. Auflage. Opladen: Leske + Budrich.

Jahn, Joachim (2008): Europarichter überziehen ihre Kompetenzen. In: *Neue Juristische Wochenschrift* (25), 1788–1789.

Jakobeit, Cord; Yenal, Alparslan (1993): *Gesamteuropa. Analysen, Probleme und Entwicklungsperspektiven.* Opladen: Leske + Budrich.

Jestaedt, Matthias (2007): „Öffentliches Recht" als wissenschaftliche Disziplin. In: Engel, Christoph und Schön, Wolfgang (Hg.): *Das Proprium der Rechtswissenschaft.* Tübingen: Mohr Siebeck, 267–281.

Jestaedt, Matthias (Hg.) (2008): *Hans Kelsen – Reine Rechtslehre.* Tübingen: Mohr Siebeck.

Jestaedt, Matthias; Lepsius, Oliver (Hg.) (2008): *Rechtswissenschaftstheorie.* Tübingen: Mohr Siebeck.

Jettinghoff, Alex; Schepel, Harm (Hg.) (2004): *In Lawyers' Circles. Lawyers and European Legal Integration.* Gravenhage: Reed Business Information.

Joerges, Christian (2009): Bemerkungen zu dem Gutachten von Franz C. Mayer. In: Friedrich Ebert Stiftung (Hg.): *Der EuGH und das soziale Europa. Für eine Aufwertung sozialer Grundrechte im EU-Rechtssystem.* Internationale Politikanalyse, 35–37.

Joerges, Christian; Rödl, Florian (2009): Informal Politics, Formalised Law and the ‚Social Deficit' of European Integration. Reflections after the Judgments of the ECJ in Viking and Laval. In: *European Law Journal* 15 (1), 1–19.

Johnston, Alastair I. (2005): Conclusions and Extensions. Toward Mid-Range Theorizing and Beyond Europe. In: *International Organization* 59 (4), 1013–1044.

Josselin, Jean-Michel; Marciano, Alain (2007): How the Court Made a Federation of the EU. In: *The Review of International Organizations* 2 (1), 59–75.

Jung, Heike; Müller-Dietz, Heinz; Neumann, Ulfried (Hg.) (1991): *Recht und Moral. Beiträge zu einer Standortbestimmung.* Baden-Baden: Nomos.

Kalberg, Stephen (1981): Max Webers Typen der Rationalität: Grundsteine für die Analyse von Rationalisierungs-Prozessen in der Geschichte. In: Sprondel, Walter M. und Seyfarth, Constans (Hg.): *Max Weber und die Rationalisierung sozialen Handelns.* Stuttgart: Ferdinand Enke Verlag, 9–38.

Kämmerer, Jörg A. (2009): Das Urteil des Europäischen Gerichtshofs im Fall „Kadi". Ein Triumph der Rechtsstaatlichkeit? In: *Europarecht* 44 (1), 114–130.

Kastoryano, Riva (Hg.) (2009): *An Identity for Europe: The Relevance of Multiculturalism in EU Construction. The Trials of Multiculturalism.* Hampshire, New York: Palgrave.

Kaulbach, Friedrich (1983): Rechtsrationalität in der Perspektive einer transzendentalen Handlungstheorie. In: Achterberg, Norbert (Hg.): *Recht und Staat im sozialen Wandel.* Berlin: Duncker & Humblot, 333–345.

Keck, Otto (1995): Rationales kommunikatives Handeln in den internationalen Beziehungen. In: *Zeitschrift für Internationale Beziehungen* 2 (1), 5–48.

Keck, Otto (1997): Zur sozialen Konstruktion des Rational-Choice-Ansatzes. Einige Klarstellungen zur Rationalismus-Konstruktivismus-Debatte. In: *Zeitschrift für Internationale Beziehungen* 4 (1), 139–151.

Kelemen, Daniel R. (2011): The Political Foundations of Judicial Independence in the European Union. Paper prepared for presentation at the European Union Studies Association Biennial Convention, Boston, MA.

Kelemen, Daniel R. (2012): The Political Foundations of Judicial Independence in the European Union. In: *Journal of European Public Policy* 19 (1), 43–58 .

Kelemen, Daniel R.; Susanne K. Schmidt (2012): Introduction. The European Court of Justice and Legal Integration. Perpetual Momentum? In: *Journal of European Public Policy*, 19 (1), 1–7.

Kelsen, Hans (1934): *Reine Rechtslehre*. Leipzig, Wien: Franz Deuticke.

Kenney, Sally J. (2000): Beyond Principles and Agents. Seeing Courts as Organizations by Comparing Référendaires at the European Court and Law Clerks at the U.S. Supreme Court. In: *Comparative Political Studies* 33 (5), 593–625.

Keohane, Robert (1993): Institutional Theory and the Realist Challenge after the Cold War. In: Baldwin, David Allen (Hg.): *Neorealism and Neoliberalism*. New York: Columbia University Press, 269–300.

Keohane, Robert; Goldstein, Judith (Hg.) (1993): *Ideas and Foreign Policy*. Ithaca, New York: Cornell University Press.

Keohane, Robert; Martin, Lisa L. (1995): The Promise of Institutionalist Theory. In: *International Security* 20 (1), 39–51.

Kiesow, Rainer M. (2008): Recht. Über strukturelle Irrtümer. In: Moebius, Stephan und Reckwitz, Andreas (Hg.): *Poststrukturalistische Sozialwissenschaften*. Frankfurt a. M.: Suhrkamp, 312–329.

Kilpatrick, Claire (1998): Community or Communities of Courts in European Integration? Sex Equality Dialogues Between UK Courts and the ECJ. In: *European Law Journal* 4 (2), 121–147.

Kilroy, Bernadette A. (1999): *Integration through the Law*. Los Angeles: University of California Press.

Klatt, Matthias (2005): Die Wortlautgrenze. In: Lerch, Kent D. (Hg.): *Recht verhandeln*. Berlin, New York: de Gruyter, 343–368.

Kober, Michael (2008): Die Funktion des Begriffs der Lebensform bei Wittgenstein. DFG-Rundgespräch „Lebenswelt in Wissenschaft, Ethik und Politik". Carl Friedrich von Siemens-Stiftung. München, 11. 10. 2008. Online verfügbar unter: http://www.nida-ruemelin.de/docs/vortr_kober.pdf, zuletzt geprüft am 12. 10. 2008.

Kocher, Eva (2009): Das „Soziale" in der Rechtsprechung des Europäischen Gerichtshofs. In: Friedrich Ebert Stiftung (Hg.): *Der EuGH und das soziale Europa. Für eine Aufwertung sozialer Grundrechte im EU-Rechtssystem*. Internationale Politikanalyse, 38–41.

Komarek, Jan (2009): Precedent and Judicial Lawmaking in Supreme Courts. The Court of Justice Compared to the US Supreme Court and the French Cour de Cassation. In: *Cambridge Yearbook of European Legal Studies 2008–2009* 11, 399–433.

Krasmann, Susanne; Volkmer, Michael (Hg.) (2007): *Michel Foucaults „Geschichte der Gouvernementalität" in den Sozialwissenschaften. Internationale Beiträge*. Bielefeld: transcript Verlag.

Kratochwil, Friedrich V. (1987): Rules, Norms, Values, and the Limits of „Rationality". In: *Archiv für Rechts- und Sozialphilosophie* (2), 301–329.

Kratochwil, Friedrich V. (1993a): Contract and Regimes. Do Issue Specifity and Variations of Formalty Matter?. In: Rittberger, Volker (Hg.): *Regime Theory and International Relations*. Oxford: Clarendon, 73–93.

Kratochwil, Friedrich V. (1993b): Norms Versus Numbers. Multilateralism and the Rationalist and Reflexivist Approaches to Institutions – A Unilateral Plea for Communicative Rationality. In: Ruggie, John G. (Hg.): *Multilateralism Matters*. New York: Columbia University Press, 443–474.

Kratochwil, Friedrich V. (1994): The Limits of Contract. In: *European Journal of International Law* 5, 465–491.

Kratochwil, Friedrich V. (2000): How Do Norms Matter? In: Byers, Michael (Hg.): *The Role of Law in International Politics*. Oxford: Oxford University Press, 35–68.

Kratochwil, Friedrich V. (2001): Constructivism as an Approach to Interdisciplinary Study. In: Fierke, Karin M. und Jørgensen, Knud E. (Hg.): *Constructing International Relations*. New York; London: M. E. Sharpe, 13–35.

Krienke, Markus; Belafi, Matthias (Hg.) (2007): *Identitäten in Europa. Europäische Identität*. Wiesbaden: DUV Deutscher Universitäts-Verlag.

Kripke, Saul A. ([1987] 2006): *Wittgenstein über Regeln und Privatsprache*. Frankfurt a. M.: Suhrkamp.

Kuhlmann, Wolfgang (1985): *Reflexive Letztbegründung. Untersuchungen zur Transzendentalpragmatik*. Freiburg: K. Alber.

Kunz, Volker (2004): *Rational Choice*. Frankfurt a. M.: Campus-Verlag.

Landfried, Christine (2005): *Das politische Europa: Differenz als Potential der Europäischen Union*. 2. Aufl. Baden-Baden: Nomos.

Landfried, Christine (2006): Difference as a Potential for European Constitution Making. In: *European Law Journal* 12 (6), 764–787.

Lange, Ernst M. (1998): *Ludwig Wittgenstein. „Philosophische Untersuchungen" – eine kommentierende Einführung*. Paderborn: Schöningh.

Lavranos, Nikolaos (2010): Protecting European Law from International Law. In: *European Foreign Affairs Review* 15 (2), 265–282.

Lenaerts, Koen (1992): Some Thoughts About the Interaction etween Judges and Politicians in the European Community. In: *Yearbook of European Law* 12, 1–34.

Lerch, Kent D. (Hg.) (2005): *Recht verhandeln. Argumentieren, Begründen und Entscheiden im Diskurs des Rechts*. Berlin, New York: de Gruyter.

Lind, Douglas (1994): Constitutional Adjudication as a Craft-Bound Excellence. In: *Yale Journal of Law and the Humanities* 6, 353–395.

Lindberg, Leon N. (1965): Decision Making and Integration in the European Community. In: *International Organization* 19 (1), 56–73.

Lindberg, Leon N.; Scheingold, Stuart A. (1970): *Europe's Would-Be Polity. Patterns of Change in the European Community*. Englewood Cliffs.

Lindstrom, Nicole (2010): Service Liberalization in the Enlarged EU. A Race to the Bottom or the Emergence of Transnational Political Conflict? In: *Journal of Common Market Studies* 48 (5), 1307–1327.

Lipgens, Walter (Hg.) (1985): *Documents on the History of European Integration.* Berlin.

Lübbe-Wolf, Gertrude (2007): Expropriation der Jurisprudenz? In: Engel, Christoph und Schön, Wolfgang (Hg.): *Das Proprium der Rechtswissenschaft.* Tübingen: Mohr Siebeck, 232–292.

Luhmann, Niklas (1987): *Soziale Systeme. Grundriß einer allgemeinen Theorie.* Frankfurt a. M.: Suhrkamp.

Luhmann, Niklas (1995): *Das Recht der Gesellschaft.* Frankfurt a. M.: Suhrkamp.

Luhmann, Niklas (2008): *Einführung in die Systemtheorie.* 4. Aufl. Heidelberg: Carl-Auer.

Lukes, Steven (1970): Some Problems about Rationality. In: Wilson, Bryan R. (Hg.): *Rationality.* Oxford: Blackwell, 194–213.

Lütterfelds, Wilhelm (1995): Der Konflikt der Lebensformen in Wittgensteins Philosophie der Sprache. Einige Bemerkungen zum Forschungsstand und zur Thematik des Syposiums. In: Apel, Karl-Otto et al. (Hg.): *Wittgenstein Studies 2.* Wien, New York. Online verfügbar unter: http://sammelpunkt.philo.at:8080/451/, zuletzt geprüft am 11.10.2010.

Lütterfelds, Wilhelm; Roser, Andreas (Hg.) (1999): *Der Konflikt der Lebensformen in Wittgensteins Philosophie der Sprache.* Frankfurt a. M.: Suhrkamp.

Lyotard, Jean-François ([1979] 2005): *Das postmoderne Wissen. Ein Bericht.* 5. Aufl. Wien: Passagen Verlag.

MacCormick, Neil (1994): *Legal reasoning and legal theory.* Oxford: Clarendon Press.

Madsen, Mikael; Vauchez, Antoine (2004): European Constitutionalism at the Cradle. Law and Lawyer in the Construction of a European Political Order (1920–1960). In: Jettinghoff, Alex und Schepel, Harm (Hg.): *In Lawyers' Circles.* Gravenhage: Reed Business Information, 15–34.

Maduro, Miguel P. (1998): *We the Court. The European Court of Justice and the European Economic Constitution.* Oxford, Evanston: Hart Publishing.

Magen, Stefan (2007): Entscheidungen unter begrenzter Rationalität als Proprium des öffentlichen Rechts. Kommentar zu Christoph Engel und Matthias Jestaedt. In: Engel, Christoph und Schön, Wolfgang (Hg.): *Das Proprium der Rechtswissenschaft.* Tübingen: Mohr Siebeck, 303–310.

Malcolm, Norman (1968): Wittgenstein's Philosophical Investigations. In: Pitcher, George (Hg.): *Wittgenstein.* London: University of Notre Dame Press, 65–103.

Malecki, Michael (2012): Do ECJ judges all speak with the same voice? Evidence of divergent preferences from the judgments of chambers. In: *Journal of European Public Policy* 19 (1), 59–75.

Mattli, Walter; Slaughter, Anne-Marie (1995): Law and Politics in the European Union. A Reply to Garrett. In: *International Organization* 49 (1), 183–190.

Mattli, Walter; Slaughter, Anne-Marie (1998a): The Role of National Courts in the Process of European Integration. Accounting for Judicial Preferences and Constraints. In: Slaughter, Anne-Marie, Stone Sweet, Alec und Weiler, Joseph H. H. (Hg.): *The European Courts and National Courts.* Oxford: Hart Publishing, 253–267.

Mattli, Walter; Slaughter, Anne-Marie (1998b): Revisiting the European Court of Justice. In: *International Organization* 52 (1), 177–209.

Maturana, Humberto R.; Varela, Francisco J. (1987): *Der Baum der Erkenntnis. Die biologischen Wurzeln menschlichen Erkennens*. Frankfurt a. M.: Fischer.

Mayer, Franz C. (2009): Der EuGH und das soziale Europa. In: Friedrich Ebert Stiftung (Hg.): *Der EuGH und das soziale Europa. Für eine Aufwertung sozialer Grundrechte im EU-Rechtssystem*. Internationale Politikanalyse, 7–25.

McCown, Margaret (2003): The European Parliament before the Bench: ECJ Precedent and EP Litigation Strategies. In: *Journal of European Public Policy* 10 (6), 974–995.

Menz, Simon; Scholz, Tobias B. (2009): The Kadi-case or the Legal Protection of Persons Included in the European Union „Anti-terror List". In: *European Journal of Crime, Criminal Law and Criminal Justice* 17 (1), 61–68.

Meyer, Linda (Hg.) (1999): *Rules and Reasoning. Essays in Honour of Fred Schauer*. Oxford: Hart Publishing.

Meyer, Thomas (2004): *Die Identität Europas. Der EU eine Seele?* Frankfurt a. M.: Suhrkamp.

Mitrany, David (1965): The Prospect of Integration. Federal or Functional. In: *Journal of Common Market Studies* 4, 119–149.

Mitrany, David (1966): *A Working Peace System*. Chicago: Quadrangle.

Moebius, Stephan; Reckwitz, Andreas (Hg.) (2008): *Poststrukturalistische Sozialwissenschaften*. Frankfurt a. M.: Suhrkamp.

Mohr, Georg; Villiez, Carola von (2002): Europa zwischen nationaler und globaler Rechtskultur. In: Elm, Ralf (Hg.): *Europäische Identität*. Baden-Baden: Nomos, 177–198.

Monk, Ray (1992): *Wittgenstein. Das Handwerk des Genies*. Stuttgart: Klett-Cotta.

Moravcsik, Andrew (1991): Negotiating the Single European Act. National Interests and Conventional Statecraft in the European Community. In: *International Organization* 45 (1), 19–56.

Moravcsik, Andrew (1993): Preferences and Power in the European Community. A Liberal Intergovernmentalist Approach. In: *Journal of Common Market Studies* 31 (4), 473–524.

Moravcsik, Andrew (1995a): Explaining International Human Rights Regimes. Liberal Theory and Western Europe. In: *European Journal of International Relations* 1 (2), 157–189.

Moravcsik, Andrew (1995b): Liberal Intergovernmentalism and Integration. A Rejoinder. In: *Journal of Common Market Studies* 33 (4), 611–628.

Moravcsik, Andrew (1999): „Is Something Rotten in the State of Denmark?". Constructivism and European Integration. In: *Journal of European Public Policy* 6 (4), 669–681.

Moravcsik, Andrew (2005): The European Constitutional Compromise and the neofunctionalist legacy. In: *Journal of European Public Policy* 12 (2), 349–386.

Moravcsik, Andrew (2006): What Can We Learn from the Collapse of the European Constitutional Project? In: *Politische Vierteljahresschrift* 47 (2), 219–241.

Moravcsik, Andrew (2008): The European Constitutional Settlement. In: *The World Economy* 31 (1), 158–183.

Mouffe, Chantal (2001): Wittgenstein and the ethos of democracy. In: Nagl, Ludwig und Mouffe, Chantal (Hg.): *The Legacy of Wittgenstein*. Frankfurt a. M.: Europäischer Verlag der Wissenschaften, 131–138.

Mulhall, Stephen (2000): Wittgenstein and Deconstruction. In: *Ratio* 13 (1), 407–414.

Mulhall, Stephen (2001): Deconstruction and the ordinary. In: Nagl, Ludwig und Mouffe, Chantal (Hg.): *The Legacy of Wittgenstein*. Frankfurt a. M.: Europäischer Verlag der Wissenschaften, 75–92.

Müller, Harald (1994): Internationale Beziehungen als kommunikatives Handeln. Zur Kritik der utilitaristischen Handlungstheorien. In: *Zeitschrift für Internationale Beziehungen* 1 (1), 15–44.

Müller, Harald (2004): Arguing, Bargaining and all that. Communicative Action, Rationalist Theory and the Logic of Appropriateness in International Relations. In: *European Journal of International Relations* 10 (3), 395–435.

Münch, Richard (2008): Constructing a European Society by Jurisdiction. In: *European Law Journal* 14 (5), 519–541.

Murkens, Jo E. K. (2009): Countering anti-constitutional argument: the reasons for the European Court of Justice's decision in Kadi and Al Barakaat. In: *Cambridge Yearbook of European Legal Studies 2008–2009* 11, 15–52.

Nagl, Ludwig (2001): „How hard I find it to see what is right in front of me". Wittgenstein's quest for „simplicity and ordinariness". In: Nagl, Ludwig und Mouffe, Chantal (Hg.): *The Legacy of Wittgenstein*. Frankfurt a. M.: Europäischer Verlag der Wissenschaften, 157–162.

Nagl, Ludwig; Mouffe, Chantal (Hg.) (2001): *The Legacy of Wittgenstein. Pragmatism or Deconstruction*. Frankfurt a. M.: Europäischer Verlag der Wissenschaften.

Nehl, Hanns Peter (2002): *Europäisches Verwaltungsverfahren und Gemeinschaftsverfassung. Eine Studie gemeinschaftsrechtlicher Verfahrensgrundsätze unter besonderer Berücksichtigung „mehrstufiger" Verwaltungsverfahren*. Berlin: Duncker & Humblot.

Nehl, Hanns Peter (2009): Das EU-Rechtsschutzsystem. In: Fastenrath, Ulrich und Nowak, Carsten (Hg.): *Der Lissabonner Reformvertrag*. Berlin: Duncker & Humblot, 149–169.

Neumann, Ulfried (2004): *Wahrheit im Recht. Zu Problematik und Legitimität einer fragwürdigen Denkform*. Baden-Baden: Nomos.

Neumann, Ulfried (2005): Wahrheit statt Autorität. Möglichkeit und Grenzen einer Legitimation durch Begründung im Recht. In: Lerch, Kent D. (Hg.): *Recht verhandeln*. Berlin, New York: de Gruyter, 367–384.

Neumer, Katalin (1995): Lebensform, Sprache und Relativismus im Spätwerk Wittgensteins. In: Apel, Karl-Otto et al. (Hg.): *Wittgenstein Studies 2*. Wien, New York. Online verfügbar unter: http://sammelpunkt.philo.at:8080/454/, zuletzt geprüft am 11. 10. 2010.

Neurath, Otto ([1932] 1981): *Gesammelte philosophische und methodologische Schriften*. Herausgegeben von Rudolf Haller und Heiner Rutte. 2 Bände. Wien: Verlag Hölder-Pichler-Tempsky.

Nicolaidis, Kalypso; Howse, Robert (Hg.) (2001): *The Federal Vision. Legitimacy and Levels of Governance in the United Staes and the European Union*. Oxford: Oxford University Press.

Nicolaysen, Gert (1999): Europa als Rechtsgemeinschaft. In: Weidenfeld, Werner (Hg.): *Europa-Handbuch*. Gütersloh: Verlag Bertelsmann-Stiftung, 862–873.

Nicolaysen, Gert (2002): Rechtsgemeinschaft, Gemeinschaftsgerichtsbarkeit und Individuum. In: Nowak, Carsten und Cremer, Wolfgang (Hg.): *Individualrechtsschutz in der EG und der WTO*. Baden-Baden: Nomos, 17–25.

Nicolaysen, Gert (2004): Entwicklungslinien und Perspektiven des Grundrechtsschutzes in der EU: Die gemeinschaftsrechtliche Begründung von Grundrechten. In: Bruha, Thomas; Nowak, Carsten und Petzold, Hans Arno (Hg.): *Grundrechtsschutz für Unternehmen im europäischen Binnenmarkt*. Baden-Baden: Nomos, 15–43.

Nicolaysen, Gert (2007): Der Rechtsrahmen der europäischen Integration. Entwicklung in 50 Jahren. In: *Wirtschaftsdienst* 87 (2), 89–93.

Nonhoff, Martin (2008): Politik und Regierung. Wie das sozial Stabile dynamisch wird und vice versa. In: Moebius, Stephan und Reckwitz, Andreas (Hg.): *Poststrukturalistische Sozialwissenschaften*. Frankfurt a. M.: Suhrkamp, 277–294.

Novitz, Tonia (2008): A Human Rights Analysis of the Viking and Laval Judgments. In: *Cambridge Yearbook of European Legal Studies 2007–2008* 10, 541–561.

Nowak, Carsten; Cremer, Wolfgang (Hg.) (2002): *Individualrechtsschutz in der EG und der WTO. Der zentrale und dezentrale Rechtsschutz natürlicher und juristischer Personen in der Europäischen Gemeinschaft und in der Welthandelsorganisation*. Baden-Baden: Nomos.

Oakes, Guy (2003): Max Weber on Value Rationality and Value Spheres. Critical Remarks. In: *Journal of Classical Sociology* 3 (1), 27–45.

Oeter, Stefan (2007): Rechtsprechungskonkurrenz zwischen nationalen Verfassungsgerichten, Europäischem Gerichtshof und Europäischem Gerichtshof für Menschenrechte. In: *Bundesstaat und Europäische Union zwischen Konflikt und Kooperation*, Veröffentlichungen der Vereinigung der Deutschen Staatsrechtslehrer, Bd.66, Berlin: De Gruyter, 361–391.

Oeter, Stefan (2009): Das Verhältnis zwischen EuGH, EGMR und nationalen Verfassungsgerichten. In: Fastenrath, Ulrich und Nowak, Carsten (Hg.): *Der Lissabonner Reformvertrag*. Berlin: Duncker & Humblot, 129–147.

Oeter, Stefan (2011): Europäischer Föderalismus im Licht der Verfassungsgeschichte: Regierungs-/Governance-Funktionen. In: Bruha, Thomas (Hg.): *Europäischer Föderalismus im Licht der Verfassungsgeschichte*. Schaan: Verlag der Liechtensteinischen Akademischen Gesellschaft, 149–171.

Oldag, Andreas; Tillack, Hans-Martin (2005): *Raumschiff Brüssel. Wie die Demokratie in Europa scheitert*. Frankfurt a. M.: Fischer.

Olsen, Johan P. (2000): Organising European Institutions of Governance. A Prelude to an Institutional Account of Political Integration. University of Oslo, Arena Working Papers, Oslo. Online verfügbar unter: http://www.sv.uio.no/arena/english/research/publications/arena-publications/workingpapers/working-papers2000/wp00_2.htm, zuletzt geprüft am 08. 02. 2012.

Onuf, Nicholas G. (1989): *World of Our Making. Rules and Rule in Social Theory and International Relations*. Columbia S.C: University of South Carolina Press.

Onuf, Nicholas G. (1994): The Constitution of International Society. In: *European Journal of International Law* 5 (1), 1–19.

Onuf, Nicholas G. (2001): The Politics of Constructivism. In: Fierke, Karin M. und Jørgensen, Knud E. (Hg.): *Constructing International Relations*. New York; London: M. E. Sharpe, 236–279.

Oppermann, Thomas (Hg.) (1979): *Walter Hallstein – Europäische Reden*. Unter Mitarbeit von Joachim Kohler. Stuttgart: Deutsche Verlags-Anstalt.

Oppermann, Thomas (1999): *Europarecht. Ein Studienbuch*. München: C. H. Beck.

Orbán, Jolán (1994): Die Herausforderung von Wittgenstein durch Derrida. In: *Neohelicon* 21 (1), 95–115.

Osterkamp, Thomas (2004): *Juristische Gerechtigkeit. Rechtswissenschaft jenseits von Positivismus und Naturrecht*. Tübingen: Mohr Siebeck.

Owen, David (2001): Democracy, perfectionism and „undermined messianic hope". Carvell, Derrida and the ethos of democracy-to-come. In: Nagl, Ludwig und Mouffe, Chantal (Hg.): *The Legacy of Wittgenstein*. Frankfurt a. M.: Europäischer Verlag der Wissenschaften, 139–156.

Papineau, David (1978): *For Science in the Social Sciences*. London: Macmillan.

Patterson, Dennis (Hg.) (1992): *Wittgenstein and Legal Theory*. Boulder, San Francisco, Oxford: Westview Press.

Patterson, Dennis (1996): *Law and Truth*. New York, Oxford: Oxford University Press.

Patterson, Dennis (1999): *Recht und Wahrheit*. Baden-Baden: Nomos.

Patterson, Dennis (2001): Normativity and Objectivity in Law. In: *William and Mary Law Review* 43, 325–363.

Patterson, Dennis (2002): From Postmodernism to Law and Truth. In: *Harvard Journal of Law & Public Policy* 26 (1), 49–65.

Patterson, Dennis (Hg.) (2004a): *Wittgenstein and Law*. Hants, Burlington: Ashgate.

Patterson, Dennis (2004b): Interpretation in Law. In: *diritto & questioni pubbliche* 26 (4), 241–259.

Pavoni, Riccardo (2010): Freedom to Choose the Legal Means for Implementing UN Security Council Resolutions and the ECJ Kadi Judgment. A Misplaced Argument Hindering the Enforcement of International Law in the EC. In: *Yearbook of European Law 2009* 28, 626–636.

Payandeh, Mehrdad; Sauer, Heiko (2009): European Union: UN sanctions and EU fundamental rights. In: *International Journal of Constitutional Law* 7 (2), 306–315.

Peacocke, Christopher (1981): Rule Following. The Nature of Wittgenstein's Arguments. In: Holtzman, Steven H. und Leich, Christopher M. (Hg.): *Wittgenstein*. London, Boston, Henley: Routledge & Kegan Paul, 72–95.

Peczenik, Aleksander (1983): *Grundlagen der juristischen Argumentation*. Wien: Springer.

Perju, Vlad (2009): Reason and Authority in the European Court of Justice. In: *Boston College Law School, Legal Studies Research Paper Series* (Research Paper #170).

Petersen, Hanne (Hg.) (2008): *Paradoxes of European legal integration*. Aldershot, Hampshire: Ashgate.

Pfetsch, Frank R. (2003): *Theoretiker der Politik*. Paderborn: UTB/Fink.

Pitcher, George (Hg.) (1968): *Wittgenstein. The Philosophical Investigations*. London: University of Notre Dame Press.

Plender, Richard (1983): The European Court as an International Tribunal. In: *The Cambridge Law Journal*, 279–298.

Poli, Sara; Tzanou, Maria (2010): The Kadi Rulings. A Survey of the Literature. In: *Yearbook of European Law 2009* 28, 533–558.

Pollack, Mark A. (1997): Delegation, Agency, and Agenda Setting in the European Community. In: *International Organization* 51 (1), 99–134.

Pollack, Mark A. (2003): *The Engines of European Integration. Delegation, Agency and Agenda Setting in the EU.* Oxford: Oxford University Press.

Potacs, Michael (1994): *Auslegung im öffentlichen Recht. Eine vergleichende Untersuchung der Auslegungspraxis des Europäischen Gerichtshofs und der österreichischen Gerichtshöfe des öffentlichen Rechts.* Baden-Baden: Nomos.

Potz, Andrea (2008): Arbeitskampf und Niederlassungsfreiheit. Zum Spannungsverhältnis zwischen Grundrechten und Grundfreiheiten. In: *Das Recht der Wirtschaft* (1b, Art.-Nr. 56), 92–95.

Raatzsch, Richard (1996): Begriffsbildung und Naturtatsachen. In: Savigny, Eike von und Scholz, Oliver R. (Hg.): *Wittgenstein über die Seele.* Frankfurt a. M.: Suhrkamp, 268–280.

Randelzhofer, Albrecht; Scholz, Rupert; Wilke, Dieter (Hg.) (1995): *Gedächtnisschrift für Eberhard Grabitz.* München: C. H. Beck.

Rasmussen, Hjalte (1986): *On Law and Policy in the European Court of Justice. A Comparative Study in Judicial Policymaking.* Dordrecht: Nijhoff.

Rasmussen, Hjalte (1988): Between Self-Restraint and Activism. A Judicial Policy for the European Court. In: *European Law Review* 13 (1), 28–38.

Rasmussen, Hjalte (1992): Towards a Normative Theory of Interpretation of Community Law. In: *The University of Chicago Legal Forum*, 135–178.

Rasmussen, Morten (2008): The Origins of a Legal Revolution. The Early History of the European Court of Justice. In: *Journal of European Integration History* 14 (2), 77–98.

Raz, Joseph (Hg.) (1994a): *Ethics in the Public Domain. Essays in the Morality of Law and Politics.* Oxford: Clarendon Press.

Raz, Joseph (1994b): On the Autonomy of Legal Reasoning. In: Raz, Joseph (Hg.): *Ethics in the Public Domain.* Oxford: Clarendon Press, 310–324.

Raz, Joseph (1994c): The Relevance of Coherence. In: Raz, Joseph (Hg.): *Ethics in the Public Domain.* Oxford: Clarendon Press, 261–309.

Rebhahn, Robert (2008): Grundfreiheit vor Arbeitskampf. Der Fall Viking. In: *Zeitschrift für europäisches Sozial- und Arbeitsrecht* 7 (3), 109–117.

Rehbinder, Manfred; Tieck, Klaus-Peter (Hg.) (1987): *Max Weber als Rechtssoziologe.* Berlin: Duncker & Humblot.

Reich, Norbert (2008a): Fundamental freedoms v. fundamental rights. Did Viking get it wrong? In: *Europarättslig Tijdskrift*, 851–873.

Reich, Norbert (2008b): Free Movement v. Social Rights in an Enlarged Union. The Laval and Viking Cases before the ECJ. In: *German Law Journal* 9 (2), 125–161.

Reimann, Mathias (2007): Die Propria der Rechtswissenschaft. Anmerkungen zu Wolfgang Ernst und Holger Fleischer. In: Engel, Christoph und Schön, Wolfgang (Hg.): *Das Proprium der Rechtswissenschaft.* Tübingen: Mohr Siebeck, 87–99.

Rescher, Nicholas (1973): *The Coherence Theory of Truth.* Oxford: Clarendon Press.

Riedl, Rupert (2008): Die Folgen des Ursachendenkens. In: Watzlawick, Paul (Hg.): *Die erfundene Wirklichkeit*. Beiträge zum Konstruktivismus. München, Zürich: Piper, 67–90.

Risse, Thomas (2000): „Let's Argue!": Communicative Action in World Politics. In: *International Organization* 54 (1), 1–39.

Risse, Thomas (2003): Konstruktivismus, Rationalismus und Theorien Internationaler Beziehungen. Warum empirisch nichts so heiß gegessen wird, wie es theoretisch gekocht wurde. In: Hellmann, Gunther, Wolf, Klaus Dieter und Zürn, Michael (Hg.): *Die neuen Internationalen Beziehungen*. Baden-Baden: Nomos, 99–132.

Rittberger, Volker (Hg.) (1993): *Regime Theory and International Relations*. Oxford: Clarendon.

Rödl, Florian (2009): Wirklich auf einem „guten Mittelweg". In: Friedrich Ebert Stiftung (Hg.): *Der EuGH und das soziale Europa. Für eine Aufwertung sozialer Grundrechte im EU-Rechtssystem*. Internationale Politikanalyse, 42–43.

Rosas, Allan (2007): Der europäische Gerichtshof im Kontext. Formen und Modelle richterlichen Dialogs. In: *European Journal Legal Studies* 1 (2), 1–18. Online verfügbar unter: http://www.ejls.eu/2/24DE.pdf, zuletzt geprüft am 08.02.2012.

Roth, Gerhard (1997): *Das Gehirn und seine Wirklichkeit. Kognitive Neurobiologie und ihre philosophischen Konsequenzen*. Frankfurt a.M.: Suhrkamp.

Roth, Günter H.; Hilpold, Peter (Hg.) (2008): *Der EuGH und die Souveränität der Mitgliedstaaten. Eine kritische Analyse richterlicher Rechtsschöpfung auf ausgewählten Rechtsgebieten*. Bern: Stämpfli.

Rötzer, Florian (Hg.) (1987): *Französische Philosophen im Gespräch*. München: Boer.

Ruggie, John G. (Hg.) (1993): *Multilateralism Matters*. New York: Columbia University Press.

Rumelili, Bahar (2004): Constructing identity and relating to difference. Understanding the EU's mode of differentiation. In: *Review of International Studies* 30, 27–47.

Sabel, Charles F.; Gerstenberg, Oliver (2010): Constitutionalising an Overlapping Consensus. The ECJ and the Emergence of a Coordinate Constitutional Order. In: *European Law Journal* 16 (5), 511–550.

Salmon, Merrilee H. (Hg.) (1999a): *Introduction to the Philosophy of Science*. Indianapolis: Hackett Publishing.

Salmon, Merrilee H. (1999b): Philosophy of the Social Sciences. In: Salmon, Merrilee H. (Hg.): *Introduction to the Philosophy of Science*. Indianapolis: Hackett Publishing, 404–425.

Sander, Gerald (1998): *Der Europäische Gerichtshof als Förderer und Hüter der Integration. Eine Darstellung anhand seiner Einwirkungsmöglichkeiten auf die einzelnen Dimensionen des Einigungsprozesses*. Berlin: Duncker & Humblot.

Sandholtz, Wayne; Zysman, John (1989): 1992 – Recasting the European Bargain. In: *World Politics* 42 (1), 95–128.

Santos Vara, Juan (2011): The Consequences of Kadi. Where the Divergence of Opinion between EU and International Lawyers Lies? In: *European Law Journal* 17 (2), 252–274.

Savigny, Eike von (1995): Bedeutung, Sprachspiel, Lebensform. In: Apel, Karl-Otto et al. (Hg.): *Wittgenstein Studies 2*. Wien, New York. Online verfügbar unter: http://sammelpunkt.philo.at:8080/456/, zuletzt geprüft am 12.10.2010.

Savigny, Eike von; Scholz, Oliver R. (Hg.) (1996): *Wittgenstein über die Seele*. Frankfurt a. M.: Suhrkamp.

Scaff, Lawrence A. (1989): *Fleeing the Iron Cage. Culture, Politics, and Modernity in the Thought of Max Weber*. Berkeley, Los Angeles, London: University of California Press.

Scharpf, Fritz W. (1985): Die Politikverflechtungs-Falle. Europäische Integration und deutscher Föderalismus im Vergleich. In: *Politische Vierteljahresschrift* 26 (4), 323–356.

Scharpf, Fritz W. (1999): *Governing in Europe. Effective and Democratic?* Oxford: Oxford University Press.

Scharpf, Fritz W. (2006): The Joint-Decision Trap Revisited. In: *Journal of Common Market Studies* 44 (4), 845–864.

Scharpf, Fritz W. (2008): Der einzige Weg ist, dem EuGH nicht zu folgen. Interview. In: *Mitbestimmung* 54 (7/8), 18–23.

Scharpf, Fritz W. (2009): Legitimität im europäischen Mehrebenensystem. In: *Leviathan* 37, 244–280.

Scharpf, Fritz W. (2012): Perpetual momentum: directed and unconstrained? In: *Journal of European Public Policy*, 19 (1), 127–139.

Schauer, Frederick (1992): Rules and the Rule-Following Argument. In: Patterson, Dennis (Hg.): *Wittgenstein and Legal Theory*. Boulder, San Francisco, Oxford: Westview Press, 225–230.

Scheinin, Martin (2010): Is the ECJ Ruling in Kadi Incompatible with International Law? In: *Yearbook of European Law 2009* 28, 637–653.

Schelsky, Helmut (Hg.) (1980a): *Die Soziologen und das Recht. Abhandlungen und Vorträge zur Soziologie von Recht, Institutionen und Planung*. Opladen: Westdeutscher Verlag.

Schelsky, Helmut (1980b): Die juridische Rationalität. In: Schelsky, Helmut (Hg.): *Die Soziologen und das Recht*. Opladen: Westdeutscher Verlag, 34–76.

Schepel, Harm (2000): Reconstructing Constitutionalization. Law and Politics in the European Court of Justice. In: *Oxford Journal of Legal Studies* 20 (3), 457–468.

Schepel, Harm (2007): The European Brotherhood of Lawyers. The Reinvention of Legal Science in the Making of European Private Law. In: *Law & Social Inquiry* 32 (1), 183–199.

Schepel, Harm; Blankenburg, Erhard (2001): Mobilizing the European Court of Justice. In: Búrca, Gráinne de und Weiler, Joseph H. H. (Hg.): *The European Court of Justice*. Oxford: Oxford University Press, 9–42.

Schepel, Harm; Wesseling, Rein (1997): The Legal Community: Judges, Lawyers, Officials and Clerks in the Writing of Europe. In: *European Law Journal* 3 (2), 165–188.

Schiemann, Konrad (2005): *Vom Richter des Common Law zum Richter des Europäischen Rechts*. Vorträge und Berichte des Zentrums für Europäisches Wirtschaftsrecht, Nr. 145. Bonn: Rheinische Friedrich-Wilhelms-Universität.

Schimank, Uwe (1996): *Theorien gesellschaftlicher Differenzierung*. Opladen: Leske + Budrich.

Schimank, Uwe (2002): Wer gegen wen? Der „Kampf der Götter" in der funktional differenzierten Gesellschaft. Vorlesungsreihe: Feindliche Übernahmen? – Zur Dynamik gesellschaftlicher Grenzüberschreitungen. Forschungsinstitut für Philosophie. Hannover, 18. 04. 2002.

Schimmelfennig, Frank (2003): Osterweiterung. Strategisches Handeln und kollektive Ideen. In: Jachtenfuchs, Markus und Kohler-Koch, Beate (Hg.): *Europäische Integration*. 2. Auflage. Opladen: Leske + Budrich, 541–568.

Schmalenbach, Kirsten (2009): Bedingt kooperationsbereit. Der Kontrollanspruch des EuGH bei gezielten Sanktionen der Vereinten Nationen. In: *Juristenzeitung (JZ)* 64 (1), 35–43.

Schmidt, Susanne K. (2011): Law-Making in the Shadow of Judicial Politics. In: Dehousse, Renaud (Hg.): *The community method*. Basingstoke, Hampshire: Palgrave, 43–59.

Schmidt, Susanne K. (2012): Who cares about nationality? The pathdependent case law of the ECJ from goods to citizens. In: *Journal of European Public Policy* 19 (1), 8–24.

Schneiders, Werner (Hg.) (2001): *Lexikon der Aufklärung. Deutschland und Europa*. München: C. H. Beck.

Schroeder, Ralph (1992): *Max Weber and the Sociology of Culture*. London, Newbury Park, New Delhi: Sage.

Schubert, Claudia (2008): Europäische Grundfreiheiten und nationales Arbeitskampfrecht im Konflikt. In: *Das Recht der Arbeit* (5), 289–299.

Schulte, Joachim (1995): Die Hinnahme von Sprachspielen und Lebensformen. In: Apel, Karl-Otto et al. (Hg.): *Wittgenstein Studies 2*. Wien, New York. Online verfügbar unter: http://sammelpunkt.philo.at:8080/458/, zuletzt geprüft am 08. 02. 2012.

Schulte, Joachim (2001): *Wittgenstein. Eine Einführung*. Ditzingen: Reclam.

Schumann, Ekkehard (1968): Das Rechtsverweigerungsverbot. Historische und methodologische Bemerkungen zur richterlichen Pflicht das Recht auszulegen, zu ergänzen und fortzubilden. In: *Zeitschrift für Zivilprozeß (ZZP)* 81, 79–102.

Schuppert, Gunnar F.; Pernice, Ingolf; Haltern, Ulrich R.; Bach, Maurizio (2005): *Europawissenschaft*. Baden-Baden: Nomos.

Schütz, Hans-Joachim; Bruha, Thomas; König, Doris (2004): *Casebook Europarecht*. Unter Mitarbeit von Carsten Nowak. München: C. H. Beck.

Schwarze, Jürgen (1976): *Die Befugnis zur Abstraktion im europäischen Gemeinschaftsrecht. Eine Untersuchung zur Rechtsprechung des Europäischen Gerichtshofes*. Baden-Baden: Nomos.

Schweitzer, Michael (2010): *Staatsrecht III. Staatsrecht, Völkerrecht, Europarecht*. Heidelberg, München: C. F. Müller.

Schwellnus, Guido (2005): Sozialkonstruktivismus. In: Bieling, Hans-Jürgen und Lerch, Marika (Hg.): *Theorien der europäischen Integration*. Wiesbaden: VS Verlag für Sozialwissenschaften, 321–345.

Sciarra, Silvana (2008): Viking and Laval. Collective-Labour Rights and Market-Freedoms in the Enlarged EU. In: *Cambridge Yearbook of European Legal Studies 2007–2008* 10, 105–119.

Searle, John R. (1983): *Sprechakte. Ein sprachphilosophischer Essay*. Frankfurt a. M.: Suhrkamp.

Searle, John R. (2001): The Classical Model of Rationality and Its Weaknesses. In: Brogaard, Berit und Smith, Barry (Hg.): *Rationalität und Irrationalität*. Akten des 23. internationalen Wittgenstein-Symposiums. Wien: öbv & hpt Verlagsgesellschaft, 311–324.

Seyr, Sibylle (2008): *Der „effet utile" in der Rechtsprechung des EuGH*. Berlin: Duncker & Humblot.

Shapiro, Martin J.; Stone Sweet, Alec (Hg.) (2002): *On Law, Politics, and Judicialization.* Oxford: Oxford University Press.

Shapiro, Michael J. (1991): *Reading the Postmodern Polity.* Minneapolis: University of Minnesota Press.

Shuibhne, Nic N. (2010): Settling Dust? Reflections on the Judgements in Viking and Laval. In: *European Business Law Review* 21 (5), 681–703.

Simon, Fritz B. (2007): *Einführung in Systemtheorie und Konstruktivismus.* 2. Aufl. Heidelberg: Carl-Auer-Verlag.

Simon, Josef (1995): Lebensformen. Übergänge und Abbrüche. In: Apel, Karl-Otto et al. (Hg.): *Wittgenstein Studies 2.* Wien, New York. Online verfügbar unter: http://sammelpunkt.philo.at:8080/459/, zuletzt geprüft am 11. 10. 2010.

Simson, Werner von; Schwarze, Jürgen (1992): *Europäische Integration und Grundgesetz. Maastricht und die Folgen für das deutsche Verfassungsrecht.* Berlin: de Gruyter.

Simson, Werner von; Schwarze, Jürgen (1995): Europäische Integration und Grundgesetz. Maastricht und die Folgen für das Deutsche Verfassungsrecht. In: Benda, Ernst, Maihofer, Werner und Vogel, Hans-Jochen (Hg.): *Handbuch des Verfassungsrechts der Bundesrepublik Deutschland.* Berlin: de Gruyter, 53–126.

Skouris, Vassilios (2005): *Das Verhältnis von Grundfreiheiten und Grundrechten im europäischen Gemeinschaftsrecht.* Speyerer Vorträge, Heft 84. Deutsche Hochschule für Verwaltungswissenschaften Speyer.

Slaughter, Anne-Marie; Stone Sweet, Alec; Weiler, Joseph H. H. (Hg.) (1998): *The European Courts and National Courts. Doctrine and Jurisprudence – Legal Change in Its Social Context.* Oxford: Hart Publishing.

Slaughter, Anne-Marie; Tulumello, Andrew S.; Wood, Stephan (1998): International Law and International Relations Theory. A New Generation of Interdisciplinary Scholarship. In: *The American Journal of International Law* 92 (1), 367–397.

Solanke, Iyiola (2011): ‚Stop the ECJ?' An Empirical Assessment of Activism at the CJEU. In: *European Law Journal* 17 (4), 764–784.

Spinelli, Altiero (1958): *Manifest der Europäischen Föderalisten.* Frankfurt a.M: Europäische Verlags-Anstalt.

Spinelli, Altiero; Rossi, Ernesto ([1941] 1985): The Ventotene Manifesto 1941. In: Lipgens, Walter (Hg.): *Documents on the History of European Integration.* Berlin: de Gruyter, 471–484.

Sprondel, Walter M.; Seyfarth, Constans (Hg.) (1981): *Max Weber und die Rationalisierung sozialen Handelns.* Stuttgart: Ferdinand Enke Verlag.

Standish, Paul; Dhillon, Pradeep (Hg.) (2000): *Lyotard. Just Education.* New York: Routledge.

Staten, Henry (2001): Wittgenstein's deconstructive legacy. In: Nagl, Ludwig und Mouffe, Chantal (Hg.): *The Legacy of Wittgenstein.* Frankfurt a. M.: Europäischer Verlag der Wissenschaften, 43–62.

Stein, Eric (1981): Lawyers, Judges, and the Making of a Transnational Constitution. In: *American Journal of International Law* 75 (1), 1–27.

Steinvorth, Ulrich (1982): Max Webers System der verstehenden Soziologie. In: *Zeitschrift für allgemeine Wissenschaftstheorie* 13 (1), 48–69.

Steinvorth, Ulrich (1994): *Stationen der politischen Theorie. Hobbes, Locke, Rousseau, Kant, Hegel, Marx, Weber*. Stuttgart: Reclam.

Steinvorth, Ulrich (2002): *Was ist Vernunft? Eine philosophische Einführung*. München: C. H. Beck.

Steyer, Friedrich (Hg.) (1991): *Research and Reflexivity*. London: Sage.

Stone Sweet, Alec (1999): Judicialization and the Construction of Governance. In: *Comparative Political Studies* 32 (2), 147–184.

Stone Sweet, Alec (2000): *Governing with Judges. Constitutional Politics in Europe*. Oxford, New York: Oxford University Press.

Stone Sweet, Alec (2002): Path Dependence, Precedent, and Judicial Power. In: Shapiro, Martin J. und Stone Sweet, Alec (Hg.): *On Law, Politics, and Judicialization*. Oxford: Oxford University Press, 112–135.

Stone Sweet, Alec (2004): *The Judicial Construction of Europe*. Oxford: Oxford University Press.

Stone Sweet, Alec (2005): *European Integration and the Legal System*. Institute for Advanced Studies, Wien.

Stone Sweet, Alec (2010): The European Court of Justice and the judicialization of EU governance. In: *Living Reviews in European Governance* 5 (2). Online verfügbar unter: http://europeangovernance.livingreviews.org/Articles/lreg-2010-2/, zuletzt geprüft am 08. 02. 2012.

Stone Sweet, Alec; Brunell, Thomas (1998): Constructing a Supranational Constitution. Dispute Resolution and Governance in the European Community. In: *American Political Science Review* 92, 63–81.

Stone Sweet, Alec; Brunell, Thomas (2010): Overriding the European Court of Justice? Qualitative evidence from cases in the Carruba, Gabel, and Hankla data set (1987–1997). In: *Public Law Working Paper* (# 217), New Haven: Yale Law School.

Stone Sweet, Alec; Sandholtz, Wayne (1997): European Integration and Supranational Governance. In: *Journal of European Public Policy* 4 (3), 297–317.

Strauch, Hans-Joachim (2000): Wie wirklich sehen wir die Wirklichkeit? Vom Nutzen des Radikalen Konstruktivismus für die juristische Theorie und Praxis. In: *Juristenzeitung (JZ)* 21, 1020–1029.

Strauch, Hans-Joachim (2002): Die Bindung des Richters an Recht und Gesetz. Eine Bindung durch Kohärenz. In: *Kritische Vierteljahresschrift für Gesetzgebung und Rechtswissenschaft (KritV)* 85 (3), 311–333.

Strauch, Hans-Joachim (2005): Rechtsprechungstheorie. Richterliche Rechtsanwendung und Kohärenz. In: Lerch, Kent D. (Hg.): *Recht verhandeln*. Berlin, New York: de Gruyter, 479–519.

Swedberg, Richard (2005): *The Max Weber Dictionary. Key Words and Central Concepts*. Stanford: Stanford University Press.

Taylor, Charles (1981): Understanding and Explanation in the Geisteswissenschaften. In: Holtzman, Steven H. und Leich, Christopher M. (Hg.): *Wittgenstein*. London, Boston, Henley: Routledge & Kegan Paul, 191–210.

Temming, Felipe (2008a): Mit wie viel Verlust muss eine Fähre betrieben werden? Der Fall Viking vor dem EuGH. In: *European Law Reporter* (6), 190–205.

Temming, Felipe (2008b): Das „schwedische Modell" auf dem Prüfstein in Luxemburg. Der Fall Laval. In: *Zeitschrift für europäisches Sozial- und Arbeitsrecht* 7 (5), 231–242.

Terhechte, Jörg P. (2009): Die Rolle des EuGH bei der Schaffung eines sozialen Europas und die gemeinschaftlichen Grenzen des europäischen Systemwettbewerbs. In: Friedrich Ebert Stiftung (Hg.): *Der EuGH und das soziale Europa. Für eine Aufwertung sozialer Grundrechte im EU-Rechtssystem.* Internationale Politikanalyse, 44–47.

Thommes, Armin (1993): *Die Kohärenztheorie der Wahrheit und der Kunst im Spätwerk von Ludwig Wittgenstein.* Dissertation. Mainz: Universität Mainz.

Tomasello, Michael (2006): *Die kulturelle Entwicklung des menschlichen Denkens.* Frankfurt a. M.: Suhrkamp.

Tonra, Ben (2003): Constructing the Common Foreign and Security Policy. The Utility of a Cognitive Approach. In: *Journal of Common Market Studies* 41 (4), 731–756.

Torfing, Jacob (2005): Discourse Theory. Achievement, Arguments, and Challenges. In: Howarth, David und Torfing, Jacob (Hg.): *Discourse Theory in European Politics.* Houndmills, New York: Palgrave Macmillan, 1–32.

Toulmin, Stephen E. (1958): *The Uses of Argument.* Cambridge: Cambridge University Press.

van Aaken, Anne (2003): *Rational-Choice in der Rechtswissenschaft. Zum Stellenwert der ökonomischen Theorie im Recht.* Baden-Baden: Nomos.

van Aaken, Anne (2008): Funktionale Rechtswissenschaftstheorie für die gesamte Rechtswissenschaft. Eine Skizze. In: Jestaedt, Matthias und Lepsius, Oliver (Hg.): *Rechtswissenschaftstheorie.* Tübingen: Mohr Siebeck, 79–104.

van den Herik, Larissa; Schrijver, Nico (2008): Eroding the Primacy of the UN System of Collective Security. The Judgment of the European Court of Justice in the Cases of Kadi and Al Barakaat. In: *International Organizations Law Review* 5 (2), 329–338.

van Ham, Peter (2001a): Europe's Postmodern Identity. A Critical Appraisal. In: *International Politics* 38, 229–252.

van Ham, Peter (2001b): *European Integration and the Postmodern Condition. Governance, Democracy, Identity.* London, New York: Routledge.

Vanberg, Georg (2002): Law, Political Science and EU Legal Studies. An Interdisciplinary Project. Law, Politics, and Interdisciplinary Work. In: *European Union Politics* 3 (1), 127–132.

Vauchez, Antoine (2007): Embedded Law. Political Sociology of the European Community of Law: Elements of a Renewed Research Agenda. In: *EUI Working Papers* (23), European University Institute, Florence.

Vauchez, Antoine (2008a): How to Become a Transnational Elite. Lawyers' Politics at the Genesis of the European Communities (1950–1970). In: Petersen, Hanne (Hg.): *Paradoxes of European legal integration.* Aldershot, Hampshire: Ashgate, 129–147.

Vauchez, Antoine (2008b): ‚Integration-through-Law'. Contribution to a Socio-History of EU Political Commonsense. In: *EUI Working Papers* (10), European University Institute, Florence.

Vauchez, Antoine (2010a): A quoi tient la Cour de justice des Communaute's européennes? In: *Revue française de science politique* 60 (2), 247–270.

Vauchez, Antoine (2010b): The Transnational Politics of Judicialization. Van Gend en Loos and the Making of EU Polity. In: *European Law Journal* 16 (1), 1–28.

Vauchez, Antoine (2011): Keeping the Dream Alive. The European Court of Justice and the Transnational Fabric of Integrationist Jurisprudence. In: *European Political Science Review* (4), 51–71.

Voeten, Erik (2007): The Politics of International Judicial Appointments. Evidence from the European Court of Human Rights. In: *International Organization* 61 (4), 669–701.

Wæver, Ole (1990): Three Competing Europes. German, French, Russian. In: *International Affairs* 66 (3), 477–493.

Wæver, Ole (1996): „European Security Identities". In: *Journal of Common Market Studies* 34 (1), 103–132.

Wæver, Ole (1998): Explaining Europe by Decoding Discourses. In: Wivel, Anders (Hg.): *Explaining European Integration*. Copenhagen: Copenhagen Political Studies Press, 100–146.

Wæver, Ole (2004): Discursive Approaches. In: Wiener, Antje und Diez, Thomas (Hg.): *European Integration Theory*. Oxford: Oxford University Press, 197–215.

Wæver, Ole (2005): European Integration and Security. Analysing French and German Discourses on State, Nation and Europe. In: Howarth, David und Torfing, Jacob (Hg.): *Discourse Theory in European Politics*. Houndmills, New York: Palgrave Macmillan, 33–67.

Wahl, Rainer (Hg.) (2008): *Verfassungsänderung, Verfassungswandel, Verfassungsinterpretation. Vorträge bei deutsch-japanischen Symposien in Tokyo 2004 und Freiburg 2005.* Berlin: Duncker & Humblot

Walker, Ralph C. S. (1985): Regelfolgen und die Kohärenztheorie der Wahrheit. In: Birnbacher, Dieter und Burkhardt, Armin (Hg.): *Sprachspiel und Methode*. Berlin, New York: de Gruyter, 27–46.

Walter, Konrad (2009): *Rechtsfortbildung durch den EuGH. Eine rechtsmethodische Untersuchung von der deutschen und französischen Methodenlehre*. Berlin: Duncker & Humblot.

Walters, William (2002): The Power of Inscription. Beyond Social Construction and Deconstruction in European Integration Studies. In: *Millenium – Journal of International Studies* 31 (1), 83–108.

Walters, William (2006): *Governing Europe: Discourse, Governmentality and European Integration*. London, New York: Routledge.

Ward, Ian (2009): *A Critical Introduction to European Law*. 3. Aufl. Cambridge: Cambridge University Press.

Wasserfallen, Fabio (2010): The judiciary as legislator? How the European Court of Justice shapes policy-making in the European Union. In: *Journal of European Public Policy* 17 (8), 1128–1146.

Watzlawick, Paul (Hg.) (2008): *Die erfundene Wirklichkeit. Wie wissen wir, was wir zu wissen glauben?* Beiträge zum Konstruktivismus. 4. Aufl. München, Zürich: Piper.

Weatherill, Stephen (1995): *Law and integration in the European Union*. Oxford: Clarendon Press.

Weber, Max (1920): *Gesammelte Aufsätze zur Religionssoziologie [Rs]*. Tübingen: Mohr/Siebeck.

Weber, Max ([1921] 1984): *Soziologische Grundbegriffe*. Tübingen: Mohr.

Weber, Max ([1922] 2005): *Wirtschaft und Gesellschaft. Grundriss der verstehenden Soziologie [WuG]*. Frankfurt a. M.: Zweitausendeins.

Weidenfeld, Werner (Hg.) (1999): *Europa-Handbuch*. Gütersloh: Verlag Bertelsmann-Stiftung.

Weidenfeld, Werner; Wessels, Wolfgang (Hg.) (2007): *Europa von A bis Z. Taschenbuch der Europäischen Integration*. 10. Aufl. Bonn: Bundeszentrale für politische Bildung.

Weiler, Joseph H. H. (1981): The Community System. The Dual Character of Supranationalism. In: *Yearbook of European Law* 1, 267–306.

Weiler, Joseph H. H. (1991): The Transformation of Europe. In: *The Yale Law Journal* 100, 2405–2483.

Weiler, Joseph H. H. (1993): Journey to an Unknown Destination. A Retrospective and Prospective of the European Court of Justice in the Arena of Political Integration. In: *Journal of Common Market Studies* 31 (4), 417–446.

Weiler, Joseph H. H. (1994): A Quiet Revolution. The European Court of Justice and Its Interlocutors. In: *Comparative Political Studies* 26 (4), 510–534.

Weiler, Joseph H. H. (2001): Federalism Without Contitutionalism. Europe's Sonderweg. In: Nicolaidis, Kalypso und Howse, Robert (Hg.): *The Federal Vision*. Oxford: Oxford University Press, 54–70.

Weiler, Joseph H. H. (Hg.) (2002a): *The Constitution of Europe. „Do the New Clothes have an Emperor?" And other Essays on European Integration*. Cambridge: Cambridge University Press.

Weiler, Joseph H. H. (2002b): Fin-De-Siècle Europe. Do the New Clothes have an Emperor. In: ders. (Hg.): *The Constitution of Europe*. Cambridge: Cambridge University Press, 238–263.

Weiler, Joseph H. H. (2009): Fundamental Rights and Fundamental Boundaries. Common Standards and Conflicting Values in the Protection of Human Rights in the European Legal Space. In: Kastoryano, Riva (Hg.): *An Identity for Europe: The Relevance of Multiculturalism in EU Construction*. Hampshire, New York: Palgrave, 73–101.

Weinberger, Ota; Koller, Peter; Schramm, Alfred (Hg.) (1988): *Recht, Politik, Gesellschaft. Berichte des 12. Internationalen Wittgenstein-Symposiums*. Wien: Hölder-Pichler-Tempsky.

Welsch, Wolfgang (2002): *Unsere postmoderne Moderne*. 6. Aufl. Berlin: Akademie Verlag.

Wendeling-Schröder, Ulrike (2010): Das soziale Ideal des Europäischen Gerichtshofs. Eine kritische Untersuchung der aktuellen Rechtsprechung des EuGH zum Arbeitskampf- und Tarifrecht. In: Dieterich, Thomas et al. (Hg.): *Individuelle und kollektive Freiheit im Arbeitsrecht*. Baden-Baden: Nomos, 147–161.

Wendt, Alexander (1992): Anarchy is what States make of it. The Social Construction of Power Politics. In: *International Organization* 46 (2), 391–425.

Wendt, Alexander (1995): Constructing International Politics. In: *International Security* 20 (1), 71–81.

Wendt, Alexander (2003): *Social Theory of International Politics*. Cambridge: Cambridge University Press.

Wessel, Ramses A. (2008): The Kadi Case. Towards a More Substantive Hierarchy in International Law? In: *International Organizations Law Review* (5), 323–327.

White, Stephen K. (1979): Rationality and the Foundations of Political Philosophy: An Introduction to the Recent Work of Jürgen Habermas. In: *The Journal of Politics*, 41 (4), 1156–1171.

Wiener, Antje (2003): Constructivism: The Limits of Bridging Gaps. In: *Journal of International Relations and Development* 6 (3), 252–275.

Wiener, Antje; Diez, Thomas (Hg.) (2004): *European Integration Theory*. Oxford: Oxford University Press.

Wight, Colin (2002): Philosophy of Social Science and International Relations. In: Carlsnaes, Walter (Hg.): *Handbook of International Relations*. London: Sage, 23–51.

Wilson, Bryan R. (Hg.) (1970): *Rationality*. Oxford: Blackwell.

Winch, Peter (1974): *Die Idee der Sozialwissenschaft und ihr Verhältnis zur Philosophie*. Frankfurt a. M.: Suhrkamp.

Winch, Peter (1992): *Versuchen zu verstehen*. Aus dem Englischen von Joachim Schulte. Frankfurt a. M.: Suhrkamp.

Wind, Marlene; Sindbjerg Martinsen, Dorte; Pons Rotger, Gabriel (2009): The Uneven Legal Push for Europe. Questioning Variation when National Courts Go to Europe. In: *European Union Politics* 10 (1), 63–88.

Wißmann, Hellmut (2009): Zwischenruf – Viking und Laval. EG-Grundfreiheiten über alles? In: *Arbeit und Recht* (5), 149–151.

Wittgenstein, Ludwig (1984): *Bemerkungen über die Philosophie der Psychologie [BPP]*. Werkausgabe, Bd. 7. Frankfurt a. M.: Suhrkamp.

Wittgenstein, Ludwig (1984): *Eine Philosophische Betrachtung (Das Braune Buch) [EPB]*. Werkausgabe, Bd. 5. Frankfurt a. M.: Suhrkamp.

Wittgenstein, Ludwig (1984): *Letzte Schriften über die Philosophie der Psychologie [LS]*. Werkausgabe, Bd. 7. Frankfurt a. M.: Suhrkamp.

Wittgenstein, Ludwig (1984): *Philosophische Untersuchungen [PU]*. Werkausgabe, Bd. 1. Frankfurt a. M.: Suhrkamp.

Wittgenstein, Ludwig (1984): *Tractatus logico-philosophicus [TLP]*. Werkausgabe, Bd. 1. Frankfurt a. M.: Suhrkamp.

Wittgenstein, Ludwig (1984): *Über Gewißheit [ÜG]*. Werkausgabe, Bd. 8. Frankfurt a. M.: Suhrkamp.

Wittgenstein, Ludwig (1984): *Zettel [Z]*. Werkausgabe, Bd. 8. Frankfurt a. M.: Suhrkamp.

Wivel, Anders (Hg.) (1998): *Explaining European Integration*. Copenhagen: Copenhagen Political Studies Press.

Wright, Georg H. von (1974): *Erklären und Verstehen*. Frankfurt a. M.: Athenäum Fischer.

Wulff, Erich (2003): *Wahnsinnslogik. Von der Verstehbarkeit schizophrener Erfahrung*. Hamburg: Argument-Verlag.

Yasuaki, Onuma (2003): International Law in and with International Politics. The Functions of International Law in International Society. In: *European Journal of International Law* 14 (1), 105–139.

Young, James O. (2001): A Defence of the Coherence Theory of Truth. In: *The Journal of Philosophical Research* 26, 89–101.

Zehfuss, Maja (2001): Constructivism in International Relations. Wendt, Onuf, and Kratochwil. In: Fierke, Karin M. und Jørgensen, Knud E. (Hg.): *Constructing International Relations*. New York; London: M. E. Sharpe, 54–75.

Zeller, Jörg (1980): Sprachspiel als Methode. In: Berghel, Hal et al. (Hg.): *Wittgenstein und sein Einfluss auf die gegenwärtige Philosophie*. Akten des zweiten internationalen Wittgenstein Symposiums. Wien: Hölder-Pichler-Tempsky, 336–339.

Zerilli, Linda M. G. (2001): Wittgenstein. Between pragmatism and deconstruction. In: Nagl, Ludwig und Mouffe, Chantal (Hg.): *The Legacy of Wittgenstein*. Frankfurt a. M.: Europäischer Verlag der Wissenschaften, 25–41.

Zimmermann, Ann; Favell, Adrian (2011): Governmentality, political field or public sphere? Theoretical alternatives in the political sociology of the EU. In: *European Journal of Social Theory* 14 (4), 489–515.

Zintl, Reinhard (2001): Rational Choice as a Tool in Political Science. In: *Associations* 5 (1), 35–50.

Zürn, Michael (2006): Zur Politisierung der Europäischen Union. In: *Politische Vierteljahresschrift* 47 (2), 242–251.

Zürn, Michael; Checkel, Jeffrey T. (2005): Getting Socialized to Build Bridges. Constructivism and Rationalism, Europe and the Nation-State. In: *International Organization* 59 (3), 1045–1079.

Interviewverzeichnis

Berger, Maria – Richterin am Europäischen Gerichtshof (EuGH), Luxemburg, Interview geführt am 05. 04. 2011.

Caoimh, Aindrias Ó. – Richter am Europäischen Gerichtshof (EuGH), Luxemburg, Interview geführt am 12. 04. 2011.

Dittert, Daniel – Rechtsreferent im Kabinett der Generalanwältin Prof. Juliane Kokott am Europäischen Gerichtshof (EuGH), Luxemburg, Interview geführt am 12. 04. 2011.

Hakenberg, Waltraud – Kanzlerin des Gerichts für den öffentlichen Dienst der Europäischen Union (EUGöD), Luxemburg, Interview geführt am 07. 04. 2011.

Inghelram, Jan – Rechtsreferent im Kabinett der Richterin Prof. Alexandra (Sacha) Prechal am Europäischen Gerichtshof (EuGH), Luxemburg, Interview geführt am 06. 04. 2011.

Kokott, Juliane – Generalanwältin am Europäischen Gerichtshof (EuGH), Luxemburg, Interview geführt am 12. 04. 2011.

Ladenburger, Clemens – Assistent des Generaldirektors des Juristischen Dienstes der Europäischen Kommission, Brüssel, Interview telefonisch geführt am 19. 04. 2011.

Lenaerts, Koen – Richter am Europäischen Gerichtshof (EuGH), Luxemburg, Interview geführt am 14. 04. 2011.

Lindh, Pernilla – Richterin am Europäischen Gerichtshof (EuGH), Luxemburg, Interview geführt am 12. 04. 2011.

Loewenthal Paul-John – Rechtsreferent im Kabinett der Richterin Prof. Alexandra (Sacha) Prechal am Europäischen Gerichtshof (EuGH), Luxemburg, Interview geführt am 06. 04. 2011.

Nehl, Hanns Peter – Rechtsreferent im Kabinett des Richters Prof. Josef Azizi am Gericht der Europäischen Union (EuG), Luxemburg, Interview geführt am 04. 04. 2011.

Prechal, Alexandra (Sacha) – Richterin am Europäischen Gerichtshof (EuGH), Luxemburg, Interview geführt am 06. 04. 2011.

Schiemann, Konrad Hermann Theodor – Richter am Europäischen Gerichtshof (EuGH), Luxemburg, Interview geführt am 05. 04. 2011.

Skouris, Vassilios – Präsident des Europäischen Gerichtshofs (EuGH), Luxemburg, Interview geführt am 07. 04. 2011.

Zatschler, Carsten – Rechtsreferent im Kabinett des Richters Sir Konrad Hermann Theodor Schiemann am Europäischen Gerichtshof (EuGH), Luxemburg, Interview geführt am 05. 04. 2011.

Anhang
Der Kontext des Europäischen Rechts – Darstellung

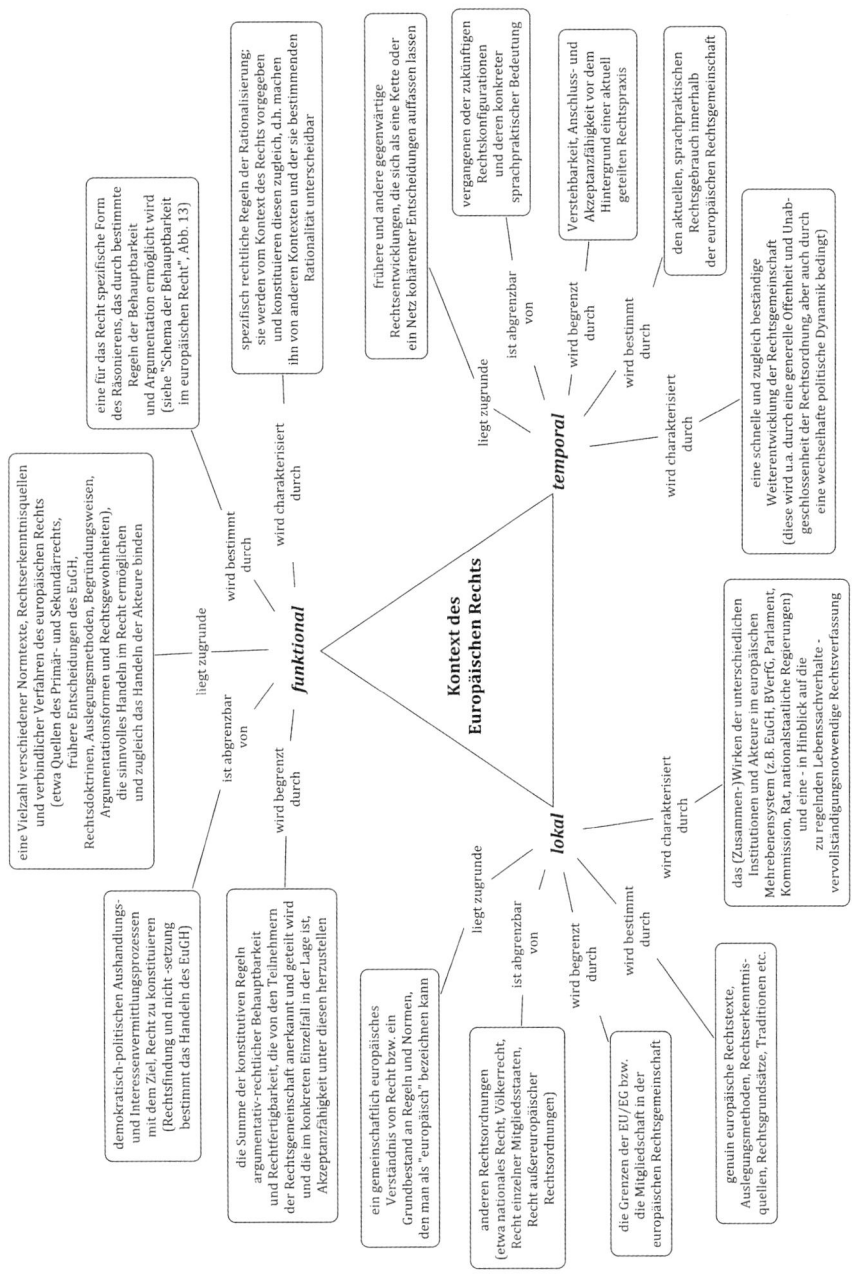